अन्विति

साहित्य के परिसर में कुँवर नारायण

अन्विति

साहित्य के परिसर में कुँवर नारायण

खंड : दो

कृतियों पर एकाग्र लेखन

सम्पादक

ओम निश्चल

राजकमल प्रकाशन

ISBN : 978-93-88183-49-9

मूल्य : ₹ 1495

पहला संस्करण : 2018

प्रकाशक : राजकमल प्रकाशन प्रा. लि.
1-बी, नेताजी सुभाष मार्ग, दरियागंज
नई दिल्ली-110 002

शाखाएँ : अशोक राजपथ, साइंस कॉलेज के सामने, पटना-800 006
पहली मंजिल, दरबारी बिल्डिंग, महात्मा गांधी मार्ग, इलाहाबाद-211 001
36 ए, शेक्सपियर सरणी, कोलकाता-700 017

वेबसाइट : www.rajkamalprakashan.com
ई-मेल : info@rajkamalprakashan.com

मुद्रक : बी.के. ऑफसेट
नवीन शाहदरा, दिल्ली-110 032

ANVITI : SAHITYA KE PARISAR MEIN KUNWAR NARAIN
Edited by Om Nishchal

मिथक की सरणियों से गुजरता हुआ एक आधुनिक

कुँवर नारायण का काव्य देश-काल के अनंत छोरों तक फैला हुआ अपने समय से संवाद करने वाला काव्य है। उसमें लोगों के हिताहित की चिन्ता है। तुलसीदास ने *कीरति भनिति भूति भलि सोई* कह कर कविता को सुरसरि की तरह हितकारी माना था। शायद कविता के हेतुओं में यह एक अनिवार्य प्रयोजन हो, जिसे मम्मट ने भी *शिवेतरक्षतये* कह कर प्रमाणित किया है। अमंगल का नाश अथवा लोकमंगल कवियों के लिए सदैव काम्य रहा है। कुँवर नारायण का काव्य भी लोकमंगल का काव्य है। वह मनुष्यता के गुणसूत्रों के संवर्धन का एक अचूक रसायन है। *कांतासम्मितयोपदेशयुजे* कह कर मम्मट ने काव्यहेतुओं का मंतव्य सुनिश्चित कर दिया है। कुँवर नारायण के काव्य विशेषत: 'आत्मजयी' व 'वाजश्रवा के बहाने' के आधार पर हम कह सकते हैं कि जब कोई कवि अपनी कोई विशेष बात कहने के लिए किसी पौराणिक अथवा मिथकीय प्रसंग में जाता है तो उसके काव्य की प्रयोजनमूलकता बढ़ जाती है। इससे स्पष्ट होता है कि कवि को कोई विशेष बात कहनी है जिसकी अभिव्यक्ति स्फुट कविताओं के माध्यम से सम्भव नहीं है।

कुँवर नारायण आधुनिक बोध और संवेदना के उन कवियों में हैं जिन्होंने सदैव कविता को मनुष्यता के आभरण के रूप में लिया है। वाणी का भूषण जैसे सभी भूषणों में श्रेष्ठ है, कविता मनुष्य को उदात्त और सुसंस्कृत बनाती है। *आमाशय, यौनाशय, गर्भाशय, जिसकी ज़िन्दगी का यही आशय/ यही इतना भोग्य/ कितना सुखी है वह/ भाग्य उसका ईर्ष्या के योग्य* कह कर कुँवर नारायण ने बहुत पहले मनुष्य की जिन संकीर्णताओं पर कटाक्ष किया था उसका आशय यही था ज़िन्दगी इन चोंचलों में ही व्यतीत न हो जाए। यहीं यह सवाल उठना स्वाभाविक है कि कविता हमें क्या देती है? कविता है क्या? यह सवाल सदियों से कविता के लक्षणकारों के सम्मुख रहा है। पर जो पारिभाषिकियों के घटाटोप से छन कर आता है, वह यही कि कविता मनुष्य की संवदेना को सजल और करुण बनाए रखने का अचूक माध्यम है। तभी आधुनिक कवि धूमिल ने लिखा था, 'कविता भाषा में आदमी होने की तमीज़ है।' यह एक ऐसा कवच है जिसके बिना मनुष्यता का शृंगार अधूरा है। कुँवर नारायण का काव्य मानवीय गुणों का ही नहीं, मानवीय संस्कारों का काव्य है। जैसा कि कहा गया है,

वाण्येकासमलंकरोतिपुरुषं या संस्कृता धार्यते; वह मनुष्य जाति को अपनी सुसंस्कृत भाषा (संस्कृतनिष्ठ नहीं), सुघर संस्कारों और नई प्रतीतियों से सींचने वाला काव्य है।

कुँवर जी का कविता में प्रवेश 'चक्रव्यूह' से हुआ। अपनी गठन में कलात्मक किन्तु दार्शनिक प्रतीतियों वाले इस संग्रह में जीवन की पेचीदगियों को कवि ने सलीके से उठाया है। यहाँ कुछ रचनाओं को मिथकों की रोशनी में रचा गया है। इसका अर्थ यह है कि कुँवर नारायण ने जिस दौर में लिखना शुरू किया यानी छायावादोत्तर काल में; ऐसे समय कविता समकालीनता से इतना आक्रांत न थी। इस निरवधि काल और विपुल पृथ्वी पर कवि अपने समय को ऐसे गाता है जैसे वह शाश्वत का अहरह गान हो... अज्ञेय ने जिसे कहा था 'गाता है अनघ सनातनजयी।' यह ऐसा समय था जब कुँवर नारायण को जीवन के कुछ शाश्वत सवाल मथ रहे थे। मृत्यु के पारिवारिक प्रसंगों से गुजरे कुँवर जी ने इस विषण्णता को चुनौती के रूप में लिया। अवसान और मृत्यु जैसे प्रसंग से बड़े-बड़े ऋषि मुनि हिल उठते हैं। कोई मृत्यु का सामना नहीं करना चाहता। वह कोई आत्मजयी ही होगा जो किन्हीं उच्चादर्शों के लिए यह जीवन अर्पित कर दे। कुँवर नारायण ने अपनी कविता के लिए जिस नायक को चुना वह नचिकेता था...कठोपनिषद का नचिकेता। आत्मजयी। पिता की संकीर्ण मनोवृत्ति के प्रति असहमति जताने वाले नचिकेता को अपने जीवन की चिन्ता नहीं है। पिता के क्रोध को भी वह उसी निष्ठा से स्वीकार करता है जैसे उनकी प्रसन्नता से उसे तोष होता हो। बूढ़ी गायों को दान देकर पुण्य कमाने की तुच्छ लालसाओं के विरुद्ध वह पिता के प्रति जैसा प्रतिवाद करता है, फलस्वरूप उनका कोपभाजन बनता है, वह पीढ़ियों के पारस्परिक बौद्धिक और नैतिक अन्तराल का भी परिचायक है। नचिकेता व्यवहारवाद की सरणि पर चलता हुआ पिता को उसी नैतिक शक्ति से बरजता है जैसा शास्त्र में कहा गया है : 'आत्मनः प्रतिकूलानि परेषां न समाचरेत्।' जो अपने प्रतिकूल हो, वैसा आचरण दूसरों से नहीं करना चाहिए। वह इस मामले में शास्त्र का अनुधावन करता है। सम्मुख पिता ही क्यों न हो, उनके प्रतिवाद को वह अवज्ञा के रूप में नहीं, अन्याय के प्रति असहमति के आयुध के रूप में बरतता है। उसे इसके फलस्वरूप पिता के भयंकर से भयंकर दंड की भी परवाह नहीं है। 'आत्मजयी' की लगभग अधसदी के बाद 'वाजश्रवा के बहाने' की रचना केवल यह जताने के लिए है कि यदि 'आत्मजयी' में मृत्यु की ओर से जीवन को देखा गया है तो 'वाजश्रवा के बहाने' में जीवन की ओर से मृत्यु को देखने की एक कोशिश है। कुँवर नारायण के इस कथन को हम इस रोशनी में देख सकते हैं कि सारा कुछ हमारे देखने के तरीके पर निर्भर है।

कथासूत्र कठोपनिषद् से जरूर गृहीत है पर नचिकेता को पुनः रचते हुए कल्पना कौशल को पर्याप्त तरजीह दी गई है। नचिकेता के लिए जीवन का अर्थ केवल सुखी जीवन जीने से नहीं, बल्कि सार्थक जीने से है। उसके लिए सत्य की खोज ऐंद्रिय सुखों की लालसा से ज़्यादा मायने रखती है। वह अपरिग्रह का अभ्यासी है। लिहाजा

सुखदु:खे समे कृत्वा लाभालाभौ जयाजयौ की राह पर चलता हुआ नचिकेता उस चरम प्रश्न के समाधान के लिए यम के पास चल पड़ता है। वह पिता के व्यवहार से क्षुब्ध होकर जल में डूब जाता है पर लोग उसमें से उसे बाहर निकाल लेते हैं। वह बाहर तो निकल आता है पर नीम बेहोशी में चला जाता है और इसी बेहोशी में वह स्वप्न देखता है: यम से साक्षात्कार का। सारी कहानी इसी स्वप्न में चलती है। याद रहे कुँवर जी की एक कविता कहती है: *कोई भी दुख/ मनुष्य के साहस से बड़ा नहीं/ वही हारा/ जो लड़ा नहीं।* इसलिए नचिकेता में जिज्ञासु भाव तो है ही, एक युयुत्सुभाव भी है कि जो होना हो सो हो। किन्तु जिस मृत्यु से दुनिया भय खाती है, उसके रहस्य का भेदन ज़रूरी है। उसके लिए अमरता का कोई मूल्य नहीं' यदि उसके होने का कोई प्रयोजन नहीं, कोई सारवत्ता नहीं। यह वैसा ही अपरिग्रह है जैसा गौतम के मन में हुआ कि वे राजपाट छोड़ कर चल पड़े। उनके सम्मुख भी कुछ सवाल थे। कुछ जिज्ञासाएँ थीं। कोई बूढ़ा क्यों होता है, कोई रुग्ण क्यों होता है, क्यों मरता है। वे भी कुछ आर्यसत्यों की खोज में थे, दुख है, दुख का कारण भी है तो दुख से निवृत्ति का उपाय भी। इन जिज्ञासाओं के पार जाकर ही वे बुद्ध बन सके। नचिकेता भी बुद्ध की तरह युवा है, कुछ भयग्रस्त भी पर उसका साहस अडिग है। मृत्यु जीवन का अन्तिम परिणाम नहीं है, वह यह जानता है।

लिहाजा यह केवल कठोपनिषद् की कहानी का अनुसरण मात्र नहीं है न उसका सैद्धांतिक प्रस्तावन। यह कठोपनिषद के बहाने मनुष्य के आत्मबल की कहानी है कि वह बड़ी से बड़ी सत्ता चाहे यम की ही क्यों न हो, के सम्मुख घुटने नहीं टेकता। जरा से सुख के लिए वह अपने जीवन की नैतिक आस्थाओं को विसर्जित नहीं होने देता। इसीलिए कुँवर जी इसे *आस्था के पुनर्लाभ की कहानी* भी कहते हैं। नचिकेता असहमति और अवज्ञा को केवल अपने लिए नहीं, मनुष्य मात्र के लिए आयुध मानता है बशर्ते उसका लक्ष्य आत्मवत्ता की उपलब्धि हो। आधुनिक समय में ब्रिटिश शासन के विरुद्ध गाँधी जी की सविनय अवज्ञा इसी परम्परा का अनुसरण है। शाश्वत जीवन मूल्य कभी पुराने नहीं होते। वे पुनर्नवा होकर हमारे जीवन में प्रासंगिक बने रहते हैं।

इस तरह 'आत्मजयी' अपरिग्रह, असहमति, सविनय अवज्ञा, जीवन मूल्य व आत्मबल व पिता से तार्किक संवाद की कहानी है। यह बुद्ध के *अप्पदीपो भव* का ही विस्तार है। यहाँ आत्म केवल *सेल्फ* के वाचिक और शाब्दिक परिसीमन तक सीमित नहीं है। यह चेतना का समुज्ज्वल प्रस्फुटन है जिसका नियामक नचिकेता है। वह ग़लत शर्तों पर जीने के विरुद्ध है। उसे बीमार रुग्ण गायों को देख, जिसे उसके पिता वाजश्रवा दान में देने का विचार करते हैं, निरीह आहुतियों, अबोध तड़पनों व बीमार गायों-सा जनसमूह नजर आता है। उसकी आस्था काँपती है। वह पिता की दिखावटी आस्था से अधिक उजली, नैतिक और सदाशयी है। वह आस्था के प्रदत्त वरदान से विभूषित नहीं होना चाहता, पिता के पुण्य का सहभागी भी नहीं बनना चाहता। अपनी अनास्था में सहिष्णु, नास्तिकता में धार्मिक, अकेलेपन में मुक्त और अपनी उदासी

में उदार नचिकेता दी हुई व्यवस्था–चरमराती निबल, अनैतिक और असहिष्णु व्यवस्था के प्रति विद्रोह करता है। वह जीवन की घिसी-पिटी रूढ़ और बासी प्रणालियों से बाहर आना चाहता है और अपने क्रुद्ध पिता को कहता है कि इन प्रणालियों से असहमति को अपनी सत्ता से आक्रांत मत करो। उसे अवसर दो कि वह पनप सके प्रसन्न खुली धूप और ताजी हवा में। यह असहमति के लोकतंत्र का आवाहन है। यह दानादि के कर्मकांड का समर्थन नहीं, यश की लिप्सा के वशीभूत और मिथ्या अहंकार में चूर सत्ता के प्रतीक पिता से विद्रोह है। वह किशोर पहली बार अपनी अद्वितीयता को पहचानना चाहता है। 'मैं क्या हूँ। क्यों हूँ'। इस *क्या* और *क्यों* हूँ में ही उसके जीवन का सारा प्रतिपाद्य निहित है : *ऐसा लगता कि मेरे चारों ओर/ केवल प्रतिबंध है...जीवन नहीं, लोग हैं...सम्बन्ध नहीं/ वाणी है जो बाँधती नहीं/ बुद्धियाँ हैं जो जानती नहीं।* (आत्मजयी, पृ. 52) कितनी वेदना से नचिकेता यह कह रहा है, यह ध्यातव्य है। वह लौह मौन गुंबद-से अंधकार की दीवारों से टकराती आवाजों के कोरस में लौट लौट आती प्रतिध्वनियों *'मैं कहाँ हूँ, मैं क्या हूँ'* के बीच खड़ा है जहाँ धारा के विरुद्ध तैरने की अनुकूलताएँ नहीं हैं। पर कहा जाता है विरोधों के बीच ही शख्सयित संवरती है। आधुनिक समय में देखें तो अपनी और अपने देश की स्वतंत्रता के लिए समूचे ब्रिटिश शासन के विरोध में अकेले गाँधी खड़े थे अपने अपरिग्रह, सदाचार, सत्य, अहिंसा और आत्मबल के साथ। ऐसे ही पुरासमय में नचिकेता अकेला है; उसके साथ केवल सत्य है, अपरिग्रह है, आत्मबल है और जरा से प्रतिवाद पर कुपित पिता की आज्ञा से मृत्यु को प्राप्त होने के लिए अभिशप्त है। वह ममत्व और अपनों की छाया से दूर है, इस कातर पुकार के बावजूद करुणा का कोई कोना उसे सुलभ नहीं : *'क्षण भर ममत्व की स्मृतियों में विश्राम मुझे कर लेने दो/ कण-कण की पीड़ा से मेरी/ कातर आत्मा को लिपट लिपट रो लेने दो।'* किन्तु भवितव्य उसे यम के दरवाजे पर लाकर पटक ही देता है। उसकी जिज्ञासाएँ प्रबल हैं। उसका धैर्य अप्रतिहत है। वह किसी भौतिक सुख के वरदान के लिए यम के पास नहीं आया। आया है जीवन के सत्य से पराजित न होने वाले उस रहस्य के अनावरण के लिए जिसकी आशंका में लोग अपने जीवन को सुकृत नहीं बना पाते। उसे वस्तुएँ नहीं, दृष्टि चाहिए।

'आत्मजयी' उस हठी बच्चे की कहानी है जो कैशोर्य में ही परिपक्व हो चला है। वह जानता है *एक समाप्ति सारे अस्तित्व की इति नहीं।* यानी वह समाप्त भी हो गया तो इससे उसकी जिज्ञासाओं की इतिश्री नहीं होने वाली। ऐसी संज्ञाएँ बार-बार जन्म लेती रहेंगी। उसके हठ का ही यह परिणाम कि यम आखिरकार उसे वरदान देकर वापस भेज देते हैं। एक आगत भविष्य के लिए। वह मृत्यु के मुख से मुक्त होकर स्वप्नांत पर बेहोशी से जागृत हो उठता है। उसे अपने जागृत होने का बोध होता है। यह अहसास भी कि वह अव्यय भविष्य है...आत्मविद् और आत्मबिद्ध भी। वह अनुभव के उस स्वप्नलोक से बाहर आकर कहता है : *वह अनुभव जिसे मैं जी चुका/ एक जीवन था/ वह जीवन जिसे मैं मर चुका/ एक रोमांचकारी अनुभव*

था। वह यम से साक्षात्कार के बाद अपार शान्ति और मुक्ति का अनुभव करता है और पुनर्जीवन की प्राप्ति के पश्चात वह चिन्तन के जिस छोर पर खड़ा है वह कितना उदात्त और उच्चादर्शों से भरे जीवन के प्रति उन्मुखता का ज्ञापन है जहाँ वह कहता है, जीवन का सुख त्वचा के सुखमय स्पर्श में नहीं है, वह आत्मोन्नयन में है...हर नए दिन के नैकट्य में है... आत्मा-विस्तार में है। इस तरह एक पुराकथा के नायक के जरिए सत्य की खोज का यह काव्यात्मक उपक्रम है।

'वाजश्रवा के बहाने' नचिकेता के यम से साक्षात्कार के बाद वापस लौटने की कथा है। वह वहाँ से वापस आकर केवल *मृत्युमुखात्मुक्तम्* ही नहीं *आत्मजयी* बन गया है। अब तक पिता वाजश्रवा के क्रोध का भी शमन हो चुका है। वे भी पुत्र से मिलने को आतुर हैं। क्षमा व पश्चाताप के भाव से भरे हैं। नचिकेता की वापसी जीवन के आह्वान और उदय की गाथा है। बूढ़े और अशक्त हो चले वाजश्रवा के जीवन में यह नए जीवन ही नहीं, एक नई दृष्टि और सृष्टि की उपलब्धि है। यह भूलचूक का अचूक समाधान है। *आत्मजयी* के काव्यबंध में जहाँ एक प्रगीतात्मक आवेग है, *वाजश्रवा के बहाने* में मुक्त छन्द का स्निग्ध प्रवाह। जैसा कि निराला ने कहा था, मुक्त छन्द का समर्थक उसका प्रवाह है। *आत्मजयी* के खंड *शान्ति-बोध* का यह अंश देखें :

समर्पित मत हो त्वचा को
स्पर्श गहरे मात्र....।
इससे श्रेष्ठतर मूर्धन्य सुख। जल बेड़ियों से
कहीं ऊपर।
कहीं गहरे ठहर कर आधार-मूलाधार।
जीवन-हर नए दिन की निकटता।
आत्मा-विस्तार।

यह काव्य की प्रगीतात्मक संरचना है जो छन्द के प्रवाह को एक हद तक अनिवार्य मानती है। किन्तु इसके उलट 'वाजश्रवा के बहाने' तक पहुँचकर कुँवर नारायण के यहाँ एक ऐसे लचीले और प्रवाही गद्य का आविर्भाव हुआ है कि वह मुक्त छन्द को प्रभावी बना देता है। 'नचिकेता की वापसी' एवं 'वाजश्रवा के बहाने' दो खंडों में उपनिबद्ध काव्य वाजश्रवा के क्रोध-शमन और उत्सुकतापूर्वक पुत्र को स्वीकारने के बोध का काव्य बन गया है। उत्तर जीवन की धूप में वाजश्रवा का मन भी कुछ धुला-धुला-सा लगता है, जिस पर इससे पहले वैदिक जीवन की भौतिकता का मुलम्मा चढ़ा हुआ था। यह वाजश्रवा का अपने जीवन की ओर पुनरवलोकन ही है कि यहाँ आकर उसका अहंकार भस्म हो उठता है और वह नचिकेता के स्वागत के लिए अत्यन्त समुत्सुक दिखता है। एक सुगठित पद्य-बंध में कुँवर नारायण इस दृश्य की साकार परिकल्पना करते हैं जहाँ वाजश्रवा का रोम-रोम पुकारता है : *लौट आओ*

प्राण/पुनः हम प्राणियों के बीच/तुम जहाँ कहीं भी चले गए हो हमसे बहुत दूर–लोक में, परलोक में/तम में, आलोक में/शोक में, अशोक में। कवि कहता है–*एक पुकार की कातरता से गूँजती हैं दिशाएँ।* यह वाजश्रवा की पुकार है, एक विक्षुब्ध पिता की पुकार। शास्त्र में कहा गया है : 'पिता पुत्रात् पराजयेम।' यही नहीं, पुत्र से मित्रवत आचरण करने की सीख भी शास्त्र में दी गई है। 'प्राप्ते तु षोडशे वर्षे पुत्रमित्रवदाचरेत।' कुँवर नारायण मिथक पर उतनी ही पीठ टिकाते हैं, जितने में वह मिथक की पुनर्व्याख्या न लगे, पुनस्सृजन लगे। यह मिथक उनके लिए एक *मैटाफर* या रूपक ही है, जिससे होकर जीवन के उदात्त आदर्शों और आशयों तक वे पहुँचना चाहते हैं। वे नई प्रतीतियाँ खोजनी हैं जो मिथकों के परावलंबन में ज़्यादातर ढकी-मुंदी रहती हैं। जिस मनःस्थिति में नचिकेता है, उसे कितनी कुशलता से कवि ने कहा है : *एक कृतार्थ पिता भी हो सकता है वही/और एक पुत्र की उदासी भी।* सच कहें तो यह नचिकेता के जीवन का भी पुनरारंभ है। नई प्रतिश्रुतियों के लिए अग्रसर नचिकेता का अन्तर्मन बोलता है : *उठाओ संकल्प की पहली ईंट/स्मृति शिलाओं से ज़्यादा ज़रूरी है शिलान्यास।* उसे रह-रहकर अपने कई-कई जीवन याद आते हैं। लौटते हुए एक स्त्री उसे माँ की तरह दिखती है, जिसने उसे पानी पिलाया और एक टक देखती रही। वह देखता है, माँ ईश्वर का शुक्र मनाती है कि उसका बेटा कितने बरसों बाद उसके पास लौटा है। वह संशय में है। कई बार उसे लगता है कि उसने वह दुनिया पा ली है, उस रहस्य को जान लिया है पर जल्दी ही उसका भ्रम टूटता और वह भी अन्दर ही अन्दर टूटता है। कुँवर नारायण नचिकेता के अतीत को खँगालते हैं। नचिकेता पुरानी दुनिया को देखता है... वैसे ही लोग, वही दृश्य, वैसी ही भूख-प्यास, नगर, सड़कें और गलियारे। तमाम बदलावों के बावजूद वह इस बात से मुतमईन है कि कुछ है जो कभी नहीं बदलता। वह सभ्यताओं के युगांतर के बाद भी बचा रहता है जैसे शरीर के नष्ट हो जाने पर आत्मा का स्वत्व। नचिकेता के शब्दों में कवि सोचता है :

अचानक रसातल में डूब जाती है नदी
मरुथल हो जाती है सभ्यता
विलुप्त हो जाता है समाज
फिर भी गूँजते रह जाते हैं समय में
कुछ शब्द – ध्वनियाँ – स्मृतियाँ
भाषा में बह आईं फूल-मालाएँ

नचिकेता पिता से गले मिलते हुए भावुक हो उठता है। यथावत मिले संसार और माँ से मिलने की अनुभूति उसे एक सम्पूर्ण भाषा से मिलने की खुशी-जैसी लगती है।

कुँवर नारायण पीछे कह चुके हैं, *एक समाप्ति सारे अस्तित्व की इति नहीं।* यहाँ वे पुनः कहते हैं : *मृत्यु इस पृथ्वी पर जीव का अन्तिम वक्तव्य नहीं है।* पुत्र

की वापसी का सौभाग्य और पिता के हार्दिक स्वीकार को कवि एक नए संवत्सर का शुभ पर्व मानता है। यह दो पीढ़ियों के बीच सुलह की संजीवनी है। तभी वह कहते हैं : सब कुछ बीत जाने के बाद भी सब कुछ नष्ट नहीं हो जाता। कवि के शब्दों में :

किंचित श्लोक-बराबर जगह में भी
पढ़ा जा सकता है
एक जीवन-संदेश
कि समय हमें कुछ भी
अपने साथ ले जाने की अनुमति नहीं देता,
पर अपने बाद
अमूल्य कुछ छोड़ जाने का
पूरा अवसर देता है

वाजश्रवा को नचिकेता के लौटने की खुशी तो है पर वह जानता है कि यह लौटना वापस उसके युग में लौटना नहीं है। यह वैचारिक अन्तराल दोनों के बीच बना रहना है। इस खाई को प्रतिपल चौड़ा होना है। फिर भी इस मिलन को वह नए संवाद का अवसर मानता है। वह दया नहीं, बराबर की मैत्री चाहता है। आखिरकार वह लैवल प्लेइंग के बिन्दु तक आ पहुँचा है। वह जानता है कि वह एक ऐसा अतीत है, जिसे उसका पुत्र चाहकर भी अस्वीकार नहीं कर सकेगा। वह अपनी प्रगल्भता और अब अचानक स्वभाव में उतर आई उदारता को स्वीकार करता है। उसका अहंकार तिरोहित हो उठता है और वह कहता है : *तुम्हें खोकर मैंने जाना/हमें क्या चाहिए—कितना चाहिए/क्यों चाहिए सम्पूर्ण पृथ्वी/जबकि उसका एक कोना बहुत है/देह बराबर जीवन जीने के लिए/और पूरा आकाश ख़ाली पड़ा है/एक छोटे-से अहं से भरने के लिए।*

'वाजश्रवा के बहाने' में केवल नचिकेता और वाजश्रवा की कथा नहीं कही गई है, मनुष्य की भौतिक महत्त्वाकांक्षाओं और आत्मिक उन्नयन के बीच बढ़ते फासले की कथा भी उद्‌घाटित हुई है। यह एक वैचारिक काव्य है—कवित-विवेक और जीवन-विवेक के सन्तुलन का काव्य है। यहाँ पिता और पुत्र के बीच न केवल दो पीढ़ियों के बीच के अन्तराल का मसला है बल्कि यह दो दृष्टियों के बीच के अन्तराल का भी मामला है। जब भी नई दृष्टियाँ पुरानी दृष्टियों से टकराती हैं, जीवन को नए अर्थ और नई प्रतीतियाँ मिलती हैं। तभी तो कवि जिस सुगठित और अकाट्य जीवन-विवेक का प्रस्तावन करता है, उसमें ही सुगठित और अकाट्य कवित-विवेक की प्रस्तावना भी निहित है। कवि के शब्दों में—

कुछ इस तरह भी पढ़ी जा सकती है
एक जीवन-दृष्टि

कि उसमें विनम्र अभिलाषाएँ हों
बर्बर महत्त्वाकांक्षाएँ नहीं
वाणी में कवित्व हो
कर्कश तर्क-वितर्क का घमासान नहीं,
कल्पना में इन्द्रधनुषों के रंग हों
ईर्ष्या-द्वेष के बदरंग हादसे नहीं,
निकट सम्बन्धों के माध्यम से
बोलता हो पास-पड़ोस,
और एक सुभाषित, एक श्लोक की तरह
सुगठित और अकाट्य हो जीवन-विवेक।

मिथक से गृहीत इस समूची काव्य-वस्तु में एक ऐसी सहजता है जो कथोपकथन जैसी किस्सागोई याद दिलाती है। मृत्यु से पार जाने के नचिकेता के साहस और एक चौरासी साल के वाजश्रवा के अपराजेय साहस के बीच का जो अन्तर्द्वंद्व है, अन्तराल है, असहमति है, बौद्धिक विचलन है, 'वाजश्रवा के बहाने' में कुँवर नारायण इनके बीच एक आन्तरिक संगति पैदा करते हैं। दो चरित्रों के माध्यम से वे समय के चरित्र को भी पढ़ते हैं, जहाँ पुत्र का बाल-हठ है, उचित-अनुचित का विवेक है वहीं पिता का विक्षुब्ध अन्तःकरण भी, जहाँ से उसकी हल्की-हल्की सिसकियाँ सुन पड़ती हैं। विश्वनाथ त्रिपाठी इसे *जीवन-चेतना का आह्वान* मानते हैं तो रविभूषण *मन और बुद्धि के सहयोग से रूपायित कृति।* रमेश दवे इसे *ध्वनियों और स्मृतियों का काव्य* कहते हैं तो अवधेश प्रधान *एक सम्यक जीवनबोध की खोज।* प्रभाकर श्रोत्रिय ने *वाजश्रवा के बहाने* को *कामायनी* के बाद दूसरी गहरी अर्थवान रचना माना है। कुँवर जी उपनिषदों के नवजागरणकारी वैशिष्ट्य को भी रेखांकित करते हैं और वैचारिक असहमतियों के बीच भी संवादमयता का औचित्य खोज लेते हैं। मैं इसे *जीवन और कवित-विवेक की जुगलबन्दी* मानता हूँ। यह नचिकेता और वाजश्रवा के बहाने कविता के उच्चादर्शों का बखान भी है। मिथकों का अवलंब ग्रहण कर हिन्दी में कई काव्य और लम्बी कविताएँ लिखी गई हैं। कुँवर जी के इन दोनों काव्यों से गुज़रने के बाद देर तक इनकी ध्वनियाँ और स्मृतियाँ गूँजती हैं; मित-कथन और अर्थ गौरव के जादू से वशीभूत करता हुआ कवि यहाँ जैसे भाषा में बह आई फूल मालाएँ चुन रहा है।

सितंबर, 1927 में जन्मे कुँवर नारायण ने लगभग सात दशकों का साहित्यिक जीवन जिया है। वे हमारे समय के कुछ बड़े कवियों में एक हैं। विश्व के कुछ चुनिंदा कवियों की तालिका बनाई जाए तो उसमें उनका स्थान निस्सन्देह होगा। उनके रचना-संसार पर समय-समय पर लिखा जाता रहा है। अनेक शोधार्थियों ने उनके व्यक्तित्व और साहित्य पर कार्य किया है। उन पर अनेक ग्रन्थ लिखे व सम्पादित किए गए हैं। अनेक देशी विदेशी कविता संचयनों में उनकी कविताएँ सम्मिलित हैं। अनेक भाषाओं में उनकी कृतियों के अनुवाद हुए हैं जिनकी सूची अन्त में दी गई

है। उन पर लिखे आलोचनात्मक निबन्धों का यह चयन दो खंडों में है : *अन्वय* और *अन्विति*।

अन्विति उनकी कृतियों को केन्द्र में रख कर लिखे निबन्धों का चयन है। इसमें मुख्य रूप से वर्ष 2015 तक यानि *कुमारजीव* के प्रकाशन तक की कृतियों पर केन्द्रित लेख शामिल किए गए हैं। *कुमारजीव* के बाद उनकी तीन अन्य कृतियाँ प्रकाशित हुई हैं : *लेखक का सिनेमा, न सीमाएँ न दूरियाँ* एवं *बेचैन पत्तों का कोरस*। इनमें से सिने-समीक्षा पर आधारित *लेखक का सिनेमा* पर विष्णु खरे एवं गीत चतुर्वेदी के आलेख शामिल किए गए हैं। कहना न होगा कि कुँवर नारायण का कृतित्व बहुवस्तुस्पर्शी है। 2002 से पहले तक उन पर एवं उनकी कृतियों पर लिखे महत्त्वपूर्ण लेखों का संचयन *उपस्थिति* (सं. यतीन्द्र मिश्र) में समाविष्ट किया गया है।

आशा है, कुँवर नारायण की कविता और उनके साहित्यिक व्यक्तित्व में रुचि रखने वाले सुधी साहित्यिक जनों को ये दोनों खंड उपयोगी एवं प्रासंगिक जान पड़ेंगे।

–ओम निश्चल

आलेख-क्रम

कुमारजीव (2015)

लेखक का सिनेमा (2017)

परिशिष्ट

चक्रव्यूह [1956]

मिथकीय अवधारणा और 'चक्रव्यूह'

संगीता विजय जठार

1

हिन्दी साहित्य में कवियों के अन्तर्गत कुँवर नारायण का नाम आदर से लिया जाता है। कुँवर नारायण 'समकालीन कविता' के ख्यात कवि माने जाते हैं। 'समकालीन' का अर्थ है–जो अपने तत्कालीन परिवेश में सजग रहता है और उसकी अभिव्यक्ति करता है। कुँवर नारायण की कविताएँ अज्ञेय द्वारा सम्पादित 'तीसरा सप्तक' में संकलित हैं। कुँवर नारायण मानवीय मूल्यों की तलाश में रहने वाले कवि हैं। उनकी कविता में आधुनिक भावबोध है तो दूसरी ओर तर्क, विचार एवं चिन्तन की प्रधानता होने के कारण उनमें वैज्ञानिक बोध दिखाई देता है। कुँवर नारायण ने अपने जीवन में काफी भ्रमण किया है। परिणामत: उनकी विचारधारा पर पाश्चात्य विचारधारा का भी प्रभाव है। उनकी कविता में वैज्ञानिक दृष्टिकोण एवं विचार वैभव की प्रमुखता दिखाई देती है। उन्होंने कविता में केवल 'भावना' और 'संवेदना' को ही महत्त्व नहीं दिया बल्कि उनका कहना है कविता में विचार, चिन्तन और दर्शन भी होना आवश्यक है। कुँवर नारायण जी की कविता में प्रतीकों, मिथकों का प्रयोग भी पर्याप्त मात्रा में हुआ है।

कुँवर नारायण चिन्तक कवि हैं। 'चक्रव्यूह' उनका पहला कविता-संग्रह है, 'परिवेश : हम तुम दूसरा' और 'आत्मजयी' एक चिन्तनपरक प्रबन्ध विधान। 'आत्मजयी' की कथा-वस्तु 'कठोपनिषद्' की 'यम-नचिकेता' कहानी पर आधारित है। उपनिषद-काल वैदिक-काल के भौतिकवाद के विरुद्ध एक आध्यात्मिक प्रतिक्रिया है। इस वृत्ति में भी भौतिकता के विरुद्ध इसी प्रकार की प्रतिक्रिया व्यक्त की गई है। इस मिथक के सहारे भीतर, बहुत भीतर पैठकर यह ज्ञान प्राप्त करता है क्योंकि जो कुछ है वह भीतर है।

'चक्रव्यूह' से 'आत्मजयी' तक की यात्रा को विकास न कहकर छलाँग कहना अधिक औचित्यपूर्ण है। कुँवर नारायण जी का कहना है कविता में अनुभव के प्रति तीव्र और विचारपूर्ण प्रतिक्रिया आवश्यक है। 'चक्रव्यूह' का केन्द्रीय कथ्य यही है–'मैं

नवागत का वह अजित अभिमन्यु हूँ / प्रारब्ध जिसका गर्भ में हो चुका निश्चित / अपरिचित ज़िन्दगी के व्यूह में फेंका हुआ उन्माद / बाँधी पंक्तियों को तोड़ / क्रमशः लक्ष्य तक बढ़ता हुआ जयनाद।' यहाँ पर ज़िन्दगी का ही चक्रव्यूह नहीं है। कविता की भी बँधी हुई पंक्तियाँ हैं–प्रयोगवाद, प्रगतिवाद, नई कविता। इनसे अलग-अलग हटकर पूरी तटस्थता से कवि आज की मौलिक समस्याओं की तह में घुसता है। 'चक्रव्यूह' में ही वह कहता है–'पूज्य मिट्टी है मगर पत्थर नहीं, कर्मयोगी आदमी बंजर नहीं।'

भारतीय मिथक परम्परा का श्रीगणेश ऋग्वेद से हुआ। वेदों की प्राचीनता सार्वभौम है। वेदों का रचनाकाल विवादग्रस्त है। वेदों से लेकर उपनिषद्, रामायण, महाभारत, पुराण, बौद्ध तथा जैन धर्म तक के साहित्य में भारत के मूलभूत मिथक विद्यमान हैं। अब हम इस 'मिथक' शब्द का अर्थ देखते हैं–

'मिथक' में अर्थ तभी हो सकता है, जब उसकी संरचना का कोई आर्थिक अथवा सामाजिक तर्क हो। मिथक की संरचना में परिवर्तन होता रहता है। मिथक का अर्थ उसके कथ्य में निहित है, जो मनुष्य व्यक्त करना चाहता है। हम देखते हैं कि आधुनिक कला-साहित्य में मिथक का प्रयोग अधिक हुआ है। हिन्दी में 'मिथक' शब्द का प्रयोग आधुनिक काल में आरम्भ हुआ। यह शब्द आचार्य हजारीप्रसाद द्विवेदी की देन है। संस्कृत के 'मिथ' शब्द के साथ कर्तावाचक 'क' प्रत्यक्ष जुड़ने से इसका निर्माण हुआ है। संस्कृत में 'मिथ' शब्द का अभिप्राय प्रत्यक्ष ज्ञान के लिए भी होता है तथा दो तत्त्वों के परस्पर सम्मिलन के लिए भी। मिथक के सन्दर्भ में दोनों ही अर्थ जुड़े हुए प्रतीत होते हैं। वह लौकिक तथा अलौकिक तत्त्वों का सम्मिश्रण है। लौकिक तत्त्व प्रत्यक्ष अनुभूति है तो अलौकिक अध्यात्म तत्त्व। दोनों का मिश्रण मिथक के रूप में द्रष्टव्य है। कुछ मनीषियों ने माना है कि आचार्य द्विवेदी ने इसका निर्माण अंग्रेजी के 'मिथ' के आधार पर किया है। 'क' प्रत्यय जोड़ उन्होंने इसे हिन्दी का शब्द बना दिया है।' (डॉ. उषा पुरी, 1985)

उपर्युक्त विवेचन से 'मिथक' शब्द का अर्थ ध्यान में आता है। आज अच्छी कविताएँ मिथक को आधार बनाकर लिखी गई हैं। मिथक कविता ने हर साहित्य में अपना ऊँचा स्थान बनाया है। इस कारण वह अधिक लोगों तक पहुँच गई है। साहित्य में मिथक का प्रयोग होने के कारण सामाजिक, मनोविज्ञान, अर्थव्यवस्था, कला तथा सौन्दर्यबोध समझने में मदद मिली है। मिथक का अध्ययन सिर्फ़ अतीत का ज्ञान नहीं है, बल्कि वर्तमान का भी अन्वेषण है।

'भगवत शरण उपाध्याय ने मिथक का एक स्रोत संस्कृत का 'मिथ' माना, जिसका अर्थ है–'रहसि' (जिससे रहस्य बनता है), अर्थात एकान्त, निर्जनता। उन्होंने 'मिथ' विन्यस्त संयोग में 'मिथुन' की ओर संकेत किया, जिसके प्रमाण हैं संस्कृत का समूचा ललित साहित्य और भारतीय मन्दिर। मिथुन विपरीत लिंगी जोड़े को कहते हैं। इससे क्लाड लेबी स्ट्रास के 'विरुद्धों के युग्म' की संगति बैठती है। उसका कहना है कि

हर मिथक के जीवन–मृत्यु, सकारात्मक–नकारात्मक, पितृसत्ता–मातृसत्ता, शान्ति–युद्ध, स्त्री–पुरुष के युग्म मिलते हैं। इस युग्म के क्रिया–व्यापारों से ही मिथक की रचना होती है।' (शंभुनाथ, 1985)

उपर्युक्त जानकारी से 'मिथक' शब्द का अर्थ अधिक स्पष्ट हो जाता है। आदिम युग से ही देवताओं तथा अलौकिक सत्ता से सम्बन्धित मिथक मिलते आए हैं। भारत में विकसित देव–मिथक यहाँ की संस्कृति की सृजनात्मकता के अंग थे। उन पर धर्म का दर्शन टिका हुआ था। विभिन्न देवताओं के मिथकों ने समय की धारा में नूतन–मानवीय आशाओं, आकांक्षाओं तथा संघर्षों को उदात्त वाणी दी थी। वैदिक मिथकशास्त्र की रचना प्रकृति के अतिमानवीयकरण से हुई। देव–मिथकों के विकास से मानव जीवन की बदलती प्रणालियों, अर्थरचना और जातीय विश्वासों का भी पता चलता है।

'मिथकों की आधुनिक विवेचना की शुरुआत ग्यांबतिस्ताविको (1725) ने की। उसने मिथक को वर्गीय प्रतीक के रूप में स्थापित कर मानवीय विचार और सामाजिक संस्थाओं के चक्रीय विकास का इतिहास सामने रखा। इतिहास परिप्रेक्ष्य में मिथक को देखना एक नई बात थी जो विको से शुरू हुई।' (शंभुनाथ, 1985)

विश्वभर में जितने भी मिथक हैं उनमें से प्रकृति को सर्वाधिक ताकतवर रूप में देखा गया। दिन और रात्रि के मिथकों में चारों समानता मिलती है, क्योंकि सूर्य और चन्द्रमा के मिथक हर समाज में हैं। चाँद–तारों को सृजन की शक्तियों के रूप में समझा गया। भारतीय मिथकशास्त्र में सूर्य सात घोड़ों के रथ पर सवारी करते हैं। ग्रीक मिथकशास्त्र में सूर्य देवता का नाम 'हेलियस' है, जो चार घोड़ों के रथ पर सवार रहते हैं। मिस्र में एपिस नाम का सांड़ उत्पादकता का प्रतीक है। ऐसे अन्यान्य प्रकार के मिथक तथा प्रतीक सभी को मालूम हैं। मिथकों के कारण हम उस मनोसामाजिक कल्पना तक पहुँच जाते हैं, जैसे समाज कैसे चलता है, इसका क्रम क्या है, इस क्रम पर किन शक्तियों का नियंत्रण है; आदि मन में स्थित सवालों के जवाब हमें मिथक के माध्यम से मिल जाते हैं।

अब हम इतिहास की अवधारणा में मिथक को देखते हैं। आधुनिक काल में मिथक को लेकर अनेक सवाल हमारे मन में आते हैं। क्या इतिहास ने मिथक की जगह छीन ली है? क्या मिथक वहीं शुरू होता है, जहाँ इतिहास खत्म होता है? इन सवालों के साथ और एक सवाल है, इतिहास की अवधारणा में मिथक का कितना स्थान है? हम देखते हैं कि पहले देवता और जगत् की उत्पत्ति के मिथकों का संकलन अधिक मात्रा में किया जाता था। 'सामाजिक संघर्षों की कथा का मिथकों के जरिए विकास होता था और जीवन की बदलती अवधारणाओं का संकेत मिलता था। आर्थिक मनुष्य का सांस्कृतिक इतिहास जानने के लिए जातीय मिथकों का वैज्ञानिक अध्ययन ज़रूरी है। इस परिप्रेक्ष्य में इतिहास ने मिथक की जगह छीन लेने की जगह पर उसके कार्यों को आगे बढ़ाया है। इसने जनजीवन की व्यवस्था का विश्लेषण गहरी अन्तर–अनुशासनात्मक पद्धति से करना शुरू किया है। फलतः मिथक की ज़रूरी भूमिका

एक नए परिप्रेक्ष्य में उजागर हुई है। मिथक के पास इतिहास की तरह तथ्यात्मक दस्तावेजों का भंडार नहीं होता, फिर भी वह इतिहास का इतिहास बतलाता है। हर जाति अपनी ऐतिहासिक सच्चाइयों को मिथकों में प्रकट करती है और उन्हें अपने जीवन के आसपास रखती है। उसके लिए इतिहास से अधिक आत्मीय और विश्वसनीय उसके मिथक होते हैं।' (शंभुनाथ, 1985)

इतिहास की उपर्युक्त अवधारणा और मिथक के अन्तर्गत जितने भी विचार व्यक्त हुए हैं उनसे समझ में आता है कि इतिहास मिथक का विज्ञान है। मिथक इतिहास की संवेदना है। वह वस्तुतः जनता का भोगा हुआ ऐतिहासिक यथार्थ है। मिथकीय भाषा अथवा कथन बहुत बिखरा तथा टूटा हुआ होता है उसे ही ढूँढ़ना और एक व्यवस्थित क्रम में रखना इतिहास का काम होता है। मिथ-कथाओं में इतिहास की वस्तु छिपी रहती है। ऐतिहासिक प्रवृत्तियों के विश्लेषण के बहुत से आयाम मिथकों की देन हैं, खासकर सांस्कृतिक आयाम। इतिहास की छिपी वस्तु की खोज ज़रूरी इसलिए है कि मिथकों से कई विलुप्त युगों की जीवन पद्धति और संवेदनाओं को समझने में मदद मिलेगी। उनके जरिए पता लगने वाले वंशवृक्ष या इतिहास पर हम कितना भरोसा कर सकते हैं–यह सवाल उठ सकता है, परन्तु प्राचीन काल के लोग इतिहास से विमुख नहीं थे। इस बात का पता हमें मिथकों से चलता है।

मिथक इतिहास की गहरी समझ का दरवाजा है। हम जानते हैं कि इतिहास मनुष्य के सामाजिक विकास की पहचान करता है। 'पहले पुरावृत्त को ही इतिहास समझने की परम्परा थी–'चिरम्। चिरंतनम्। पुराणमित्यन्तिरम्। अतीतम्। यथा इतिहासः पुरावृत्त किति के चित्' (शब्द कल्पद्रुम) चिरंतन अतीत की ऐतिहासिक गाथा को परावृत्त समझने के कारण कुछ विद्वानों ने देवकथा, पुराण कथा आदि को छोड़कर इसे मिथक का समानार्थी माना है। और बताया है कि वेद, उपनिषद या पुराण की कथाओं में अनेक पुरावृत्त हैं, जिनका साहित्यिक मूल्य है। वैदिक कथाओं से अद्यतन काल तक रचित अनेक कथाकाव्यों में पुरावृत्त मिलते हैं।' (शंभुनाथ, 1985)

मिथक प्रागेतिहास की चीज़ है। मनुष्य की वैज्ञानिक सूझबूझ अतीत में जहाँ समाप्त होती है और उसके पार की घटनाओं के पुरातात्त्विक अवशेष नहीं मिलते, साथ ही वह घटना या कथा कैसे घटित हुई इस बात का पता नहीं लगाया जा सकता उसे ही प्रागेतिहास का काल कहा जाता है। जो इतिहास के भी पहले व्यतीत हुआ है। राम, कृष्ण, शिव, काली आदि प्रागेतिहास की चीज़ें हैं या इतिहास की हैं। वस्तुतः ये सभी मिथक हैं और मिथक मानवीय प्रकृति का सारतत्त्व होता है। इस तरह मिथकों के निर्माण में इतिहास और प्रागेइतिहास दोनों का योग है। इससे हम कह सकते हैं कि मिथक जीवन के व्यापक अर्थों की खोज है। कोई भी भाषा मिथकरहित नहीं है, बल्कि मिथक ही उसकी सर्वप्रमुख शक्ति है। मिथक स्वयं निर्मित अन्तर्विरोध को नहीं तो सामाजिक अन्तर्विरोध को व्यक्त करता है। सामान्यतः हर मिथक में कौरव-पांडव, राम-रावण, शिव-दक्ष प्रजापति आदि की तरह के युग्म मिलते हैं।

उपर्युक्त विवेचन से हमें समझ में आता है कि वस्तुवादी दृष्टिकोण ने मिथक की धार्मिक रहस्यमयता को तीखी चुनौती दी जिसके परिणामस्वरूप मिथक के प्रति एक बौद्धिक वैज्ञानिक समझदारी का विकास हुआ। मिथक की आधुनिक व्याख्या लोगों को उनकी परम्परा के बारे में फिर से बता रही है। इस नई समझदारी का धरातल आध्यात्मिक न होकर वस्तुवादी है। इस प्रकार मिथक मनुष्य के भौतिक जीवन का एक सांस्कृतिक उत्पादन है।

अब हम मिथक की सामाजिक भूमिका को देखते हैं।

मिथक और समाज के बीच गहरा सम्बन्ध है। मिथक जीवन में हर जगह है–धर्म, व्यापार, खेलकूद, राजनीति, विज्ञान, शिक्षा, प्रशासन, कला इत्यादि में मिथक का समावेश है। 'ब्रोनिस्ला मालिनोवस्की ने मिथक को सामाजिक चार्टर कहते हुए लिखा था–मिथक पवित्र सामाजिक परम्पराएँ हैं, जो वर्णनात्मक स्तर पर संस्कृति के भीतर मानवीय विश्वासों, क्रिया-अनुष्ठानों तथा नैतिक आचरण की पद्धतियों का उद्‌घाटन करती हैं। प्रत्येक मिथक स्वाभाविक रूप में साहित्यिक अन्तर्वस्तु है। वर्णनात्मक कथा का अर्थ भी साधारण मनोरंजक कथा अथवा व्याख्यात्मक वक्तव्य नहीं है।' (शंभुनाथ, 1985)

आद्यरूपीय समाज में मिथक जनजीवन के धार्मिक और आर्थिक सम्बन्ध निर्धारित करते हैं। उन्हें राजनैतिकार्थिक व्यवस्था के विकासशील ढाँचे में व्यक्त करते हैं। सामान्य पढ़ी-सुनी जाने वाली कथा का अस्तित्व जल्दी मिट जाता है, किन्तु मिथकीय कथाएँ जातीय सांस्कृतिक भावना से जुड़ी होने के कारण सामाजिक विचारों और व्यवहारों के स्वरूपों का दीर्घकाल तक निर्धारण करती हैं। इन कथाओं में भावात्मक आवेग अधिक होते हैं। इनमें सामाजिक निर्माण का इतिहास होता है। इनमें कल्पना, बिम्ब तथा जीवन की व्यापक प्रक्रिया मिलती है। रचनाकार अगर किसी मिथक को साहित्यिक रूप देता है तो वह एक खास सामाजिक रचना या जीवन-पद्धति को लेकर विवेचन करता है।

लोककथाओं के विभिन्न रूप हैं, जिनका सामाजिक महत्त्व है। ग्रामीण कृषि जीवन की अनेक कथाएँ लोककथा के रूप में जनता के कंठों में जीवित हैं। इनमें सामाजिक मिथक भी प्रतिबिंबित होते हैं। कोई समाज जितना भी पिछड़ा, पराजित, शोषित अथवा दलित क्यों न हो, उसमें हर हालत में खड़ा होने और चल पड़ने की शक्ति होती है। सांस्कृतिक जीवन के मिथक उसकी शक्ति के सबसे बड़े स्रोत हैं। वे वास्तव को समझने अथवा पहचानने के लिए प्रेरित करते हैं।

मिथक का स्वरूप सामान्यत: लोककथात्मक होता है और उनमें आदिम रूप मिलते हैं। मिथक का स्वरूप सामान्य गल्प की कोटिवाली लोककथाओं जैसा नहीं होता। जैसे 'अनारकली' का किस्सा सामान्य गल्प है, जबकि सोहनी-माहीवाल की लोककथा में मिथकीय तत्त्व है। बेताल की कहानियाँ सामान्य गल्प हैं, जबकि 'पंचतंत्र' या 'कथा सरित्सागर' की कथाओं में मिथकीय तत्त्व प्रचुर है।

मिथक की रचना जादूगर, धर्मगुरु या वैज्ञानिक नहीं करता। जनता अपने मिथकों

की रचना करती है। अक्सर वह जादू, धर्म या विज्ञान के परम्परागत या अमानवीय स्वरूप के प्रतिवाद में यह रचना करती है। कोई सामाजिक व्यवस्था अपने प्रचार के रूप में कलात्मक सृजन का विकास करती है। मिथक उन्हीं कथाओं को कहते हैं, जो किसी न किसी रूप में पवित्र धार्मिक अनुष्ठानों से बँधी रहती हैं। 'मिथक एक सांस्कृतिक संरचना है। संस्कृति का हर संरचनात्मक रूप कार्यशील (फंक्शनल)है। मिथक स्रोत और अस्तित्व धार्मिक क्रियानुष्ठान के बाहर है। अत: उसके कार्यशील स्वरूप का विश्लेषण किस प्रकार करना चाहिए। क्लाइड क्लुखोन मिथक और धार्मिक क्रिया अनुष्ठान की 'जटिल अन्तर्निर्भरता' की बात करता है। वह मालिनोवस्की की स्थापनाओं को अन्तत: स्वीकार कर लेता है कि ट्राब्रियांड द्वीपवासियों के मिथक किस प्रकार उनके सामाजिक, सांस्कृतिक विश्वासों और व्यवहारों के चार्टर हैं। मालिनोवस्की उस मिथक को मिथक न कहकर बूढ़ों का ऐसा किस्सा कहता था, जिसकी अभिव्यक्ति क्रिया अनुष्ठान में नहीं होती। मिथक का काम उसकी व्याख्या करना तथा समाज की एकता और निरन्तरता के लिए उसे एक अर्थ देना था।' (शंभुनाथ, 1985)

मिथक में तर्कहीन कथा नहीं होती। हर मिथक में एक सामाजिक, आर्थिक तर्क रहता है। मिथकों में जो जगह पहले धर्म की थी, अब राजनीति और विज्ञान ने ले ली है। मिथक सिर्फ़ हिन्दू पुराण कथाओं में नहीं थे, आधुनिक कला और सामाजिक जीवन में भी हैं। विज्ञान के युग में भी अनुभव और सोच की प्रक्रिया में मनुष्य मिथकों की रचना निरन्तर कर रहा है। उसकी अभिव्यक्ति का एक रूप मिथकीय है, यह रूप बहुत स्वाभाविक है। एक रूप दूसरा भी है, जो मिथकीय नहीं है। इसलिए हर एक व्यक्ति को एक बात ध्यान में रखनी चाहिए क्या मिथक है, और क्या नहीं है। जीवन के सभी क्षेत्रों में मिथकों का प्रयोग हो रहा है, आर्थिक विकास की पूँजीवादी योजनाएँ आज के सबसे बड़े मिथक हैं। जनगणना और किसान रैली मिथक हैं। चुनाव एक मिथक है, प्रशासन, शिक्षा और कानून मिथक बनते जा रहे हैं। व्यावसायिक संस्थानों के विज्ञापन मिथकीय संकेतों में भरे पड़े हैं। जीवन में खोखली अमीरी के मिथक बढ़ते जा रहे हैं। इस प्रकार मिथक समाज के ऐतिहासिक विकास की पहचान में सहायक हैं। हम कह सकते हैं कि समाज मिथकों के कलात्मक स्वरूप के अनुभव से गुजर रहा है।

अब हम साहित्य के क्षेत्र में मिथक का क्या स्थान है, इस बात को देखते हैं। भाषा जब तक रहेगी मिथक भी रहेगा। साहित्य के क्षेत्र में मिथक का प्रयोग अधिक मात्रा में हुआ है। आधुनिक काल में लेखक मिथक के सहारे वर्तमान काल की समस्या को उद्‌घाटित करते हैं। 'प्रियप्रवास' का कविता के इतिहास में महत्त्व इसलिए है कि बड़े साहस के साथ 'हरिऔध' ने खड़ीबोली को अपने काव्य की भाषा बनाया और राधा-कृष्ण के मिथकों को मध्यकालीन बोध से काफी हद तक मुक्त करके एक बौद्धिक धरातल देने की चेष्टा की। प्रियप्रवासकार ने अपनी सीमा के भीतर कृष्ण के मिथक की आधुनिक पहचान की है। मध्यकालीन भक्त कवियों ने राम के मिथक

को लेकर सामाजिक आदर्शों, मनोसौन्दर्यात्मक एवं नैतिक प्रतिमानों को स्पष्ट किया है। भारतीय संस्कृति के मिथकों ने एक युग से दूसरे में पदार्पण किया। मिथकीय संवेदना एवं युगीन बोध के परिवर्तन के साथ हिन्दी कविता की आन्तरिक संरचना में भी परिवर्तन आया। 'साकेत' के कवि मैथिलीशरण गुप्त ने अपने राम को नए युग की प्रेरणा और आकांक्षाओं की इसी पृष्ठभूमि में स्वीकार किया और आधुनिक राम काव्य की रचना की।

राम के मिथक को केन्द्र में रखकर रचित काव्यों में 'साकेत', 'तुलसी' के 'रामचरितमानस' के बाद ऐसा दूसरा महत्त्वपूर्ण ग्रन्थ है, जिसमें नई मानवीय आस्था का प्रतिबिम्ब मिलता है। राम के सृजनात्मक मिथकों में लगातार भिन्नता वाल्मीकि के पश्चात् भवभूति, तुलसीदास तथा मैथिलीशरण गुप्त में अपने-अपने युग की संस्कृति की इच्छाओं के आधार पर आती गई। मैथिलीशरण गुप्त के हृदय की भक्ति मध्ययुगीन संस्कारों से मुक्त नहीं है, किन्तु काव्य में उन्होंने राम को नई काल्पनिकता के साथ मानवीय आधार पर प्रतिष्ठित किया है। राम के मिथक में सामाजिक द्वन्द्व तीव्र हो गया था, जिससे वह धीरे-धीरे आधुनिक युग की भावनाओं के अधिक समीप पहुँच गए थे। मिथकीय पात्रों में राम, यह पात्र अपने आप में भारतीय जीवन के एक सर्वमान्य आदर्श के रूप में आराध्य रहे हैं। मैथिलीशरण जी ने राम के मानवीय व्यक्तित्व में उच्च आदर्श की प्रतिष्ठा की, जिसके साथ निःसन्देह कई सामंती मूल्यों की भी पुनर्प्रतिष्ठा एवं राष्ट्रीय पूँजीपति वर्ग के आदर्श की प्रतिष्ठा भी हुई।

आधुनिक जीवन की संवेदना को मिथकीय स्तर पर व्यक्त करने में महाभारत के कथा प्रसंगों ने प्रभावशाली भूमिका निभायी है। मिथक शास्त्रीय इतिहास इसका प्रमाण है कि सभी देवताओं के बीच आपस में सत्ता संघर्ष चल रहा है। शिव का मिथक आधुनिक जीवन की समस्याओं को साथ लेकर उजागर होता है। उसका समग्र संकेत आज के महानगरीय परिवेश में घुटन और यातना के मध्य जीते मनुष्य की ट्रेजडी की ओर हैं।

'भाषा को यथार्थवाद से जोड़नेवाले आलोचकों ने तार्किक अनुभववादियों की भाषिक कृत्रिमता का विरोध किया। उन्होंने नया संकेतात्मक रूप दिया। यथार्थ को व्यक्त करने के सर्वाधिक संप्रेषणीय माध्यम के रूप में भाषा का एक नया स्थान बना। वह आर्थिक मनुष्य के अस्तित्व को व्यक्त करने का माध्यम हो गई। मनस्तत्व, अध्यात्म या अनुभववाद तक सीमित न रहकर वह पदार्थ के द्वन्द्वात्मक विकास से जुड़ गई। परम्परा के सान्निध्य में वस्तुजगत की पूरी प्रक्रिया भाषा में पैदा होती है।' (शंभुनाथ, 1985)

उपर्युक्त विवेचन के आधार पर हम कह सकते हैं कि भाषा वह खेत है, जहाँ मिथक की उपज होती है। हर एक काल का समाज अपनी जरूरतों के मुताबिक फसल तैयार करता है। आधुनिक कवियों द्वारा अपने काव्यों के अन्तर्गत मिथक का समावेश करने के कारण पाठक रुचि से उसे पढ़ता है। साथ ही लेखक तथा कवि

के मन की अनुभूतियों को समझ सकता है। जीवन के गतिमान सौन्दर्य को जनता के समग्र संघर्ष के विविध रूपों में पहचानना तथा संघर्ष को जीवन की सौन्दर्य चेतना द्वारा विकसित करना, इस तरह सौन्दर्य की भूमिका का वस्तुगत अन्वेषण करना ही मुख्य कवि-कर्म है, विगतकाल की मिथ कविता ने यह भूमिका निभायी और आज का कवि भी जातीय मिथकों की विकासशील भूमिका जीवन के सौन्दर्य और संघर्ष के बीच ही स्वीकार करता है, अलग से नहीं। मिथकों के प्रयोग से साहित्य में संवेदना का तथा भावना का निर्माण होता है।

साहित्य में मिथक का प्रयोग किस तरह से हुआ है यह अध्ययन करने के बाद मालूम होता है कि मिथक का व्यापक रूप साहित्य में पाया जाता है। बावजूद इसके विस्मय की बात है कि मिथक से भी अधिक रूपक, प्रतीक तथा बिम्ब का प्रयोग हुआ है। इस प्रकार हमें आधुनिक कविता में मिथक का स्थान तथा उसका महत्त्व मालूम हो जाता है।

2

अब कुँवर नारायण जी के 'चक्रव्यूह' अन्तर्गत 'मिथकीय चेतना' को देखते हैं। कुँवर नारायण जी के 'चक्रव्यूह' कविता-संग्रह का पहला संस्करण 1956 ई. में प्रकाशित हुआ था। ये कविताएँ आज भी हमारे हृदय को छूती हैं। कुँवर नारायण जी की इन कविताओं में जो एक व्यवस्था है, वह चार खंडों में विभाजित की गई है जिनके उपशीर्षक हैं–'लिपटी परछाइयाँ', 'चिटके स्वप्न' 'शीशे का कवच' और 'चक्रव्यूह'। इन चार खंडों का समावेश 'चक्रव्यूह' के अन्तर्गत किया गया है। कुँवर नारायण जी ने 'चक्रव्यूह' के अन्तर्गत उनका वैयक्तिक नहीं, वैश्विक सन्दर्भ रखा है लेकिन जिसे समझने के लिए हर एक व्यक्ति को स्वाधीनोत्तर भारतीय मन को ही नहीं, भारतीय राज्य-व्यवस्था के चरित्र को भी ध्यान में रखना होगा। कुँवर नारायण जी यदि यह जानते हैं कि कल का अभिमन्यु या आज का ही अभिमन्यु ज़िन्दगी के नाम पर हारा हुआ तर्क है तो यह कहने का साहस भी रखते हैं कि छल के लिए उद्यत व्यूह-रक्षक वीर कायर है। अनुष्ठानपूर्वक, पूजकर मारे जाने वाले जीव की पीड़ा कवि-संवेदना से एकमेव होकर समष्टि की पीड़ा बन जाती है, और ऐसे में ईश्वर उसका अन्तिम भय!

कुँवर नारायण जी के काव्य के बारे में अगर हम संक्षेप में कहना चाहें तो कह सकते हैं कि उनकी काव्य-चेतना और उसकी विकास-यात्रा में उनके इस कविता-संग्रह का मूल्य-महत्त्व बार-बार उल्लेखनीय है। कुँवर नारायण जी ने कहा है कि 'चक्रव्यूह मेरे लिए एक मानसिक यात्रा रहा है। एक भटकता हुआ सौन्दर्यबोध जो जीवन को टटोलता है, स्वीकृत होने के लिए। एक सहानुभूतिपूर्ण स्पर्श के लिए। भीतर की प्रकृति बाह्य प्रकृति में ऐसा सम्बन्ध खोजती है, जिसका आधार सौन्दर्य है, जिसका माध्यम मनुष्य हो और जिसकी उपलब्धि शान्ति हो। मन आन्तरिक स्तर पर पहले उस स्वारस्य और सामंजस्य को पा ले जहाँ बाहरी जीवन के विरोध और अनास्था उसे छिन्न-भिन्न

न कर सकें तभी जीवन को कोई महत्त्वपूर्ण अर्थ दे सकना सम्भव होगा।' (परिवेश : हम-तुम, काव्य-संग्रह)

कुँवर नारायण जी द्वारा जो प्रतीक अतीत संस्कृति से ग्रहण किए गए हैं उनमें महाभारत के उपाख्यानों का आधार अधिक लिया गया है। महाभारत पर आधारित प्रतीक योजना में विशेष रूप से अभिमन्यु और उसके 'चक्रव्यूह' भेदने वाले कथानक का अधिक आधार लिया गया है। कुँवर नारायण ने महाभारत से प्रभाव ग्रहण करने वाले प्रतीकों के अन्तर्गत एक और आख्यान का प्रयोग किया है और वह है भरी सभा में दुःशासन द्वारा द्रौपदी को निर्वस्त्र करने वाला प्रसंग। इसके अतिरिक्त कुँवर नारायण ने रामायण तथा अन्य पौराणिक कथाओं से भी प्रतीकों का प्रयोग किया है।

कुँवर नारायण ने व्यूह-भेदन करने वाले अभिमन्यु की कथा को दो दृष्टियों से अलग-अलग समझा है। एक यह है, ऐसा समाज पर आक्षेप लेने के लिए जो छलग्रस्त है तथा उस व्यक्ति की महत्ता प्रदर्शित करने के लिए यानी जो निर्भय होकर समाज से संघर्ष करे। कुँवर नारायण जी 'चक्रव्यूह' में कहते हैं–

यह महासंग्राम
युग युग से चला आता महाभारत,
हज़ारों युद्ध, उपदेशों, उपाख्यानों, कथाओं में
छिपा वह पृष्ठ मेरा है
जहाँ सदियों पुराना व्यूह, जो दुर्भेद्य था, टूटा,
जहाँ अभिमन्यु कई भयों के आतंक से छूटा।
जहाँ उसने विजय के चन्द घातक पलों में जाना,
कि छल के लिए उद्यत व्यूह-रक्षक वीर-कायर हैं,
घिरे अस्तित्व का हर पक्ष पहिचाना (कुँवर नारायण, 1956)

'चक्रव्यूह' की उपर्युक्त पंक्तियों को देखने के बाद मालूम होता है कि यहाँ कुँवरजी को संघर्षशील व्यक्तित्व को दिखाना है तथा आत्मविश्वास और आत्मनिर्भरता की वृत्तियों के द्योतक के लिए यहाँ प्रतीक का प्रयोग किया गया। अभिमन्यु उस निर्भय और साहसी व्यक्तित्व का प्रतीक है जो परम्परा और रूढ़ियों को ध्वस्त करने के लिए कटिबद्ध है। इस प्रकार यहाँ रूढ़ियों के विरुद्ध विद्रोह करने वाले व्यक्ति की स्थिति का परिचय कुँवर जी महाभारत के प्रतीकों द्वारा देना चाहते हैं। 'नया अभिमन्यु' आधुनिक मानव की उस मनोवृत्तियों से तथा परिस्थितियों से संघर्ष करना चाहता है यानी अभिमन्यु संघर्षशील व्यक्ति का प्रतीक है। कुँवर नारायण जी ने चक्रव्यूह में घिरे अभिमन्यु के अस्त्र टूटे पहिये का प्रतीक प्रयुक्त किया है। टूटा पहिया साधनहीन, दीन-दुखी लघु मानव का प्रतीक है। यानी हीन व्यक्तित्व को महत्त्व के धरातल पर प्रतिष्ठित करने के लिए इस प्रतीक का आधार बनाया है। 'चक्रव्यूह' की आगे की पंक्तियों में कुँवर जी कहते हैं :

वह जीव हूँ निष्पाप
जिसको पूजकर मारा गया,
वह शीश जिसका रक्त सदियों तक बहा
वह दर्द जिसको बेगुनाहों ने सहा। (कुँवर नारायण, 1956)

महाभारत की प्रमुख घटना द्रौपदी के चीरहरण का प्रतीकात्मक प्रयोग विभिन्न विचारों की अभिव्यक्ति को व्यक्त करने के लिए किया गया है। कुँवर नारायण ने रामायण के चरित्र रावण को प्रतीक के रूप में प्रयुक्त कर इस दुनिया को पूरा का पूरा प्राप्त करने के प्रयास में इसे पूरा खो देने की बात कही है। समकालीन जीवन की भयानक स्थितियों के कारण मानवीय सम्भावनाओं को ठोस और गहराई तक ले जाने के लिए कवि ने पौराणिक संवेदना और मिथक का बड़ी मात्रा में प्रयोग किया है। कुँवर जी ने उन मिथकों के जरिए आधुनिक संस्कारों के आधार पर अधिक से अधिक प्रासंगिक बनाने का प्रयास किया है। पौराणिक संवेदनाएँ और मिथक ये दोनों सामूहिक चेतना की अभिव्यंजना करते हैं जिसमें लोगों की गहरी आस्था, विश्वास और आदर्श रहते हैं। कुँवर नारायण ने 'चक्रव्यूह' के अन्तर्गत कहा है–

मैं नवागत वह अजित अभिमन्यु हूँ
प्रारब्ध जिसका गर्भ ही से हो चुका निश्चित,
अपरिचित ज़िन्दगी के व्यूह में फेंका हुआ उन्माद,
बाँधी पंक्तियों को तोड़
क्रमशः लक्ष्य तक बढ़ता हुआ जयनाद।

(कुँवर नारायण, 1956)

कुँवर नारायण जी ने स्वयं को अभिमन्यु के रूप में चित्रित कर महाभारत की प्रसिद्ध घटना को वर्तमान जीवन के संघर्षों से जोड़ दिया है। कभी-कभी व्यापक सत्य को उजागर करने के लिए कवि को लोकतत्त्वों का आधार लेकर अपनी बात को समझाना पड़ता है। कुँवर नारायण के अनुसार प्रभाव उत्पन्न करने के लिए बातों को बढ़ा-चढ़ाकर चमत्कारिक ढंग से कहने की प्रवृत्ति में हम मिथकीय सोच के बुनियादी मनोविज्ञान को आसानी से पहचान सकते हैं। किसी भी अनुभव से जब हम बेहद अभिभूत या भयभीत होते हैं तो उसके पूरे प्रभाव को दूसरे, या दूसरों तक पहुँचाना चाहते हैं–किसी अद्‌भुत या मूल्यवान अनुभव को सुरक्षित रखने के लिए केवल उस घटना मात्र को नहीं, उससे हम पर पड़े पूरे प्रभाव को भी। हमारी भाषा तब साधारण नहीं रह जाती। वह सामान्यता की सारी हदों के बाहर संवेगों और महा-बिम्बों की भाषा बन जाती है। इसलिए मिथकीय भाषा या विषय ऊपर से जहाँ बिल्कुल बचकाने या प्रतिरंजित उत्साही किस्से-कहानी की भाषा होती है वहीं उस चमक-दमक के नीचे दबी गहरे संकेतों और अभिप्रायों की गूढ़भाषा भी होती है। मिथक नितांत पुराने जमानों की तकनीक नहीं है। आज भी

नए या पुराने मिथकों का इस्तेमाल साहित्य में बहुतायत से हो रहा है। पूरब में भी पश्चिम में भी।' (कुसुम खेमानी, 2003)

कुँवर नारायण जी के उपर्युक्त मत के अनुसार 'मिथक' साहित्य के क्षेत्र में अनन्य-साधारण महत्त्व रखता है। मिथक के कारण ही कवि अपनी बात पाठकों तक पहुँचा सकता है। हम कह सकते हैं कि मिथक पाठक तथा कवियों के बीच समस्या को समझाने का तथा उस समस्या को हल करने का कार्य करता है यानी कवि और पाठक के बीच में मिथक एक कड़ी है। कुँवर नारायण के 'चक्रव्यूह' काव्य संग्रह का अध्ययन करने के बाद उनके काव्य की मिथकीय चेतना को हम समझ सकते हैं। उनके मिथकीय प्रयोगों के कारण 'चक्रव्यूह' काव्य को समझने में पाठकों को सहायता मिलती है।

कुँवर नारायण जी के काव्य की मिथकीय चेतना को समझने के बाद निष्कर्षत: हम कह सकते हैं कि–कुँवर नारायण की कविता में पुराणों के सन्दर्भ हैं तथा उन सन्दर्भों को लेकर उन्होंने समकालीन समस्याओं को उद्घाटित करने का प्रयास किया है। 'चक्रव्यूह' के अन्तर्गत जो 'अभिमन्यु' मिथकीय पात्र है उसके जरिए कुँवर जी ने संघर्ष की बात को हमारे सामने आसानी से रखा है। इन सभी बातों से उनकी मिथक शास्त्र में होने वाली रुचि का पता चलता है। अत: उनके काव्य की मूल प्रेरणा भारतीय है। उनके काव्य में ऐतिहासिक कल्पनाओं का भी समावेश है। उन्होंने समकालीन तनाव, परिवेश को स्पष्ट करने के लिए मिथकों का ही प्रयोग किया है। यह उनके काव्यभाषा के पीछे कार्यरत होने वाला मिथकोपयोग विशिष्ट दृष्टिकोण है। इस प्रकार हम कुँवर नारायण की काव्यभाषा में सृजनशीलता, विचारों की बिम्बात्मकता, प्रतीक धर्म और मिथकीय कल्पनाओं को अनुभूत करते हैं।

काव्यभाषा के प्रति उनका दृष्टिकोण सृजनशीलता और वैज्ञानिकता को ही श्रेष्ठत्व प्रदान करता है। इस तरह से कुँवर नारायण जी मानवीय मूल्यों की तलाश में रहने वाले कवि हैं। एक ओर तो उनकी कविता में आधुनिक भावबोध है तो दूसरी ओर तर्क, विचार एवं चिन्तन की प्रधानता होने से उसमें वैज्ञानिक बोध भी समाविष्ट है। अन्तत: हम कह सकते हैं कि कुँवर नारायणजी की कविता में प्रतीकों तथा मिथकों का प्रयोग पर्याप्त मात्रा में हुआ है। उनकी काव्य-दृष्टि निश्चित ही अन्य कवियों से अलग है।

जीवन की सहज स्वीकृति : मैं अनींद पथ हूँ जागते तपस्वी-सा

पंकज चतुर्वेदी

गौर से देखें; तो कुँवर नारायण की कविताओं में सत्य और स्वप्न, यथार्थ और अयथार्थ, हकीकत और रोमैंटिसिज्म के दरमियान चुपचाप एक बहस चलती रहती है। ज़िन्दगी के इन दोनों ही ध्रुवांतों के प्रति कवि गम्भीर है और इनके बीच उसकी कविता का कैनवस विस्तृत है। स्वप्न से जो राहत और खुशी मिलती है, वह दरअसल संघर्ष की ऊर्जा में बदल जाती है, पलायन का सबब नहीं बनती। कवि ने देश और काल के प्रश्न को किन्हीं सीमित और सुविधाजनक अर्थों में नहीं, बल्कि एक विशद स्तर पर उसकी समस्त संभावित जटिलता और सम्पूर्णता में हल करना चाहा है। उसके लिए सवाल सिर्फ़ समय का नहीं, 'समयातीत' का भी है और 'आदि से अन्त' ही नहीं, 'अन्त से अनंत' का भी है; बल्कि जहाँ तक नजर जाए, वहाँ तक के संज्ञान और आकलन का है–'आदि से अन्त तक/अन्त से अनंत तक/देखा पर्यन्त तक।'

जाहिर है कि सृष्टि का सच उसके लिए इकहरा नहीं, बहुस्तरीय और संश्लिष्ट है और जो इकहरा जान पड़ता है, वह समूचा सत्य नहीं, सत्य की परछाईं भर है–'पहलदार सत्यों का छाया-तन इकहरा था।' यों सचाई को पाने की कोशिश में जीवन के विभिन्न आयामों और ध्रुवों के दरमियान उसकी सतत आवाजाही और प्रश्नाकुलता निहित है। स्वभावत: वह अपनी स्थिति को अतीत और भविष्य के बीच लगातार घटित होते हुए वर्तमान के रूप में महसूस करता है–'हम एक इशारा हैं दो भिन्न दिशाओं में/हमसे होकर सदियों के प्रश्न गुज़रते हैं/हम एक व्यवस्था हैं क्षण-भंगुर जीवन की/जो हर क्षणों को सपनों से जीवित रखते हैं!'

स्वप्न जैसे कवि के वजूद की शर्त है। पर उसकी यह अनिवार्यता क्यों? कुँवर नारायण का बुनियादी मंतव्य है कि ठेठ दैहिक और सांसारिक जरूरतों की पूर्ति के लिए जीना ज़िन्दगी के उदात्त आशयों को खोना या संकुचित करना है। उनके ही शब्दों में–"...यांत्रिकता से थोड़ा अलग उसके (साहित्य के) लिए (हम) एक ऐसी जगह या स्पेस जरूर बना सकते हैं, जिसका ताल्लुक सबसे पहले हमारे मनुष्य होने की बुनियादी नियति से हो–यानी एक ऐसा भाव-जगत्,

जिसमें कुछ समय बिताकर हमें शान्ति और शक्ति मिल सके : जहाँ हम अपने रूबरू होकर ज़िन्दगी को दैनिकता और व्यावसायिकता से ज़्यादा बड़े परिप्रेक्ष्य में रखकर सोच सकें।" इसलिए कवि को निरे दुनियावी मामलों में अपनी संलग्नता के अतिरेक से तकलीफ होती है और ज़मीनी संघर्ष से श्लथ और आहत होने के क्षणों में वह अपनी कल्पना के पंखों को कविता के आकाश में तौलना चाहता है–'जितना बँध गया हूँ/देह के प्रति, विश्व के प्रति; आत्मा के नियत लौकिक दाय/उतने नहीं/ज़्यादा थक गया हूँ देख सूनाकाश; शायद पंख के बल आज भी निरुपाय/इतने नहीं।'

प्रसंगवश, विलियम वड्र्सवर्थ ने भी अपनी एक प्रसिद्ध कविता 'दि वर्ल्ड इज टू मच विद अस; लेट एंड सून' में सांसारिक व्यस्तताओं में मानवीय शक्ति के अपव्यय या 'आत्म-क्षय' की पीड़ा व्यक्त की है। अगर्चे उनका आग्रह है कि प्राकृतिक सौन्दर्य से मनुष्य विमुख न हो, बल्कि उससे संवेदनशील और उदात्त सम्बन्ध रखे क्योंकि यह सम्बन्ध अन्यथा भी अनुदार और आत्मग्रस्त होने से उसकी रक्षा करेगा–

The World is too much us; late and soon,
Getting and Spending, we lay waste our powers :
Little we see in Nature that is our's;
We have given our hearts away, a sordid boon!
The sea that bares her bosom to the moon;
The winds that will be blowing at all hours,
and are up-gathered now like sleeping flowers;
For this, for everything, we are out of tune,
It moves us not.

स्वप्न या समयातीत के प्रति आकर्षण की वजह जीवन की नृशंस वास्तविकता है, जो कई बार मनुष्य की निश्छल और मासूम आकांक्षा पर भारी पड़ती है। कुँवर नारायण ने एक कविता में उस आख्यान की पुनर्रचना की है, जिसमें एक 'दानवी माया-नगर' में भटक गया शाहजादा आखिरकार 'राजी-खुशी घर लौट आया था।' मगर अब हालात इतने विषम हैं कि इस अफसाने पर यकीन करने की इच्छा नहीं होती–'आज पर जब एक दानव/शिशु मनोरथ के घरौंदे/रौंद जाता है/न जाने क्यों सदा को एक नाता/इस व्यथा का उस कथा से/टूट जाता है/और मुझको कहीं समयातीत/हो जाना/अधिक भाता है।'

समय की जंजीरों से आजाद होने और ज़मीनी हकीकत के आततायी प्रभाव से उबरने की चेष्टा में कवि सपनों के आसमान में उड़ान का हिमायती है। पर महत्त्वाकांक्षा इतनी भी न हो कि वास्तविकता का विवेक धुंधला पड़ जाए और उस अंधी उड़ान के नतीजे में हम संपाती के मानिंद अपने पंख जला बैठें–'मोम की दीवारें/गल न

जाएँ,/सपनों के लाक्षागृह/जल न जाएँ!' इसलिए रोशनी और ताप चाहिए; मगर रास्ता दिखाने और शक्ति देने के लिए, राख करने के लिए नहीं–'धीमा कर दो प्रकाश/पर्णकुटी की छाया शीतल है/पाँवों के नीचे फिर धरती का दृढ़ तल है।'

कुँवर नारायण ऐसे कवि हैं, जो हर तरह की अति से हमें हमेशा बरजते और सावधान करते हैं। उपर्युक्त सन्दर्भ में वे यह कहने का साहस करते हैं कि जीवन को बचाए रखने और उसका पोषण करने में प्रकाश की ही नहीं, अँधेरे की भी एक खास भूमिका है। इसी तरह कविता की ज़मीन अगर नहीं है, तो उसका व्योम आत्म-छल ही साबित होगा। दूसरी ओर, ज़मीन को ही सब कुछ मान लेना एक हद तक कविता के आत्म-विस्तार में मददगार होगा, पर अन्ततः वह उसके भावी उत्कर्ष की बाधा बनेगा–"कविता में जीवन की वास्तविकताओं से सीधे जुड़ने की जो कोशिशें हुईं, उन्होंने मनुष्य की निजी और सामाजिक दुनिया को विस्तृत किया। यह ज़रूरी भी था–कविता को हमारे लिए नई तरह प्रामाणिक और प्रासंगिक बनाने के लिए। इससे जरूर वह किसी हद तक हमारी जिन्दगियों के नजदीक आई, लेकिन कभी-कभी कुछ इस तरह भी कि हमारे काव्यानुभवों का दायरा थोड़ा संकुचित हुआ। कविता की जड़ें जरूर ज़मीन में ही रहेंगी, लेकिन उन्हें पूरी तरह पनपने और प्रस्फुटित होने के लिए पूरी आजादी और खुला आकाश भी चाहिए।'

यहाँ बात अधूरी रह जाएगी, अगर यह साफ न किया गया कि कविता की ज़मीन और आसमान से कवि के संश्लिष्ट मायने क्या हैं। सौभाग्य से, एक साक्षात्कार में कुँवर नारायण ने माओ के हवाले से इस सम्बन्ध में अपने दृष्टिकोण को सामने रखा है–"माओ के एक उद्धरण पर ग़ौर कीजिए–'भविष्य की चीनी कविता लोकगीत पहले और फिर क्लासिक हो। इस आधार पर हम नई कविता रच सकते हैं कि फॉर्म में तो वह लोकगीतात्मक हो तथा विषयवस्तु में दो विपरीत गुणों का सम्मिश्रण हो–यथार्थवाद और रोमांटिसिज्म का। अत्यधिक यथार्थ-आग्रही होकर कविता नहीं लिखी जा सकती।' (चेंगतू कॉन्फ्रेंस, 22 मार्च, 1958 में एक बातचीत के दौरान) क्लासिक्स, लोकगीत, यथार्थ, रोमांस–ये कविता के, और मेरी कविता के भी, ज़मीन और आसमान हैं।" कोई अचरज नहीं कि सपनों के बगैर ज़िन्दगी कवि को निस्पंद और अनाकर्षक लगती है–'कितना खामोश है मेरा कुछ आस-पास/कितनी बेख़्वाब हैं सारी चीज़ें उदास।'

इसलिए उसे अहसास होता है कि "जीवन का मूलमंत्र सपनों पर ठहरा था।" हम चलते ज़मीन पर हैं, लेकिन उसकी प्रेरणा कहाँ से पाते हैं? सपनों के बिना क्या हमारे कर्म में सौंदर्यात्मक आवेग बना रह सकता है? मुमकिन है, वह महज ख़्वाब हो और कभी हकीकत न बन पाए। पर यथार्थ को प्रभावित करने की उसकी क्षमता भी तो एक यथार्थ है। इसी को मद्देनजर रखकर कवि कहता है कि प्रपंच सही, पर उसमें प्राणों को अभिभूत और ऊर्जस्वित करने की कितनी ताकत थी–'सत्य से कहीं अधिक स्वप्न वह गहरा था/प्राण जिन प्रपंचों में एक नींद ठहरा था।'

शुक्र है कि कवि के पाँव ज़मीन पर हैं, इसलिए यथार्थ की चोट से उसका स्वप्न टूटता भी है। स्वप्नभंग की स्थिति व्यक्ति के समाज से मुखातिब होने अथवा कवि के औरों से जुड़ने की उत्कंठा में बदल जाती है–'तालों के समतल तल/लहरों से चौंक गए/सपनों की भीड़ छंटी/निद्रालस पलकों से/मंडराते चेहरों की/व्यक्तिगत रात हटी।'

कुँवर नारायण की कविताओं की प्रमुख अन्तर्वस्तु यह है कि कवि लगातार अपने से बाहर आना चाहता है और वह एक वृहत्तर विश्व से तादात्म्य के सूत्रों की बेचैन तलाश करता है। अजनबी या पराए होने का अहसास उसके लिए सबसे दारुण है–'कभी लगता, खो गया हूँ/और जिनके बीच मेरी वेदनाएँ डोलतीं असहाय/ अपने नहीं।'

अकेलेपन को कवि ने कहीं महिमामंडित या मूल्य के तौर पर प्रस्तावित नहीं किया है। उलटे, अकेलापन उसे डराता है और अन्यों से आत्मीय होने का भाव, संबल प्रदान करता है। एकाकी होने पर भी 'आपके एकान्त में कौन होता है?'–इस प्रश्न का जवाब देते हुए कुँवर नारायण कहते हैं–"एक विश्वास कि मैं अकेला नहीं हूँ।... कभी-कभी एक भय भी कि कहीं मैं बिलकुल अकेला तो नहीं हूँ?" जाहिर है कि उनकी आस्था मनुष्यता में है और इस नाते मनुष्य से गहरे और अटूट लगाव में–"साहित्यिक दृष्टि का मूल मानवीय है तथा 'वसुधैव कुटुम्बकम' के आदर्श को चरितार्थ करने वाला। अपने को अलग करके देखने का कोई भी प्रयास अन्ततः हमारे अकेलेपन और पराएपन को बढ़ाता है इसलिए मनुष्य से बिछुड़कर कवि को यह दुनिया सूनी और विपन्न जान पड़ती है–'वस्तु का दर्पण उधर सुनसान/जो अपनों बिना वीरान।'

ताज्जुब नहीं कि इन कविताओं में कुँवर नारायण ने आत्मबद्धता अकेलेपन, एकान्त, मौन और सन्नाटे का जबरदस्त प्रतिकार किया है। एक ऐसा आत्म-संघर्ष, जो अपनी आत्यंतिकता से विचलित कर देता है–'टिक-टिक कर एक घड़ी चुप्पी को कुचल रही/लगता है दिल की ही धड़कन को निगल रही', मगर जो अपनी दिशा और परिणति से उतना ही आश्वस्त भी करता है–'लगता है, बैठा हूँ भूतों के डेरे में/सजे हुए सीलबन्द एक बड़े कमरे में/सदियों से दूर किसी अन्धे उजियाले में/अपनों से दूर एक पिरामिडी घेरे में/एक-टक घूर रहीं मुझको बस दीवारें/जी करता उन पर जा यह मत्था दे मारें/चिल्लाकर गूँजों से पत्थर को थर्रा दें.../घेरी खामोशी की दीवारें बिखरा दें/इन मुरदा महलों की मीनारें हिल जाएँ/इन रोगी ख़्यालों की सीमाएँ घुल जाएँ/अन्दर से बाहर आ सदियों की कुंठाएँ/बहुत बड़े जीवन की हलचल से मिल जाएँ।'

कवि के लिए एक ओर 'जीवन की हलचल' है दूसरी ओर 'मुरदा महलों' की कैद। एक तरफ क्रूरता, अँधेरा, निरर्थकता, अजनबीपन, चुप्पी, आत्मग्रस्तता और जड़ता है; तो दूसरी तरफ संवेदनशीलता, रोशनी, सार्थकता, प्रेम, सृजन, विशाल-हृदयता और गतिशीलता। कहने की जरूरत नहीं कि उसका चुनाव क्या है। कुँवर नारायण की कविताओं में सबसे ज़्यादा जिस चीज़ की कामना का इजहार है, वह है रोशनी। रोशनी

ज्ञान की प्रतीक है और प्रेम की भी। यों वह श्रेष्ठतम मानवीय मूल्यों की प्रतिनिधि है। प्रेम के बारे में कवि का कहना है कि वह 'मनुष्यता की सबसे सुन्दर और उदात्त अभिव्यक्ति' है। प्रेम से उसका अभिप्राय व्यक्तिगत सम्बन्ध या निजी आकांक्षाओं की तृप्ति ही नहीं है बल्कि उससे कहीं अधिक यह समूची सृष्टि के मंगल की परिकल्पना है, जिसके मूल में मनुष्य-मात्र से उसकी दुर्लभ संसक्ति सूचित होती है। इस प्रक्रिया में जो कुछ 'अनात्म' है, उसे भी कवि आत्मीय बना लेना चाहता है। लेकिन यह काम प्रकाश के बिना–मुक्तिबोध के शब्दों में कहें, तो 'संवेदनात्मक ज्ञान' और 'ज्ञानात्मक संवेदना' के अभाव में सम्भव नहीं–'तारा दीखा : /तम के अथाह में नन्ही-सी ज्योति-शिखा/मन से कुछ नाता जोड़ गई। तारा चमका :/ अजनबी परायी दुनिया से ममता आकर/कुछ मोह हृदय में छोड़ गई।'

इस तरह कवि ने अपने लिए जिस कविता का आदर्श निर्मित किया है, वह भीतर से प्रकाशित है और सजल भी। उसमें एक अनूठी मानवीय गरिमा और अँधेरे के प्रतिरोध की दृढ़ता है–'तारा फूटा : भू तक झपटी विह्वल चिनगी की दिव्य धार/तम के अलंघ्य को फोड़ गई।' ...'उगी किरणें-तरुण तन, सिक्त मन, आसक्त आनन/असित तम मानो किसी अभिशाप से छूटा।'

'जाड़ों की एक सुबह' शीर्षक कविता में प्रकृति-लीला में अँधेरे के निरसन के जो बिम्ब कवि ने प्रत्यक्ष किए हैं, वे अद्‌भुत हैं। ये दरअसल सांगरूपक हैं–इतने खूबसूरत और स्वायत्त कि प्रकाश को पाने और अँधेरे को पराभूत करने की कवि की इच्छाएँ उनमें अन्तर्व्याप्त हैं, आरोपित नहीं–'चाँद कट पतंग-सा/दूर उस झुरमुट के/पीछे गिरता जाता/किलकारी भर-भर खग/दौड़-दौड़ अम्बर में/किरण-डोर लूट रहे :/मैला तम चीर-फाड़/स्वर्ण-ज्योति मचल रही/डाह-भरी रजनी के/आभूषण कुचल रही/फेंक रही इधर-उधर/लत्ते-सा अंधकार।'

अपने आशयों के हित में वस्तुओं के इस्तेमाल का मतलब है कि वस्तु-सान्निध्य में घनिष्ठता की कमी है। इससे अर्थ की सांद्रता का क्षरण होता है। कुँवर नारायण अर्थ को आहत न करते हुए उस बेचैनी को व्यक्त करते हैं, जो चीज़ों को लेकर उनके मन में है। प्रभावशाली होने की बुनियादी शर्त है विश्वसनीयता, जिसकी रक्षा के लिए वे विचारों को अनुभव से और शब्द को कर्म से विच्छिन्न नहीं होने देते। वस्तु-साक्ष्यों से अभिन्नता की स्थिति में बिम्ब स्वयं अपना अर्थ देते हैं। यह कविता की चरम उपलब्धि है और उसके बहुअर्थगामी होने की प्रक्रिया भी। मसलन कुँवर नारायण के यहाँ प्यार और रोशनी एक-दूसरे से अविभाज्य हैं। इसलिए प्रिय की स्मृति उनके जेहन में खिंची हुई 'किरणों की अमिट रेखा' है और ध्वनि और बिम्ब जिस धुंधलके में घुल-मिल गए हैं, वह कवि के भीतर और बाहर दोनों जगह है–'किसी गोधूली में/वीणा के स्वर-सी भटकती/ओ रूपवती, ज्योति के गुबार में/मैंने तुझे देखा है।'

जिसकी स्मृति भी 'ज्योति की रेखा' के सदृश है, उससे ही यह कहा जा सकता था–'तुम्हीं बढ़कर/एक प्याला धूप छलका दो अँधेरे हृदय में।'

कुँवर नारायण मूर्त में डूबकर ही अमूर्तन को सम्भव करते हैं। उससे विलग होकर कुछ कहने का अधैर्य या प्रलोभन उन्हें नहीं घेरता। इसलिए उनका प्रेम भी निरा वैचारिक या अवधारणात्मक नहीं, किसी जीवंत वास्तविकता का सारभूत कथन है। अकारण नहीं कि प्रिय के सौन्दर्य, प्राकृतिक परिवेश और इनके अनुभव की आन्तरिकता में एक ही साथ वह रोशनी मौजूद है, जो इस बिम्बधर्मी अभिव्यक्ति को संश्लिष्ट और सार्थक बनाती है–'तुम्हारा स्पर्श मन में सिमट आए/इस तरह/ज्यों एक मीठी धूप में/कोई बहुत ही शोख चेहरा खिलखिलाकर/सैकड़ों सूरजमुखी-सा/दृष्टि की हर वासना से लिपट जाए!'

दैहिकता की इस प्रच्छन्न स्वीकृति के बावजूद कवि के लिए प्रेम किसी भोगवाद की सीढ़ी या मंजिल नहीं है; जिसमें संशय, पराजय, दुःख और अभिशाप का प्रसंग ही न उठ सकता हो या उनके प्रवेश की मनाही हो। इसके विपरीत जयशंकर 'प्रसाद' ने जिस तरह 'प्रलय' से 'हारी होड़' लगाने की बात की थी; कुँवर नारायण वह जोखिम तो उठाते हैं, पर व्यवस्था या प्रेम की प्रचलित संस्कृति से एक बहस में उतरते हुए–'न खेलूँ अगर शतरंज ऐसी ग़लत शर्तों पर/कि जिसमें सभी चालें, बस, तुम्हारी हों?–/न हो स्वीकार यदि यह खेल मुझको/जीतना जिसको/तुम्हारी बदनीयत हो–/और जिसमें हारना मेरी नियति हो?'

अगर्चे जैसा किसी ने कहा है कि प्यार में असफल होना प्यार न करने से बेहतर है; अन्याय की आशंका और हार की सम्भावना से पीड़ित होकर भी कवि उस राह पर चलता है। पंत ने लिखा था कि 'हम संवेदनशील हो चले, मिला यही सुख' और यहाँ संवेदना आश्वस्ति का सबब है क्योंकि वह प्रेम या व्यापक अर्थ में मनुष्यता के बचे होने की निशानी है–ऐसी बुनियाद, जिस पर फिर एक तामीर मुमकिन है–'प्यार की अतृप्त खंडित आत्मा!/आश्वस्त हो :/ वह दर्द जीवित है तुम्हारा!'

सवाल है कि निपट भौतिकता और भोगवाद की जिस संस्कृति का कुँवर नारायण ने अपनी कविताओं में सतत प्रतिवाद किया है, उसके किस विकल्प को वे प्रस्तावित करते हैं? जैसा कि पहले कहा गया–यह विकल्प प्यार ही है, जिसका दूसरा पहलू रोशनी है और जिसके जरिए वे नश्वरता, व्यर्थता, अजनबीपन और अंधकार से बाहर आने का रचनात्मक संघर्ष करते हैं–'प्रकृति औ' पाखंड के ये घने लिपटे/बँटे, ऐंठे तार–/जिनसे कहीं गहरा, कहीं सच्चा/मैं समझता–प्यार, मेरी अमरता की नहीं देंगे ये दुहाई/छीन लेगा इन्हें हमसे देह-सा संसार।'

यही प्यार, जो समूची सृष्टि की आन्तरिक प्रेरणा और शक्ति है, उसका उत्थान और सौन्दर्य-अनावृत्त हो सके, कवि की चरम आकांक्षा है। विडंबना यह है कि व्यक्ति और समाज ने अपने निष्करुण व्यवहार से इसी प्यार को निषिद्ध कर रखा है। इसकी वजह है, हमारी समाज-रचना और उससे प्रभाव ग्रहण करती व्यक्ति-चेतना से जुड़ी हुई समस्याएँ, जिनकी ओर कवि ने बहुत कम शब्दों में मार्मिक संकेत किया है–'गाँठ जो प्रत्यक्ष दिखलाई न देती–/किन्तु हमको चाह भर खुलने न देती।' एक भिन्न सन्दर्भ

में तुलसीदास ने सारे सांसारिक बंधनों और विषाद के मूल में इसी ग्रंथि को देखा था, जिसका छूटना तमाम बेचैन कोशिशों के बावजूद उन्हें मुश्किल जान पड़ा था–'...अभ्यंतर ग्रंथि न छूटै।' मगर इस गाँठ को खोला जा सके, तो कवि को उम्मीद है कि वह प्यार और कविता और इनमें निहित जीवन-सत्य के और नजदीक आ सकता है–'बहुत सम्भव, चुप इन्हीं अमराइयों में/गान आ जाए/अवांछित, डरी-सी परछाइयों में/जान आ जाए/बहुत सम्भव है इसी उन्माद में/वह दीख जाए/जिसे हम-तुम चाहकर भी/कह न पाए।'

इस रोशनी और प्यार से महरूम होकर हमारे पास जो बचता है या जो हम करते हैं, वह शक्ति का अपव्यय ही है–'राख-सी सांझ, बुझे दिन की घिर जाएगी/वह रोज संसृति का अपव्यय दुहराएगी।' यह अस्तित्व के होते हुए भी अनस्तित्व का भय है और आशय के बावजूद आशय की हानि है–सब कुछ में 'कुछ नहीं' की प्रतीति या उससे खुद को निर्वासित किए जाने का दंश–'घर रहेंगे, हमीं उनमें रह न पाएँगे :/समय होगा, हम अचानक बीत जाएँगे :/अनर्गल ज़िन्दगी ढोते किसी दिन हम/एक आशय तक पहुँच सहसा बहुत थक जाएँगे।'

समय की कसौटी पर स्वयं को साबित न कर पाने की वेदना से निष्कृति के लिए कुँवर नारायण रोशनी की खोज करते हैं, जो बुनियादी तौर पर जीवन और समाज से सार्थक और गहन संसक्ति की कोशिश है। महत्त्वपूर्ण यह है कि रोशनी से वे अपना ही नहीं, दूसरों का अन्तःकरण भी आलोकित करना चाहते हैं। यह जिससे प्रकाश पाया है, उसी को लौटाने की मनुष्यता है–एक अनवरत द्वन्द्वात्मक प्रक्रिया, जो उनकी काव्य-दृष्टि में बद्धमूल है। इसी रास्ते पर वह काव्य-सत्य मिल सकता है, जो काल के पृष्ठ पर कवि का अमिट हस्ताक्षर है। अपने लिए यह सफर और गंतव्य तय करते समय कुँवर नारायण के मन में निश्चय ही भारतीय काव्य और चिन्तन-परम्परा है; जिसके एक बड़े कवि निराला का यह आत्मविश्वास, प्रसंगवश, गौरतलब है–'दिए हैं मैंने जगत् को फूल-फल/किया है अपनी प्रति से चकित-चल/ पर अनश्वर था सकल पल्लवित पल।'

ऐसी काव्य-साधना के लिए कुँवर नारायण तपस्या और जागृति को अपरिहार्य मानते हैं। एक जगह उन्होंने कबीर को अपना आदर्श कवि बताया है। याद आना स्वाभाविक है कि कबीर ने कहा था-'जो जागता है, वही रोता है।' रचना के क्षेत्र में दुनियावी समीकरण नहीं चलते, बल्कि उलट जाते हैं। यहाँ स्वप्न का नाता नींद से नहीं, सत्य से है और दुःख का अज्ञान की बजाय विवेक से। कबीर ने इस फर्क को स्पष्ट किया है–'देह धरे को दंड है, सब काहू को होय/ज्ञानी भुगतै ज्ञान करि, मूरख भुगतै रोय।' इसके अलावा उल्लेखनीय है कि कुँवर नारायण ने अपनी सर्वाधिक प्रिय जिन दस किताबों का जिक्र किया है, उनमें सबसे पहले 'महाभारत' और 'भगवद्गीता' का नाम नाम लिया है। अपने एक वक्तव्य में वे इसकी वजह का खुलासा करते हैं–'कविता से अपना परिचय 'रामचरितमानस' और 'गीता' के द्वारा मान सकता

हूँ। उस समय मेरे लिए ये ग्रन्थ कविता से अधिक नैतिक और सांस्कृतिक परम्पराएँ थीं।' इसलिए उनके कवि-स्वभाव के सन्दर्भ में 'गीता' का भी स्मरण हो आता है-'या निशा सर्वभूतानाम्, तस्यां जागर्ति संयमी/यस्यां जाग्रति भूतानि, सा निशा पश्यतो मुनेः।'

यानी 'दुनिया जिसे रात समझती है, उसमें संयमी जागता है और जिन चीज़ों में दुनिया की आसक्ति है, वे मुनियों के लिए अंधकार के सदृश हैं।' इस दार्शनिक पृष्ठभूमि में कुँवर नारायण की काव्यानुभूति की संस्कृति निर्मित हुई है। वह सही और मानवीय की प्रतिष्ठा के लिए एक लगातार बेचैन कोशिश है-'मैं अनींद पथ हूँ/एक जागते तपस्वी-सा/भटके हुए चरणों की आहत प्रतीक्षा में/किसी देन की उदार इच्छा से अर्थपूर्ण।'

आत्मजयी

रामस्वरूप चतुर्वेदी

मनुष्य की सृजनात्मक सम्भावना नए लेखन की केन्द्रीय चिन्ता है। अज्ञेय (कविता और उपन्यास), देवराज (उपन्यास और विचार-दर्शन), भारती ('अंधा युग'), कुँवर नारायण ('आत्मजयी') सभी अपने-अपने माध्यमों में इस समस्या से टकराते रहे हैं। स्वयं कवि के शब्दों में, "आत्मजयी मूलतः जीवन की सृजनात्मक सम्भावनाओं में आस्था के पुनर्लाभ की कहानी है।" नवलेखन के पूर्व आधुनिक काव्य की क्लासिक रचना 'कामायनी' भी देवसृष्टि की तुलना में मानवीय जीवन के इसी विशिष्ट पक्ष को रेखांकित करती है। मृत्यु मानव-जीवन का सबसे बड़ा, निश्चित, पर समय में अनिश्चित भय है जिसकी वजह से सम्पूर्ण संसार अनर्थक लगने लगता है। इस मृत्यु-भय का अतिक्रमण मनुष्य की सृजनात्मक क्षमता ही कर सकती है। मनुष्य अपने से परे सिर्फ़ अपने सृजन में जीता है। आधुनिक युग की अधिकाधिक स्वचेतन प्रवृत्ति मृत्यु सम्बन्धी चिन्तन को बराबर गहराती जाती है, और उससे उबरने का उपाय यही है-'सृजनात्मक सम्भावनाओं में आस्था'। प्रविधि के बढ़ते दबाव और राजनैतिक जकड़बन्दी के युग में यह सृजन- सम्भावना निश्चय ही वेध्य अधिक हो गई है, और तब इसकी चिन्ता समकालीन साहित्य की यदि केन्द्रीय वृत्ति है तो यह रचनाकार का समुचित दायित्व निर्वाह ही माना जाएगा।

कहा जा सकता है, और कहा जाता है, कि यह 'अमर अर्थ में जी सकने' की समस्या समाज के बहुत थोड़े से लोगों की चिन्ता है, जिनकी भौतिक आवश्यकताएँ आसानी से पूरी हो जाती हैं, और तब वे अपने जीवन-क्रम को कृत्रिम रूप से कठिन बनाने के लिए यह सब चिन्तन करते हैं। एक निगाह में यह आलोचना सही लगती है। वृहत्तर समाज की पहली समस्या रोटी की है। भृगु की उपनिषद् कथा में ब्रह्म की पहली प्रतीति अन्न के रूप में होती है। पर रोटी से परे की समस्या सबको रोटी मिल जाने के बाद ही सोची जाएगी, यह दृष्टिकोण संकीर्ण और अव्यावहारिक है, आज के आयोजना-प्रधान युग में तो और भी अधिक! सवाल सिर्फ़ यह नहीं है कि रोटी हो, सवाल यह भी है कि उस रोटी का आस्वाद अधिकतम सम्भव रूप में हो। और यहीं भौतिक स्तर मनोवैज्ञानिक स्तर में रूपांतरित हो जाता है। रोटी, उसका स्वाद,

फिर उस स्वाद की सार्थकता—ये सारे प्रश्न एक दूसरे से जुड़े हुए हैं। सच्ची और आदर्श समाज व्यवस्था वही हो सकती है जो रोटी सबके लिए सुलभ करके फिर उससे सम्भव जीवन की अर्थवत्ता भी सबके लिए प्रमाणित कर सके। अर्थवत्ता की प्रतीति सबको हो सके, न सिर्फ़ बड़े दार्शनिकों, कलाकारों और वैज्ञानिकों को, यही भावी समाज का काम्य लक्ष्य हो सकता है।

इस माने में 'आत्मजयी' अपने युग की केन्द्रीय समस्या से सीधा जूझता है, पर इस सीधे जूझने में वह अपने लिए कई तरह की कठिनाइयाँ भी उत्पन्न कर लेता है। सबसे बड़ी कठिनाई है रचना-विधान की। 'आत्मजयी' में नचिकेता की पुराण-कथा के एकदम समानांतर रचना का इतिवृत्त चलता है। जो समस्या कवि की है ठीक वही नचिकेता की थी : मरणोत्तर जीवन-सत्य की तलाश। इसलिए वह कलात्मक तनाव 'आत्मजयी' के विधान में कम है जो व्यापक जीवन-दृष्टि को क्रमशः व्यंजित करता है। जो जीवन-दृष्टि रचना के भीतर अपनी टकराहट में से विकसित होनी थी वह ग्रहीत इतिवृत्त में पहले से ही कही हुई है। यों दी हुई कथा रचनाकार की दृष्टि पर छा गई है, जबकि काम्य फल इसका उल्टा होना चाहिए था।

एक अन्य कठिनाई प्रत्येक रचना-खंड के आरम्भ में दिए हुए मूल संस्कृत कथा के संक्षिप्त उद्धरणों से उपजती है। बार-बार लगता है कि पुराण-कथा रचना को आक्रांत किए है, रचना उसका अतिक्रमण नहीं कर पाती, जो कि उसकी श्रेष्ठतम परिणति होती। कवि इस स्थिति के प्रति सचेत है और इसलिए भूमिका में बरबस सफाई देता है, "ये कविताएँ 'कठोपनिषद्' की व्याख्या नहीं हैं। 'कठोपनिषद्' के विभिन्न श्लोकों से केवल संकेत-भर ही लिया गया है—बिना उसके अर्थ, या कठोपनिषद् में उनके क्रम को, कविताओं के लिए किसी प्रकार का बंधन माने।" क्या यहाँ यह बतलाना आवश्यक है कि कविता की समूची संरचना में संकेत का कितना महत्त्व है? हर काव्य-खंड के आरम्भ में कवि यदि किसी दूसरी रचना के अंश को शीर्ष-स्थान पर रखता जाएगा तो उद्धरण से दबकर मौलिक रचना का व्यक्तित्व क्षत नहीं होगा, खास तौर से जब उद्धरण उपजीव्य कृति से ही लिए गए हों?

इन कठिनाइयों के बावजूद 'आत्मजयी' का अपना स्वतंत्र व्यक्तित्व बनता है तो कवि की गहरी सर्जनात्मक भाषा में। इस सम्बन्ध में एक दिलचस्प और महत्त्वपूर्ण बात यह है कि कवि की भाषा में रचनात्मक क्षमता एक ओर बिम्ब-प्रक्रिया से प्रवाहित होती है तो दूसरी ओर ऐसे सीधे वाक्य-विधान भी मिलेंगे जिनमें उर्दू काव्यभाषा की तरह महज मुहाविरे की एक भंगिमा से सर्जनात्मकता सम्भव होती है। बिम्ब-प्रक्रिया को कवि अनेक नए और सावधान रूपों में परिचालित करता है। नचिकेता के पानी में डूबते हुए स्वप्न-दृश्य का आरंभिक प्रसंग है :

लपलपाती एक छाया—
जो कदाचित् आत्मा थी
—अभी काया-च्युत—

किसे दुर्घटित विस्मृत में बिछलती हुई चलती मंद
काई के सहस्रों वर्ष गहरे फ़र्श पर।

जीवन और मृत्यु की संधि-रेखा जहाँ नचिकेता इस समय है–वहाँ जल का परिवेश, और उसमें स्वप्न-दृश्य की स्थिति–इस सारे जटिल अनुभव को एक साथ साक्षात्कृत करने के लिए कवि ने उपयुक्त बिम्ब को रचा है, जिसकी अन्तिम पंक्ति में देश और काल को बड़े संवेदनशील तरीके से मिला दिया गया है–'काई के सहस्रों वर्ष गहरे फ़र्श पर'। यहाँ सामान्यत: अगर कवि को 'वर्ष' ही रखना था तो आगे वाक्य का रूप बनता 'पुराने', और अगर 'गहरे' रूप का प्रयोग करना था तो पिछला शब्द होता 'फुट'। पर 'सहस्रों वर्ष गहरे' बिम्ब में उस जीवन-मृत्यु के मिले-जुले अनुभव को देश-काल फेंट कर रचा गया है। भाषा की एक सीमा होती है कि उसकी संरचना क्रमिक होगी। उसकी रचना चित्र या कि मूर्ति की तरह समग्रता में सामने नहीं आती। बिम्ब-विधान भाषा के इस क्रमिक रूप की सीमा को तोड़ता है। अर्थ की अनेक परतों को एक साथ खोलता हुआ वह सम्पन्न होता है। इसलिए जटिल और कोमल अनुभव के तरह-तरह के तराश बिम्ब-प्रक्रिया में ही साक्षात्कृत होते हैं। वह स्थूल रूप में एक दृश्य जरूर है, पर सूक्ष्म स्तर पर अनुभव के परस्पर काटते और जोड़ते रूपों का संश्लेष है, जो संप्रेषण में चुकता नहीं, गतिशील बना रहता है। यों आलोचना की भाषा में 'बिम्ब-प्रक्रिया' प्रयोग की विशिष्ट सार्थकता है।

'नचिकेता का विषाद' खंड में 'वह बालक बहता रहा आयु के सागर पर' या कि 'उसकी निरपराध आँखों के अवसान में प्रति दिन / एक सूर्य की बलि दी जाती', अगले खंड 'प्रलोभन' में 'मैं शायद फिर भी उग सकूँ / मिट्टी से रसत्व की ओर' जैसी पंक्तियाँ काल-प्रवाह के विविध रूपों को उभारती हैं प्रतीक और बिम्ब के समन्वित प्रयोग में। 'आत्मजयी' में काल-प्रवाह और उसकी चरम परिणति को लेकर केन्द्रीय जिज्ञासा चलती है; अत: उसके विविध दृश्य बार-बार आएँ तो यह स्वाभाविक है। कवि की बिम्ब-प्रक्रिया में उनके सूक्ष्म फर्क पकड़े जाते हैं, यह उसकी रचना-क्षमता का सन्तोषजनक प्रमाण है।

जैसा कहा गया, कवि उर्दू काव्य-भाषा जैसी सीधी अभिव्यक्ति को भी जगह-जगह स्वीकार करता है। 'ग़लत जीने से/सही बातें ग़लत हो जाती हैं', 'उसे हताश मत करो काइयाँ स्वार्थों से हरा हराकर', 'अच्छा होता कि प्रतीतियाँ कुछ और बढ़तीं/चाहे ज़िन्दगी कुछ कम हो जाती', 'लगता है जैसे मैं यहाँ नहीं/कहीं और जिया गया हूँ', 'लोग हैं–सम्बन्ध नहीं', 'जड़ें फूलों की आँखों से संसार को देखती हैं'–इन टुकड़ों में बात को सीधे, वेधक तरीके से कहने की कोशिश है। रचना-प्रक्रिया के इस रूप में बात का तात्कालिक प्रभाव तीव्र और सघन होता है, पर क्रिया-प्रतिक्रिया के माध्यम से दृष्टि के दूर तक विकसित होने की सम्भावना कम होती है। 'आत्मजयी' में काव्यभाषा के इस रूप का प्रयोग काव्य-खंडों को फिर अलग-अलग टुकड़ों में बाँट देता है। अर्थ की क्रिया-प्रतिक्रिया के अभाव में चुनी हुई पंक्तियाँ ग़ज़ल के शेर की तरह अपने में स्वत: सम्पूर्ण होती हैं, रचना के शेष भाग से वे विषय-वस्तु के तौर पर

बँधी होती हैं, काव्यभाषा के स्तर पर जुड़ी नहीं। 'आत्मजयी' इस दृष्टि से रचना-खंडों में बँटा होकर, फिर उनके अन्दर अनेक कविता के टुकड़ों में बँटा है। ये जरूर है कि मितकथन की सूक्ष्म सांकेतिक भाषा में होने से ये अंश ग़ज़ल के अशआर की तरह कथा-प्रधान नहीं हैं, वरन् हल्के वातावरण को लिए हुए प्रभाववादी चित्रों की तरह धुँधला हालाँकि प्रीतिकर प्रभाव उत्पन्न करते हैं–

मानो जीवन मृत्यु के पहले का बवाल हो :
मरी हुई चीज़ों में समा कर केवल
आत्मा के निकल जाने का सवाल हो!

पर भाषा के इन सर्जनात्मक स्तरों के साथ-साथ, रचना का कुछ अंश ऐसा भी है जो सिर्फ़ वक्तव्य है, कविता नहीं बन पाता। उतरार्द्ध के खंडों में 'सृजक-दृष्टि', 'आत्मशक्ति', 'आत्मा की स्वायत्तता' जैसे अंश दर्शन को कहते अधिक हैं, संप्रेषित कम करते हैं। ऐसी रचना का यह अनिवार्य जोखिम है, जिससे बिना निपटे रचनाकार की गति नहीं। 'आत्मशक्ति' खंड की आरंभिक पंक्तियाँ हैं–

नचिकेता तू केवल
इंद्रियों की अपेक्षा ही उदास है।
उस अव्यय आत्म-चेतना को पहचान
सच्चिदानंद रूप
जो शुद्ध ज्ञान है : तुमसे दूर नहीं
तेरे ही आस-पास है।

दर्शन यहाँ उपदेश है, अनुभूति नहीं। कविता और दर्शन की यह कशमकश रचना में चलती रहती है, और कहीं दर्शन कविता पर हावी हो जाता है तो हो ही जाता है। कविता की भाषा में अर्थ की जो लगातार सृजन-प्रक्रिया है, दर्शन की भाषा में वह एक निष्पत्ति तक पहुँच कर रुक जाती है। एक में सम्भावना का अनवरत क्रम है तो दूसरी उपलब्धि की स्थिति है। कविता, इसलिए, संसार के वैविध्य को अंकित करती है, दर्शन उसका निष्कर्ष दे देना चाहता है। आधुनिक साहित्य जब जीवन की रचना-सम्भावना को केन्द्र में रखता है तो मानो कविता की सृजन-क्षमता को प्रतीक-रूप में रेखांकित करता है। पर यह सही है कि उत्तरकांड लिखने की विवशता से बचना बड़े-बड़े कवियों के लिए भी कठिन है।

'आत्मजयी' की समस्या युग-युग की समस्या है। इसी से किसी युग-विशेष का सन्दर्भ उससे नहीं जुड़ता। अपने स्वरूप में वह वैसी ही बेलौस है जैसी कि कठोपनिषद् की कथा। कविता पर कहीं-कहीं दर्शन के छा जाने का यह एक और कारण है। सच तो यह है कि कविता कठोपनिषद् में जाकर भी कविता बनी रहती है, यह वैसा ही है जैसा यम के दरवाजे से नचिकेता का वापस आना : 'आत्मजयी' यों अपने शीर्षक को प्रमाणित करता है।

आधुनिक चेतना का काव्य

रामदरश मिश्र

कुँवर नारायण का 'आत्मजयी' कठोपनिषद् से लिए गए नचिकेता के कथानक पर आधारित प्रबन्ध-काव्य है। यह एक नातिख्यात कथानक है। इसलिए इसके साथ जन-विश्वास की रूढ़ियाँ चिपकी हुई नहीं है। यह एक कच्चे माल जैसा है जिसे कलाकार अपनी सुविधा के अनुसार नया रूप दे सकता है। 'आत्मजयी' के कवि ने ऐसा ही किया है। वास्तव में 'आत्मजयी' उपनिषद् की एक छोटी-सी कथा पर आधारित शुद्ध रूप में आधुनिक चिन्तना का काव्य है। चूँकि नचिकेता का कथानक हिन्दू धर्म से न जुड़कर शुद्ध पौराणिक कथा के रूप में ही शेष रह गया है, इसलिए उसे नए सन्दर्भों और नए अर्थों से संपृक्त करने में कवि को कोई कठिनाई अनुभव नहीं हुई। और सच बात तो यह है कि 'आत्मजयी' में कोई कथा या व्यापार है ही नहीं। एक क्षीण कथासूत्र कवि के चिन्तन को अनुस्यूत करने के लिए आया है। जहाँ कथा, प्रसंगों और व्यापारों की प्रधानता होती है वहाँ कवि को मूल कथा के निर्वाह और नवीन उद्‌भावना के सामंजस्य के कठिन मार्ग से गुजरना होता है किन्तु जहाँ मूल कथा बहुत ख्यात न हो और कृति अनेक कथाओं, प्रसंगों और व्यापारों से न गुजरकर कुछ चिन्तन बिन्दुओं में बँटी हो वहाँ कवि को इस प्रकार छोड़ने-जोड़ने के सामंजस्य-खोजी संकट-मार्ग से नहीं यात्रा करनी पड़ती।

'आत्मजयी' में नचिकेता का अपना पौराणिक व्यक्तित्व नहीं उभरता, वह कवि के आधुनिक चिन्तन का प्रतीक मात्र बनकर रह गया है। कवि को अपने चिन्तन के अनुसार नचिकेता की मूल कथा में थोड़ा-सा परिवर्तन कर लेने में कोई कठिनाई अनुभव नहीं हुई है। दिक्कत तब होती है जब हम उन कथाओं को अपने धार्मिक विश्वासों से जड़ीभूत करके इतिहास-कथाएँ मान लेते हैं। हनुमान या अन्य पात्रों के साथ इतिहास सत्य को जोड़कर लगभग स्थिर कर दिया गया है। जो व्यक्ति अपने सर्जन के रचनात्मक सन्दर्भों में इन्हें एक सीमा के बाद जोड़ता-तोड़ता है वह बहुत बड़ा ख़तरा झेलता है। नचिकेता का आख्यान पुरा कथा बनकर ही शेष रह गया था, अतः कवि ने बड़ी आसानी से इस स्वल्प कथा को भी अपने अनुकूल पुनः सर्जित कर लिया है। इस

कथा में थोड़े से प्रसंग आते हैं; वे भी कुछ जीवनमूल्यों के चिन्तन से जुड़े हुए हैं, जीवन की गति और व्यापार से संबद्ध नहीं हैं। इसलिए कवि ने उन्हें आधुनिक जीवन से संदर्भित और प्रश्नाकुल कर लिया है। नचिकेता वाजश्रवा का पुत्र है। वह अपने पिता से धर्म-कर्म सम्बन्धी मतभेदों के कारण खिन्न है और अपने को पानी में डुबोकर आत्महत्या कर लेता है। मरकर वह यमराज के यहाँ जाता है और उसे यम से मिलने के लिए तीन दिन तक भूखा-प्यासा उसकी प्रतीक्षा करनी पड़ती है। यह प्रसन्न होकर नचिकेता को तीन वरदान देता है–(1) वाजश्रवा का नचिकेता के प्रति क्रोध शान्त हो, (2) यज्ञों की नचिकेताग्नि, (3) मृत्यु के रहस्य का उद्‌घाटन। 'आत्मजयी' के कवि ने नचिकेता की मृत्यु नहीं दिखायी है। वह पानी में डूबकर अचेत हो जाता है और अचेतावस्था में ही स्वप्न देखकर यम से साक्षात्कार करता है। कवि के अनुसार यम उसके अन्तर्मन में स्थित मृत्यु का ही पौराणिक रूप है और फिर कवि ने ऊपर के तीन वरदानों में से केवल पहले और तीसरे वरदान को ही लिया है।

कवि ने कहा है कि मैंने 'आत्मजयी' में पहले और तीसरे वरदान के आधार पर ही जीवन सम्बन्धी कुछ धारणाओं पर विचार किया है। अर्थात् 'आत्मजयी' विचार काव्य है जिसमें आधुनिक सन्दर्भों में उभरे जीवन-प्रश्नों को एक चिरंतन जीवनधारा के प्रश्नों से जोड़ने तथा उनका उत्तर पाने की एक शाश्वत अकुलाहट है। वाजश्रवा एक प्रकार से ठहरे हुए मूल्य की वाहक पीढ़ी का प्रतीक है जो अपने सारे निर्णयों को आने वाली पीढ़ियों पर लादना चाहती है जो उसकी स्वतंत्रता तथा मुक्त चिन्तन का अस्तित्व नहीं स्वीकारती, जो मूल्य को चिन्तन, विवेक और व्यथा से प्राप्त नहीं करती, उत्तराधिकार के रूप में ही, आप्त सत्य के रूप में उसे आने वाली पीढ़ियों पर लादना चाहती है। और नचिकेता? वह इस सारे आप्त सत्य के उत्तराधिकार और विवेकहीन निर्णय को स्वीकार कर अपने विवेक और पीड़ा से सत्य की तलाश करने वाली और उसके लिए मृत्यु तक को वरण करने वाली प्रबुद्ध नई चेतना का प्रतीक है। यह एक विचित्र-सी लगने वाली बात है कि आप्त या चिरंतन सत्य की दुहाई देने वाले लोग हमेशा सत्य से कट जाते हैं और अपनी वेदना और विवेक के साथ अपने जीवन के क्षणों को घनीभूत रूप से जीने वाले सत्य की चिरंतन आत्मा को पा लेते हैं। इसलिए नचिकेता दिए गए चिरंतन सत्य को अस्वीकारता हुआ भी सत्य की आवाज सुनता है और वाजश्रवा केवल उसकी लाश ढोता है। नचिकेता अपने को काल को दे देता है, इसलिए वह काल का स्वर सुनता है। काल ही सत्य है, वही चिरंतन है, हम अपने को काल को देकर ही काल पर विजय प्राप्त करते हैं, मृत्यु को पहचानकर ही जीवन सार्थक बनाने का प्रयत्न करते हैं, तभी हम जान सकते हैं कि मर्त्य होते हुए भी हमें किसी अमर अर्थ में जीना है। मृत्यु से डरने वाले या उसे न पहचानने वाले अपने निजी जीवन को सुख-सुविधा से पालने में लगे होते हैं। नचिकेता अपने पिता के इसी सुख-सुविधापूर्ण जीवन को अस्वीकार कर एक सत्यखोजी मार्ग अपनाता है जिसमें आत्महत्या का प्रयास भी है, निराशा की चरम स्थिति भी है

किन्तु उसी बिन्दु से जीवन की सार्थकता की गहरी तड़प की उत्पत्ति भी है। इसलिए कवि के शब्दों में, ''आत्मजयी' में किसी निश्चित दार्शनिक या नैतिक या धार्मिक या सामाजिक सत्य का प्रतिपादन नहीं है। 'आत्मजयी' मूलत: जीवन की सृजनात्मक सम्भावनाओं में आस्था के पुनर्लाभ की कहानी है।''

'आत्मजयी' मूलत: आधुनिक चेतना का काव्य है। इसमें कथा स्वल्प है और इस स्वल्प कथा में भी कोई घटनात्मक या व्यापारमूलक सूत्र नहीं है केवल चिन्तन है। ऐसा लगता है कि 'आत्मजयी' के भिन्न-भिन्न खंड आधुनिक चिन्तना के भिन्न-भिन्न आयाम हैं अर्थात् आधुनिक जीवन के कुछ सन्दर्भों को लेकर उन व्यक्त किए गए विचारों के अलग-अलग टुकड़े यहाँ से वहाँ तक बिखरे हैं। मुझे लगता है कि ये बातें नचिकेता की इस स्वल्प कथा के बिना भी हो सकती थीं और नई कविता के अन्य कवियों ने अलग-अलग रूप में इस तरह की कविताएँ लिखी भी हैं फिर नचिकेता का आख्यान लेने की क्या आवश्यकता थी? ऐसा लगता है कि कवि नए चिन्तन से उद्दीप्त होकर भी जीवन को एक लम्बी परम्परा में देखना चाहता है। आज जिन प्रश्नों को और उनसे संबद्ध विचारों को लोग महज पश्चिम से जोड़कर चुप हो जाते हैं उन्हें कवि भारतीय जीवन और उसके दर्शन से जोड़ना चाहता है। आज की यह अकुलाहट आज के जीवन में विशेष रूप से उपजी हुई हो सकती है किन्तु जीवन के मूल्यों पर आज के ढंग से विचार पहले नहीं हुआ है, ऐसी बात नहीं। कवि के ही शब्दों में, ''आत्मजयी' में ली गई समस्या नई नहीं, उतनी ही पुरानी है (या फिर उतनी ही नई) जितना जीवन और मृत्यु सम्बन्धी मनुष्य का अनुभव। इस अनुभव को पौराणिक सन्दर्भ में रखते हुए यह चिन्ता बराबर रही कि कहीं हिन्दी की रूढ़ आध्यात्मिक शब्दावली अनुभव की सच्चाई पर इस तरह न हावी हो जाए कि 'आत्मजयी' को एक आधुनिक काव्य के रूप में पहचानना ही शायद कठिन हो।'' कवि ने आधुनिक व्यक्ति की मानसिक अवस्थाओं के सन्दर्भ में ही उपनिषद्, यम, नचिकेता, आत्मा, मृत्यु, ब्रह्म आदि रूढ़ से लगने वाले शब्दों का प्रयोग करने का खतरा उठाया है। दूसरी ओर आधुनिक मानसिक अवस्थाओं को एक चिरंतन चिन्तन-आकुलता से जोड़ना चाहा है।

'आत्मजयी' की काव्यात्मक उपलब्धि के बारे में कुछ बातें की जा सकती हैं। पहले ही कहा गया है कि यह एक चिन्तनप्रधान काव्य है, इसलिए इसमें परिस्थितियों, प्रसंगों और व्यापारों की ऊष्मा, गति और स्पंदन के स्थान पर एक ठंडी चिन्तनशीलता है। इसके बिम्ब मूलत: बौद्धिक हैं, वे जीवन से सीधे उठाए गए प्रतीत नहीं होते, जहाँ वे जीवन से लिए भी गए हैं वहाँ वे भी व्यापार या प्रसंग से विच्छिन्न होने के कारण और नचिकेता के एक विशेष प्रकार की वैचारिक अकुलाहट मात्र से जुड़े होने के कारण हमारे भीतर कोई जीवन नहीं उभारते, जीवन का एक बोध उभारते हैं। इसलिए अपने आप में यानी अलग-अलग बिन्दुओं पर ये बिम्ब जीवन के बहुत ताजे और गहरे अनुभवों से स्पंदित दिखायी पड़ते हैं किन्तु नचिकेता की मानसिक चिन्तना के सन्दर्भ से जुड़कर आपस में उलझ जाते हैं और स्थिर हो जाते

हैं, इसलिए 'आत्मजयी' जीवन के बीच का लगता हुआ भी दुरूह हो गया है। एक बात और, कवि ने नचिकेता की अचेतावस्था में ही यम से उसका साक्षात्कार कराया है अर्थात् वह अचेतावस्था में सपने देखता है। मैं नहीं कह सकता कि अचेतावस्था का मनोविज्ञान वही होता है जो 'आत्मजयी' में दिखाया गया है। क्या अचेतावस्था में व्यक्ति चिन्तन की इतनी गहरी और शृंखलित बातें सोच सकता है! यदि इसे स्वप्न माना जाए तो भी समस्या जहाँ की तहाँ रहती है। स्वप्न तो अचेतन ज्ञान मन के असंबद्ध प्रतीक होते हैं। स्वप्न के माध्यम से एक सुशृंखलित विचार-प्रवाह नहीं चल सकता। उसमें आत्मा और जगत-बोध की बातें भी नहीं हो सकतीं। और स्वप्नांत के बाद वाले अंश तो ऐसे लगते हैं जैसे नचिकेता को स्वप्न में कोई एक संश्लिष्ट जीवन-बोध न प्राप्त होकर अलग-अलग सृष्टि-बोध, सौन्दर्य-बोध, शान्ति-बोध, मुक्ति-बोध प्राप्त हुआ हो। स्वप्नांत के बाद मानसिक अवस्था का इस प्रकार अलग-अलग टुकड़ों में दूर तक बँट जाना प्रभाव घनत्व को कम करता है और व्यक्त करता है कि कवि प्रबन्धत्व की चिन्ता किए बिना कुछ पहले से ही निर्धारित विजयों पर अलग-अलग कविताएँ लिख रहा है। फिर भी चिन्तन-काव्य की दृष्टि से यह नई कविता की विशिष्ट कृति है।

आत्मजयी : भौतिकवाद से परे

शंभुनाथ

आमतौर पर कवियों पर स्थान का काफ़ी दबाव होता है, कोई स्थान कवि को बार-बार अपनी ओर खींचता है। कोई कवि काल से दबा होता है, खास कर उस पर वर्तमान ज़्यादा हावी होता है। कुँवर नारायण की कविताओं में जो अनुपस्थित है, खास कर अतीत, वह ज़्यादा उपस्थित है। अतीत उन्हें ज़्यादा आकर्षित करता है। इससे वे ज़्यादा गहरा सम्बन्ध महसूस करते हैं, 'इतिहास के गली-कूचों में भटकती है / एक आवारा सनक।' अपने अस्तित्व के बारे में चिन्तित रहते हुए अतीत में जीवन का अर्थ खोजना अस्तित्ववाद का भारतीय संस्करण कहा जा सकता है। 'हाशिए का गवाह' की कविताओं में भी कवि का अस्तित्व वर्तमानता से नहीं, अतीत होते जाने में अपने जीवन का अर्थ खोजता है, 'कुछ भी करते हुए / कहीं और भी होना / धीरे-धीरे मेरी आदत-सी बन चुकी है / हर वक़्त बस वहीं होना / जहाँ कुछ कर रहा हूँ / एक तरह की कम-समझी है / जो मुझे सीमित करती है / ज़िन्दगी बेहद जगह माँगती है / फैलने के लिए।' यह वर्तमान के भौतिक यथार्थों से खिन्नता हो सकती है जिसके कारण कुँवर नारायण को मिथक और ऐतिहासिक अतीत बहुत आकर्षित करते हैं।

एक दूसरी खूबी कुँवर नारायण की कविताओं में है, इनमें अनुभूतियों के साथ उनका चिन्तन-मनन भी चलता रहता है। 'तीसरा सप्तक' के अपने वक्तव्य में वे कहते हैं, 'जीवन से सम्पर्क का अर्थ केवल अनुभव नहीं, बल्कि वह अनुभूति और मनन-शक्ति भी है जो अनुभव के प्रति तीव्र और विचारशील प्रतिक्रिया कर सके।' वे स्वतंत्र चिन्तन-मनन को महत्त्वपूर्ण मानते रहे हैं। इसलिए उपर्युक्त वक्तव्य में स्पष्ट करना नहीं भूलते, 'उसका क्षेत्र किसी वाद या सिद्धान्त विशेष का संकुचित दायरा न होकर वह सम्पूर्ण मानव परिस्थिति है जो उसके लिए अनिवार्य वातावरण बनाती है और जिसे उसका जिज्ञासु स्वभाव बराबर सोचता-विचारता रहता है।' नई कविता के दौर में सत्यान्वेषण का जो ज़ोर था उसकी बुनियाद में जिज्ञासा ही थी, आधुनिक मनुष्य की तेजी से बदलते भौतिक परिवेश में जिज्ञासा और जीवन के अर्थ को समझने की इच्छा।

यही वजह है कि कुँवर नारायण की कविताओं में विचार पक्ष महत्त्वपूर्ण है, पर इसे विचारधारा न समझ लेना चाहिए। इसका सिर्फ़ इतना अर्थ है कि वे भावुकता में नहीं बहते। वे शुरू से एक चीज़ गाँठ बाँध कर चलते आए हैं, 'अस्तित्व की आस्था सम्बन्धी समस्याएँ मूलत: अनस्तित्व की भयानक शून्यता से उपजती है।' इसलिए उनकी सर्वश्रेष्ठ मानी जाने वाली कृति 'आत्मजयी' अस्तित्व-अनस्तित्व के तनाव में जीवन का अर्थ खोजती है–'मैं क्या हूँ, मैं क्यों हूँ?' 'तीसरा सप्तक' की अपनी धारणाओं का वे कभी अतिक्रमण नहीं कर पाते, हालाँकि वे धर्म से प्रेरणा लेते हुए भी साम्प्रदायिक संकीर्णताओं पर गम्भीर चोट करते हैं। फिर भी उनका मुख्य निशाना उत्तर-औद्योगिक समाज में वैचारिक रूप से अपना आधार जमाता अति-भौतिकवाद है जिसके परे वे अपनी मननशीलता और कल्पना को ले जाते हैं और कभी-कभी एक रहस्य भी बुन लेते हैं।

विज्ञान में प्रयोग के महत्त्व को देखते हुए साहित्य में भी प्रयोगों को महत्त्व दिया जाने लगा था, क्योंकि कोई भी नया काव्यात्मक अन्वेषण प्रयोग के पथ पर चलने से ही मुमकिन है। कुँवर नारायण ने मिथकों को प्रयोग की भूमि के तौर पर चुना था। उन्हें महाभारत के चरित्र अभिमन्यु ने आकर्षित किया, क्योंकि आधुनिक मनुष्य को कुछ वैसा ही महसूस होता था, 'युद्ध मेरा मुझे लड़ना / इस महाजीवन समर में अन्त तक कटिबद्ध / सिर्फ़ मेरे ही लिए यह व्यूह घेरा / मुझे हर आघात सहना / गर्भ निश्चित मैं नया अभिमन्यु, पैतृक युद्ध।' विरासत में मिली शत्रुताओं की पृष्ठभूमि में आधुनिक मनुष्य यदि अपने को हर तरफ़ से महारथियों / महासंगठनों से घिरा अभिमन्यु समझे, यह स्वाभाविक है। वह तीव्र शहरीकरण से ही नहीं, समाज में मौजूद सामंती पाखंडों से भी आक्रांत था। अभिमन्यु की नियति है लड़ना और अन्तत: पराजित होना। 1960 के दशक में शहर के आधुनिक बुद्धिजीवी जिन मन:स्थितियों में जी रहे थे उनमें दुविधा, निराशा और उद्‌देश्यहीनता भी थीं।

आधुनिक मनुष्य कभी सिर्फ आस्था के सहारे नहीं जीता, वह कई मामलों में अनास्था रखता है। सिर्फ अनास्था अस्तित्व को शंकाओं से भर देती है। कुँवर नारायण ने अनास्था के युग में लिखते हुए आस्था के महत्त्व को समझा था। उनकी जीवन में आस्था थी–बार-बार मृत्यु को विषय बनाते हुए भी। वे भारतीय परम्परा के त्याग और सहिष्णुता को विशेष महत्त्व देते थे। उन्हें वैदिक मिथकों में दधीचि ने आकर्षित किया–

न जाने कौन दैवी-आसुरी संघर्ष बाक़ी हो अभी
जिसमें तपाई हड्डियाँ मेरी यशस्वी हों
न जाने किस घड़ी की देन से मेरी
करोड़ों के त्याग के आदर्श विजयी हों
जिसे मैं आज सह लूँ
कल वही देवत्व हो जाए।

उल्लेखनीय है कि कुँवर नारायण को राम, कृष्ण, शिव आदि से जुड़े पुरावृत्तों ने आकर्षित नहीं किया। वे उपनिषद से प्रभावित थे। उन्होंने खास कर 'कठोपनिषद' को चुना जिसमें नचिकेता के मन में प्रश्न पैदा होते हैं। आधुनिकता का एक लक्षण सन्देह है, प्रश्नाकुलता है और बुद्धि से चिन्तन है। कुँवर नारायण एक आधुनिक कवि रहे हैं। उन्हें नई सभ्यता में भौतिकवाद की बढ़ती प्रधानता और लोभ, द्वेष, हिंसा, निराशा और मनुष्य का आमतौर पर अपने आत्म भाव को भूलकर शरीरभाव में डूबे रहना ज़्यादा उद्विग्न करता है। वे नई कविता युग के आत्मान्वेषण को प्रश्नों से भरे मानव मन और आत्मज्ञान में रूपांतरित करते हैं और विरोधाभास-से दिखने वाले 'लौकिक अध्यात्म' को चुनते हैं। उनकी दोनों महत्त्वपूर्ण कविता-पुस्तकों 'आत्मजयी' (1965) और 'वाजश्रवा के बहाने' (2008) के केन्द्र में कठोपनिषद का नचिकेता है। कुँवर नारायण के शब्दों में, 'आत्मजयी में यदि मृत्यु की ओर से जीवन को देखा गया है तो 'वाजश्रवा के बहाने' में जीवन की ओर से मृत्यु को देखने की कोशिश है।' वस्तुतः दोनों का लक्ष्य आधुनिक अंतर्द्वंद्वों से गुज़रते हुए जीवन के अर्थ की खोज़ है। इस दृष्टि से 'आत्मजयी' अपने कसे हुए काव्य वितान और व्यापक युग सन्दर्भों से जुड़े होने के कारण ज़्यादा श्रेष्ठ और याद रखी जाने वाली कृति है।

कठोपनिषद में नचिकेता के पिता राजा वाजश्रवा एक यज्ञ में कंजूसीवश ब्राह्मणों को दुर्बल और बिसुकी गायें दान कर रहे थे। नचिकेता को पिता की संकुचित भौतिकवादी दृष्टि का आभास हो गया। उसने दान में व्यस्त पिता से पूछा–'पिता आप मुझे किसे देंगे?' वाजश्रवा धर्मशास्त्र के ज्ञाता थे, पर उनमें विवेक बुद्धि का अभाव था। यदि उनमें लोभ भरा था तो क्रोध भी कम न था। वे क्रोध और झुंझलाहट में कह गए, 'मैं तुम्हें मृत्यु को दूँगा।' नचिकेता न भावना में बहता है; न भ्रम में घिरता है। वह परिस्थिति का बौद्धिक विश्लेषण करके मृत्यु को जानने चल देता है। उसके मन में यह प्रश्न जरूर पैदा होता है कि यम के पास जाने से आख़िरकार यम का कौन-सा कार्य संपन्न होगा। उसमें भविष्य की जिज्ञासा पैदा होती है। उसमें इस तरह के प्रश्न जन्मते हैं–जीवन का कैसे प्रारम्भ हुआ, एक मनुष्य दूसरे मनुष्य से भिन्न क्यों है, जीवन क्या है, मृत्यु क्यों है, मुक्ति कैसे है, ईश्वर कहाँ है? कुँवर नारायण ने कठोपनिषद के प्रश्नों को आधुनिक जीवन के प्रश्नों में रूपांतरित कर दिया है और वस्तुतः अति-भौतिकवादी, उपयोगितावादी सभ्यता पर ही नहीं, धार्मिक-सामंती पाखंडों और स्वेच्छाचारी सत्ता पर भी सवाल उठाए हैं।

पिता, तुम भविष्य के अधिकारी नहीं
क्योंकि तुम अपने हित के आगे नहीं सोच पा रहे
न अपने 'हित' को ही अपने सुख के आगे।
...
तुम्हारे सिंहासन के पीछे अभी-अभी
एक तीर की नोक चमकी थी

रहस्यमय कानाफूसियाँ
पेचीदा मंत्र जाप या गुप्त मंत्रणाएँ?
...
ये कैसी स्तुतियाँ हैं जिनसे
पाखंड की गंध आती है?
...
यह भी सम्भव है कि एक पशु दूसरे को खा जाए
यह भी सम्भव है कि एक मनुष्य...
अस्तित्व एक घातक तर्क भी हो सकता है
एक पाशविक भावना भी–इस तरह
कि युद्ध और कलह ज़रूरी लगे
स्वार्थ और छल से जीना मजबूरी लगे।

'आत्मजयी' का काव्य परिवेश समसामयिक हो जाता है। वह कालातीत और अमूर्त दिखते हुए भी बाह्य वास्तविकताओं से कटा हुआ नहीं है। सूक्ष्म होते हुए भी इन वास्तविकताओं की एक तह मिलती है। आज की सभ्यता हिंसक स्पर्धा, सत्ता-प्रदर्शन और स्वार्थ की दौड़ में 'सरवाइवल ऑफ द फिटेस्ट' के बर्बर नियम की ओर बढ़ चुकी है। इस वातावरण में मनुष्य के उदार आधुनिक अकेलेपन को यह मिथकीय कविता परिभाषित करती है। नचिकेता अपने पिता के धार्मिक कर्मकांड के भीषण स्वरूप को देखकर कह उठता है–

मेरी आस्था काँप उठती है
मैं उसे वापस लेता हूँ
नहीं चाहिए तुम्हारा यह आश्वासन
जो केवल हिंसा से अपने को सिद्ध कर सकता है
नहीं चाहिए वह विश्वास
जिसकी चरम परिणति हत्या हो
मैं अपनी अनास्था में अधिक सहिष्णु हूँ
अपनी नास्तिकता में अधिक धार्मिक
अपने अकेलेपन में अधिक मुक्त
अपनी उदासी में अधिक उदार।

आधुनिक युग के धार्मिक पाखंड, सर्वसत्तावाद और औद्योगिक स्पर्धा के अमानवीय रूपों को मिथकीय अनुभूति में ढालने के लिए ही कुँवर नारायण ने नचिकेता को चुना था। उन्होंने वाजश्रवा के रूप में भौतिकवादी दुनिया के पाखंडों को प्रतीकीकृत किया है। वे यह भी बताना चाहते थे कि एक सार्थक जीवन के लिए वस्तुजगत की चीज़ें अपर्याप्त हैं। अभिमन्यु के हाथ में टूटा पहिया भी यही संकेत देता है। चतुर्दिक

षड्यंत्र है, लूट-मार है, समाज तर्क से नहीं, अतीत की रूढ़ियों से चल रहा है। संख्या बल से गलत भी समर्थ हो जाता है और सही की पूछ नहीं होती। सुख के लोभ में आदमी अपने विवेक को त्याग देता है। यह भौतिकवादी दुनिया थकी हुई और बासी हो चुकी है। कवि अपने युग के धार्मिक कट्टरवाद को देखकर शंका व्यक्त करता है, 'यह सब धर्म नहीं–धर्म सामग्री का प्रदर्शन है!' नचिकेता को अहसास है कि इस संकट के दौड़ में भिन्न रास्ता चुनना 'भीड़ के प्रपंच के बीच एक शंकित जिज्ञासु की अशुभ उपस्थिति' है। यह अपने ही सत्य से दंडित होना है। एक ऐसा जमाना देश में आ भी गया, जब 'निर्भय जीना अवैध' हो गया।

वैदिक राज्य के यज्ञ, कर्मकांड, हिंसा और भौतिक देवताओं–इन्द्र, अग्नि, वायु आदि की पूजा के समानांतर आत्मा की अखंडता और अनन्तता की महत्ता को लेकर औपनिषदिक दर्शन आया था। उपनिषद ग्रंथों में वैदिक विधि-विधान की अस्वीकृतियाँ हैं और आत्मवाद की प्रतिष्ठा है। वेदान्त भारतीय चेतना में एक मोड़ था। कुँवर नारायण को नचिकेता के चरित्र में अतीत की रूढ़ियों के निषेध का स्वर मिला।

मिथकीय कथाएँ हर ज़माने में युग जीवन की अभिव्यक्ति के लिए कलात्मक राह बनाती आई हैं। इससे कवि का सच अधिक सम्प्रेषणीय हो जाता है। 'आत्मजयी' में कवि का लक्ष्य इस विश्व या लौकिकता का निषेध नहीं है। कोई आधुनिक कृति ऐसा कर भी नहीं सकती। नचिकेता लौकिक जीवन का निषेध न करके, इस कृति में वस्तुबोध और अस्तिबोध के तनाव को व्यक्त करता है। आधुनिक सभ्यता मनुष्य का जितनी तेज़ी से वस्तुकरण कर रही है, उसका आत्महनन भी होता जा रहा है और उसके जीवन से वास्तविक सुन्दरताओं का विलोप होता जा रहा है। दरअसल आधुनिकता के आने के साथ ही इस समस्या को लेकर समाज में चिन्ताएँ थीं, अंतर्द्वंद्व था।

बाहर नहीं है संघर्ष यह
द्वन्द्व, प्रतिद्वन्द्व
घात-प्रतिघात
कहीं अन्दर है।
यह समस्त विश्वरूप
जो कभी कुरूप कभी सुन्दर है
बाह्य नहीं–
मानव का उथल-पुथल अन्दर है
आत्मा गगन स्थल
जहाँ तारावत ऊर्जा की स्फुलिंग अणुगतियाँ
अंकित हैं।

यह संघर्ष भीतर है, इसलिए आधुनिकता है। यदि बाहर होता तो यथार्थवाद होता। आधुनिकता और यथार्थवाद के बीच एक नकली दूरी 60-70 के दशक में पैदा की

जा रही थी जिसके शिकार आधुनिकतावादी और यथार्थवादी दोनों हुए। कहीं आत्मबोध अतिरंजना पर था कहीं यथार्थवाद। इसका नतीजा आगे चलकर स्वेच्छाचारिता, धार्मिक कट्टरवाद और राजनीतिक पाखंडों की वृद्धि के रूप में सामने आया।

'वाजश्रवा के बहाने' की तुलना में 'आत्मजयी' में अकेलापन और जीवन की अन्य पीड़ाओं का साक्षात्कार अधिक सघन है। स्वाभाविक कारणों से उसमें काव्यात्मक गहनता भी ज्यादा है। आधुनिकतावाद के दबाव ने जीवन के प्रश्न को अस्तित्व का प्रश्न बना दिया था। यह अस्तित्व अपूर्ण है, अकेलेपन के तीख़े अनुभव से भरा है। पोलैंड के एक दार्शनिक एडम स्कैफ ने उन्हीं दशकों में पूँजीवादी देशों में मनुष्य के अकेलेपन पर चर्चा करते हुए साम्यवादी देशों में भी मनुष्य के अकेलेपन को देखा था। दोनों तरह के देशों में ही यह अकेलापन अति भौतिकतावाद से जन्मा था। नचिकेता एक बहुत बड़ी संख्या से घटा दी गई सबसे छोटी संख्या की उदासी लिए होता है, 'मुझे किसी विशालतर अर्थ में / उदास रहने दो।' नचिकेता में एक विशिष्ट चीज़ होती है–भौतिक सुखों को ही सब कुछ न मानने का साहस। किसी महान अर्थ में जीने की व्याकुलता उसे जिज्ञासु और आत्मान्वेषी बनाती है। इसलिए वह अकेलेपन में भी एक उच्चतर अर्थ पा जाना चाहता है।

केवल भौतिक शर्तों पर ही
जीवन कोई सात्वना नहीं
वह जीना मरने से बदतर
जिसमें कोई वैशिष्ट्य नहीं–कल्पना नहीं।

आधुनिक जीवन छीनाझपटी, दुनियादारी और आपाधापी से भरा था। नचिकेता इन्हीं सन्दर्भों में भौतिकवाद को नकारता है। वह शरीर के लिए शरीर के द्वारा जीकर और सिर्फ़ शरीर का होकर नहीं रह जाना चाहता। प्रयोगशील नए कवियों ने आधुनिकतावाद के दबाव में आमतौर पर समाज के कठोर यथार्थों को नहीं उठाया, बल्कि इनसे व्यक्ति के परम सत्यों के टकराव का अनुभव किया। कुँवर नारायण ने वैदिक कर्मकांड की तरह आधुनिक भौतिक जीवन की आलोचना की और अपने आत्मवाद को एक उपनिषदकालीन मिथकीय प्रतीक के जरिए व्यक्त किया। अज्ञेय की 'असाध्य वीणा' में एक अलग तरह से बाह्य भौतिक वास्तविकताओं से रिश्ता टूटता है और अखंड-एकात्म सृष्टि से जुड़ने पर ही वीणा बजती है, जीवन का अर्थ खुलता है। इन कवियों का सत्यान्वेषण अंतर्संदर्भात्मक है। इसके बावजूद यह कहा जाना चाहिए कि अकेलापन, निराशा और जीवन की अन्य आंतरिक पीड़ाओं को व्यक्त करके ये कवि व्यक्ति स्तर से पूँजीवाद के प्रति 'क्रिटिकल' थे।

'आत्मजयी' में अस्तित्ववाद है, जो कई बार मृत्यु के समीप ही जीवन का अर्थ पाता है। इस काव्य में मृत्यु एक दंश नहीं, एक बौद्धिक ज्ञान का रूप लेकर आती है। उसके प्रति कोई रोमांटिक आवेग नहीं है। 'तारसप्तक' तक छायावाद का ज्वर

उतर गया था। भावुकता धीमी पड़ गई थी और बौद्धिकता का आग्रह बढ़ गया था। 'आत्मजयी' में अक्षय और उच्च जीवन की ललक वर्तमान से असन्तोष की देन है, जो दिखावा से भरे भौतिक जीवन से भिन्न एक अलग जीवन संसार की ओर नचिकेता को उन्मुख करती है। नचिकेता परम्परा की पवित्रताओं को ठुकराता है, वह एक खास युग के 'पीढ़ियों के संघर्ष' को भी व्यक्त करता है।

अब यह जग पर्याप्त नहीं है
यह प्रदत्त संसार
तुझे स्वीकार नहीं है
अपना कुछ विशेष
अब तुझको रचना होगा
अपने ही भीतर उठते
इस महाप्रलय के
अंधनाश से बचना होगा!
...
तुझमें स्रष्टा की व्याकुलता
उसको एक विकास चाहिए।

'आत्मजयी' शरीर पर व्यक्ति की आत्मा की जीत का काव्य है जो अस्तित्व को अध्यात्म से जोड़ता है। यह आत्मा और कुछ नहीं, मूल्य प्रवण तथा ज्ञान संपन्न चेतना है, ईश्वर वस्तुतः इसी आत्मा की ही उपज है! 'कठोपनिषद' का ब्रह्म 'आत्मजयी' में आत्मप्रकाशात्मक ज्ञान की खोज में बदल जाता है। नचिकेता अपने को अनंत काल को समर्पित करके आत्मखोज में उतरता है और पाता है कि प्रकाश आत्मा के भीतर है। निराला ने लिखा था, 'मुक्ति हूँ मैं, मृत्यु में आई हुई, न डरो।' नचिकेता मृत्यु का स्वप्निल साक्षात्कार करते हुए जो परम सत्य अर्जित करता है, वह यह है–

बाहर के इस अन्धकार से
कहीं बड़ा भीतर प्रकाश है!
तेरे होने और न होने का
बाहर से अधिक पुष्ट
भीतर प्रमाण है
उसे सिद्ध कर
तू पाएगा–
वहीं स्रोत है, वहीं मुक्ति है, वहीं प्राण है।

कुँवर नारायण इस संसार को मनुष्य के स्वप्न और उसकी इच्छाओं का ही विकास मानते हैं। वे भारतीय परम्परा से आत्मबोध को लेते हैं और पश्चिमी आधुनिक परम्परा

से अस्तित्ववादी बोध को। वे आधुनिक जीवन को 'वस्तुओं' के शासन से मुक्त करके 'आत्मा की स्वायत्तता' देना चाहते हैं, जहाँ मानवीय इच्छाओं के अंतर्विरोध मिट जाएँ। जीवन को उच्च अर्थ मिल जाए, मानव का अन्त न हो–मानव पशु की तरह सिर्फ़ देह भर न हो। नचिकेता जीवित रहते हुए ही जीवन को खोने और पुनः एक नई रोशनी के साथ उसे पाने का अनुभव करता है। उसकी जागृति वस्तुतः सृजन की ईश्वरीय पीड़ा का अनुभव है, जो कई बिन्दुओं पर बौद्धिक रहस्यमयता से भरा है।

हर व्यक्तित्व
अपनी सृष्टि के सारांश में
अणुवत अकेला है
उसे सन्दर्भ देना है।

भारतीय जीवन में क्या अध्यात्म ही पहला और अन्तिम सन्दर्भ है? कई बार अध्यात्म को धर्मों में सीमित नहीं किया जाता। 21वीं सदी में अध्यात्म का देश-विदेश में अरबों रुपयों का कारोबार है। भौतिक जीवन के तनावों से मुक्ति के लिए अनगिनत आध्यात्मिक उपाय हैं। अब अध्यात्म के साथ स्वदेशी भौतिक वस्तुओं और सुखों की बिक्री भी होती है। बताया जाता है, अध्यात्म का अर्थ दायित्वों से भागना नहीं है, हर स्थिति में शान्ति और संतोष के साथ जीना है। कुँवर नारायण की कविता 'आत्मजयी' देह-आत्मा के सम्बन्ध को इतने सपाट ढंग से नहीं लेती, हालाँकि यह रहस्यमयता से भरी है। सोचने की बात है कि एक वंचित मनुष्य के पास कितना भौतिकवाद या भौतिक सुख होता है कि वह इसके परे सोचे। उसका जीवन रोज का मरण है, वह मृत्यु पर दार्शनिक चिन्तन कैसे करे। समृद्ध मध्यवर्गीय लोगों की यह समस्या हो सकती है कि वे अपनी भौतिक तृप्तियों के लिए सही और ग़लत का विचार त्याग दें, अपने शरीर के लिए जिएँ और सर्जक दृष्टि से दूर हटते जाएँ। 'वाजश्रवा के बहाने' में वस्तुबोध और अस्तिबोध में फ़र्क़ तल्ख़ी से महसूस करते हुए कुँवर नारायण अपनी विवेकशील जीवन-दृष्टि रखते हैं–

कुछ इस तरह भी पढ़ी जा सकती है
एक जीवन-दृष्टि–
कि उसमें विनम्र अभिलाषाएँ हों
बर्बर महत्त्वाकांक्षाएँ नहीं
वाणी में कवित्व हो
कर्कश तर्क-वितर्क का घमासान नहीं
कल्पना में इन्द्रधनुषों के रंग हों
ईर्ष्या द्वेष के बदरंग हादसे नहीं
निकट सम्बन्धों के माध्यम से
बोलता हो पास-पड़ोस

और एक सुभाषित, एक श्लोक की तरह
सुगठित और अकाट्य हो जीवन विवेक।

कुँवर नारायण इस खोज और संकल्प में 'अलौकिक ध्वनियों' और संकेतों का अनुभव करते हैं। यह भी कहते हैं, 'बिल्कुल ऐहिक हो अध्यात्म' और स्पष्ट कर देते हैं, 'तपश्चर्या नहीं सम्पन्न दिनचर्या हो जीवन की पूजा का अर्थ'। नचिकेता मृत्यु के द्वार से लौट कर जब अपने पिता वाजश्रवा के पास आता है, उनका हृदय परिवर्तन हो चुका होता है। कुँवर नारायण ज्ञान की प्रक्रिया में स्वातंत्र्य की खोज को एक जीवन मूल्य बना देते हैं। अब शरीर को 'मुझे' के रूप में नहीं देखा जाता, 'लघु अहं' से निकल कर यह 'अपने को अनेक साक्ष्यों में वितरित' करने वाला एक उदात्त 'मैं' होता है। यह एक अलग ही 'मैं' की, व्यक्ति की कल्पना है जो आधुनिक, भौतिक और धार्मिक झुंडों में खोता गया है। देखा जाए तो कुँवर नारायण आधुनिकता के इकहरेपन की आलोचना करते हुए बहुत कुछ उत्तर आधुनिकता के क़रीब पहुँच जाते हैं।

पश्चिमी सभ्यता ने दुनिया की अविकसित या अल्पविकसित अर्थव्यवस्था में लम्बे समय से किस तरह का सांस्कृतिक संकट पैदा कर रखा है, इसका अभी अध्ययन होना बाक़ी है। सबसे ज्यादा क्षति खुद सोचने की शक्ति और सृजनात्मक दृष्टि की हुई। नई कविता की आधुनिकतावादी धारा के कवियों ने, जिनमें एक खुद कुँवर नारायण भी हैं, मनुष्य के आत्म संसार को अंध-भौतिकवादी संहार से बचाना चाहा। इन्होंने अस्तित्व के अर्थ की चिन्ता की, अकेलेपन की पीड़ा को झेलते हुए मानवीय स्वतंत्रता और गरिमा का सवाल उठाया और धार्मिक कट्टरवाद तथा पाखंड को बिल्कुल नकार दिया। इन्होंने अहं-मुक्त, ग़ैर-बाज़ारू क़िस्म के जिस अध्यात्म की चर्चा की, उसका लक्ष्य महज 'तनाव से राहत' नहीं रहा है, कुछ उच्च मानव-मूल्यों को बचाना रहा है; व्यक्ति को विश्व-बोध से, प्रकृति की उदारता से जोड़ना रहा है। 'आत्मजयी' की पंक्तियाँ हैं–

जड़ें फूलों की आँख से संसार को देखती हैं
एकान्त और सबको चाहने वाली हवा
धीरे-धीरे बहती
कानों में कुछ कहती
कन्धे पर हाथ रखे साथ-साथ चलती है।

प्रकृति को भी सुना जाना चाहिए और ऐसा तभी होगा जब मनुष्य के भीतर मनुष्यता होगी। जीवन-मृत्यु के चिन्तन में कुँवर नारायण 'घातक श्रद्धाओं के बीच–नैसर्गिक, अनुपम, अद्वितीय' को 'हमेशा के लिए सुरक्षित' रख लेना चाहते हैं ताकि जीवन दूसरों के दिए 'सरल आश्वासनों और फूहड़ पहचानों' में कैद न हो जाए। वे मृत्यु को इस पृथ्वी पर जीवन का अंतिम वक्तव्य नहीं मानते। 'माँ' को केवल एक शब्द

नहीं, एक सम्पूर्ण भाषा मानते हैं। वे दीवारे नहीं चाहते, इन्हें पंख बना देते हैं। मृत्यु के उस पार जितना अजाना विस्मय है, उससे ज़्यादा मृत्यु के इस पार जीवन में है। वे दया की जगह मैत्री के पक्षधर हैं। वे यह भी चाहते हैं कि मनुष्य अपने जाने के पहले कुछ बहुमूल्य छोड़ जाए जो सिर्फ़ भौतिक शक्ल में न हो। वे अतीत की कैद में जीना नहीं चाहते, उसके बावजूद जीना चाहते हैं, पहले से अधिक सार्थक जीवन। एक ईमानदार और विवेकवान इन्सान की जितनी भी उदार आकांक्षाएँ हैं, उन्हें कुँवर नारायण ने अपनी कविताओं में मूर्त किया है। इनमें फैंटेसी के अनगिनत द्वीप हैं, पर यथार्थों से मुठभेड़ करते हुए ही उनका अस्तित्व है।

हर समय हम लड़ ही नहीं रहे हैं
उससे कहीं अधिक समय हम जी रहे हैं
एक सौहार्द्र के बल पर–
सद्‌भावना के इस रूपक में अधिक दम है
युद्ध की ज़रूरत
बुद्धि की हार की सबसे बड़ी शर्म है।

कुँवर नारायण अन्ततः एक आध्यात्मिक कवि न होकर बौद्धिक कवि हैं, अध्यात्म उनकी बौद्धिकता का औजार भर है। वे राजनीति से नहीं दबते तो धर्म से भी नहीं दबते, बल्कि इसके भोगवादी और हिंसक दोनों रूपों को वे नचिकेता के मिथक द्वारा चुनौती देते हैं। वे अतिवादों को दूर करने के लिए 'कुमारजीव' और अनात्मवादी बौद्ध धर्म से चीन के संपर्क को चुनते हैं–यह बताने के लिए कि मध्यम-मार्ग और समन्वय ही मुक्ति के रास्ते हैं। उनकी लड़ाई इन्द्रियों से नहीं, अज्ञान से है।

अन्तस्तल के संवेदन की अभिव्यंजना : 'आत्मजयी' और 'वाजश्रवा के बहाने'

पद्मा पाटील

कुँवर नारायण की किसी रचना का प्रकाशित होना और उसे पढ़ने का अवसर मिलना आत्मिक सुखदायी अनुभूति होती है। 'आत्मजयी' लगभग दस-ग्यारह वर्ष पढ़ाने का मौका मिला। कुछ जिज्ञासाएँ पहले से थीं, कुछ और मन में उभरती गईं। अनेक बार 'आत्मजयी' से गुजरना हुआ। कुँवर नारायण की अन्य रचनाएँ पढ़ीं। रचनात्मकता पर उनके अपने मत, अनुभव पढ़े। उनके साथ बातचीत की। कुछ का हल पाया। 'आत्मजयी' का मराठी अनुवाद (मई, 2013) प्रकाशित हुआ। अनुवाद करते समय 'कठोपनिषद' पढ़ा। उसकी व्याख्या पढ़ी। कुँवर नारायण का अनूठापन और वैशिष्ट्य ध्यान में आता गया। 2008 में फिर 'वाजश्रवा के बहाने' रचना आ गई। इस रचना की साहित्यिक जगत में बड़ी चर्चा हुई। लेख, विशेषांक आ गए। इस रचना में कुँवर नारायण के 'पूर्वकथन' से बहुत-सी बातें स्पष्ट हो गईं।

'आत्मजयी' और 'वाजश्रवा के बहाने' की प्रकाशन कालावधि में लगभग अर्धशती का अन्तराल है। कुँवर नारायण की प्रारंभिक कविताएँ टी.एस. इलियट की कविताओं की प्रेरणा से अभिभूत दिखाई देती हैं। इलियट के मिथक सन्दर्भ, धर्मविषयक संकेत, साहित्यिक परम्परा, संस्कृति, अतीत आदि से कुँवर नारायण के प्रेरित होने के संकेत मिलते हैं। इलियट को पढ़ते समय ही भारतीय सन्दर्भों से उन सन्दर्भों की तुलना करने की उनकी प्रवृत्ति रही है। 'आत्मजयी' के केन्द्र में 'कठोपनिषद' का 'नचिकेता प्रसंग' रखने का कारण भी यही था कि कवि सर्वथा नवीन या काव्य में जिसे बहुत ही अपवादस्वरूप अपनाया गया हो, ऐसे मिथक या प्रसंग को लेना चाहते थे। नचिकेता के जीवन और मृत्यु सम्बन्धी अनुभव नवीन भी हैं और बहुत प्राचीन भी। वर्तमान और अतीत दोनों के बीच के सम्बन्ध सोचने के लिए बाध्य करते हैं। नचिकेता के अनुभव जीवन के प्रति गहरा विश्वास रखनेवाले हैं। 'कठोपनिषद' के दर्शन ने कवि को उतना आकृष्ट नहीं किया जितना कि नचिकेता की मानवीय स्थितियों ने। 'आत्मजयी'

की अद्वितीयता इसी में है। कवि ने स्वयं जिक्र किया भी है कि 'आत्मजयी' लिखना उनके लिए एक तरह से मृत्यु-भय से मुक्ति पाने का प्रयास रहा है। इस बात से हम रूबरू हैं कि कवि के परिवार के आत्मीय जनों की दु:खद मृत्यु कवि की इस सोच के केन्द्र में है। कविता या किसी रचना के सृजन के पीछे के इन स्रोतों का महत्त्व होता है।

'आत्मजयी' में 'मृत्यु' के प्रति कवि की दृष्टि स्पष्ट हुई है। 'आत्मजयी' में मृत्यु की ओर से कवि ने जीवन की तरफ देखा है। इस रचना द्वारा जीवन को जानने की कवि की आकुलता नजर आती है। साथ ही कवि यूरोपीय काव्य प्रभाव से भारतीय दर्शन की ओर अधिक मुक्त हुआ भी नजर आता है। 'आत्मजयी' का नचिकेता 'केवल' सुखों को अस्वीकार करता है। क्षणिक आवश्यकताओं की पूर्ति उसकी दृष्टि से गौण महत्त्व रखती है। एक बृहत्तर जिज्ञासा उसके अन्तर में है जिसके लिए केवल सुखी जीवन काफी नहीं, 'सार्थक जीवन' जीना आवश्यक है। यह जिज्ञासा ही नचिकेता को ऐसे व्यक्तियों के बीच रखती है जिन्होंने सत्य की खोज में अपना हित गौण माना। ऐसे व्यक्तियों ने ऐन्द्रिय सुख के लिए किसी भी तरह का समझौता नहीं किया। केवल उच्च लक्ष्य के लिए अपना जीवन व्यतीत किया क्योंकि उसे पाने में ही उन्हें औचित्य महसूस हुआ। 'आत्मजयी' का नचिकेता अमर जीवन की चिन्ता में लीन रहा। अमर जीवन से तात्पर्य 'अमर जीवन-मूल्य' है। ये जीवन-मूल्य व्यक्ति के जीवन पर हावी होते हैं तथा सार्वकालिक बनते हैं। कुँवर नारायण का नचिकेता ऐसे असाधारण मूल्य या खोजों के लिए उन्मुख रहा है। वह जानता है कि 'सत्य' ही उसे सुख प्रदान कर सकता है। यम के समक्ष उसकी जिद एक प्रबल जिज्ञासु व्यक्ति की जिद है।

यम से यानी मृत्यु तक से—उसकी जिद एक दृढ़ जिज्ञासु की जिद है। नचिकेता अपना सारा जीवन यम अर्थात् काल या समय को अर्पित करता है। पश्चात उसके पास रहता है केवल 'अस्ति' बोध—यानि 'आत्मा' बोध। 'आत्मा' का अनुभव लौकिक अनुभवों से अलग माना जाता है। भारतीय विचारकों ने बुद्धि तथा बुद्धि से अधिक सूक्ष्म 'आत्मा' को बहुत महत्त्व दिया। वे प्राय: आत्मनिग्रह जैसे माध्यम अपनाते रहे और प्रमाणित करते रहे कि बुद्धि विषय के अधीन नहीं होती। जीवन में अनासक्त रहना सम्भव होता है। मनुष्य को अपनी क्षमताओं का योग्य उपयोग करने के लिए 'आत्मबल' की आवश्यकता होती है। किसी भी छोटी बात के लिए अपना जीवन समर्पित करने हेतु 'आत्मविश्वास' होना आवश्यक है। जब ऐसा सम्भव होगा तभी मनुष्य स्वयं के लिए, दूसरों के लिए बृहत्तर जैसा कुछ कर सकता है। वैयक्तिक सुख सुविधाएँ प्राप्त करना भी इसी पर निर्भर है। मनुष्य 'अमर' अर्थों में तभी जी सकता है। जीवन की नीरसता सम्बन्धी सारी चिन्ता ही दूर हो जाएगी। उसकी केवल यही चिन्ता रहेगी कि वह जीवन को सार्थक कैसे बनाएगा।

कुँवर नारायण का नचिकेता स्वयं को 'मृत्यु' को सौंप देता है। यानी वह बाह्य जीवन को अस्वीकार करता है। वह आन्तरिक जीवन के प्रति सजग होते हुए भी

अपनी आत्मशक्ति का विकास नहीं कर पाता। वह गहन निराशावस्था में पहुँचता है। उसे अपना अस्तित्व निरर्थक तथा अर्थहीन लगने लगता है। उसे उसकी चेतना से जोड़कर रखने की स्थिति बचती नहीं है जो फिर उसे 'आत्महत्या' का मार्ग दिखाती है। भय मिश्रित उत्कंठा उसके समस्त जीवन को आक्रांत कर रखती है। कुँवर नारायण को यही 'आत्महत्या' का बिन्दु अत्यन्त महत्त्वपूर्ण लगता है। मृत्यु के साथ संवाद करते समय जीवन से विमुख होनेवाली बुद्धि की निराशा नचिकेता की निराशा से अलग नहीं है। प्रत्येक विचारक को इस बिन्दु से पुनः जीवन की तरफ मुड़ना होता है। अमर सत्य के लिए पुनः जीवन जीना शुरू करना होता है। यही उसका 'अमर' जीवन होता है। यही सत्य 'निर्वाण' हो सकता है या 'ईश्वर'। मनुष्य को इस बात का एहसास कि वह मर्त्य होकर भी किसी अमर अर्थ में जी रहा है, बहुत सन्तोष दे देता है। कवि की दृष्टि से 'आत्मजयी' जीवन की सृजनात्मक सम्भावनाओं में आस्था की पुनःप्राप्ति की कथा है।

'आत्मजयी' का नचिकेता पिता वाजश्रवा के साथ हुए विवाद की स्थिति के कारण अत्यन्त निराशावस्था में स्वयं को पानी में सौंप देता है। नचिकेता मरता नहीं है। वह मृत्यु तक से बाहर निकाल आता है। वह अचेतावस्था में स्वप्न देखता है। स्वप्न में–यम के साथ संवाद। नचिकेता के अन्तःस्तल की मृत्यु का यह पौराणिक रूप है। 'कठोपनिषद' में तीन दिन नचिकेता यम की प्रतीक्षा में रहा। यम के आगमन के बाद अतिथि की उपेक्षा के परिमार्जनस्वरूप वे उसे तीन वर दे देते हैं। नचिकेता के लिए वाजश्रवा के मन का क्रोध शान्त होगा। यज्ञ की नचिकेताग्नि शान्त होगी और मृत्यु के रहस्य का मर्म विस्फोट होगा। कवि ने पहले और तीसरे वर के आधार पर जीवन विषयक संकल्पनाओं के विचार 'आत्मजयी' में बद्ध किए हैं। कुँवर नारायण ने नचिकेता को आज के मनुष्य के प्रतीक रूप में प्रतिष्ठित किया है। 'आत्मजयी' में वैदिक तथा उपनिषद काल के प्रतीकों को प्रयुक्त किया गया है। वैदिक (वस्तुनिष्ठ दृष्टिकोण को) तथा उपनिषद काल (आत्म-पक्ष) के बीच के सूक्ष्म अन्तर या दोनों कालों की विशेषताओं से गहराई से परिचित होने के कारण ही उन्होंने 'उपनिषद' की आत्मा अथवा मनुष्य के आन्तरिक जीवन को ही 'आत्मजयी' (भूमिका, पृ. 9) में प्रमुख स्थान दिया है। आन्तरिक स्तर को जब तक संयमित न किया जाए तो भौतिक उन्नति सम्भव ही नहीं है। नचिकेता वेद-कालीन वस्तुवादी दृष्टिकोण से असन्तुष्ट तथा विद्रोही नजर आता है।

'सत्य, जिसे हम सब इतनी आसानी से / अपनी-अपनी तरफ मान लेते हैं, सदैव / विद्रोही सा रहा है! / तुम्हारी दृष्टि में मैं विद्रोही हूँ / क्योंकि मेरे सवाल तुम्हारी मान्यताओं का उल्लंघन करते हैं' (आत्मजयी, पृ. 27)

नचिकेता का वस्तुनिष्ठ दृष्टिकोण के प्रति विद्रोह आज के मनुष्य का भी है। नचिकेता का विद्रोही भाव पिता के गलत आचरण के कारण ही प्रकट हुआ है।

'मनुष्य स्वर्ग के लालच में / अक्सर उस विवेक तक की बलि दे देता / जिस पर निर्भर करता /जीवन का वरदान लगता/' (आत्मजयी, पृ. 27)

स्वयं कवि ने कहा है कि यह खंडकाव्य आधुनिक समय के विचारशील व्यक्ति की समस्या को उद्‌घाटित करता है। 'आत्मजयी' की समस्या अन्तर्विरोध में निहित है। साथ ही वह निरन्तर परिवर्तित होती रही स्थितियों से प्रकट होती रहती है। कवि की यह निजी अनुभूति 'आत्मजयी' में निर्वैयक्तिक रूप से स्थान पा चुकी है। मनुष्य यदि स्वयं की ओर वस्तु की तरफ ही देखता रहे तो इस समस्या से समाधान पाना कठिन होता है। इसी कारण कुँवर नारायण का नचिकेता 'आत्महत्या' को अपनाता है। 'मृत्यु भय' की भावना ने हिंसा के रक्तिम रूप को त्याग कर 'डूबने' से 'आत्महत्या' को स्वीकारा है।

'वाजश्रवा के बहाने' के सृजन तक कवि अनेक अनुभवों से गुजरा है। कवि के संवेदन पक्ष ने सृजनशक्तिपूर्ण जमीन तैयार की है। कवि की दृष्टि से जीवन को पढ़ने और जीने का तरीका व्यतिरेकी हो सकता है। 'वाजश्रवा के बहाने' खंडकाव्य में जीवन के अनेक अनुभव और विचार एक दूसरे के साथ रखे दृष्टिगत होते हैं। स्वयं कवि का कहना है कि वे एक दूसरे में गुंथे हुए नहीं हैं। इस रचना में 'वाजश्रवा' केन्द्र में हैं। 'कठोपनिषद' में उसका केवल 'होना' दर्ज हुआ है। कुँवर नारायण की कविता में भी उसकी उपस्थिति है। 'आत्मजयी' के नचिकेता की जीवनदृष्टि सीमित है, क्योंकि उसमें वह केवल एक पुत्र है। यम के उपदेश को विस्तार देने की क्षमता से वह पूर्ण है।

'वाजश्रवा के बहाने' प्रबन्ध काव्य 'नचिकेता की वापसी' और 'वाजश्रवा के बहाने' शीर्षक से दो खंडों में विभाजित है। प्रथम खंड में दस कविताएँ हैं तो द्वितीय में ग्यारह। दस और ग्यारह कुल 21 कविताएँ–एक दूसरे से सम्बन्धित और स्वतंत्र भी। खंड तथा प्रत्येक कविता के शीर्षक बड़े सार्थक हैं। 'आह्वान' प्रथम खंड 'नचिकेता की वापसी' का पहला अंश है। कवि ने इसमें जिज्ञासा व्यक्त की है कि आज और पहले के दिनों में क्या अन्तर है। पहली सुबहों की स्मृतियाँ अनोखी हैं। उदासीन पृथ्वी पर सुबहों का आँखें खोलना और स्मर्यमाण होना ही 'आह्वान' कविता से हुए प्रारम्भ का महत्त्व स्पष्ट करता है। अर्थात 'मृत्यु' के दृश्यमान होने के बाद पुनः 'जीवन' मिलता है तो पहले जीवन से वह किस प्रकार अलग होगा, यह प्रश्न उठ खड़ा हो सकता है। अपराजेय जीवन शक्ति का आह्वान करते समय उसी की प्रकट–अप्रकट प्रतीतियों को गवाह बनाया गया है। अचेत मानव में प्राणों के लौटने का आह्वान मर्मस्पर्शी है। कविता में मुक्त छन्दात्मकता के बावजूद एक लय है। गम्भीर कथ्य को बड़ी ही लयात्मकता से अभिव्यंजित किया है। सुन्दर शब्द योजना गम्भीर अर्थवत्ता लिए कविता में जगह पा चुकी है। इस कविता के प्रकृति बिम्ब असाधारण हैं। 'कवयो मनीषा' में 'आत्मजयी' से भी अधिक कवि की प्रगल्भता निखरी हुई दृष्टिगत होती है।

'मन और बुद्धि' के संयोग से एक कृति के निर्माण यानी एकत्व स्थापित होने से जीवन का खिलना और विभिन्नता में अपने एकत्व की सुरक्षा करने की बात भारतीय संस्कृति के साथ का कवि के लगाव का परिचायक है।

कुँवर नारायण ने पुराख्यान का आधार लेकर 'वाजश्रवा के बहाने' का सृजन किया है जिसमें सार्थक जीवन को केन्द्र में रखा गया है। कवि विविधता तथा एकत्व दोनों पर बल देते रहे हैं। वे जानते हैं कि जीवन द्वन्द्वात्मक है। प्रकृति में भिन्नता या विरोधाभास है और उसे संघर्ष से खत्म नहीं किया जा सकता। कुँवर नारायण ने यह कहने की कोशिश की है कि द्वन्द्व, विरोधाभास संघर्ष से खत्म नहीं किए जा सकते। प्रथम खंड 'नचिकेता की वापसी' की दस कविताओं के शीर्षक बड़े ही उचित हैं। 'आह्वान' कविता से यदि शुरुआत हुई है तो इस खंड की अन्तिम कविता है 'पिता से गले मिलते'। द्वितीय खंड 'वाजश्रवा के बहाने' की पहली कविता है, 'एक व्यामोह का अन्त' और अन्तिम कविता है, 'शब्दों का परिसर'। कवि का प्रयास महसूस होता है कि उन्होंने प्रारम्भ में ही 'आज' को 'अतीत' से पूर्णतः अलग, विशिष्ट और नवीन रूप में दर्ज किया है। 'पिता से गले मिलता' हुआ नचिकेता पुनः लौटने पर आश्वस्त हुआ दृष्टिगत होता है। पिता वाजश्रवा द्वारा अपनी भूल-चूकों को सुधारने का प्रयास कवि की पारंपरिकता को छोड़ आधुनिकता की ओर ले जाने की मानसिकता को स्पष्ट करती है। वाजश्रवा नचिकेता को खोकर उसे जान गए। इस बात को वे कुबूल भी करते हैं। खुले मन से-

तुम्हें खो कर मैंने जाना / हमें क्या चाहिए-कितना चाहिए/ क्यों चाहिए सम्पूर्ण पृथ्वी? / जबकि इसका एक कोना बहुत है/ देह-बराबर जीवन जीने के लिए /और पूरा आकाश खाली पड़ा है /एक छोटे से अहं से भरने के लिए? (पृ. 112)

हर मनुष्य के मन में जीवन के प्रति प्रबल आकर्षण होता ही है। 'मृत्यु' और 'जीवन' को 'देखना'-यही बात सबसे महत्त्वपूर्ण है। 'आत्मजयी' या 'वाजश्रवा के बहाने' दोनों में बार-बार यही मुद्दा सामने आता है। मिथक, कथा-प्रसंग चयन, वैदिक जीवन-दृष्टि, वर्तमानकालीन भौतिकता आदि में निर्वैयक्तिकता की अनुभूति लक्षणीय है। पात्रों की अवधारणा और वर्तमानकालीन भौतिक परिवेश में उनकी अन्तस्तलीय गतिविधियों की अभिव्यंजना कवि की रचनात्मकता के वैशिष्ट्य हैं। दोनों रचनाओं में बिम्ब विधान ने एक विशेष महत्त्व रखा है। कुँवर नारायण ने नचिकेता और वाजश्रवा दोनों को कविता की मूल शक्ति बना दिया है। नचिकेता यानी आत्मजयी की वापसी का तात्पर्य जीवन की ओर लौटना है। अनेक 'संवेदन' इससे जुड़े हैं। कवि द्वारा किसी का बहाना बनाकर कविता रचना और अनुपस्थिति को बार-बार रचते रहने की प्रक्रिया बड़ी जटिल है जिससे वह बहुत ही सावधानी से गुजरा है। मृत्यु, जीवन और जिजीविषा बहुत ही अहमियत रखनेवाले भाव संवेदन हैं। कवि ने 'आत्मजयी' से प्रारम्भ किया और 'वाजश्रवा के बहाने' में उसे लौकिकता के धरातल पर ला रखा। पिता और पुत्र के सम्बन्ध इन दोनों रचनाओं से बखूबी निरूपित हुए हैं। नचिकेता और वाजश्रवा कुँवर नारायण के वैचारिक चिन्तन से उपस्थित हुए हैं। मृत्यु को

नजदीक से जानना, फिर जीवन के उत्तर काल में जीवन को नजदीक से जानना, जीवन के प्रति मोह, मृत्यु, भय आदि वाजश्रवा के बहाने समग्र जीवन के प्रति प्रबल आकर्षण–ये सभी मुद्दे बहुत कुछ बता देते हैं। कुँवर नारायण ने वैदिक जीवन-दृष्टि की लौकिकता को प्रमुखता दी है। कवि के अपने समसामयिक परिवेश से सजग होने की बात अधिक मुखर हो जाती है। उसने किस तरह देखा, सोचा और प्रस्तुति की, यह सब बड़ा स्पष्ट है।

कुँवर नारायण एक लम्बे अर्से से लिख रहे हैं। सुलझे व्यक्तित्व से परिपूर्ण ऐसे कवि ने चरित्र, प्रतीक और मिथक, उपनिषद से चुने हैं पर उन्हें समकालीन बनाकर अभिव्यंजित किया है। सार्थक जीवन की संकल्पना को हर तरह से रखने की कोशिश की है। 'वापसी' केवल नचिकेता की नहीं है, हम सभी की है। जीवन के प्रति हर संवेदन की है। कवि ने 'वाजश्रवा के बहाने' में 'कठोपनिषद' के कथा-प्रसंग को नवीन सन्दर्भों में निरूपित किया है। इसमें 'वाजश्रवा' केन्द्र में है और वे जीवन को सकारात्मक देखते हैं। वे पिता और पुत्र के परस्पर सम्बन्ध का एक नवीन अर्थ पाते हैं। स्पष्ट है कि पिता की इस सोच में दीर्घ जीवनानुभव मौजूद हैं। दोनों रचनाओं में अर्धशती का अन्तराल है। उसी प्रकार जीवनानुभवों से गुजरते अनेक परिवर्तित दृष्टियों का भी! कुँवर नारायण के अनुसार इस कृति में जिए हुए जीवन का पुनर्पाठ है, जीवन बोध का आह्वान है।

आत्महत्या से आत्मसाक्षात्कार तक

मीरा श्रीवास्तव

नई कविता मृत्यु के साक्षात्कार को तो कब से पहुँच चुकी है। आत्महत्या की स्थिति बहुतों ने कबूल कर ली है। लेकिन मृत्यु को दुलराते रहना एक प्रकार की विकृति है, आत्मकुंठा की विरूपता की वह हद जहाँ पर मानव-अस्तित्व को विघटित कर तोड़ देने का कुटिल संकल्प रूपायित होने लगता है, और मानव की नक्षत्रगामी ऊर्जा का उपहास करने लगता है। स्वयं विज्ञान-युग इस ऊर्जा को प्रेरित कर रहा है, तो फिर चेतना-सम्पन्न मानव की अन्तरात्मा कब तक मृत्यु बोध में भटक सकती है? जड़ता और जैविकता के हज़ार छलछन्दों के प्रतिष्ठित सत्यों की प्राथमिकता के बीच उसने नचिकेता के शब्दों में पूछना शुरू किया :

मैं क्या हूँ!
मैं क्या हूँ!
मैं क्या हूँ।

अगर यह 'मैं' केवल आदिम इच्छाओं का ही संघात है तो सारे संघर्षों के बावजूद इसे 'अँधेरे' के मृत्युमुख में गिरने से कौन-सी प्रकृति बचा सकती है? अगर यह 'मैं' अँधेरे की ही शक्तियों की संतान नहीं, तो इस विघटनकारी युग में 'मैं' का नया अर्थ खोजना लाजिमी हो गया है—दर्शन में नहीं, धर्म में नहीं, रीतिनीति में नहीं, लालसा में नहीं, देहोत्तेजना में नहीं, क्योंकि ये सब उसे रीता कर देते हैं—किसी वृहत्तर अस्तित्व में 'मैं' को समोकर, उसकी नई अर्थवत्ता में। यह वृहत्तर सत्य जितने बड़े संघर्ष के बीच आज तड़प रहा है, उतनी ही बड़ी जीवन ऊर्जा भी सँभाले है, और चुकने की अन्तिम निःश्वासों में फिर से जी उठेगा। पर यह जीना दिल, दिमाग और नसों को तोड़ देने वाले एक विराट संघर्ष के बाद ही सम्भव हो सकेगा, उसके पहले किसी भी शर्त पर नहीं।

यहीं पर कुँवर नारायण की कृति 'आत्मजयी' मानव-अस्तित्व के विघटन में एक नया सृजनात्मक स्वर है, नई कविता की रचनात्मक उपलब्धि। केवल युग-वास्तव

को झेलते रहने और अन्त में दम तोड़ देने में ही काव्यनायक नचिकेता की जीवनी-शक्ति नहीं चुक जाती, बल्कि सारे अस्तित्ववादी अनुभवों से टकराकर आत्मा से उस प्रोद्भासन का उद्घोष करती है, जिसे उपनिषद् में यम से नचिकेता ने वरदान रूप में पाया था, पर आज का मानव वरदान-स्वरूप नहीं, संघर्ष करके प्राप्त कर सकता है—जिस तरह युद्ध-भूमि में धनुष रखते हुए अर्जुन ने श्रीकृष्ण से पाया था—"नैनं छिन्दन्ति शस्त्राणि..." के रूप में। शायद वही अजर पावक आज के युग के सन्दर्भों को बदलता हुआ नया रूपाकार धारण करके अवतरित होने की प्रतीक्षा में प्रत्येक नचिकेता की अन्तरात्मा में मंडरा रहा है। सम्भव है अँधेरे की दमघोट परछाइयों के पीछे उसका उज्ज्वल साक्षात्कार मानव अस्तित्व को न केवल सार्थक कर सकता हो, बल्कि वृहत्तर गरिमा, वृहत्तर शोभा, वृहत्तर सम्बन्धों की विश्वासमयी रागात्मकता में डुबोकर उबार सकता हो। वैसे व्यक्ति मन की ऐसी मुक्ति तो युगों-युगों से होती आई है। जब वह पूरा मर जाता है तब नए जीवन-अर्थ खोजता है। किन्तु समूह-मन की मृत्यु अभी अधूरी है, उसमें नई जीवन-दृष्टि की जिज्ञासा उतनी तीक्ष्ण नहीं, नई जीवन-ऊर्जा उतनी दुस्साहसी नहीं कि पुराना मानव-अस्तित्व दम तोड़ दे। ऐसा लगता है कि विघटित होकर भी, विकलांग होकर भी वह दम न तोड़ने की कसम खाए बैठा है। मानवता अभी भी नचिकेता के पिता वाजश्रवा की तरह आधी जीवित, आधी मरी है। व्यक्ति मन में भी उस अधमरे जीवन का कुछ सूत्र रह-रहकर उभर आता है। इसीलिए मानव जीवन इतना उदास है—न तो वह प्रस्तुत सन्दर्भों में ठीक-ठीक सन्तुष्ट होकर जी पाता है, न पूरी तरह मरने का ही साहस भर पाता है। मानव जाति का समवेत जीवन अजीब मोहाविष्ट है। किसी छायाभ प्रदेश में नचिकेता अपने पिता वाजश्रवा की उदास मूर्ति देखता है जो उसकी ही नहीं, इस युग की मूर्ति है। इस समूह-मन की स्थिति को कवि से ज़्यादा अच्छी तरह परिभाषित कर सकना मुश्किल है। उसकी परिभाषा है—

फटी हुई अपलक आँखों में
अधूरी मृत्यु।

अन्य-सदियों मृत-उदासीन चेहरों की अपेक्षा
केवल उदास--सबसे कम मृत,
उस रेखा के पास जहाँ
जीवन तो छूटता
किन्तु जीवन से मोह नहीं टूटता।

ऐसे जीवन को जीते हुए 'मानव कुटुंब' का चेहरा पहिचानना मुश्किल हो गया है, क्योंकि सारे चेहरे तो विलीन हो गए हैं, एक सूनापन 'चेहरे जैसा' व्याप्त हो रहा है जो सबको एक धागे में गूंथे हुए है। इस सपाटपन में व्यक्तित्व-बोध से रहित सूनेपन के 'आदिम अँधेरों में' मानव-अस्तित्व का एक बीज अकुला रहा है। वह एक नया अर्थ, एक नई सार्थकता, नया मूल्य खोज रहा है, क्योंकि वह अर्धमृत नहीं है, पूरी

मौत की अनुभूति से गुजर चुका है; उससे जीवन भले ही न छूटा हो पर यथाविध जीवन का मोह अवश्य टूट गया है। वही आज का नचिकेता, मानव-अस्तित्व का अगला चरण, मानव-सभ्यता का नया पुरोधा। वह वर्तमान जीवन-क्रम से ऊब चुका है, इसलिए उसके प्रति सो गया है; हालाँकि लोग उसे सोने नहीं देते, भीड़ उसे घेरना चाहती है, आवाजें उसे उस जीवन-मृत्यु से जगाना चाहती हैं, उसे बचाने (!) का उपक्रम करती हैं, निर्विघ्न सोने भी नहीं देतीं! आज के युग की चीख-चिल्लाहट उपशमित मनःस्थिति को समझ नहीं सकती इसलिए हास्यास्पद समझती है और नचिकेता को 'बचाने' की कोशिश करती है। दोनों की द्वन्द्वात्मक स्थिति बन जाती है। उनके ऊहापोह से नचिकेता समझ नहीं पाता कि वह कहाँ है? उसकी स्थिति क्या है? क्या वह सचमुच जीवित है? क्या जीवित रहकर ही जीवन को खोने का अनुभव प्राप्त कर लिया उसने? वह सचमुच मरा नहीं लेकिन 'मरने से भी गूढ़तर मर्म' को जान गया, जो उसे जगाने वाले लोग भी नहीं जान पाए। उन जीवित लोगों का जागरण तो अधूरी मृत्यु है और यम के गूढ़द्वार के भीतर चले जाने पर भी नचिकेता जाग्रत है। बल्कि यों कहा जाए, साक्षात् मृत्यु-बोध झेल सकने में समर्थ होने के कारण ही नचिकेता को जीवन का रहस्य मिल सका। मृत्यु-बोध की पूर्णता में ही वह अनादि जीवन-ऊर्जा के मर्म को पहचान सका, उस ऊर्जा को केवल जो भोगरत, अथवा यशोलिप्स, महत्त्वाकांक्षी जीवन से खंडित नहीं हो जाती, वरन् 'किरणों की ऊर्जस्वी सन्नाहट' को 'जड़ताओं तक में प्रवहमान...' महसूस कर सकती है। इसलिए अधूरी दुनिया के टूटे जीवन से उपराम हो जाती है, वह नए प्रत्यूष, नए जन्म से जाग्रत होना चाहती है। यह जागरण तभी सम्भव है–

सम्पूर्ण बोध
हो चुका काल को जो अर्पित
जीवन में वापस आया
वह शोधित प्रसाद

नवजन्म का 'शोधित प्रसाद' लेकर ही मानव-व्यक्तित्व नए अर्थों से पूर सकता है, तब न कुंठा रहती है, न उदासी, न मृत्यु का त्रास, न आत्मसंशय। फिर से, नए रूपों में गलता-ढलता अस्तित्व का नया शुभारंभ होता है। मानव नए सिरे से जगता है, नया 'आरम्भ' लेकर कह सकता है–

मैं
सभी दिशाओं में प्रतिक्षण
उत्पन्न
विभासित
आरंभित,
अनुसृष्ट नहीं–स्रष्टा स्वरूप

लाखों निर्माणों में गलता-ढलता
कोई अव्यय भविष्य...
मैं जाग्रत हूँ–
मैं जाग्रत हूँ–

मानव के इस 'अव्यय भविष्य' का निर्माण किस तरह सम्भव है? अतीत के चुकते हुए आधार पर क्या कुछ टिकाया जा सकता है? या कि एकदम नए सिरे से सब कुछ गढ़ना होगा, एकदम नया केन्द्र ढूँढ़ना होगा? अतीत की थाती तरह-तरह से मानव की विकलता को शान्त करने का उपाय पेश करती रहती है, और आधे-अधूरे लोगों की छटपटाहट उससे काफी उपशमित भी हो जाती है, क्योंकि उनकी इच्छाओं का एक दायरा है जिसे पूरा करने में ही जीवन सफल हो जाता है। पर नचिकेता अतीत की पृष्ठभूमि में उठा हुआ एक नई जीवन-खोज है, अस्तित्व के मूल्यांकन का नया प्रश्न-चिह्न। वह जीवन को सिर्फ़ जीने की ही नहीं, समझने की विराट जिज्ञासा है, जीवन की सार्थकता प्राप्त करने की अथक चेष्टा है, तपस्या है। नचिकेता के रूप में बुद्धिजीवी मनुष्य अपने को अतीत (Transcend) कर जाना चाहता है। नचिकेता मनु की तरह इड़ा के प्रदेश में भौतिक उपकरण जुटाकर उन्हें भोगने की कामना से आक्रांत नहीं है, वह सत्ता का भोग नहीं, सार्थकता की अनुभूति चाहता है। सार्थकता का बोध, उसे लगता है कि, साधारण बौद्धिकता से सम्भव नहीं, बल्कि बुद्धि से ऊपर किसी 'तेजस्वी' ललाट से है जो बौद्धिक विश्लेषण करके नहीं, सदियों तपस्या में जी सकने की क्षमता लेकर 'विराट मस्तक' बन जाता है। 'कामायनी' का मनु विलास के उपकरणों को खोकर चिन्ताकातर है, 'आत्मजयी' का नचिकेता उन्हें खोकर निश्चिंत। वह देवताओं की भोगलोलुप अमरता नहीं चाहता, वह कोई ऐसा इष्ट, ऐसा अमरत्व पाना चाहता है जिसे सम्मानित कर मानवता खुद सम्मानित हो जाए। इसीलिए नचिकेता 'विराट मस्तक' से प्रार्थना करता है–

ओ मस्तक विराट,
अभी नहीं मुकुट और अलंकार।
अभी नहीं तिलक और राज्यभार।
तेजस्वी चिंतित ललाट! दो मुझको
सदियों तपस्याओं में जी सकने की क्षमता।
पाऊँ कदाचित् वह इष्ट कभी
कोई अमरत्व जिसे
सम्मानित कर मानवता सम्मानित हो।

इस सन्दर्भ में नचिकेता युग-निपीड़ित, काल-लुंज, संत्रस्त आधुनिक लघु-मानव से भिन्न है, नितांत भिन्न! वह जीवन के लिए गालियाँ नहीं बुदबुदाता, उसे आमूलचूल बदलने की साहसिकता लेकर मृत्युमुख में भी कूद पड़ता है; इसलिए अपनी अदम्य

अन्तर्वेदना से एकदम नए संसार के भीतर धँस पाने में और एकदम नई सृष्टि गढ़ पाने में समर्थ होता है। वह जीवन के वर्तमान रूप से छला नहीं जा सकता, क्योंकि उसे सभी कुछ खंडित लगता है और लोग मोहित होकर मंत्रवश खिलौनों से चलते प्रतीत होते हैं, जो चल रहे हैं इसलिए जीवन की व्यर्थता को नहीं समझना चाहते। नचिकेता किसी को पाना नहीं चाहता क्योंकि सभी खंडित हैं। पर वह जाए कहाँ? मृत्यु तक? लेकिन मृत्यु ही तो अन्तिम दिशा नहीं है उससे भी 'बहुत आगे की अपरिमित दूरियाँ' हैं। अपनी निराशाओं से उबरने के लिए वह किसे अपनाए? सारी ध्वस्तता में, अविश्वास में वह कराहकर पुकार उठता है–

कहाँ है वह बाँह, वह विश्वास जीवन-सिद्ध,
जो मुझ भटकते को ग्रहण कर ले
और मृतकों की सहस्रों पर्त गहरी
जर्जरित इस सभ्यता के पार पहुँचा दे?

मृत संस्कारों की पर्त-दर-पर्त पर बसी इस जर्जर सभ्यता के 'पार' वह क्यों पहुँचना चाहता है? इसलिए कि नचिकेता ने जीवन केवल जिया नहीं, उसे समझना चाहा, किन्हीं 'अस्थायी कामनाओं के ठोस सबूत' अपने पीछे छोड़ जाने के बजाय अपनी असारता की तीखी अनुभूति से जीवन को नए सिरे से समझने का प्रयत्न किया। आसपास की ऊबड़-खाबड़ आकृतियों की तितर-बितर संख्या में उसे आर-पार, अन्दर-बाहर 'कोई नहीं' दिखाई पड़ा। दुर्भाग्य कि वह औरों की तरह जी न सका, जीवन उसे मरी हुई चीज़ों से निकल गई आत्मा का प्रश्न लगता है, इच्छा का नहीं, बुद्धि का भी नहीं, केवल आत्मा का,–'अपना ठीक आकार न पाने वाली व्याकुल अन्तरात्मा का।' और, चूँकि यह आत्मा आधुनिक सभ्यता की हर चीज़ से निकली हुई है, सभी जगह गायब है, इसलिए जीवन का 'सवाल' तीखा से तीखा होकर उसके सामने उभरता चला गया। उस सवाल की ज्वलंतता में सारे मनोराग, सारी स्थितियाँ विसंगत या 'ऐब्सर्ड' हो गईं।

आत्मा के ठेकेदार धर्म ने अपना समाधान पेश करने को उसे बुलाया। पर इस विज्ञानयुग के जीवन की विकलता का उपचार क्या धर्म से सम्भव है? भारत में उसकी विकलांग छाया अवश्य जन मानस को ग्रसे हुए है, पर आत्मजिज्ञासा जीवन के स्तर पर एकदम कुंठित है। धर्म ने अध्यात्म को अपसरित कर दिया। जीवन के भोगों में आसक्त सामान्यजन झूठे देवताओं की आराधना में लगे रहे। ईश्वर पर नैवेद्य और उपहार चढ़ाते रहे पर वह अस्पृष्ट ही रहा। नचिकेता उस अस्पृष्ट ईश्वर से दूर ही रहना चाहता है, बल्कि अपनी प्रार्थनाओं को समय पर, सत्य के प्रतीक सूर्य पर विसर्जित हो जाने देना चाहता है बजाय ईश्वर की भिक्षा से अपने को छोटा करने से। दूसरे शब्दों में, वह सत्य को छूना चाहता है बिना अपने को छोटा किए हुए। इससे आधुनिक युग के अनुरूप जीवन-दृष्टि पाई जा सकती है। पिछली पूजाओं के मंगलपट फूट

चुके हैं, धर्मग्रन्थों के पृष्ठ, प्रकरण, शीर्षक अलग-थलग सन्दर्भहीन उड़ रहे हैं। शास्त्रवचन से आज के जीवन को प्रेरणा नहीं मिल सकती, यह सच है। ऐसे प्रेरणाशून्य थोथे धर्म के आगे जनमानस ऊँघेगा ही। चेतना की यह ऊँघ कब जीवन को सार्थक बना सकती है? उसे सार्थक बनाने के लिए धर्म नहीं, किसी एक 'समर्थ जिज्ञासा' की जरूरत है जो वैज्ञानिक जिज्ञासा की तरह वस्तून्मुखी नहीं, अन्तरोन्मुखी है, जीवन को फैलाने को नहीं, जीवन को पा लेने को समुत्सुक है। साथ ही, इस जिज्ञासा को जीवन मूर्त करने के लिए चाहिए—विज्ञान जैसा साहस किन्तु भिन्न दिशाओं में,—अनभिव्यक्त आयामों में घुस सकने का चेतना का साहसी अभिमान : (Adventure of Consciousness) क्षत-विक्षत होना, कुंठित होना, टूटना जितना आसान है और सुलभ है, उतना आसान और सुलभ यह आन्तरिक साहस नहीं। इसलिए नचिकेता नक्षत्रों से माँगता है कि :

जब जब समर्थ जिज्ञासा से
काल की विदेह अतिशयता को
कोई ललकारे—
सीमा-सन्दर्भ-हीन साहस को इंगित दो।

इसी 'इंगित' को लेकर वह मानव-अस्तित्व के नए सन्दर्भ खोज निकालना चाहता है।

लेकिन पुरानी परम्पराएँ भी कम बाधक नहीं। नचिकेता का पिता वाजश्रवा से आत्यंतिक विरोध उपस्थित हो जाता है। यह विगत और आगत जीवन-स्थितियों का विरोध है, विगत जीवन-दृष्टि के प्रति आगत का स्वच्छन्द विद्रोह जिसे समय रोक नहीं सकता। नचिकेता पिता को भविष्य का अधिकारी नहीं समझता, क्योंकि वह 'अपने' हित के आगे नहीं सोच पाते, और अपने 'हित' को ही अपने 'सुख' के आगे नहीं। वस्तुतः वर्तमान विज्ञान पुरुष यहीं पर रुका पड़ा है, प्रकृति पर सारी जय उसकी आत्मा का बंधन बन गई है। वह स्वार्थी एवं संकुचित हो गया है। स्वकेन्द्रित होने के कारण सामूहिक कल्याण-भावना तो तिरोहित हो ही गई है, अपने 'हित' को भी वह नहीं समझ पाता। उसके लिए 'हित' और 'सुख' पर्याय बन गए हैं। बार-बार उसे ही सहेजता रहता है पर सिद्ध नहीं कर पाता कि उन सुखों ने उसे सन्तुष्ट भी किया है। जीवन केवल संचय का नाम नहीं, परितोष (Fulfilment) चाहना भी उसके लिए नैसर्गिक है। यह अतर्क्य है कि आज का वैज्ञानिक मानव 'परितुष्ट' तो किसी भी दृष्टि से नहीं है। वर्तमान में एक गहरा असन्तोष है, वह जिस दिशा में मुड़ रहा है लगता है वहाँ से खाली हाथ लौटने के सिवा कुछ नहीं मिलेगा। इस वर्तमान को 'भविष्य' नहीं अर्पित किया जा सकता। लगता है रास्ते में कोई भयानक शत्रु है जो सारे संचयों को मार्ग में ही लूट लेता है। और आज का समाज ऐसे प्राणियों से निर्मित है जिन्हें—

सिंहासन एक भूमिका देता है
मुकुट एक शीर्षक,
सेना एक कर्तव्य,
स्वरक्षा एक धर्म
सभासद एक दायित्व...
पर ये सब तुम्हें इस तरह हर लेते हैं
कि तुम्हें पहचानना कठिन हो जाता है।

यह न केवल आज के राजनीति-शासित समाज पर व्यंग्य है, वरन् आधुनिक कूटनीति और सत्ता तथा हिंसा पर जीवित सभ्य मानव का उपहास भी, वह सभ्यता जिसमें मानव को पहचानना कठिन हो गया है। मुकुट और सिंहासन की चमक-दमक भी 'भूख प्यास वाले साधारण प्राणी' की साधारणता को अन्त समय तक चमकीली नहीं रख पाएगी। क्योंकि इस अति सहज जीवन के पीछे भी कुछ ऐसा है जो आश्वस्त नहीं करता। भूख-प्यास में डूबे लोग इन्हें भले ही न देख पाए, पर प्रबुद्ध नचिकेता ने इस सामान्य से दिखने वाले जीवन के पीछे क्या कुछ नहीं देखा। पर्दे के पीछे उसने सुना–

रहस्यमय कानाफूसियाँ
पेचीदा मंत्र जाप? या गुप्त मंत्रणाएँ?
यह दान? या अज्ञात वधिकों से कोई अशुभ समझौता?
पिता,
ये सब कैसे संकेत हैं जो आश्वस्त नहीं करते

कवि यह कहते-कहते रुक जाता है कि यह भी सम्भव है कि मनुष्य अपनी स्वार्थपरता में दूसरे मनुष्य को खा जाए। मानव अस्तित्व इस प्रकार केवल 'भूख प्यास' पर जी कर घातक तर्क और पाशविक भावना बन सकता है जहाँ मृत्यु जीवन पर छा जाए, युद्ध और कलह, स्वार्थ, छल से जीना मजबूरी बन जाए। आज जिन्हें हम कुत्सित और घिनौनी वृत्तियाँ मानते हैं वे एक स्तर पर आकर स्वाभाविक भी लगने लगेंगी, और उसी स्तर पर लोग मृत्यु ग्रसित जीवन जीएँगे–वह जीवन जिसका कोई अर्थ नहीं, वह चेतना में पगला गई है, जिसकी सारी अन्विति खो चुकी है। रह जाएगा केवल परस्पर त्रास, उत्पीड़न, अपमान।

इससे बढ़कर जीवन की विडंबना और क्या हो सकती है। रक्तपात और हिंसा के आधार पर बनाई समृद्धि में मानव समाज 'बीमार गायों-सा जन समूह' के अलावा और कुछ नहीं दिखलाई पड़ेगा। नचिकेता ऐसी जीवनस्थिति के प्रति विद्रोह करता है। लेकिन मनुष्य की सारी साहसिकता या तो उपेक्षा से खिन्न कर दी जाती है, अथवा काइयाँ स्वार्थों से हरा-हराकर हताश कर दी जाती है। अथवा स्वर्ग का लालच दिलाकर उसे छीन लेने का उपक्रम किया जाता है। और जब यह सब कुछ नहीं कारगर हो

पाता तो समसामयिक 'बहुमत' की दुहाई दी जाने लगती है, नया जीवन-बोध ग़लत करार कर दिया जाता है। मनुष्य अनुभव करता है–

किसी बहुत बड़ी संख्या से घटा दिया जाता हूँ
इस तरह
कि शेष समर्थ बना रहना ग़लत भी
एक-सही भी अनर्थ हो जाता है।

और समर्थ ग़लत बहुमत 'नैतिक आदेशों के पालतू मुहावरे' जपता हुआ 'ईमान के चोर दरवाज़ों से' एक अलग व्यापार किया करता है–घातक अश्लील सच्चाइयों का जिन्हें सब छिपाते हैं, पर जिनसे छिप नहीं पाते। इन मान्यताओं के साथ जीने वाले व्यक्ति का जीवन ऐसा लगता है जैसे–

मानो किसी असफल षड्यंत्र के बाद
पूरे संसार की निर्मम हत्या है।

पर यही मानव अस्तित्व की आत्यंतिक स्थिति नहीं, वर्तमान ही भविष्य नहीं है। नई चेतना, नई संबोधि पुराने जीवन को बच्चे की किलकारी से जगाती है लेकिन वह जीवन करवट बदलकर फिर आँखें बन्द कर लेता है। एक 'नया दिन' मानव चेतना के क्षितिज पर उगाने के लिए नचिकेता व्यग्र है जो इस विभीषिकामय वर्तमान को विभोर भी कर देता है पर 'वर्तमान' आलस्य के कारण नहीं देखता कि वह 'दूसरा दिन' है और जिसने जगाया वह बालक नहीं, समर्थ है। विज्ञानवादी जड़ता इस नए युग को स्वीकारने से झिझकती है, उसे स्थान देने में अपने को पराजित अनुभव करती है, इसलिए केवल आलस्य की करवटों से टालती है, उस 'चितकबरे प्रकाश' को देखने का साहस नहीं करती।

इस नई चेतना से आज का मानव डरता है, क्योंकि अगर वह समाप्त भी हो गया है तो भी वही स्थिति बनाए रखना चाहता है। वाजश्रवा को संबोधित करता हुआ नचिकेता कहता है–

आह, तुम अपनी समझ के बीमार तर्कों की
किसी एक दिशा में समाप्त

मुड़ा-तुड़ा दीखने पर भी वाजश्रवा आगत नव जीवन-बोध से शक्ति न ग्रहण करके, उसे अपनी नष्टधर्मा प्रवृत्तियों की शक्ति से नष्ट कर देना चाहता है। वह अपने ही पुत्र नचिकेता के कोमल अन्तस् को अपने वज्रवाक्य की छाप डालकर झुलसा देता है–'मृत्यवे त्वा ददामि...' अभिशाप पाकर भी नचिकेता किसी तरह समझौता नहीं करता। पिता की दुनिया उसे बासी-सी लगती है; कार्यक्रम, आय-व्यय, रीति-नीति के पेचीदे व्यवहारों से बनी वाजश्रवा की दुनिया 'जीने से पहले ही बीती-सी लगती है।' वह खुले शब्दों में पर्दाफाश करने का साहस करता है :

स्वजनो, तुम्हारी इस रचना में केवल प्रपंच मात्र, शक्ति नहीं,
क्योंकि तुम ख़ाली हो
फूहड़ इच्छाओं की बेकाबू भीड़-भाड़
अनियत कुस्वप्न कई आपस में टकराते।

नचिकेता इस फूहड़पन और कुस्वप्न से ऊब चुका है। वह इनसे आगे बढ़ना चाहता है। लक्ष्य बहुत स्पष्ट नहीं किन्तु पहुँचने के प्रेरक साधन हैं, गति के संकेत हैं, अजान राहों की पुकार का आकर्षण। उसे लगता है,

जैसे कहीं जाना है।
बालक का अनायास दौड़ना,
क्योंकि पाँव है
पाँवों की शक्ति है।
लक्ष्य नहीं--साधन पहुँचने के
प्रेरक हैं, गति के संकेत–
रिक्त राहों की बाँहें बुलाती हैं।

यह आकर्षण इसलिए पनप रहा है कि जीवन की यथास्थितियों से उसका मोह-भंग हो चुका है, वह ऊब चुका है। स्वबिद्ध लोगों के लिए सब कुछ समर्पित करके उसे यह अनुभव हुआ कि आत्मा का व्यंग्य करके वह खाली हो चुका है। नगण्य सुख-साधन देकर लोगों ने उस पर दान का एहसान लाद दिया। जीवन को खाली करके जिन्हें उसने प्यार दिया, उन्होंने बदले में उस पर दया की, जैसे कि कोई उपकार किया हो। इस तरह के प्रतिदानों से नचिकेता कुंठित हो चुका है, उसे कोई भी अपना नहीं लगता, सारा अपनत्व एक छलावा लगता है। सारे सम्बन्ध 'मिथ्या सपने' बनकर मोहभंग कर जाते हैं, ऐसे सपने जिनसे चिपटकर उसने विश्वासी आँखों से जीवन देखने की कोशिश की थी, पर सत्य बड़ा कड़ुवा है। मानव सम्बन्धों की असलियत तो यह थी कि 'वे केवल अपने थे।

ऐसी स्थिति में जब कि सारे मानव-सम्बन्ध निरर्थक लगने लगे हैं, जीवन बासी, नचिकेता को बुलाने वाली राह कैसी है? क्या पुरातन संस्कारों का संशोधन या बिलकुल नया आलोक? लगता है एकदम नया मोड़। वह एक फालतू आत्मा भले ही दिखे पर 'ऐहिक प्रयोजनों के दैनिक अपव्यय से अपने को बचाकर' उस स्थल पर पहुँचना चाहती है जहाँ :

कोई था
जिसके पास कोई नहीं आया।

जीवन कुछ गहरे संकेतों से भर जाता है; उसे आकाश बुलाता है पर सागर-सी विशालता वहाँ तक पहुँच नहीं पाती, दोनों एक-दूसरे को पाने में असमर्थ-से पड़ जाते

हैं। यह धरती किसी की निस्सीम करुणा की छाया लगने लगती है, निचली घाटियों को नदी पहाड़ों का आशीष लगती है। कोई गहरी ममता कोई गहरी शान्ति उद्भासित होने लगती है। सृष्टि के उपकरण कुछ ऐसे अनुभूत होने लगते हैं जैसे :

...सागर किसी गहरी ममता का महाकोष
लुटने के लिए फैला हुआ
कि कोई उसे पा जाए
जैसे संगीत का अद्वितीय पल
अँधेरे में धीरे-धीरे घुल रहा हो
और तारों के हज़ारों फूल
उस साधना की कभी न हाथ आने वाली
दूरियाँ, शान्तियाँ हों...

ऐसी विपुलताओं को नचिकेता जीवन में बसा लेना चाहता है। उन विपुलताओं से वाजश्रवा का जीवन न केवल अनभिज्ञ है, अविश्वासी भी; इसलिए अपनी नई अभीप्सा, नई जीवन-ऊर्जा के लिए नचिकेता को मृत्यु का शाप भी झेलना पड़ता है। एक तरह से वह पिता से प्रताड़ित, उसकी दुनिया से निष्कासित हो जाता है। लेकिन शायद एक लम्बी सजा झेल लेने के बाद मूढ़ मनुष्यता नचिकेता की 'बेगुनाह सच्चाई' को पहचान सकने लायक हो सके—और यह समझ सके कि यह सच्चाई उसी के अँधेरों में कहीं बन्द थी।

युग का वास्तव क्रूर, बेहिचक, अपराधी है। इस वास्तव से जूझने पर भी व्यक्ति सफल नहीं हो पा रहा है, इसलिए वह अविश्वासी, अकेला, नास्तिक और उदास हो उठा है। लेकिन यह नास्तिकता, यह अकेलापन, यह उदासी भीड़-मनोवृत्ति की तुलना में कहीं ऊँची मनःस्थितियाँ हैं। नचिकेता दृढ़ स्वरों में घोषित करता है—

नहीं चाहिए वह विश्वास, जिसकी चरम परिणति हत्या हो।
मैं अपनी अनास्था में अधिक सहिष्णु हूँ।
अपनी नास्तिकता में अधिक धार्मिक।
अपने अकेलेपन में अधिक मुक्त।
अपनी उदासी में अधिक उदार।

अनास्था, नास्तिकता, अकेलापन और उदासी—ये युग-मानस की अनिवार्य परिणतियाँ हैं। एक तरह से यह बहुत अच्छी स्थिति है बजाय उस आस्था के जो अंधविश्वासी रही है, बजाय उस आस्तिकता के जो जड़ धार्मिक रही है, उस समूहपन के जो निजी स्वार्थों से विद्ध रहा है और वह जीवनोल्लास जो आत्मभोग पर केन्द्रित रहा है। इन सबका एक साथ तिरस्कार नए मानस की नवागत पृष्ठभूमि का कोरा रूप प्रस्तुत कर देता है। लेकिन भू-संस्कारों का तूफान इस निष्क्रिय तटस्थ मनःस्थिति में नचिकेता

को बहुत देर तक पड़े रहने नहीं देता। वह इसे झकझोर डालता है, जैसे इससे भी आगे कहीं और जाना है, कुछ और पाना है। ज़्यादातर आज की कविता अनास्था, नास्तिकता, उदासी और अकेलेपन के चौखटे में टंगी तस्वीर बनकर रह गई है। उसने इन्हें अपना महफूज दायरा बना लिया है। इस दायरे को तोड़ सकने की या तो उसमें सामर्थ्य नहीं है, अथवा आत्महंता स्थितियों में जीना ही उसे स्वाभाविक लगने लगा है। मगर इसके भीतर भी कोई आयाम है, इसके आगे भी कोई दिशा है, जिसकी पुकार व्यक्ति को चैन से रहने नहीं देती, कुंठा की चौहद्दी तोड़-फोड़कर किसी अप्रत्यक्ष और सुदूर भविष्य को टटोलने के लिए मजबूत करती है। कुंठा का व्यामोह नचिकेता में नहीं है। अगर यह व्यामोह बना रहता तो यह कृति यहीं समाप्त हो जाती। और बात कुछ वैसी ही हो जाती जैसी कि अब तक होती आई है...एक ठहराव, विघटन और क्रमिक मृत्यु। लेकिन नचिकेता को युग-यथार्थ का इतना तीखा डंक लगा है कि वह उसे निकाल फेंकना चाहता है। वह दुख को गले से लगाए बुद्ध के शिष्य की तरह यह नहीं व्याख्यायित करवाना चाहता : 'यह दुःख (प्रकारांतर से कुंठा) कहाँ से आया, किसने भेजा, कितना तीव्र है, कब तक रहेगा' आदि-आदि। दुख के बारे में जिज्ञासा करने पर भगवान बुद्ध ने अनुभूति की सच्चाई के सन्दर्भ में एक बार अपने शिष्य से कहा था कि दुःख का तीर जब चुभता है तो जिसे चुभता है वह यह नहीं पूछता कि तीर किसने चलाया, कितना लंबा है, नोक कितनी पैनी है आदि-आदि, वह तो उसे निकाल फेंकना ही चाहेगा, उसके बारे में जानकारी बढ़ाना नहीं। वैसी ही स्थिति युग-वास्तव को सच्चाई से भोगे हुए व्यक्ति की होगी। वह इस बेहद उदास, अकेलेपन की कुंठित स्थिति को दूर फेंकना चाहेगा चाहे किसी तृप्तिकारी चीज़ का अंदाज उसे न भी लग पाए। अतः नचिकेता मोहभंग होते ही युग-यथार्थ से कट जाना चाहता है। लेकिन यथार्थ से कटना इतना आसान नहीं है। सम्पूर्ण इच्छाशक्ति के लग जाने के बावजूद, उदासीन हो जाने के बावजूद यथार्थ पीछा करता है, और बाहर से कटा हुआ होने पर भी व्यक्ति को निम्न चेतना की अतल गहराइयों में घसीटकर अपनी बिछलती काई-गलित भूमि पर परास्त कर देना चाहता है। इसलिए सारी अनास्था में सहिष्णु, अकेलेपन में मुक्त रहते भी नचिकेता को विषाद घेर लेता है, क्योंकि यथार्थ उसका अब भी पीछा कर रहा है। वह उसकी खोज का प्रतिद्वन्द्वी बन गया है। यह अन्तर्संघर्ष कवि ने 'स्वप्न' के माध्यम से एक संश्लिष्ट बिम्ब में उजागर किया है। नचिकेता एक विचित्र स्वप्न देखता है कि किसी अज्ञानी पिता ने नवजात शिशु को आयु के सागर पर फेंक दिया। उसी सागर पर बहता वह शिशु युवक हो गया जो चेतना के प्रलय को झेलने के बाद भी निश्चिंत नहीं हो सका। वह प्रलय के बाद के अँधेरे तूफानी जल पर तैरता जा रहा है, न कोई संबल न कोई आशा। और तैरना भी कैसा :

आक्षितिज खौलता-सा रक्तिम सागर उजाड़,
पाँव में सागर बँधा हुआ,

बाँहों में लहरों के पहाड़...
संघर्ष—न जिसका आदि अन्त,
प्रारब्ध न जिसका आर-पार...

लेकिन संघर्ष के इसी प्लावनकारी जल के आतंक को फोड़ता हुआ कुछ दूर पर छोटा-सा एक द्वीप झलकता है, जैसे कि व्यक्तित्व का एक कटा हुआ छोटा-सा अंश गरजती लहरों से लड़ता हुआ अलग बना रहा हो। और उस द्वीप पर एक टूटा-फूटा 'मन्दिर' अन्दर की एक दिव्य प्रतिमा के धीमे प्रकाश से टिमटिमा रहा है। यह मन्दिर एक प्रतीक है—भग्न आस्था, भग्न पुरुषार्थ के बीच कहीं कोई आशा, कहीं कोई छोटा-सा विश्वास, कहीं किसी करुणा की किरण बची रहती है मनुष्य को संघर्ष में सांत्वना देने के लिए। पर यह होती सांत्वना ही, इसमें अधिक और कुछ नहीं। और यह सांत्वना भी अन्त में निराश्रित होकर गिर पड़ती है। नचिकेता ने प्रलयकारी संघर्ष में इसी धीमे प्रकाश का सहारा लेना चाहा। पर वह उसे 'एक गूँगा प्रतीक', 'असमर्थ रहस्य' अथवा 'चिह्न केवल' लगा, क्योंकि नीचे की गहराइयों से उठता हुआ उपचेतना का प्रलयंकर जल पूर्ववत् लहराता रहा; लहराता ही नहीं, नचिकेता को पुनः निगल लेने को बढ़ता रहा। अतः उस धीमे प्रकाश को इंगित कर बँधा हुआ यद्यपि नचिकेता बहकर मन्दिर के नीचे तक आया अवश्य, पर वहाँ भी सुरक्षित न रह सका। जैसे-जैसे वह मूर्ति की ओर डरा हुआ ऊपर बढ़ता रहा, वैसे-वैसे पानी 'पीछे पीछे हत्यारे पशु-सा दबे पाँव' चढ़ता रहा और आखिरी सीढ़ी तक चढ़ आया। ऐसी सूरत में बचाव का कोई ठौर न देखकर नचिकेता घबराकर देवमूर्ति से लिपट गया, लगा जैसे—

देवता और विश्वास एक हो गए, किन्तु
वह भ्रम भी आख़िर रीत गया...

देवता, विश्वास को सहारा न दे सका। वह भी भ्रम था जो खाली हो गया और नचिकेता नग्न यथार्थ की भयावहता में विश्वासहीन सहायहीन जीवन-मृत्यु की दरार के बीच झूलता टंगा रहा। युग-यथार्थ के क्रुद्ध जल ने जब उसे दबोचने की कोशिश की तो घबराहट में वह मूर्ति के कन्धों पर पाँव रखकर खड़ा हो गया, जैसे कि अपने विश्वासों के कन्धों पर खड़े होकर वह उस जल से बच जाना चाहता हो। यह स्थिति अस्तित्व की सबसे विफल और दुर्दांत पड़ाव की होती है—

सहमा सहमा
बिलकुल निराश
वह पल भय से भी आगे का
दमघोंट भयानक सपनों से भी कहीं कठिन
तम के यथार्थ में जागे का!

यह जीवन के यथार्थ में जागने से भी ज़्यादा भयंकर है। तम का यथार्थ बस 'होने' भर का 'थका ज्ञान' देता है। यह 'होना' अनुभूतिहीन और बियावान, पागल सूनेपन के हताश बिन्दु पर लटक जाता है। इसमें न तो मनुष्य जी सकता है, क्योंकि जीवनी-शक्ति चुक गई है; न वह मर सकता है, क्योंकि विश्वास के कन्धों पर चढ़कर वह कुछ शक्ति संचित करने की चाह में है। लेकिन 'अस्तित्व-मरण' के बीच की स्थिति में जब तक मनुष्य नहीं पहुँचता तब तक कोई निर्णायक कदम भी नहीं उठा सकता। मरणासन्न अस्तित्व-बोध के सूनेपन से या तो आदमी पागल हो जाएगा, या उसे चेतना का नया केन्द्र ढूँढ़ना पड़ेगा। शायद सबसे विपर्ययी परिस्थिति की टकराहट से चेतना की अति निगूढ़ स्फुलिंग चटख उठती है, और उसी में नव सृष्टि का बीज निहित रहता है–एक बिन्दु पर चेतना का विस्तार और समय आश्रित हो जाता है। 'चरमबोध' का क्षण अद्‍भुत होता है–थमा-थमा, ठहरा, रुका पर अजस्र जीवनी-शक्ति से उर्वर। कुछ ऐसा होता है–

वह चरमबोध का स्वावलंबी अद्‍भुत क्षण–
तम में आकुल
सन्नाटे में स्पंदित
ऊर्जस्वी जीवन-कण।
सब कुछ असृष्ट,
सब कुछ प्रतीक्ष–सन्दर्भहीन
सम्पूर्ण परिस्थिति एक चेतना से विकीर्ण,
आद्यंत–
अपरिमित–
तहस-नहस संसार विलय,
आश्रित बस एक चेतना पर विस्तार, समय।

कवि उसे 'आदि कारण का सृष्टि बीज' कहता है। सृष्टि के चैतन्य का शायद यही आदि कारण हो, शायद गूढ़ अँधेरों में अकुलाता हुआ 'भवितव्य विकल तेजस् तारा' जीवन ऊर्जा को बुझने नहीं दे सकता, बल्कि 'ऊर्जस्वी जीवन-कण' बनकर नई सृष्टि के बीज बोने में संलग्न हो सकता है। कवि के शब्दों में–"लेकिन इस 'भय' या 'उत्कंठा' का परिणाम अन्ततः निराशावादी ही होगा, ऐसा मानना भारतीय दर्शन के एक महत्त्वपूर्ण स्थिति-निरूपण को ही ग़लत समझना होगा। मृत्यु के चिन्तन से जीवन के प्रति निराशा ही पैदा हो, ऐसा आवश्यक नहीं–कोई नितांत मौलिक दृष्टिकोण भी जन्म पा सकता है।" (भूमिका, पृ. 5)

'वह चरम बोध का स्वावलंबी अद्‍भुत क्षण' दार्शनिक तथ्य नहीं, 'महत्त्वपूर्ण स्थिति-निरूपण' ही है। इसी से कालपुरुष के आधुनिक संत्रास के बीच 'कोई नितांत मौलिक दृष्टिकोण भी जन्म पा सकता है' जिसकी सम्भावनाओं को कवि ने कृति

के उत्तरार्द्ध में उद्घाटित किया है। ऐसी नई स्थिति से चेतना को वापस फेरने के लिए न जाने कितने अस्पष्ट बुलावे आते रहते हैं, पर यहाँ पहुँच जाने पर उस बुलावे से मन केवल उदास हो जाता है, पनपता नहीं। पराजित और अपमानित जीवन ही नहीं, 'आसान और सम्मानित जीवन' जी कर भी नचिकेता को खेद होता है, सारा जीवन 'एक पथभ्रष्ट समारोह' लगने लगता है। क्योंकि अँधेरे में नचिकेता ने बहुत कुछ देखा, बहुत कुछ अनुभव किया–'गुप्तचर चेहरे' जो 'नागपाश नींद के लपेटों में बँधे' निर्वासित होकर भी राज्य करते रहे, नकली आँसू रोती हुई आँखें। और अन्त में 'भू गर्भ का जघन्य सन्नाटा' जिसमें 'मृत्यु की अतिदर्शी आँखें बचाकर' जीवन का उपभोग साँप की तरह लौटता है। वहाँ उसने देखा :

भोगकर फेंका हुआ शरीर–
बीजों का छिलका,
नमी सोख कर फूलता।
और फूलकर बिलकुल सूख जाता।

इस नागपाश में बद्ध जीवन रोज अँधेरे में जीता है और प्रज्ञासूर्य भी रोजाना बलि देता जाता है। सभ्यता के उषःकाल में मानव जाति अपनी पाशविकता की बलि देने का पुरुषार्थ करती थी, अब 'प्रतिदिन एक सूर्य की बलि दी जाती है।' यह सूर्य न तो अस्त हो पाता है, न शान्त। चेतना के उजलेपन को रोज गहरे अँधेरों पर बलिदान किया जाता है, जिसमें :

'समिधा में किरणों की चमचमाती बर्छियाँ
उसे सैकड़ों निरीह टुकड़ों में काट कर
स्वाहा कर देती हैं...

लेकिन वह सूर्य कट जाने पर भी पूर्णतः स्वाहा नहीं हो पाता, क्योंकि 'आत्मा के रक्त' से सींचकर वह अपने को जीवित रखता है। सैकड़ों बार वध किए जाने पर भी वह अपनी सहस्रधा आकुल छटपटाहट के साथ मनुष्य की अँधेरी चेतना को चीरकर फिर से उसकी नष्ट-भ्रष्ट दुनिया में उदय होता है। सूर्य न तो डूबता है, न काटा जा सकता है। सिर्फ़ अपनी समतली दृष्टि के छल से हम ऐसा मान लेते हैं। वस्तुतः वह मनुष्य की दुनिया में फिर उदय होता है।

उज्ज्वल चेतना के प्रकाश की बलि की प्रक्रिया आधुनिक युग में शुरू हुई है। सूरज के अकुलाने पर भी 'तत्पर शरीर के कण-कण में लपकता काम-वेग' भूख और चेहरों को जुटाकर 'रक्त के साक्ष्य के' कोई जंगली उत्सव मनाने को उत्सुक रहता है। वासनाएँ अँधेरे में चुपचाप अपने से लगकर सो जाने के लिए उत्तेजित करती हैं, उसी में मुक्ति की राह दिखाती हैं। आज यौनाचार को युग का मुहावरा घोषित किया गया है। लेकिन नचिकेता को वह 'जंगली उत्सव' से अधिक कुछ नहीं लगता,

जिससे वह थक जाता है, ऊब जाता है। ऐसा लगने लगता है जैसे वह इस स्थिति में फँसकर पहले से भी ज़्यादा छोटा हो गया है। उसे कुछ यों महसूस होता है–

कि अंधड़ में फँसे पत्तों सरीखा
धूम-सा मच कर
अचानक धूल-सा संक्षिप्त हो जाता।

तृप्ति से कहीं ज़्यादा उदासी, कहीं गहरा असन्तोष भर जाता है उसमें। करवट लेती हुई चेतना से जाग्रत नचिकेता को लगता है कि वह कुछ पाकर नहीं, खोकर ज्वार के उतार के साथ उतर आया है–'पूरी तरह चुका हुआ', 'एक सपाट फीकापन' लिए हुए। यह मरीचिका उसे चुकाकर एक 'अथाह प्यास में बुझा' जाती है। उससे उसके जीवन को कोई अर्थ नहीं मिलता। सब कुछ घटता है पर वह कृतार्थ नहीं होता। अवशेष में उसे अपने अस्तित्व की अनुभूति–

बन्द कोठरियों का सीला अँधेरा,
एक डरा हुआ असहाय परिणाम,
किसी नाकाम उड़ान का टूटा हुआ पंख
जिसमें आकाश की मर्यादा थी।

जैसी होने लगती है। अन्तर्द्वंद्व की भी पूरी स्थिति नहीं उभरती, क्योंकि इन नाकाम अनुभूतियों से वह कई बार गुजर चुका है। अब इनकी रिक्तता से वह वाकिफ हो चुका है। जो अनुभव सामान्य मनुष्य को अपने में जीवन भर उलझाए रख सकता है, उसके लिए नचिकेता ललच नहीं पाता, शायद वह कुछ ज़्यादा ही जिन्दा है इसलिए उसका निष्कर्ष यह है–

रक्त में गूँज है इच्छाओं की परन्तु
हर चेहरा केवल कमियों से परिपूर्ण
मैं ललच नहीं पाता,
अतः वंचित हूँ। कुछ मैं ही ज़िन्दा हूँ ज़्यादा?–
कुछ ज़्यादा अपूर्ण?

लेकिन कुछ ज़्यादा जिन्दा हरकर, या कुछ ज़्यादा अपूर्णता को पहचानकर, कुछ ज़्यादा प्रयास की गुंजाइश भी होती है। रक्त की इच्छाओं के आतंक, आग्रहों, आकर्षणों से गुजरकर भी नचिकेता घटा नहीं, संचित होता रहा। अन्ततः नचिकेता की चेतना प्रवासी की तरह यहाँ अपने को अनुभव करने लगती है, बाँधने वाली कड़ियाँ बिखर जाती हैं।

यह स्थिति बहुत साफ है, नचिकेता 'सदा को रिक्त' हो गया अनुभव करता है। लेकिन यह खालीपन पहले के सूनेपन के भयावह सन्नाटे-सा नहीं है, अस्तित्व-मरण का मर्मांतक द्वन्द्व झेल लेने के बाद सुखद अवकाश का वह क्षण है, जिसके खालीपन

को अँधेरा नहीं, नया सूर्योदय भरेगा। इसलिए उस क्षण के कुम्हलाने के पहले ही नचिकेता उसे पिछले सम्पूर्ण जीवन-अनुभव से तोड़कर फूल की तरह सूर्य की ओर बहा देता है। वह आश्वस्त होना चाहता है आत्म विजय में। सब कुछ नए सिरे से शुरू होता है, नए उल्लास से भर उठता है, जैसे :

...बादलों ने ख़ाली कर दिया हो आकाश
सूर्योदय के लिए...
सब कुछ एक निरभ्र वंदना है
आत्म विजय के लिए।
देखो ये उज्ज्वल दिशाएँ
कितने सजीव उल्लास से भर गई हैं।
मेरी अपवाद पीड़ाओं के स्पर्श से कहीं
कुम्हला न जाए यह खिला क्षण-
लाओ इसे तोड़कर बहा दूँ सूर्य की ओर।

इस बिन्दु पर एक जीवन-अनुभव समाप्त हो जाता है, एक नया अभियान, एक दूसरा अनुभव शुरू होता है। नचिकेता अपनी उदासी न तो किसी छोटे-मोटे अनुभव से दूर करना चाहता है, न यौवन तक की तृप्ति से पाटना चाहता है; केवल आद्यंत जी सकने की कामना उसे विकल किए है।

इस आद्यंत जीने में अगर पशु-प्रकृति मर भी जाए तो उसके लिए वह अनुशोचना प्रकट नहीं करता, बल्कि उनके भस्म से किसी नए प्रकाश के उठने की आशा करता है। यह स्वर 'समसामयिक बोध' की धुन में फिट नहीं बैठता। लेकिन काल-पुरुष इस समसामयिकता को छोड़कर मानव को न जाने कितने आगे ले जाने का संकल्प किए हुए है-यह कौन जानता है? जिसे हम 'सामयिक बोध कहते हैं वह जो कुछ है, उस पर कवि प्रकारांतर से गहरी चोट करता है। नचिकेता के शब्दों में वह कहता है कि चूँकि उसके दृष्टि है, केवल आँखें नहीं, इसलिए उसे जीवन बहुत फर्क दिखाई देता है। इस बोध के चश्मों से ही जो लोग जीवन को देखते हैं, वे कैसे हैं, उनकी क्या सीमाएँ हैं, इसे कवि रेखांकित कर देता है। उनकी अतिरंजनाओं के पीछे है क्या सिवाय इसके कि-

जिन दिशाओं में संसार होते
उनमें आत्माएँ बंधक हैं।
वाणी है जो बाँधती नहीं,
बुद्धियाँ हैं जो जानती नहीं।

अपने चारों तरफ के 'लोह-मौन' 'गुंबद' से अंधकार में एक ही प्रश्न नचिकेता को झकझोरता रहता है-

मैं क्या हूँ?
मैं क्या हूँ?
मैं क्या हूँ?

इसका उत्तर नहीं मिलता। अस्तित्व उसे एक ऐसे घर की तरह लगने लगता है न जिसमें दरवाजे हैं, न बाहर निकलने के रास्ते हैं–

केवल दीवारें
पेंचदार अंधे-गलियारे,
और एक सहमी आवाज़ का
दबे पाँव पीछा करते
हत्यारे।

इसी कशमकश से तंग होकर वह आत्महत्या का प्रयत्न करता है, क्योंकि इस प्रकार का अस्तित्व छलनामय हो जाता है जो न तो जीवन है, न मृत्यु–है केवल दुविधाग्रस्त 'स्थिति' मात्र। पर वह आत्महत्या का प्रयत्न-भर करता है, कर नहीं पाता। सारी मजबूरियों में उसकी आत्मा बोल उठती है–

जीवन धर्म है–कुत्सा नहीं जो नोच डालूँ,
अधोगति को फेंक दूँ खूंख्वार कुत्तों के लिए,
या नालियों में लिथड़ने दूँ असम्मानित...
आत्मोत्सर्ग में तो शान्ति होनी चाहिए,
हिंसा नहीं।
यज्ञ में देवार्पित यह द्रव्य...।

नचिकेता को यह तो आभासित हो जाता है कि जीवन 'यज्ञ में देवार्पित' द्रव्य है, कुत्सा नहीं। पर फिर भी कोई कुच्छाया उसे पकड़े रहती है, उसे सारी स्थिति अस्वाभाविक लगती है। वह उससे मुक्ति के लिए बेचैन है। वह चिल्ला उठता है–

ओ भयानक अपच्छाया
देह के सीमांत पर तैनात
काली रात,–मुझको छोड़ दे,
मैं अजनबी हूँ
भूल से पकड़ा गया हूँ।

लेकिन 'देह के सीमांत पर तैनात काली रात' उसे छोड़ती नहीं, जैसे कि वह बन्दी बना लिया गया है। नचिकेता अपनी सफाई पेश करता है कि वह कोई भागा हुआ बन्दी नहीं है, बल्कि नदी की तरह बेचैन उसकी नियति अब महासागर माँगती है। लेकिन महासागर मिलना तो दूर–

नीचे और नीचे–एक नाचता हुआ
बलिकुंड-सागर।
विसर्जित लहरों की परिभाषा तक आकर

अपने अँधेरे में नचिकेता को खींच लेता है। उसी में बेदम पंछी की तरह साहस छोड़कर जब वह जीने मरने की स्थिति में रहता है तब कहीं अतल में कोई कोमल गहराई उसे अपने में समाहित कर लेती है। जैसे वह पंछी–

सहसा नीचे कठोर धरती की चोट नहीं,
शीतल जल की कोमल गहराई पा जाए।

यह शीतल गहराई नचिकेता को अन्तर्प्रदेशों में घुसने के लिए प्रेरित करती है। 'अन्दर आओ', 'अन्दर आओ' का 'जिद्दी स्वर' बार-बार अधीर होकर पुकार उठता है, जैसे कोई अनंत आदेश रट रहा हो! उस अँधेरे में उंगली पकड़ाकर जैसे कोई एक बालक नचिकेता को उसके भविष्यों की दिशा में ले जा रहा है, जहाँ जाकर सारी विगत स्थितियाँ मिट जाएँगी और वह आश्वस्त हो जाएगा। प्रवासी मनःस्थितियों से उबरता हुआ वह बालक कहता है–'अब घर चलो।' यह घर आत्मा का प्रदेश है जहाँ वह नचिकेता को ले जाना चाहता है–नचिकेता महसूस करने लगता है–

मेरे लिए ज़िम्मेदार उसका प्यार,
उसके नेत्रों की सरल जिज्ञासा,
जहाँ मैं पुनः अपने भविष्यों में दीखता हूँ–
उपस्थित,
उपलब्ध
पूर्ण आश्वस्त।

इसी भविष्य-बोध में 'कोहरे से उठती हुई पृथ्वी को पूजता-सा एक दिन' दिखाई पड़ने लगता है। अस्तित्व का विघटनकारी अंधकार, आत्महत्या की बेचैनी उस दिवस-पूजित पृथ्वी को देखकर छँट जाती है। नचिकेता अन्तःकक्षों में प्रविष्ट होता है, जहाँ पर यम का साक्षात्कार करता है। यम उसके सामने अपना रहस्य उद्‌घाटित करता है कि वह केवल घात नहीं, प्रारंभिक रचना-क्रम भी है। आज के जड़ विज्ञानवादी युग पर व्यंग्य करता हुआ काल-पुरुष नचिकेता से पूछता है–

शक्तिशाली प्रकृति मेरे अनुकूल हो–मनुष्य कहता–
मुझे समृद्धि चाहिए–
वंश की वृद्धि चाहिए–
यश-प्रसिद्धि चाहिए–
स्वर्ग की निधि चाहिए–चाहिए–चाहिए...
बोल नचिकेता, तुझे क्या चाहिए?

वस्तुतः सभ्यता का ह्रास इसकी अनंत एषणाओं के कारण है। उसे तो बस चाहिए–चाहिए–चाहिए। इसके लिए वह प्रकृति पर विजय करने वाले विज्ञान की शरण लेता है। लेकिन उन चाहनाओं से नचिकेता का तन–मन इतना थका हुआ है कि वह उन्हें नहीं माँगता, वह यही कहता है–

मिल सके अगर तो
एक दृष्टि चाहिए मुझे–
जीवन बच सके
अँधेरा हो जाने से–बस।

श्रेष्ठ के वरण से गहरी शान्ति उसी क्षण छा जाती है क्योंकि नचिकेता यह मानता है कि जीवन केवल सुख की साधना नहीं है। वह शक्ति की अनवरत खोज है, वह मुक्तिबोध है, इसलिए पशु जैसा केवल तन से उसे बाँधना नहीं है। आज जिन परिस्थितियों से वह शासित है, उन पर शासन कर सकता है। इसके लिए यम कहता है कि नचिकेता को मृत संस्कारों से अपना जीवन खाली करना होगा, उसे नए मर्म से भरना होगा। अब नचिकेता को नया 'तोष' चाहिए। काल पुरुष स्वयं स्वीकार करता है–

इस प्रतीति के बाद
असम्भव है अब तेरा
दैहिक–दैनिक स्तर पर जीवन जीते रहना।
तुझको मर्त्य नहीं
अमर्त्य का तोष चाहिए।
तुझको अपने भीतर
नया प्रकाश चाहिए।

अब अपनी अन्तःशक्तियों से नचिकेता को नया कुछ रचना होगा, क्योंकि उसमें भोगने वाले की पस्तहिम्मती नहीं, स्रष्टा की व्याकुलता है अतः 'उसको एक विकास चाहिए'। यह विकास उस अव्यय आत्मचेतना की पहचान से सम्भव है जिसकी समझ यम नचिकेता में उत्पन्न करता है। वह नचिकेता से दूर वहीं, उसके ही आस–पास है, अन्दर है। वह उसे नए अर्थ से भर देने को उद्यत है, यद्यपि युग–मन समझ नहीं पाता कि :

बाहर के इस अंधकार से
कहीं बड़ा भीतर प्रकाश है।

लेकिन वहीं स्रोत है, मुक्ति है, त्राण है। स्थूल की क्षति सार–तत्त्व की क्षति नहीं होती। बल्कि इसी क्षय के बाद आत्मा की स्वायत्तता की प्राप्ति सम्भव है। यम इसी का मर्म समझाता। नचिकेता का भविष्य काल–देवता अपने हाथों में ले लेता है और

नचिकेता किसी तीखी असह्य रोशनी से जग उठता है। उसके स्वप्न का अन्त हो जाता है। जिस चेतनास्थिति को उसने स्वप्न की दशा में पाया था उसे जाग्रत स्थिति में भी पा लेता है। वह नए जीवन की साक्षात् अनुभूति में प्रवेश करता है—प्रत्यूष और पुनर्जन्म में। आत्मा पर 'किसी पैनी किरण का आघात' होता है, उसे दंग करता हुआ क्षीण प्रकाश फैल जाता है जिसमें उसकी पलकें थकती चली जाती हैं। किसी अद्‌भुत अनुभव का जागरण सुषुप्ति चेतना को अपने में भरकर उतार लाता है जैसे गहरी नींद से पलकें थकती जा रही हों, क्योंकि वे जागरण के सहस्र सूर्यों की झलक को सह नहीं पा रही हैं। इसी समाधिस्थ अवस्था में नया सृष्टि-बोध झलक उठता है, जिसमें मानव-जाति की भावी में :

रोशनी की एक भोली खलबली से भर
चिटकता क्षितिज—
जैसे अप्रकट संकल्प का कोई अजन्मा बीज
उर्वर धरा के प्राणद रसायन में
अचानक मुक्ति का संकेत पाकर
सिर उठाए : विस्तरित हो
किसी आतुर सृष्टि का
दुस्साहसी अंकुर...स्वयं घोषित
अनिश्चित आदि घटना,
किसी भावी के लिए तैयार।

यह जागृति उस भयानक रात्रि को मानो 'नया तात्पर्य' दे रही हो, जीवन की सारी विडंबनाओं का आशय इस जागृति को प्रत्यक्ष करने में खुल जाता है : तब सारे पिछले अनुभव का रहस्य ऐसे खुलता है जैसे कि 'सूर्य उस षड्यंत्र का कोई सफल विस्फोट' हो।

पृथ्वी की जीवनी-शक्ति अभी मरी नहीं। रससिद्ध सूर्य की किरणें रसायनपूर्ण मिट्टी में नया प्राण जगाती हैं। और 'तपे कुंदन सरीखे चमकते आकारों' को उगाने लिए पृथ्वी आतुर है। इस नए अस्तित्व-बोध में सब कुछ नया अर्थ धारण करने लगता है। 'राग के गंधर्व' 'रस के दूत' सौन्दर्य की संवेदना के प्रति सूक्ष्मतम अनुभूतियाँ खोल देते हैं। बुद्धि हंस-शुचि होकर ओजस् में परिणत हो जाती है और जीवन-सत्य के कुछ शाश्वत श्लोक खोलने लगती है। नई मानवता धरा के अंक में लेटे शिशु के समान दीखती है या आत्मचेतना के कमल के पालने में झूमती तितली जैसी। जो कुछ गहरा अंधकार था, उसे नया शिवत्व पी गया; वह प्रकृति की मुस्कराहट बनकर प्रदीप्त हो उठा। इस नई सृष्टि की 'वासना में भी वंदना' है, इसलिए कि नृषत् ईश्वर सूर्य को कुंदक बनाकर खेल सकता है। इस नई अद्‌भुत सृष्टि का रूप कुछ ऐसा होगा :

वह प्रथम आश्चर्य का निर्दोष ब्रह्म मुहूर्त
जिसमें देवताओं के अमर संसार की
उत्फुल्ल आहट
बेझिझक सुख-बोध
जिसकी वासना में वंदना थी।
सूर्य को कंदुक बनाकर
खेलता था नृषत् ईश्वर,
और पृथ्वी
स्वस्ति-चिन्ता किसी माँ की
अटपटाती अर्चना थी।

इसमें नचिकेता को 'अपरिमित शान्ति की अनुभूति' होती है, 'अक्षय प्यार का आभास' होता है। त्वचा के सुखों से कहीं ऊपर, कहीं गहरे ठहरकर एक नया मूल आधार मिलता है जिस पर जीवन को प्रतिष्ठित करने से जीवन में नया प्रकाश उतरता चला जाता है; सारा संकुचन, सारी कुंठा समाप्त हो जाती है, क्योंकि कहीं गहरे ठहरकर जीवन में आत्मा विस्तार पाने लगती है। यहीं पर नचिकेता अँधेरी स्थितियों पर जयी हो जाता है। आत्मा के अस्तित्व-बोध से संपृक्त होकर वह मृत्युंजयी बन जाता है। यह बोध उसमें उतर भी इसलिए सका कि वह 'मैथुन, मैत्री, ममत्व, महत्त्वाकांक्षाओं' के अन्त तक जाकर भी इनसे सन्तुष्ट नहीं हो सका। इन समाधानों के बीच चौंक-चौंककर पूछता रहा है–

जीवन क्या है?
मृत्यु क्यों?
मुक्ति कैसे?
ईश्वर कहाँ?

इन्हीं प्रश्नों के समाधान में काल-देवता उसे जाग्रत प्रज्ञा प्रदान करता है और वह अँधेरे में सड़ने के बजाय 'आत्मजयी' हो जाता है।

इस प्रकार यह कृति 'आधुनिकता' को जैसे चुनौती देती है। खासकर ऐसे समय में जबकि लोगों ने 'आत्मा मर गई है', 'ईश्वर मर गया है' की पब्लिसिटी काफी जोर-शोर से कर रखी है। अस्तित्ववादी अनुभूतियों से गुजरकर भी नचिकेता आधुनिक मानव से अलग व्यक्तित्व रखता है, उसकी तुलना में बिलकुल नया है, क्योंकि 'आत्मजयी' है। इस विजय की घोषणा करना आज के युग में कवि की काल्पनिकता या बड़बोली करार कर दी जाएगी, क्योंकि पश्चिमी तर्ज की आधुनिकता ने अभी इस नारे को बुलंद नहीं किया। अभी यह पश्चिम की टकसाल में गढ़ा नहीं गया। अभी तक वहाँ ऐसा हुआ नहीं, और जब तक पश्चिम के लेखक 'आत्मा' की बात मुँह से न निकालें तब तक वह 'आधुनिकता' का अंग बने भी कैसे? मगर यम अथवा काल-देवता बड़ा विनोदी

है, आज जिसे हम आधुनिक बोध कहते हैं उसे रौंदकर कल उसका समय-चक्र किस नए बोध के रास्ते पर दौड़ पड़े और वह 'भारतीय' बोध न हो इसे रोक भी कौन सकता है? कवि कुँवर नारायण ने विकट कालपुरुष के अगले कदम का कयास नहीं किया, बल्कि समसामयिक अनुभवों के बीच से गुजरती हुई मानवता की भविष्यत नियति का संबोधिजनक फ्लैश (Intuitive Flash) उपस्थित किया है। कवि की संवेदना की सच्चाई के बारे में सन्देह करना ज़रूरी न हो तो कहा जा सकता है कि वह 'आत्मजयी' मानव को आधुनिक प्रबुद्ध मानव 'नचिकेता' के अवश्यंभावी परिणाम के रूप में देखता है, कल्पना से नहीं, यथार्थ की दुर्दांत स्थितियों से गुजार कर अनुभवस्तर पर उद्घाटित करता है। कवि को समय-चक्र की यही अनिवार्य गति लगी है। नचिकेता कोई पौराणिक नहीं, आधुनिक मानव है। कवि के शब्दों में—मैंने 'आत्मजयी' के धार्मिक या दार्शनिक पक्ष की विशेष चिन्ता न करके उन मानवीय अनुभवों पर अधिक दबाव डाला है जिनसे आज का मनुष्य भी गुज़र रहा है और जिनका नचिकेता मुझे एक महत्त्वपूर्ण प्रतीक लगा।' (भूमिका, पृ. 9) इसीलिए 'आत्मजयी' मूलतः जीवन की सृजनात्मक सम्भावनाओं में आस्था के पुनर्लाभ की कहानी है।' कवि के लिए आधुनिक सभ्यता 'निष्फल प्रगति' की आभा है। प्रकारांतर से वह स्वीकारता है कि आधुनिक सभ्यता को :

...हाथ चाहिए—वत्सल।
नेत्र—ममता से छलछल।
आत्मीयता—जिसकी छाँह में चल सकूँ।
सुरक्षा—जिसकी बाँह में पल सकूँ।
अमरत्व—जो इन विध्वंस यात्राओं का साक्षी हो।
इस रचना के लिए उत्तरदायी एक ईश्वर दो।

इसीलिए आत्महत्या की स्थिति से वह नचिकेता को उबार लेता है। नचिकेता एक विराट जिज्ञासा का प्रतिनिधि है। वह स्थूल सुखों से सम्पन्न जीवन जीकर सन्तुष्ट नहीं होता। अपने असन्तोष में एकाकी, बड़े से बड़े संघर्ष से टकराने को वह उद्यत रहता है। उस संघर्ष में चाहे उसे हमेशा विजय न भी मिली हो चाहे वह विवश भी हुआ हो, अपमानित या पराजित भी, लेकिन सारे जीवन अनुभवों के समायोजन में उसे सदैव किसी अज्ञात हाथों की अनुभूति हुई है। उसी 'अज्ञात हितैषी' का हाथ नचिकेता के साथ रहा है। इसीलिए वह सारे कटु-तिक्त अनुभवों को आत्महत्या के बिन्दु तक झेलकर भी उबर आया, उबर ही नहीं आया 'आत्मजयी' होकर लौटा, क्योंकि वह हाथ 'कृपा-सा' साथ रहा है। जैसे अर्जुन के साथ श्री कृष्ण का :

कहीं कोई वृहत्तर योजना जिसमें
मानो किसी अज्ञात हितैषी का हाथ है,
कि जैसे वह निर्लिप्त होते हुए भी
निरपेक्ष नहीं—उसकी कृपा-सी साथ है।

इसीलिए कवि समसामयिक बोध से गुजरकर भी आत्मा के मृत्यु की हास्यास्पद घोषणा नहीं कर सका। उसका भारतीय संस्कार बहुत प्रखर है, आधुनिकता की जड़-परतों को उधेड़कर वह अनागत भवितव्य की ज्योतिपुष्कल दृष्टि लेकर उपस्थित होता है। यदि पश्चिम में 'प्रूफ्रॉक' झिझकते हुए भी इस तरह के प्रकाश का सामना कर सकता है तो भारत में 'नचिकेता' बेझिझक होकर क्यों नहीं? यह संस्कार उसकी नसों में युगयुगों से भरा है, किसी कारणवश दब चाहे जाए पर मर नहीं सकता, एक तरह से यह आधुनिकता की चुनौती का बहुत गम्भीर उत्तर है। केवल प्रश्नों में ही आधुनिकता की पहचान की जाए, उत्तर में उसे बिखरा हुआ माना जाए–यह भी आज की बुद्धि और संवेदना के दिवालिएपन की बेजोड़ मिसाल है। कविता का अन्त आधुनिक हो या न हो इससे फर्क नहीं पड़ता–कविता जीवन से जुड़ी होती है और जीवन आधुनिकता के घेराव से मजबूर होने के लिए बाध्य नहीं है। परिवेश और समकालीन अनुभवों की प्रतिक्रिया उसे किसी अति गूढ़ स्तर पर अपने को सक्रिय करने के लिए प्रेरित कर सकती है। जीवन की समग्रता का अनुभव काल-खंड के आवेशों में नहीं बाँधा जा सकता। यह प्रेरणा ही 'आत्मजयी' में पकड़ी गई है। इस 'पकड़' की ईमानदारी में सन्देह नहीं किया जा सकता, क्योंकि भाषिक संरचना से ही यह पकड़ उजागर हो जाती है, जैसे : 'किरणों की ऊर्जस्वी सन्नाहट' या 'रोशनी की भोली खलबली से भरकर चिटकता क्षितिज', 'जिन दिशाओं में संसार होते उनमें आत्माएँ बंधक हैं' आदि। वस्तुतः इनके साथ 'मसीहाई'–मन का लटका जोड़ना आवश्यक है, क्योंकि आधुनिकता की क्रूस पर लटका मसीहा ज़्यादा ध्यान आकर्षित करता है, वह ज़्यादा 'पापुलर' रहेगा ही। ये अनुभव चेतना के किसी ऐसे धरातल के हैं 'जिन्हें न तो 'धारणा' से पकड़ा जा सकता है, न 'संवेदना' के यथातथ्य धरातल से। वैसे ये अनुभव अपनी प्रखरता से किसी नई जीवन-दृष्टि (जो धारणा रचने में सहायक हो सकती है) को दीप्त कर सकते हैं, और 'जड़ताओं' में 'ऊर्जस्वी सन्नाहट' प्रवाहित करके नई संवेदना भी उत्पन्न कर सकते हैं, बशर्ते ऐसे अनुभव को चेतना के किसी सावधान या असावधान क्षण में छूट दे दी जाए, केवल आधुनिकता या समसामयिकता से जीवन को आँकने या उसका जायका लेने का अभ्यास छोड़ दिया जाए तो। तब जीवन सारे विखंडित निस्सार अनुभवों से गुजरकर किसी ऐसी प्रसुप्ति में जाग्रत हो सकता है, जो आरम्भ में 'संवेदना' का धरातल नहीं होता पर अपनी 'संबोधि' (intuition) में प्रखर रूप से महसूस होता है। और एक बार जीवन का अनुभव उस संबोधि के धरातल पर, मानव-चेतना के नए आयाम में कर लेने पर, उसे चेतना की परिचित इकाइयाँ–धारणा, संवेदना आदि–में उतार लाना सम्भव हो सकता है। मगर यहाँ भी एक शर्त है कि 'संवेदना' अपने को घोंघे की तरह बन्द न रखे बल्कि मुक्त होकर आत्मचेतना के प्रति खोल दे। इस प्रक्रिया से चेतना के विघटित, जर्जर, उदास, कुंठित, धरातलों का कायाकल्प हो सकता है। यहाँ भी यह दुहराना ज़रूरी है कि अगर वे 'सार्थकता' या 'अर्थ' की तलाश में हैं तो; यदि नहीं, तो 'आधुनिक' बने रहना ही काफी है–घुटन,

आक्रोश, मृत्यु-बोध ही उसकी 'नियति' होगी। जीवन की स्थितियाँ किसी अन्त:स्थिति या 'स्थितियों की स्थिति' तक जीवन को प्रेषित कर सकती हैं, जिसका आभास 'आत्मजयी' में मिलता है। यदि उस 'आत्म' तत्त्व को जिया नहीं भी गया है, तो कम से कम संबोधि से उसे इस स्पष्टता के साथ पकड़ा गया है कि उसकी प्रामाणिकता उसे जीने को भी प्रेरित कर सकती है। आँख पर पट्टी बाँधकर उसकी प्रामाणिकता को नकारने से बढ़कर मानव जीवन की कोई और मूढ़ नियति नहीं हो सकती। 'स्थिति' और 'नियति' के सन्दर्भों में जीवन की चर्चा न करके बेहतर होगा जीवन के बहुस्तरीय अनुभवों से गुजरकर उसके उस अतलांत 'अनुभव' को ऊपर लाना जो केवल संबोधि में 'फ्लेश' करके रह जाता है। रचनात्मकता की दृष्टि से काव्यानुभव में इस गहराई को उलीचना बेहतर साबित हो सकता है बजाय सतहों को भोगते रहने के। इस मायने में 'आत्मजयी' का कविकर्म केवल 'भोगने' तक ही सीमित नहीं है, सृजनात्मकता के बिलकुल अभिनव आयाम में पहुँचने का उपक्रम भी है। यह आयाम वास्तव की पराजय के बाद आत्म-सत्य के खोज की जय का है। यह जय कपोलकल्पित नहीं, भारतीय कविता में समय-समय पर सप्राण भाषा में मुखरित होती आई है-'मृत्यवे त्वा ददामि' को कुचलकर 'मृत्योर्मा अमृत गमय' की अभीप्साद्रवित, अनुभवगम्य भाषिक सृजनात्मकता में। 'होने' 'न होने' के तनाव से टूटकर आत्महत्या का अनुभव तो हैमलेट को अर्से से होता आया है, उसी तनाव, उसी आत्महत्या को आधुनिक बदले सन्दर्भों के नए दबावों में दुहराया भर गया है-शायद यही बुद्धिजीवी आदमी की उचित परिणति है। महाकाल का चाप व्यक्ति को इसी अँधेरे में पटक देता है। लेकिन उसका यह चाप अन्तत: एक बदले अनुभव में निष्करुण नहीं भी महसूस हो सकता, क्योंकि जो मृत्यु-बोध का चाप ज़िन्दगी पर धरे हुए है, वही अपने दक्षिणं हाथ की हथेली पर सृजन के निर्धूम पावक को लिए हुए है। यदि उसके पैर को रौंदते हुए चाप को झेलते हुए अँधेरे में दक्षिण हाथ की जाज्वल्यमान ऊर्जा अग्नि भी देख पाई जाए, तो अनुभव की इस अखंडता या समग्रता में जीवन को ठीक-ठीक समझा, फिर जिया जा सकता है। यही युगपत अनुभव आधुनिक ढंग से नचिकेता में संभूत हुआ है। वह आत्महत्या से आत्मसाक्षात्कार तक पहुँच सका, क्योंकि उसने गूढ़तलीय अनुभव में यह पाया कि जो विरूपाक्ष महाकाल है, वही सदाशिव नटराज है।

'आत्मजयी' की अनेकार्थता

विजया सती

कुँवर नारायण कृत 'आत्मजयी' नचिकेता के प्रसंग पर आधारित काव्य है। इस कथा के आरंभिक सूत्र 'तैत्तिरीय ब्राह्मण' और 'महाभारत' में उपलब्ध होते हैं, किन्तु इसका सबसे विशद रूप 'कठोपनिषद्' में है। कुँवर नारायण ने मुख्यतः कठोपनिषद् को ही आधार बनाकर आत्मज्ञानपरक औपनिषदिक दृष्टि का समर्थन किया है। अन्य असंख्य प्राचीन इतिवृत्तों की ही भांति नचिकेता का प्रसंग भी गम्भीर प्रतीकात्मकता से युक्त है। इसका अर्थ यह नहीं कि कुँवर नारायण ने उपनिषद् में निहित नचिकेता के प्रतीक और इससे जुड़े दार्शनिक विवेचन को यथावत स्वीकार कर लिया है। वे 'आत्मजयी' में उपनिषद् के संदेश को परिवर्तित और भिन्न सन्दर्भ देने का प्रयास करते हैं। इसी नाते 'आत्मजयी' एक आधुनिक और सामयिक रचना बन सकी। नचिकेता के प्रसंग का ग्रहण कवि और उनके युग की विशेष मनःस्थिति का परिचायक है। यहाँ नचिकेता आधुनिक चिन्तन और जीवन का प्रतीक बनकर आया है। स्पष्ट ही 'आत्मजयी' में 'कठोपनिषद्' के आख्यान की पुनरावृत्ति नहीं है। कथासूत्र यहाँ स्वल्प है, जो कवि के चिन्तन को एक क्रम भर देता है। मूलतः 'आत्मजयी' में उपनिषद् की कथा का सर्जनात्मक उपयोग है। कठोपनिषद् और 'आत्मजयी' की कथा का अन्तर मुख्यतः पारंपरिक और आधुनिक चेतना का अन्तर है। इस प्रसंग के माध्यम से वस्तुतः कवि ने पुरानी और नई पीढ़ी के संघर्ष को प्रतीकात्मक अभिव्यक्ति दी है। वाजश्रवा 'युगों से रूढ़' उस पुरानी पीढ़ी का प्रतीक है जो 'जीने से पहले ही बीती-सी लगती' है और नचिकेता उस प्रबुद्ध चेतना का प्रतीक है जो पिता के संचय को कोई 'वृहत्तर विशिष्टता' देना चाहती है। वाजश्रवा जिन मूल्यों-मान्यताओं को उत्तराधिकार रूप में नचिकेता पर आग्रहपूर्वक लाद देना चाहता है, नचिकेता उन्हें विवेक से ग्रहण करना चाहता है। वह 'जिन परिस्थितियों में जिन्दा है, उन्हें समझना चाहता है', क्योंकि वह जानता है :

ग़लत जीने से / सही बातें ग़लत हो जाती हैं (आत्मजयी; पृ. 6)

पिता की दृष्टि में वह विद्रोही है क्योंकि उसके प्रश्न पिता की मान्यताओं का उल्लंघन करते हैं। नचिकेता की अनास्था, नास्तिकता, अकेलेपन और उदासी के मूल

में पिता से उसका यही मतभेद है, जिसकी परिणति आगे चलकर उसे अपना एक नया पथ बनाने की प्रेरणा देती है। उस संभाव्य पथ और इस वर्तमान अनास्था-उदासी के मध्य स्थित है वह अन्तर्द्वंद्व जो नचिकेता को हमारे लिए इस कृति में औपनिषदिक चरित्र से कहीं अधिक सजीव और वास्तविक बनाता है।

प्रतीकात्मकता का दूसरा आधार है—वैदिक एवं उपनिषदकालीन जीवनदृष्टि का अन्तर, जिसकी ओर स्वयं कवि ने संकेत किया है—'वाजश्रवा वैदिककालीन वस्तुवादी दृष्टिकोण का प्रतीक है और नचिकेता उपनिषदकालीन आत्मापक्ष का प्रतीक' (आत्मजयी, भूमिका, पृ. 7) वाजश्रवा भौतिक समृद्धि का सन्तोष चाहता है और नचिकेता आन्तरिक जीवन-दृष्टि का विकास। वाजश्रवा तात्कालिक सुख-साधनों से सन्तुष्ट है। नचिकेता को ये नश्वर साधन आश्वस्त नहीं करते।

'आत्मजयी' के लेखन का प्रयोजन जीवन की एक ऐसी समस्या पर विचार करना भी है जो 'नई नहीं—उतनी ही पुरानी है (या फिर उतनी ही नई) जितना जीवन और मृत्यु सम्बन्धी मनुष्य का अनुभव।' (आत्मजयी : पृ. 8) अस्तित्व और जीवन-मृत्यु से संबद्ध जिज्ञासाएँ एक परिवर्तित सन्दर्भ में अर्थात बीसवीं शताब्दी के आधुनिक, औद्योगिक, वैज्ञानिक, संघर्षरत विश्व में सहसा अत्यन्त प्रखर हो उठी थी। जीवन और मृत्यु विषयक जितने पहलुओं पर 'आत्मजयी' में विचार किया गया है वह इस कृति को विशिष्ट और महत्त्वपूर्ण बनाते हैं। 'कठोपनिषद्' का नचिकेता पिता की आज्ञा पाकर यमराज के पास जाने को तैयार होता है—कथा के इस बिन्दु को 'आत्मजयी' के कवि ने नचिकेता द्वारा आत्महत्या का यत्न कह कर नए ढंग से रूपायित किया है। ध्यान दें तो आत्महत्या के इस बिन्दु पर आधुनिक मनोविज्ञान के प्रभाव को पा सकते हैं। फ्रायड ने जिसे मरणाकांक्षा (डेथविश) कहा है, 'आत्मजयी' के नचिकेता में वह अत्यन्त प्रबल है। यहाँ आत्महत्या की मनोवैज्ञानिक व्याख्या है—आत्ममोह से मुक्ति का यत्न! औपनिषदिक नचिकेता से 'आत्मजयी' का नचिकेता यहीं भिन्न हो जाता है—वह मृत्यु का साक्षात्कार करके जीवन की ओर लौटता है। मृत्यु को निराशावादी नियति मानकर जो दृष्टि विकसित हुई, कुँवर नारायण ने उसे दूसरे बिन्दु पर प्रस्तुत किया है। मृत्यु का गहन साक्षात्कार नचिकेता के जीवन के प्रति आस्थावादी दृष्टिकोण प्रदान करता है। मृत्यु के शाप में से वह जीवन की सार्थकता का वरदान पाता है। मृत्यु के बावजूद जीवन को कोई अर्थ दिया जा सकता है, यह 'आत्मजयी' के नचिकेता की निजी उपलब्धि है।

कह सकते हैं कि 1965 में प्रकाशित, 1971 में पुनर्मुद्रित, हिन्दुस्तानी अकादमी द्वारा पुरस्कृत कुँवर नारायण की काव्यकृति 'आत्मजयी' नचिकेता के प्रख्यात प्रसंग पर आधारित होने और 'कठोपनिषद्' के श्लोकांशों का उपयोग करने के बावजूद एक ऐसी रचना है जिसका सन्दर्भ परम्परागत तथा समकालीन ही नहीं, अनेक अर्थों में चिरंतन भी है। कवि ने नचिकेता के माध्यम से व्यक्ति के उस अन्तर्द्वंद्व को चित्रित करना चाहा है जहाँ बाह्य परिस्थितियाँ कभी-कभी व्यक्ति को इतना अन्तर्मुखी बना

देती हैं कि वह क्रमशः निर्वासित होता हुआ अपने अस्तित्व को ही निरर्थक समझने लगता है। निरर्थकता का यह बोध इतना तीव्र भी हो सकता है कि उसके लिए एकमात्र विकल्प 'आत्मघात' ही रह जाए। 'आत्मजयी' की विशेषता यह है कि उसमें आत्महत्याविषयक दोनों ही धारणाओं का समावेश कुशलतापूर्वक हुआ है। पहली धारणा यह है कि अपने जीवन को सुरक्षित रखने अथवा समाप्त कर देने का निर्णय प्रत्येक व्यक्ति का अपना बिलकुल निजी और एकांतिक निर्णय होता है। दूसरी धारणा वह है जिसका प्रतिपादन प्रसिद्ध फ्रांसीसी समाजवेत्ता एमिल दुर्खीम ने अपनी पुस्तक 'सुसाइड' में किया था कि आत्महत्या समाज के साथ व्यक्ति के सम्बन्धों में विकृति आ जाने का परिणाम होती है और इस तथाकथित वैयक्तिक कृत्य को सामाजिक गठन की व्याख्या द्वारा ही समझा जा सकता है।

कुँवर नारायण ने एक ओर तो नचिकेता को अत्यधिक संवेदनशील युवा के रूप में चित्रित करते हुए आत्महत्या को उसका निजी निर्णय संकेतित किया है, दूसरी ओर पिता वाजश्रवा की जीवन पद्धति से मतभेद होने के कारण नचिकेता का प्रयास बाह्य परिस्थितियों द्वारा प्रेरित बताया है। कवि की कुशलता इसमें है कि दोनों ही दृष्टियों का समन्वय करते हुए, अन्त में समूची समस्या को उसने मनोवैज्ञानिकता तथा सामाजिकता के दोहरे स्तर पर सुलझाया है। इस अर्थ में आत्मजयी काव्यकृति 'पीड़ित करने वाले आत्म' की हत्या हो जाने के बाद 'उन्मुक्त करने वाले आत्म' के नवजन्म होने की कथा बन गई है। प्राचीन कथा में जो अनुभूति अध्यात्म के परिपार्श्व में निर्मित हुई थी—वह अनुभूति यहाँ बौद्धिकता के संघात से निरूपित हुई है। कवि ने कथा व चरित्रों के मानवीय पक्ष को रेखांकित किया है। यहाँ नचिकेता की खोज आध्यात्मिक न होकर मुख्यतः आत्मिक है। नचिकेता यहाँ एक विचारशील व्यक्ति का प्रतीक है। यह कृति अपने रचनाकार की ही नहीं अपितु कलाकार मात्र की इस जीवन-दृष्टि का परिचय देती है कि चाहे वह मृत्यु हो या आत्महत्या—जीवन और सृजन की प्रक्रिया ठीक इन्हीं बिन्दुओं और स्रोतों में से निःसृत हो सकती है।

'आत्मजयी' की सफलता और उपलब्धि यह है कि कवि ने जीवन की समस्याओं का सरलीकरण नहीं किया। 'आत्मजयी' का नचिकेता कोई रामराज्य (तुलसी), ब्रजभूमि (सूरदास), यूटोपिया (थामस मूर), साकेत (मैथिलीशरण गुप्त), आनन्द लोक (जयशंकर प्रसाद), प्रेमाश्रम, सेवासदन (प्रेमचन्द) या लोकायतन (सुमित्रानंदन पंत) बनाकर सन्तुष्ट नहीं होता। वह उस आधुनिक व्यक्ति का प्रतीक है, जिसके लिए अस्तित्व की चुनौती प्रतिपल मृत्यु और मुक्ति के सीमांतों तक विस्तृत रहती है। आत्मजयी तो वह है जो इस चुनौती को स्वीकार करता है—एक बार और फिर 'अन्त तक आकर भी पूर्ण नहीं हुआ' की अनुभूति से युक्त होकर बार-बार। जिस प्रकार मृत्यु का, उसी प्रकार मुक्ति का बोध भी व्यक्ति को बार-बार करना पड़ता है।

'आत्मजयी' में एक दृष्टिकोण भर नहीं, दरअसल कवि ने एक मूल्य प्रतिपादित किया है और इस मूल्य को सार्थक बनाया है उस पुराकथा या मिथक द्वारा जो इसके

कथात्मक रूपाकार की अन्तर्भूमि में निहित है। यह केवल नचिकेता की ही कथा नहीं, बल्कि जितनी उसकी उतनी ही बुद्ध, अर्जुन, सत्यवान, अहल्या की या आज के संकटग्रस्त युवामन की कथा है। बुद्ध की भौतिक सम्पन्नता के समक्ष रोग, जरा और मृत्यु का संकट जिस तरह की मुक्तिकामना को प्रेरित करने वाला सिद्ध हुआ, वैसा ही धर्मयुद्ध में सन्नद्ध अर्जुन के मोह में से श्रीमद्भागवतगीता का कर्मयोग प्रस्फुटित हुआ। सावित्री-सत्यवान और अहल्या-राम की कथाओं की भी ठीक इसी तरह की व्याख्या की जा सकती है। 'कामायनी' में भी हम इसी आन्तरिक बुनावट को देख सकते हैं। देव संस्कृति के मरणशील सुख-सुविधावाद की परिणति होती है प्रलय में, और उसके पश्चात क्रमशः विभिन्न स्थितियों के परिणामस्वरूप आनन्द का उदय होता है। ठीक ऐसी ही बुनावट 'आत्मजयी' की कथा में भी मिलती है। कुछेक कथाओं की समरूप और समानांतर गतियाँ इस रूप में देखी जा सकती हैं :

आरम्भ	विकास	परिणति	चरित्र
1. नृप वाजश्रवा	आत्महत्या	आत्मबोध	नचिकेता
2. सम्पन्नता	प्रलय	आनन्दवाद	मनु
3. राजवैभव	जरा रोग मृत्यु	करुणा-निर्वाण	बुद्ध
4. शक्ति प्रदर्शन	दुविधा	कर्म की प्रतिष्ठा	पांडव
5. दैहिक तृप्ति	जड़ता	चेतना लाभ	अहल्या
6. मिलन	मृत्यु	पुनर्मिलन	सावित्री-सत्यवान
7. समृद्धि	पत्नीहरण	रामराज्य	राम
8. सब के कलुष तथा पीड़ा का वरण	सलीब पर चढ़ा दिया जाना	पुनरुज्जीवन	ईसा

उपर्युक्त सभी कथानकों में एक ही प्रतिपाद्य विषय के अनेक रूपांतर लक्षित किए जा सकते हैं। देशी-विदेशी असंख्य कृतियों में इसे खोजा जा सकता है। सदृश प्रतीत होने वाली अनेक जीवनस्थितियों के उद्गम का अन्वेषण किया जाए, तो ज्ञात होगा कि विभिन्न कलाकृतियों, ऐतिहासिक घटनाओं और पात्रों में से गुजरती हुई ये सादृश्यमूलक स्थितियाँ जीवन की उन मूलभूत समस्याओं से जाकर जुड़ जाती हैं जो आदिम काल से मनुष्य के सम्मुख अस्तित्व के संकट उपस्थित करती रही हैं। बहुधा ऐसी अन्तर्विरोधपरक स्थितियों का समाधान मिथकों या पुराण गाथाओं में मिलता है। चाहे वह मृत्यु की दुविधा हो, चाहे मनुष्य जन्म से जुड़ी पवित्रता-अपवित्रता की, चाहे दैविक और दैहिक की—इन सबके मूल में अन्ततः हम एक बुनियादी ढाँचा खोज सकते हैं। वह ढाँचा इस अन्तर्विरोध से सम्बन्धित है कि मनुष्य के जीवन में बहुत कुछ तो प्राकृतिक है और बहुत कुछ कृत्रिम अर्थात वह जिसे हम सांस्कृतिक कह सकते हैं। इस तरह मिथकों के मूल में प्राकृतिक और सांस्कृतिक के बीच तालमेल बिठाने की प्रवृत्ति लक्षित होती है। अपनी इस अर्थमयता में मिथक गहरी अन्तर्दृष्टियों और सहसा

प्रस्फुटित आत्मबोध से युक्त जान पड़ते हैं। जन्म की ही भांति मृत्यु भी प्राकृतिक है, किन्तु जिसे कुँवर नारायण ने 'आत्मजयी' में सार्थक ढंग से जीना कहा है–वह मनुष्य की एक ऐसी सांस्कृतिक आवश्यकता है जिसका सतत् द्वन्द्व जन्म–मृत्यु की प्राकृतिकता के विरुद्ध चलता रहता है। इस तरह अन्तिम विश्लेषण में नचिकेता की समस्या भी 'नेचुरल' और 'कल्चरल' के अन्तर्विरोध को मिटाने और तादात्म्य स्थापित करने की है। उपनिषद् की मूल कथा में यह तादात्म्य यम द्वारा दिए गए वरदानों के माध्यम से सम्पन्न होता है, जबकि 'आत्मजयी' में यम की और उनसे संबद्ध अतिप्राकृत क्रियाकलापों की भूमिका गौण कर दी गई है। इस रूप में 'आत्मजयी' पुराकथा से प्रेरित होकर भी पौराणिक दिव्यता के भाव से ग्रस्त कृति प्रमाणित नहीं होती। उसकी यह उपलब्धि पुराकथाओं पर चढ़े धार्मिक आवरण को विच्छिन्न कर देती है और नचिकेता के प्रसंग को नई अर्थवत्ता देती है। 'उपनिषद्' की कथा के अवास्तविक प्रतीत होने वाले प्रसंगों को कुँवर नारायण ने यथासम्भव हटा देने का यत्न किया है। इसीलिए वाजश्रवा द्वारा न वह यम को दिया जाता है, न यम के पास जाता है, न यम उसे कोई वरदान ही देते हैं। इस सब की जगह हम पाते हैं कि नचिकेता आत्महत्या का प्रयत्न करता है, अचेत होता है और अन्ततः आत्मशक्ति उपलब्ध करते हुए उसे सौन्दर्य, शान्ति, मुक्ति आदि का बोध होता है। यह विधान निश्चय ही 'आत्मजयी' को एक आधुनिक कृति बना देता है। भ्रष्ट अभिषेकों के सम्मुख मस्तक न झुकाने और उन्हें मान न देने की इच्छा जितनी नचिकेता की, उतनी ही कवि की और आज के युग की भी है। इन अर्थों में, इस रचना के माध्यम से नचिकेता आधुनिक युग का एक नायक बनकर हमारे सम्मुख आता है। उसकी पीड़ा एक संकटग्रस्त युग में छटपटाते हुए व्यक्ति की अस्तित्ववादी पीड़ा है और उसका साहस भी इस पीड़ा को झेलने की विवशता में से उत्पन्न हुआ है। कवि की विशेषता यह है कि वह मानव अस्तित्व की पीड़ा और विवशता को समझते हैं और उसे झेलने के एकमात्र उपाय 'साहस' को भी भलीभांति पहचानते हैं। जो अभिमान यह सामर्थ्य देता है कि व्यक्ति भ्रष्ट अभिषेकों को चुनौती दे सके–भले ही इसके फलस्वरूप उसे अनवरत प्रतीक्षा करती रहनी पड़े–वह नचिकेता को एक साथ सिसिफस और यूलिसीज जैसे उन नायकों की पंक्ति में रख देखा है, जो यूनानी पुराण गाथाओं से संबद्ध थे, पर कामू और जेम्स जॉयस जैसे रचनाकारों के द्वारा आधुनिक नायकों में रूपांतरित कर दिए गए।

किन्तु जहाँ पाश्चात्य अस्तित्ववादी दृष्टि लगभग अनिवार्यतः अर्थहीनता और अभिशप्तता को ही मनुष्य की नियति मानकर चलती है, साहस या विद्रोह की सार्थकता केवल इसमें समझती है कि मनुष्य अपनी अर्थहीन स्थिति को किसी न किसी तरह झेल सके, वहाँ भारतीय दृष्टि मूलतः आस्थायुक्त और जीवनोन्मुखी है। इसलिए यूरोपीय पौराणिक चरित्रों के आधुनिक संस्करणों से नचिकेता का साम्य एक स्थिति के आगे पहुँचकर समाप्त हो जाता है। जहाँ सिसिफस जीवन को बोझ की तरह ढोता चला जाता है और यूलिसीज निष्क्रिय जीवन बिताते हुए स्नायु विकारों का पुंज बनता रहता

है, वहाँ 'आत्मजयी' का नचिकेता न केवल अपनी उद्विग्नता का निराकरण करने में समर्थ होता है अपितु पिता वाजश्रवा के साथ भी अन्ततः संगति बैठा लेता है। यहाँ अनंत प्रतीक्षा करते चले जाना अनिवार्य नहीं, जैसा सेमुएल बेकेट कृत 'वेटिंग फॉर गोदो' सदृश आधुनिकतावादी पाश्चात्य कृतियों में है। बेकेट के पात्रों की प्रतीक्षा किसी भी भांति उस प्रतीक्षा के समान नहीं की जा सकती, जिसका संकेत मिल्टन ने दिया था-'दे ऑलसो सर्व हू ओनली स्टैंड एंड वेट' (मात्र रुके रहकर प्रतीक्षा करने वाले भी एक प्रकार की सेवा करते हैं)। बेकेट के पात्रों की प्रतीक्षा एक ऐसे ईश्वर, गंतव्य अथवा लक्ष्य की प्रतीक्षा है, जो कभी भी उपलब्ध नहीं होंगे। 'आत्मजयी' का नचिकेता ऐसी प्रतीक्षा के लिए अभिशप्त नहीं है क्योंकि वह अपने में डूबकर अपने लिए एक सार्थकता तलाश कर लेने में समर्थ हुआ है।

जॉन ऑस्बोर्न के नाटक 'लुक बैक इन एंगर' के पात्र अपने जीवन की व्यर्थता और स्मृतियों के दंश से बचने के लिए क्रोध की शरण लेते हैं। दार्शनिक स्तर पर इस क्रोध के मूल में हम कामू द्वारा प्रतिपादित उस विद्रोह को भी पा सकते हैं, जिसे कामू ने अपनी पुस्तक 'दि रिबेल' में जीवन की अस्तित्ववादी परिस्थिति का सामना करने का एकमात्र साधन बताया था। नचिकेता को हम क्रोध अथवा विद्रोह की इन पाश्चात्य आधुनिक मनोवृत्तियों से परिचालित नहीं पाते, बल्कि इनकी जगह साहस जैसे नितांत मानवीय गुण का प्रतीक मान सकते हैं। यह अन्तर अपने आप में बहुत महत्त्वपूर्ण है। जहाँ सिसिफस, यूलिसीज, ऑसबोर्न और बेकेट के पात्र निष्फल जीवन को स्वीकार करने के क्रम में छूंछी प्रतीक्षा करते हुए अथवा क्रोधपूर्ण और विद्रोही मुद्राएँ अपनाते हुए दरअसल एक प्रकार से आत्मघात कर रहे होते हैं, वहाँ 'आत्मजयी' का नचिकेता साहस जैसे नितांत मानवीय गुण को अपनाता हुआ आस्था का पुनर्लाभ करता है। इसलिए हम यह अन्तर स्पष्ट देख सकते हैं कि नचिकेता के लिए आत्महत्या को अपनाना एक चुनौती भरा साहसपूर्ण कार्य है जबकि उपर्युक्त पाश्चात्य आधुनिक चरित्रों के द्वारा झेला जाता हुआ जीवन एक पलायनपूर्ण क्रिया जैसा प्रतीत होता है। इस अन्तर के पीछे पाश्चात्य और भारतीय जीवन-दृष्टियों का मौलिक भेद देखा जा सकता है। जीवन पद्धतियों के इस अन्तर को हम चाहें तो आत्मकेन्द्रित और समर्पित का अन्तर कह सकते हैं। बच्चन जी की प्रसिद्ध कविता 'सिसिफस बरक्स हनुमान' में इन दो नायकों की पृथकता भलीभांति दिखाई गई है। एक जड़ चट्टान का निष्फल बोझ ढोता है तो दूसरा 'रामकाज' के लिए संजीवनी बूटी से युक्त पर्वत अनायास उठा लाता है। जीवन को झेलने के क्रम में उपस्थित व्यर्थता अथवा सार्थकता के साक्षात्कार की जो समस्या 'आत्मजयी' में उठाई गई है, उसका समाधान यहाँ एक स्वीकारात्मक दृष्टिकोण अपनाकर सम्भव हुआ है। हम चाहें तो इसी को तात्त्विक रूप से भारतीय दर्शन का प्रतिफल मान सकते हैं।

यह आकस्मिक नहीं कि कुछ आलोचकों ने 'आत्मजयी' में अस्तित्ववादी दृष्टि देखी है। अपने लिए अर्थ खोजने की चिन्ता स्पष्टतः अस्तित्ववादी चिन्ता है। निराशा

के चरम क्षण को झेलकर जीने की भरपूर लालसा तथा सार्थकता की तलाश ऐसे तथ्य हैं, जो अस्तित्व के प्रति नचिकेता की जागरूकता को ध्वनित करते हैं। 'आत्मजयी' के नचिकेता की पीड़ा अपनी विराटता में इतनी सूक्ष्म है कि वह मध्ययुगीन नियतिवाद और आधुनिक अस्तित्ववाद का सम्मिश्रण-सी प्रतीत होती है। 'आत्मजयी' में नचिकेता की कहानी को दिव्य कथा के रूप में ग्रहण नहीं किया गया। इसकी भिन्नता और अर्थमयता नचिकेता के मानवीय परिस्थति को दृष्टि में रखने में है। नचिकेता का आग्रह आधुनिक मन का है, किन्तु वही नचिकेता आदिम मनुष्य की जिज्ञासा से भी युक्त है। जन्म, जीवन, अस्तित्व और मृत्यु की चिन्ताएँ मनुष्य की आदिम चिन्ताओं में से रही हैं। यूनानी नाटकों के इडिपस, ऐंटीगोनी आदि चरित्र दैवी शक्ति द्वारा प्रेरित जिस तरह की नियतियों से ग्रस्त थे, कुछ-कुछ वैसी ही नियति के चक्र में 'मृत्यवे त्वा ददामि' द्वारा शापग्रस्त नचिकेता भी दीखता है। किन्तु 'आत्मजयी' के शिल्प विधान की विशिष्टता यह है कि मूल कथा के कुछ अंश इतनी कुशलता के साथ छोड़ दिए गए हैं और कुछ ऐसे नवीन प्रसंग जोड़े गए हैं कि नचिकेता चरम स्वतंत्रता और अगणित विकल्पों की भयावहता से संत्रस्त आधुनिक व्यक्ति बन जाता है।

1965 में प्रकाशित यह काव्य भारतीय जीवन में विद्यमान उस दुविधा अथवा दरार की ओर भी इंगित करता है जिसने भारतीय जीवन पद्धतियों को 'स्वातंत्र्यपूर्व' और 'स्वातंत्र्योत्तर'-दो बिलकुल विपरीत दिशाओं में विभक्त कर दिया था। एक ओर था गाँधी के स्वप्नों का भारत जो नैतिक और आध्यात्मिक मूल्यों पर आधारित था, जिसके मूल में सत्य, अहिंसा, करुणा आदि मानवीय और आत्मीय मूल्य प्रतिष्ठित होने को थे। दूसरी ओर था नेहरू के स्वप्नों का भारत जो सुनियोजित विकास, यांत्रिक-वैज्ञानिक पद्धति और राजतंत्र के माध्यमों का आश्रय लेकर प्रतिष्ठित होना चाह रहा था। 1965 के लगभग राष्ट्रीय स्तर पर गाँधीयुगीन आदर्शवाद एक तरह से भुलाया जा चुका था। यही नहीं, नेहरू द्वारा देखे गए नवनिर्माण के स्वप्न भी निष्प्रभ हो चले थे। 64 में नेहरूजी की मृत्यु एक प्रकार से नेहरू युग की समाप्ति की प्रतीक थी। वाजश्रवा और नचिकेता जिस तरह दो भिन्न संस्कृतियों या दृष्टियों का प्रतिनिधित्व करते हैं, ठीक उसी तरह एक सांस्कृतिक विच्छिन्नता या दूरी हमें तत्कालीन मध्यवर्गीय बुद्धिजीवियों और शासक वर्ग के बीच भी स्पष्ट लक्षित होती है। आत्मपक्ष के प्रतीक तरुण नचिकेता की समता हम उस बुद्धिजीवी वर्ग के साथ कर सकते हैं, जिसने नेहरू युग की समाप्ति पर अपने देश और युग की समस्याओं पर नए सिरे से विचार करना ज़रूरी समझा था। नचिकेता युवा था, हताश था और स्थिति की विडंबना के प्रति उसमें एक तरह की व्यग्रता भी थी। ठीक यही मानसिकता सातवें दशक के कलाकार की भी थी। ऐसी स्थिति में 'आत्मजयी' का लेखन और प्रकाशन नितांत अप्रासंगिक या अकारण नहीं माना जा सकता। कवि ने भूमिका में ही नहीं, मूल पाठ में भी यत्र-तत्र युगीन स्थितियों का संकेत किया है और कृति के अध्ययन से इतना तो स्पष्ट हो जाता है कि इसके लेखन का प्रयोजन एक पुरानी कहानी को

नई कविता की शब्दावली में प्रस्तुत कर देना मात्र नहीं, बल्कि एक चिरंतन, तथापि तात्कालिक समस्या की ओर भी बुद्धिजीवियों को आकर्षित करना था।

'आत्मजयी' की भूमिका में कवि ने सुख, इंद्रिय सुख, शरीर या संसार को गौण बताया है। इससे परे एक सार्थक ढंग से जीने की खोज के पीछे कवि की इस दृष्टि को रेखांकित किया जा सकता है कि तत्कालीन भारतीय मोहभंग उन परिस्थितियों से उत्पन्न हुआ था, जो भौतिकता पर बहुत अधिक बल देती थीं। इसलिए कवि ने बार-बार दोहराया है कि आत्मबल ही मुख्य है, भौतिक बल नहीं। यह अस्वाभाविक न था कि 1965 के लगभग जब हमारे देश के सामान्य और विशिष्ट जन सभी प्रकार से स्वयं को हारा-थका महसूस कर रहे थे, हिन्दी में एक ऐसे काव्य का प्रकाशन हुआ, जिसने समूची स्थिति की गम्भीरता और विवशता को समझते हुए भी, उसके फलक पर नवजीवन और निष्ठा का एक सुन्दर चित्र अंकित करने का प्रयास किया। ऐसी साहित्यिक-राष्ट्रीय स्थितियों के बीच कुँवर नारायण कृत 'आत्मजयी' उस गतिरोध को तोड़ने की दिशा में एक प्रयास अवश्य जान पड़ती है जिसमें सामान्य रूप से हिन्दी कविता और व्यापक रूप से हमारी राष्ट्रीय चेतना बीसवीं शती के सातवें दशक में उलझकर हतप्रभ रह गई थी। यह तथ्य अपने आप में महत्त्वपूर्ण है कि राष्ट्रीय मनोदशा के एक विशेष दौर में ऐसी रचना सम्भव हुई और उसने बुद्धिजीवी वर्ग को किन्हीं अंशों में आकर्षित किया। इस तरह कवि ने एक पुरानी उपनिषद् गाथा को सामयिक सन्दर्भों से जोड़कर प्रासंगिक बना दिया है। यह रचना संक्रांति काल में एक रचनाकार की सृजनात्मकता और चिन्तनशीलता की अभिव्यक्ति थी। साहस पूर्वक इसका प्रतिपादित किया जाना अपने आप में महत्त्वपूर्ण और प्रासंगिक था।

'आत्मजयी' पर विचार करते हुए यदि हम इन राष्ट्रीय, साहित्यिक और चेतनागत परिस्थितियों को किंचित् महत्त्व देते रहेंगे तो कदाचित् इस काव्य के साथ अधिक न्याय होगा। सही अर्थों में जी सकना, सार्थक रूप में जी सकना, अमर होकर जी सकना–केवल तभी सम्भव है जब व्यक्ति बार-बार प्रश्नों-जिज्ञासाओं के घिरने और हल होने के क्रम से जुड़ा हुआ जीता रहे। 'आत्मजयी' में इस शाश्वत और सामयिक समाधान को पुनः रेखांकित करना क्यों ज़रूरी समझा गया है? इसे भी दृष्टि में रखना चाहिए।

नचिकेता के प्रसंग पर आधारित यह समूची कृति एक विचित्र स्वप्न अथवा दुःस्वप्न का चित्रण करती है। यही तत्त्व इसे एक आधुनिक रचना बनाता है। यह प्रश्न महत्त्वपूर्ण और विचारणीय है कि नचिकेता की साधना और सिद्धि क्या केवल एक व्यक्तिगत, निजी साधना है या वह मानवमात्र की मुक्ति का कोई मार्ग खोजती और खोजना चाहती है? पुस्तक का शीर्षक और इसकी समग्र मुद्रा भी उसके व्यक्तिनिष्ठ होने की सूचना देते हैं पर क्या कोई धरातल ऐसा है जहाँ हम इस व्यक्तिधर्म का सन्निवेश लोकधर्म में कर सकें? ज़रूरी नहीं कि व्यक्तिवाद बनाम समाजवाद की बहस खासतौर से यहाँ उठाई ही जाए, लेकिन कवि की दृष्टि और परिकल्पना को ठीक से तभी समझा जा

सकेगा जब हम यह जानना चाहेंगे कि 'आत्मजयी' का नचिकेता 'नदी का द्वीप' या 'अकेला गर्व भरा मदमाता' दीप जैसा है या वह शील-शक्ति-सौन्दर्य के निधान मर्यादा पुरुषोत्तम राम जैसा है? कृति में साहस, मर्यादा, अनास्था, असहमति, सत्य, सहिष्णुता, ईश्वर आदि कितने ही विषयों पर विचार किया गया है, जो इसे मानव अस्तित्व से संबद्ध प्रश्नों का आलेख बनाते हैं। कहना न होगा कि उपनिषदीय प्रसंग का मूलभूत पृष्ठाधार तो इसमें है ही, जिस अर्थ में 'आत्मजयी' हिन्दी की अन्य परम्परा आधारित आधुनिक काव्यकृतियों से भिन्न है। जहाँ उन कृतियों के प्रेरणा-स्रोत पुराण-महाभारत-रामायण में रहे हैं, वहाँ 'आत्मजयी' उपनिषद् पर आधारित है। 'अंधायुग', 'एक कंठ विषपायी', 'संशय की एक रात' आदि से 'आत्मजयी' इस धरातल पर भिन्न है। यह कृति पुराणों जैसी कथात्मक-विवरणात्मक (नैरेटिव-डिसक्रिप्टिव) न होकर उपनिषदवत विवेचनात्मक-विश्लेषणात्मक (ऐनेलिटिकल-थियोरिटिकल) अधिक है।

'आत्मजयी' एक ऐसी कृति है जो विख्यात कथावस्तु पर आधारित होने के बावजूद चिरंतनता और समसामयिकता दोनों ही धरातलों को एक साथ स्पर्श करना चाहती है। उसकी रचनात्मक अवधारणा की यह विशिष्टता उसके शिल्प में भी लक्षित हुई है। प्रबन्ध और मुक्तक की ही नहीं, नाट्य की भी कुछ विशेषताओं का समावेश 'आत्मजयी' में हुआ है। सम्पूर्ण कृति छोटे-छोटे 28 गीतात्मक खंडों में विभक्त है। कथोपकथन और अन्तर्द्वंद्व नामक दो नाटकीय गुण इस रचना में अत्यन्त प्रमुख हैं। उनकी नाटकीयता तब और बढ़ जाती है, जब हम यह अनुभव करते हैं कि कृति में निहित समग्र नाटक नचिकेता के अन्तर्मन में ही घटित हुआ है और वाजश्रवा तथा यम भी वस्तुतः नचिकेता की ही मानसिक सृष्टियाँ हैं। यह एक तरह की आधुनिक नाटकीयता है। प्राचीन और मध्ययुगीन नाटक जहाँ घटनाबहुलता, आकस्मिकता, संयोग आदि के अर्थों में नाटकीय होते थे--वहाँ आधुनिक नाटक में बाह्य स्तर पर कुछ अधिक घटित न होने के बावजूद भीतर-भीतर एक पूरी दुनिया बदल जाती है। 'आत्मजयी' में विद्यमान नाटकीयता इसी दूसरी कोटि की है। यहाँ उस तरह का कोई नाटक नहीं होता जिसे खेला या दिखाया जा सके। किन्तु 'आत्मजयी' में निहित यह नाटकीयता अनुभव के धरातल पर घटित होती है और अनुभवगम्य ही है।

प्रबन्ध, मुक्तक और नाट्य तीनों ही प्रकार के काव्य शिल्प से युक्त 'आत्मजयी' को हम एक प्रकार से मिश्रित शिल्प का उदाहरण मान सकते हैं। यह आकस्मिक नहीं सुचिंतित है। एक ओर पुरागाथा की गरिमा जिसके लिए संयत पदरचना और सुसंस्कृत शब्दावली अपेक्षित थी। दूसरी ओर नई हिन्दी कविता की माँगों और देशकालातीत प्रश्नों और चुनौतियों को भी पूरा करना आवश्यक था। मध्य में स्वयं कवि का अपना भाषिक संस्कार और आत्मवादी-अस्तित्ववादी जीवन दर्शन स्थित था। इन सबका परिणाम यह हुआ कि 'आत्मजयी' को एक ओर तो हम छायावादी-रहस्यवादी कुहासे में घिरा पाते हैं और दूसरी ओर गीता-उपनिषद् अथवा नई कविता और अस्तित्ववाद के घेरों को तोड़ते हुए अपना निजी स्वतंत्र व्यक्तित्व बनाने के प्रयास

में संलग्न भी देखते हैं। मूल कथाक्रम को आगे-पीछे कर और चिन्तन के स्तर पर समूचे कथाप्रसंग को केवल अन्तर्द्वंद्व में ही स्थिर कर कवि ने 'आत्मजयी' को अनेकार्थता से संयुक्त कर दिया है। काव्य में घटनाएँ और स्थितियाँ बिम्बात्मक और कल्पनाश्रित हैं। नचिकेता का समग्र अन्तर्द्वंद्व, संकल्प-विकल्प, अवधान-समाधान-सभी कुछ चित्र-बिम्बों के माध्यम से ही व्यक्त हुआ है। 'आत्मजयी' के बिम्बविधान के इस पक्ष को अनदेखा नहीं किया जा सकता कि पूरे खंड के खंड और स्थितियाँ ही नहीं, नचिकेता, वाजश्रवा और यम जैसे चरित्र भी शुद्ध प्रतीक बन जाते हैं।

समालोचक मैथ्यू आर्नल्ड ने यूनानी महाकवि होमर की भव्य शैली का उल्लेख किया है। वह शैली उपनिषद् में तो अवश्य है, पर 'आत्मजयी' के रचयिता ने विषय को एक बिलकुल दूसरी दिशा में उन्मुख करने का प्रयास किया है। इस बिन्दु पर हम देखते हैं कि 'आत्मजयी' एक यथार्थवादी रचना न होकर अनेक अंशों में स्वच्छन्दतावादी और कहीं-कहीं तो रहस्यवादी भी हो जाती है। प्रस्तुत कृति पर अमूर्तता का एक कवच-सा है जिसे तोड़कर उसके तत्त्व को मुक्त करने का प्रयास करना पड़ता है, उसकी शब्दबहुलता के मूल में स्थित केन्द्रीय विचार को अलगाने की कोशिश करनी पड़ती है और इस तरह कृति के शिल्पविधान की जटिलता और अस्पष्टता की व्याख्या सम्भव होती है।

मानवीय संवेदनाओं का प्रतीक

वेद प्रकाश

कुँवर नारायण के प्रबन्ध काव्य को एक बार पुनः नए, बल्कि सामयिक सन्दर्भ में देखना इसलिए आवश्यक है कि अनेक विभिन्नताओं के बावजूद यह काव्य स्पष्टतः चिरंतन भारतीय मनीषा की दिव्य दृष्टि से एक नए रूप में परिचय कराता है। काव्य की दृष्टि से यह अपने विशिष्ट शिल्पगत सौन्दर्य में विलक्षण है, बल्कि 'काव्य की सार्थकता को एक अनूठे रूप में प्रतिबिंबित भी करता है। यह अपनी उपजीव्य कृति 'कठोपनिषद्' की भांति ही सुदीर्घ समयांतरालों और विभिन्न पीढ़ियों में चिन्तनीय एवं वरेण्य कृति के पद पर प्रतिष्ठित होने योग्य है। इसका एक बहुत महत्त्वपूर्ण पक्ष यह है कि यह विभिन्न वाद-संप्रदायों और स्वांतःसुखाय काव्यों से पृथक् एक ऐसा काव्य है जो बहुआयामी है और जिस पर अनेक सन्दर्भों और चिन्तनधारणाओं के परिप्रेक्ष्य में विचार किया जा सकता है।

जैसा कि एक सुकवि के लिए आवश्यक है, वही यानी मनुष्यता इसके केन्द्र में है। बल्कि इससे भी आगे कहा जाए, तो 'मनुष्यता का लक्ष्य' या 'मनुजता की सार्थकता' इसका प्रतिपाद्य है। जितना पुरातन मनुष्य है उतना ही प्राचीन उसके 'अस्तित्व' पर चिन्तन! अतः उसके जीवन-लक्ष्य पर भी बारंबार गम्भीरतापूर्वक विचार होना ही चाहिए। यह चिन्तन धर्म-समाज देश या किसी परिस्थिति विशेष के सापेक्ष भी हो सकता है और निरपेक्ष भी। और यदि मनुष्यता को सार्थक करना है, तो यह चिन्तन जीवन की अनिवार्यता भी बन सकता है। इस रचना में स्वस्थ सामाजिक जीवन का यही संदेश सन्निहित है कि 'निजी सुख-सुविधा की खोज ही जीवन का चरम लक्ष्य नहीं। उससे कोई स्थायी सन्तोष और एक विचारशील मनुष्य के लिए अस्थायी सन्तोष तक-मिलना कठिन है। जीवन के पूर्णानुभव के लिए किसी ऐसे मूल्य के लिए जीना आवश्यक है जो जीवन की अनश्वरता का बोध कराए। यही मनुष्य को सांत्वना दे सकता है कि मर्त्य होते हुए भी वह किसी अमर अर्थ में जी सकता है।' (भूमिका)

यह काव्य नश्वरता, निराशा और मरण के प्रति जिज्ञासा से प्रारम्भ होता है और 'अमरता' के विशिष्ट परिणाम तक पहुँचता है। यहाँ रूढ़िवादी चिन्तकों, विचारकों

का कुँवर नारायण की विशिष्ट पारिभाषिक शब्दावली से मतभेद हो सकता है, परन्तु उनकी शब्दावली की सार्थकता और वैशिष्ट्य प्रशंसनीय है। जब कुँवर नारायण शाश्वत लगने वाले सत्यों की भूमिका में बिना किसी उद्धरण-चिह्न के प्रस्तुत करते हैं, तो वे आर्षवाक्य-प्रणेता नजर आते हैं अथवा औपनिषदिक वाक्यों को रेखांकित करते प्रतीत होते हैं। उनके इस प्रस्तुतीकरण को अनुकरण इस कारण नहीं कहा जा सकता, क्योंकि मौलिक चिन्तन और अनूदित विचार के बिना इन भावों का स्फुरण शक्य नहीं है। वे स्वयं भी अपने विचारों और शब्दावली के प्रति सजग रहे हैं–"यह चिन्ता बराबर रही कि कहीं हिन्दी की रूढ़ आध्यात्मिक शब्दावली अनुभव की सचाई पर इस तरह हावी न हो जाए कि 'आत्मजयी' को एक आधुनिक कृति के रूप में पहचानना ही कठिन हो।"

'आत्मजयी' की रचना के द्वारा कुँवर नारायण क्या कहना चाहते हैं; यह उनकी भूमिका से तो स्पष्ट होता ही है, पूरे काव्य में भी इसकी प्रतीति होती रहती है। वे जीवन-मृत्यु के रहस्य के कठिन प्रश्न से मुठभेड़ कर रहे हैं। इस पहेली पर पुराने-नए दार्शनिकों ने तो सर-खपाई की ही है, कवियों ने भी इस मैदान में हाथ आजमाया है। देखा जाए, तो प्रत्येक स्वतंत्रचेता व्यक्ति को राह के इस विशाल पत्थर से कभी न कभी टकराना ही पड़ता है। परन्तु जहाँ दार्शनिकों के लिए प्रश्न शुष्क मरुस्थल है वहीं कवि के लिए इनमें भाव-सौन्दर्य की सम्भावनाएँ भी हैं।

कुँवर नारायण के इस काव्य के कुछ बीज-शब्द हैं–मृत्यु, निराशा, काल, आत्मा, अमरता, आत्मबोध (आत्मविश्वास, आत्मशक्ति), जीवन (शाश्वत जीवन, अमर जीवन) मूल्य, सत्य, जिज्ञासा इत्यादि। इस शब्दावली को देखकर आसानी से इस काव्य को आध्यात्मिक कहा जा सकता है, परन्तु जैसा कि मैंने पहले कहा कि उनकी शब्दावली ऐसे अर्थों को दर्शाने वाली है, जो परम्परापुष्ट होने के अलावा कवि के स्वतंत्र चिन्तन का भी प्रमाण देती है। हाँ, यह अलग बात है कि कवि ने ऐसे शब्दों को प्रयुक्त करते हुए शायद उनके भारतीय सन्दर्भ को भी (सम्भवत: संस्कारों के कारण) ध्यान में रखा है।

'आत्मजयी' की रचना के लिए कवि ने कठोपनिषद् के इस प्रसिद्ध आख्यान को ही क्यों चुना? यह एक प्रश्न हो सकता है, जिज्ञासा भी। क्या कवि ने किसी विशेष परिस्थिति या मन:स्थिति में यह चुना? इसका नितांत स्पष्ट उत्तर तो वे ही दे सकते हैं, परन्तु 'नचिकेता' के आख्यान में व्याप्त चिन्तन की व्यापक सम्भावनाओं ने अवश्य उन्हें आकर्षित किया है; यह कहा जा सकता है। दृढ़ जिज्ञासु, विद्रोही, त्यागी, संयमी और निर्भीक नचिकेता जो 'आत्मार्थे पृथिवी त्यजेत' की भावना रखता है, वस्तुवादी दृष्टिकोण का प्रतीक 'वाजश्रवा', जीवन-मृत्यु की गुत्थियों का ज्ञाता 'यम' और मृत्यु के प्रश्न पर चरम विचार-विमर्श और मंथन की पुष्ट परम्परा! ये सब किसी भी चिन्तक कवि को आकृष्ट करने के लिए पर्याप्त हैं। नचिकेता, वाजश्रवा और यम (मृत्यु के प्रतीकार्थ) भी कवि को एक विस्तृत फलक प्रदान करते

हैं–"नचिकेता का प्रसंग मुझे इस दृष्टि से विशेष उपयुक्त लगा कि वह मुख्यत: धार्मिक क्षेत्र का न होकर दार्शनिक क्षेत्र का ही रहा, जहाँ वैचारिक स्वतंत्रता के लिए अधिक गुंजाइश है।"

वैसे भी नचिकेता, वाजश्रवा और यम जैसे नाम अपनी निरुक्तियों के कारण उपर्युक्त आख्यान को एक विशिष्ट दिशा देने के लिए रखे हुए ही प्रतीत होते हैं। नचिकेता शब्द का अर्थ 'प्रत्यक्ष' से सन्तुष्ट न होकर सतत जिज्ञासु बना रहने वाला है, 'वाजश्रवा' धन-संपत्ति और शक्ति से सम्पन्न व्यक्ति का वाचक है और 'यम' ज्ञानवान व्यक्ति का अर्थ देता है। अत: यह कोई संयोग नहीं कि उपनिषत्कार भी कुँवर नारायण की तरह सतत विद्यमान 'वर्तमान' के अवसादों, दुखों, समस्याओं से निजात पाने के लिए अपने 'अन्तस्' में उतरा हो और उसने 'अमरता' का साक्षात् किया हो।

एक विशेष विचारधारा के पोषक कवियों ने 'आख्यानों को मिथक' कहा और अकसर मूल कथानकों के साथ छेड़-छाड़ करके उनमें अपने विचारों का आरोपण किया। कुँवर नारायण ने भी अपने इस काव्य में कथानक को कुछ परिवर्तित रूप में प्रस्तुत किया है, परन्तु इतना नहीं कि आधार-कथा की वस्तुस्थितियाँ ही भिन्न हो गई हों। उन्होंने कथा को आधुनिक ढंग से देखा है, पौराणिक दिव्य कथा के रूप में नहीं। वैसे भी इस काव्य में विचारों, मन:स्थितियों और चिरंतनतामूलक मानवीय जीवन की जटिलताओं पर जिस गहराई से और मुख्यत: विचार किया गया है, उसमें कथा-वस्तु कोई विशेष महत्त्व नहीं रखती; वहाँ तो भावों और विचारों का सघन एवं तीव्र मंथन ही विशिष्ट है।

मैंने पीछे 'आत्मजयी' की नवार्थी शब्दावली की ओर संकेत किया है। कवि ने काव्य के प्रारम्भ में ही (मृत्यु से नि:सृत) 'अमरता' की चर्चा की है, परन्तु वह अमरत्व अपने रूढ़ार्थ से भिन्न अर्थ देता प्रतीत होता है–'पाऊँ कदाचित् वह इष्ट कभी/कोई अमरत्व जिसे/सम्मानित करके मानवता सम्मानित हो।' यहीं कवि ने अपने उद्देश्य को स्पष्ट कर दिया कि उसके इस काव्य का केन्द्र 'मानवता' है। शायद साहित्य में इससे महत्तम लक्ष्य हो ही नहीं सकता। इस प्रबन्ध काव्य का पहला शीर्षक 'पूर्वाभास' कवि की भंगिमा से परिचय कराता है–'जब जब समर्थ जिज्ञासा से/काल की विदेह अतिशयता को/कोई ललकारे–सीमा–सन्दर्भहीन साहस को इंगित दो, और 'पिछली पूजाओं के ये फूटे मंगल-घट' आगे भी 'ओ मस्तक विराट्/इतना अभिमान रहे–भ्रष्ट अभिषेकों को न दूँ मस्तक/न दूँ मान।'

ये एक क्रांतिधर्मा और स्वतंत्र विचारक-कवि की निर्भय अभिव्यक्तियों के अतिरिक्त और क्या है?, एक सहृदय और स्वाभिमानी रचनाकार के अन्तस्तल से उद्भूत नित्य-प्रासंगिक उद्गारों के अतिरिक्त इन्हें और क्या कहा जाए? और साथ ही, एक विनत श्रद्धालु दार्शनिक की गौरवपूर्ण जिज्ञासा से विलग क्या है यह–'विधिविहीन प्रार्थना/यदि तुम तक न पहुँचे तो/क्षमा कर देना।'

दो राय नहीं कि मानवीय वृत्तियों को कहीं रूपकों, कहीं उपमाओं और कहीं

विभिन्न बिम्बों द्वारा 'आत्मजयी' में इस रूप में प्रस्तुत किया गया है कि उनमें व्याप्त 'सामान्य' काल और देश की सीमाओं को बाँध जाता है। इसी कारण वह पुरातन, ऐतिहासिक होता हुआ भी चिरनवीन रहता है। यही उसके 'शिवत्व' का आधार भी बनता है। जहाँ 'आत्मजयी' के माध्यम से संसार में व्याप्त युद्ध, स्वार्थ, छल, विद्वेष, क्रूरता, हिंसा और बेईमानी जैसी प्रवृत्तियों पर कवि ने चिन्ता व्यक्त की है, वहीं यह प्रश्न भी उठाया गया है कि ये सब दुष्प्रवृत्तियाँ किसके आश्रय से बनी रहती हैं? शायद भौतिक अभ्युत्थान के इच्छुक 'वाजश्रवाओं' को इनकी जरूरत होती है। हर शासक हर तानाशाह इन सबको जनकल्याण के साथ जोड़कर अपरिहार्य बना देता है, परन्तु क्या यह वास्तव में कल्याणकारी वृत्ति है। कवि नकारता है–'समझाओ मुझे अपने कल्याण का आधार।' जड़ता और विधातिनी परम्पराओं के बीच जैसे सत्य बीच-बीच में सिर उठाकर अपनी उपस्थिति का अहसास कराता रहता है, वैसी ही स्थिति छल-फरेबों के समय में तत्त्ववेत्ता कवि की होती है। वह विद्रोही कहा जाता है, परन्तु सत्य सबका अपना-अपना होता हुआ भी किसी का नहीं होता, वह निरपेक्ष होता है, इसीलिए चिरविद्रोही–'सत्य, जिसे हम बस इतनी आसानी से/अपनी-अपनी तरफ मान लेते हैं, सदैव/विद्रोही-सा रहा है।'

कुँवर नारायण विचार-मंथन के पक्षधर रहे हैं, परस्पर सहिष्णुता ही जिसका उत्स है, नचिकेता जिसका प्रतीक है। इसीलिए 'आत्मजयी' के 'नचिकेता' शीर्षक के प्रारम्भ में ही पंक्तियाँ हैं–'असहमति को अवसर दो/सहिष्णुता को आचरण दो/कि बुद्धि सिर ऊँचा रख सके।' इससे पहले वे कहते हैं–'मैं अपनी अनास्था में अधिक सहिष्णु हूँ/अपनी नास्तिकता में अधिक धार्मिक/अपने अकेलेपन में अधिक मुक्त/अपनी उदासी में अधिक उदार।'

इन सब अभिव्यक्तियों से कुँवर नारायण की 'मानवीयता' और उसके सहकारी तत्त्वों के प्रति उनकी गहन प्रतिबद्धता का भान होता है। जो सामाजिक है, वह कहीं न कहीं पहुँचकर दार्शनिक है, वही अपनी सूक्ष्मता में आध्यात्मिक है और वही शाश्वत है–नित्य है; इनमें परस्पर विभेद पैदा करना अथवा इनमें से कोई एक पहलू देखना या उसे प्राथमिकता देना इनकी सार्थकता के साथ अन्याय करना है। परिपूर्णता अथवा स्वस्थता तो इनके समायोजन में है। यही कुँवर नारायण ने किया है–एक विशुद्ध दार्शनिक और आध्यात्मिक से विषय को सामाजिक प्राणी की दैनिक जीवन की समस्याओं और जटिलताओं के परिप्रेक्ष्य में देखकर। वे अपनी पूरी सामर्थ्य के साथ जिज्ञासा और सत्य के मार्ग पर तर्क की तुला के साथ खड़े हैं। तीव्र आत्म-मंथन और गहन दार्शनिक चिन्तन उनके सहचर हैं। इस प्रक्रिया में वे सूक्ष्म से सूक्ष्मतर होते जाते हैं, कहीं-कहीं सूत्रात्मक शैली में प्रयुक्त उनके विचार सूक्तियों की भरमार-सी कर देते हैं। ज्ञानवर्धन के लिए भी इस काव्य को पढ़ना उपयोगी है कि व्यक्ति समाज (समूह) का अंग होकर भी एक स्वतंत्र इकाई है, जिसे व्यामोह में फँसे समाज को झकझोरने का उतना ही अधिकार प्राप्त है, जितना कि समाज को व्यक्ति को अनुशासित करने का।

कुँवर नारायण अपने इस समूचे काव्य में एक तपोनिष्ठ साहित्य-साधक नजर आते हैं, जो अपने प्रशस्त चिन्तन को समर्थ भाषा में प्रस्तुत कर सके हैं। खेमों में बँटे और विभिन्न मतों-वादों के टापुओं पर चढ़े पूर्वग्रहग्रस्त साहित्य-स्रष्टा चाहें तो उनसे सबक ले सकते हैं। उन्होंने व्यक्ति की ही नहीं, समाज की भी घातक, अश्लील सच्चाइयों पर न केवल अपना अभिमत प्रकट किया है, बल्कि यह भी जता दिया है कि नश्वरता को उपेक्षित करने, हठांत सत्यों पर प्रश्नचिह्न लगाने, देह-आश्रित इच्छाओं और इंद्रियों के दासत्व की अवहेलना करने, बाहर से अधिक पुष्ट प्रमाण भीतर मानने और मर्त्य नहीं/अमर्त्य का तोष चाहने वाला एक ऐसा कवि भी है जो मुक्त अनुशासक भी है इच्छाओं का! पूरे काव्य से गुजरने पर ऐसा लगता नहीं कि भौतिक चकाचौंध से भरे महानगरीय जीवन के बीच देह, इंद्रिय, आत्मा, इच्छा-द्वेष, भोग, मृत्यु, जीवन, ज्ञान, आत्म-साक्षात्कार, संतुष्टि, विरक्ति और अहं जैसे विशुद्ध दार्शनिक-आध्यात्मिक विषयों पर ऐसी सटीक और स्वतंत्र विवेचना सूत्रात्मक काव्य में की जा सकती है, परन्तु सच यही है। कवि ने कठोपनिषद् की शुष्क आत्मा को काव्य की अलंकृत देह प्रदान की है। इस उपक्रम में यद्यपि उन्होंने औपनिषदिक कर्मकांडात्मक प्रकरण को पूरी तरह उपेक्षित करने की भंगिमा अपनाई है (जैसे यम द्वारा प्रदत्त दूसरे वरदान के रूप में त्रिणाचिकेत अग्नि इत्यादि का ज्ञान), परन्तु ऐसे स्थलों पर उनका विचार उनके अव्याहत रूप का विस्तार करना ही है। वैसे कहीं न कहीं वे उसकी महत्ता को स्पर्श तो करते ही हैं-'वे प्रतीक-अनुष्ठान/जिनको समझने में/युग के युग बीते हैं...।'

अपनी समग्रता में 'आत्मजयी' अपने नाम को सार्थक करता एक ऐसा काव्य है, जिसे स्वाध्याय-चिन्तन-मनन के लिए बारंबार उठाया जा सकता है। ऐसा भी नहीं कि यह मात्र विचार और चिन्तन के धरातल पर ही समृद्ध-सम्पन्न है, बल्कि इसकी काव्यात्मकता भी आश्चर्यचकित करती है। बिना अनुभूति के विचारों को ऐसी सहजता से काग़ज़ पर उतारना सम्भव नहीं। उपमाओं, रूपकों या अन्य अलंकारों के प्रयोग सहज हैं। बिम्ब-योजना अनायास और स्वाभाविक रूप से अवतरित है। कहना न होगा कि कुँवर नारायण को इन सब में सिद्धता प्राप्त है। प्रसंगानुकूल भाषा और लय का सामंजस्य अनूठा है। 'यम' के वर्णन पर ग़ौर कीजिए-

- यह कैसी खंडित छाया।
- ये आँखें हैं या अग्नि-कुंड?/या आधी रात कछारों पर/दो साथ चिताएँ जलती हैं?
- किसकी छाया के पड़ते ही/ हर चीज़ तुरत कुम्हला जाती?
- यह संशय-पशु है? या मनुष्य? या इमसें केवल ज़हर भरा? यह स्वयं मृत्यु है?/ अथवा मृत?/ या दोनों का अनुभव गहरा?
- ये हाथ नहीं/ हत्या के निर्मम यंत्र मात्र-केवल प्रहार।
- क्या वन की हरियाली पर यह / संध्या का ताज़ा रक्त!

एक कसी हुई और ठोस रचना है 'आत्मजयी'। सोचने को प्रेरित करती और सहस्रों सूर्यों की झलक पाने का संकेत करती। परन्तु, कहीं-कहीं यदि कुँवर नारायण पहेलीनुमा रचनाधर्मिता का मोह त्यागते, तो अच्छा होता। तब 'आत्मविद्' को समझने के लिए पाठक को मूल उपनिषद् की ओर नहीं दौड़ना पड़ता।

'आत्मजयी' का हिन्दी साहित्य के परिप्रेक्ष्य में पुनर्मूल्यांकन बेहद ज़रूरी है। इसलिए कि इस संक्षिप्त से प्रबन्ध काव्य के बहाने मानवीय चिन्तन की सीमाओं और व्याप्ति पर मंथन किया जा सकता है, संवेदनाओं और मन:स्थितियों के शाश्वत सामान्यीकरण पर चिन्तन हो सकता है, कवि और कविता की निष्पक्षता और निरपेक्षता पर संवाद किया जा सकता है और जीवन की सार्थकता एवं मानव के परितोष को एक नए दृष्टिकोण से देखा जा सकता है। इंद्रियातीत और बुद्धि से भी सूक्ष्म 'तत्त्व' पर भी इस काव्य के परिप्रेक्ष्य में कुछ रचनात्मक और सकारात्मक विचार दिए जा सकते हैं। तत्त्वमीमांसा और अध्यात्म का कर्मकांडियों से सम्बन्ध नहीं, बल्कि सीधे-सरल और वास्तविक जिज्ञासुओं का ही इस विषय पर असली हक बनता है। हो सकता है किसी को उनके इस जिज्ञासा-प्रेम पर ऐतराज हो, परन्तु उन्होंने बात को इतने सधे हुए ढंग से कहा है कि इस पर उंगली उठाने की गुंजाइश शायद नहीं ही है। यदि हिन्दी के अनेक जड़वादी साहित्यकार चेतना की ऊर्ध्व-यात्रा के इस सशक्त काव्य को स्वीकार करते, तो अच्छा होता। क्योंकि इस काव्य से हिन्दी-साहित्य का मान बढ़ा है और हिन्दी-साहित्य समृद्ध हुआ है।

आत्मवत्ता की उपलब्धि

पंकज चतुर्वेदी

सन् 1965 में कुँवर नारायण ने अपने प्रबन्ध-काव्य 'आत्मजयी' को प्रकाशित किया, जो 'कठोपनिषद्' में उपलब्ध नचिकेता के आख्यान पर आधारित है। यहाँ कविता की अन्तर्वस्तु और संरचना पर ग़ौर करें, तो कवि के स्वभाव की तीन बुनियादी विशेषताएँ अपनी सम्पूर्ण गरिमा के साथ मौजूद हैं। एक तो प्रबन्ध-काव्य के शिल्प में जाना उनके क्लैसिकल रुझान का सबूत है। दूसरे, उपनिषद् की कथा से लगाव और नचिकेता में खुद को पहचानने की चेष्टा या उससे अभिन्नता, अपनी जातीय परम्परा और संस्कृति से उनके गहन और उत्कट संवाद का नतीजा है। तीसरे, कविता की शर्तों पर दार्शनिक गम्भीरता और बौद्धिक दृढ़ता को उन्होंने सम्भव किया है। इसीलिए 'आत्मजयी' में न सिर्फ़ नंददुलारे वाजपेयी को 'दार्शनिकता का अधिक गहरा आभास मिलता है',[1] बल्कि वागीश शुक्ल को भी 28 कविताओं की इस श्रृंखला के बारे में लगता है कि "कविताओं का क्रम मोटे तौर पर 'कठोपनिषद्' के आख्यान का अनुसरण करते हुए भी कवि की रुचि के अनुरूप दार्शनिक अन्तर्वस्तु को प्रक्षिप्त करने की स्वतंत्रता बनाए रखता है।"[2] इस तरह 'आत्मजयी' की सफलता ज्ञान के संवेदनात्मक रूपांतरण, जातीय स्मृति की पुनर्रचना और व्यापक मनुष्यता के सन्दर्भ में दार्शनिक प्रत्ययों की प्रासंगिकता को स्थापित करने में है; जैसा कि प्रभाकर श्रोत्रिय कहते हैं–"क्या किसी कृति की इससे बड़ी कोई सफलता हो सकती है कि वह ज्ञान को पूरी गम्भीरता से झेलते हुए भी अनुभव में बदल सके? जातीय स्मृति को वर्तमान के फलक पर सामंजस्य और गत्यात्मकता से अन्वेषित और पुनःसृजित कर सके? और व्यक्ति-साध्य अनुभव को अवधारणा द्वारा वृहत्तर मानव-समाज से जोड़ सके? क्या यह अन्तःप्रज्ञा का एक सुनिश्चित प्रमाण नहीं है?"[3]

कविता के आशय और मूल्य को समझने में आसनी होगी, अगर हम सबसे पहले 'कठोपनिषद्' के आख्यान को आत्मसात करें। ऋषि वाजश्रवा 'विश्वजित्' नामक यज्ञ कर रहे हैं, जिसमें उन्हें अपनी सारी संपत्ति दान कर देनी है। लेकिन उनका बेटा नचिकेता देखता है कि दक्षिणा के नाम पर ब्राह्मणों को देने के लिए वे बूढ़ी गायें

लाई जा रही हैं, जो अब न पानी पी सकती हैं, न घास चर सकती हैं, जिनका दूध दुहा जा चुका और इन्द्रियाँ बेकार हो गई हैं। वह सोचता है कि ऐसा निरर्थक और पाखंडपूर्ण दान-यज्ञ करने वाला तो आनन्दरहित या निकृष्ट लोकों को प्राप्त होगा–

पीतोदका जग्धतृणा दुग्धदोहा निरिन्द्रया:।
अनंदा नाम ते लोकास्तान् स गच्छति ता ददत्।।[4]

इस विडंबना से आहत होकर अपने पिता को संभावित अनिष्ट से बचाने के लिए नचिकेता आत्म-बलिदान की इच्छा से उनसे पूछता है कि 'पिताजी, मुझे आप किसको देंगे?' पिता के उत्तर न देने पर वह बार-बार यही प्रश्न करता है। अन्ततः क्रोध से भरकर वे कहते हैं, 'तुझे मैं मृत्यु को देता हूँ'–

मृत्यवे त्वा ददामीति।[5]

हालाँकि पिता ने दुख और आवेश में ऐसा कह दिया था, मगर उनकी बात को सच मानकर आज्ञाकारी नचिकेता मृत्यु (यमराज) के पास चला जाता है। उसकी यह मान्यता है कि अनित्य जीवन के लिए मनुष्य को कभी सत्य का मार्ग नहीं छोड़ना चाहिए। सत्य से मनुष्य अमर हो सकता है; जबकि अन्यथा वह मरणधर्मा अनाज की तरह पकता है, यानी जराजीर्ण होकर मर जाता है और अनाज की ही तरह फिर पैदा होता है–

सस्यमिव मर्त्य: पच्यते सस्यमिवाजायते पुन:।[6]

नचिकेता यम के घर पहुँचता है, पर वहाँ उसे पता चलता है कि वे कहीं बाहर गए हुए हैं। इसलिए वह तीन दिन और तीन रातों तक भूखा-प्यासा रहकर यम के दरवाजे पर उनकी प्रतीक्षा करता है। लौटने पर उनकी पत्नी कहती हैं कि जिसके घर में ब्राह्मण अतिथि को भोजन न मिले; उस मंदबुद्धि व्यक्ति की समस्त संपत्ति, सुख और प्रतिष्ठा का नाश हो जाता है। यों अतिथि के असत्कार का प्रायश्चित करने के लिए यम नचिकेता से तीन रातों के अनशन के बदले तीन वर माँगने को कहते हैं। नचिकेता माँगता है कि 1. यमलोक से वापस जाने पर उसके पिता क्रोध या शोक से रहित होकर आश्वस्त प्रसन्न और स्नेहिल भाव से उसे स्वीकार करें। 2. चूँकि स्वर्ग-लोक भय, मृत्यु, जरा, भूख, प्यास वगैरह सभी दुखों और व्याधियों से परे है; इसलिए अमरत्व को अर्जित करने के उपाय के रूप में उसे अग्नि-विद्या का रहस्य बताया जाए। और 3. मरे हुए मनुष्य के विषय में, उसकी आत्मा के रहने या न रहने को लेकर जो संशय है; उसका निराकरण किया जाए। यम पहले दोनों वर तो प्रदान करते हैं, इस अतिरिक्त वर के साथ कि स्वर्ग को प्राप्त कराने में समर्थ अग्नि को लोग नचिकेता के ही नाम से जानेंगे; मगर तीसरे वर के प्रश्न पर वे कहते हैं कि 'नचिकेता, मरण के सम्बन्ध में मत पूछो!'–

नचिकेतो मरणं मानुप्राक्षीः।[7]

तीसरे वर के रूप में गुरुज्ञान माँगा गया था; इसलिए यम उसके एवज में कोई और वर माँगने को कहते हैं और विकल्प के तौर पर अपार पूँजी, सुख, विलास, राजसत्ता तथा अमरता को देने का प्रस्ताव रखते हैं। किन्तु नचिकेता को यह सब नहीं चाहिए। वह अपने हठ से विचलित नहीं होता, क्योंकि उसने देखा है कि धन से मनुष्य को कभी भी तृप्त नहीं किया जा सकता–

न वित्तेन तर्पणीयो मनुष्यो।[8]

आखिरकार यम नचिकेता के अपरिग्रह एवं सत्यनिष्ठा से प्रभावित होकर उसे सूक्ष्म आत्म-तत्त्व के ज्ञान से सम्बन्धित यह अत्यन्त दुर्लभ और कठिन वर प्रदान करते हैं। सांसारिक सुख-भोग के साधनों से नचिकेता का आकृष्ट न होना उचित एवं अपरिहार्य ही था; क्योंकि बाद में यम ने स्वयं कहा है कि 'अनित्य (नश्वर) वस्तुओं से नित्य (अविनाशी आत्म-ज्ञान) की प्राप्ति नहीं हो सकती'–

न ह्यध्रुवैः प्राप्यते हि ध्रुवं तत्।[9]

'कठोपनिषद्' में आत्मा को उस देव की संज्ञा दी गई है, जो ऐश्वर्य के मद से उन्मत्त नहीं होता–"मदामदं देवं।"[10] जहाँ सर्वव्यापी और निराकार पुरुष के ध्यान में मन, बुद्धि तथा पाँचों ज्ञानेंद्रियों की समवेत एकाग्रता एवं निश्चलता को 'योग' माना गया है; वहाँ साधक का भी प्रमादरहित होना अनिवार्य है, क्योंकि योग उदय और अस्त होने वाला है–"अप्रमत्तस्तदा भवति योगो हि प्रभवाप्ययौ।"[11] इसलिए जिसके हृदय में स्थित सभी कामनाओं का समग्र निराकरण हो जाता है; वही मरणधर्मा मनुष्य अमृतत्व को हासिल करता है और इसी लोक अथवा शरीर में ब्रह्म को अनुभव कर पाता है–

यदा सर्वे प्रमुच्यन्ते कामा येऽस्य हृदि श्रिताः।
अथ मर्त्योऽमृतो भवत्यत्र ब्रह्म समश्नुते।।[12]

नचिकेता जीवन के इसी अमर अर्थ की तलाश करता है। कुँवर नारायण के मुताबिक–"'अमर जीवन' से तात्पर्य उन अमर जीवन-मूल्यों से है, जो व्यक्ति-जगत का अतिक्रमण करके सार्वकालिक और सार्वजनीन बन जाते हैं।"[13] मुक्तिबोध के शब्दों में कहें, तो जो कुछ 'अशिव है, अशोभन है, मिथ्या है'; नचिकेता उसे अस्वीकार करता है। स्वार्थ और नश्वरता की सीमाओं को अतिक्रांत करके लोक-हित और शाश्वत सत्य के लिए मनुष्य जी सके, इसी में उसके होने की चरम सार्थकता है। यही विचार 'आत्मजयी' की रचना का नाभिक है। बकौल कवि–"'आत्मजयी' में उठाई गई समस्या मुख्यतः एक विचारशील व्यक्ति की समस्या है। कथानक का नायक नचिकेता मात्र सुखों को अस्वीकार करता है–तात्कालिक आवश्यकताओं की पूर्ति-भर ही उसके

लिए पर्याप्त नहीं। उसके अन्दर वह बृहत्तर जिज्ञासा है, जिसके लिए केवल सुखी जीना काफी नहीं, सार्थक जीना ज़रूरी है।[14] सत्य की इस राह पर चलने के अपने जोखिम हैं, पर नचिकेता के निकट उसका कोई विकल्प नहीं है। वह ऐश्वर्य के प्रलोभन में मूल्यों से समझौता नहीं कर सकता–"वह अपने आपको इस धोखे में नहीं रखता कि सत्य से उसे सामान्य अर्थों में सुख ही मिलेगा; लेकिन उसके बिना उसे किसी भी अर्थ में सन्तोष मिल सकेगा, इस बारे में उसे घातक सन्देह है। यम से–साक्षात् मृत्यु तक से–उसका हठ एक दृढ़ जिज्ञासु का हठ है, जिसे कोई भी सांसारिक वरदान डिगा नहीं सकता।"[15] निश्चय ही, सत्य और लोक-मंगल के लिए जीना एक चुनौती है; जिसकी कठिनता का एहसास हमें 'कठोपनिषद्' के इस आह्वान से होता है कि 'उठो, जागो और श्रेष्ठ जनों के सत्संग से ज्ञान प्राप्त करो; क्योंकि कवि ज्ञान के मार्ग को छुरे की पैनी की हुई दुस्तर धार की तरह दुर्गम बतलाते हैं–

उत्तिष्ठत जाग्रत प्राप्य वरान्निबोधत।
क्षुरस्य धारा निशिता दुरत्यया दुर्गं पथस्तत्कवयो वदन्ति।।[16]

'आत्मजयी' की दार्शनिकता धार्मिक या प्रतिगामी किस्म की नहीं, बल्कि भारत की प्राचीन दार्शनिक परम्परा के मूल स्रोतों से मुखातिब होते हुए भी इसका स्वरूप बहुत-कुछ आधुनिक और वैचारिक है। कारण यह कि एक ओर नचिकेता के प्रसंग को कवि ने इसलिए चुना है कि "वह मुख्यतः धार्मिक क्षेत्र का न होकर दार्शनिक क्षेत्र का ही रहा, जहाँ वैचारिक स्वतंत्रता के लिए अधिक गुंजाइश है"; दूसरी ओर इसमें "आख्यान के पुराकथात्मक पक्ष को ही इस प्रकार लिया गया है कि वह आज के मनुष्य की जटिल मनःस्थितियों को बेहतर अभिव्यक्ति दे सके।"[17] कहने की जरूरत नहीं कि रचना के स्तर पर कुँवर नारायण उस मानसिक अन्तर्द्वंद्व और समस्या को प्रमुखता देते हैं, जिससे समकालीन मनुष्य का सीधा सामना है। इसलिए वे आज के अनुभव के बीचोबीच, आधुनिक दृष्टि-बिन्दु से उपर्युक्त आख्यान की वैचारिक अन्तर्वस्तु की मीमांसा करते हैं। यह दरअसल परम्परा में निहित मानवीय सार्थकता की खोज है और नए सन्दर्भ में उसकी प्रासंगिकता को पाने की चेष्टा। प्रभाकर श्रोत्रिय ने इसकी तस्दीक की है–"कुँवर नारायण 'आत्मजयी' में धर्म से लिपटे अध्यात्म को अस्वीकार करते हुए दर्शन की प्रश्न-चेतना और तत्त्व-चिन्तन को स्वीकारते हैं और उसे नई दृष्टि और अर्थ देते हैं।"[18]

खास बात यह है कि नचिकेता का व्यक्तित्व आधुनिक भाव-बोध से बहुत आत्मीय है। उसमें एक अदम्य जिज्ञासा और प्रश्नाकुलता है और वह संशय, जो ज्ञान की प्रक्रिया है। प्रदत्त संरचनाओं और मूल्यों से वह विद्रोह ही नहीं करता, नैतिकता के निकष पर इनकी गहरी और विशद आलोचना भी करता है। व्यवस्था का यही विरोध उसके आत्म-संघर्ष में बदल जाता है, जो इस लड़ाई में उसकी ईमानदारी और पारदर्शिता का सबूत है। मारियोला ओफ्रेदी ने 'आत्मजयी' में उसकी उपस्थिति और भूमिका

का सही विश्लेषण किया है–"नचिकेता आज्ञाकारी पुत्र नहीं है, बल्कि एक विद्रोही आत्मा है; आज्ञाकारिता के पारंपरिक गुण से नवाजे जाने की जगह उसमें संवेदना का आधुनिक लक्षण है और वह अपने पिता की क्रुद्ध आज्ञा को एक शाप की तरह महसूस करते हुए खुद को मारने की कोशिश करता है। वाजश्रवा भी ऋषि नहीं, बल्कि एक शासक हैं। मगर सर्वाधिक महत्त्वपूर्ण बात यह है कि कुँवर नारायण यथार्थ के अनुभव का प्रतिनिधित्व करने वाले एक संवेगात्मक प्रतीक के रूप में नचिकेता का उपयोग करते हैं।"[19] इसी पृष्ठभूमि में प्रभाकर श्रोत्रिय 'छायावाद' से इस कृति के प्रभाव को अलगाते हैं और काव्यानुभूति की संस्कृति तथा प्रक्रिया में घटित हुए बुनियादी बदलाव को रेखांकित करते हैं। इसकी वजह है, जीवन-स्थितियों का अधिक संश्लिष्ट, तनावपूर्ण और जटिल हो जाना और उसी अनुपात में आधुनिक दिमाग का सजग, पीड़ित और बेचैन हो उठना–"'छायावाद' जिन दार्शनिक प्रश्नों को अतिमानस के भावमूलक धरातल पर उठाता था, उन्हें नई आधुनिकता मानवीय और बौद्धिक स्तर पर उठाती है।–'मनन' की अपेक्षा 'मंथन', 'कल्पना' की अपेक्षा 'अन्वेषण', 'समाधि' की अपेक्षा 'व्याकुलता' आधुनिक संशयग्रस्त मनुष्य की अनिवार्य माँग है। तभी 'कामायनी' के मनु अन्ततः 'अखंड आनन्द' में लीन हो जाते हैं, जबकि 'मुक्ति-बोध' के क्षणों में भी नचिकेता के सामने फिर-फिर सवाल उठते रहते हैं और 'आत्मजयी' का अन्त उपलब्धि में नहीं, प्रश्न में होता है।"[20]

भारत की दार्शनिक परम्परा एक रैखिक नहीं, बहुल और संवादधर्मी है। उसके किसी एक पक्ष से जुड़ने का अनिवार्य अर्थ दूसरे पक्ष से बहस में उतरना है। कुँवर नारायण ने नचिकेता और वाजश्रवा के संघर्ष में नई और पुरानी पीढ़ी के ही नहीं; बल्कि वैदिककालीन वस्तुवादी दृष्टिकोण और उपनिषत्कालीन आध्यात्मिक दृष्टिकोण के संघर्ष को भी मूर्त किया है, जिनके प्रतीक क्रमशः वाजश्रवा और नचिकेता हैं। अन्ततः इस संघर्ष की सार्थकता हमारे लिए यह है कि हम अपने समय में सही चुनाव कर सकें। अगर भौतिक विकास की तुलना में आत्म-विकास उपेक्षित रह जाता है; तो यह असन्तुलन हम पर भारी पड़ेगा और किसी आत्मघात से कम न होगा। स्वयं कवि के अनुसार–"नचिकेता और वाजश्रवा की असहमति, तथा वाजश्रवा का क्रोध में नचिकेता को मृत्यु को दे देना, न केवल नई और पुरानी पीढ़ी के संघर्ष का प्रतीक है; बल्कि उन वस्तुपरक वैदिक तथा आत्मपरक उपनिषत्कालीन दृष्टिकोणों का भी प्रतीक है, जिनका एक रूप हम अपने आज के जीवन में भी पाते हैं। एक ओर तो हमारी भयावह भौतिक उन्नति; दूसरी ओर आत्मिक स्तर पर वह घोर असंयम, जो इस भौतिक प्रगति को अपने ही लिए अभिशाप बनाए ले रहा है।"[21] पीढ़ियों अथवा दृष्टियों के इस संघर्ष में गौरतलब है कि रूढ़ि परम्परा का त्याज्य हिस्सा है, जिसे हम मनुष्यता की विकास-यात्रा में आगे नहीं ले जा सकते। उसे निरस्त करते हुए कुँवर नारायण परम्परा के अग्रगामी और सार्थक तत्त्वों को दाय के रूप में वहन करते हैं। 'आत्मजयी' में आख्यान की पुनर्निर्मिति से भी यह जाहिर है, जैसा कि प्रभाकर श्रोत्रिय

ने लक्ष्य किया है–"...मूल कथा के वरदानों में–से 'पिता की क्रोध-शान्ति' का वरदान काव्य में स्वीकार करने से लगता है कि कवि नई पीढ़ी को समस्त पितृ-परम्परा की द्रोही नहीं, वरन् ग़लत परम्परा की द्रोही मानता है।"[22]

नचिकेता राजपरिवार का सदस्य होते हुए भी सत्ता-संस्कृति की मुखालफत करता है; क्योंकि उसमें उसे आत्म-तत्त्व का अभाव या विपन्नता महसूस होती है। कवि के शब्दों में, "...नचिकेता के सारे असन्तोष और विद्रोह का मूल कारण ही वह वस्तुवादी दृष्टिकोण है, जो मृत्यु के आगे उसे कोई सांत्वना नहीं दे पाता।"[23] मृत्यु को अतिक्रांत करने का आत्मविश्वास अर्जित करने के लिए आत्यंतिक रूप से मूल्यनिष्ठ जीवन जीना ज़रूरी है। कवि ने किसी खास दार्शनिक, नैतिक, धार्मिक या सामाजिक विचार-सरणि को प्रस्तावित नहीं किया है; सिर्फ़ इस नजरिए को सामने रखने की कोशिश की है–"जीवन के पूर्णानुभव के लिए किसी ऐसे मूल्य के लिए जीना आवश्यक है, जो जीवन की अनश्वरता का बोध कराए। यही मनुष्य को सांत्वना दे सकता है कि मर्त्य होते हुए भी वह किसी अमर अर्थ में जी सकता है। 'आत्मजयी' मूलत: जीवन की सृजनात्मक सम्भावनाओं में आस्था के पुनर्लाभ की कहानी है।"[24] जाहिर है कि कुँवर नारायण समाज और संस्कृति के क्षेत्र में किसी दी हुई, प्रचलित या वर्चस्ववादी मूल्य-दृष्टि के प्रवक्ता नहीं हैं। न वे परम्परा की शरण में जाते हैं और न ही समकाल से ही विमुख हैं। स्वभावत: 'आत्मजयी' 'कठोपनिषद्' पर आधारित भी है और साथ ही उससे मुक्त भी। रचनाकार के वक्तव्य से ही नहीं, रचना की प्रकृति और प्रभाव से भी यह बात सत्यापित होती है। इसी वजह से मारियोला ओफ्रेदी एक ओर तो यह कहती हैं कि "वस्तुत: 'आत्मजयी' का दार्शनिक आधार उपनिषदीय अद्वैतवाद है, जिसका एक सिद्धान्त आत्मा की अमरता है, जो एक है और सर्वव्यापी है, अनगिनत अंशों में विच्छिन्न है, और व्यक्तियों के मनो-शारीरिक संघटकों से निर्धारित होती है और न कभी जन्म लेती है, न मरती है";[25] दूसरी ओर वे यह साफ करना ज़रूरी समझती हैं कि विश्लेषण का मिजाज सनातनी और धार्मिक होने की बजाय मौलिक और विवेकसम्मत है–"मृत्यु और आत्मा के अस्तित्व के बारे में प्रश्न का उत्तर नितांत अद्वैतवादी है। यह उस तरह धार्मिक नहीं है; जिस तरह हम, जिनमें आस्तिकता (जो संवेगात्मक शक्ति से ओत-प्रोत होती है) खामख्वाह भरी हुई है, इस शब्द को समझते हैं, मगर इसका एक 'काल्पनिक' या बौद्धिक धर्म से वास्ता है।"[26] कुँवर नारायण की कविता बेशक परम्परा और संस्कृति में बद्धमूल है, पर उसका वास्ता सृजन और विचारशीलता की आधुनिक दुनिया से है। वह कवि-प्रतिभा; जिसे 'नव-नवोन्मेषशालिनी बुद्धि' कहा गया है; के सहारे अपना विकास करती है। यों मारियोला ओफ्रेदी का यह निष्कर्ष आश्चर्यजनक नहीं–"एक बार नचिकेता का चरित्र चुन लेने के बाद, जिसकी साधारण-सी कथा में बहुत गहरा विषाद है, क्योंकि यह एक ऐसे पिता की कहानी है, जो अपने पुत्र को मृत्यु को अर्पित कर देता है; कुँवर नारायण उसे अपनी व्यक्तिगत दृष्टि के प्रक्षेपण के उपकरण में बदलते हैं।"[27]

कुँवर नारायण सांस्कृतिक, मुक्तिधर्मी और रचनात्मक दृष्टिकोण के कवि हैं। वे अतीत की विचार-संपदा के उत्कृष्ट और सार्थक भाग से अपना नाता जोड़ते हैं और उसके जड़ संस्कारों को अतिक्रमित करते हैं। सच्चाई को खोजने, उस पर इसरार करने के गहरे और अविचलित हठ के आधार पर वे चुपचाप–आक्रामक या विशृंखलित हुए बिना–अपने समय की अराजकता और मूल्यहीनता का सशक्त प्रतिरोध करते हैं। उनकी रचनात्मकता भविष्योन्मुखी है; क्योंकि वह ऐसे मनुष्य और दुनिया का स्वप्न है, जिसे अभी साकार किया जाना है। इस तरह समय के तीनों आयामों से उनकी कविता संवाद और अन्तःक्रिया का दुर्लभ सम्बन्ध बनाती है। जिसे वे 'आस्था का पुनर्लाभ' कहते हैं, वह मनुष्य का आत्मवत्ता से सम्पन्न होना भी है। उनकी कोशिश है कि बाह्य जीवन के दबाव में आत्मा धूमिल न हो और उसकी हानि न हो। 'आन्तरिक जीवन के प्रति सचेत होते हुए मनुष्य अपने में उस आत्म-शक्ति का विकास करे, जो बाहरी परिस्थितियों से विचलित न हो।'[28] आन्तरिक जीवन से लगाव और निष्ठा और उसकी फलश्रुति के रूप में कर्मण्यता को वे अहम मानते हैं; पर "आसक्त भाव से नहीं–आत्म-शक्ति को पूर्णतः प्राप्त करके।"[29] उनकी निगाह में आसक्ति और विचलन की वजह है, अपने ही भीतर का खालीपन और अँधेरा। इसलिए आत्मिक समृद्धि और दृढ़ता का मकसद है कि "जीवन से केवल कुछ पाने की ही आशा पर चलने वाला असहाय नहीं, जीवन को कुछ दे सकने वाला समर्थ मनुष्य"[30] तैयार हो। कुँवर नारायण यथार्थ के द्वारा शासित नहीं, उसके नियंता के रूप में इन्सान को देखना चाहते हैं; जहाँ यथार्थ को वह अपनी आत्मा से प्रकाशित करता है और उसे नए सिरे से सार्थक बनाता है–"यथार्थ अब उसके बाहर नहीं, उसमें है, उससे है–अन्यथा वह कुछ नहीं है। सम्पूर्ण बाह्य परिस्थिति या तो उसकी चेतना से विकीर्ण है–चेतना जो उसके वश में है, चीज़ों के वश में नहीं–या फिर अँधेरी है। वह चाहे तो सब कुछ अस्वीकार करके स्वयं को काल को लौटा दे : चाहे तो उसे स्वीकार करके एक नया अर्थ दे।"[31]

'आत्मजयी' में मृत्यु से नचिकेता के साक्षात्कार की पृष्ठभूमि में मारियोला ओफ्रेदी ने कुँवर नारायण के 'किशोर वर्षों को स्याह कर देने वाले त्रासद अनुभवों' की मौजूदगी का संकेत किया है। इनमें टी.बी. के कारण उनकी माँ और बहन की मृत्यु के अलावा–उसके कुछ समय बाद एक ही कमरे में उनकी अजानकारी में या नींद के दौरान हुई उनके एक मित्र की मौत भी शामिल है; जिसे वे अपनी ज़िन्दगी का सर्वाधिक विचलित कर देने वाला अनुभव मानते हैं। फिर भी मारियोला कहती हैं कि उनकी कविता में इस आतंक के कोई निशान नहीं हैं, क्योंकि "कवि अपने अवचेतन से मृत्यु का भय कभी न निकाल पाते हुए भी, उससे पराजित होने से इनकार करता है।"[32] इसके बावजूद कुछ लोगों को नचिकेता का अकेलापन, निराशा, अवसाद, विरक्ति और आत्म-निर्वासन वगैरह को देखकर यह मुगालता रहा कि 'आत्मजयी' पर अस्तित्ववाद का प्रभाव है। यहाँ तक कि नचिकेता के 'जीवन के एक सुधरे या

उद्देश्यपूर्ण संस्करण में लौटने' की घटना में भी वागीश शुक्ल जैसे आलोचकों को पश्चिम की छाया नजर आई–"सामान्यतः लेखक इस मानक पाश्चात्य विचार से सहमत दिखता है कि जीवन अपनी तमाम कमियों के साथ जैसा भी है, मृत्यु से श्रेयस्कर है...।"[33] यह स्थापना ऐसे की गई है, मानो जिजीविषा या आस्था का भारतीय दर्शन में घोर अभाव हो। गनीमत है कि एक भिन्न सन्दर्भ में रमेशचन्द्र शाह ने स्वीकार किया है–"उनकी (कुँवर नारायण) बौद्धिक पीड़ा का अपना मौलिक रूपाकार है–दर्शन भी उनके लिए कोई शरण नहीं, बल्कि शान है। वह पश्चिम के अस्तित्ववाद की गरीब बिरादर नहीं है।"[34] उतना ही अजीब यह भी है कि आख्यान की पुनर्रचना में वागीश शुक्ल भारतीयता को खोज निकालते हैं। कवि की सृजनात्मक कल्पना उन्हें वेदों से सुसंगत जान पड़ती है! जहाँ वास्तव में परम्परा से एक प्रस्थान है या आधुनिकता का हस्तक्षेप, वहाँ ऋषि और ऋषीतर के भेदभाव को प्रासंगिक बताने की चेष्टा की गई है। यह कवि पर मिथ्या आरोपण नहीं, तो और क्या है–"कुँवर नारायण की पुनःप्रस्तुति में नचिकेता मरता नहीं, यम से उसकी भेंट स्वप्न में होती है। यह वैदिक ढाँचे के अनुरूप ही है, जहाँ ऋषीतर व्यक्तियों को ज्ञान की प्राप्ति स्वप्न के ही माध्यम से हो सकती है, क्योंकि सत्य से साक्षात्कार अनुमेय नहीं है। स्वाभाविक रूप से यह ढाँचा वास्तविक ज्ञान की एक ऐकांतिक प्राप्ति सुनिश्चित करता है, जबकि साधकों की आनुष्ठानिक साधना सामुदायिक थी।"[35]

कुँवर नारायण ने उस प्रक्रिया की बात की है, जब बाहरी दुनिया से सामंजस्य न होने की स्थिति में व्यक्ति आत्मबद्ध और हताश हो जाता है। जिन्दगी उसे निरर्थक और सारहीन लगती है। मानो संसार उसके लिए रह ही नहीं जाता। उसको जो अँधेरा और डर महसूस होता है; वह अस्तित्ववाद की जड़ों में से है, पर वह भारतीय दर्शन की केन्द्रीय विशेषता या सीमा नहीं। कवि ने इसे स्पष्ट किया है–"पास्कल का कहना था कि इस अनंत विस्तार का अटूट मौन मुझे भयभीत करता है। 'यह गुंबदे मीनाई, यह आलमे तनहाई। मुझको तो डराती है इस दश्त की पहनाई।' में इकबाल का संकेत भी उसी 'भय' की ओर है, जिसे हम जगह-जगह साहित्य और दर्शन में व्यक्त पाते हैं और जो आधुनिक अस्तित्वादी दर्शन के भी मूल आधारों में से है। लेकिन इस 'भय' या 'उत्कंठा' का परिणाम अन्ततः निराशावादी ही होगा, ऐसा मानना भारतीय दर्शन के एक महत्त्वपूर्ण स्थिति-निरूपण को ही ग़लत समझना होगा।"[36] इस रोशनी में मारिओला ओफ्रेदी का यह निष्कर्ष वाजिब है कि "संशयों का जो संभावित समाधान इस कविता में है, वह मार्क्सवाद या (किसिम-किसिम के) अस्तित्ववाद की पश्चिमी अवधारणाओं पर आधारित नहीं है।"[37] बारीक पड़ताल करते हुए अस्तित्ववादी विचारधारा से कुँवर नारायण के अलगाव को उन्होंने साबित भी किया है–"हालाँकि वे एक आधुनिक मनुष्य हैं, कवि अस्तित्ववाद के अतर्कवादी (इर्रैशनलिस्ट) कीर्कगार्दीय स्वरूप से आकृष्ट नहीं होता, जिसमें सिर्फ़ दैवी कृपा ही अस्तित्व की यातना से आदमी को बचा सकती है। न ही वे, हाइडेगर के विपरीत, यह मानते हैं कि मनुष्य ज़्यादा-से

ज़्यादा अपनी सीमाबद्धताओं के प्रति सजग हो सकता है, कि वह अपने अस्तित्व का तर्क नहीं समझ सकता और शून्य से आकर शून्य में लौट जाता है।"[38]

दरअसल कुँवर नारायण अपने समय और परम्परा की विभिन्न विचारधाराओं से बराबरी की ज़मीन पर संवाद करते हैं। वे उनसे न तो आक्रांत होते हैं, न उनका अनुकरण करते हैं। वे कविता की सापेक्ष स्वायत्तता के हिमायती हैं। इसलिए अनेक दृष्टियों से उनका प्रतिकृत होना एक नए और विशिष्ट दर्शन की ही भूमिका बन जाता है। प्रभाकर श्रोत्रिय ने उनकी विचारशील और स्वातंत्र्यकामी आत्मवत्ता की सही शिनाख़्त की है–"'आत्मजयी' में आत्म-ज्ञान, हृदय-परिवर्तन और सत्याग्रह जैसे मूल्य गाँधीवाद के निकट हैं। फिर भी इसे गाँधीवाद के दायरे में नहीं घसीटा जा सकता, ठीक इसी तरह यह अस्तित्ववाद से प्रभावित कृति भी नहीं है। असल में कोई सचेत मनीषा न दिक्-मूढ़ होती है, न समय-मूढ़।"[39] नचिकेता में नश्वरता का भय और अत्याचारी शक्तियों के प्रभुत्व से असहमति और दुख जरूर है; पर यम से मिले ज्ञान के नतीजे में काल की निरन्तरता का एहसास उसे इससे उबारता है। अगर योरप में महायुद्धों के दौरान और उनके बाद आदमी के पास यही रोशनी और उम्मीद होती; तो वहाँ सामाजिक सम्बन्धों और मूल्यों का इतना बड़ा ह्रास देखने में न आता–"यदि उसे काल की अजस्रता का बोध होता, तो वह जीवन को एक ऐसा पारगामी प्रवाह मानता; जिसमें मृत्यु एक भ्रांत विक्षेप की तरह नगण्य हो जाती और मनुष्य अपने को कटा-कटा अकेला अनुभव न करता। 'आत्मजयी' की काल-दृष्टि इस अकेले आदमी को सन्दर्भ देना चाहती है–"हर व्यक्तित्व/अपनी सृष्टि के सारांश में/अणुवत अकेला है/उसे सन्दर्भ देना है।"[40] पूँजीवादी उपभोक्ता संस्कृति, जो लालच और हिंसा पर टिकी है, वैदिक वस्तुवाद का समकालीन रूप कही जा सकती है। उससे और अस्तित्ववाद से कवि का कोई नाता है, तो विरोध का। हालाँकि इस प्रतिवाद को प्रभाकर श्रोत्रिय भारत बनाम पश्चिम के समीकरण में 'रिड्यूस' करके देखते हैं, पर कुँवर नारायण का सरोकार समूची मनुष्यता है। एक सम्पूर्ण नैतिक आत्म-परिभाषा को वे ग़लत मंतव्यों और संरचनाओं से संघर्ष की बुनियादी शर्त मानते हैं। इसी अर्थ में श्रोत्रिय का यह विश्लेषण महत्त्वपूर्ण है–"भौतिकता के तूफ़ानी दबाव के खिलाफ पराऐहिक तत्त्वज्ञान की नवचेतना क्या स्वयं पश्चिमी दबाव के विरुद्ध भारतीय कवि की एक तीखी प्रतिक्रिया नहीं है? अस्तित्ववादियों की चरम प्रतीति है मृत्यु; जिससे टकराकर महज विफलता, निराशा, कुंठा, संत्रास, अकेलापन, आत्मपरायापन वगैरह ही हाथ लगते हैं। लेकिन नचिकेता अस्तित्व को दाँव पर लगाकर सार्थक अस्तित्व की तलाश का काव्य है। अस्तित्वीय पीड़ा केवल मृत्यु का साक्षात्कार है, मृत्यु के साक्षात्कार से उत्पन्न आत्म-प्रत्यभिज्ञान नहीं।"[41]

'आत्मजयी' के पाठ में जाएँ, तो यह देखना सबसे दिलचस्प होगा कि नचिकेता कैसे और क्यों अपने वजूद को दाँव पर लगाता है। वह राजपुत्र है, इसलिए पितृ-परम्परा का आज्ञाकारी होने में राजत्व का आश्वासन निहित है। पर उसे ऐश्वर्य से मोह नहीं

है। इसकी बजाय व्यापक मनुष्यता के हित में वह एक कठिन तपस्यामय जीवन जीना चाहता है। इसी आकांक्षा की सांद्र और आकर्षक अभिव्यक्ति से 'आत्मजयी' की शुरुआत होती है–

ओ मस्तक विराट्,
अभी नहीं मुकुट और अलंकार।
अभी नहीं तिलक और राज्यभार।
तेजस्वी चिंतित ललाट। दो मुझको
सदियों तपस्याओं में जी सकने की क्षमता।
पाऊँ कदाचित् वह इष्ट कभी
कोई अमरत्व जिसे
सम्मानित करते मानवता सम्मानित हो।[42]

जाहिर है कि श्रेष्ठ मूल्यों के प्रति एक मनुष्य के समर्पित होने में समग्र मानवता का सम्मान है, उसके और समुन्नत होने की सम्भावना है। जो आदर्श वह स्थापित करता है, उसकी स्मृति लोगों के मन में हमेशा के लिए रह जाती है। इसलिए आत्मबद्धता से मुक्ति और मृत्यु को अतिक्रांत करने में अन्योन्याश्रित सम्बन्ध है। विषयों के अधीन रहकर मनुष्य न अपने आप से न्याय कर सकता है, न अपने समय से। इन्हीं कारणों से नचिकेता अपने पिता वाजश्रवा की आलोचना करता है–

पिता, तुम भविष्य के अधिकारी नहीं,
क्योंकि तुम 'अपने' हित के आगे नहीं सोच पा रहे,
न अपने 'हित' को ही अपने सुख के आगे।
तुम वर्तमान को संज्ञा तो देते हो, पर महत्त्व नहीं।[43]

वह अपने चारों ओर एक ऐसी व्यवस्था पाता है; जिसने ऊँचे सिद्धान्त बना रखे हैं, पर आचरण उनसे भिन्न और कपटपूर्ण है–"नैतिक आदेशों के/पालतू मुहावरे सोते-जागते कानों में : साथ ही/एक अलग व्यापार ईमान के चोर-दरवाज़ों से।"[44] नचिकेता जैसे मूर्तिमान सत्य है, इसलिए वह झूठ का साथ नहीं दे सकता। उसके मुताबिक एक ऐसे व्यवहार की, जिसके पीछे आत्मा का बल न हो, परिणतियाँ शुभ नहीं होंगी–

पिता,
ये सब कैसे संकेत हैं जो आश्वस्त नहीं करते–
ये कैसी स्तुतियाँ हैं जिनसे
पाखंड की गंध आती है?[45]

अगर मूल्य नहीं रह जाते या उनके विपर्यय को ही स्वाभाविक बना दिया जाता है, तो मनुष्य-सम्बन्ध भी विषाक्त होने से बच नहीं सकते–"...उसी स्तर पर हममें से हर एक जी सकता है/पागलों की तरह/एक-दूसरे से त्रस्त, पीड़ित और अपमानित।"[46]

यह कितना विडंबनापूर्ण है कि सत्ता के संघर्ष में अमानुषिकता पतन का नहीं, बल्कि अपेक्षित कौशल का प्रतीक बन जाए–

अस्तित्व एक घातक तर्क भी हो सकता है।
एक पाशविक भावना भी–इस तरह
कि युद्ध और कलह ज़रूरी लगे,
स्वार्थ और छल से जीना मजबूरी लगे।[47]

कुँवर नारायण प्रभु-वर्ग के 'पराक्रम', 'श्रेष्ठता' और 'विलासिता' के औचित्य को प्रश्नांकित करते हैं। जो संपत्ति सामान्य जनता के अधिकारों का हनन करके जुटाई गई है, उसमें सच की गरिमा नहीं है। नचिकेता उसे सुन्दर नहीं मान पाता, क्योंकि वह उसके अन्यायी आधार को देख लेता है। दूसरे, महज, ऐंद्रिय तृप्ति के लिए जीने वाले शासक एक क्षयिष्णु जीवन जी रहे हैं। यह सारी भव्यता निरी सामयिक है या कहें कि परिस्थितिजन्य है। एक खूबसूरत बिम्ब के जरिए कुँवर नारायण ने इस विडंबना की बहुत सशक्त और मर्मस्पर्शी व्यंजना की है–

लगता है कि हर जगह तुम अतिरंजित हो,
इसीलिए अवास्तविक।
तुम हर जगह भूख-प्यास वाले साधारण प्राणी हो
जिसके मुकुट और सिंहासन पर
सूर्य की किरणें इस तरह पड़ रही हैं
कि तुम दिव्य दिखते हो... पर यह सारी शोभा
सूर्यास्त होते ही बिलख उठेगी।[48]

प्रसंगवश, 'कठोपनिषद्' का एक श्लोक याद आता है कि 'जो नादान बाह्य भोगों में संलग्न रहते हैं, वे इस दुनिया में फैले हुए मृत्यु के पाश में पड़ते हैं, मगर बुद्धिमान मनुष्य नित्य अमृतत्व को जानकर अनित्य सांसारिक भोगों में–से किसी की कामना नहीं करते।'–

पराचः कामाननुयन्ति बालास्ते मृत्योर्यन्ति विततस्य पाशम्।
अथ धीरा अमृतत्वं विदित्वा ध्रुवमध्रुवेष्विह न प्रार्थयन्ते।।[49]

उल्लेखनीय है कि 'आत्मजयी' की रचना में कवि को लगभग दस वर्षों का समय लगा और 1965 में यह प्रकाशित हुई। कमोबेश वही रचना-काल (1953-1962), जिसमें मुक्तिबोध की कविता 'अँधेरे में' लिखी गई। आकस्मिक नहीं कि मुक्तिबोध की कविताओं में उत्पीड़ित और भग्न-हृदय जनता के रूपक के तौर पर 'भूखी अस्थि-पंजर शेष, नित्य मार खाती-सी, उदासी से पुती गायें' बार-बार आती हैं और उनमें वे हमारे समय का सच, इसकी चरम पीड़ा तथा भयावहता को साकार करते हैं–

गिरस्तिन मौन माँ-बहनें
सड़क पर देखती हैं
भाव-मंथर, काल-पीड़ित ठठरियों की श्याम गो-यात्रा
उदासी से रंगे गम्भीर मुरझाए हुए प्यारे
गऊ-चेहरे।
निरखकर
पिघल उठता मन!!
रुलाई गुप्त कमरे में हृदय के उमड़ती-सी है।
नहीं आए समझ में सत्य जो शिक्षित
सुसंस्कृत बुद्धिमानों दृष्टिमानों के
उन्हें वे हैं कि मन-ही-मन
सहज पहचान लेतीं!![50]

इसी तरह कुँवर नारायण के यहाँ नचिकेता ने शोषण और अत्याचार से पाई गई समृद्धि का विरोध किया है, जिसके कारण जनता गाय-सी भूखी और लाचार है-

तुम्हारे इरादों में हिंसा,
खंग पर रक्त।
तुम्हारे इच्छा करते ही हत्या होती है!
तुम समृद्ध होगे
लेकिन उससे पहले
समझाओ मुझे अपने कल्याण का आधार
ये निरीह आहुतियाँ। यह रक्त। यह हिंसा।
ये अबोध तड़पनें। बीमार गायों-सा जन-समूह।[51]

हमारी संस्कृति में यम को प्रथम मृतक भी माना गया है, जिसका अनुसरण करने के लिए हर प्राणी बाध्य है। यह तो नश्वरता का एक मिथकीय सन्दर्भ है, पर कुँवर नारायण आज के समाज में व्याप्त हिंसा में भी उसकी छाया देखते हैं। मनुष्य की जो क्रूरता है, वह जीवितों द्वारा जीवन को नष्ट की जानेवाली कार्रवाई है-

मानव होकर मानव के ही विरुद्ध मैंने
कर डाला हो कोई जघन्य अक्षम्य पाप?
यह मृत्यु-मूर्ति
साक्षात् मृत्यु
समवेत मृत्यु-
जीवित ही द्वारा निर्मित हो
जीवन को खा जानेवाली?[52]

इसीलिए मारियोला ओफ्रेदी ठीक कहती हैं कि कवि ने जीवन और मृत्यु को द्वन्द्वात्मक दृष्टि से देखा है, यानी जीवन में मृत्यु और मृत्यु में जीवन। उनकी यह व्याख्या गौरतलब है–"मृत्यु जो जीवन की निर्मितियों में एक है, समाज की तात्त्विक हिंसा है, या बल्कि, समाज का नियम है। मृत्यु में तो जीवन है, वह आज के समाज में व्यक्ति की स्वायत्तता से बनता है।"[53] यों 'आत्मजयी' के आख्यान में–उनके मुताबिक–दोहरी सार्थकता है–"एक ओर यह अपने-आप से मृत्यु के बारे में प्रश्न करने की सभी लोगों द्वारा साझा की जाने वाली व्यक्तिगत आवश्यकता को अभिव्यक्त करता है। दूसरी ओर वह आम आदमी के इस अनुभव को स्वर देता है कि सत्ता ही हिंसा है।"[54] निश्चय ही, मृत्यु की छवि में कुँवर नारायण ने काल की निर्मम गति और मनुष्य के प्रति मनुष्य की क्रूरता के विभिन्न रूपाकारों का अद्‌भुत संश्लेषण सम्भव किया है–

मैं महाकाल–संहार रूप–
मैं महासमर
युग–युग से चलते युद्धों का
प्राथमिक और प्रतिशोध रूप : मन की अशान्ति,
क्रूरता,
ध्वंस...
मेरे असंख्य अवतारों को
प्रत्येक इकाई के अन्दर
दो बीच
और बहुतायत से
देखा तो होगा, नचिकेता?[55]

जहाँ अन्त प्रकृति के आन्तरिक तर्क से होता है, वह अपने साथ एक नई शुरुआत भी लेकर आता है–"प्रत्येक पुराने पर विराम/मैं प्रारंभिक रचना–क्रम भी।"[56] जैसे अँधेरा रोशनी के लिए एक अनिवार्य सन्दर्भ है, वैसे ही ग्रीष्म शीतलता की भूमिका तैयार करती है। यही प्रकृति की मूल्य–व्यवस्था है, उसकी अजस्र रचनाशीलता–"तप रहा अँधेरा बिना ज्योति/यह किसकी गर्म साँस/लपटों–सी झुलसाती?"[57] 'आत्मजयी' में यह उल्लेख है कि यम का शरीर हरा और वस्त्र लाल माना गया है। एक संश्लिष्ट बिम्ब के जरिए कुँवर नारायण ने इसकी इतनी प्रगाढ़ और सुन्दर व्यंजना की है कि उसका कोई सानी नहीं–

क्या वन की हरियाली पर यह
संध्या का ताजा रक्त
लाल अंशुक–सा मुझको दिखता है?
या किसी महादानव का शव है हरा–हरा
जो नहीं जलाए जलता है?[58]

कला और अन्तर्वस्तु की एकता के लिहाज से यहाँ काव्यात्मक उत्कर्ष द्रष्टव्य है। हरियाली का पूरी तौर से न जल पाना दरअसल मृत्यु की समस्या का कभी हल न हो पाना है। लेकिन उसमें एक आग का होना या संध्या के रक्त का बिखरना जीवन और मृत्यु के जटिल सह-अस्तित्व का प्रतीक है। मिट्टी के बर्तन की तरह आदमी का वजूद क्षणभंगुर है। इसीलिए स्थूल ऐंद्रिय जरूरतों की पूर्ति से होने वाले एहसास को कवि ने 'मृण्मयी तृप्ति' की संज्ञा दी है। वह एक 'निष्प्रयोजन-सा सुख' है, जिससे मनुष्य लौटता है-"अनर्थ और बेस्वाद/मानो कुछ पाकर नहीं-खोकर।"[59] यों जुड़ने और टूटने, बनने और बिखरने का एक अन्तहीन सिलसिला है; जिसमें लोग अपनी ऊर्जा के अपव्यय से शान्त होते हैं, किसी सच्चे लक्ष्य की प्राप्ति से नहीं-"सिर्फ़ चलने की थकन से/ विफलता को छल रहे हैं।"[60] यह आसक्ति और वंचना की मरुभूमि है, जिसमें हम साँस लेते हैं। कुँवर नारायण भावावेश को पर्याप्त नहीं मानते। यह विवेक की अवज्ञा जैसी बात हुई। इस एकांगी रवैये से न तो जीवन पर अधिकार सम्भव है, न उसकी सिद्धि। अकारण नहीं कि यौवन के बारे में नचिकेता को लगता है-"पकड़ नहीं वह-स्पर्श मात्र है/एक नशा-भर-जिसके साथ-साथ चलती हैं/गहरी आत्म-निराशाएँ।....कुछ है जो असिद्ध रह जाता/अपमानित-सा होता/जैसे तर्क अंधविश्वासों से।"[61] इस द्वन्द्व की सबसे सघन और मार्मिक अभिव्यक्ति वहाँ है, जहाँ अनुभव से सीधा सामना है और वस्तु-साक्ष्यों के बारीक संकेत से उसकी अन्तर्निहित विडंबना को उजागर किया गया है-

आह, किन्तु यह विषाद देह के समीपतर!
एक तृप्ति मृण्मयी
विषण्ण-मुख मरीचिका,
व्यतीत कर मुझे
अथाह प्यास में बुझा गई।
इस नंगी चपलता को गले से लिपटाकर
मैं केवल विगलित होता हूँ-शान्त नहीं
अर्थ देता हूँ शायद-अर्थ पाता नहीं।
इस संयोग के प्रत्येक रोमांच से
घटित तो होता हूँ, पर कृतार्थ नहीं।[62]

बाहरी दुनिया को लेकर नचिकेता जबरदस्त आत्म-संघर्ष से गुजरता है। यथार्थ का उसकी चेतना पर इतना गहरा असर है कि वह उसे अपने अस्तित्व से अविभाज्य जान पड़ता है। उसमें कैसे और क्यों हस्तक्षेप करना है और उससे सम्बन्ध की प्रकृति क्या है-इसका फैसला तो आभ्यंतरीकृत विश्व में ही होता है-

बाहर नहीं है संघर्ष यह।
द्वन्द्व, प्रतिद्वन्द्व,

घात, प्रतिघात
कहीं अन्दर है।
यह समस्त विश्वरूप
जो कभी कुरूप कभी सुन्दर है,
बाह्य नहीं–
मानव का उथल-पुथल अन्तर है।[63]

लगता है कि इस दृष्टिकोण से 'आत्मजयी' की संरचना और उसके अभिप्राय तय हुए हैं। कविता यहाँ स्वभाव से बहिर्मुख, संवादधर्मी और सामाजिक किस्म की होने से कहीं ज़्यादा अन्तर्मुख, आत्म-विश्लेषणपरक और विचारशील है। फिर भी यह किसी अवसाद, नकार या विभ्रम में नहीं ले जाती; बल्कि सच्चाई, सौन्दर्य और स्वाधीनता की राह निर्मित करती है। मारियोला ओफ्रेदी ने इसकी बहुत सुखद और मूल्यवान पड़ताल की है–"'आत्मजयी' में सब कुछ कवि की–या मनुष्य की–अन्तश्चेतना में घटता है–वर्तमान क्षण में भी और उसकी स्मृति में भी। कविता में शुद्ध यथार्थवादी वर्णन कहीं नहीं है, ऐसे झरोखे नहीं हैं, जो बाहरी विश्व का प्रशांत दर्शन कराएँ; सब-कुछ विषय के जरिए छनकर आता है। झरोखे आन्तरिक विश्व में खुलते हैं, जो अलबत्ता अँधेरा नहीं है, या कि अँधेरे के आगे समर्पण नहीं है; इसकी जगह वे शक्ति का एक बिन्दु हैं, एक ऊर्जा जिसे महसूस किया जा सकता है और इस तरह महसूस किया जा सकता है कि जैसे यह जल की कई परतों के जरिए प्रहार कर रही हो और अन्ततः यह मुक्त हो जाती है और इस मुक्ति की प्रकृति नितांत धार्मिक या दार्शनिक नहीं है, यह आन्तरिक स्व में एक ऐसा बिन्दु पाने की आशा भी है, जहाँ मनुष्य को समाज की तात्त्विक हिंसा से मुक्त कराया जा सकता है।"[64] मुक्ति बाह्य आकर्षण या परवशता से ही नहीं, अपने भीतर के बंधनों से भी अनिवार्य है। इसी अर्थ में समाज में मनुष्य की स्वायत्तता की कुँवर नारायण की अवधारणा व्यक्तिवादी नहीं है। उलटे, यह 'कठोपनिषद्' में व्यक्त एक मानवीय आदर्श के अनुरूप है कि 'स्वयं उत्पन्न होने वाले ने सभी इंद्रियों के द्वार बहिर्मुख बनाए हैं, इसलिए मनुष्य बाहर की ही ओर देखता है, अन्तरात्मा को नहीं, जबकि किसी बुद्धिमान् ने ही अमृतत्व की इच्छा से आँखों को बाहरी विषयों की ओर से लौटाकर अन्तरात्मा को देखा है।'

परांचि खानि व्यतृणत् स्वयंभूस्तस्मात्पराङ्पश्यति नान्तरात्मन्।
कश्चिद्धीरः प्रत्यगात्मानमैक्षदावृत्तचक्षुरमृतत्वमिच्छन्।।[65]

नचिकेता के अन्तर्मुख होने की वजह उसका विद्रोह भी है। उपलब्ध व्यवस्था या प्रदत्त सच को वह स्वीकार नहीं कर पाता, इसीलिए उसमें विकल्प के सृजन की बेचैनी है–

अब यह जग पर्याप्त नहीं है।
यह प्रदत्त संसार

तुझे स्वीकार नहीं है।
अपना कुछ विशेष
अब तुझको रचना होगा।[66]

संसार में क्षुब्ध होने के ठोस कारण हैं। मसलन् भयभीत करने वाला सत्ता-प्रतिष्ठान। निजी स्वतंत्रता पर हमला। गरिमा का हनन। प्यार, सच्चाई और ज्ञान के प्रति लोगों की उदासीनता। सबसे बढ़कर, इस्तेमाल किए जाने का दंश–

ऐसा लगता कि मेरे चारों ओर
केवल प्रतिबंध हैं–जीवन नहीं,
लोग हैं–सम्बन्ध नहीं,
वाणी है जो बाँधती नहीं,
बुद्धियाँ हैं जो जानतीं नहीं।[67]

जीवन में यह कैसा कुटिल द्वैध?
ये कैसे विधान–निर्भय जीना अवैध?
जीवित हूँ? या केवल अपहृत हूँ?
संज्ञा हूँ? या केवल व्यवहृत हूँ?[68]

नचिकेता अविचारित श्रद्धा, लालच और पाखंड की संस्कृति का तीखा विरोध करता है। इस नाते उसे अपनी सामाजिक अवस्थिति अवांछित महसूस होती है। वह सत्य या रोशनी के निरादर को सह नहीं पाता। यों उसकी व्यथा की कोई सीमा नहीं है, पर वह एक अदम्य जिज्ञासा और 'सतत् जाग्रत ज्योतिर्विवेक' के साथ 'वास्तविक मानवीय सार्थकता' की खोज करता है–

लोभ के वशीभूत गद्‌गद श्रद्धाओं के मेले में
भीड़ के प्रपंच बीच शंकित जिज्ञासु एक–
अशुभ उपस्थिति हूँ![69]

उसकी निरपराध आँखों के अवसान में प्रति दिन
एक सूर्य की बलि दी जाती,
और वह उस व्यर्थ वेदना की
छटपटाती पराकाष्ठा से गुजरता–
बिना अस्त हुए
बिना शान्ति पाए।[70]

वह दुख के दरवाजे पर ठिठका हुआ ही नहीं रह जाता, उसकी गहराई में प्रवेश करके उसके लिए जिम्मेदार कारणों और शक्तियों की पहचान करता है। उसमें उनके

चरम प्रतिकार का साहस है। वह दिए हुए जवाबों से सन्तुष्ट नहीं है, बल्कि नए प्रश्न पूछता है। कहीं-न-कहीं उसे लगता है कि सच्चाई जटिल, संश्लिष्ट और दारुण है। विभिन्न शास्त्र, ऋचाएँ, स्थापित मान्यताएँ और ज्ञान-पद्धतियाँ उसे पूरी तरह अनावृत या वहन करने में सक्षम नहीं। यहाँ तक कि उनका आचरण और लहजा भी संदिग्ध है। इसलिए ताकत के समूचे तंत्र का प्रत्याख्यान, उसे बेनकाब करना अनिवार्य है। अन्यथा जीवन आत्म-छल ही है–

इन वेदनाओं की तहों तक
मुझको उतरने दो।
नहीं–ये विश्वास अस्वीकार।
केवल सरलताएँ?–अभी तो अग्राह्य।
कोमल आश्वासन–कठिनतम् सन्देह!
मंत्रों, दर्शनों से–
पूज्य वाणी, गुरु-मतों से–
खोज-उन्मुख, साहसिकता को दबाने में
जरा संकोच होता है।
न जाने क्यों
व्यथाओं को बिना समझे हुए छलकर
हृदय को सोच होता है।[71]

नचिकेता हिंसा, उपभोग, स्वार्थ, कट्टरता, वस्तु-पूजा और विद्वेष की प्रवृत्तियों से बार-बार आहत होता है–

मानो हम सिद्ध नहीं–संशय हैं!
अनायास असंख्य
संघातक रेखाओं की निष्फल हिंसाएँ।
चीज़ों से अनुशासित चीज़ों का प्रत्यय हैं।
गुप्त, नष्टधर्मा प्रवृत्तियों से परिचालित
छीन-झपट करते कठपुतलों का अभिनय हैं।[72]

उसके मन में जो क्षोभ और आलोचना-भाव है, वह नैतिक इसलिए है कि उसका रुख दूसरों की तरफ ही नहीं, अपनी तरफ भी है। इसीलिए उसके आक्रोश, तकलीफ और विचारों में संजीदगी और सच्चाई है। उसकी नजर में भौतिकता का वर्चस्व खतरनाक है; क्योंकि वह मनुष्य को आत्महीन, अशक्त और अदूरदर्शी बना देता है–

एक आँख और कई भुजाओंवाली चतुर माया
उसे कुछ पूछने नहीं देती :
किसी आकर्षक जंतु की तरह रोज

उसे अपने पंजों में कसती
और चूसकर छोड़ देती।[73]

शास्त्रीय भाषा में कहें, तो यह मोह या अज्ञान है, जो सांसारिक विषयों में आसक्ति की जड़ है। ज़्यादा सही बात यह है कि आसक्ति और अज्ञान अन्योन्याश्रित हैं। कुँवर नारायण व्यक्तित्व के असन्तुलन, अराजकता और अबुद्धिवाद के खिलाफ हैं। 'गीता' के श्लोकों के मुताबिक विषय-चिन्तन से आसक्ति, आसक्ति से काम, काम से क्रोध, क्रोध से अज्ञान, अज्ञान से स्मृति-विभ्रम, स्मृति-भ्रंश से बुद्धि-नाश और अन्ततः बुद्धि-नाश से मनुष्य का पतन होता है।[74] निष्कर्ष यह कि ये सभी विकार संक्रामक हैं और एक-दूसरे को उत्तेजित और प्रोत्साहित करते हैं। कोई अचरज नहीं कि नचिकेता इनकी बुनियाद, तृष्णा को पहचानता है और संवेदनात्मक ज्ञान से विच्छिन्न उसके स्वरूप पर चोट करता है–

क्या तुमने मुझे इतने आदिम आधार से चाहा?–
इतने आरम्भ से अपनाया
कि पशुत्व भी प्रीतिकर लगता?[75]

...भूख और चेहरा
मिलकर मेरे चारों ओर कोई जंगली उत्सव मनाते हैं
रक्त के साक्ष्य में![76]

एक ओर सांसारिक वस्तुओं से मोह और भौतिक उत्कर्ष की आकांक्षा, दूसरी तरफ निजी सम्बन्ध और कामेच्छाएँ–ऐसा नहीं कि नचिकेता इनके अधूरे एवं असफल रह जाने से उद्विग्न हो; बल्कि वह तृप्ति के चरम बिन्दु पर पहुँचकर इनकी असारता को महसूस करता है। इसलिए प्रचलित मूल्यों के सन्दर्भ में उसका आत्म-संघर्ष और सच को हासिल करने की बेचैनी कहीं भी श्लथ या निस्तेज नहीं होने पाती–

मैथुन
मैत्री
ममत्व
महत्त्वाकांक्षाएँ
क्योंकि इनके अन्त तक आकर भी
पूर्ण नहीं हुआ।....
क्योंकि इन समाधानों के बीच
चौंक-चौंककर पूछता रहा हूँ–
"जीवन क्या है?
मृत्यु क्यों?

मुक्ति कैसे?
ईश्वर कहाँ?''[77]

'आत्मजयी' का समापन इन्हीं प्रश्नों से होता है। जाहिर है कि उदात्ततम् मूल्यों के लिए जीने और संघर्ष करने की चिन्ता को कवि एक अनवरत प्रक्रिया मानता है। सत्य के लिए जिज्ञासा, व्यवस्था की आलोचना और सत्ता प्रतिष्ठान का विरोध ऐसे कार्य-भार नहीं हैं; जिन्हें किसी भी मुकाम पर स्थगित या खारिज किया जा सके। जैसे झूठ, अन्याय और अनास्था अपना भरतकाम (टेपेस्ट्री) बनाते रहते हैं; वैसे ही उनका प्रति-विमर्श रचने, उन्हें अतिक्रमित करने की जरूरत हमेशा बनी रहती है। यह एक नैतिक जिम्मेदारी है; जो कवि की चेतना में–उसके सफर की ऐन शुरुआत से ही–बद्धमूल है। बकौल प्रभाकर श्रोत्रिय, "मृत्यु-विजय की वही मानसिकता, वही परा-इंद्रिय पिपासा-आस्था, वैसी ही मुमुक्षा, पाखंड के प्रति तिरस्कार-भाव, अनादि-तत्त्व-विकलता और अनवरत प्रश्नशीलता 'चक्रव्यूह' में बीज रूप में विद्यमान है (हालाँकि काफी अनगढ़, स्फीत और बिखरी-सी), जो 'आत्मजयी' में प्रतिफलित हुई है।"[78] शायद प्रभाकर श्रोत्रिय इस खतरे से सावधान हैं कि 'मुमुक्षा' जैसे शब्दों को–जिनका व्यवहार उन्होंने किया है–परम्परावाद या लोकेतर अध्यात्म के अर्थ में न 'रिड्यूस' कर लिया जाए; इसलिए वे नचिकेता के चरित्र से कवि की आत्मीयता और इस आत्मीयता के मकसद के बारे में साफ कहते हैं कि "...कुँवर अपनी सबसे वयस्क कृति के लिए, दूसरे कवियों की तरह पौराणिक या मिथकीय स्रोत का चयन न करते हुए औपनिषदिक प्रसंग चुनते हैं और वह भी उनके लिए अलगनी नहीं है, वरन् धुरी है, जिससे दो युगों की प्रश्न-विकल–बल्कि प्रश्नाहत–आत्माएँ लगभग एक ही अर्थ में, एक ही इरादे से जुड़ी हैं। आत्म-मुक्ति और मानव-मुक्ति के लिए बेचैन 'नचिकेता' आरम्भ से ही कुँवर के कृतित्व में मौजूद रहा है...।"[79] आश्चर्य नहीं कि नचिकेता पितृ-परम्परा से सहमत नहीं है। वह लीक पीटने की बजाय एक नई और वैकल्पिक संस्कृति निर्मित करना चाहता है, जो उसकी सृजनात्मकता का समुज्ज्वल साक्ष्य है–"हम उसे (विरासत)/तुम्हारे अनुकरण से बृहत्तर कोई विशिष्टता देना चाहते हैं।"[80] वह अपने पिता से अनुरोध करता है कि वे उसे स्वतंत्र ढंग से विकसित होने दें; क्योंकि 'आत्म' के इसी विस्तार में उनका भविष्य है, जड़ता या संकीर्णता में नहीं–

...यदि तुम्हारे अनुसरण से भिन्न भी
मेरी कोई सत्ता है
तो उसे आक्रांत मत करो।...
उसे अपनी शक्ति से नष्ट मत करो,
उससे शक्ति ग्रहण करो, क्योंकि तुम्हें
अभी उसके द्वारा भविष्य में भी जीना है[81]

नचिकेता रूढ़िवाद, कर्मकांड और सर्वानुमति का विरोध करता है। उसका मानना है कि जहाँ आत्मा कमजोर और विपन्न होती है, वहीं आडंबर अथवा बाह्य सज्जा को प्रमुखता मिलती है–

स्वजनों,
तुम्हारी इस रचना में केवल प्रपंच मात्र, शक्ति नहीं,
क्योंकि तुम ख़ाली हो[82]

वह पुरातनता के बरअक्स नव्यता और संस्कार के बरअक्स विवेक का हामी है। प्रश्नातीत, तर्केतर और परोक्ष सत्ता के प्रति एकांगी श्रद्धा-भाव उसके आलोचनात्मक मिजाज के अनुकूल नहीं। चाहे परम्परावाद का सन्दर्भ हो या अपने समय के भीड़-तंत्र और बहुसंख्यकवाद का, वह गतानुगतिक नहीं है; बल्कि उसकी स्थिति उसके ही द्वारा प्रयुक्त तीन विशेषणों से सबसे अच्छे और सार्थक ढंग से परिभाषित होती है, यानी "भिन्न, प्रतिवादी, अपूर्व...।"[83] वह मुख्यधारा की अहम्मन्यता, सफलता की कूटनीति और सचाई पर परदा डालने वाले ऐश्वर्य की मुखालफत करता है। वह अतीत के गौरव का सहारा भी नहीं ले सकता, न उसकी शरण में जा सकता है; क्योंकि उसके लिए विचारों की कसौटी उसका अपना समय ही है। जाहिर है कि यह औपनिषदिक नचिकेता की कहानी होते हुए भी उसकी प्रासंगिकता की खोज है–नचिकेता का सर्वथा आधुनिक संस्करण, जो स्वयं कवि है और किसी हद तक हमारे समय का सजग, संवेदनशील और मूल्यनिष्ठ इंसान भी–

नया जीवन-बोध सन्तुष्ट नहीं होता
ऐसे जवाबों से जिनका सम्बन्ध
आज से नहीं अतीत से है,
तर्क से नहीं रीति से है।

यह सब धर्म नहीं–धर्म सामग्री का प्रदर्शन है।
अन्न, घृत, पशु, पुरोहित, मैं...
शायद इस निष्ठा में हर सवाल बाधा है
जिसमें मनुष्य नहीं अदृश्य का साझा है!
तुम सब चतुर और चमत्कारी!
बहुमत यही है–ऐसा ही सब करते–
(कितनी शक्ति है इस स्थिति में!)
जिससे भिन्न सोचते ही
मैं विधर्मी हो जाता हूँ–
किसी बहुत बड़ी संख्या से घटा दिया जाता हूँ[84]

'किसी बहुत बड़ी संख्या से घटा दिया जाना' काव्यात्मक अभिव्यक्ति के स्तर पर बहुत कल्पनाशील और अभिनव प्रयोग है; जिससे प्रभु-वर्ग द्वारा प्रतिपक्षी विचारों के अन्यथाकरण, अवमूल्यन और उपेक्षा की सशक्त व्यंजना होती है। कैसी विडंबना है कि एक लोकतांत्रिक व्यवस्था में सक्रिय सरकारें प्रतिरोध की आवाज़ों को बेअसर और बेमानी बना देने की ताकत और 'वैधता' तथाकथित बहुमत से ही हासिल करती हैं। वैकल्पिक विचारों को 'विधर्मी' करार दिया जाना एकाधिपत्यवादी शासन-तंत्र या फिर दमनात्मक किस्म के सांस्कृतिक राष्ट्रवाद की खासियत है और यह परिघटना आधुनिक सभ्यता में भी अपने बदले हुए रूपों में जारी है। इसीलिए इकहरी और आक्रामक धार्मिक सोच और शक्ति-संरचना से संघर्ष करने वाले नचिकेता का स्वर हमें बहुत आत्मीय और नया-सा लगता है–

मैं अपनी अनास्था में अधिक सहिष्णु हूँ।
अपनी नास्तिकता में अधिक धार्मिक।
अपने अकेलेपन में अधिक मुक्त।
अपनी उदासी में अधिक उदार।[85]

नचिकेता पुरातनपंथ के वर्चस्व, धार्मिक कट्टरता, बहुमत की तानाशाही और मुख्यधारा के आततायी उल्लास के बरअक्स एक उदात्त, संवेदनशील और मुक्तिधर्मी मनुष्य-सत्य की तलाश करता है। वह अपने सरोकार को व्यापक, विचार को बहुल और युयुत्सा को और प्रखर करना चाहता है। सत्य उसके लिए कोई अनर्जित संपदा नहीं, बल्कि कठिन तपस्या से हासिल हुई रोशनी है। वह अपने पिता के आत्म-मुग्ध, मूल्यहीन और हिंस्र रवैये का प्रत्याख्यान करता है; क्योंकि वह देखता है कि सच उनके साथ नहीं है–

आह, तुम नहीं समझते पिता, नहीं समझना चाह रहे,
कि एक-एक शील पाने के लिए
कितनी महान आत्माओं ने कितना कष्ट सहा है...
सत्य, जिसे हम सब इतनी आसानी से
अपनी-अपनी तरफ मान लेते हैं, सदैव
विद्रोही-सा रहा है।[86]

किसी भी मत में जाकर जड़ और दुराग्रही हो जाने की दुखद सम्भावना से सावधान करने, सत्य की दुःसाध्यता को प्रकाशित करने और उस तक पहुँचने के लिए त्याग तथा अध्वसाय की अपरिहार्यता का मार्मिक संकेत करने के कारण कुँवर नारायण की ये पंक्तियाँ दुर्लभ और अविस्मरणीय हैं। एक जबरदस्त तनाव इन्हें आकर्षक बनाता है, जिसकी बुनियाद में दरअसल परम्परा और संस्कृति की स्थापित मान्यताओं से नचिकेता का आत्मिक द्वन्द्व है। जो कुछ होता आ रहा है और कुछ हो रहा है–इन दोनों में

निहित पाखंड का वह निष्क्रिय दर्शक का अनुयायी नहीं हो सकता। आकस्मिक नहीं कि 'आत्मजयी' में जब उसका स्वप्न टूटता है और वह 'आत्मविद्' होने की दहलीज पर खड़ा है; तो उसे एहसास होता है कि वह 'अनुसृष्ट' नहीं, बल्कि 'स्रष्टा' के सदृश है–

मैं
सभी दिशाओं में प्रति क्षण
उत्पन्न
विभासित
आरंभित,
अनुसृष्ट नहीं–स्रष्टा स्वरूप[87]

इसके पहले यम ने भी नचिकेता से कहा है कि समय अपने आप में कोई पृथक् सत्ता नहीं है; मनुष्य ही उसे अर्थ देता है, अपने बौद्धिक हस्तक्षेप, संघर्षशीलता और सृजनात्मकता से–

तू सक्रिय समय
शक्ति
चिन्तन
मैं तुझमें निहित
परिस्थितियों का सही ज्ञान।
तू रचनाशील
चेतना का कण–कण में प्रसार।[88]

यम के वक्तव्य से स्पष्ट है कि मृत्यु को अतिक्रमित करने के लिए मृत्यु–बोध अनिवार्य है; यानी समय और जगह की सीमाओं के पार जाने के लिए उनमें होना, उन्हें जीना ज़रूरी है। इसलिए मृत्यु के देवता से ही अमरता का रहस्य जानने की नचिकेता की जिद में एक सशक्त प्रतीकात्मक अर्थवत्ता है, जिसे प्रभाकर श्रोत्रिय ने बखूबी रेखांकित किया है–"अपना रहस्य स्वयं बता देने के बाद काल की दहशत और भयानकता के चौपट होने का खतरा था। एक तरह से वह स्वयं उसकी मृत्यु का ही रहस्य था। लेकिन ...मुमुक्षु बिना अमृतत्व को जाने टल नहीं सकता। मृण्मयी तृप्ति का उसके लिए कोई अर्थ नहीं है। जाहिर है कि इस दोहरे तनाव में दर्शन के नहीं, कविता के स्पंदन हैं।"[89] इसीलिए उन्हें लगता है कि 'आत्मजयी' में अधिकांशत: "कविता और दर्शन की वैसी ही स्पर्धा है, जैसी कविता के शब्द और अर्थ में हुआ करती है।"[90] मगर यह दर्शन सामाजिक–सांस्कृतिक प्रक्रिया से अलहदा रहकर नहीं उसमें सक्रिय हिस्सेदारी और पक्षधरता से निर्मित हुआ है। उसमें प्रभु–वर्ग के स्वार्थ और छल को बेनकाब करने, उसकी ताकत और वैभव को प्रश्नांकित करने का साहस

है। बकौल श्रोत्रिय, "...वाजश्रवा जैसे लोग 'विश्वजित्' जैसे यज्ञों और खूंख्वार हिंसाओं का आयोजन करते हैं, वे छद्म दानों से अपनी उदारता का दिखावा करते हैं, लेकिन उनके मूल में सत्ता और संपदा के केन्द्रीकरण की लिप्सा ही है। नचिकेता इस सनातनमूलक प्रतिगामी शक्ति से संघर्ष करता है। ...मृत्यु तक से जूझने वाली अपनी दृढ़ तपस्या के बल पर नचिकेता जो परम दृष्टि उपलब्ध करता है, वह एक तरह से निहित स्वार्थों और प्रतिष्ठानों पर प्रतीकात्मक दार्शनिक प्रत्याक्रमण है।"[91] मसलन् मुकुट, आभूषण और राजतिलक की बजाय नचिकेता जिस ज़िन्दगी की कामना करता है; उससे प्रकृति की उदात्तता से उसकी संसक्ति, उसकी निर्मलता और सादगी और सत्य तथा ज्ञान की प्रतीक रोशनी के प्रति उसकी आस्था संश्लिष्ट ढंग से सूचित होती है–

सागर-प्रक्षालित पग,
स्फुर घन उत्तरीय,
वन प्रांतर जटाजूट,
माथे सूरज उदीय,
...इतना पर्याप्त अभी।[92]

एक और जगह कवि कहता है कि 'जैसे धूप हरे खेतों पर अनायास ज़िन्दगी उड़ेलती है', 'जैसे घाटियों को नदी पहाड़ों की आशिष' है और 'सागर किसी ममता का महा-कोष'; वैसे ही–

...एक अतिरिक्त आत्मा
अपने को पहचानने की कोशिश में
इनसे कुछ पूछना चाहती है–
ऐहिक प्रयोजनों के दैनिक अपव्यय से
अपने को बचाकर
ऐसी विपुलताओं में बस रहना चाहती है![93]

यहाँ सृष्टि के प्रत्येक कण से एकात्मा, उसमें स्वयं के साक्षात्कार की व्यग्रता, विशाल-हृदयता और लोक-हित के लिए आत्म-दान की आकांक्षा की अभिव्यक्ति है। नचिकेता धार्मिक कर्मकांड, राजकीय वैभव और भौतिक विलास के आन्तरिक मिथ्यात्व को पहचान लेता है; इसलिए इनके सार्थक विकल्प की खोज करता है–

धर्माधिकारी,
इन प्रासादों के वासी
इन मिथ्या सत्यों से अब मुझको मुक्त करो।
मैं युग-निर्वासित हूँ।
आजीवन वनवासी।

राजपाट परित्यागी।
भटक रहा किसी ध्येय विविध पंथ संन्यासी।
घर से बहिष्कृत हूँ।[94]

इस अपरिग्रह के मूल में यह एहसास है कि जीवन एक वरदान है, अगर सांसारिक सुख की प्रत्याशा में मनुष्य अपने विवेक को निछावर न करे–

मनुष्य स्वर्ग के लालच में
अक्सर उस विवेक तक की बलि दे देता
जिस पर निर्भर करता
जीवन का वरदान लगना।[95]

स्वर्ग यहाँ नकारात्मक अर्थ में आया है, जो इस बात का प्रमाण है कि कुँवर नारायण की काव्य-दृष्टि सनातनी और धार्मिक किस्म की न होकर आधुनिक और वैज्ञानिक है। वे शब्द और कर्म, सिद्धान्त और व्यवहार की एकता को सर्वोच्च मूल्य मानने वाले कवि हैं; जैसा कि उन्होंने लिखा है–"ग़लत जीने से/सही बातें ग़लत हो जाती हैं।"[96] इसलिए श्रेष्ठ जीवन-मूल्यों की रक्षा और विकास के लिए संघर्ष को वे अहमियत देते हैं। जहाँ कहीं सुविधा और प्रतिष्ठा है, उसके लिए कितनों को ही उजाड़ा और वंचित किया गया होगा। स्वाभाविक है कि उससे एक अपराधबोध और पीड़ा लगी लिपटी हो–

आसान और सम्मानित जीवन जिया।
फिर क्यों इतना खेद? मानो पाप किया![97]

पहले उल्लेख हो चुका है कि 'आत्मजयी' उसी काल-खंड में लिखी गई, जिसमें मुक्तिबोध की कविता 'अँधेरे में'। महज संयोग नहीं कि उपर्युक्त काव्यांश में मुक्तिबोध की इन मशहूर पंक्तियों की अनुगूँज सुन पड़ती है–

अब तक क्या किया,
जीवन क्या जिया!!
बताओ तो किस-किसके लिए तुम दौड़ गए
करुणा के दृश्यों से हाय! मुँह मोड़ गए,
बन गए पत्थर;
बहुत-बहुत ज़्यादा लिया,
दिया बहुत-बहुत कम;
मर गया देश, अरे, जीवित रह गए तुम![98]

इसका मतलब यह नहीं कि कवि ने मुक्तिबोध का अनुसरण किया है, बल्कि यह है कि एक स्वार्थी, मूल्यहीन और निष्करुण जीवन की आलोचना के प्रसंग में

दोनों कवि समानधर्मा हैं। इस दृष्टि से 'अँधेरे में' और 'आत्मजयी' का तुलनात्मक पाठ अत्यन्त सार्थक और दिलचस्प हो सकता है। सिद्धान्तहीन और आदर्श-विमुख लोगों के बारे में मुक्तिबोध यहाँ यह भी कहते हैं कि "उदरंभरि बन अनात्म बन गए"[99] और कुँवर नारायण भी भौतिक प्रतिस्पर्द्धा और दैहिक सुख की लालसा के चलते आत्मा के क्षण से चिंतित हैं। इसीलिए उनका मंतव्य है कि भौतिक वजूद को दाँव पर लगाकर, उसके उत्सर्ग से ही किसी प्रकाश को अर्जित किया जा सकता है–

इतनी आसानी से हार जाने वाली
इस पंचभूत सुखाग्रही पशु-प्रकृति को मर जाने दो।
भस्म होते शायद
कोई प्रकाश उपलब्ध हो[100]

यह इच्छाओं के दमन का प्रस्ताव नहीं है। कुँवर नारायण मनुष्य को दैहिक इच्छाओं द्वारा अनुशासित ही नहीं, उनके 'मुक्त अनुशासक' के रूप में भी देखना चाहते हैं। यह तभी सम्भव है, जब वह किसी लक्ष्य के प्रति एकाग्र हो, किसी मूल्य से उसकी प्रतिबद्धता हो। मुख्यधारा की संस्कृति से अलग होने के कारण देखने में यह प्रतिश्रुति जुनून लग सकती है, मगर उसका होना ज़रूरी है–"विश्वासों से/या किसी विचित्र तर्क से ही/जीने को कोई अर्थ दिया जा सकता है।"[101] स्थूल ऐंद्रिय तृप्ति तो नश्वरता को सच मान लेने पर ही जीवन का चरम उद्देश्य हो सकती है, पर कुँवर नारायण इन सीमाओं के परे उसके उत्कर्ष की कामना करते हैं–"वह जीना मरने से बदतर/जिसमें कोई वैशिष्ट्य नहीं–कल्पना नहीं।"[102] जीवन में ही 'अमृतत्व' की प्राप्ति सम्भव है; बशर्ते अनियंत्रित उपभोग, परवशता, आलस्य और विचारहीनता से आदमी उबर सके–

चिन्ताशील,
स्वतंत्र,
संयमी
कर्मठ मानव के उपाय से
खनिज परिस्थितियाँ जीवन की
दिव्य रूप हो सकती हैं।[103]

कवि सुख को अनुचित, निषिद्ध या गैर-ज़रूरी नहीं मानता; पर उसकी अधीनता स्वीकार कर लेना मृत्यु के आगे समर्पण है–

जीवन केवल सुख की साधना नहीं।
वह दिव्य शक्ति–
अनवरत खोज
अनथक प्रयास
वह मुक्ति-बोध,

उसको पशु-सा केवल तन से बाँधना नहीं!
जो केवल तन से जिया
मूर्ख वह
तन के मरते मरता है।[104]

जीवन की चरम सार्थकता सत्य की खोज, आत्मा की विशालता, उदात्तता के लिए संघर्ष और मुक्ति के स्वप्न में है। कवि के शब्दों में वह "किसी अपरिमित के अनुभव का/परिमित में संयोग मात्र है।"[105] उसका अर्थ इतना 'विराट्, सुन्दर और असह्य' है कि "शायद केवल मृत्यु तले/संदिग्ध क्षणों के बीच जिया जा सकता है!"[106] यह विश्वास 'आत्मजयी' में बार-बार व्यक्त हुआ है कि अपने अस्तित्व को होम करके ही किसी प्रकाश की उपलब्धि सम्भव है। अपने पिछले संग्रह 'परिवेश : हम तुम' में कवि ने कहा था कि 'या तो अ ब स की तरह बेसबब जीना है/या सुकरात की तरह ज़हर पीना है।"[107] इस सन्दर्भ में विष्णु खरे ने बहुत अच्छी बात कही है कि देखने में दो विकल्प जान पड़ते हैं, पर वस्तुतः वह एक ही है-जहर पीना, क्योंकि एक संवेदनशील आदमी 'बेसबब जीने को तो कभी स्वीकार नहीं कर सकता।'[108] 'आत्मजयी' में जीवन को वृहत्तर अर्थ देने और यों मृत्यु के रूप में उसकी सीमा को अतिक्रांत करने के लिए मृत्यु के अनुभव से गुजरना ज़रूरी माना गया है, जैसा कि नचिकेता के साथ होता है-

यदि पीना ही हो ज़हर
उसे दो तरह पिया जा सकता है--
डरते-डरते
मरने से पहले ही मरकर :
या उसी चरम भय से
कोई अंधा बल पा,
जीवन से भी ऊपर उठकर...।[109]

सारांश यह कि एक महत्तर अर्थ में जीने के लिए मरने का जोखिम उठाना अनिवार्य है। पर इस साहस का स्रोत आत्मवत्ता ही हो सकती है। स्वभावतः कवि के लिए सबसे दुखद और चिन्ताजनक है, मनुष्य का आत्महीन होकर बाह्य सुखों की तलाश में दर-दर भटकना-

हम वस्तु नहीं हैं--वस्तु स्थित।
सुख का पीछा
जैसे अपनी दुम का पीछा करता कुत्ता-
वह स्वयं स्वयं में अनुपस्थित![110]

इस तरह किसी भी किस्म के नैतिक द्वन्द्व या आत्म-संघर्ष से पीछा छुड़ाकर ही सुख-भोग में लिप्त हुआ जा सकता है। जाहिर है कि पतन और विलासिता में एक अनिवार्य अन्तस्सम्बन्ध है और इसके विपरीत–

ज्ञान कठिन ज़िम्मेदारी है।
जो ले पहले नई वयस!
–श्रम, साधना, अनिश्चय, चिन्तन, मनन, खोज
जिज्ञासाओं में
अक्सर उदासीन जीवन व्यतीत हो जाता।
खोज सत्य की करने वाला
बहुधा उसमें ही खो जाता।[111]

आचार्य रामचन्द्र शुक्ल के शब्दों में कहें, तो 'आत्मजयी' लोक-मंगल की सिद्धावस्था का नहीं, साधनावस्था का काव्य है। वह भौतिक प्रलोभनों में पड़कर आत्महीन हो जाने की विडंबना के बरअक्स आत्मा की सर्वोच्चता को स्थापित करता है; जहाँ लोक-हित के लिए जीना या कहें कि अपनी नागरिकता का ऋण चुकाना सार्थकता की पूर्व-शर्त है–

...तू आत्मा की
एक ऐसी स्वायत्तता बना
जिसमें जीवन को
वस्तुओं के शासन से मुक्त जी सके।
जहाँ अपनी इच्छाओं के अन्तर्विरोधों से
समाप्त होकर नहीं–उन्हें समाप्त करके
जीवन को कोई सन्तुष्ट अर्थ दे सके।
मरने से पूर्व
उऋण हो सके
उन सबसे जिनकी अपेक्षा
तू जीता या मरता है।[112]

बुद्ध ने कहा था कि तृष्णा ही दुख का मूल है। इस सत्य को स्वीकारते हुए कुँवर नारायण आत्म-तत्त्व को पहचानने और उससे सम्पन्न होने की अनिवार्यता को रेखांकित करते हैं; क्योंकि आत्म-ज्ञान ही आत्म-मुक्ति और मानव-मुक्ति का स्रोत बन सकता है–

नचिकेता, तू केवल
इंद्रियों की अपेक्षा ही उदास है।
उस अव्यय आत्म-चेतना को पहचान

सच्चिदानंद रूप
जो शुद्ध ज्ञान है–तुझसे दूर नहीं
तेरे ही आस-पास है।[113]

गौरतलब है कि 'कठोपनिषद्' में कहा गया है कि "इंद्रियों से मन श्रेष्ठ है, मन से बुद्धि उत्तम है, बुद्धि से (उसका स्वामी) महान आत्मा ऊँचा है और आत्मा से अव्यक्त शक्ति उत्तम है। लेकिन अव्यक्त से (भी वह) व्यापक और सर्वथा निराकार पुरुष श्रेष्ठ है, जिसे जानकर जीवात्मा मुक्त हो जाता है और उसे अमृतत्व हासिल होता है।"

इन्द्रियेभ्यः परं मनो मनसः सत्त्वमुत्तमम्।
सत्त्वादधि महानात्मा महतोऽव्यक्तमुत्तमम्।।
अव्यक्तात्तु परः पुरुषो व्यापकोऽलिंग एव च।
यं ज्ञात्वा मुच्यते जंतुरमृतत्वं च गच्छति।।[114]

'यह नित्य ज्ञानस्वरूप आत्मा न जन्मता है और न मरता है। यह न किसी से हुआ है, न इससे कोई हुआ है, यानी यह किसी का कार्य या कारण नहीं। यह अजन्मा, नित्य, एकरस और पुरातन है। शरीर के नष्ट किए जाने पर भी इसका नाश नहीं किया जा सकता। अगर कोई मारने वाला व्यक्ति अपने को मारने में समर्थ मानता है और मारा जाने वाला व्यक्ति अपने को मारा गया समझता है; तो वे दोनों ही आत्मा को नहीं जानते, क्योंकि यह न किसी को मारता है और न मारा जाता है।'[115] यह महान् और सर्वव्यापी आत्मा अस्थिर या नश्वर शरीरों में शरीर-रहित एवं अविचल भाव से स्थित है–इसे जान लेने से बुद्धिमान को कभी कोई दुख या चिन्ता नहीं होती।[116] आत्मा के ही बल पर मनुष्य रूप, रस, गंध, स्पर्श, शब्द जैसे इंद्रियार्थों और स्त्री-संसर्ग वगैरह के सुखों को जानता है और इसी से यह भी जानता है कि इन सबके नष्ट होने पर दुनिया में क्या शेष रह जाता है, अर्थात् आत्मा ही।[117] इस सिलसिले में 'कठोपनिषद्' की सबसे सुन्दर उक्ति यह है कि 'जिस तरह सूर्य सम्पूर्ण लोक की आँख है और उससे सब-कुछ प्रकाशित है, पर वह लोगों की आँखों से होने वाले बाह्य दोषों से लिप्त नहीं होता; उसी तरह सब प्राणियों का अन्तरात्मा एक है और वह लोक-दुःख से लिप्त नहीं होता। वह सूर्य के प्रकाश की तरह सबमें रहता हुआ भी सबसे असंग है।'–

सूर्यो यथा सर्वलोकस्य चक्षुर्न लिप्यते चाक्षुषैर्बाह्यदोषैः।
एकस्तथा सर्वभूतान्तरात्मा न लिप्यते लोकदुःखेन बाह्यः।।[118]

कुँवर नारायण ने नचिकेता के आख्यान में अपनी कलात्मक अन्तर्दृष्टि से कुछ परिवर्तन किए हैं और उसे आधुनिक तथा विवेकसम्मत बनाया है। यह सृजनात्मक कल्पना के सहारे एक मिथक की पुनर्रचना है। मसलन् 'आत्मजयी' में नचिकेता की

मृत्यु नहीं होती, वह पिता के क्रोध से संतप्त होने के कारण आत्महत्या की कोशिश करते हुए मूर्च्छित हो जाता है और यम अथवा मृत्यु के देवता से उसकी भेंट स्वप्न में होती है। यहाँ हम परम्परा से संपृक्त होते हुए भी उससे एक प्रस्थान देख सकते हैं। बकौल वागीश शुक्ल–"...यह वैदिक ढाँचे के अनुरूप ही है, जहाँ ऋषीतर व्यक्तियों को ज्ञान की प्राप्ति स्वप्न के ही माध्यम से हो सकती है, क्योंकि सत्य से साक्षात्कार अनुमेय नहीं है। स्वाभाविक रूप से यह ढाँचा वास्तविक ज्ञान की एक ऐकांतिक प्राप्ति सुनिश्चित करता है, जबकि साधकों की आनुष्ठानिक साधना सामुदायिक थी।"[119] यहाँ कवि का वक्तव्य प्रासंगिक है–"कथा को आधुनिक ढंग से देखा गया है, पौराणिक दिव्य कथा के रूप में नहीं।"[120] अलबत्ता प्रभाकर श्रोत्रिय इस बात से असन्तुष्ट हैं कि यम ने 'यज्ञों की नचिकेताग्नि' के रूप में नचिकेता को जो दूसरा वर दिया था, 'आत्मजयी' में उसका जिक्र तक नहीं है। वे कहते हैं कि कवि ने 'अग्नि-विज्ञान' सम्बन्धी प्रश्न को नजरअंदाज किया है, जबकि उसकी दीक्षा से ही नचिकेता अमृतत्व का अधिकारी होता है। यह उपेक्षा उन्हें 'छायावादी दृष्टि का प्रच्छन्न परिणाम' जान पड़ती है, क्योंकि 'वास्तविक संघर्ष को स्वप्न-कल्प में बदलकर उसकी सचेत प्रश्न-विकलता को धूमिल किया गया है।' लेकिन यह आरोप खुद उनके ही इस तर्क से निरस्त हो जाता है कि 'आत्मजयी' में "स्वप्न के दौरान नचिकेता की आन्तरिक कशमकश और जिज्ञासु व्यथा जिस शक्ति और प्रखरता से व्यक्त हुई है, उसमें हम कुछ देर के लिए भूल जाते हैं कि नचिकेता स्वप्न देख रहा है।"[121]

दूसरी ओर, कथा की व्यंजना में भी कुछ बदलाव है। वागीश शुक्ल के मुताबिक–"काफी स्पष्ट इंगित इस बात का भी है कि नचिकेता पिता द्वारा सत्ता की लालसा से दी जा रही पशुबलि से खिन्न है। यहाँ मूल अन्तर्वस्तु को गम्भीर रूप से बदला गया है। 'कठोपनिषद्' में नचिकेता असहज अनुभव करता है, क्योंकि उसे लगता है कि पिता यज्ञ को पूरी ईमानदारी से नहीं कर रहे, क्योंकि यज्ञ का उद्देश्य तमाम स्वत्व/अधिकार का परित्याग है।"[122] यह परिवर्तन स्वाभाविक है, जैसा कि मारियोला ओफ्रेदी ने लिखा है कि ''आत्मजयी' में सत्ता को हिंसा और मृत्यु को समाज की तात्त्विक हिंसा के रूप में भी देखा गया है। उनका यह आकलन बिलकुल सही है कि कवि ने इस आख्यान को 'अपने समय के मुताबिक ढालते हुए 'यम' को 'मृत्यु-भय' में बदल दिया है, जिसे मनुष्य अपने भीतर लिए चलता है और नचिकेता और यम के बीच की मुठभेड़ को अचेतन के भीतर चलने वाले जीवन और मृत्यु के द्वन्द्व में परिवर्तित किया है।'[123] कहने की जरूरत नहीं कि कथा के इस रूपांतरण की बुनियाद में कुँवर नारायण की आधुनिक और स्वातंत्र्यचेता दृष्टि है। उन्होंने स्पष्ट किया है कि ''आत्मजयी' की कविताएँ 'कठोपनिषद्' का भाष्य नहीं हैं–'कठोपनिषद्' के विभिन्न श्लोकों से केवल संकेत-भर ही लिया गया है...अक्सर कविताओं और श्लोकों के मंतव्यों में बुनियादी अन्तर तक मिल सकता है, लेकिन इस अन्तर के बावजूद प्रयत्न यही रहा है कि सम्पूर्ण कृति में वैचारिक विषमता न आने पाए।"[124]

निश्चय ही, कवि की आकांक्षा के अनुरूप 'आत्मजयी' में एक सम्पूर्ण, सजल और पारदर्शी वैचारिकता है। उसमें अर्थ की सांद्रता है और भावावेग की प्रखरता। कवि का जीवन-दर्शन न अन्तर्विरोधों से आक्रांत है, न पूर्वग्रहों से ग्रस्त। उसमें अभिप्रायों की सशक्त अन्विति और संजीदगी के साथ ही संवेदनात्मक वेध्यता और खुलापन है। कुँवर नारायण एक सच्चे, सुन्दर, संवेदनशील और मूल्यनिष्ठ समाज का स्वप्न देखते हैं; पर जानते हैं कि इसके लिए उसकी हरेक इकाई, यानी मनुष्य को आत्म-शक्ति से पूर्णतः सम्पन्न और 'आत्मविद्' होना होगा। जिस दुनिया में भौतिक मूल्यों का वर्चस्व हो, वहाँ इस लक्ष्य को हासिल करना आसान नहीं और अन्तिम रूप से हासिल कर पाना तो हर्गिज नहीं। लगातार एक संघर्ष करना होगा, जिसका प्रसार भीतर से बाहर तक है। 'आत्मजयी' नचिकेता के बहाने आधुनिक मनुष्य के इसी बाह्यांतर संघर्ष और उसमें उसके द्वारा आत्मवत्ता की उपलब्धि का काव्य है। कुँवर नारायण ने 'कठोपनिषद्' की दार्शनिक प्रस्थापनाओं को स्वीकार करते हुए भी उन्हें अपने विशिष्ट और मौलिक ढंग से विकसित किया है। उनमें परम्परा से लगाव और अलगाव का अनूठा विवेक है। उन्होंने नचिकेता के आख्यान को रूढ़ आध्यात्मिक आशयों और धार्मिक-पौराणिक प्रभामंडल से मुक्त करके—नए सन्दर्भों में उसकी मानवीय सार्थकता की खोज की है। उनके संवेदनात्मक ज्ञान और ज्ञानात्मक संवेदन की पूँजी के बिना यह सृजनात्मक रूपांतरण सम्भव न था। कह सकते हैं कि 'कठोपनिषद्' से बँधा हुआ न होकर भी 'आत्मजयी' उससे सुसंगत है। उसके उदात्त और मानवीय दर्शन से। यह 'कठोपनिषद्' का ही विचार है कि 'श्रेय (कल्याण का साधन) अलग है और प्रेय (प्रिय लगने वाले भोगों का साधन) अलग ही है; वे भिन्न-भिन्न फल देने वाले हैं; दोनों साधन मनुष्य को आकृष्ट करते हैं; उनमें से श्रेय मार्ग पर चलने वाले का हित होता है; लेकिन जो प्रेय (सांसारिक सुख) का वरण करता है, वह सत्य से वंचित हो जाता है। अपने सामने आने वाले श्रेय और प्रेय मार्गों के स्वरूप को बुद्धिमान मनुष्य अलग-अलग करके समझता है और प्रेय की अपेक्षा श्रेय को ही श्रेष्ठ जानकर उसका वरण करता है; लेकिन मंदबुद्धि मनुष्य योगक्षेम (भौतिक लाभ) की इच्छा से प्रेय को अपनाता है।'—

अन्यच्छ्रेयोऽन्यदुतैव प्रेयस्ते उभे नानार्थे पुरुषं सिनीतः।
तयोः श्रेय आददानस्य साधु भवति हीयतेऽर्थाद्य उ प्रेयो वृणीते।।
श्रेयश्च प्रेयश्च मनुष्यमेतस्तौ सम्परीत्य विविनक्ति धीरः।
श्रेयो हि धीरोऽभि प्रेयसो वृणीते प्रेयो मंदो योगक्षेमाद् वृणीते।।[125]

आत्मा को अगर हम शुद्ध नैतिक बोध के ही अर्थ में समझें, तो 'कठोपनिषद्' की यह स्थापना हमें बहुत आत्मीय और विवेकसम्मत लगती है कि "इस जंतु (जीवात्मा) की हृदयरूपी गुफा में रहने वाला आत्मा सूक्ष्म से अति सूक्ष्म और महान से भी महान है; आत्मा की उस महिमा को कामनारहित और कामनाजन्य शोक से रहित व्यक्ति

ही पंचमहाभूत (पृथ्वी, जल, अग्नि, पवन और आकाश) या परब्रह्म (निर्गुण और उपाधिरहित ब्रह्म) के अनुग्रह से देख पाता है।"[126] दिलचस्प है कि एक श्लोक में यह भी कहा गया है कि 'सूक्ष्म ज्ञान के द्वारा भी आत्मा को वह मनुष्य प्राप्त नहीं कर सकता; जो निकृष्ट आचरण में लिप्त है, या जो अशान्त है, या जिसके मन और इन्द्रियाँ संयत नहीं हैं, या जिसका चित्त शान्त नहीं है।'–

नाविरतो दुश्चरितान्नाशान्तो नासमाहितः।
नाशान्तमानसो वापि प्रज्ञानेनैनमाप्नुयात्।।[127]

स्वभावतः जीवात्मा और आत्मा का सान्निध्य और उनके द्वारा सत्य का पान सत्कर्मों के परिणामस्वरूप ही सम्भव है। सत्कर्मों के संसार में या उनके फलस्वरूप मनुष्य-शरीर में बुद्धिरूपी गुफा और हृदय-आकाश (श्रेष्ठ आधे भाग) में वे दोनों छाया और धूप की तरह भिन्न होते हुए भी साथ-साथ रहते हैं। इनमें आत्मा असंग और अभोक्ता है, लेकिन जीवात्मा असंग नहीं रहता–"ऋतं पिबन्तौ सुकृतस्य लोके गुहाँ प्रविष्टौ परमे परार्धे। छायातपौ...।"[128] कुँवर नारायण जीवात्मा या मनुष्य को उसकी नींद से जगाते हैं और उसे आत्मा की महानता का एहसास कराते हैं। मरणधर्मा भौतिक सुखों से आसक्ति की बजाय असीम और शाश्वत सौन्दर्य से उसकी सचेतन एकात्मता का आह्वान करते हैं–

जग एक सुखद सपना है।
कुछ सीमित निद्राओं–भर...
पर तू असंख्य आँखें है,
(आकाश भरा तारों से) जो
सदियों से अपलक है।[129]

यह आत्मा, जैसा कि कहा गया, मनुष्य के पास रहते हुए भी उससे असंग है, लौकिक होते हुए भी अलौकिक। उसकी बदौलत, प्रत्यक्ष विषमताओं के बावजूद, प्रेम और सौन्दर्य के प्रति एक सच्ची और निविड़ संसक्ति हमेशा बनी रहती है–

एक अद्‌भुत प्रेरणा–सी
सूंक्ष्मतम् अनुभूतियों में डोलती है,
राग के गंधर्व
रस के दूत
हाहाकार में भी सुरक्षित,
संवेदना सौन्दर्य के प्रति खोलती है।[130]

यही जीवन के प्रति अविचलित आस्था है, जिसका मूल्यों के सम्यक् बोध से एक अविच्छिन्न सम्बन्ध है। भारतीय दर्शन में यह विश्वास बद्धमूल है कि जो सत्य

है, वही नित्य है और उसका ज्ञान ही मनुष्य का उदात्ततम् लक्ष्य है, उसकी तेजस्विता का साधन–"बुद्धि/जीवन-सत्य के कुछ श्लोक शाश्वत खोजती-सी/भूमि पर पहले-पहल मनुष्यत्व के तेजस् उदय मर।"[131] सत्य की यह रोशनी निर्मल, उनमुक्त और आद्यंत सुन्दर है, वह कण-कण में व्याप्त है और विष तथा अमंगल को नष्ट करने वाली है। कुँवर नारायण ने यहाँ 'शिव' में श्लेष पैदा किया है, जो दरअसल एक जातीय स्मृति है; मगर प्रकृति में उसके सातत्य, अभिन्नता अथवा प्रतिच्छवि की व्यंजना करते हुए वे मिथक का यथार्थीकरण भी करते हैं–

उस हलाहल अतल तम को
सोखती शिव-जगमगाहट
वह प्रकृति के होंठ पर
ऋतजा अकुंठित मुसकराहट।[132]

कवि को ईश्वर का मानवीय रूप 'नृषत्' (समस्त मनुष्यों में रहने वाला ईश्वर) ही स्वीकार है। वह रोशनी से एक सहज, उल्लसित और अन्तरंग सम्बन्ध की कामना करता है। साथ ही, किसी माँ की पवित्र और आत्यंतिक ममता से समूचे विश्व के मंगल की प्रार्थना; जो कि उसकी सृजनात्मक कल्पना में पृथ्वी स्वयं भी है–

सूर्य को कंदुक बनाकर
खेलता था नृषत् ईश्वर,
और पृथ्वी
स्वस्ति-चिन्ता किसी माँ की
अटपटाती अर्चना थी।[133]

इस तरह लोक-मंगल, सत्य और सौन्दर्य अविभाज्य तौर पर एक-दूसरे से संबद्ध हैं। अकारण नहीं कि कवि ने जीवन से उत्कट लगाव और आत्मा के विस्तार की इच्छा का समवेत रूप से इजहार किया है–"जीवन-हर नए दिन की निकटता/आत्मा-विस्तार।"[134] ऐसी अभिव्यक्तियाँ सम्पूर्ण वस्तु-जगत से एकात्म होने, उसमें अपने को पहचानने की आत्म-शक्ति या आत्मवत्ता की गवाह हैं। यही 'आत्मजयी' के काव्य-नायक नचिकेता का आत्म-साक्षात्कार है, यही आत्म-ज्ञान–

इस अपरिमित में
अपरिमित शान्ति की अनुभूति।
अक्षय प्यार का आभास।[135]

अणु से विराट् या जल से जलधि तक में एक ही सत्य या सौन्दर्य की आभा है। इस आत्म-तत्त्व को कण-कण में प्रतिबिंबित देखकर नचिकेता भाव-विह्वल हो उठता है और फिर अस्तित्व की सार्थकता के इस शान्त, प्रांजल और असीमित बोध के लिए समूची सृष्टि के प्रति कृतज्ञता प्रकट करता है–

सूर्योदय।
एक अंजलि फूल!
जल से जलधि तक अभिराम।
माध्यम शब्द–अर्धोच्चरित।
जीवन धन्य हूँ।
आभार–
फिर आभार।[136]

इस सन्दर्भ में प्रभाकर श्रोत्रिय का विश्लेषण मूल्यवान है–"आत्म-जगत् के प्रत्यभिज्ञान को वस्तु और भाव-जगत के अन्वेषण में परावर्तित करके कुँवर ने एक साथ दार्शनिक, वैज्ञानिक और कवि की भूमिका निबाही है। सूर्य का बिम्ब जल से जलधि तक एक अभेद, विराट् और गहन सामंजस्य में, 'अंजलि के फूल' की तरह विसर्जित, 'अहम्' को प्रार्थना की विनई और प्रक्षालित सुन्दरता देता है। कबीर ने कहा था–'फूटा कुंभ जल जलहि समाना'...।"[137]

'आत्मजयी' में कर्म से पलायन या भौतिक सुखों के परित्याग की सलाह नहीं दी गई है। इससे अलग हटकर कवि की इच्छा है कि यह अनुरक्ति अकुंठित और पवित्र हो–"बेझिझक सुख-बोध/जिसकी वासना में वंदना थी।"[138] गौरतलब है कि 'गीता' कुँवर नारायण की प्रिय पुस्तक है और उसमें साफ कहा गया है कि 'प्रकृति के दमन से कुछ नहीं हो सकता, क्योंकि सभी प्राणी तीनों गुणों से निर्मित अपनी प्रकृति का अनुसरण करते हैं, यहाँ तक कि ज्ञानी जन भी।'[139] कर्म के बिना तो जीवन ही सम्भव नहीं है। इतना ही हो सकता है कि कर्म में संलग्न रहकर भी मनुष्य उससे बँधे नहीं। जो स्वतः होनेवाले लाभ से सन्तुष्ट रहता है, द्वैत-भाव से मुक्त है, ईर्ष्या नहीं करता और सफलता तथा असफलता दोनों में स्थिर रहता है; वही इस लक्ष्य को पा सकता है–

यदृच्छालाभसन्तुष्टो द्वन्द्वातीतो विमत्सरः।
समः सिद्धावसिद्धौ च कृत्वापि न निबध्यते।।[140]

एक दूसरी जगह स्पष्ट किया गया है कि 'द्वैत-भाव से मुक्त, नित्य, शुद्ध सत्त्व में स्थित, लाभ तथा रक्षा की समस्त चिन्ताओं से मुक्त मनुष्य ही आत्मवान् है'–"निर्द्वंद्वों नित्यसत्त्वस्थो निर्योगक्षेम आत्मवान्।"[141] इसलिए 'गीता' का आह्वान है कि 'कर्मफल में आसक्त हुए बिना निरन्तर कर्तव्य के रूप में कर्म करो, क्योंकि अनासक्त होकर कर्म करने से ही मनुष्य परब्रह्म को प्राप्त करता है।'–

तस्मादसक्तः सततं कार्यं कर्म समाचर।
असक्तो ह्याचरन्कर्म परमाप्नोति पूरुषः।।[142]

कोई अचरज नहीं कि नचिकेता, आत्मवान अथवा 'आत्मजयी' होने के कारण, सांसारिक भोगों से 'छूटा रहकर' उनको ग्रहण करने के निष्कर्ष तक पहुँचता है। प्रसंगवश,

शमशेर बहादुर सिंह ने जिस तरह यह आकांक्षा जाहिर की थी कि "काल/ तुझसे होड़ है मेरी : अपराजित तू–/ तुझमें अपराजित मैं वास करूँ"[143], कुँवर नारायण भी अपने काव्य-नायक की ओर से 'सृजक-दृष्टि' की इसी कामना को व्यक्त करते हैं। यह भौतिकता के वर्चस्व के बरअक्स आत्मिक मूल्यों की प्रतिष्ठा है। आत्म-मुक्ति और मानव-मुक्ति की तलाश। एक समय में रहकर भी उससे परे ('कालोपरि'–शमशेर) होने, उसके पार जा सकने का आत्मविश्वास; जो 'आत्मजयी' की प्रतिश्रुति है और शायद उपलब्धि भी–

स्वयं अदृष्ट
इसी माया-वस्तु को
बार-बार धारण करूँ–इसी भोग-सामग्री को ग्रहण करूँ–
इससे छूटा रहकर।
अपनी अपूर्व रचना में
एक कलाकार ईश्वर की तरह अनुपस्थित
अथाह समय में जियूँ–
केवल आत्मा
अमरत्व
और आश्चर्य[144]

यहाँ कुँवर नारायण जिस कला-स्वप्न की बात करते हैं, वह 'नैसर्गिक' और 'अनुपम' है।[145] निश्चय ही, प्राचीन भारतीय दर्शन और संस्कृति से गहरे संपृक्त एवं अनुप्राणित होने के बावजूद 'आत्मजयी' में तो ताजगी और विशिष्टता है; उसकी वजह अपने समय-सन्दर्भ से उनका उतना ही जीवंत और आत्मीय संवाद है। कर्म और सृजन दोनों वर्तमान में ही मुमकिन हैं, अतीत या भविष्य में नहीं। इसीलिए वे एक ओर अपने अनुभवों के निकष पर जाँचने के बाद ही अपने द्वारा अर्जित ज्ञान को सच्चा और प्रामाणिक मानते हैं; दूसरी तरफ रचना-प्रविधि के मामले में बेहद आधुनिक और समावेशी नजरिया रखते हैं। 'आत्मजयी' में इसीलिए कविता और दर्शन, ज्ञान और संवेदना, मिथक और यथार्थ, भौतिकता और आत्मपरकता के बीच उन्होंने अनेक स्तरों पर अत्यन्त दुर्लभ और सार्थक अन्तःक्रिया घटित की है। 'कठोपनिषद्' पर आधारित होने के कारण हिन्दी की 'रूढ़ आध्यात्मिक शब्दावली' से इस कृति के आक्रांत हो जाने का खतरा था; पर कुँवर नारायण अपनी वैज्ञानिक दृष्टि के बल पर ऐसा होने नहीं देते और अपने सौन्दर्य-बोध के मुताबिक अधिक से अधिक भाषाई 'स्पेस' को रचते हैं। खास दार्शनिक और मर्मस्पर्शी अन्तर्वस्तु की बदौलत 'आत्मजयी' का जितना स्थाई महत्त्व है; फंतासी, बिम्ब-विधान और रूपकों के विभिन्न प्रयोगों के चलते यह उतनी ही प्रासंगिक और सशक्त है। 'आत्मजयी' में कथ्य और रूप एवं आत्म-जगत् और वस्तु-जगत् दोनों स्तरों पर सच की बेचैन तलाश, विचार और अनुभूति के संश्लेषण

और कलात्मक वैशिष्ट्य को देखकर ही प्रभाकर श्रोत्रिय ने लिखा होगा–"कुँवर नारायण ने कहा है कि "कविता उपलब्ध नहीं होती, अन्वेषित होती है–ये पंक्तियाँ मेरे निकट आईं नहीं, मैं ही गया उनके निकट उनको मनाने।" कविता की सृजन-प्रक्रिया एक सचेत वृत्ति है। कविता अपने आप मुँह से नहीं निकल पड़ती; बल्कि उसके पीछे जिज्ञासा, विचार-संज्ञान, प्रत्यक्षण, कल्पना, प्रतीक, भाषा, अनुभव, संवेदन आदि की गहरी अवधानात्मक पृष्ठभूमि होती है। इसलिए जब कविता सहज लगती है, या शब्द जादू करते हैं; तो इसका मतलब यह होता है कि "उन पर भी जादू हो चुका होता है।" कविता के निर्माण में जो आलोचनात्मक श्रम और युक्तियुक्त चैतन्य सक्रिय होता है, वह मूलतः ज्ञान के क्षेत्र में आता है। यानि कविता की रचना-प्रक्रिया महज भाव-प्रक्रिया नहीं, विचार-प्रक्रिया भी है।"[146]

यह सही है कि 'आत्मजयी' में कवि कुँवर नारायण के वास्तविक जीवन के तीखे एहसास उनकी विचार-प्रक्रिया से अनुशासित हैं। मगर आत्मा को हम मनुष्य के सम्पूर्ण और विशुद्ध नैतिक बोध के अर्थ में स्वीकार करें, तो इसको वे अपने काव्य में विचारों से अधिक अहमियत देते हैं। सच कहें, तो उनकी दृष्टि में आत्मवत्ता ही सर्वोपरि है और 'आत्मजयी' में उसका केन्द्रीय महत्त्व है। इस आत्म-साक्षात्कार के लिए आत्म-संघर्ष एक अनिवार्य प्रक्रिया है, जो कविता के रूप में इस कृति को मूल्यवान् बनाता है। यह आत्म-संघर्ष अपनी प्रकृति में सात्त्विक है। याद करें 'कठोपनिषद्' की स्थापना कि कामनारहित और कामनाजन्य-शोकरहित व्यक्ति ही आत्मवान् हो सकता है। विशिष्ट ज्ञान के जरिए भी आत्मा को निकृष्ट आचरण में संलग्न, अशान्तचित्त, असंयत और अस्थिर व्यक्ति प्राप्त नहीं कर सकता। दरअसल, सांसारिक सुखों की आपातरमणीयता एवं परिणामदुःखता का रहस्य जानकर मनुष्य को उनकी ओर से विरक्त हो श्रेय-पथ का अनुसरण करना चाहिए। यही आत्म-मुक्ति है, जो मानव-मुक्ति अथवा लोक-मंगल की ज़रूरी शर्त है। इसीलिए औपनिषदिक मंतव्य है कि इंद्रियों से मन श्रेष्ठ है, मन से बुद्धि उत्तम है और बुद्धि से महान् आत्मा ऊँचा है। शायद अतिशयोक्ति नहीं कि इस दार्शनिक पृष्ठभूमि का गहरा असर कुँवर नारायण की काव्य-चेतना और काव्यानुभूति की बनावट पर पड़ा है। उनकी कविता में मूल्यों से सच्ची और अदम्य प्रतिश्रुति, बौद्धिक सांद्रता और गम्भीरता, संयम और परिष्कार को देखकर 'कठोपनिषद्' का एक श्लोक याद आता है–

> *आत्मानं रथिनं विद्धि शरीरं रथमेव तु।*
> *बुद्धिं तु सारथिं विद्धि मनः प्रग्रहमेव च।।*[147]

इस रूपक के सहारे कह सकते हैं कि उनके काव्य-रथ का स्वामी आत्मा है, बुद्धि उसकी सारथि है और मन ही लगाम। अन्ततः 'आत्मजयी' को आत्मवत्ता की उपलब्धि का काव्य मानना असंगत नहीं। रहा सवाल यह कि कुँवर नारायण के रचनात्मक सफर में उसकी क्या जगह और भूमिका है; तो इस सम्बन्ध में

मारिओला ओफ्रेदी का बयान सारगर्भित है–"मुखर राजनीतिक प्रतिबद्धता, या इसके विपरीत, व्यक्तिवादी विद्रोह 'आत्मजयी' में अनुपस्थित है; अगर कोई अन्तर्निहित प्रतिबद्धता है तो मनुष्य-मात्र के प्रति है; और बाद के दौर की कुँवर नारायण की कविताओं के आलोक में देखें, तो यह उस दिशा में एक कदम रखती है, जो उन्हें राजनीतिक प्रतिबद्धता की ओर ले गई और फिर उसे वापस खींचकर मनुष्य-जाति की ज़्यादा व्यापक और परिपक्व प्रतिज्ञाओं से जोड़ती है।"[148]

सन्दर्भ

1. यतीन्द्र मिश्र (सं.), 'कुँवर नारायण : उपस्थिति', पृ. 63
2. वही, पृ. 65
3. वही, पृ. 78
4. 'कठोपनिषद्', 1/1/3
5. वही, 1/1/4
6. वही, 1/1/6
7. वही, 1/1/25
8. वही, 1/1/27
9. वही, 1/2/10
10. वही, 1/2/21
11. वही, 2/3/11
12. वही, 2/3/14
13. कुँवर नारायण, 'आत्मजयी', पृ. 5
14. वही, पृ. 5
15. वही, पृ. 5
16. 'कठोपनिषद्', 1/3/14
17. कुँवर नारायण, 'आत्मजयी', पृ. 10
18. यतीन्द्र मिश्र (सं.), 'कुँवर नारायण : उपस्थिति', पृ. 72
19. वही, पृ. 82
20. वही, पृ. 73
21. कुँवर नारायण, 'आत्मजयी', पृ. 8
22. यतीन्द्र मिश्र (सं.), 'कुँवर नारायण : उपस्थिति', पृ. 77
23. कुँवर नारायण, 'आत्मजयी', पृ. 9
24. वही, पृ. 8
25. यतीन्द्र मिश्र (सं.), 'कुँवर नारायण : उपस्थिति', पृ. 77
26. वही, पृ. 81
27. वही, पृ. 82
28. कुँवर नारायण, 'आत्मजयी', पृ. 6

29. वही, पृ. 9
30. वही, पृ. 6
31. वही, पृ. 6
32. यतीन्द्र मिश्र (सं.), 'कुँवर नारायण : उपस्थिति', पृ. 82
33. वही, पृ. 66
34. वही, पृ. 126
35. वही, पृ. 65
36. कुँवर नारायण, 'आत्मजयी', पृ. 6
37. यतीन्द्र मिश्र (सं.), 'कुँवर नारायण : उपस्थिति', पृ. 79
38. वही, पृ. 81
39. वही, पृ. 70
40. वही, पृ. 71
41. वही, पृ. 70
42. कुँवर नारायण, 'आत्मजयी', पृ. 15
43. वही, पृ. 18
44. वही, पृ. 25
45. वही, पृ. 20
46. वही, पृ. 21
47. वही, पृ. 21
48. वही, पृ. 19
49. 'कठोपनिषद्', 2/1/2
50. मुक्तिबोध, 'प्रतिनिधि कविताएँ', पृ. 87
51. कुँवर नारायण, 'आत्मजयी', पृ. 80-81
52. वही, पृ. 78
53. यतीन्द्र मिश्र (सं.), 'कुँवर नारायण : उपस्थिति', पृ. 84
54. वही, पृ. 81
55. कुँवर नारायण, 'आत्मजयी', पृ. 80-81
56. वही, पृ. 81
57. वही, पृ. 77
58. वही, पृ. 77
59. वही, पृ. 45
60. वही, पृ. 64
61. वही, पृ. 83
62. वही, पृ. 46
63. वही, पृ. 28
64. यतीन्द्र मिश्र (सं.), 'कुंवर नारायण : उपस्थिति', पृ. 80
65. 'कठोपनिषद्', 2/1/1
66. कुंवर नारायण, 'आत्मजयी', पृ. 91

67. वही, पृ. 52
68. वही, पृ. 31
69. वही, पृ. 30
70. वही, पृ. 41
71. वही, पृ. 48-49
72. वही, पृ. 29
73. वही, पृ. 41
74. 'श्रीमद्भगवद्गीता', 2/62-63
75. कुँवर नारायण, 'आत्मजयी', पृ. 42
76. वही, पृ. 43
77. वही, पृ. 105
78. यतीन्द्र मिश्र (सं.), 'कुँवर नारायण : उपस्थिति', पृ. 68
79. वही, पृ. 68
80. कुँवर नारायण, 'आत्मजयी', पृ. 19
81. वही, पृ. 27
82. वही, पृ. 30
83. वही, पृ. 26
84. वही, पृ. 24
85. वही, पृ. 22
86. वही, पृ. 23
87. वही, पृ. 105
88. वही, पृ. 98
89. यतीन्द्र मिश्र (सं.), 'कुँवर नारायण : उपस्थिति', पृ. 76
90. वही, पृ. 75
91. वही, पृ. 39
92. कुँवर नारायण, 'आत्मजयी', पृ. 15
93. वही, पृ. 33-34
94. वही, पृ. 31
95. वही, पृ. 25
96. वही, पृ. 20
97. वही, पृ. 39
98. मुक्तिबोध, 'प्रतिनिधि कविताएँ', पृ. 141
99. वही, पृ. 141
100. कुँवर नारायण, 'आत्मजयी', पृ. 51
101. वही, पृ. 88
102. वही, पृ. 88
103. वही, पृ. 88
104. वही, पृ. 85

105. वही, पृ. 87
106. वही, पृ. 88-89
107. कुँवर नारायण, 'परिवेश : हम-तुम', पृ. 89
108. विष्णु खरे, 'आलोचना की पहली किताब', पृ. 85
109. कुँवर नारायण, 'आत्मजयी', पृ. 89
110. वही, पृ. 85-86
111. वही, पृ. 82
112. वही, पृ. 97
113. वही, पृ. 94
114. 'कठोपनिषद्', 2/3/7-8
115. वही, 1/2/18-19
116. वही, 1/2/22
117. वही, 2/1/3
118. वही, 2/2/11
119. यतीन्द्र मिश्र (सं.), 'कुँवर नारायण : उपस्थिति', पृ. 65
120. कुँवर नारायण, 'आत्मजयी', पृ. 8
121. यतीन्द्र मिश्र (सं.), 'कुँवर नारायण : उपस्थिति', पृ. 76-77
122. वही, पृ. 66
123. वही, पृ. 82
124. कुँवर नारायण, 'आत्मजयी', पृ. 9
125. 'कठोपनिषद्', 1/2/1-2
126. वही, 1/2/20
127. वही, 1/2/24
128. वही, 1/3/1
129. कुँवर नारायण, 'आत्मजयी', पृ. 92
130. वही, पृ. 113
131. वही, पृ. 113
132. वही, पृ. 113-114
133. वही, पृ. 114
134. वही, पृ. 116
135. वही, पृ. 115
136. वही, पृ. 115
137. यतीन्द्र मिश्र (सं.), 'कुँवर नारायण : उपस्थिति', पृ. 78
138. कुँवर नारायण, 'आत्मजयी', पृ. 114
139. 'श्रीमद्भगवद्गीता', 3/33
140. वही, 4/22
141. वही, 2/45
142. वही, 3/19

143. शमशेर बहादुर सिंह, 'प्रतिनिधि कविताएँ', पृ. 172
144. कुँवर नारायण, 'आत्मजयी', पृ. 117-118
145. वही, पृ. 118
146. यतीन्द्र मिश्र (सं.), 'कुँवर नारायण : उपस्थिति', पृ. 76
147. 'कठोपनिषद्', 1/3/3
148. यतीन्द्र मिश्र (सं.), 'कुँवर नारायण : उपस्थिति', पृ. 79

मिथक और कुँवर नारायण

सुस्मित सौरभ

कुँवर नारायण का समकालीन साहित्य में एक विशिष्ट स्थान है। उन्हें अपनी रचनाशीलता में 'इतिहास और मिथक के जरिये वर्तमान' को देखने के लिए जाना जाता है। मिथक और समकालीनता को एक सिक्के के दो पहलू मानते हुए कुँवर नारायण ने अपनी कविताओं में वेदों, पुराणों व अन्य धर्मग्रन्थों से उद्धरण दिया है। कुँवर नारायण ने प्राचीन कथाओं के माध्यम से जो भी काव्य सृष्टि की, वह अप्रतिम है। उनके काव्य में इतिहास और पुराण से सम्बन्धित वृत्तांतों को लेकर जो भी रचा गया, वर्तमान परिप्रेक्ष्य में उसकी अपनी उपयोगिता है। कवि अपने कथ्य के अनुरूप ही मिथक को अपनाता है। कवि की अनुभूति का निजी स्वर इतिहास के पटल पर विकसित होकर अपने अन्तर्विरोधों के साथ जब राष्ट्रीय और सामाजिक आयामों में ढल जाता है तब जाकर काव्य में मिथकीय चेतना जन्म लेती है। मिथकीय स्रोतों से कवि नई व्याख्याओं का अन्वयन करता है तथा कवि मन के चिरंतन भाव मार्मिकता के साथ मिथक के रूप में प्रकट होते हैं। कवि के भावों को सशक्त और समर्थ रूप देने में मिथक की महत्त्वपूर्ण भूमिका होती है। कुँवर नारायण जी के साहित्य का परिवेश एकांगी नहीं है। कवि का आत्मचिन्तन अव्यक्त परिवेश को भी साकार कर देता है। नचिकेता हो या वाजश्रवा या फिर यम–कवि इनसे अपना मंतव्य सिद्ध कर ही लेता है।

1

'आत्मजयी' कुँवर नारायण जी द्वारा रचित प्रबन्धकाव्य है जो 'कठोपनिषद' पर आधारित है। 1965 में प्रकाशित इस लघु महाकाव्य में मृत्यु के प्रति उनकी दृष्टि उजागर हुई है। मृत्यु–जिसका सामना हर व्यक्ति को अपने जीवन में करना होता है। उन्होंने अपने प्रबन्ध 'आत्मजयी' में मृत्यु सम्बन्धी शाश्वत समस्या को कठोपनिषद् का माध्यम बनाकर अद्‌भुत व्याख्या के साथ हमारे सामने रखा। 28 शीर्षकों में बँटे इस प्रबन्ध काव्य में कवि ने मूल्यों की सैद्धांतिक विवेचना और दार्शनिक व्याख्या की है। कवि ने अपने प्रसंगों को सांस्कृतिक एवं दार्शनिक स्तर पर प्रस्तुत करते हुए लिखा है–

"'आत्मजयी' में उठाई गई समस्या मुख्यत: एक विचारशील व्यक्ति की समस्या है, केवल ऐसे प्राणी की समस्या नहीं जो दैनिक आवश्यकताओं के आगे नहीं सोचता या सोच पाता। कथानक का नायक नचिकेता मात्र सुखों को अस्वीकार करता है : तात्कालिक आवश्यकताओं की पूर्ति ही उसके लिए पर्याप्त नहीं। उसके अन्दर वह वृहत्तर जिज्ञासा है जिसके लिए केवल सुखी जीना काफी नहीं, सार्थक जीना ज़रूरी है। यह जिज्ञासा ही उसे साधारण प्राणी से विशिष्ट उन मनुष्यों की कोटि में रखती है जिन्होंने सत्य की खोज में अपने हित को गौण माना, कायिक जीवन को स्वप्न समझा और जिन्होंने ऐंद्रिय सुखों के आधार पर ही जीवन से समझौता नहीं किया बल्कि उस चरम लक्ष्य के लिए अपना जीवन अर्पित कर दिया जो उन्हें पाने के योग्य लगा।"[1]

जीवन केवल सुख की साधना नहीं
वह दिव्य शक्ति
अनवरत खोज
अनथक प्रयास
वह मुक्ति-बोध
उसको केवल पशु-सा तन से बांधना नहीं![2]

इस खंडकाव्य में नचिकेता अपने पिता की आज्ञा, 'मृत्यवे त्वा ददामि' अर्थात 'मैं तुम्हें मृत्यु को देता हूँ', को शिरोधार्य करके यम के द्वार पर चला जाता है, जहाँ वह तीन दिन तक भूखा-प्यासा रहकर यमराज के घर लौटने की प्रतीक्षा करता है। उसकी इस साधना से प्रसन्न होकर यमराज उसे तीन वरदान माँगने की अनुमति देते हैं। नचिकेता इनमें से पहला वरदान यह माँगता है कि उसके पिता वाजश्रवा का क्रोध समाप्त हो जाए। कुँवर नारायण की रचनाओं में निराशा, विसंगतियों, घुटन और बोझिल स्थितियों के विरुद्ध मानवीय बोध की संघर्ष चेतना की अभिव्यक्ति मिलती है। आज भौतिकवादी व्यवस्था से प्रभावित मानव की आत्मपरक सार्थकता पर विचार किया गया है। आज भौतिकवादी व्यवस्था से प्रभावित मानव का आत्मपरक दृष्टिकोण स्तर संचेतना को खाए जा रहा है। जीवन के उदात्त भाव और मानवीय मूल्य लुप्त हो रहे हैं। कुँवर नारायण जी ने इसी सन्दर्भ में लिखा है–

सम्पूर्ण बोध
हो चुका काल को अर्पित
जीवन में वापस आया
वह शोधित प्रसाद
मैं
सभी दिशाओं में प्रति क्षण
उत्पन्न

विभाषित
आरंभित,
अनुसृष्टि नहीं – स्रष्टा स्वरूप
लाखों निर्माणों में गलता-ढलता
कोई अव्यय भविष्य...
मैं जाग्रत हूँ –
मैं जाग्रत हूँ –[3]

कवि चिरंतन सत्य की रक्षा करने के लिए जाग्रत रहता है। उसे समाज के विघटित मूल्यों को देखकर पीड़ा होती है। नचिकेता के अन्दर एक वृहतर जिज्ञासा है जिसके लिए केवल सुखी जीना काफी नहीं, सार्थक जीना ज़रूरी है। 'आत्मजयी' आस्था की कहानी के साथ-साथ व्यक्ति के विजय पर्व की कहानी है जिसका प्रस्थान बिन्दु है 'आत्मजयी'। नचिकेता निरन्तर एक सृजनधर्मी जीवन लोक की तलाश में रहता है।

'आत्मजयी' में पीढ़ियों के संघर्ष के द्वारा युगीन जीवन के चित्रण का एक सार्थक प्रयास किया गया है। पुरानी पीढ़ी के प्रतीक नचिकेता के पिता वाजश्रवा उसके व्यक्तित्व को विकसित नहीं होने देना चाहते। नचिकेता विपरीत परिस्थतियों के विरोध में 'अधिकार समान होना चाहिए' की माँग करता है। कवि कुँवर नारायण जी ने आत्मजयी को पौराणिक कथावृत्त का सहारा लेकर आधुनिक सन्दर्भों में देखने का प्रयास किया है तथा एक नया वैचारिक आलोक देकर इसकी महत्ता को और बढ़ा दिया है जो उनकी मिथकीय दृष्टि का परिचायक है।

असहमति को अवसर दो।
सहिष्णुता को आचरण दो
कि बुद्धि सिर ऊँचा रख सके–
उसे हताश मत करो काइयाँ स्वार्थों से हरा हराकर।
अविनय को स्थापित मत करो
उपेक्षा से खिन्न न हो जाए कहीं
मनुष्य की साहसिकता।[4]

'आत्मजयी' में चिरंतन जीवन मूल्यों का संधान है। कवि ने कहा है–"नचिकेता की चिन्ता अमर जीवन की चिन्ता है। अमर जीवन से तात्पर्य उन अमर जीवन-मूल्यों से है, जो व्यक्ति जगत का अतिक्रमण करके सार्वकालिक एवं सार्वजनीन बन जाते हैं।"[5]

2

कुँवर नारायण जी द्वारा रचित खंड-काव्य 'वाजश्रवा के बहाने' अपने समकालीनों और परवर्ती रचनाकारों के काव्य-संग्रहों के बीच एक अलग और विशिष्ट स्वाद देने

वाला है जिसे प्रौढ़ विचारशील मन से ही महसूस किया जा सकता है। इसके पहले भाग 'नचिकेता की वापसी' में जीवन के आह्वान और उदय को देखा गया है तो दूसरे भाग 'वाजश्रवा के बहाने' में एक विदग्ध जीवन का सायंकाल है। 'वाजश्रवा के बहाने' में उन्होंने पिता वाजश्रवा के मन में जो उद्वेलन चलता रहा उसे अत्यधिक सात्विक शब्दावली में काव्यबद्ध किया है–

कन्धों पर लबादा डाले
तख़्त पर बैठा वह वयोवृद्ध
एक पराजित सम्राट भी हो सकता है
और एक विरक्त संन्यासी भी!
एक कृतार्थ पिता भी हो सकता है
और एक पुत्र की उदासी भी।[6]

इस कृति की विरल विशेषता यह है कि 'अमूर्त' को एक अत्यधिक सूक्ष्म संवेदनात्मक शब्दावली देकर नई उत्साहपरक जिजीविषा को वाणी दी गई है। जहाँ एक ओर 'आत्मजयी' में कुँवर नारायण जी ने मृत्यु जैसे विषय का निर्वचन किया है, वहीं इसके ठीक विपरीत 'वाजश्रवा के बहाने' में अपनी विधायक संवेदना के साथ जीवन के आलोक को रेखांकित किया है।

मुझे दया से नफ़रत है।
दे सको तो बराबर की मैत्री दो,
पर अपनी दया दे कर
दयनीय न बनाओ मुझे।
सम्मानित जीवन दो,
या फिर एक सम्मानित मृत्यु
मरने दो मुझे...[7]

कुँवर नारायण के इस संग्रह में भी मृत्यु का गहरा बोध है। भले ही इसमें जीवन की ओर से मृत्यु को देखने की कोशिश है। यदि मृत्यु न होती तो जीवन को इस प्रकार देखने की आकांक्षा भी न होती। 'मृत्यु ही जीवन को अर्थ देती है और निरर्थक में भी अर्थ भरती है' यह कथन असंगत नहीं है। मृत्यु है इसीलिए जिजीविषा भी है, जिजीविषा है इसीलिए सम्भावना भी। अन्त में यही निष्कर्ष निकलता है कि जहाँ जीवन को लाँघ कर आकाश मार्ग से पहुँचा जा सकता है वहीं शायद जीवन को जीते हुए थल मार्ग से भी–

दाँतों और पंजों के
निशान खोजते हुए नहीं
केवल कुछ अलौकिक ध्वनियों के सहारे

आकार ले
यह निश्चय
कि जहाँ पहुँचा जा सकता है
आकाश-मार्ग से–जीवन को लाँघकर
वहीं पहुँचा जा सकता है–थल मार्ग से भी
जीवन को जीते हुए[8]

वाजश्रवा के मन में आत्मिक उहापोह कम हैं, वैदिक जीवन-दृष्टि की लौकिकता प्रमुख है। आज की भौतिकता में भी उसकी एक झलक पहचानी जा सकती है। साथ ही वाजश्रवा के मन में गहरा विक्षोभ है अपने उस अशुभ क्रोध को लेकर जिसके कारण उसका जीवन यज्ञ बाधित हुआ।

"पुत्र की वापसी एक अमूल्य अवसर है कि वाजश्रवा अपनी भूल-चूकों को सुधार ले। इस अवसर तथा जीवन में आते रहने वाले इस तरह के अवसरों को, इस लम्बी कविता में विशेष महत्त्व दिया गया है। पछतावा, पुनरागमन जैसे शब्दों में यही भाव व्यंजित है। वापसी–जैसे भाव कविता में बार-बार लौटते हैं। आशा-निराशा के बीच झूलती मनःस्थितियों की लहरें हैं। पिता-पुत्र के सम्बन्धों को मूलतः द्वन्द्वात्मक ढंग से न देखकर संयुक्त या दोहरी जीवनशक्ति के रूप में देखा गया है। 'क्षमाभाव' और 'पश्चाताप' इसी शक्ति के द्योतक हैं।"[9]

अच्छा हुआ तुम लौट आए
मेरे जीवन में,
लेकिन जानता हूँ
नहीं आ सकोगे
–चाह कर भी नहीं–
वापस मेरे युग में![10]

कुँवर नारायण के इस काव्य में विषय वस्तु के बिल्कुल विपरीत एक गजब की सहजता और भाषा प्रवाह है। कहीं कोई शब्द अपरिचित नहीं और अर्थ की गहराइयों के साथ विद्यमान है। पूरी रचना में प्रबन्ध तत्त्वों को बहुत चुस्त और व्यवस्थित न रख कर थोड़ा ढीला रखा गया है। इस काव्य की हर कविता अपने में अलग, मगर एक विचार प्रवाह में जुड़ी हुई है। विभिन्न खंड कुछ इस तरह एक-दूसरे में आते-जाते रहते हैं मानों उनके बीच विभाजक रेखाएँ न होकर अलिखित संधियाँ हों। विषय गम्भीरता के साथ सहजता का यह अद्‌भुत संयोग महान कवि तुलसी की याद दिला देता है। आज के काव्य परिदृश्य में जबकि वर्तमान और स्थूल दृश्य का यथार्थ ही सब कुछ है, इस भावभूमि की कविता से गुजरना एक विरल अनुभव है। कृति में ऋग्वेद, उपनिषद और गीता की न जाने कितनी दार्शनिक अनुगूँजें हैं, कुछ सुनाई पड़ती हैं, कुछ नहीं सुनाई पड़तीं।

लौट आओ प्राण
पुनः हम प्राणियों के बीच
तुम जहाँ कहीं भी चले गए हो
हम से बहुत दूर–
लोक में परलोक में
तम में आलोक में
शोक में अशोक में।[11]
(यत् ते यमं वैवस्वतं... क्षयाय जीवसे) ऋग्वेद (मानस) 10/58

3

कुँवर नारायण जी वस्तुतः पौराणिक चित्तवृति रखते हैं किन्तु उनका मन उन्मुक्त रस दशा वाला है। उनका काव्य रचना-संसार बहुआयामी है जो अपने अन्दर समाज, प्रेम, इतिहास-मिथक आदि उपखंडों को समाहित किए है। कुँवर जी के मुक्तक काव्यों की सूची काफी लम्बी है जो 'चक्रव्यूह', 'परिवेश : हम-तुम', 'आमने-सामने', 'इन दिनों', 'हाशिए का गवाह' जैसे काव्य-संग्रहों में संकलित हैं। इन सभी काव्य-संग्रहों की रचना प्रक्रिया में कवि की कल्पना ने जो मिथकीय आयाम खोजे हैं, अतीत उत्कंठित रूप से नवता का सूत्रधार बना है। कृष्ण और सुदामा की मित्रता की मिथक कथा को आज के परिप्रेक्ष्य में कुछ निम्न रूप में कवि ने प्रस्तुत किया है–

कैसी बाँसुरी? कैसा नाच? कौन गिरिधारी?
जिस महल को तुम
भौंचक खड़े देख रहे
वह तो उसका है
जिसकी कमर की लचकों में
हीरों की खान है!
बहुत भोले हो सुदामा,
नहीं समझोगे इस कौतुक को...[12]

अपनी काव्य रचना में प्रयुक्त प्राचीन विषयों एवं घटनाओं को अपनाकर पुरातन को नवीन रूप देने में कुँवर नारायण जी हर तरह से सफल हुए हैं। कवि ने ऐतिहासिक सन्दर्भों को भी बड़ी ही सूक्ष्मता और सजीवता से मिथकीय रूप में ढाल कर प्रस्तुत किया है। कुँवर जी ने एक भिक्षुक के माध्यम से बुद्ध को आवाज देते हुए लिखा है–

मिट्टी के खाली पात्र को नहीं
करुणा से भरीं उसकी आँखों को देखें
कि हमारे द्वार पर आया भिक्षुक
कहीं बुद्ध तो नहीं?[13]

इसमें सन्देह नहीं कि कुँवर जी की मिथकीय रचनाएँ अधिकतर समयानुकूल प्रेरणा और समयानुसार युग बोध के लिए लिखीं गईं। कुँवर जी के मिथक केवल भारतीय संस्कृति, धर्म अथवा परिवेश से लिए गए हों ऐसा नहीं है बल्कि उन्होंने विदेशों से भी मिथकीय प्रसंगों को उठाया है और उनका प्रयोग बखूबी अपनी काव्य रचना में किया है। एक कविता 'ट्यूनीशिया का कुआँ' में कवि की रचनाधर्मिता का परिचय मिलता है–

ट्यूनीशिया में एक कुआँ है
कहते हैं उसका पानी
धरती के अन्दर ही अन्दर
उस पवित्र कुएँ से जुड़ा है
जो मक्का में है।[14]

इस तरह के कई अन्य उदाहरण उनके 'शाहनामा', 'नीरो का संगीत-प्रेम', 'इब्नेबतूता' जैसी कई कविताओं में देखने को मिलते हैं। इस प्रकार कुँवर नारायण ने अपनी मुक्तक रचनाओं में कई स्रोतों के कथा प्रतीकों को मिथकीय आयाम प्रदान किया है जैसे–1. महाभारत कालीन कथा, 2. रामायण कालीन कथा, 3. अन्य पुराण, उपनिषद कालीन कथा, 4. समसामयिक कथा।

कुँवर नारायण की अनेक कविताओं में महाभारतकालीन पौराणिक प्रतीकों, घटनाओं को प्रस्तुत किया गया जो सर्वथा नवीन व्यंजक बनकर आधुनिक जीवन की स्थितियों के उद्घाटक बन गए। उनकी 'चक्रव्यूह' कविता में महाभारत के युद्ध और अभिमन्यु के प्रसंग को मिथकीय रूप में कुछ इस प्रकार चित्रित किया गया है–

यह महासंग्राम,
युग-युग से चला आता महाभारत,
हज़ारों युद्ध, उपदेशों, उपाख्यानों, कथाओं में
छिपा वह पृष्ठ मेरा है
जहाँ सदियों पुराना व्यूह, जो दुर्भेद्य था, टूटा,
जहाँ अभिमन्यु कोई भयों के आतंक से छूटा।[15]

इसी प्रकार 'तुलसीदास-रत्नावली प्रसंग', 'अयोध्या 1992' जैसी कई मिथकीय रचनाओं के उदाहरण कुँवर नारायण के मुक्तक काव्यों से लिए जा सकते हैं। उनकी सम्पूर्ण मिथक कविताओं की विवेचना करने पर हम पाते हैं कि कुँवर नारायण रचित उपरोक्त काव्यों की सबसे बड़ी विशेषता यह है कि इनमें कवि ने भारतीय प्राचीन मिथकों, प्रतीकों को आधुनिक सन्दर्भों में इस्तेमाल करते हुए समकालीन जीवन से जोड़ कर प्रस्तुत किया है। मिथकों के प्रति गम्भीर संवेदनशीलता रखते हुए कुँवर नारायण ने न तो उन्हें इतिहास बनाने का प्रयास किया है और न ही उन पर अपने समकालीन

राजनैतिक आग्रहों को आरोपित करने का। कवि ने अपने काव्य के बहाने मिथकों की पुनर्रचना का भी सार्थक प्रयास किया है। इस प्रकार कुँवर नारायण जी का काव्य उनके अद्‌भुत और अनुपमेय मिथकीय काव्य चेतना का परिचायक है तथा उन्हें मिथक काव्य के इतिहास में मील का पत्थर साबित करने में सफल सिद्ध होता है।

सन्दर्भ

1. कुँवर नारायण : 'आत्मजयी' की भूमिका से
2. कुँवर नारायण : 'आत्मजयी'
3. कुँवर नारायण : 'आत्मजयी', पृ. 87-88
4. कुँवर नारायण : 'आत्मजयी', पृ. 9
5. कुँवर नारायण : 'आत्मजयी' की भूमिका से
6. कुँवर नारायण : 'वाजश्रवा के बहाने', पृ. 41
7. कुँवर नारायण : 'वाजश्रवा के बहाने', पृ. 100
8. कुँवर नारायण : 'वाजश्रवा के बहाने', पृ. 120
9. कुँवर नारायण : 'वाजश्रवा के बहाने', भूमिका से
10. कुँवर नारायण : 'वाजश्रवा के बहाने', पृ. 96
11. कुँवर नारायण : 'वाजश्रवा के बहाने', पृ. 18
12. कुँवर नारायण : 'हाशिये का गवाह', पृ. 107
13. कुँवर नारायण : 'इन दिनों', पृ. 129
14. कुँवर नारायण : 'हाशिये का गवाह', पृ. 32
15. कुँवर नारायण : 'चक्रव्यूह', पृ. 136

किस्सागोई में कवित्व

प्रेम शशांक

कुँवर नारायण का कथा संसार आकार और संख्या की दृष्टि से भले ही कम जगह घेरता हो, घनत्व की सघनता बखूब है। तत्कालीन कहानी परिदृश्य में जब यथार्थ और सरोकारों को लेकर धींगामुश्ती का माहौल था, वे कहानी के प्रति पाठकीय विश्वास अर्जित करने में लगे थे। वे यथार्थ के नाम पर कहानी नहीं, कहानी के नाम पर यथार्थ की बात करते हैं, उस यथार्थ की बात जिसे केवल व्यावहारिक स्तर पर नहीं, मुख्यतया मानसिक स्तर पर जिया जाता है। उनका कहना है कि अनुभव करने वाला यथार्थ तो चेतना है, जिसे अभ्यास द्वारा इस सीमा तक भी परिष्कृत और पैना बना लिया जा सकता है कि वह अनुभवों से सीधे यानी इंद्रियों का अतिक्रमण करके भी ग्रहण कर सके। यथार्थ के प्रति कविता और कहानी दोनों विधाओं में उनका दृष्टिकोण समान लगता है। जिस तरह वह कविता में यथार्थ से सीधे भिड़ने में बचते हैं, कहानी में भी यह स्थिति लक्ष्य की जा सकती है। वैसे तो कई कवियों ने कहानियाँ लिखी हैं लेकिन कुँवर नारायण के यहाँ काव्य और कथा-विवेक का अद्‌भुत तालमेल देखने को मिलता है। जिस तरह उनकी कविता में कहानीकार की उपस्थिति महसूस होती है वैसे ही उनकी कहानियों में कवि भी सक्रिय रहता है। कहानी में आने तक चरित्र और चीज़ें मस्तिष्कीय मंथन प्रक्रिया से गुजरने के बाद ही आते हैं और तब तक यथार्थ वह यथार्थ नहीं रहता जैसा पहली नजर में दिखता है। इन दो व्यक्तियों की साझा-यात्रा में उनकी कहानी प्रक्रिया निजता और विशिष्टता दोनों पाती है।

स्वतंत्रता के बाद भारतीय समाज और मानस में आजादी से जुड़ा संघर्ष और आकांक्षा कसौटी पर खरी नहीं उतरी। नई व्यवस्था के तहत एक शक्तिशाली केन्द्रीय सत्ता तो प्राप्त हुई लेकिन आम आदमी के जीवन और स्थिति में कोई बड़ा बदलाव नहीं आया। स्वप्नों का टूटना, वर्तमान से मोह भंग, भौतिक और भावात्मक रूप से छले जाने का अहसास, ये उस समय की कुछ छवियाँ हैं जिन्हें चिन्तक-रचनाकार राष्ट्रीय संकट के सन्दर्भ में साहित्यिक-सामाजिक सरोकारों से जोड़ते हुए अपनी रचनाओं के माध्यम से अभिव्यक्त कर रहे थे। कहानियों में कुँवर नारायण यह काम अपने ढंग से करते हैं। स्थितियों और विडंबनाओं के चित्रण में उनके यहाँ अन्य समकालीनों

की तरह तीव्रता और आक्रामकता भले न हो, एक ठोस सोच के साथ विवेकपूर्ण प्रतिकार जरूर है और बेहतर की सम्भावना की आशा-किरण हलकी व धूमिल ही सही, विश्वास के साथ मौजूद है। प्रचलित अर्थ में क्रांतिकारिता और अतिनाटकीयता जैसी रूढ़ि से वह बराबर एक दूरी बनाए रखते हैं जिससे उनका काव्य विवेक और कथातत्त्व क्षतिग्रस्त न होने पाएँ।

बाँसों के बने किसी बहुत पुराने कमज़ोर कठघरे को
जोर से झकझोरने पर जैसी आवाज़ निकलती है, वैसी
ही आवाज़ इस दुनिया से निकलती है अगर इसे इतनी
ही ज़ोर से सोचा जाए—और अगर उतनी ही ज़ोर से सोचते
रहा जाए तो टूट जाती है। (कमीज़)

विचार की शक्ति और उसके अटूट विश्वास को वह कितनी सजगता और सहजता से पाठ में अन्तर्ग्रथित कर संप्रेषित करते हैं, इससे उनकी कहानियों के स्वभाव और प्रभाव को समझा जा सकता है। कुँवर नारायण अपनी कहानियों में बातचीत की शैली को अपनाते हैं। वैसे उनके समकालीन मुक्तिबोध की अभिव्यक्ति का ढंग भी ऐसा ही है लेकिन स्वर के स्तर पर दोनों में अन्तर देख सकते हैं। मुक्तिबोध आत्माभियोग का स्वर अपनाते हैं और कुँवर नारायण ज़्यादातर आत्मालाप का। स्वप्न और मोहभंग की स्थिति से अविश्वास और अनास्था का माहौल बना, लोग अपने आप को ऐसी स्थिति में पा रहे थे जहाँ उनके लिए अधूरी आजादी का कोई अर्थ समझ नहीं आ रहा था। ईमानदार और भावाकुल आदमी अपनी निजता, स्वतंत्रता, सुरक्षा को लेकर काफी कशमकश में था। 'आकारों के आसपास' ऐसी ही कहानी है जिसके नायक को ऐसे ही चरित्र के रूप में महसूस किया जा सकता है। इस कहानी में उनके कवि स्वभाव का कथात्मक रूपांतरण बहुत खुले रूप में देख सकते हैं। इस कहानी के सन्दर्भ में वह कहते भी हैं कि कहीं-कहीं पूरी कहानी को बिलकुल एब्सट्रेक्शन के स्तर पर रखकर कुछ ठोस निष्कर्षों से नत्थी कर दिया—मानो सारा अनुभव वस्तुओं और घटनाओं के नहीं, एक खास तरह के मानसिक सन्दर्भ में जिया जा रहा है। कुछ इसी ढंग से उनके नायक का अस्तित्व वजूद में आता है चाहे मानसिक स्तर पर ही सही।

इस कमरे की चार दीवारों से एक आन्तरिकता बनती
है जिसमें सुरक्षा है और आत्मीय स्वतंत्रता। चाहे
बेसुध सोता रहूँ, कोई नहीं जगाएगा। चाहे संघर्ष
करूँ—इन दीवारों से, या अपने से। हो सकता है
कुछ टूटे, मुझमें या मुझसे दोनों दशाओं में जो
मिलेगा वह अपनी एक नई पहचान हो सकती है,
या अवसर कि अपने को कहीं से शुरू करके कहीं भी
समाप्त कर दूँ। (आकारों के आसपास)

उपरोक्त अंश को कवि का एकालाप कहकर बात खारिज नहीं की जानी चाहिए। यहाँ दर्द और उसकी अभिव्यक्ति भले ही कोमल ढंग से हुई हो (यह रचनागत स्वभाव है) किन्तु इसमें नायक के भीतर असुरक्षा और आशंका का जो भाव दिखता है, इससे आजादी के बाद जब उसे सबसे ज़्यादा सुरक्षित होने का आभास होना चाहिए था, यह भाव तत्कालीन वातावरण की भयावहता को दर्शाता है। एक बार फिर कुछ कर गुजरने की चाह उसके मन में उमगती है। यह कुछ ग़लत नहीं है इसे सभ्यता के संकट के रूप में देख सकते हैं। उनकी 'अफ़सर' कहानी में व्यवस्थाजन्य विडंबना का चित्रण जिस तरीके से हुआ है, उनके समकालीन कहानीकारों के लिए स्पृहणीय हो सकता है। नेहरू काल में सरकारी भाषा, नीति और कार्य संस्कृति की झलक इस कहानी में पाते हैं। इसमें आधुनिक जीवनशैली और भाषा के खोखलेपन के माध्यम से आदमी (अफसर) में निर्मित और विकसित होता काइयांपन देखते हैं जो एक कद या पद तक सीमित न होकर एक प्रकार की 'छल' संस्कृति का निर्माण करता है। कहानी का अफसर सामने बैठे व्यक्ति से कहता है, 'मेरे पास गुप्त सरकारी आदेश है कि इस प्रकार की प्रार्थनाएँ चतुराई से निपटाई जाएँ कि साँप भी मर जाए और लाठी भी न टूटे...' इस 'अफ़सर' के माध्यम से कुँवर नारायण न केवल व्यवस्था के खोखलेपन या अमानवीयता को सामने लाते हैं बल्कि मनुष्य के यांत्रिक ढंग से सोचने की ओर भी संकेत करते हैं जहाँ निजी भावना, प्रेम, आस्था, अनुभूति और नैतिकता के क्षरण की शुरुआत होने लगती है। नई व्यवस्था कुछ-कुछ 'बिल्ट फॉर द किल' की शक्ल अख्तियार करती नजर आती है। जहाँ मानवता और नैतिकता के साथ मनुष्य के स्वाभिमान और आत्मबल की हत्या खुलेआम होती है। विश्व-विख्यात कथाकार मोपासां ने सम्भवत: इन्हीं परिस्थितियों में कहा होगा कि इस पृथ्वी को देखो। देखो कि ईश्वर ने यहाँ बसने वालों को इसे किस रूप में दिया था। क्या यह नहीं लगता कि जंगलों से भरी यह पृथ्वी पशुओं के लिए ही रची गई थी हमारे लिए क्या है, कुछ नहीं। और उनके लिए सब कुछ। उन्हें कुछ नहीं करना होता, सिवाय खाने के, या अपनी मूल वृत्तियों के अनुसार एक-दूसरे का शिकार खा जाने के। ईश्वर ने कभी सदस्यता और शान्तिपूर्ण तौर-तरीकों का पूर्वानुमान नहीं किया था। उसने सिर्फ़ एक-दूसरे को निगल जाने पर आमादा प्राणियों की परिकल्पना की थी। इसलिए पशुओं के रूप में अपने जीवन को आसान बनाने के लिए हमने तमाम चीज़ें ढूँढ़ी और बनाई हैं—मजबूत घर, सुस्वादु भोजन, चटनियाँ, मिठाइयाँ, पेस्ट्री, शराबें, पोशाकें, आभूषण, बिस्तर, गद्दे, गाड़ियाँ और दूसरी अनगिनत मशीनें और चीज़ें।

शिल्प की दृष्टि से भी 'अफ़सर' कुँवर नारायण की सशक्त और यादगार कहानी कही जा सकती है। इसमें चित्रित सत्य की वास्तविकता इसी से जानी जा सकती है कि मुक्तिबोध की लम्बी कविता 'इस चौड़े टीले पर' की निम्न पंक्तियों का अंश और इस कहानी की अन्त:वस्तु और वस्तुसत्य के उद्‌घाटन की लय और बनावट एक-दूसरे का वर्जन लगते हैं।

यह बंगला है, लाल भवन है
कमरे के भीतर कमरे हैं,
जो सबके अन्दर ठीक केन्द्र में बैठा है,
वह एक बड़ा अफ़सर है, उसकी सत्ता है
आतंक बहुत
उसके दिमाग में गुपचुप जो कुछ चलता है
वह सरकारी गुप्तता नियम के अन्तर्गत
अनकहा रहेगा आख़िर तक, हाँ आख़िर तक...

इस कहानी का 'अफ़सर' और उसके सामने बैठा 'व्यक्ति'–प्रतीक के रूप में देखें तो दो वर्गों का प्रतिनिधित्व करते हैं। एक वह वर्ग जो किसी भी हालत में और किसी भी कीमत पर व्यवस्था का हिस्सा बने रहना चाहता है जिसका प्रतिनिधित्व 'अफ़सर' नुमा लोग करते हैं और दूसरे वर्ग का प्रतिनिधित्व वह 'व्यक्ति' नुमा लोग करते हैं। समाज दो हिस्सों में विभाजित होता है। सभ्यता का विघटन होता है। यह भयावह है। यह एक प्रकार के अविश्वास को रेखांकित करता है। इस अविश्वास को समूह रूप में व्यवस्था के प्रति ही सीमित करके नहीं देखा जा सकता है। यह व्यवित–व्यक्ति के बीच भी फैला हुआ है, इसकी अनुभूति कमोबेश कुँवर नारायण की हर कहानी में होती है। अवसरों की कमी कहें या विकट लोलुपता या दोनों ही, उनकी कहानियों में यह द्वन्द्वात्मकता विभिन्न स्तरों पर प्रभावी है। आखिर समय के सच को झुठलाया नहीं जा सकता, इसमें वह कहीं कोताही नहीं बरतते। लगभग एक डिटेक्टिव की निगाह से सन्देह, अविश्वास और आशंकाएँ अलग–अलग चेहरे गढ़ती–सी लगती हैं–

यों तो उस आदमी की सूरत ही पापियों की सी थी,
लेकिन उस पर भी वे ऐंठी हुई मूँछें तो असह्य थीं।
उनमें अनावश्यक अत्याचार का प्रतीक झलकता था।
सारा चेहरा, लगता था, किसी बनावटी नाटक में खलनायक
का पार्ट अदा करने के लिए ख़ास तौर पर रचा गया हो। (संदिग्ध चालें)

बहुत दूर पर एक आदमी था जिसकी मूँछें नहीं थीं।
बड़े–बड़े दाँत थे। इतने बड़े–बड़े दाँत कि अगर वह चाहता तो
पहले आदमी को मूँछों समेत किसी राक्षस की तरह खा जाता। (वही)

ट्रेन के डिब्बे में मेरे सामने दरवाजे के पास वाली
सीट पर बैठा वह आदमी, निश्चय ही उन आदमियों में
से नहीं लगता था जिनके विचारों में कोई परिवर्तन
लाना आसान हो। (दूसरा चेहरा)

उस कमरे में केवल दो प्राणी थे–मैं और वह, लेकिन
ऐसा जान पड़ता था कि केवल वही जान रहा था कि
कौन किसके लिए ज़्यादा बड़ा संकट है।

मेरी दृष्टि में
उसको किसी भी हालत में मुझसे दूर रहना चाहिए,
क्योंकि उसके और मेरे बीच सिवा घृणा के और कोई
सम्बन्ध ही न था। (आशंका)

''बदजात कीड़ा!'' एक आदमज़ाद ने दूसरे से कहा।
दूसरे आदमी ने साबित करने के लिए कि वह
कीड़ा नहीं है, कीड़ा कहने वाले का मुँह नोच लिया।
''जानवर'' नई उपाधि, साथ ही एक ज़बरदस्त चाँटा,
इस इरादे को पुष्ट करते हुए कि जानवर से जानवर
की ही तरह पेश आना ज़रूरी है–चाहे इसमें विवेक
शहीद हो जाए। (दो आदमियों की लड़ाई)

वह आदमी ज़रूर खतरनाक था। पहली बार मुझे
लगा कि उसकी शक्ल बहुत-बहुत पुरानी हो सकती
है–शायद हज़ारों साल पुरानी कहीं देखी हुई।
किसी हिंसक जानवर या काल्पनिक राक्षस की तरह
निर्दय और मक्कार किसी कमज़ोर शिकार की तलाश
में कि उसे मौक़ा मिलते ही दबोच ले। (वह)

कुँवर नारायण बिम्बों के माध्यम से नई अवसरवादी व्यवस्था (समूह) से परे इकाई के रूप में विभिन्न व्यक्तियों की बाहरी बनावट, जो सामने से देखी जा सकती हो, के आधार पर उस प्रश्नाकुलता की तलाश करते हैं, जो उसे मनुष्य की गरिमा से गिराती है। इस परख में सफल भी होते हैं, असफल भी। ऐसा नहीं कि वह सिर्फ़ शारीरिक बनावट या बाहरी सजावट को ही आधार बनाते हों, संस्कारों के आधार पर खोजने के यत्न भी कई कहानियों में मिलते हैं। इस दृष्टि से हलकी-सी बेचैनी उनके भीतर अपना काम करती सी लगती है। वह जानते हैं कि व्यवस्था मनुष्यों का ही समूह है इसलिए उन संस्कारों और तत्त्वों को पकड़ने का प्रयास करते हैं जो मनुष्य को कमजोर बनाते हैं और सत्ता की अमानवीय इमारत को मजबूती देते हैं। वह कहते हैं कि भारतीय राजनीति आज अगर बिलकुल भ्रष्ट और चरित्रहीन दिखाई दे रही है तो उसके पीछे चीज़ों का अभाव नहीं, अभाव अगर है तो उस आत्मबल और आत्मसम्मान

का जो नैतिकता को दृढ़ आधार दे सके। उपरोक्त कथ्यांशों में सन्देह, डर और अविश्वास की छवियाँ अनायास नहीं हैं, उनकी द्वन्द्वात्मक सोच और मन के प्रतिपक्ष का स्थायी भाव हैं जिनकी प्रतिछवियाँ उनकी कविताओं में भी दिखती हैं। एक कविताांश दृष्टव्य है–

शायद उसी मुश्किल वक़्त में
जब मैं एक डरे हुए जानवर की तरह
अकेला छोड़कर बच निकला था ख़तरे से सुरक्षा की ओर
वह एक फँसे हुए जानवर की तरह
खूँखार हो गया था

(जब आदमी आदमी नहीं रह पाता)

यह द्वन्द्व 'बिल्ट फॉर द किल' की नीति या दर्शन से उत्सर्जित है। इसका बहुत अच्छा प्रयोग उनकी कहानी 'संदिग्ध चालें' में मिलता है। सामाजिक व आर्थिक स्वावलंबन या हैसियत की निर्मिति, इसको बरकरार रखने या उत्तरोत्तर विकास की ग्राफिक रेखा को बचाए रखने में जिस तरह की नीयत और खुराफातों की दरकार होती है कि आदमी और पशु के बीच का अन्तर खत्म हो जाता है, इसका खुला और सटीक चित्रण इस कहानी में देखते हैं। यहाँ जीने की सारी फितरतें, सन्देह, भय, असुरक्षा, अराजकता और अमानवीयता के स्रोत से फूटती हैं। इन विकट और भयावह स्थितियों में एक नैतिक, स्वाभिमानी और मानवीय संस्कारों से लैस आदमी की मुश्किलों का अनुभवीय और मानसिक द्वन्द्व इस कहानी में प्रखरता से मुखर है। इस द्वन्द्व का खरापन समय की कसौटी पर इतना खरा उतरता है कि वर्तमान परिस्थितियों में हम इसे कहीं ज़्यादा भोंड़ेपन के साथ देखते हैं। दृश्य संचार माध्यमों से हम देख सकते हैं कि छोटे चोर, हत्या और बलात्कार के मुजरिम कैमरे के सामने आते वक्त रूमाल, अंगोछा, मफलर या अन्य किसी कपड़े से चेहरा ढकने या छुपाने का भरपूर प्रयास करते हैं, वहीं राजनेता और मंत्री रिश्वत और बड़े घोटालों में फँसे होने, हत्या और बलात्कार के आरोपों में घिरे होने पर हाथ जोड़ते हुए विजयी मुस्कान की मुद्रा में सामने से गुजरते हैं। यह जो नैतिक और आत्मिक क्षरण समाज में दिखाई देता है, इसके उत्स 'संदिग्ध चालें' की आन्तरिक संरचना में देखे जा सकते हैं। इस कहानी में जिन सम्भावनाओं के संकेत दिए गए हैं उन्हें आज अश्लीलतम रूप में देख सकते हैं। समाज के विघटन का ही प्रभाव है कि धनवान, सत्तासीन और अपराधी किस्म के लोगों का गठजोड़ कहानी में वर्णित परिस्थितियों से कहीं ज़्यादा संगठित रूप में आज दिखाई देता है। इस कहानी में जो चीज़ कुँवर नारायण फंतासी के माध्यम से संप्रेषित करते हैं, आज यथार्थ में उन तत्त्वों को सहज पहचाना जा सकता है। इससे उनका यह कथन सत्य प्रतीत होता है कि यथार्थ के साथ मिथक या फंतासी के एक और तरह के सम्बन्ध पर भी ध्यान जाता है। कल जो फंतासी था आज सच है, आज जो फंतासी लगता है कल को वह सच हो सकता है।

कुँवर नारायण उन रचनाकारों से अलग हैं जिनके लिए श्लीलता-अश्लीलता और नैतिकता-अनैतिकता स्त्री की दैहिक सीमाओं तक सीमित होती हैं। 'सवार और सवार' कहानी में वह कपड़े पहने हुए आदमी और उसके बरक्स नंगे या कम कपड़ों में खड़े आदमी के बीच के गैप को अश्लील और अनैतिक करार देते हैं। उनकी सोच और विचारशीलता का कथात्मक बिम्ब देखते हैं, "मैं अपने कपड़ों में एक ओर था और वह मेरे कपड़ों के दूसरी ओर। मैं ज़रूरत से ज़्यादा कपड़े नहीं पहने था वह ज़रूरत से ज़्यादा नंगा नहीं था। फिर भी इस ज़रूरत से ज़्यादा और ज़रूरत से कम को लेकर कहीं एक फ़र्क़ था जो उसे ज़रूरत से ज़्यादा नंगा बनाता था और मुझे उसी अनुपात में उसकी नंगई के खिलाफ़ गुनहगार।" इसके अलावा वह 'इज्जत' और 'पोजीशन' जैसे प्रत्ययों की कलई 'नंगई', 'गुनहगारी' के अनुपात में व्यापक सन्दर्भों में खोलते हैं। यह कहानी आकार में भले छोटी हो, प्रभाव बेधक है। इसलिए आकार, शिल्प और प्रभाव की दृष्टि से लघुकथा विधा के काफी नजदीक लगती है। इसके अलावा उनकी 'मुआवज़ा' और 'आकारों के आसपास' को भी इस विधा की परिधि में रखा जा सकता है। यद्यपि इन कहानियों का टोन लघुकथा विधा की प्रकृति से थोड़ा अलग है लेकिन यही चीज़ इस विधा की समृद्धि में नई सम्भावना भी खोलती है।

'वह' कुँवर नारायण की बहुत खूबसूरत कहानी है। 'खूबसूरत' इस मायने में कि स्त्री की मांसलता और प्रेम की कहानियाँ बहुत लिखी गई हैं। स्त्री सौन्दर्य से अभिभूत अभिव्यक्ति इस कहानी को अलग और विरल बनाती है। स्त्री सौन्दर्य की अनुभूति और उसके प्रभाव का आतंक पुरुष में क्या कुछ जगाता है, यह अनुभव करना जितना सरल है उसकी रचनात्मक अभिव्यक्ति उतनी ही जटिल। एक स्त्री का सहज सौन्दर्य और उसकी प्रभावान्विति की किसी पुरुष मन पर सहज प्रतिक्रियाओं से उत्पन्न आकांक्षा या अभिलाषा का क्रमिक विकास और विवेक का जागृत और सुप्तावस्था में मानसिक नियंत्रण इस कहानी को महत्त्वपूर्ण बनाता है। इसे साधारण में असाधारण प्रयोग कह सकते हैं। क्योंकि सामान्य नजर से देखें तो किसी भी पुरुष की पहली मुठभेड़ स्त्री के सौन्दर्य (इसकी कोई निश्चित परिभाषा नहीं है)–मसलन उसके चेहरे, चेहरे में कई अवयव हो सकते हैं जैसे आँखें, नाक, कान, होंठ और इनकी प्रतिक्रियाएँ जैसे मुस्कान, देखने का ढंग, दृष्टि की बेधकता इत्यादि–से हो सकती है जो उसे आकर्षित करती है। यह आकर्षण पुरुष मन पर प्रतिक्रियाएँ करता है जिससे उसके मन में इस सौन्दर्य के निकट जाने, उससे बार-बार गुजरने, उसे संजोने की इच्छा होती है। ये प्रारंभिक अनुभूतियाँ ही प्रेम और मांसलता के प्रति उत्सुकता जगाती हैं। इसी प्रक्रिया को कुँवर नारायण 'वह' में पकड़ने की कोशिश करते हैं। एक विवाहित स्त्री का सौन्दर्य यहाँ केन्द्र में है। पुरुष भी सम्भवत: विवाहित। लेकिन सौन्दर्य के अस्तित्व की निर्भरता उसकी प्रभावान्विति में छिपी होती है। यह बहुत सहज प्रक्रिया है जो गतिमान रहती है। इन प्रारंभिक अनुभूतियों को ही कुँवर नारायण 'वह' का कथ्य बनाते हैं। झरना तो बहता ही रहता है चुनौती आँखों

में उसकी छवि को स्थिर और गति को जारी रखने की होती है। कुँवर नारायण कवि मन की सक्रियता के कारण इस कहानी में यही करने में सफल रहे हैं। इस विवादास्पद कथ्य की अभिव्यक्ति में रचनाकार का बौद्धिक व्यक्तित्व अनुपस्थित तो नहीं कह सकते लेकिन उसकी उपस्थिति क्षीण जरूर महसूस होती है इसलिए अनैतिक और अश्लीलता के मुद्दे को विवेक की अन्तर्भूत विचलनें कथ्य में ही सँभाल ले जाती हैं। बौद्धिक-विवेक के इससे कम या अधिक हस्तक्षेप से कहानी के मूल को क्षति पहुँच सकती थी इसलिए कथ्य की जटिलता में उनकी रचनात्मक निष्ठा को आधारभूत शक्ति के रूप में देख सकते हैं।

कवियों की कहानियों को लेकर प्रायः पाठक या लेखक-मित्र दो भागों में बँट जाते हैं। जहाँ एक वर्ग भाषा-शिल्प में निजता और ताजगी को लेकर उत्साहित होता है वहीं दूसरे वर्ग में कथा-मूल्य की अनुपस्थिति से कहानी में कहानी न होना, कथा में कथा न होने से खिन्न प्रतिक्रियाएँ देखने में आती हैं। लेकिन यह भी सच है कि दोनों तरह की प्रतिक्रियाओं से बेपरवाह होकर अपनी शर्तों पर कवियों ने कहानी लिखना जारी रखा और इस निजता के कारण विशिष्ट हैं। उनकी कहानियाँ आकार में बड़ी नहीं हैं इसलिए उनमें चित्रित अनुभव-जगत् सीमित और एकांगी है। कथा-जगत् के सीमित होने से उनकी कहानियों में पात्रों की भीड़ और स्थितियों-परिस्थितियों में बहुधर्मिता नहीं है। उनकी कहानियों की रचना प्रक्रिया में उनके कवि की बहुत सक्रिय भागीदारी रहती है जो सिर्फ़ भाषा और शिल्प के स्तर पर ही नहीं, कथ्य के चुनाव, कथास्थितियों के गठन, वैचारिक तालमेल में भी महसूस होती है। इसीलिए उनकी कहानियों में कथा-स्थितियाँ या घटनाएँ नियोजित लगती हैं। इससे वह इनकार भी नहीं करते, 'अकसर इन कहानियों में पात्रों और घटनाओं को केवल गवाही की तरह लाकर मनुष्य की नियति का मुक़दमा पेश किया गया है।' इसलिए उनकी कहानियों में एकालाप या आत्मालाप का टोन प्रमुख रहता है। यह अलग बात है कि आत्मान्वेषण की प्रक्रिया भी धीमी गति से साथ-साथ चलती है। इसमें कोई सन्देह नहीं रह जाता कि उनकी कहानियों में प्रस्तुत यथार्थ एक विशिष्ट मस्तिष्कीय प्रक्रिया से गुजरकर ही आता है। 'सोच' और उसकी भाषाई बनावट में कहानीपन और कथातत्त्वों के संयोजन में नाटकीयता का पुट देकर संप्रेषण में प्रवाह और सहजता लाते हैं। एक कवि होने के नाते कुँवर नारायण अपने मनोजगत् की वैचारिक संपदा को अनुभवजगत् की जिन चीज़ों, प्रतीकों, बिम्बों से मूर्त करने की कोशिश करते हैं, उनसे एक नई दुनिया खुलने जैसा अनुभव होता है। यह एक सर्जक की ताकत होती है जहाँ वह कुछ अपना रचता है जहाँ कहीं की नकल नहीं होती, जहाँ सृजनात्मक मौलिकता के दुर्लभ क्षण एक अलग तरह से सुख देते हैं। मनुष्य के स्वभाव, संस्कार, स्वाभिमान और आत्मबल को सशक्त बनाने की सदिच्छा उनकी कहानियों को स्मरणीय और जब तक संसार में बहुत बड़े परिवर्तन नहीं होते, प्रासंगिक बनाती है।

कुँवर नारायण की कहानियों के आसपास

जयशंकर

कुँवर नारायण हिन्दी के उन लेखकों में से एक रहे हैं, जिन्होंने अपनी लम्बी सर्जनात्मक यात्रा के बरसों में व्यक्ति और समाज के नैतिक, आध्यात्मिक संकटों और सवालों पर लगातार सोचा है, अपनी जीवंत जिज्ञासा के साथ, साहित्य के सौन्दर्यबोध से जुड़े सवालों और आयामों पर भी।

पिछले अनेक बरसों से वे हिन्दी के महत्त्वपूर्ण कवि रहते आए हैं। अब तक उनके लगभग आठ कविता संग्रह, दो निबन्ध संग्रह प्रकाशित हो चुके हैं। कहानियाँ उन्होंने कम लिखी हैं और उनका एक संग्रह 'आकारों के आसपास' सम्भवतः उन्नीस सौ तिहत्तर में आया था। उसके बाद भी उन्होंने कहानियाँ लिखी हैं परन्तु उनकी संख्या बहुत कम है। कुँवर नारायण को देश-विदेश के अनेक पुरस्कार प्राप्त हुए हैं। उन्हें पद्मभूषण से नवाजा जा चुका है।

कुँवर नारायण ने कहानियाँ कम लिखी हैं लेकिन जितनी लिखी हैं वे अपनी प्रकृति में प्रौढ़ और परिपक्व, भौतिक और मर्मस्पर्शी जान पड़ती हैं। इन कहानियों में आए तनाव जेनुइन हैं तो इनकी बुनावट ठोस और सघन। उनकी कहानियों की भाषा के ताने-बाने को महसूस करने के लिए उनकी कहानियों की कुछ पंक्तियाँ पढ़ते हैं :

1. 'इस कमरे की चार दीवारों से एक आन्तरिकता बनती है जिसमें सुरक्षा है और आत्मीय स्वतंत्रता।'
2. 'बाहर हवा चीखती-चिल्लाती रही जैसे उसका कोई मर गया हो।'
3. 'मेरे लिए अगर ज़िन्दगी के कोई मानी है, तो बारीक स्तर पर ही वरना दो-एक कहकहों और आँसुओं के बाद समाप्त हो जाना चाहिए इसे।'

कुछ लेखक होते हैं जो सिर्फ़ लिखना चाहते हैं और कुछ सिर्फ़ अच्छा लिखना चाहते हैं। कुँवर नारायण लेखकों की इस दूसरी श्रेणी में आते हैं। उनके लिखे गए में इस सवाल को बराबर, लगातार सुना जा सकता है कि 'अच्छा किस तरह लिखा जा सकता है?' उनकी कहानियों की गहराइयों, उनकी कहानियों की कल्पनाशीलता, उनकी कहानियों की चिन्तनशीलता के पीछे सहज रूप से उनके अपने लेखक के

ये सवाल खड़े रहते हैं, तब उसके रास्ते कौन से होने चाहिए? उसके लिए कौन-कौन से प्रयत्न किए जाने चाहिए? क्यों पेन एक संकीर्ण उपकरण है जो उतना और उस तरह कह नहीं पाता जिस तरह कहने की, जितना कहने की लालसा लेखक के मन में होती है?

कुँवर नारायण की कहानियाँ अपने पाठक से एक किस्म के ध्यान, इत्मीनान की माँग करती हुई जान पड़ती हैं। इन कहानियों को न ही अधीरता से लिखा गया है और न ही अधीर पाठकों के लिए लिखा गया है। ये कहानियाँ उन कुछ थोड़े से पाठकों के लिए ज़्यादा आत्मीय रहेंगी जो इन कहानियों को धीरता-गम्भीरता से पढ़ने का अवकाश जुटा पाएँगे। इन कहानियों को पढ़ते हुए पाठक के मन में बराबर यह बात चलती रहती है कि पढ़ना एक गम्भीर और जटिल प्रक्रिया भी है और देखने की तुलना में, उसकी हमसे माँग कुछ ज़्यादा होती है।

इन कहानियों में उनके पात्रों के जीवन के कुछ क्षणभंगुर, क्षण होते हैं लेकिन कुँवर नारायण उन छोटे-छोटे क्षणों को उनकी सम्पूर्णता में पकड़ पाने में सफल होते हैं। 'आकारों के आसपास' की कहानियों को पढ़ता हूँ तो इन कहानियों के गद्य को कविता के जीवन और जादू से भरा महसूस करता हूँ। तब मन में सहज ही यह सवाल उतरता है कि क्या कुँवर नारायण की कहानियों के गद्य को कवियों के गद्य की श्रेणी में रखा जा सकता है? कवियों का गद्य मेरे लिए एक अनजाना-सा वाक्यांश है। इस सन्दर्भ में मैं अपने अत्यन्त गहरे अज्ञान को बहुत अच्छी तरह जानता हूँ। जहाँ तक याद आता है इस वाक्यांश को निर्मल वर्मा की डायरी में रूसी कवयित्री मारीना स्वेताएवा के सन्दर्भ में पहली बार देखा था।

यह भी समझ में आता है कि हिन्दी के खड़ी बोली के इतिहास में प्रसाद, निराला, महादेवी, अज्ञेय, शमशेर, नागार्जुन ने भी कविताओं के साथ-साथ गद्य लिखा था। आजादी के बाद के बरसों में धार्मवीर भारती, रघुवीर सहाय, श्रीकांत वर्मा, सर्वेश्वरदयाल सक्सेना जैसे कवियों ने भी उतनी ही प्रभावशली पठनीय कहानियाँ लिखी जितनी निर्मल वर्मा, फणीश्वरनाथ रेणु, मोहन राकेश जैसे मूलतः गद्य लिखने वाले लेखकों ने।

कुँवर नारायण भी उसी दौर के महत्त्वपूर्ण कवियों में से एक रहे जिन्होंने कहानियाँ भी लिखी। वह आजादी के बाद का दौर था और हमारा साहित्य भी खुद को अपनी सम्पूर्णता में अभिव्यक्त कर, परिभाषित करने की व्याकुलता लिए हुए गुजर रहा था। उस वक्त की हर विधा में हमें एक तरह का आत्मसंघर्ष, एक किस्म का जोखिम उठाने का संकल्प-सा नजर आता है। शायद किसी एक युग के समाप्त होने और दूसरे युग के जन्म लेने के बीच के बरसों में साहित्य किसी निर्णायक दौर से गुजरता होगा। कुँवर नारायण ने अपनी कहानियाँ उस दौर में लिखी थीं।

उनके यहाँ लोगों से लोगों के रिश्तों के साथ-साथ लोगों के अपने परिवेश, पड़ोस, प्रकृति और नियति से रिश्तों को भी उनकी सघनता में महसूस किया जा सकता है। मनुष्य का अपनी प्रकृति और नियति से रिश्ता उनकी कविताओं की ही तरह, उनकी

कहानियों में एक अलग ढंग से उतरता हुआ नजर आता है। उनकी एक कहानी 'गुड़ियों का खेल' की इन पंक्तियों को इस सन्दर्भ में पढ़ा जा सकता है : 'ईश्वर न तो संज्ञा है, न सर्वनाम। वह विशेषण है, क्रियाविशेषण या केवल क्रिया। यानी यह लड़की ईश्वर को नहीं, केवल ईश्वरता को समझ सकती है।' (गुड़ियों का खेल)

'ईश्वर, इंसान, जानवर पेड़-पौधे सब एक हैं। सबके लिए एक ही सज़ा है—मौत। सबका एक ही जुर्म है—ज़िन्दगी। सबकी एक ही क़ैद है—दुनिया...मैं, सिर्फ़ 'मैं' इस कठघरे के बाहर, पता नहीं, आ गया हूँ या जा रहा हूँ...।' (कमीज़)

'आकारों के आसपास' की कहानियों में उनके पात्रों का भूला-बिसरा जीवन आता है, उनको भुला दिए जाने की पीड़ा आती है, उनके जीवन को निर्लज्जता के साथ नष्ट किए जाने के मार्मिक क्षण आते हैं। ये कहानियाँ अपने दायरे में आते साधारण लोगों के जीवन की असाधारणता को व्यक्त करती हैं। मामूली लोगों के जीवन के महत्त्वपूर्ण और मार्मिक आयामों को खोजती हैं, व्यक्त करती हैं और इस तरह अपने देशकाल का महत्त्वपूर्ण और मर्मस्पर्शी दस्तावेज बनने की सफल चेष्टाओं में शामिल होती हैं।

कुँवर नारायण की कविताएँ हों या कहानियाँ, ये सब अपने पाठक को बताती हैं कि एक लेखक अकेले लिखता जरूर है लेकिन अपने आप में अकेला नहीं होता है। उसे अपने आपको पाने के लिए भी एक व्यापक सामाजिक सांस्कृतिक सन्दर्भ और परिप्रेक्ष्य से जुड़ना होता है। इन सन्दर्भों की, इन परिप्रेक्ष्यों की, इन परम्पराओं की जितनी गहरी जड़ें उसके अपने लेखन में होंगी उतना उसका लेखन जीवन के करीब खड़ा रह सकेगा। साहित्य के करीब खड़ा रह सकेगा। उसके अपने लिखे गए का सच, जीवन और साहित्य की आदिम जड़ों से जुड़कर ही अपना व्यापक अर्थ ग्रहण करेगा, अपनी सच्ची अस्मिता को प्राप्त कर सकेगा। उनकी कहानी 'कमीज़' की इन पंक्तियों से गुजरते हैं : 'भले आदमी की आत्मशक्ति को जो चीज़ सबसे आसानी से तोड़ देती है, वह है उसकी सद्‌भावना पर आघात। वह कष्टों, अभावों और अकेलेपन में जी सकता है लेकिन इस विपर्यय में नहीं जी सकता कि दुनिया उसे धोखेबाज समझे, चाहे वह दुनिया की जितनी कम परवाह करे। वह ईमानदारी से जो है उसके लिए बड़ी से बड़ी सजा भुगत जाने में गौरव अनुभव करेगा, लेकिन एक झूठ के लिए शहीद होना इससे बड़ी ट्रेजेडी उसके लिए और क्या हो सकती है?' कुँवर नारायण की कहानियों में दर्शन रहता है किन्तु मनहूस प्रकृति का ऊपर से लादा गया दर्शन नहीं। उनके यहाँ, किसी भी किस्म के अतिरेक का प्रतिरोध नजर आता है। वे इस खतरे को जानते हैं कि किसी भी तरह का अतिरेक, लेखक और पाठक के बीच के संवादों में बाधाएँ खड़ी करता है। कुँवर नारायण का लिखा गया पढ़ते हुए इस बात को दर्ज किया जा सकता है कि भले ही अपनी शर्तों पर लेकिन उनके लिए अपने पाठकों से सहज संवाद एक तरह का सच है और स्वप्न भी। हर अच्छे लेखक की तरह, उन्हें भी अपने पाठकों से होता संवाद सुख भी देता होगा और सार्थकता भी। शायद इसीलिए भी उनकी कहानियों में अतिशयोक्ति,

अतिप्रशंसा, वाक्पटुता जैसी सस्ती और सतही तकनीकों की अनुपस्थितियों को महसूस किया जा सकता है।

इतना जरूर है कि उस पाठक को, जो ज्ञान प्राप्त करने के लिए, किसी विचारधारा से जुड़ने के लिए, कुँवर नारायण की कहानियों के पास जाएगा उसे इन कहानियों से निराशाएँ मिलेंगी। ये कहानियाँ उन पाठकों के लिए भी हैं जो अपने आप से बातचीत करना चाहते हैं, अपने आपको अपने देशकाल के सन्दर्भों में जानना समझना चाहते हैं, अपने आपकी सीमाओं का अतिक्रमण करना चाहते हैं। ये कहानियाँ एक ऐसे पाठक की माँग करती हुई जान पड़ती हैं जिसे अपने पाठक होने की अहमियत का भी एहसास है और उस अहमियत से जन्मी अपनी नैतिक जिम्मेदारी का भी और अपनी साहित्य की दुनिया में ज़रूरी निर्णायक भूमिका का भी। ये कहानियाँ पाठकों की साझेदारी की, उसकी सहज समझदारी का सम्मान करना चाहती हैं और अपने पाठक से वह ज़रूरी संवाद भी जिसके अभाव में लेखक और उसका लेखन आधा-अधूरा बना रहता है।

कहा जाता रहा है कि एक लेखक के लिए अपने पात्रों के निजी जीवन के बारे में लिखना, उसके सार्वजनिक जीवन के बारे में लिखने की तुलना में कठिन होता है। मुझे लगता है कि किसी भी लेखक के लिए अपने निजी स्वाधीनता बोध को लिए हुए जीवन के बारे में ही लिखना कठिन होता है फिर चाहे वह जीवन निजी हो या सार्वजनिक। किसी भी लेखक के लिए शब्दों का गहरा महत्त्व बना ही रहता है लेकिन ये दो शब्द—मानवीय जीवन—ऐसे शब्द हैं जिन पर बिना सोचे-समझे, उसका लेखक हो पाना असम्भव ही बना रहता होगा। कुँवर नारायण की कहानियाँ कहती हैं कि उन्होंने इन शब्दों के बारे में-मानवीय जीवन के बारे में खूब ज़्यादा सोचा है, बार-बार सोचा है। अलग-अलग ढंग से सोचा है, बिना किसी विचारधारा का सहारा लिये हुए, मानवीय जीवन के अनेक धारातलों, आयामों आदि अर्थों के बारे में सोचा है। उनका इस तरह का चिन्तन-मनन, उनकी कहानियों को अपनी तरह की निरन्तरता प्रदान करता है। अपनी तरह की स्थिरता सौंपता है।

उनकी कहानी 'आकारों के आसपास' की इन पंक्तियों पर लौटते हैं : 'मैं अपने को कहीं और से आरम्भ कर ले सकता हूँ, इस तरह कि न प्यार करूँ, न शोक, न आशा। ज़िन्दगी के मानी है बहुत-सी चीज़ें', कोई एक चीज़ नहीं है और तभी ऐसा लगा कि कमरे की चीज़ों ने मिलकर मेरे सामने एक ऐसी ज़िन्दगी रखी जिसमें न अच्छाई थी न बुराई, क्योंकि उनमें न ज़रूरतें थीं, न कर्तव्य। केवल ऐसा क्रम था, जिसमें कहीं स्वयं को साबित करने की मजबूरी न थी।'

इस तरह कुँवर नारायण हमें अपनी भाषा के एक ऐसे कथाकार के रूप में मिलते हैं जो अपनी आवाज में अपनी आस्था को खोजना चाह रहे हैं, जो अपना और सिर्फ़ अपना वाक्य गढ़ना चाह रहे हैं, जिससे कहानी का अपना संसार कुछ अलग ढंग से समृद्ध हो सके। पाठकों के लिए कहानी कुछ और ज्यादा कहानी हो सके। कहानी के अपने जीवन का विस्तार हो सके, कहानी का अपना भविष्य मजबूत हो सके।

अब अपनी टिप्पणी के अन्त में उनकी कहानी 'सन्धि' की कुछ पंक्तियाँ लिखता हूँ जो इस बात का संकेत देती हुई जान पड़ती हैं कि कुँवर नारायण अपने आप से, अपने बाहर से निरन्तर संवाद करते हुए कथाकार रहे हैं : 'मैंने देखा कि मेरी बहस की सबसे बड़ी कमज़ोरी यह होती थी कि वह लामहाला बहुआयामी हो जाती थी जबकि बाबा अपनी बहस को एक-आयामी रखने के मामले में एक आर्य समाजी की तरह कट्टर थे। यही उनकी तथा उनके बहस की वह ताक़त थी जिसके सामने मैं हमेशा किंकर्त्तव्यमूढ़ होकर रह जाता।'

कुँवर नारायण अपनी कहानियों में जीवन को खोजना चाहते हैं, जीवन का आविष्कार करना चाहते हैं और इस तरह कहानी की नैतिकता का विस्तार करते हैं, कहानी की नियति को बदलने में हस्तक्षेप करते हैं। उनकी थोड़ी-सी कहानियों को पढ़ते वक्त यह सवाल बराबर बना रहता है कि अगर उन्होंने कविता की ही तरह, अपनी कहानियों को निरन्तर, अभी तक लिखा होता, तब हमें उनकी कहानियाँ कौन-कौन से विस्मय देतीं? हमारी किन जिज्ञासाओं को शान्त करतीं? पाठकों के किन आयामों को समृद्ध करने के लिए प्रयत्नशील बनी रह सकती थीं? पर यह हमारा स्वप्न ही है। हमारे लिए उनकी अब तक लिखी गई उनकी कहानियाँ ही उनकी कहानियों का सच है और स्वप्न भी और उनकी कहानियों से प्राप्त छुपी सच्चाइयों के लिए, सपनों के लिए, हम, उनके पाठक उनके प्रति अपनी गहरी कृतज्ञता व्यक्त करते हैं।

'आकारों के आसपास' आकार लेती कहानियाँ
(कुँवर नारायण की कहानियों का रूप-रंग और स्वाद)

संदीप प्रसाद

कोई भी दौर किसी भी दौरान पूरा नहीं होता क्योंकि हर दौर में ऐसे लोग मौजूद होते हैं, जो उस वक्त के अधूरेपन को न केवल उजागर करते हैं बल्कि उसे कुछ और भर जाते हैं अथवा भर जाने के लिए लोगों को प्रेरित कर जाते हैं। ये लोग किसी भी युग की अनुपम प्रतिभाएँ होते हैं–कुँवर नारायण ऐसे ही लोगों में से एक हैं।

कुँवर नारायण को पाँचवे-छठे दशक से ही उनकी काव्य-प्रतिभा के लिए जाना जाता रहा है, जो अब तक अपनी शख्सियत व सर्जन के अनेक आयामों से हिन्दी संसार को थोड़ा-थोड़ा भरे जा रहे हैं। मूलतः कवि होने के बावजूद कुँवर नारायण ने साहित्य की अन्य विधाओं में शिरकत की है और इसके लिए उनके अपने तर्क भी हैं। वे कहते हैं कि "कविता से भिन्न कहानी एक ख़ास तरह की ज़रूरत को पूरा करती है। उस तरह की ज़रूरत मैंने महसूस की है, उस समय भी जब मैं कविता छोड़कर कहानी लिखता हूँ या कहानी छोड़कर समीक्षा लिखता हूँ या उपन्यास लिखता हूँ। तब मेरे मन में यह नहीं होता कि ये सारी चीज़ें जो मैं कविता से भिन्न विधाओं द्वारा प्रकट कर सकता हूँ, उन्हें कविता में भी प्रकट कर सकता हूँ, अगर ऐसा होता तो ज़रूरत नहीं महसूस होती।"[1] मतलब कविता प्रिय विधा होने के बावजूद भी कुँवर नारायण में अन्य विधाओं को कविता में ही अंतर्भुक्त कर डालने का विचार नहीं पैदा होता। उनके लिए काव्य काव्यानुभव को बयान करने के लिए तथा अन्य विधाएँ अन्य अनुभवों को अभिव्यक्ति देने के लिए है। एक कवि के रूप में उनकी मूल विधा के साथ-साथ उनकी अन्य अभिरुचियाँ किस तरह से पेश आती हैं, यह सवाल अरुंधती सुब्रमण्यम द्वारा पूछे जाने पर वे यही कहते हैं कि "वे (कविता से इतर विधाएँ) मेरी काव्यानुभूत दुनिया के विस्तार नहीं हैं, बल्कि इस दुनिया–जिसमें हम रहते हैं–से जुड़े मेरे अनुभवों और मेरे विचारों के विस्तार हैं।"[2] वैसे एक पाठक के रूप में एक ही रचनाकार की विभिन्न विधाओं में अभिव्यक्त अनुभवों के बारीक पार्थक्य को समझना थोड़ा कठिन होगा और मनोरंजक भी।

कुँवर नारायण की कहानियों का संग्रह 'आकारों के आसपास' नाम से 1971 ई. में प्रकाशित हुआ। यह कहानी-संग्रह अपनी अलग तरह की लेखन व अभिव्यक्ति शैली के कारण चर्चा का विषय बना। इस संग्रह पर हिन्दी के विद्वानों ने कई तरह की खट्टी-मीठी टिप्पणियाँ दी हैं। चूँकि कुँवर नारायण ने ज़्यादा कहानियाँ नहीं लिखी फिर भी 'आकारों के आसपास' में संकलित कहानियाँ अपनी विशिष्ट शैली, मुद्दों से मुखातिब होने का अलग अंदाज व कथ्य के कुछ-एक अनोखे स्वरूप की वजह से हिन्दी कथा क्षेत्र में महत्त्वपूर्ण हैं। 'आकारों के आसपास' में कुँवर नारायण की सत्रह कहानियाँ तथा एक छोटी-सी भूमिका संकलित है। इस संग्रह का स्वर तथा शैली छठवें-सातवें दशक की कहानियों से थोड़ा हट कर है, जिनसे गुजरते हुए पाठक कई तरह की संवेदनाओं तथा भावनाओं से रूबरू होता जाता है। 'आकारों के आसपास' की कहानियाँ आकार में लम्बी नहीं होने के बावजूद पाठकों को तत्कालीन दौर की अन्य कहानियों से अलग स्वाद देती हैं। ये कहानियाँ यथार्थ के नाम पर सेक्स, हिंसा, पारिवारिक और सामाजिक मुश्किलों के आंकड़ें और तथ्य नहीं परोसतीं बल्कि इन चीज़ों के मध्य सर्जनात्मक व प्रयोगात्मक सम्भावनाओं की छानबीन करती हैं। ऐसा करते हुए लेखक ने कहीं मानवीय फलक पर पात्रों और घटनाओं का मोटा खाका बनाया है, कहीं पंचतंत्र और ईसप्स फेबिल्स की तकनीक को उलट दिया है तो कहीं बिलकुल एब्सट्रैक्शन के स्तर पर कुछ ठोस निष्कर्षों को नत्थी कर दिया है। इस संकलन की भूमिका में इन उपरोक्त बातों का जिक्र करते हुए लेखक कहानियों को पढ़नेवाले पाठकों से नए दृष्टिकोण की माँग करते हैं, जिससे "वह कहानी के जादू से मुग्ध होकर नहीं, कहानीकार के साथ पूरी तरह जागा रहकर अपने-आप में तर्क-वितर्क करता"[3] हुआ आगे बढ़े। कुँवर नारायण की कहानियाँ पाठकों को भटकाती नहीं, न ही कल्पना की नींद सुलाती हैं और न तो आगे-आगे चलती रहती हैं बल्कि वे पाठक के साथ चलते हुए हल्के-हल्के कोंचती रहती हैं कि वह जगा रहे, देखता रहे, समझता रहे।

प्रयाग शुक्ल ने बड़ी सफाई से कुँवर नारायण की कहानियों की कुछ खास बातों को रेखांकित किया है। ये बातें हैं-"प्रेम, आदमी की शक्ति प्रदर्शन की इच्छा, सम्बन्धों की बनती-बदलती-बिगड़ती शक्लें, दुनिया के बन चुके कुछ शक्तिशाली मूल्य और आदमी का उनसे अलग हटकर कुछ सोचने और करने का तनाव।"[4] इन बातों की तह में जाएँ तो हम पाएँगे कि ये मुद्दे इंसानों के मानसिक सतह के किसी अंदरुनी पटल से उभरे हैं। चूँकि इस छद्म आधुनिकता के दौर में हर आदमी कई स्तरों पर जीता है इसलिए हर स्तर पर उसके जीवन की अलग-अलग अवस्था है और हर अवस्था की अलग-अलग व्यवस्था है और उनकी भी अलग-अलग सच्चाइयाँ है। ऐसे में एक आदमी का सच दूसरे का सच नहीं भी हो सकता है। कभी-कभी तो खुद की ज़िन्दगी के एक स्तर का सच दूसरे स्तर पर सफेद झूठ साबित होता है। कुल मिलाकर कहा जाए तो हर आदमी स्वयं में अलग सत्ता है, जिसके राजनीतिक, आर्थिक, सामाजिक, सांस्कृतिक एव मानसिक आधार हैं। 'अफ़सर' कहानी में अफसर

का जो चरित्र है वह ऐसा ही चरित्र है। अफसर के चरित्र की एक सतह अपने कर्मचारियों के लिए है, दूसरी सतह बूढ़े व्यक्ति के लिए है तो एक तीसरी सतह इंसानियत की भी है। जहाँ पहली सतह पर औपचारिकता है, वहीं दूसरे पर कुशल चालबाजी है और तीसरे पर पश्चाताप है। औपचारिकता, चालबाजी तथा पश्चाताप के अलावा हो सकता है कोई और स्तर भी होगा जब वह अपने घर पर होता होगा और जो कहानी का हिस्सा नहीं इसलिए हमें मालूम भी नहीं। जब इन आधारों से जुड़ी सत्ताएँ आपस में टकराती हैं, तब इंसानी सम्बन्धों में विडंबना पैदा होती है। रघुवीर सहाय ने लेखक की कहानियों में सम्बन्धों के बदलाव का मूल कारण सत्ताओं के इसी टकराव को माना है।[5] सबसे बड़ी विडंबना तब पैदा होती है, जब आदमी सब समझते हुए खुद को ऐसी स्थिति में पाता है कि वह कुछ कर नहीं सकता–सिर्फ़ और सिर्फ़ अपनी स्थिति को भोग सकता है क्योंकि बहुत सारी चीज़ों पर अपने बजाय किसी और का नियंत्रण होता है। 'संदिग्ध चालें', 'गुड़ियों का खेल', 'अचला और अचल' जैसी कहानियों में लेखक ने इसी परवशता की ओर इशारा किया है। 'गुड़ियों का खेल' में गुड़िया बनाने वाली युवती ज़िन्दगी और कर्म के इसी पेंचीदा मसले को बड़े ठंडे तौर पर कहती है "कर्म हमारी स्वेच्छा नहीं, विवशता भी है, और हम अपने ही नहीं दूसरों के कर्मों से भी बँधते हैं।"[6]

व्यक्ति कहीं निरापद नहीं है क्योंकि वह कहीं स्वाधीन नहीं है। वह हमेशा अपने आस-पास ऐसी चीज़ों से घिरा है, जिससे घिरे होने की चाहत उसे रत्ती भर भी नहीं है। यह घेरा छोटा-मोटा नहीं है, इतना विशाल है कि उससे पार पाना सामाजिक होने की शर्त पर नामुमकिन-सा है। 'आशंका' कहानी में किसी भयानक जंतु से घिरा आदमी भी यही महसूस करता है और अनुमान लगाता है "कि जितने मेरे कमरे के दरवाज़े पर हैं, उससे कहीं अधिक मेरे घर के चारों ओर हैं, और उससे भी अधिक शहर में, शहर के बाहर, देश में, दुनिया भर में... उनका पार नहीं पा सकता।"[7] भय का यह फैला हुआ साम्राज्य कहीं न कहीं हमारी स्वाधीनता को अति सीमित कर देता है। हम सब डर के किसी न किसी नोंक पर रुके हुए हैं–मुक्त होने की थोड़ी-सी भी कोशिश की तो कट कर लोथड़े हो जाएँगे। यह परवशता की पराकाष्ठा है। लेखक ने इंसानी ज़िन्दगी के इस मनःस्तर को बड़ी बारीकी से पकड़ा है। 'आशंका' कहानी में लेखक कहते हैं–"मैं कितना सुरक्षित हूँ, यह मुझ पर उतना ही निर्भर करता है जितना दूसरों पर।"[8] 'कमीज़' नामक कहानी में ब्रह्मानंद उर्फ वीरेश्वर बाबू हमारी सामाजिक-वैधानिक व्यवस्था में व्याप्त इसी परवशता का शिकार हो जाते हैं। उनकी स्थिति इतनी विडंबनापूर्ण हो जाती है कि सांसारिकता से विरक्त हो वैराग्य लेने वाले ब्रह्मानंद कानूनी पेंच में फँस कर तब तक पेरे जाते हैं, जब तक कि यंत्रणाओं को झेलते-झेलते विक्षिप्त न हो गए।

"कुछ बातें आहिस्ता से कही जाती हैं, लेकिन बहुत दूर तक सुनाई देती हैं।"[9] कुँवर नारायण की यह उक्ति उनके लेखन को समझने के लिए बीज वाक्य है।

कुँवर नारायण हो-हल्ला मचाने वाले लेखक नहीं हैं। उन्होंने विरोध किया है पर फतवा जारी नहीं किया। नाजायज के खिलाफ जायज का पक्ष रखा है लेकिन क्रांतिकारी मुद्रा में नहीं, बल्कि बड़े संयमित अंदाज में। जीवन के हर पहलू की तरफ लेखक की नजर गई है और उन्होंने ज़िन्दगी के उन कोनों को छुआ भी है पर छूने का तरीका अलग है। जहाँ भी विडंबना दिखी वहाँ लेखक ने व्यंग्य का सहारा लिया लेकिन उनका व्यंग्य मिर्ची के तीखेपन से जलाता नहीं बल्कि किसी घाव की तरह लगातार टीसता रहता है। व्यंग्य की आवाज भौंड़ी-कर्कश चीत्कार नहीं बल्कि वह शालीन और सधा हुआ बौद्धिक वक्तव्य है।

इंसानी संवेदना से सौन्दर्यबोध का गायब होना और उस पर व्यावसायिक भोगवाद का काबिज होना विडंबनापूर्ण है। व्यावसायिकता का ऐसा ही हुनर 'चाकू की धार' कहानी में बड़े मियाँ छोटे मियाँ को सिखाते हैं–"खरीददारी असलियत में सौदा परखने और फिर सौदा पटाने का वह हुनर है, जो बरसों नाक रगड़ने के बाद हासिल होता है।"[10] वे आगे भी एक मार्के की सलाह देते हैं कि "कोई व्यापारी ऐसा नहीं, जो व्यापार में चकमा न खाता हो लेकिन वह जो चकमा खाकर भी दूसरों को चकमा देना न सीखे, कभी व्यापार नहीं कर सकता।"[11] यह सलाह सच में वजनदार है और यह वजन पल्ले पर धोखा और चकमा के बट्टे चढ़ाने से आए हैं। यह मार्के की सलाह समाज व्यवस्था की वणिक्वृत्ति की पोल खोल देती है। इस वणिक्वृत्ति के सामने दूसरी सभी भावनाएँ फीकी हैं। अगर कोई भावना हृदय में टिक गई तो समझिए प्रौढ़ता नहीं आई। यह व्यावसायिकता घोर संवेदनहीनता के चूल्हे पर औपचारिकता के गर्म तवे पर खुद को सेंक-सेंक कर आती है। कहीं कोई कच्चापन क्षम्य नहीं है। जो कच्चा है वो बच्चा है। इसी कहानी में बड़े मियाँ की बेदर्द उक्ति है–"प्यार या नफ़रत बच्चे करते हैं, बड़े होकर आदमी सिर्फ़ व्यापार करते हैं।"[12]

कुँवर नारायण के इस व्यंग्य की मारकता की एक वजह उनकी भावुकता भी है। जिन मुद्दों पर वो भावुक होते हैं, वहाँ की विडंबना व्यंग्य को और भी धार देती है। 'अफ़सर' कहानी में देश की प्रशासनिक व्यवस्था की मक्कारी से भरी पेचीदगियों से परेशान होकर उनका मन प्रश्न कर उठता है कि "यह किसी इज्ज़तदार देश की वफ़ादार सरकार है, या मक्कार झूठों का गिरोह।"[13] बात चाहे इंसानी प्रशासन व्यवस्था की हो या व्यावसायिकता की, आज हर जगह अपने स्वार्थ के लिए आदमी का गला काटना अनिवार्य शर्त हो गई है। थोड़ी गनीमत तब होती है जब व्यावसायिकता तथा प्रशासन दोनों के दायरे अलग होते तथा दोनों की आपस में संधि नहीं होती। पर यह आदमी के समाज का दुर्भाग्य है कि इन दोनों शक्तियों में गजब का तालमेल बैठ गया है और दोनों सत्ताएँ मिलकर जीवन को विडंबनापूर्ण बना रही हैं। आचार्य रामचन्द्र शुक्ल ने भी अपने निबन्ध 'भय' में इस मुद्दे को चिन्ता का विषय बताया है। यथा–"इस सार्वभौम वणिक्वृत्ति (व्यावसायिकता) से उतना अनर्थ नहीं होता यदि क्षात्रवृत्ति (प्रशासन) उसके लक्ष्य से अपना लक्ष्य अलग रखती। पर इस युग में दोनों में विलक्षण

सहयोग हो गया है।"[14] समाज में चारों तरफ जो फरेब का साया फैला हुआ है, उसने जीवन के भोलेपन को लील लिया है। दुनियादारी धोखेबाजी का पर्याय बन गई है। जो जितना अमीर वो उतना सम्मानित। इस व्यवस्था का अधिनायक ऊपर बैठा कोई भगवान नहीं बल्कि यहीं पर खचबचाते हुए इंसान हैं। बड़ा-छोटा जो है, वह यही इंसान है। इसमें भी बड़ा कौन है इस बात पर भी एक चटपटा बौद्धिक व्यंग्य 'बड़ा आदमी' कहानी में है कि–"बड़ा आदमी वह, जिसे कम दिखाई दे, जो अँधेरे और उजाले में फ़र्क़ न कर सके।"[15] यह है बड़ों का बड़प्पन और यह है बड़प्पन व्यवस्था जहाँ अँधेरे और उजाले में कोई फर्क नहीं। 'आत्महत्या' नामक कहानी में लेखक कहते हैं–"दुनिया में जो कुछ हो रहा है उसके लिए ईश्वर से ज़्यादा मनुष्य दोषी है।"[16]

आदमी जितना भी साधन सम्पन्न हुआ है, नैसर्गिकता की कमी व कृत्रिमता में इजाफा की वजह से उसकी साधन सम्पन्नता उतनी ही अनिश्चित हुई है। 'आत्महत्या' कहानी के अन्त में कथानायक मानवीय व्यवस्था पर एक सवाल भरा वाक्य चिपका जाता है कि "ईश्वर के संविधान में यदि जीने की कटुताएँ हैं, तो मरने की स्वतंत्रता भी है, लेकिन उस मानवीय संविधान को क्या कहा जाए जिसमें जीने और मरने दोनों की सम्भावनाएँ हों लेकिन साधन की गारंटी एक की भी न हो!"[17] ऐसे में अगर 'कमीज़' कहानी का नायक वीरेश्वर बाबू इस सांसारिकता को त्याग कर वैरागी हो जाना चाहते हैं, तो इसमें क्या ग़लत है? व्यवस्था के मारे हुए इंसान की आवाज बनकर वीरेश्वर बाबू के मुख से यह दर्दनाक उक्ति निकलती है कि– "यह संसार केवल एक सड़ती हुई लाश है...इससे नहीं, सिर्फ़ इसकी दुर्गंध से बचना है...।"[18]

लेखक सारी स्थितियों पर सिर्फ़ व्यंग्य भर ही नहीं करता बल्कि उसके खिलाफ आवाज भी उठाता है। इस अवश व्यवस्था के सींखचों को झकझोरता भी है। उसे तोड़ डालने की दलील भी देता है। चारों ओर व्यवस्था और अमानवीयता की ऊँची-ऊँची दीवारें खड़ी हैं, जिन्हें ढहाने के लिए दुनिया में अनेकों क्रांतियाँ हुईं, चिन्तकों ने अपने तजुर्बों से इसका अनेकश: विरोध किया। यह सत्ताओं की जकड़बन्दी की वह अवस्था है, जिसे तोड़ने के लिए हर आदमी अपनी ताकत के हिसाब से छटपटा रहा है। लेखक इसी को विचारों की ताकत से तोड़ने की बात 'कमीज' कहानी में करते हैं। यथा–"बाँस के बने पुराने कमज़ोर कठघरे को ज़ोर से झकझोरने पर जैसी आवाज़ निकलती है, वैसी जी आवाज़ निकलती है अगर इसे उतनी ही ज़ोर से सोचा जाए–और अगर उतनी ही ज़ोर से सोचते रहा जाए तो टूट जाती है।"[19] इंसान की अपनी स्थिति तथा संसार से संघर्ष की प्रवृत्ति यहीं नहीं मिटती बल्कि उसे कभी न कभी "अपनी ज़रूरतों को जीतने के लिए"[20] आत्मसंघर्ष के स्तर पर भी उतरना पड़ता है। स्वयं से स्वयं के संघर्ष की बात वे 'अचला और अचल' कहानी में भी करते हैं। यथा–"एक नायक के लिए सबसे कठिन परीक्षा का समय वह नहीं जब पुराने ज़माने में उसे किसी

दैत्य से बीहड़ वन में युद्ध करना पड़ता था, बल्कि वह जब आज के जमाने में उसे अपने कमरे में अकेले बन्द होकर अपना सामना करना पड़ता है।"[21]

कहानीकार कहानी-संग्रह की भूमिका में कहते हैं कि ''इन कहानियों में न कड़वे यथार्थ की झाँकी है, न मीठे प्रेम की कल्पना बल्कि इनमें तो ठंडे दिल-दिमाग से सोचते हुए यथार्थ से रोमाँस तक जानेवाली बातचीत का एक अंदाज है। कुछ इस तरह जैसे रोमाँस यथार्थ से पलायन न होकर उसकी एक खास पहचान या अतिरिक्त माप हो।''[22] प्रेम या मानवीय सम्बन्धों की कहानियों में लेखक का ध्यान ज़्यादातर संबंधों के बीच पैदा हुई विसंगतियों पर ही टिका है, पर रोमाँस भी नेपथ्य में कहीं बारीकी से मौजूद है, जैसे किसी लोकगीत में गीत के पीछे सारंगी की कोरस धुन मौजूद होती है। वह सौन्दर्य के पिपासुओं को भाग्यशाली तथा जो इसे न समझे उसे भाग्यहीन कहते हैं। यथा-"वे भाग्यशाली हैं, जो रूप की उपयोगिता जानते हैं। अभागा वह जो सोचे कि इतने रूप का क्या होगा।"[23] इस रूप के सामर्थ्य के आगे अच्छे-अच्छों की बिसात नहीं। लेखक कहते हैं-"कितना भयानक था वह रूप जो मनुष्य के अन्दर उसकी सामर्थ्य से ज़्यादा इच्छा भर सकता था। जो उस सौन्दर्य के संपर्क में आया, नष्ट हो गया। दहकता रूप जिसे चमकने के लिए आकाश का असीम चाहिए, चलने के लिए धूमकेतु का रास्ता!... दूर से केवल एक झलक-बस, और एक ऐसी झलक जो आज भी साहित्य में धधक रही है-घातक सौन्दर्य जो मनुष्य में उदात्त को ही नहीं उसके किसी असंयम को भी भड़का दे सकता है-काम, क्रोध, हिंसा, ईर्ष्या, लालच... इस तरह कि उसका प्रारब्ध बदल जाए।"[24] कहानी में रोमानियत का दबाव जब बढ़ता है तो रूप (सौन्दर्य) का रहस्यवाद-सा बनने लगता है। ऐसे मौकों पर रूप पार्थिव नहीं रह जाता बल्कि कल्पना और कला के किसी सीमांत पर टेक लगाता है। यथा-"तुम्हारी खूबसूरती तुम्हें बचा लेगी--कहानियों और कविताओं के लिए...।"[25]

जीवन इसलिए जीवन है क्योंकि उसमें महीन परतें हैं, जिनमें अच्छे-बुरे तथा अच्छे-बुरे से निरपेक्ष भावनाओं का स्तर चढ़ा हुआ है। इसके सिर्फ़ ठोस और प्रत्यक्ष मायने होने मुश्किल हैं क्योंकि इसकी ठोस वजहों पर नजर रखना इसे हकीकत से काटकर समझना है और इस रास्ते इसके पूरेपन का अंजादा लगाना भी मुश्किल है। 'गुड़ियों का खेल' की पात्रा कहती है-"मेरे लिए अगर ज़िन्दगी के कोई मानी हैं, तो बारीक स्तर पर ही, वरना दो एक कहकहों और आँसुओं के बाद समाप्त हो जाना चाहिए इसे...।"[26] बारीक स्तर पर जीवन के मायनों की तलाश ही कहीं न कहीं कुँवर नारायण की कहानियों का असली मकसद है।

सिर्फ़ और सिर्फ़ कमाते रहने वाले तथा सब कुछ भोग कर खत्म कर देने वाले दुनियावालों के लिए जीवन के बारीक स्तरों में घुसना समय की बर्बादी है। ज़िन्दगी को जो सूक्ष्मता के हद की संजीदगी से महसूस करे, ऐसे धैर्यवान इंसान की तलाश धैर्य से ही की जाए तो भी धैर्य डगमगा जाता है--यह भी दुनिया की एक हकीकत है। धीरे-धीरे लोगों के अन्दर से सौन्दर्यबोध गायब हो रहा है। आज के दौर में सौन्दर्यबोध

बेचकर कमाने का साधन भर है। सौंदर्यास्वाद टिकट खरीदकर प्राप्त की जाने वाली वस्तु मात्र बन गयी है। आज सुन्दरता में बिकाऊपन की काबिलीयत होनी ज़रूरी है। खालिस सुन्दरता किसी काम की नहीं क्योंकि "सुन्दरता के खरीददार कम हैं, सरकस के ज़्यादा, और सुन्दरता के सरकस के सबसे ज़्यादा...।"[27] यही वह बिन्दु है, जहाँ कुँवर नारायण यथार्थ से रोमाँस तथा फिर रोमाँस से यथार्थ की आवाजाही करते हैं। उनके लिए केवल व्यावहारिकता के स्तर की न तो ज़िन्दगी भली और न ही कहानी। लेखक कहता है–"यथार्थ के नाम पर कहानी नहीं, कहानी के नाम पर यथार्थ की बात करता हूँ–उस यथार्थ की बात जिसे केवल व्यावहारिकता के स्तर पर नहीं, मुख्यतः मानसिक स्तर पर जिया जाता है।"[28] नेमिचन्द्र जैन इसी बात को "यथार्थ और फैंटेसी के बीच लगातार आवाजाही"[29] कहते हैं और यह कहानीकार के कहानी-कला की समृद्धि का भी सूचक है। कुँवर नारायण के इस कौशल ने उनकी कहानियों को बासी नहीं होने दिया है। इन्हें चाहे जितनी बार पढ़ें हर बार ओस से भीगी सुबह की घास पर से नंगे पाँव गुजरने का-सा सुख प्रतीत होता है। लक्ष्मण दत्त गौतम को इनकी कहानियों में मंटो और खलिल जिब्रान जैसे दुनिया के सर्वश्रेष्ठ कहानीकारों के कहानियों के आनन्द की-सी गंध मिलने की उम्मीद नजर आती है।[30]

कुँवर नारायण आंकड़ेबाज लेखक नहीं और न उनका साहित्य ही घटनाओं को गिनानेवाले अखबारीपन से लबरेज है। वह संवेदनाओं पर बतियानेवाले संवेदनशील लेखक हैं। उनकी यह रचना-दृष्टि उनके विचार के स्तर पर भी काबिज है, जो उनके इतिहास बोध तक को प्रभावित करती है। कुँवर नारायण की मानें तो हमने इतिहास की जो रूपरेखा देखी और समझी है, असल में इतिहास पूरी तरह वैसा नहीं है। दरअसल जो इतिहास हम देखते हैं वह वर्तमान के सन्दर्भ में इतिहास का एक पाठ है–किसी खास दृष्टि से जुड़ा हुआ। इतिहास के प्रामाणिक माने गए आधारों में ज़्यादातर लिखित सामग्रियाँ राजनीतिक शक्ति सम्पन्न वर्ग के दबदबे की वजह से तोड़ी-मोड़ी गई हैं और यह इतना हुआ है कि आज हकीकत स्थिति की तलाश कोयले के खान में हीरे की तलाश करने जैसा है। 'मुग़ल सल्तनत और भिश्ती' नामक कहानी का 'मैं' जब एक छोटे-मोटे जिरहबख़्तर के बगल में भारी-भरकम तलवार देखता है तो इस सन्देह और परेशानी में पड़ जाता है कि जिस व्यक्ति (हुमायूँ) का जिरहबख़्तर इतना छोटा-मोटा है उसकी तलवार इतनी भारी-भरकम कैसे हो सकती है? वह सोचता है कि उस जिरहबख़्तर के नाप के आदमी के लिए इस तलवार को चलाना तो दूर, उठाना भी मुश्किल रहा होगा। उसके सन्देह का निपटारा वहीं खड़े बूढ़े शमशुद्दीन ने यह कहते हुए कह दिया कि–"बादशाहों के पास हमेशा दो तरह की तलवारें हुआ करती थी... लड़ने की छोटी तलवार अलग, और दिखाने की बड़ी तलवार अलग। एक बादशाह के कमर में बँधी रहती थी, दूसरी घोड़े की कमर में।"[31] इतिहास के सम्बन्ध में भी सामंतों-बादशाहों ने जो सामग्रियाँ लिखवाईं (जिन्हें आज इतिहास की जानकारी की प्रमाणिक सामग्री मानी जाती है) अपने तर्कों एवं मिजाज के हिसाब से लिखवाईं। कोई ज़रूरी नहीं कि

उनके तर्क एवं हिसाब असलियत से मेल खाते हों–ठीक बादशाही तलवारों की तरह–चलाने के अलग, दिखाने के अलग।

हम जो इतिहास पढ़ते हैं वह राजा, राज-पाट और राजनीति का इतिहास है; जनता का इतिहास लोक साहित्य एवं लोक कलाओं में छिपा है, जिनका अन्वेषण व मूल्यांकन करना अभी बाकी है। कुँवर नारायण कहते हैं–''साहित्य, संस्कृति और कलाएँ अपना इतिहास अलग बनाती हैं–विजेताओं, सम्राटों और राजनीतिज्ञों के इतिहास से अलग।"[32] 'दो आदमियों की लड़ाई' कहानी में कुँवर नारायण ने इतिहास के कुछ बुनियादी बातों पर विचार किया है। उनकी दृष्टि में ऐतिहासिक लड़ाइयों के मूल में अपनी शक्ति का लोहा मनवा लेने की चाहत है। "जहाँ ताक़त है वहाँ लड़ाई है, जहाँ कारण है वहाँ शान्ति है"–इस धारणा को मानते हुए लेखक ने इतिहास, इतिहास-दृष्टि व इतिहासकारों के कार्यों के परिणाम पर एक साथ टिप्पणी की है–"क्योंकि कारण ढूँढ़ने के लिए पीछे जाना पड़ता है और लड़ाई लड़ने के लिए आगे। और यह ज़रूरी नहीं कि जो कारण मिले वह लड़ने लायक ही हो। इसीलिए कहा गया कि पहले लड़ लें, फिर कारण ढूँढ़ें। दूसरे, बहादुरों का काम लड़ना है, कारण ढूँढ़ना नहीं। कारण वही ढूँढ़ता है जो लड़ नहीं पाता, इसलिए दुनया के जितने बहादुर हुए वे बराबर बिना किसी कारण के भी लड़ते रहे, और कारण ढूँढ़ने का काम उन्होंने इतिहासकारों पर छोड़ दिया। अगर एक क्षण के लिए भी वे लड़ने का काम स्थगित कर देते तो मनुष्य का इतिहास ही नहीं बन पाता, क्योंकि इतिहास लड़ाइयों का हुआ करता है, शान्तियों का नहीं।"[33] इन पंक्तियों में जहाँ इतिहास कर्म पर व्यंग्य है, वहीं इतिहास के अन्दर नए पाठों को खोज निकालने की चेष्टा की प्रेरणा भी है। कुँवर नारायण को इतिहास में बने-बनाए रास्तों से दाखिल होना मंजूर नहीं है। वे इतिहास में अलग-अलग रास्तों से घुस कर सच्चाई को विभिन्न कोण से देखना चाहते हैं, जिससे एक सम्पूर्ण समन्वित सच सामने आए और प्राप्त निष्कर्ष ज़्यादा विश्वसनीय बने। साहित्य अकादेमी की चौदहवीं संवत्सर व्याख्यानमाला के अपने वक्तव्य में उन्होंने कहा–"इतिहास आज हमें 'पाठों' द्वारा ही उपलब्ध है। ये पाठ न केवल कई हैं बल्कि बहु-विषयक भी हैं। इसलिए उनका पाठ, समीक्षा और व्याख्या अकेले किसी एक ही विषय की भाषा में पर्याप्त नहीं ठहरेंगे। हमें जानकारियों के कई क्षेत्रों को टटोलना होगा...।"[34] कुँवर नारायण राजनीतिक इतिहास की बनिस्बत सांस्कृतिक इतिहास की वकालत करते हैं। इतिहास के पाठ वर्तमान के सन्दर्भ में भले ही बदलते रहें पर इतिहास तो मूलतः स्थिर है क्योंकि उसे वापस लौटकर बदल पाना अब तक तो सम्भव नहीं ही हुआ है। परन्तु इतिहास के समानांतर संस्कृति की फितरत गतिशील है और उसकी गतिशीलता ही उसकी निर्मलता को बरकरार रखती है। अतः सांस्कृतिक इतिहास, जिसके पक्ष में लेखक हैं, के लिए इतिहास के पाठों की गतिशीलता तथा विषय सन्दर्भों का खुलापन अति-अनिवार्य है। कुँवर नारायण कहते हैं–हम इतिहास को कहीं एक जगह या एक वक्त में ठहराकर संस्कृति को

परिभाषित नहीं कर सकते। वह एक गतिशील अवधारणा है, और बहु-विषयक भी।"[35] अपनी कहानियों में उन्होंने गतिशीलता का निर्वाह किया है। मुद्दों से जूझने की रुढ़ वृत्ति से हटकर उन्हें नए अंदाज में देखने की बात उनकी कहानियों में मौजूद है। ये कहानियाँ जितनी हमारे वक्त के इतिहास को दिखाती हैं, उतनी ही उसके परिवर्तन की कामना भी रखती हैं।

कुँवर नारायण की कहानियों में दार्शनिकता की छौंक है। उनकी कहानियाँ किसी इंसानी मानसिक अवस्था का स्नैपशॉट लेतीं, मूल्यों के टकराहट को पकड़तीं, मामूली घटनाओं पर भी एक संवेदनशील नजरिया दर्ज करती हुई चलती है, पर जब किसी बुनियादी सवाल की बात होती है तब वे दार्शनिकता की पटरी पर चलने लगती हैं। उनकी अधिकांश कहानियों में कोई न कोई पात्र समझदार, तजुर्बेकार, चिन्तनशील या कल्पनाशील है। ये पात्र जहाँ कहानी की घटना व घटनावलियों से अनोखे तौर से पेश आए हैं वहीं यदा-कदा कुँवर नारायण के जीवन-मूल्यों व जीवन-दर्शन के माउथपीस भी बने हैं। कई बार इन पात्रों के जरिए लेखक ने अपने ही व्यक्तित्व के आयामों को खोला है। उनके व्यक्तित्व का असर आस्तिकता या नास्तिकता के मुद्दे पर भी दिखता है। वे अंधत्व की हद के आस्तिक नहीं हैं और प्रतिक्रियावाद की हद के नास्तिक भी नहीं हैं। उनकी कहानियाँ आस्तिकता के दार्शनिक आधार पर खड़ी होती हैं पर रूढ़ अवधारणाओं के खिलाफ नास्तिकता का परचम भी फहराती हैं। वे 'जन गण मन अधिनायक जय हो' वाली आस्तिकता की बजाय सर्वेश्वरदयाल सक्सेना की 'प्रार्थना-1'[36] वाली आस्तिकता को ज़्यादा महसूस करते हैं। 'आशंका' कहानी में डरावने कीड़े से घिनौना, बदतमीज, अशुभ, खूँखार होता हुआ हमलावर की हद तक पहुँच जाने वाला जंतु जब अतिशय भय का कारण बनता है, तो कहानी का 'मैं' उस वक्त की अपनी मनोदशा को व्यक्त करते हुए कहता है कि 'मैं मजबूर था, इतना मजबूर कि भगवान को छोड़कर अपने नौकर तक को नहीं पुकार सकता था।"[37] लेखक भगवान को पुकारने की बात जिस मनोदशा में करते हैं वह भयग्रस्त लाचारी की दशा है। प्रायः ईश्वर के याद आने की दशा भी यही है। शैलेश मटियानी ने भी अपनी कहानी 'छिद्दा पहलवान वाली गली' में इसी मनोदशा में फँसे एक चरित्र का चित्र खींचा है। उस कहानी का नायक भी चरम आतंक व अपमान की घड़ी में हनुमान जी की विशाल व बलिष्ठकाय मूर्ति को देखते हुए यह महसूस करता है कि-"हनुमान जी की मूर्ति की कल्पना जरूर किसी डरे हुए आदमी ने की होगी।"[38] कुँवर नारायण की कहानी का नायक 'मैं' भी भय के इसी अवस्था में भगवान को पुकारने की बात सोचता है लेकिन अन्त तक वह पुकारता नहीं है। यह एक किस्म की स्वाभिमानी आस्तिकता है, जो लेखक में मौजूद है और इसी वजह से वे इस आस्था-अनास्था के मुद्दे पर तटस्थ होकर सोच और कह पाते हैं। ईश्वर के सम्बन्ध में अपनी धारणा को वे बड़े अद्भुत मिजाज से कहते हैं कि-'ईश्वर न तो संज्ञा है, न सर्वनाम। यह विशेषण है, क्रिया विशेषण या केवल क्रिया...।"[39]

लेखक के द्वारा ईश्वर की अवधारणा के स्पष्टीकरण की यह चेष्टा काबिल-ए-तारीफ है। व्याकरणिक संकेतों में ही उन्होंने यह बता दिया कि ईश्वर किसी नाम के खोल में नहीं रहता, वह इंसान के निहित गुणों या कर्म में बसता है। वे ईश्वर से ज़्यादा ईश्वरता में विश्वास रखते हैं। ज़िन्दगी में पाप-पुण्य वाली जितनी दिक्कतें हैं वह सब इसी ईश्वरता और उसके विलोम के स्तर की हैं। 'वह' कहानी में लेखक कहते हैं–"मैं ईश्वर और शैतान को भले न मानूँ पर ईश्वरता और शैतानी के बीच तो फँस ही जा सकता हूँ।"[40]

अगर ईश्वर ही आदमी के त्रासदीपूर्ण ज़िन्दगी का नियंता है तब तो ईश्वर सचमुच अत्याचारी या अन्यायी है। 'आत्महत्या' कहानी में आत्महत्या करने को तैयार नायक इस पर दो टूक बात कहता है–"मनुष्य होकर जीना मनुष्यता की ही शर्तों पर सम्भव है, उसे जबरदस्ती ऐसे अभावों में रख देना कि वह पिंजड़े में बन्द जानवर की तरह छटपटा-छटपटाकर रहे, उसकी सारी बुद्धिमता और सामर्थ्य की हँसी उड़ाना है।"[41] मनुष्य के सामर्थ्य को परिहास की वस्तु बनाना उन्हें कतई मंजूर नहीं है–चाहे ऐसा करनेवाला ईश्वर ही क्यों न हो। 'कमीज़' कहानी के वीरेश्वर बाबू तो घोर निराशा के क्षणों में ईश्वर को भी नियति के घेरे में बँधा हुआ मानते हैं। इस स्तर पर उन्हें प्रकृति, मनुष्य और ईश्वर में अभेद नजर आता है। यथा–ईश्वर, इंसान, जानवर, पेड़-पौधें सब एक हैं। सबके लिए एक ही सजा है–मौत। सबका एक ही जुर्म है–ज़िन्दगी। सबकी एक ही कैद है– दुनिया।"[42] कुँवर नारायण के लिए ईश्वरता और शैतानी का मुद्दा बड़ा नहीं, बल्कि सही और गलग का मुद्दा ज़्यादा महत्त्वपूर्ण है। चूँकि वो ईश्वर को व्याकरणिक तौर पर संज्ञा के बदले क्रिया कहना ज़्यादा पसन्द करते हैं, तो इसका मतलब यही होता है कि पाखंडों से मुक्त कार्य एवं उसके लक्ष्य की उच्चता ही ज़्यादा अहमियत रखती है। 'गुड़ियों का खेल' में नायिका ने कटाक्ष किया है कि–"तुम सही काम करके ग़लत तर्क ढूँढ़ सकते हो पर सही तर्क के लिए ग़लत काम नहीं कर सकते।"[43]

सच्ची आस्तिकता के मायने बौद्धिक हैं न कि भावुक। जब इस विषय पर लेखक कुछ कहते हैं तो कोई हवाई बात नहीं परोसते बल्कि उनकी स्थापना नीचे किसी दर्शन के पीढ़े पर खड़ी रहती है। अपने संग्रह की पहली कहानी 'आकारों के आसपास' में कहते हैं–"अपने को धोखा दे सकता हूँ इस तरह कि बाहर कहीं ईश्वर की मृत्यु हो जाए...न सूरज चमके, न चाँद न तारे...और यह जन्मसिद्ध दुनिया झूठ लगे।"[44] पंक्तियों पर ग़ौर करें तो हम पाएँगे कि इस वक्तव्य की पृष्ठभूमि में पश्चिमी दार्शनिक नीत्शे की स्थापना, भारतीय दर्शन व अस्तित्ववादी दर्शन का असर मौजूद है। कई दर्शनों को इस तरह फेंटकर किसी सार-वाक्य को कह पाना मामूली बात नहीं है, जिसे कुँवर नारायण मामूली तरीके से बताने में कठिनाई महसूस नहीं करते। दरअसल यह लेखक की बहुपठनीयता के साथ सृजनात्मकता की रसायन दशा है।

बौद्धिकता कुँवर नारायण की कहानियों में अभ्रक की तरह छायी है, जो बीच-बीच में चमचमाती हुई नजर आती है। पर इसको कुछ विद्वानों ने उनकी कहानियों की

कमजोरी एवं रचनात्मकता में बाधक के रूप में आंका हैं। बौद्धिकता और सृजनात्मकता को एक-दूसरे के विपरीत खड़ा करते हुए कमलेश जी बौद्धिकता की प्रधानता की वजह से कुँवर नारायण की कहानियों को सृजनात्मक उत्कर्ष से वंचित मानते हैं[45], लेकिन यह निष्कर्ष थोड़ा हड़बड़ी भरा लगता है। दोनों में से किसी एक को कहानी की श्रेष्ठता से जोड़कर देखना न्यायसंगत नहीं है। भावुकता को प्राथमिकता देने वाली कहानियाँ एक तरह की होती हैं और बौद्धिकता को वरीयता देनेवाली दूसरी तरह की। दोनों का अपना स्थान है और अपने-अपने जगह पर दोनों ठीक भी हैं। कुँवर नारायण की कहानियाँ पाठकों को भावविह्वल कर आँसुओं से भिगोती नहीं बल्कि किसी व्यंग्यात्मक स्थिति को सामने लाकर उनके मनोतंत्रियों में कंपन पैदा करती हैं, जिससे पाठक ठहरकर हंसता-रोता नहीं बल्कि सोचने के लिए मजबूर होता है। लेखक अपनी कहानियों में "मानव जीवन के विभिन्न बिन्दुओं से जुड़े डाइमेंशन (विस्तारों) को एक्सप्लोर (खोज) करते हैं। उनकी हर कहानी का रिश्ता यथार्थ से है पर वह साफ-साफ दिखाई पड़े यह ज़रूरी नहीं।"[46] वह कभी भी रचनात्कता की उपेक्षा नहीं करते बल्कि वे तो उसे इंसान की सबसे बड़ी शक्ति मानते हैं। 'गुड़ियों का खेल' कहानी में लेखक ने एक रचनाकार की रचनाशक्ति को ईश्वर की ईश्वरीय शक्ति से भी विलक्षण तथा सम्पन्न माना है। ईश्वर बहुत-सी विपन्नताओं के सामने इंसान को मजबूर छोड़ देता है, पर एक रचनाकार अपनी क्षमता के हिसाब से अपनी रचना की विसंगतियों को छिपा व हटा सकता है। इस सन्दर्भ में लेखक ने रचनाकार को ईश्वर से श्रेष्ठ दर्जा दिया है। 'हिन्दी कविता की बीसवीं सदी' नामक लेख में कुँवर नारायण ने आदमी की पशुता से उसकी रचनाशीलता को ज़्यादा बड़ा[47] कहा है। श्रीराम शुक्ल से बातचीत करते हुए लेखक ने अपनी कहानियों के विषय में बताया है कि "कहानियाँ केवल एक परम्परा में लिखी जाएँ ज़रूरी नहीं। सचाई तक पहुँचना ज़रूरी है-और सचाई तक पहुँचने के कई तरीक़े हो सकते हैं। मैं अगर एक ख़ास तरीक़ा अपनाता हूँ तो इसका मतलब नहीं कि दूसरे तरीक़ों का खंडन कर रहा हूँ। केवल यह याद दिलाना चाहता हूँ कि कहानी दूसरे तरीक़ों से भी लिखी जा सकती है-पहले भी लिखी जाती रही है। मुझे यक़ीन है कि अगर आप सहानुभूतिपूर्वक पढ़ेंगे तो 'आकारों के आसपास' के उस बुनियादी इरादे को पहचान सकेंगे जो आदमी की ज़रूरतों, आदमियत की ज़रूरतों और कला की ज़रूरतों, तीनों के प्रति सचेत है।"[48]

बौद्धिक सृजनात्मकता एवं सृजनात्मक बौद्धिकता-ये दोनों बातें कुँवर नारायण के लेखन पर सही बैठती हैं। दोनों ही उनके लेखन के दो पल्ले हैं, जिसके सायास सन्तुलन पर उनका साहित्यिक सौन्दर्यबोध टिका हुआ है। उनकी कहानियों के इस सायासपन पर प्रयाग शुक्ल की भी नजर गई है और वे कहते हैं कि ये कहानियाँ भाषागत तौर पर तैयार होने से पहले ही अनुभव और विचार के स्तर पर पूरी तरह तैयार हो चुकी थीं।[49] ऐसे में कहीं-कहीं कहानी के परम्परागत तत्त्वों में से दो-एक तत्त्व नदारद दिखाई पड़ते हैं, जिसकी वजह से विधागत अन्तरण की अवस्था भी

आती है और कहानी कभी डायरी, कभी कविता तो कभी निबन्ध विधा के निकट पहुँच जाती है। इस विधागत अन्तरण के सिलसिले में कुँवर नारायण थोड़े उदार दिखाई पड़ते हैं। वे भाषा के व्यंग्यार्थ के बदले अनेकार्थ के पक्षधर हैं। इसके सम्बन्ध में अपने साक्षात्कार में वे कहते हैं–"साहित्य की किसी एक विधा में काम करते समय ज़रूरी नहीं कि हमारा ध्यान उसी एक ही विधा की परम्पराओं पर रहे। साहित्य की अन्य विधाओं के प्रभावों के प्रति भी यदि हम उस एक विधा को खुला रखें तो रचनात्मक दृष्टि से नतीजे जरूर दिलचस्प और सार्थक निकलेंगे।"[50]

बात कुँवर नारायण की कहानियों की संवेदना की हो या शिल्प की, दोनों स्तरों पर एक विशिष्ट निजीपन देखा जा सकता है। नेमिचन्द्र जैन ने भी इन कहानियों में यथार्थ और फैंटेसी के बीच लगातार आवाजाही करते 'संवेदनशील निजीपन' की झलक पाई है।[51] वहीं लेखक ने खुद ही विचारों व दाशनिक खेमों में पिछलग्गेपन से परे अपने रचनात्मक निजीपन की बात की है, जिसके पीछे खेमाबद्ध विचारधाराएँ अपनी विश्वसनीयता का आधार खोजती हुए दौड़ लगाती हैं।[52]

कुँवर नारायण कहानियों में पठनीयता के गुण को महत्त्वपूर्ण मानते हुए भी कहानियों में पठनीयता के बजाय पाठक को ज़्यादा महत्त्व देते हैं। उनका कहना है कि–"अगर पाठक को ही केन्द्र में रखकर सारी कहानियाँ लिखी जाए तो भी पठनीयता का सबके लिए एक ही अर्थ नहीं होगा। क्योंकि सब पाठक एक ही तरह के नहीं होते। रुचियों में भेद मानते हुए भी हमें पठनीय-अपनठनीय के बीच भेद करना होगा। पठनीयता एक ज़रूरत है इसलिए एक गुण भी है, लेकिन अच्छे लेखन के लिए गुणी पाठक भी एक ज़रूरत है। पठनीयता को महत्त्व देता हूँ लेकिन पाठक को ज़्यादा महत्त्व देता हूँ...उसकी रुचि के स्तर को।"[53] इसीलिए पाठक से जुड़ने के लिए लेखक तकनीकी स्तर पर सचेत हैं जो उनकी हर कहानी में साफ दिखता है। भाषिक रूप से सशक्त कुछ कहानियों में तो घटनाएँ नगण्यप्राय हैं। श्रीलाल शुक्ल भी इनकी कहानियों में किस्सागोई के अभाव[54] को लक्ष्य करते हैं। किस्सागोई के अभाव से लेखक कहानियों को एक खास रूप देता है जिसमें उसे भाषा को पूरी शक्ति के साथ पेश करने और अपने तथा पाठक के बीच संवाद की भरपूर गुंजाइश पैदा करने का पूरा मौका मिलता है। ऐसी कहानियाँ असल में कथाशून्य कहानियाँ है। 'आकारों के आसपास', 'आशंका', 'वह' जैसी कहानियाँ इसी कोटि की हैं। ऐसी ही कुछ कहानियों में शुरू से अन्त तक संवाद चलता रहता है। यह संवाद कहीं अलग-अलग पात्रों के मध्य, कहीं लेखक और पाठक के मध्य तो कहीं स्वयं लेखक और उसके आत्म के मध्य चलता रहता है। इसमें 'दूसरा चेहरा', 'दो आदमियों की लड़ाई', 'आत्महत्या' जैसी कहानियों को देखा जा सकता है। इस तरह की कहानियों में घटनाएँ नगण्य या नदारद हैं, मौजूद हैं तो बस घटनाओं के कारण या उनके परिणाम। कमलेश जी भी कुछ-कुछ ऐसी ही बात कहते हैं–"इन कहानियों में प्राय: कारणों के जगत में प्रवेश होता है, इसलिए घटनाओं का जगत संक्षिप्त और अपेक्षाकृत अमूर्त हो जाता है।"[55] ऐसी कहानियों में

क्षण भर की घटना (कथा) है और क्षण भर की घटना पर मन भर की बातें हैं। इस तरह की कथारिक्त कहानियों को क्षणवादी कहानियाँ कहें तो अतिशयोक्ति नहीं होगी। श्रीलाल शुक्ल ने भी लेखक की कहानियों की दो मूल विशेषताएँ गिनाई है–शैली का ठंडापन और असाधारण को साधारण बनाने की सहजता।[56] इन दोनों ही विशेषताओं में लेखक की शैली एवं भाषा की समृद्धि की ओर संकेत है। लेखक अपनी रचना प्रक्रिया में भाषा को लेकर सजग रहते हैं क्योंकि उनका मानना है कि हमारी भाषा के तार हमारे जीवन मूल्यों से जुड़े हुए हैं। 'अचला और अचल' कहानी में इसी बात से जुड़ी उक्ति है कि–"ग़लत भाषा में जीना ग़लत मूल्यों में जीना है।"[57] लेखक के अनुसार भाषा का तानाबाना हर उस क्षेत्र से जुड़ा है जो महत्त्वपूर्ण है। 'दो आदमियों की लड़ाई' में लेखक कहता है–"हमारे बहुत से झगड़ों की जड़ें उसी प्रकार भाषा वैज्ञानिक हैं, जैसे बहुत से वैज्ञानिक खतरों की जड़ें मनोवैज्ञानिक हैं।"[58] यही वजह है कि कुँवर नारायण शब्दों को बिलकुल सही जगह पर ही खर्च करते हैं। शब्दों के अनावश्यक प्रयोग से उन्हें लगभग गुरेज है। श्रीलाल शुक्ल ने भी 'गहरी से गहरी स्थिति को लगभग क्लासिकल निस्संगता व शब्दों की सतर्क मितव्ययिता के साथ'[59] पेश करने वाली लेखक की प्रवृत्ति को लक्ष्य किया है। इस तरह मितकथन लेखक की भाषा का खास गुण है। बहुत थोड़े शब्दों में बहुत ज़्यादा कह पाने में कुँवर नारायण महारथी हैं। जरा इन पंक्तियों को देखिए–

वह चिन्तक तो हो ही नहीं सकता था, चिंतित हो सकता था, चिन्ताजनक हो सकता था, लेकिन यह सब होना चिन्ताशील होने से भिन्न बात है। (दूसरा चेहरा)

सुखी होना आसान है, सुखद होना अन्य प्रकार की ज़िम्मेदारी है। (वह)

दरअसल किसी लड़की का प्यार पाना उतना मुश्किल नहीं होता जितना उसका पार पाना। (अचला और अचल)

अच्छे तर्क में गुस्सा बाधक होता है। अच्छे गुस्से में तर्क बाधक होता है। (सवार और सवार)

यहाँ पहले उद्धरण में 'चिन्ता' के विभिन्न रूपों, दूसरे में 'सुखी' और 'सुखद' तीसरे में 'प्यार' और 'पार' व चौथे में 'तर्क' और 'गुस्सा' शब्दों के साथ खेलते हुए बातों में विशेष चमक पैदा की गई है।

कुँवर नारायण ने शब्दों का घनत्व कम करके विचारों का घनत्व बढ़ाया है। उन्होंने प्रेम, त्याग, विरक्ति, निराशा, चालबाजी, क्रोध चाहे जिस भी भाव का चित्र खींचा वहाँ भाषा का बड़ी संजीदगी से इस्तेमाल किया जिससे उनके कहन का तरीका अद्‌भुत बन पड़ा है। एक चुटीले प्रसंग में उनकी कहन के तरीके का नमूना देखिए–"लगते तो थे वे लालबुझक्कड़, हालाँकि कुछ लोगों को वे शेखचिल्ली मालूम दिए। वोटिंग हुई और नतीजा यह निकला कि वे शेखचिल्ली नहीं लालबुझक्कड़ ही हैं, यद्यपि वे खुद को बराबर कोई पैगम्बर बताते रहे।"[60] इसी तरह एक आदमी का अनोखा चित्र 'संदिग्ध चालें' कहानी में खींचा गया है–"यों तो उस आदमी की सूरत ही पापियों

की-सी थीं, लेकिन उस पर भी वे ऐंठी हुई मूंछें असह्य थीं। उनमें अनावश्यक अत्याचार का प्रतीक झलकता था। सारा चेहरा लगता था, किसी बनावटी नाटक में खलनायक का पार्ट अदा करने के लिए खास तौर पर रचा गया हो। मूंछों का ऐसा वाहियात प्रदर्शन देखकर उस आदमी की मनोवृत्ति पर तरस आता था। खेल की एक बात सोचकर मन में हँसी भी आई–इन मूंछों को अगर दोनों ओर से पकड़कर जोर से खींचा जाए तो क्या वे क्रिसमस के पटाखों की तरह बीच में से दगेंगी और उनमें से एक छोटा-खिलौना निकलेगा?"[61] लेखक ने चरित्रों के मूर्त रूप को अपनी दमदार भाषिक अभिव्यक्ति से अमूर्त बना दिया है। उसी कहानी में स्त्री का जिक्र भी द्रष्टव्य है–"मैं उस स्त्री को ध्यान से देख रहा हूँ, जो धीरे-धीरे एक अत्यन्त भली और सुन्दर लड़की में बदलती जा रही है, और जिससे प्यार किया जा सकता है। वह कितनी वीरता से चरित्रहीन थी जो इंसान से लेकर जानवर तक को प्यार दे सकती थी–या प्यार का धोखा दे सकती थी!"[62]

कुँवर नारायण की भाषा की ताकत तब साफ-साफ समझ में आती है, जब जड़ चीज़ें जीवित होकर हाव-भाव दिखाते हुए बातें करने लगती हैं। ऐसे ही कुछ दृष्टांत देखिए–

हवा शायद धीरे-धीरे किवाड़ खटखटाती है।...और इससे पहले कि मैं कुछ कह सकूँ वह निःसंकोच कमरे में घुसकर अपने लायक जगह ढूँढ़ने लगती है, यहाँ, वहाँ, कहीं। बीच में मैं पड़ जाता हूँ तो कभी बाल बिखेर देती, कभी चूम लेती, कभी गुदगुदाकर स्वयं हँस पड़ती। ढीठ और निर्लज्ज। (आकारों के आसपास)

घड़ी ने इशारे से मुझे वक़्त बता दिया, इस बात की माफी भी माँगी कि इससे ज़्यादा मेरे लिए और कुछ करने में वह असमर्थ है। (अफ़सर)

कुर्सी ने डंक नहीं मारा, केवल गुर्रा कर रह गई। (अफ़सर)

जवान साइकिल सरासर भाग चलने को तैयार थी। (जनमति)

ऐसे प्रयोगों से लेखक ने निर्जीव चीज़ों में इंसानी फितरत और तौर-तरीकों की कल्पना कर उनका मानवीकरण कर दिया है। ऐसे में पूरी स्थिति बिम्ब रूप में साकार हो जाती है। यही स्थिति अमूर्त बातों के बिम्ब बनाते वक्त भी घटित होती है। इसी क्रम में पुरानी सरकारी फाइल और जानवर के जरिए आदमी के मुकद्दर का बिम्ब द्रष्टव्य है–"आदमी का मुक़द्दर एक पुरानी सरकारी फाइल है। आदमी उससे बँधा रहता है। वह भाग नहीं सकता, केवल जानवर की तरह छटपटा सकता है या ख़ामोशी से मर सकता है।"[63] यह उनकी चित्रात्मक भाषा की जादूगरी है कि रघुवीर सहाय को 'कमीज़' कहानी पढ़ते हुए फिल्म देखने-सा अनुभव मिलता है। यह कहना ग़लत नहीं होगा कि कुँवर नारायण की भाषा अपने-आप में अद्वितीय है–विशुद्धता के वाद-विवाद से बिलकुल विलग।

इस तरह कुँवर नारायण की कहानियाँ सामग्री और आस्वाद की दृष्टि से नए फ्लेवर की हैं। इनके लिए कोई खांचा तय करना मुश्किल एवं अन्यायपूर्ण है। रघुवीर सहाय का लेखक की कहानियों के प्रति यह विचार है कि–"हिन्दी कहानी के विराट शामियाने

में स्थापनाओं की पैबन्दों भरी छत में से जहाँ आकाश का यह खंड दिख रहा है, वहाँ कुँवर नारायण ने एक बड़ा छेद कर दिया है। आलोचना शास्त्र बनाने वालों को इस पर अपने मन मुताबिक पैबन्द लगाना मुश्किल होगा।"[64] कुँवर नारायण अपनी रचनाओं से किसी नारे या वाद का समर्थन या विरोध करने की बहस से दूर रहने वाले लेखक हैं। लेखकीय हैसियत से उनकी प्रतिबद्धता के केन्द्र में आदमी है। वह आदमी जिससे हम कहीं न कहीं रोज मिलते हैं, जो हमसे बात करता है, रास्तों से गुजरते हुए हमसे टकरा जाता है, हमारे साथ गीत गाता है, हमारे साथ लड़ता है या हमसे बेखबर होकर अपनी दुनिया में मस्त जिए जाता है। मजे की बात यह भी है कि लेखक सिर्फ़ आदमी की बात आदमी से कहकर सन्तुष्ट नहीं हो जाते बल्कि आदमी के आसपास बिखरे जड़-चेतन आकारों से भी एक रिश्ता जोड़ते हैं। अतः यह बात कही जा सकती है कि कुँवर नारायण की कहानियाँ बहसों के तुमार से दूर अपनी बेगुनाह लिखावटों के साथ आकारों से भरी दुनिया में अपना नया आकार गढ़ रही हैं।

सन्दर्भ

1. नारायण, कुँवर; मेरे साक्षात्कार, विनोद भारद्वाज (सं.); संस्करण : 2010, किताबघर प्रकाशन, नई दिल्ली, पृ. 67
2. नारायण, कुँवर; तट पर हूँ तटस्थ नहीं, विनोद भारद्वाज (सं.); पहला संस्करण : 2010, राजकमल प्रकाशन प्रा. लि., नई दिल्ली, पृ. 89
3. नारायण, कुँवर; आकारों के आसपास, दूसरा संस्करण : 2007, राधाकृष्ण प्रकाशन प्रा.लि., नई दिल्ली, पृ. 8
4. शुक्ल, प्रयाग; यह कहीं घटित हो रहा है (लेख), कुँवर नारायण : उपस्थिति-2, यतीन्द्र मिश्र (सं.); पहला संस्करण : 2002, वाणी प्रकाशन, नई दिल्ली, पृ. 11
5. सहाय, रघुवीर; क्या चाहे जैसे जीतना ज़रूरी है (लेख), कुँवर नारायण : उपस्थिति-2, यतीन्द्र मिश्र (सं.); पहला संस्करण : 2002, वाणी प्रकाशन, नई दिल्ली, पृ. 97
6. नारायण, कुँवर; आकारों के आसपास, दूसरा संस्करण : 2007, राधाकृष्ण प्रकाशन प्रा.लि., नई दिल्ली, पृ. 30
7. वही, पृ. 46
8. वही, पृ. 45
9. वही, पृ. 181
10. वही, पृ. 74
11. वही, पृ. 78
12. वही, पृ. 78
13. वही, पृ. 54
14. शुक्ल, आचार्य रामचन्द्र; चिन्तामणि भाग-1, पहला संस्करण : 2002, लोकभारती प्रकाशन, इलाहाबाद, पृ. 75

15. नारायण, कुँवर; आकारों के आसपास, दूसरा संस्करण : 2007, राधाकृष्ण प्रकाशन प्रा.लि., नई दिल्ली, पृ. 61
16. वही, पृ. 88
17. वही, पृ. 88-89
18. वही, पृ. 113
19. वही, पृ. 98
20. वही, पृ. 15
21. वही, पृ. 119
22. वही, पृ. 7-8
23. वही, पृ. 94
24. वही, पृ. 94
25. वही, पृ. 97
26. वही, पृ. 37
27. वही, पृ. 26
28. वही, पृ. 8
29. जैन, नेमिचन्द्र; मानवीय सम्बन्धों की परिभाषाएँ (लेख), कुँवर नारायण; उपस्थिति-2, यतीन्द्र मिश्र (सं.); पहला संस्करण : 2002, वाणी प्रकाशन, नई दिल्ली, पृ. 99
30. गौतम, लक्ष्मणदत्त; आकारों के आसपास (लेख), कुँवर नारायण; उपस्थिति-2, यतीन्द्र मिश्र (सं.); पहला संस्करण : 2002, वाणी प्रकाशन, नई दिल्ली, पृ. 114
31. नारायण, कुँवर; आकारों के आसपास, दूसरा संस्करण : 2007, राधाकृष्ण प्रकाशन प्रा.लि., नई दिल्ली, पृ. 123
32. नारायण, कुँवर; मेरे साक्षात्कार, विनोद भारद्वाज (सं.); संस्करण : 2010, किताबघर प्रकाशन, नई दिल्ली, पृ. 117
33. नारायण, कुँवर; आकारों के आसपास, दूसरा संस्करण : 2007, राधाकृष्ण प्रकाशन प्रा.लि., नई दिल्ली, पृ. 66
34. नारायण, कुँवर; साहित्य के कुछ अन्तर्विषयक सन्दर्भ, पहला संस्करण : 2003, साहित्य अकादेमी, नई दिल्ली, पृ. 21
35. वही, पृ. 29
36. सक्सेना, सर्वेश्वरदयाल; प्रतिनिधि कविताएँ, प्रयाग शुक्ल (सं.); संस्करण : 2010, राजकमल प्रकाशन प्रा.लि., नई दिल्ली, पृ. 18
37. नारायण, कुँवर; आकारों के आसपास, दूसरा संस्करण : 2007, राधाकृष्ण प्रकाशन प्रा.लि., नई दिल्ली, पृ. 46
38. मटियानी, शैलेश; छिद्दा पहलान वाली गली, पहला संस्करण : 1983, शारदा प्रकाशन, इलाहाबाद, पृ. 9
39. नारायण, कुँवर; आकारों के आसपास, दूसरा संस्करण : 2007, राधाकृष्ण प्रकाशन प्रा.लि., नई दिल्ली, पृ. 29
40. वही, पृ. 91
41. वही, पृ. 85

42. वही, पृ. 113
43. वही, पृ. 30
44. वही, पृ. 13-14
45. कमलेश; नियति का मुक़दमा (लेख), कुँवर नारायण; उपस्थिति-2, यतीन्द्र मिश्र (सं.); पहला संस्करण : 2002, वाणी प्रकाशन, नई दिल्ली, पृ. 104
46. नारायण कुँवर; मेरे साक्षात्कार, विनोद भारद्वाज (सं.); संस्करण : 2010, किताबघर प्रकाशन, नई दिल्ली, पृ. 67
47. वही, पृ. 116
48. वही, पृ. 85
49. शुक्ल प्रयाग; यह कहीं घटित हो रहा है (लेख), कुँवर नारायण; उपस्थिति-2, यतीन्द्र मिश्र (सं.); पहला संस्करण : 2002, वाणी प्रकाशन, नई दिल्ली, पृ. 111
50. नारायण, कुँवर; मेरे साक्षात्कार, विनोद भारद्वाज (सं.), संस्करण, 2010, किताबघर प्रकाशन, नई दिल्ली, पृ. 85
51. जैन, नेमिचन्द्र; मानवीय सम्बन्धों की परिभाषाएँ (लेख), कुँवर नारायण; उपस्थिति-2, यतीन्द्र मिश्र (सं.), पहला संस्करण : 2002, वाणी प्रकाशन, नई दिल्ली, पृ. 100
52. नारायण, कुँवर; तट पर हूँ तटस्थ नहीं, विनोद भारद्वाज (सं.); पहला संस्करण : 2010, राजकमल प्रकाशन प्रा. लि., नई दिल्ली, पृ. 41
53. नारायण, कुँवर; मेरे साक्षात्कार, विनोद भारद्वाज (सं.); संस्करण : 2010, किताबघर प्रकाशन, नई दिल्ली, पृ. 69
54. शुक्ल, श्रीलाल; आकारों के आसपास (लेख), कुँवर नारायण; उपस्थिति-2, यतीन्द्र मिश्र (सं.); पहला संस्करण : 2002, वाणी प्रकाशन, नई दिल्ली, पृ. 106
55. कमलेश; नियति का मुकदमा (लेख), कुँवर नारायण; उपस्थिति-2, यतीन्द्र मिश्र (सं.); पहला संस्करण : 2002, वाणी प्रकाशन, नई दिल्ली, पृ. 106
56. शुक्ल, श्रीलाल; आकारों के आसपास (लेख), कुँवर नारायण, उपस्थिति-2, यतीन्द्र मिश्र (सं.); पहला संस्करण : 2002, वाणी प्रकाशन, नई दिल्ली, पृ. 102
57. नारायण, कुँवर; आकारों के आसपास, दूसरा संस्करण : 2007, राधाकृष्ण प्रकाशन प्रा.लि., नई दिल्ली, पृ. 116
58. वही, पृ. 63
59. शुक्ल, श्रीलाल; आकारों के आसपास (लेख), कुँवर नारायण; उपस्थिति-2, यतीन्द्र मिश्र (सं.); पहला संस्करण : 2002, वाणी प्रकाशन, नई दिल्ली, पृ. 103
60. नारायण, कुँवर; आकारों के आसपास, दूसरा संस्करण : 2007, राधाकृष्ण प्रकाशन प्रा.लि., नई दिल्ली, पृ. 71
61. वही, पृ. 17
62. वही, पृ. 22
63. वही, पृ. 50
64. सहाय, रघुवीर; क्या चाहे जैसी जीतना ज़रूरी है (लेख), कुँवर नारायण; उपस्थिति-2, यतीन्द्र मिश्र (सं.); पहला संस्करण : 2002, वाणी प्रकाशन, नई दिल्ली, पृ. 97

कुँवर नारायण की कहानियाँ पढ़ते हुए

मनोज कुमार पांडेय

कुँवर नारायण अपनी कहानियों की इकलौती किताब 'आकारों के आसपास' की भूमिका में लिखते हैं कि "कहानी कहते समय मैं पाठक को यह यक़ीन दिलाने की कोशिश नहीं करता कि कहानी नहीं कह रहा हूँ। बल्कि जगह-जगह पाठक को अपनी तरफ़ करके कहता चलता हूँ कि यह यथार्थ नहीं, सिर्फ़ कहानी है—कुछ इस तरह कि पाठक को मेरे कहने पर शक होने लगे और वह अपने आप से सवाल करे कि क्या सचमुच यह कहानी ही है या उससे भिन्न कुछ भी? यथार्थ के नाम पर कहानी नहीं, कहानी के नाम पर यथार्थ की बात करता हूँ—उस यथार्थ की बात नहीं, जिसे केवल व्यावहारिक स्तर पर नहीं, मुख्यत: मानसिक स्तर पर जिया जाता है। अकसर इन कहानियों में पात्रों और घटनाओं को केवल गवाही की तरह लाकर मनुष्य की नियति का मुक़दमा पेश किया गया है।" यह लंबा उद्धरण सिर्फ़ इसलिए यहाँ पेश किया जा रहा है कि हम उनकी कहानियों पर बात करने के पहले अपनी कहानियों के बारे में खुद लेखक के नजरिए को भी देखते चलें कि वे कौन-से बिन्दु हैं जिनकी तरफ कहानियाँ लिखते-रचते हुए लेखक जाना चाहता है। इस उद्धरण से दो बातें निकल कर आती हैं। पहली यह कि यह उस यथार्थ की बात करती है 'जिसे सिर्फ़ व्यावहारिक स्तर पर ही नहीं बल्कि मानसिक स्तर भी जिया जाता है' और दूसरी बात यह कि ये 'मनुष्य की नियति का मुक़दमा' पेश करने वाली कहानियाँ हैं। पात्र और घटनाएँ सिर्फ़ गवाही के लिए हैं। सवाल यह है कि क्या कुँवर जी के पात्रों को अपनी यह नियति स्वीकार है?

2

कुँवर जी की कहानियों से गुजरते हुए यह बात बार-बार पता चलती रहती है कि ये एक बौद्धिक कवि की कहानियाँ हैं। ये कहानियाँ मुख्यत: तीन तरह की हैं। अपने आप से संवाद की डायरी शैली, चिन्तनपरक निबन्ध शैली और लोककथाओं की बहती हुई खिली हुई शैली। कथाकार के भीतर का कवि इन तीनों को आपस में जोड़ता हुआ दिखाई देता है। व्यंग्य की एक महीन लहर भी इन कहानियों में बहती

तैरती दिखाई देती है और इनके प्रभाव को कई गुना बढ़ा देती है। इन्हें पढ़ते हुए यह भी पता चलता रहता है कि ये एक ऐसे रचनाकार की कहानियाँ हैं जो शब्दों को बेहद मितव्ययिता से खर्च करता है। एक भी शब्द अतिरिक्त नहीं। एक-एक वाक्य सधे हुए, जिनमें कोई फेरबदल मुमकिन नहीं। उनका कोई और रूप मुमकिन नहीं।

कहानियाँ लिखते समय एक कथाकार के सामने आखिर कौन-सी चुनौतियाँ होती हैं। चुनौती शायद यही होती है कि यथार्थ रचनात्मक यथार्थ में मुकम्मल तरीके से रूपांतरित हो सके। वह सतही अखबारी यथार्थ बनकर न रह जाए। मुश्किल यह है कि यथार्थ सब तरफ बजबजा रहा है। यह बहुत ही नाटकीय है और शोर भी भयानक करता है। ऐसे में इस बहरा कर देने वाले बजबजाते हुए यथार्थ को पार कर भीतर बहने वाले यथार्थ तक कैसे पहुँचा जाए, मुश्किल काम यह है। एक अच्छे कथाकार की कोशिश यही रहती है कि इस शोर को वह थोड़ा कम कर दे ताकि शोर के नीचे दबी हुई दूसरी आवाजें भी सुनाई दे सकें जिनमें से ज़्यादातर आवाजें तो इस शोर की मुखालफत में ही खड़ी होती हैं।

कहानी एक बेहद अनुशासित विधा है। यह अपने विषय से इधर-उधर भटकने का अवकाश नहीं देती, जैसा कि ललित निबन्धों में आसानी से हो जाता है। यह उपन्यास की तरह बहुत अधिक विवरण या घटनाओं की बहुलता में भी जाने से बचती है। इसे किसी एक 'लघु पर ठोस' विषय के आसपास बुनना होता है। विषय क्या है...समय, समाज और सत्ता से उसका क्या रिश्ता बन रहा है... उसके अतीत के सन्दर्भ क्या हैं... उसको लेकर देखे जाने वाले भविष्य के स्वप्न क्या हैं और अन्ततः एक कथाकार के रूप में आपकी रचनात्मक शक्तियाँ उसके साथ किस तरह का संवाद मुमकिन करती हैं? यही वह बिन्दु है जहाँ आप पाते हैं कि परम्परागत भाषा (शिल्प आदि को इसी के भीतर समझा जाए) में रचना सम्भव नहीं हो सकती है और आप का संघर्ष शुरू हो जाता है। यह सिर्फ़ भाषा का ही संघर्ष नहीं होता। यह कथ्य को देखने के आपके नजरिए का भी संघर्ष होता है। विषय और भाषा के बीच का द्वन्द्व ही वह चीज़ है जहाँ भाषा के रचनात्मक औजार अपने आप बदल जाते हैं। यह ऐसी चीज़ है जो किसी लेखक की पूरी रचनात्मक प्रक्रिया को कई बार सिर के बल खड़ा कर सकती है।

कुँवर जी की कहानियाँ उपरोक्त धारणाओं पर कितनी खरी उतरती हैं, कितना इन्हें तोड़ती हैं या इनका विस्तार करती हैं इसे देखने के लिए आइए कुँवर जी की कहानियों से ही संवाद करते हैं। उनका परिचय हासिल करते हैं। उनमें भीतर धँसते हैं।

3

उनके एकमात्र संग्रह की शीर्षक कहानी 'आकारों के आसपास' खुद से संवाद करती हुई कहानी है जिसमें जैसे एक जादुई दुनिया विचरती है जो कविता या पेंटिंग की

तरह महसूस करने की बात ज़्यादा है। जहाँ एक बच्चे के लड़कपन को स्पेस न मिलने पर वह मर जाता है। मरने वाला वही बच्चा है जिसकी उन्मुक्तता का सम्मान नहीं किया गया या कोई और बच्चा, इससे कोई फर्क नहीं पड़ता। तब भी 'बाहर हवा चीखती चिल्लाती रही जैसे उसका कोई मर गया हो।' और यह भी कि 'जो बाहर सर पीट रही है केवल हवा है : मेरी बात न समझेगी लेकिन मैं उसके नाते कुछ इस तरह जीवित हूँ कि मुझे उसकी बात समझनी पड़ेगी।' क्या यह अनायास है कि एकदम यही बातें उस बच्चे के लिए भी कही जा सकती हैं जो अपनी उन्मुक्तता का सम्मान नहीं किए जाने की वजह से मर गया। 'आशंका' खुद से ही संवाद है जिसमें कथावाचक को लगता है कि उसे, उसके घर को और उसके शहर को चारों तरफ से घृणित और खतरनाक कीड़ों ने घेर रखा है। और जब भी वे चाहें कथावाचक का सफाया कर सकते हैं। 'आत्महत्या' भी एक मार्मिक कहानी है जो खुद से संवाद की शैली में लिखी गई है। कथावाचक आत्महत्या करना चाहता है और इसलिए वह दार्शनिक स्तर से लेकर दुनियावी स्तर तक अनेक तर्क जुटाता है पर जहर की नकली शीशी से हार जाता है और उसका सारा तर्क-वितर्क किसी ईश्वर के खिलाफ एक झटके में ध्वस्त हो जाता है। इन कहानियों को पढ़ते हुए भूमिका में कही गई वह बात अनायास ही मन में तैरने लगती है कि इन कहानियों में मनुष्य की नियति का मुकदमा पेश किया गया है।

इसी तरह 'तद्भव-7' में छपी कहानी 'सीमारेखाएँ' में दो युद्धरत देशों के बीच की सीमा खो जाती है। लोककथाओं के शिल्प में कही गई यह कहानी बड़ी बारीकी से इस तथ्य की तरफ जाती है कि असल में सीमारेखाएँ कहीं हैं ही नहीं। यह नकली विभाजन है इसलिए बेहद हिंसक और विवादास्पद भी। इसे बस युद्ध ही बचाकर रख सकता है। 'संदिग्ध चालें' और 'गुड़ियों का खेल' जैसी कहानियाँ जहाँ एक तरफ लोककथाओं की सहजता को छूती हैं तो दूसरी तरफ नितांत आधुनिक किस्म के तनाव भी रचती हैं। दोनों ही कहानियों के केन्द्र में स्त्री चरित्र हैं। 'संदिग्ध चालें' की स्त्री चरित्र जहाँ पहले सत्ता का मोहक और मायावी रूप रचती है पर बाद में वह प्रकृति के नजदीक चली जाती है। उसी तरह मोहक और परिवर्तनशील। और एक हद तक असहाय। शायद यही एक स्त्री की पारंपरिक छवि है जहाँ तक कुँवर जी पहुँचे हैं। एक सवाल मन में सहज ही उठता है कि इस कहानी का यह अन्त क्या इसके लोककथाओं वाले शिल्प की वजह से है? 'गुड़ियों का खेल' की स्त्री बेहद सहज है अपने होने के प्रति। दुनिया उसके लिए बाहरी चीज़ है। उसे दुनिया की बिलकुल परवाह नहीं है हालाँकि वह दुनिया की सभी मुश्किलों को बखूबी समझती है और उन पर बहस भी कर सकती है। वह अपने व्यक्तित्व में बेहद मजबूत है। पर इन दोनों कहानियों की स्त्रियाँ अपने कथावाचकों, जो कि कहानी के चरित्र भी हैं, की परनिर्भरता और ढुलमुलपन का शिकार होती हैं। एक जहाँ अपने कथावाचक पुरुष को बचाते हुए घायल होती है तो दूसरी अपने आप को इस दुनिया में गुम कर

देती है। यह अलग बात है कि उसकी कला उसे गुम नहीं होने देती। सचमुच ये दोनों कहानियाँ बाहरी यथार्थ की बजाय मानसिक यथार्थ पर ही घटित होती हैं और एक तरह से इनमें मानवीय नियति का मुकदमा ही लड़ा जा रहा होता है।

हम अक्सर दूसरों के बारे में कोई राय बना लेते हैं। ऐसा करते हुए हम अपने ही मनोभावों को उस पर थोप रहे होते हैं। जबकि अक्सरहाँ तस्वीर इससे बिलकुल अलग होती है। 'दूसरा चेहरा' कहानी में कथावाचक जिसे एक ऐसा क्रूर और घृणित हत्यारा समझ रहा होता है जिसे बच्चों की हत्या कर देने पर भी पछतावा नहीं हो, वही एक बच्चे को बचाते हुए अपनी जान दे बैठता है। 'अफ़सर' हमारी ही व्यवस्था की कहानी है जहाँ काम करने की बजाय काम करते हुए दिखना ज़्यादा महत्त्वपूर्ण हो गया है तो 'बड़ा आदमी' सत्ता की उपस्थिति का एक छोटा-सा दृश्य उपस्थित करती है। यह एक ऐसे चरित्र की कहानी है जिसकी ड्यूटी रेलवे क्रॉसिंग पर लगी हुई है और उसका काम गाड़ी के आने पर फाटक बन्द करना है। इस आदमी को इस काम में धीरे-धीरे ताकत का बोध होने लगता है कि वह जब तक चाहे लोगों को रोके रख सकता है। उसके भ्रम को एक ऐसा आदमी तोड़ता है जिसे कम दिखाई पड़ता है। वह आँखवालों पर एक महीन-सा व्यंग्य है। 'मुआवज़ा' में कथावाचक एक बुशर्ट के बदले अपनी बुशर्ट देकर एक झगड़े से पीछा छुड़ाता है तो 'चाकू की धार' में बड़े मियाँ छोटे मियाँ को व्यापार का गुर समझाते हैं और आखिरकार काफी नाक रगड़ने के बाद छोटे मियाँ व्यापार के गुर सीख ही लेते हैं। 'जनमति' कहानी भीड़तंत्र के न्याय को बेहद रोचक तरीके से व्यक्त करती है। यह भी अपनी शैली और प्रभाव में लोककथाओं के बेहद नजदीक है। 'दो आदमियों की लड़ाई' में पंचतंत्र की कथाशैली को पलट दिया गया है जहाँ जानवर मनुष्यों के मूर्खतापूर्ण व्यवहार से अपने सबक सीखते हैं। गहरे व्यंग्य और विडंबनाबोध से लिखी गई यह कहानी बेहद मारक है और यथार्थपरक भी।

'कमीज़' वीरेश्वर बाबू की कहानी है जो दुनिया को छोड़कर चालीस साल की उम्र में ही संन्यासी हो जाते हैं पर नियति का चक्र उन्हें फिर इसी दुनिया में घसीट लाता है। उन पर हत्या का आरोप लगता है। वह आखिर में इस आरोप से बाहर निकल आते हैं पर यह सन्देह उन पर इतना असर करता है कि वह अपना मानसिक सन्तुलन खो देते हैं। 'वह' कहानी स्त्री-पुरुष सम्बन्धों को एक नए परिप्रेक्ष्य में रखकर देखती है। यह प्रेम त्रिकोण को-प्रेम, सौन्दर्य और सेक्स तीनों को-आज के समय के बरक्स रख देती है औए उस जड़ता के बरक्स जहाँ उसका पति बिना प्रसंग बोलता है, 'वह खुली हुई किताब नहीं, मेरी निजी डायरी है... उसे पढ़ना ग़लती होगी।' 'अचला और अचल' भी स्त्री-पुरुष सम्बन्धों पर ही केन्द्रित है और अपने रचाव में परसाई जी की इसी विषय पर लिखी गई रचनाओं की याद दिलाती है जहाँ सम्बन्धों पर एक स्थूल किस्म का हिसाब किताब हावी हो जाता है। 'मुग़ल सल्तनत और भिश्ती' इतिहास में किंवदंतियों की मिलावट से अपनी रसद लेती है तो 'सवार और सवार' उस मध्यवर्गीय

स्वार्थपरता का चित्रण करती है जो परिवर्तन की बहुत सारी सम्भावनाओं और मौकों को ऐसे ही नष्ट कर देती है।

इन सभी कहानियों में एक सहज बहाव है चाहे वे किसी भी तरह से क्यों न लिखी गई हों। यही तरलता इन्हें लोककथाओं की तरफ ले जाती है। और यह बात भी इन कहानियों को बेहद खास बनाती है। यह इनकी उपलब्धि भी है और ताकत भी। यह कहानी के उस भूलते हुए लोकव्यापी वैभव को फिर से याद दिलाती है जिन्हें हम आधुनिकता के बोझ के चलते कब के खो चुके हैं। हालाँकि ये सभी कहानियाँ पूरी तरह से आधुनिक कहानियाँ हैं–अन्तर्वस्तु, भाषा और शैली किसी भी स्तर पर। बार-बार कही जानी वाली एक बात है कि किसी कवि की असली कसौटी उसका गद्य होता है। ये कहानियाँ इस नजरिए से भी बार-बार पढ़ी जाने योग्य हैं। इनका गद्य इतना चमकदार और अर्थ-भरा है कि इनका जादू पढ़कर ही समझा जा सकता है।

4

इन कहानियों में ऐसे अनेक वाक्य या वाक्य समूह हैं जो बार-बार अपने पास रोक लेते हैं। ये एक सम्मोहक स्पीड ब्रेकर की तरह हैं जो आपकी गति को कम करती हैं और थोड़ा इधर उधर या कई बार पीछे की तरफ भी नजर भर देख लेने को उकसाते हैं। वे सूक्ति का असर रखते हैं या कई बार हमारे समय की बेहद अर्थगर्भी सूक्तियाँ ही रचते हैं. ये कहानियाँ ऐसी अनेक सूक्तियों से रची-बुनी हैं। यहाँ सिर्फ़ उदाहरण के लिए कुछ वाक्यांशों पर नजर डालना प्रासंगिक होगा–

1. वे भाग्यशाली हैं जो रूप की उपयोगिता जानते हैं। अभागा वह है जो सोचे कि इतने रूप का क्या हो। (वह)
2. वह कितनी वीरता से चरित्रहीन थी जो इंसान से लेकर जानवर तक को प्यार दे सकती थी–या प्यार का धोखा दे सकती थी। (संदिग्ध चालें)
3. सुन्दरता के खरीददार कम हैं, सरकस के ज़्यादा, और सुन्दरता के सरकस के सबसे ज़्यादा। (गुड़ियों का खेल)
4. मैं कितना सुरक्षित हूँ यह मुझ पर उतना ही निर्भर करता है जितना दूसरों पर, ख़ासकर दूसरों की समझ पर, और अगर कोई एक इनसान को इनसान की हैसियत से न समझना चाहे तो उस इनसान के दुर्भाग्य की कोई सीमा नहीं। (आशंका)
5. कर्म हमारी स्वेच्छा नहीं, विवशता भी है। और हम अपने ही नहीं दूसरों के कर्मों से भी बँधते हैं। सारे फैसले और नतीजे इस नियति के अन्दर हैं। उसके बाहर हम सब निर्दोष हैं। (गुड़ियों का खेल)
6. क़ानूनन आपकी माँग जायज है, लेकिन मौजूदा सरकारी नीति की दृष्टि से नहीं। मैं साफ़ 'न' भी कर सकता, साथ ही 'हाँ' कहना भी मुश्किल है। (अफ़सर)

7. वास्तव में बड़ा आदमी वह, जिसे कम दिखाई दे, जो अँधेरे और उजाले में फर्क़ न कर सके। उसके लिए हर तरफ रास्ता ही रास्ता है–न कहीं बन्द फाटक, न कहीं उससे बड़ा आदमी। (बड़ा आदमी)
8. प्यार या नफ़रत सिर्फ़ बच्चे करते हैं, बड़े होकर आदमी सिर्फ़ व्यापार करते हैं। (चाकू की धार)
9. आज तो जीतना ही था क्योंकि बड़े मियाँ बेईमानी ही नहीं, बुद्धि के मामले में भी अपने को बड़ा दिखाने की कोशिश कर रहे थे। बुराई के बल पर कोई भले ही जीत जाए, लेकिन प्रखरतर बुद्धि से भी जीत जाए, यह असह्य था। (चाकू की धार)
10. भले आदमी की आत्मशक्ति को जो चीज़ सबसे आसानी से तोड़ देती है वह है उसकी सद्भावना पर आघात। वह कष्टों, अभावों और अकेलेपन में भी जी सकता है लेकिन इस विपर्यय में नहीं जी सकता कि दुनिया उसे धोखेबाज समझे–चाहे वह दुनिया की कितनी भी कम परवाह करे। वह ईमानदारी से जो है उसके लिए बड़ी से बड़ी सजा भुगत जाने में गौरव का अनुभव करेगा, लेकिन एक झूठ के लिए शहीद होना। इससे बड़ी ट्रेजेडी उसके लिए और क्या हो सकती है। (कमीज़)

5

सवाल यह है कि ये कहानियाँ हमारे भीतर किस तरह का पाठकीय प्रभाव पैदा करती हैं? क्या इन कहानियों के द्वन्द्व हमारे भीतर किसी तरह के द्वन्द्व रचते हैं? क्या हमारे वर्तमान में किसी तरह की हलचल ये कहानियाँ पैदा करती हैं? इन सब सवालों के बरक्स इन कहानियों को देखा जाए तो ये बेहद प्रभावी कहानियाँ हैं। ये मानसिक स्तर पर हमारे भीतर बार-बार घटने वाली मुठभेड़ों का पता देती हैं और यह भी कि नियति के स्तर पर कई बार हम कितने असहाय हो सकते हैं। 'कमीज़' इस लिहाज से बेहद प्रभावी कहानी है। पर यह कहानी कुँवरजी की सीमाओं या कि उनके चरित्रों की सीमाओं का भी पता देती है। ये चरित्र मानसिक स्तर पर ज़्यादा जीते हैं इसलिए अपने आसपास के यथार्थ के प्रति मासूमियत की हद तक निष्क्रिय भी हैं। ऐसे में 'कमीज़' के वीरेश्वर बाबू को पागल ही होना है। अगर वह दुनियावी यथार्थ से परिचित होते तो उन्हें पता होता कि जो कुछ भी उनके साथ घट रहा है वह उनकी अकेले की समस्या नहीं है। वह देश-दुनिया के लाखों-करोड़ों की नियति है। तब इसे देखने का उनका तरीका शायद अलग होता और तब वह पागलपन की परिणति तक नहीं पहुँचते।

पर तब भी ये चीज़ें शायद दूसरे तरीके से घटतीं। इसकी वजह यह है कि इन कहानियों पर लेखक का गजब का नियंत्रण है। यह नियंत्रण जहाँ उन्हें एक चमकदार व्यक्तित्व और कसाव देता है वहीं दूसरी ओर उनकी सीमा भी बन जाता है। जैसे

'आत्महत्या' या 'दूसरा चेहरा' में या कई दूसरी कहानियों में यह अंदाजा पहले ही लग जाता है कि ये कहानियाँ किस अन्त पर जाकर रुकेंगी। यह स्थिति इन कहानियों के चरित्रों को एक खास नियति से बाँध देती है। इन कहानियों में बेहद सधे हुए नियंत्रित तनाव हैं। ऐसा शायद इसलिए भी हुआ हो कि कुँवर जी इन कहानियों को रचते हुए भी कवि ही रहे हैं। वह कविता के औजारों और तौर-तरीकों के साथ ही इन कहानियों के पास भी गए, इसलिए जहाँ एक तरफ ये कहानियाँ छोटी, बेहद सधी हुई, आकर्षक और बेहद चमकदार भाषा वाली बनीं वहीं दूसरी तरफ चरित्रों के आपसी तनाव या गद्य के स्वभावगत तनाव से उनका रिश्ता कम बना।

इन बातों के बावजूद ये कहानियाँ पाठ के समय अपने पास देर तक रोके रखने वाली कहानियाँ हैं। इन कहानियों की भाषा का वैभव बार-बार अपनी तरफ खींचने वाला है। ये पाठकों को भीतर की तरफ देखने के लिए उकसाने वाली कहानियाँ हैं। ये प्रतिक्रिया के लिए उकसाने वाली कहानियाँ हैं। ये नियति का मुकदमा लड़ने वाली कहानियाँ हैं। इसलिए इस बात की पूरी गुंजाइश है कि इन कहानियों के अपने पाठ में कोई भी काबिल जज (पाठक) वकीलों की बहसों का रुख मोड़ दे और उन्हें उन पहलुओं की तरफ भी देखने का इशारा करे जिन्हें वे जान-बूझकर भूले हुए हैं।

अपने सामने [1979]

ये कई उम्रों की कविता है...

शिरीष कुमार मौर्य

मेरे सामने कुँवर जी की कविताएँ, वैचारिक उपलब्धियाँ और उन्हें मिले अनेक सम्मान हैं। मैं आलोचना में ढूँढ़ने जाता हूँ तो उनके नाम पर कोई बहुत सार्थक लम्बी बहस...कोई हलचल लगभग नहीं मिलती। स्तुतिगान बहुत हैं, कवि के प्रति कृतज्ञता-ज्ञापन के भी कई संस्करण हैं, उनके कविता में होने के प्रति आभार-प्रदर्शन भी हैं, कई शोध-प्रबन्ध हैं, उनमें एकाध बेहद खास भी हैं...पर आलोचना कहाँ है–मैं सुदूर अतीत में मुँह डाल अपना पूरा जोर लगाकर भी पूछूं तो भी उतने उत्तर नहीं मिलते, जितने की जरूरत और उम्मीद एक कवि और उसके मुझ जैसे प्रशंसक को होती है। पता नहीं यह कितनी प्रशंसनीय स्थिति है, पर अपनी ही उलझनों में मैं इससे कतई सन्तुष्ट नहीं हूँ। कुँवर जी ने हिन्दी कविता की उम्रें पार की हैं, अपने रचाव और वैचारिक गांभीर्य में वे वर्षों से शिखर पर हैं। कुछ उत्साही जन अपनी उपलब्धियों में बढ़ोतरी के लिए भी इस शिखर की यात्रा करते हैं...जैसे कोई एवरेस्ट पर चढ़ आया हो...और मैं कविता के प्रति अपने आदरभाव और प्यार में खीज-सा जाता हूँ। इस खीज में जब ओम निश्चल जी ने कुँवर जी पर तैयार की जा रही एक किताब में लेख लिखने का प्रस्ताव दिया तो मैंने फैसला लिया की लिखूंगा पर सिर्फ़ एक कविता-संग्रह पर लम्बी प्रतिक्रिया की तरह...संग्रह भी मैंने किसी टाइम-मशीन में बैठने की तरह 1979 का चुना 'अपने सामने'...इस बहाने गुजरे तैंतीस वर्षों के बीच एक आवाजाही करूँगा...ये मुश्किल काम है...क्योंकि जब ये किताब छपी, तब मैं छह बरस का था और आज जब लिखने बैठा हूँ तो उन्तालीस का हूँ...और आलोचना मेरे बस का काम नहीं, मैं एक संवाद कर सकता हूँ। भरोसा है कि छोटी सी इस यात्रा में खुद कवि का झुर्रियों भरा-उभरी नसों वाला अनुभवी और वत्सल हाथ मुझे सहारा देगा। यहाँ एक बात और साफ करना चाहूँगा कि कई लोग वरिष्ठ कवियों पर लिखते हुए उन पर अब तक हुए काम को यथासम्भव सामने रखते हैं और फिर कविता के साथ उस पर लिखे गए से भी संवाद करते हुए अपना कुछ लिखना पसन्द करते हैं लेकिन मैं उलटा चलता हूँ...पहले से लिखे-कहे हुए को परे रखकर अपने थोड़े से साहित्य और जीवन विवेक पर भरोसा

करता हूँ। वह लिखा-कहा हुआ मेरी स्मृतियों में जरूर रहता होगा; पर इस तरह का काम करते हुए मेरी मेज पर कभी नहीं रहता। मेरा हर संवाद ऐसा ही होता है, यह भी होगा, फिर चाहे इसे मेरी सीमा या फिर हठ मान लिया जाए।

अपनी बहुत पुरानी एक उम्र में मैं एक किताब को छह बरस के बच्चे की तरह हाथ में लेता हूँ...इसमें कुछ छपा है...कोई पंक्ति पूरी नहीं होती...ये कैसी किताब है। ऐसी किताब को क्या कहते हैं...एक प्रौढ़ मुखड़ा झुक आता है मेरे ऊपर–बेटा, इसे कविता कहते हैं। फिर जो हम पढ़ते हैं गीत सरीखा अपनी कोर्स की किताबों में उसे क्या कहते हैं...बेटा, उसे भी कविता कहते हैं...यह संवाद यहीं समाप्त हो जाता है। वो बच्चा वहीं छूट जाता है...खड़ा रहता है अपने समय की पहेलियों में।

इमरजेंसी लगी थी...अब दूसरी आजादी मिली है...संजय गाँधी एक लफंगा है, इंदिरा गाँधी पुत्रमोह में पड़ी पिशाचिनी है...उसका दूसरा बेटा ठीक है...घर में पिता अपने दोस्तों से बहस करते रहते हैं। जयप्रकाश नारायण, लोहिया, मोरार जी देसाई, राजनारायण, चरण सिंह, लालकृष्ण आडवाणी, अटलबिहारी वाजपेयी, कुशाभाऊ ठाकरे, नानाजी देशमुख जैसे कई अपरिचित नाम जो इन बहसों में इतनी बार आते हैं कि उस छोटे बच्चे के स्मृतिकोश में भी कहीं दर्ज हो जाते हैं...और एक उम्र खत्म हो जाती है...इस उम्र में कविता कहीं नहीं आती है।

दूसरी उम्रों का समय है...हम सड़कों पर निकले हैं झुंड में...नारे लगाते...पोस्टर चिपकाते...मैं अपनी कविता खोज रहा हूँ...मुझे पोस्टर के लिए कविता चाहिए... मुझे नारा बनाने के लिए कविता चाहिए....मुझे हल्ला बोलने के लिए कविता चाहिए...पिता की खरीदी वह किताब अब पुरानी पड़ चुकी है...उसके पन्ने पीले और जर्जर हैं...उसमें मुझे नारे नहीं मिल रहे हैं...पोस्टर के लिए कुछ नहीं मिल रहा है...उसके सहारे हम अपना हल्ला बोल नहीं कर पा रहे हैं। लालकृष्ण आडवाणी और अटलबिहारी वाजपेयी का नाम स्मृतियों की खोह से बाहर आ चुका है...रथयात्रा हो रही है...पुरानी ढह रही मस्जिदनुमा इमारत पर कारसेवक हथौड़े-सब्बल लिए चढ़े हैं...गेरुए कपड़े वाली एक साध्वी उत्तराखंड के ही एक बड़े नेता से खुशी के मारे लिपट पड़ी है। दूसरी आजादी के कुछ नायक मेरी इस नई उम्र के फासिस्ट खलनायक बन चुके हैं। यूँ नायक वे मेरी उम्रों में कहीं थे ही नहीं, बस नामोल्लेख था उनका।

हमारी छाती पर अँधेरा सवार है। हम पिटते हुए मशाल जुलूस निकाल रहे हैं। मंडल-कमंडल सब हो रहा है। मेरे हाथों में दूसरी किताबें हैं। वह किताब आलमारी में रखी है खामोश...उसके पन्ने तक नहीं फड़फड़ाते। लटके होंठ वाले प्रधानमंत्री बाजार की ओर मुँह किए हैं, उन्हें कुछ दिख नहीं रहा है। पत्रिकाओं में भूमंडलीकरण और उत्तर-आधुनिकता जैसे शब्द दिख रहे हैं...विमर्श हो रहा है...विरोध के नाम पर एक पहल भर है।

मेरी उम्रों में अब चढ़ाई के दिन हैं...मेरी साँस फूल रही है...मैं रुकना और थोड़ा दम लेना चाहता हूँ। आलमारी में वह किताब अब भी है...अब उसे मैं अपने सामने पा रहा हूँ...वह आलमारी से निकलकर मेज पर आ गई है। अब उसमें हरारत और हरकत है। उसका पहला पन्ना खुलता है–

कितना स्पष्ट होता आगे बढ़ते जाने का मतलब
अगर दसों दिशाएँ हमारे सामने होतीं
हमारे चारों ओर नहीं
कितना आसान होता चलते चले जाना
यदि केवल हम चलते होते
बाक़ी सब रुका होता

बाकी तो क्या, कुछ भी रुका हुआ नहीं था मेरी पिछली उम्र में...चल रहा था...भाग रहा था...मुझसे आगे। जिन क्रूर ताकतों की मैं अब हार चाहता हूँ, वे सिर पर चढ़ी चली जा रही हैं। जीवन बदल गया है...इतना कि दूर-दूर तक गुमां तक न था जिसका। जिन्हें हम जेल में देखना चाहते थे, उन्हें सरकार में देख रहे हैं। सड़कों के संगी-साथी मेरी ही तरह दफ्तरों में जा बैठे हैं या कुछ कारोबार कर रहे हैं। विचार जो मुहब्बत बन चुका है, उसके भीतर मैं अब भी अपनी उड़ानें भरता हूँ लेकिन इन उड़ानों में अब सड़कों पर उतर जाना और पीटना-पिटना शामिल नहीं है। पुलिस के अफसर लाठियाँ भांजने की बजाय हाथ मिलाते हैं मुझसे और मैं कुँवर जी की इस पुरानी किताब के पहले ही पन्ने पर इन पंक्तियों में खुद को पाता हूँ साथियों समेत। दरअसल हममें ऊर्जा बहुत थी, विचार और ताकत भी भरपूर, हम लड़ सकते थे पर स्थिति वही थी, जो कुँवर जी ने लिखी...न तो दिशाएँ सामने थीं और जैसा कि अभी कहा मैंने, कुछ भी रुका हुआ नहीं था। पर मुझे गर्व है कि मैंने कोशिश की उस उम्र में और जो जारी है, इस उम्र में भी...पर हाथ में किताबें बदल रही हैं। विचार कहाँ-कहाँ हो सकता है, कितनी दिशाओं में ढूँढ़ना होता है उसे...यह सीख रहा हूँ। भीतर की जगह से बाहर बहुत सारी जगहें हैं, उनमें बहुत सारी आवाजें हैं–कितना कुछ सुनना बाकी है अभी...अनुभव का संसार किस तरह बढ़ता है और अपने विस्तार से हमें किस कदर एकाग्र करता चलता है–ये सभी कुछ कुँवर जी की तैंतीस साल पुरानी कविता की एक किताब सिखा रही है। ये कई उम्रों की कविता है...कई उम्रों तक काम आना है इसे।

अभी ठीक अभी जिस उम्र में हूँ, वहाँ चीज़ें ऐसे ही तो घट रही हैं–

बस वहीं से लौट आया हमेशा
अपने को अधूरा छोड़कर
जहाँ झूठ है, अन्याय है, कायरता है, मूर्खता है–
प्रत्येक वाक्य को बीच में ही तोड़-मरोड़कर

प्रत्येक शब्द को अकेला छोड़कर
वापस अपनी ही बेमुरौवत पीड़ा के
एकांगी अनुशासन में
किसी तरह पुन: आरम्भ होने के लिए

झूठ, अन्याय, कायरता और मूर्खता से सामना होने पर खुद को अधूरा छोड़कर लौट आने का यह उपक्रम मेरे विचार से मेल नहीं खाता...पर अपना-सा भी लगता है। हर किसी को मानना ही पड़ता है कि जीवन में हताशा के कुछ ज़रूरी क्षण भी होते हैं और बाद की उम्रों में वे बढ़ते जाते हैं। स्वप्नशील आँखों के गिर्द यथार्थ की स्याही उभरने लगती है। मेरे भीतर की एक कुछ पुरानी उम्र कहती है–ग़लत है, यूँ लौट जाना...मुझे लड़ना चाहिए लेकिन समकालीन उम्र में हमेशा तो नहीं पर कभी-कभी पुन: आरम्भ होने के लिए लौटना अब मेरा भी मन होने लगता है। मेरे जीवन में मेरी विचारधारा ही मेरा एकांगी अनुशासन रही है, पर इस कविता में आने वाले शब्द 'एकांगी' में जो थोड़ा सा व्यंग्य है, उसका भी कुछ करना होगा। बेमुरौवत पीड़ा भी मुझ अकेले की नहीं, मेरे सभी आमजनों की है। 'अपने सामने' इन पंक्तियों में अगर मैं एक बहुवचन बना पाता हूँ तो ये मेरी लगने लगती हैं–लौट आया की जगह लौट आए, बस इतना भर हो जाए तो सब कुछ मेरा लगने लगे और जिसे मैं 'मेरा' कह रहा हूँ, उसे दरअसल अपना कहा जाना चाहिए। मेरा मुझमें ही रह जाने को अभिशप्त हो सकता है पर अपना सबमें व्याप्त हो जाता है। इस तरह कुछ उलटफेर के साथ मैं कुँवर जी की कविता के निकट आता हूँ। कुछ ऐतिहासिक तथ्यों की पड़ताल के लिए मुझे अपनी छह साल की उम्र में लौटना पड़ता है। उस उम्र में दाखिल हुए शब्दों के स्पष्ट राजनीतिक आशय अब मुझे बहुत आसानी से परसाई जी के साहित्य में मिल जाते हैं। इन शब्दों ने भी अब तक मेरे साथ तैंतीस बरस की उम्र जी है और अब वे खुलने लगे हैं। यह संकलन 1979 का है तो जाहिर है कि कई कविताएँ आपातकाल के साए में घुटकर लिखी गईं होंगी। इस बिन्दु से कुँवर जी के इस संग्रह पर कुछ महत्त्वपूर्ण बहसें हुई हैं...इसलिए यहाँ मैं अधिक नहीं ठहरूँगा।

कविता लिखना मेरे हिसाब से कभी भी अकेले की यात्रा नहीं होती। साथी कवि होते हैं...मित्रताएँ होती हैं और शत्रुताएँ भी; पर इनका मोल तभी है जब ये विचार के लिए हों। बहुत खेद के साथ बार-बार कहना पड़ता है कि इधर पंकज चतुर्वेदी जैसा एकाध आलोचक भले अपवाद रूप में मौजूद है, बाकी हिन्दी में आलोचना का तेजी से लोप हुआ है...कविता के सन्दर्भ में तो और भी। व्यक्तिगत मित्रताएँ निभाई जा रही हैं या फिर व्यक्तिगत शत्रुताएँ। संकट इसलिए भी गहरा है कि बची-खुची आलोचना का काम भी खुद कवियों के कन्धों पर आ पड़ा है। एक कवि दूसरे समकालीन कवि की बिना किसी निजी द्वेष के निर्मम आलोचना करे–इधर के जमाने में यह दुर्लभ होता जा रहा है। मित्रताओं के प्रसंग भी ऐसे ही हैं...किसी ने मेरे संग्रह की तारीफ

कर दी और मैंने उसके। सबसे बड़ा संकट इस वक्त यह है कि कवि-आलोचक तो कुछ हैं पर आलोचक कोई नहीं है। इधर अपने कुछ समकालीन कवियों से बात करते हुए मुझे कुँवर जी की ये पंक्तियाँ बहुत महत्त्व की लगने लगी हैं–

...भरपूर चिल्लाता हूँ : नजदीक आओ, और नजदीक
मैं तुम्हारा
या किसी का
बुरा नहीं चाहता
तुम क्यों मुझे घेरते हो
अपने शकों से
मुझे एक मनुष्य की तरह पढ़ो, देखो और समझो
ताकि हमारे बीच एक सहज और खुला रिश्ता बन सके
माँद और जोखिम का रिश्ता नहीं

सहयात्रियो, तुम्हारे स्वार्थ की धमकी
क्या मुझे अकसर इसी विकल्प की ओर ढकेलती है
कि चलती ट्रेन से बाहर कूद जाऊँ

इस चलती ट्रेन से कूदने के कई क्षण मेरे जीवन में अभी आए हैं और मुझे कुँवर जी का यह बरसों पुराना अनुभवसम्पन्न संग्रह अपना लगने लगा है। इसी के साथ कुछ युवा कवि-मित्रों पर लिखते या महज सोचते-विचारते हुए यह अहसास भी गहराता गया है–

तब भी कुछ नहीं हुआ
जिन नंगे तारों को मैंने अकस्मात् छू लिया था
उनमें बिजली नहीं थी
मुझे एक झटका लगा कि उनमें बिजली नहीं है
मुझे अकसर एक झटका लगता है जब वहाँ
बिजली नहीं होती
जहाँ बिजली को होना चाहिए

मुझ पर खुलता हुआ यह सामर्थ्य है कुँवर जी की कविता का कि वह कविता की राह से भी अधिक आलोचना की राह पर मेरे लिए कुछ प्रकाश लिए खड़ी है। वाकई उन नंगे तारों में बिजली नहीं थी और झटका भी यही कि अरे इसमें तो बिजली है ही नहीं...कवि मन की कौन कहे...कुँवर जी ने न जाने किन सन्दर्भों में लिखी होंगी ये पंक्तियाँ लेकिन मेरे कई सन्दर्भ और प्रसंग इनसे जुड़ते हैं। मैं अब खुद को प्रौढ़ और युवा कविता में ऐसे कई कोनों को रेखांकित कर पाने की स्थिति में पा

रहा हूँ, जहाँ बिजली होनी चाहिए थी, पर नहीं है...न होने का झटका बहुत है। बहुत खुली आँखों देख रहा हूँ कि एक बड़ा कवि न सिर्फ़ साहित्य-प्रसंगों बल्कि निजी जीवन-प्रसंगों में भी किस तरह साथ आता है। फकत आलमारियाँ बदलते मेरे जीवन में तैंतीस साल से रुके रहे 'अपने सामने' के ये सधे हुए विचारवान कदम अब मेरे साथ हैं...जितना एकान्त में, उससे कहीं अधिक कोलाहल में।

कई संगी छूट गए। कुछ को अकाल-मृत्यु धर ले गई और कुछ को कविता और साहित्य में उनकी बेलगाम लोभ-लिप्साओं ने ग्रस लिया पर उन सबकी एक प्रस्तर बन चुकी शोकपूर्ण याद मुझे लगातार आती है–

मुझमें फिर एक अनुपस्थित का शोक है
और मैं उसमें ज़िन्दा हूँ

एक अकारण शुरुआत और अकारण मृत्यु के बीच
कहाँ हूँ
मैं कोमल हुआ था यहीं कहीं जैसे एक फूल
मैं कठोर हो गया हूँ जैसे मेरी यादगार का पत्थर

हालाँकि मैं कवि के साथ चल रहा हूँ...पर ऐसा क्यों लग रहा है कि अपनी स्नेहिल बुज़ुर्ग उपस्थिति के साथ धीरे-धीरे खुद कुँवर जी मेरे साथ चल रहे हैं... सुबह की सैर में मेरे साथ चलने वाले एक आत्मीय वृद्ध पड़ोसी की तरह...जो कहते हैं–'धीरे चलो...ये शरीर से ज़्यादा मन की मरम्मत और सेहत के लिए सुबह की हवा को...आते हुए उजाले को महसूस करते हुए चलना है...अभी झुटपुटा है...धोखा भी हो सकता है...किसी जगह कोई गिर भी सकता है...सिर्फ़ शरीर की सेहत के लिए आना हो तो कुछ देर बाद पूरा उजाला होने पर आओ और फिर चाहे जितनी दौड़ लगाओ...' अब मैं क्या करूँ इसका कि मुझे पिछले कुछ दिनों से उन वृद्ध पड़ोसी मित्र के चेहरे में कुँवर जी का चेहरा दिखने लगा है।

मैं जीवन और साहित्य में इतनी तरह की हिंसाओं के बीच रह रहा हूँ कि दिन ठीक बीत जाए तो खुशी की जगह हैरत जागने लगती है। संसार बहुत बढ़ा भी है...हिंसाओं के प्रकार और माध्यम भी बढ़े हैं...'अपने सामने' के परिदृश्य में उपस्थित घोषित आपातकाल के बरअक्स अब मेरे सामने साकार दृश्यों का एक अघोषित अधिक भयावह आपातकाल है...और इसकी विडंबना को रेखांकित करती सबसे सही अभिव्यक्ति तैंतीस बरस पहले हो भी चुकी है–

आज सारे दिन बाहर घूमता रहा
और कोई दुर्घटना नहीं हुई।

आज सारे दिन लोगों से मिलता रहा
और कहीं अपमानित नहीं हुआ।
आज सारे दिन सच बोलता रहा
और किसी ने बुरा नहीं माना।
आज सबका यक़ीन किया
और कहीं धोखा नहीं खाया।

और सबसे बड़ा चमत्कार तो यह
कि घर लौटकर मैंने किसी और को नहीं
अपने ही को लौटा हुआ पाया।

मेरे समकालीन जीवन की कविता होते-होते अन्तिम तीन पंक्तियों में और अधिक प्रकट हो जाती है। फिलहाल तो यही उपलब्धि है कि घर लौटें तो खुद को ही लौटा हुआ पाएँ...रास्ते में कहीं कुछ बदल न जाए...विचार, प्रतिबद्धता, भावुकता और मनुष्यता सही-सलामत रहे। कुँवर जी की इसी कविता को लें तो भाषा के स्तर पर भी पाएँगे कि बड़ी अभिव्यक्ति के लिए बड़ी बात कहना ज़रूरी नहीं होता और न ही उसे किसी जटिलता में इस तरह कैद कर देना कि उसके अभिप्राय अपनी मुक्ति के लिए छटपटाने लगें। मैं यह नहीं कह रहा कि हमें कुँवर जी के लहजे में बोलना चाहिए लेकिन इस सलीके के बारे में कुछ सीखना जरूर चाहिए। प्रभाव ग्रहण करना अलग चीज़ है और सीखना अलग। कुँवर जी से कभी मिला नहीं और मेरे जीवन और व्यवहार के हड़कंप को देखते हुए दूर-दूर तक सम्भावना भी नहीं कि कभी उनसे मिलकर दो बातें कर पाऊंगा पर अपनी इस उम्र में उन्हें सिर्फ़ कवि से कवि-शिक्षक के रूप में बदलता देखना अच्छा लग रहा है...और वो भी तंतीस साल पुराने एक सबक में।

यहाँ एक कविता है, जिसके शीर्षक ने मुझे उलझाया है–'एक अदद कविता'। न 'कविता', न 'एक कविता' 'एक अदद कविता'। कुँवर जी की सादगी कायम है पर इस 'अदद' में कुछ है। छुपा हुआ है। कभी कुँवर जी की कविता की भाषा पर बात कर रहा था और कहना ही होगा कि हिन्दी-उर्दू की एक बहुत साफ लेकिन सादी आवाजाही उनके यहाँ सतत बनी रहती है। उर्दू है पर ऐसी नहीं कि शब्दकोश खोलना पड़े। इस 'अदद' में तिरस्कार भी है, मायूसी भी है, मजबूरी भी है और किंचित्-सा अविश्वास–हर कहीं दिखाई देने वाला वही लेकिन सधाव और सन्तुलन भी, जो कवि का अपना अमिट हस्ताक्षर बनता गया है। मैं कविता उद्धृत करता हूँ–

जैसे एक जंगली फूल की आकस्मिकता
मुझमें कौंधकर मुझसे अलग हो गई हों कविता

और मैं छूट गया हूँ कहीं
जहन्नुम के ख़िलाफ़
एक अदद जुलूस
एक अदद हड़ताल
एक अदद नारा
एक अदद वोट
और अपने को अपने ही
देश की फटी जेब में सँभाले
एक अवमूल्यित नोट
सोचता हुआ कि प्रभो
अब कौन किसे किस-किसके नरक से निकाले?

यह बरसों पुराने समय के दृश्य हैं, जहाँ जुलूस, हड़ताल, नारा और वोट 'एक अदद' में दर्ज हैं पर एक अन्तराल के बाद वे उसी तरह नए समय में दाखिल हो रहे हैं...खासकर वह अवमूल्यित नोट और ये छटपटाहट भी कि कौन किसे किस-किसके नरक से निकाले। यह मेरा समय है और इसका साफ मतलब है कि वो भी मेरा ही समय था...चीज़ें अलगाई नहीं जा सकतीं...इतिहास को विखंडित करके नहीं देखा जा सकता...किसी भी तरह हाइपर्रियल नहीं बनाया जा सकता।

इस संग्रह में 'इंतिजाम' एक विकट कविता है। कल्पना ही की जा सकती है कि किस खीज, आक्रोश, क्रोध और निराशा में इसे लिखा गया होगा और बात उसी समय की है, जो अन्तराल को परे हटाता हुआ नए में बदला है...हालात वैसे ही, बल्कि उससे बदतर हुए हैं। यह कविता एक अजीब कविता भी है पर उस नृशंसता और अराजकता को हम कैसे व्यक्त करेंगे जो एक उम्र से हमें नष्ट करती आ रही है। कविता में एक अस्पताल में एक अधमरा बच्चा लाया जाता है जो कवि के शब्दों में 'बीमार नहीं, भूखा' है। डॉक्टर मेज पर से ऑपरेशन का चाकू उठाता है लेकिन वह चाकू नहीं 'जंग लगा भयानक छुरा' है और बच्चे के पेट में भोंकते हुए कहता है कि 'अब यह बिलकुल ठीक हो जाएगा।' ये कैसी कविता है...मैं समझ पा रहा हूँ कुछ-कुछ। अस्पताल, डॉक्टर, भूख से अधमरा बच्चा, छुरे को भोंकना और फिर कहना कि अब यह बिलकुल ठीक हो जाएगा... इधर बिलकुल इधर के समय में यह एक भयावह यथार्थ की साफ तस्वीर है। मेरी यह धारणा और मजबूत होती जा रही है कि कविता अपने अर्थ से कहीं अधिक अभिप्राय में निवास करती है...वहीं से वैचारिकी का विस्तार खुलता है।

कुँवर जी का आत्मसंघर्ष दोतरफा है—एक ओर वे आश्वस्ति, भरोसा दिलाने वाली लगती चीज़ों के भीतर की कठोरता को बाहर लाते हैं और दूसरी ओर यह प्रयास कि 'एक रूखी कठोरता की/भीतरी सुन्दरता किसी तरह बाहर आए',

–यह बहुत मुश्किल काम है और इसी के कारण कुँवर जी के समूचे कविकर्म में एक स्वयंसिद्ध विविधता मौजूद है।

मैं जानता हूँ किसी को कानोंकान ख़बर
न होगी
यदि टूट जाने दूँ उस नाजुक रिश्ते को
जिसने मुझे मेरी ही गवाही से बाँध रखा है
और किसी बातूनी मौक़े का फायदा उठाकर
उस बहस में लग जाऊँ
जिसमें व्यक्ति अपनी सारी ज़िम्मेदारियों से छूटकर
अपना वकील बन जाता है

हिन्दी कविता में बहसें होती थीं...जब कुँवर नारायण का यह संग्रह अस्तित्व में आया तो शायद तब तक विमर्श शब्द जबान पर नहीं चढ़ा था...ये मेरी तब की नहीं, अब की उम्र का शब्द है...बहसें अब भी होती हैं लेकिन उससे कहीं अधिक विमर्श होता है...एक मानसिक समागम जैसा कुछ, जिसने एक पूरे रचनात्मक संघर्षशील साहित्यिक परिदृश्य को गर्त में धकेलकर रख दिया है। डाइअलेक्टिक या द्वन्द्वात्मक बातचीत की अवधारणा छूट रही है और उपदेशात्मक-उल्लेखात्मक डिस्कोर्स लगातार बढ़ रहा है। कुँवर जी से क्षमा-प्रार्थना के साथ मैं इस कविता में आए 'बहस' शब्द को 'विमर्श' बनाकर पढ़ता हूँ तो आज के सन्दर्भ में बात और स्पष्ट हो जाती है। कुँवर जी ने यहाँ गवाह बनना पसन्द किया है, अपना वकील नहीं...और इसके बीच के वे बातूनी मौके, जिनकी आज के हिन्दी कविता संसार में भरमार है। गवाही किस चीज़ की दी जाती है–सबसे पहले अपने होने की, फिर अपने संसार में अपने होने की, फिर अपने समाज में अपने होने की, फिर घटनास्थल या वारदात की जगह पर अपने होने की, फिर उसे देखने या जानने की...यह प्रक्रिया इतनी आसान नहीं है... एक कवि की गवाही हमेशा विचारों के प्रदेश में होती है। विचार के लिए गवाही देना उसकी वकालत करने से बड़ा काम है क्योंकि वकील को जो सुरक्षा अनायास ही हासिल हो जाती है, वह गवाह को नहीं। उसे किसी भी समय कहीं भी पकड़ा जा सकता है और उसके साथ कुछ भी किया जा सकता है। इस कविता में बहस से दूरी दरअसल उतनी दूरी भी नहीं है...बहस का एक प्रारूप भर है। विमर्श के बरअक्स बहस की तस्वीर आगे 'ज़रूरतों के नाम पर' शीर्षक कविता में बेहतर खुलती है–

क्योंकि मैं ग़लत को ग़लत साबित कर देता हूँ
इसलिए हर बहस के बाद
ग़लतफहमियों के बीच
बिलकुल अकेला छोड़ दिया जाता हूँ
वह सब कर दिखाने को

जो सब कह दिखाया।
वे जो अपने से जीत नहीं पाते
सही बात का जीतना भी सह नहीं पाते

...वे सब मिलकर
मेरी बहस की हत्या कर डालते हैं
ज़रूरतों के नाम पर
और पूछते हैं कि ज़िन्दगी क्या है
ज़िन्दगी को बदनाम कर

इन पंक्तियों से मेरी करीबी अब रहती उम्र कायम रहेगी। मेरी अभी की उम्र में मैं भी अकसर ग़लत को ग़लत साबित करने के बाद कुछ ग़लतफहमियों के बीच यूँ ही अकेला छोड़ गया हूँ। मेरी बहस के हत्यारे मेरे बहुत नजदीक रहे...उन्होंने जीवन और साहित्य की जरूरतों की भरपूर दुहाई दी है...हत्यारे जानते नहीं कि बहस अकेली भले छूट जाए पर मरती नहीं है...कितना भी दम घोंटें पर उसकी साँसें चलती रहती हैं...वह जगह बदलकर फिर सामने आती है...एक ही वक्त में कभी गद्य से कविता तो कभी कविता से गद्य में चली जाती है...हत्यारे किसी एक जगह हो सकते हैं और बहस हत्या की जगह से दूर फिर किसी और जगह धड़कने लगती है। कुँवर जी की एक समूची निष्कलुष कवि उम्र हमारे सामने है और ज़िन्दगी को बदनाम करने पर जोर देने वाले उनकी उम्रों से निकलकर अब हमारी उम्रों में दाखिल हो रहे हैं...लेकिन जब तक हर तरह के अँधेरों के पार रोशनी की ऐसी कविताएँ मौजूद हैं, ज़िन्दगी की चमक भी बनी रहेगी।

हम सभी कहीं न कहीं अपने आसपास चल रहे धार्मिक कर्मकांडों से परेशान रहते हैं। घरों के भीतर स्त्रियों द्वारा की जा रही निर्दोष प्रार्थनाओं से नहीं–उनसे, जो चिंघाड़कर किए जाते हैं और हमें अपने घरों और जीवन से उठाकर अचानक किसी विकट धार्मिक उन्माद या युद्ध के बीचोबीच पहुँचा देते हैं। देवी जागरण, अखंड मानसपाठ, मस्जिदों में उलेमाओं की चिखती-चिल्लाती तकरीर आदि। कुँवर जी की एक कविता मेरे सामने है–लाउडस्पीकर...

मुहल्ले के कुछ लोग लाउडस्पीकर पर
रात भर
कीर्तन भजन करते रहे।
मुहल्ले के कुत्ते लड़ते झगड़ते
रात भर
शान्ति-भंजन करते रहे।
मुझे खुशी थी कि लोग भूँक नहीं रहे थे।

(कीर्तन तो अच्छी चीज़ है)
और कुत्तों के सामने लाउडस्पीकर नहीं थे।
(गो कि भूँकना भी सच्ची चीज़ है।)

इस कविता के सामने मेरी अब की उम्र में मुझे दुःख है कुँवर जी कि अब लोग भूंक रहे हैं और जानता हूँ कि कीर्तन को अच्छी चीज़ बताना आपका अपना बयान नहीं, प्रचलित लोकधारणा का उल्लेख भर है। कुत्तों की भूंक तब भी सच्ची थी, अब भी सच्ची है–अस्तित्व की लड़ाई लड़ती और अकसर मुहल्ले को आने वाले खतरों से खबरदार करती हुई लेकिन लोगों की ये भूंक नई है, लड़ती-झगड़ती हुई...कीर्तन-भजन अब वही नहीं रह गया है–धार्मिक शक्तिप्रदर्शन में बदल गया है।

संकलन में अलग-अलग स्वर के आधार पर ही शायद तीन खंड किए गए हैं पर मेरी पढ़त में वे आपस में घुल-मिल गए हैं। इनमें व्यक्ति, समाज, इतिहास, स्थान और कुछ मात्रा में वह दार्शनिकता भी है, जिसके लिए कुँवर जी को अकसर रेखांकित किया जाता है। स्थान को कुछ देर के लिए केन्द्र बनाएँ तो मुझे याद आ रहा है कि इधर एक मित्र के साथ शहरों पर लिखी गईं हिन्दी कविताओं पर चर्चा हो रही थी और हम पिछले पचास-साठ बरस की कविता में अपनी याददाश्त आजमा रहे थे। हम शहरों में जितना बसते हैं, उससे ज़्यादा शायद वे हममें बस जाते हैं और जगह बदल जाने पर भी बसे रहते हैं। मेरे सामने ये संग्रह है तो इस पर ध्यान जाना लाजिमी ही था...मैं देख रहा हूँ कि यहाँ दिल्ली और उसका इतिहास एक रूखे विस्थापन के अहसास में आते हैं लेकिन लखनऊ अपनी पूरी रंगत और मुहब्बत के साथ आता है। दो पेज की इस पूरी कविता के विस्तार में जाने का लोभ मैं संवरण कर रहा हूँ मगर इन दो पंक्तियों का नाजुक-सा जिक्र ज़रूरी होगा–

सरशार और मजाज़ का लखनऊ
किसी शौक़ीन और हाय किसी बेनियाज़ का लखनऊ

इस संग्रह को पढ़ते हुए लगा है कि कुँवर जी के साथ एक चीज़ खास हुई है या की गई है, जिसे मैं, अगर हुई है तो विडंबना, और की गई है तो विसंगति कहना चाहूँगा–देखें कि किस तरह उनके समूचे कविकर्म को 'आत्मजयी' और 'वाजश्रवा के बहाने' के झीने महीन आध्यात्मिक लगते आवरण से ढक दिया गया। बिलकुल हाल में इसके दो प्रमाण मेरी स्मृति में तत्काल मौजूद हैं–एक तो हमारे साथी कवि गीत चतुर्वेदी ने अनुराग वत्स के ब्लाग 'सबद' में अपनी टीप में उन्हें 'मिथिहास से निकला ऋषि' कहा था और दूसरा गीत के ही कविता-संग्रह में मौजूद उसकी समीक्षा में अग्रज कवि विष्णु खरे ने लिखा–'ब्रह्मांड और धरती के अनंत वैविध्य को लेकर कुछ अहसास कुँवर नारायण में दिखाई पड़ता है, लेकिन वह रोमाँचक, औत्सुक्यपूर्ण,

चिन्तनशील (स्पेकुलेटिव) या अपनी प्रतिबद्धता में ठोस कम, 'हिन्दू' आध्यात्मिक अधिक लगता है।'

इन दोनों ही बातों से मुझे कुछ खास हैरानी नहीं हुई क्योंकि दार्शनिकता के साथ यह जोखिम जुड़ा ही होता है कि उसे आध्यात्मिकता मान लिया जाए और फिर उस आध्यात्मिकता को भी धर्म विशेष का घोषित कर दिया जाए। हमारी परम्पराओं में दार्शनिकता और आध्यात्मिकता में जो दूरी थी, उसे हमारा समाज अब भूलता जा रहा है और इन्हें एक मानने के उदाहरण सामने आते जा रहे हैं। दरअसल ये मिथकों के आनन्दपूर्ण पाठ और संकेतों की लाई तबाही है, जिससे हमारा समूचा समय गुजर रहा है। इसके चलते अर्थ बदल रहे हैं, और चीज़ें कुछ की कुछ हो जा रही हैं। अभिप्रायों पर कोई ध्यान नहीं दे रहा है। कुँवर जी की कविता के साथ भी यही हुआ है।

कहना ही होगा कि आधुनिकता के दो महान् वृत्तांत हैं–विज्ञान और मार्क्सवाद। इनका साथ और इनमें विश्वास जब मनुष्य जाति पूरी तरह छोड़ देगी तो परिणाम भयानक होंगे। मेरा कुँवर जी की कविता को देखने का नजरिया मार्क्सवादी है। मान्यताएँ अपनी-अपनी हो सकती हैं...किसी भी कवि को अपने नजरिए से देखने का अधिकार सबके पास है लेकिन कवि की मूल ऊर्जा की अवमानना नहीं होनी चाहिए, इतना निवेदन मेरा भी है। इन दोनों किताबों के बाहर जो कुँवर जी की बहुत सारी कविता है, उसे एक चादर से ढांप देना अनुचित होगा। खरे जी का इस्तेमाल किया गया पद 'हिन्दू' अपनी ऐतिहासिकता में खतरनाक हो सकता है और कवि के समूचे कविकर्म के साथ अन्याय भी। अधिक प्रयास नहीं करना होगा...अगर खरे जी की आपातकाल के दौरान लिखी गई कविताओं और कुँवर जी के संग्रह 'अपने सामने' को आमने-सामने रखकर देख लिया जाए तो बात स्पष्ट हो जाएगी। बहरहाल...मैं यहाँ कोई तुलनात्मक अध्ययन नहीं, कुँवर जी की कविता से आत्मीय संवाद भर करने बैठा हूँ। यहाँ एक नियत स्पेस के दायरे में कुछ हद तक अपनी उम्रों में एक आवाजाही और यह संवाद मैंने कर भी लिया है...लेख छप जाएगा लेकिन यह संवाद अभी जारी रहेगा...कई उम्रों तक क्योंकि मैंने शुरुआत में ही कहा है कि 'ये कई उम्रों की कविता है, कई उम्रों तक काम आना है इसे।'

कुँवर नारायण की काव्य-कला

सत्यप्रकाश मिश्र

कौन समझेगा कि कैसे नर्क से
मिला मुझको ज्ञान,
ईश्वर, गीत, आत्माभिमान?

वासना की घोर अन्धी तहों में
अनुभूतियों के सत्य
अपने में छिपाए वे अलौकिक तथ्य

जो ऐहिक सुखों के तीव्रतम क्षण में
समाहित हो अचानक
चौंक पड़ते किन्हीं सपनों से उझक।

ऐसा ही द्वंद-भाव, प्रश्नाकुल दृष्टि और अन्वेषी विवेक 'चक्रव्यूह' में संगृहीत कविताओं का सार है। यह उनमें किस हद तक अनुस्यूत है, इसका मूल्यांकन इस तथ्य के आधार पर हो सकता है कि 'चक्रव्यूह' काल से सम्बन्धित आत्मविश्लेषण और पराभौतिक प्रश्नाकूलता की यह आरंभिक प्रवृत्ति निरन्तर क्रियाशील है और उनकी कविता में बाद तक कायम भी रही है। 'आत्मजयी' तक तो है ही; तथापि यह 'परिवेश : हम तुम' और 'अपने सामने' की कविताओं में भी है कि कवि मूलभूत मानवीय परिस्थितियों से उपजी एक विशिष्ट, गहरी मनुष्यता का सृजन करने में समर्थ है जो 'कोई दूसरा नहीं' के लेखन काल तक सूक्ष्म-सन्दर्भन और परिपक्वता तक पहुँच जाता है। 'परिवेश : हम तुम' की भूमिका में कवि ने कहा है कि इसकी अधिकांश कविताओं में 'चक्रव्यूह' में संगृहीत कविताओं जैसा आत्मान्वेषण नहीं है–जीवन की स्वीकृति की स्वाभाविक और सहज प्रवृत्ति के अर्थ में। 1964 में 'माध्यम' पत्रिका के लिए इस संग्रह की समीक्षा करते हुए कुँवर नारायण की कविता के सन्दर्भ में मुक्तिबोध द्वारा स्थापित

मूल्य आज भी उतने ही अकाट्य हैं जितने तब थे। केवल एक अन्तर जो हाल में उभरा है, वह है कवि द्वारा पकी हुई और अधिक गहरी दृष्टि के साथ बिम्ब और प्रतीक के आत्यंतिक यथार्थवादी उपयोग का स्थानापन्न; जो उसकी तीक्ष्णता-सूक्ष्मता और दृष्टि की सजगता में योग देते हुए उसके काव्योचित विकास के सन्दर्भ में महत्त्वपूर्ण है। कुँवर नारायण को समझने की दृष्टि से मुक्तिबोध की इस समीक्षा का एक अंश 'नई कविता' के तीसरे अंक (1956) में बालकृष्ण राव द्वारा लिखित एक पूरे निबन्ध से भी अधिक सार्थक है क्योंकि यह आज भी उतनी ही प्रासंगिक है जितनी 1964 में, अपने प्रकाशन के समय थी :

"कवि कुँवर नारायण ने अपना एक शिल्प विकसित कर लिया है, जिसमें कहने की सादगी, संवेदना की तीव्रता, रंगों की गहराई और ख़यालों की लकीरें साफ़-साफ़ उभरकर आती हैं। फलतः, न केवल आत्म-पक्ष का वरन् बाह्य-पक्ष का भी चित्रण हो जाता है। मुख्य बात यह है कि रंगों की गहराई में ख़यालों की लकीरें खो नही जातीं; एक भाव से दूसरे भाव का जो अन्त:संबंध है, वह स्पष्ट प्रस्तुत होता है। फलतः, पूरा भाव-चित्र, पूरा विचार-चित्र, सामने आ जाता है जिसमें आत्म-पक्ष और वस्तु-पक्ष दोनों का संतुलनपूर्ण योग रहता है। कवि का जो कथ्य है, उसकी दृष्टि से देखा जाए तो उसका शिल्प सचमुच बहुत महत्त्वपूर्ण, सुबोध अर्थात् सहजतापूर्वक हृदय-ग्राह्य है। और, यदि मैं अपनी व्यक्तिगत शब्दावली में कहूँ तो, उसका तकनीक वस्तुतः जनतांत्रिक है। कवि की पीड़ित अंतरात्मा और व्यथित विवेक-चेतना की अभिव्यक्ति के लिए ऐसी ही शिल्प-व्यवस्था की जरूरत थी।" (मुक्तिबोधा रचनावली-5, पृ. 474-5)

कुँवर नारायण की कविता में आत्मसंयम और आत्म-समावेशन की प्रकट उपस्थिति के अलावा यह भी स्पष्ट है कि यह उपस्थिति प्रयोगधर्मिता के बहुविध स्तरों के लिए कोई अवरोधक नहीं है, जिसे यथोपयोगी वे अपने पद्यरूप और शैली के क्रम में निर्मित करते हैं। 'तीसरा सप्तक' में संकलित कविताएँ इसी प्रयोगधर्मिता की एक अभिव्यक्ति हैं, जिसका विकास 'कोई दूसरा नहीं' तक है। यदि हम 'ख़ामोशी : हलचल', 'जाड़ों की एक सुबह', 'दो बत्तखें' जैसी कविताओं को देखें और 'पालकी', 'एक जन्मदिन जन्मस्थान पर' जैसी कविताओं से इनकी तुलना करें तो इस विकास-क्रम को अधिक स्पष्ट रूप में समझ सकते हैं। आत्म-चेतना और विश्व-चेतना के बीच दार्शनिकों द्वारा जो अनपेक्षित विभाजन पैदा कर दिया गया है, कुँवर नारायण की काव्य-चेतना और सर्जनात्मकता अपने ऊर्ध्व-विकास के लिए उसी विभाजन को जोड़ने की आन्तरिक अभिलाषा पर टिकी हुई है। जटिलता, निस्सहायता, मशीनीकरण, अमानवीयता और होड़ा-होड़ी की जल्दबाजी केवल अन्तर्वस्तु को ही संघटित नहीं करते हैं, बल्कि आनन्द और यातना, सुख और नैराश्य के क्षणों के साथ एक आत्म-चेतना में विस्तृत हो जाते हैं, जो मानवीय स्थिति के ही मार्मिक अनुभव हैं। कुँवर नारायण काव्यात्मक कौशल और आत्यंतिक संवेदनशीलता के साथ आज की हमारी दुनिया के ऐसे और बहुत सारे पहलुओं की बेहद सधी हुई अभिव्यक्ति करते हैं। 'आत्मजयी'

एक दृष्टांत है, जहाँ कवि नचिकेता के वृत्तांत का उपयोग करते हुए उसके आधार पर उन मूल प्रश्नों के उत्तर खोजता है, जिन्हें सभी सर्जक लेखकों को खोजना पड़ता है—अनिवार्यतः उसी तरह जैसे कि एक वैज्ञानिक को खोजना पड़ता है। 'आत्मजयी' की भाषा अपने आप में उपनिषदों की प्राचीन दृष्टि के साथ आधुनिक मनुष्य के 'पहचान' और 'सार्थक' के उसके अन्वेषण को मिलाती है और इसकी परिणति जिन प्रश्नों में होती है वे पश्चिम में अस्तित्ववाद आदि में अन्वेषित प्रश्नों को भी अतिक्रमित कर जाती हैं। पाश्चात्य दृष्टि से एकदम भिन्न, कुँवर नारायण में व्याप्त चिन्ता जातीय है, प्रतिगामी नहीं है।

जिस ढंग से कवि मनुष्य के पतन, उसके पुनःजीवन और दिव्य की उसकी प्राप्ति—जो कि वस्तुतः अपनी सम्पूर्ण पवित्रता में 'आत्म' का ही अभिज्ञान है—जैसे विषयों को बरतता है और जिस ढंग से इसे संप्रेषित करने में सफल होता है, वह कविता के द्वारा इतनी सरलता से प्राप्य या संप्रेष्य नहीं है जितना कि कल्पनागम्य। सैमुअल बैकेट अपने नोबेल पुरस्कृत नाटक 'वेटिंग फॉर गोदो' में कुछ ही हद तक इस ऊँचाई तक पहुँच पाया था। पूर्व के जिन 'संस्कारों' की वंचना को उसने प्राप्त किया था, वह पाश्चात्य सन्दर्भ में विशिष्ट था। कुँवर नारायण पूर्व और पश्चिम को समाकलित करने में समर्थ हैं; और जहाँ तक दृष्टि का प्रश्न उठता है, वे उस समाकलन को, अनुभवातीत को पूर्णतः वांछनीय और सर्जनात्मक रूप देने में सक्षम हैं।

उदहारण के लिए 'कोई दूसरा नहीं' संग्रह देह और आत्मा के सम्बन्ध को बतलाता है, इस अर्थ में कि देह का तापमान आत्मा को प्रकाश की आपूर्ति करता है। एक ही साथ ऊष्मा और प्रकाश के बिम्बों का उपयोग सुस्पष्ट है और अपनी स्पष्टता के अलावा भी यह बेहद सौन्दर्यपूर्ण है। 'अपने सामने' एक और संग्रह है जो समालोचना के लिए आमंत्रित करता है। यह कविता एक मनुष्य के बारे में है जो अपनी लघुता और ह्रास के साथ द्वन्द्व में है, फिर भी धारा के विरुद्ध जाते हुए, श्रम-सिक्त होकर संघर्ष कर रहा है क्योंकि हारना या जीतना या व्यवस्था/व्यवस्थाओं का शिकार हो जाना तो अनिवार्य है ही।

हिन्दी के कवि-आलोचक विष्णु खरे ने कुँवर नारायण पर एक महत्त्वपूर्ण वक्तव्य दिया है। यह कि, 'चक्रव्यूह' और 'परिवेश : हम तुम' के बाद कविता में गहरे चिन्तन और वेदना की अभिव्यक्ति के रूप में 'अपने सामने' का विश्लेषण किया जा सकता है। 'अपने सामने' में मर्म को छू लेने वाली तड़प और टोह बहुविध स्तरों पर बार-बार प्रकट होती है। यह यथार्थ की, लोगों द्वारा सोचे यथार्थ की, एक ही समय में उनके वास्तविक रूप-स्वरूप की अभिव्यक्ति है। फलतः वे यथार्थ की भ्रांतियों को इंगित करते हुए भ्रांतियों के यथार्थ को भी संकेतित करते हैं। यद्यपि यह कुछ-कुछ पिरांदेलो की याद दिलाता है, जैसा कि उसने अपने 'सिक्स कैरेक्टर्स इन सर्च ऑफ एन ऑथर' में किया है। लेकिन फिर भी इस बात में सच्चाई है कि समकालीन अभिप्रायों में कुँवर नारायण की दृष्टि उससे बहुत आगे जाती है।

इतना और जोड़ना विषयांतर नहीं होगा कि बहुसंख्यक हिन्दी लेखक और आलोचक कुँवर नारायण को हिन्दी साहित्य में एक विशिष्ट स्वर मानते हैं। मिसाल के तौर पर डॉ. रघुवंश, रामस्वरूप चतुर्वेदी, विष्णु खरे, अशोक वाजपेयी, रमेशचंद्र शाह, परमानंद श्रीवास्तव सभी उन्हें एक विशिष्ट उपस्थिति मानते हैं–वास्तव में जो सच्चा सर्जक लेखक होता है, वह परिणामों, उपलब्धियों या स्वीकृति की परवाह किए बिना अपना काम करता रहता है। कुँवर नारायण ने स्वयं को साहित्य की राजनीति से बहुत दूर रखा है और उस दूरी को निबाहते हुए उन्होंने अपने मानवीय मूल्यों की चौकसी और पुष्टि की है; उनके सन्दर्भ में उन्होंने चिन्तन और विचार की काव्यात्मक अभिव्यक्ति को कायम रखा है जो ऐसी स्थिति में अनिवार्यतः करणीय है। कारुण्य और सामर्थ्य में साहचर्य की सम्भावना और उसका सतत अन्वेषण उन्हें एक महान रचनाकार बनाता है। जहाँ कोई आश्वस्ति नहीं है, वहाँ भी सम्भावना की खोज करते हुए वे मानवीय स्तरों पर समानुभूति के उद्‌गम को पा लेते हैं। वे एक ऐसे संसार को रचने में संलग्न हैं जहाँ मनुष्य की गरिमा की सम्पूर्ण अर्थवत्ता हो।

उनका एक अन्य संग्रह 'कोई दूसरा नहीं' अपने आप में परिस्थितियों को व्यापक और अनुभवातीत बनाने पर जोर देता है। समकालीन मानवीय स्थितियों में भय और कारुण्य की विरासत के साथ मनुष्य के शाश्वत सरोकारों को समन्वित करने के लिए प्रतिश्रुत होता है। अनिवार्यतः, जो एक आवाज उभरती है, वही बार-बार प्रतिध्वनित होती है। जैसे :

कविता वक्तव्य नहीं गवाह है
कभी हमारे सामने
कभी हमसे पहले
कभी हमारे बाद

कोई चाहे भी तो रोक नहीं सकता
भाषा में उसका बयान
जिसका पूरा मतलब है सचाई
जिसकी पूरी कोशिश है बेहतर इन्सान

उसे कोई हड़बड़ी नहीं
कि वह इश्तहारों की तरह चिपके
जुलूसों की तरह निकले
नारों की तरह लगे
और चुनावों की तरह जीते

वह आदमी की भाषा में
कहीं किसी तरह ज़िन्दा रहे, बस (*'कविता'*)

'कविता' शीर्षक यह कविता इस संग्रह की कविताओं के सन्दर्भ में जितनी प्रासंगिक है, उतनी ही उस कवि-दृष्टि के सन्दर्भ में भी, जहाँ कविता से उसका सरोकार है। इस संग्रह में प्रमुखता से उभरने वाली चिन्ताओं को सारांश में इन प्रश्नों में यों रखा जा सकता है : यह कैसा समय है? ऐसे समय में मानवतावाद को कैसे कायम रखा जा सकता है? ये कविताएँ केवल अपने समय की गवाह ही नहीं हैं, बल्कि प्रतिकूल और सीमित वजहों के बावजूद बेहतर मनुष्य बनने की सम्भावनाओं की संकेतक हैं।

मनुष्य की नियति का अभिज्ञान उनकी कविताओं में एक सांगीतिक गहराई पैदा करती है जो बहुत दूर तक जाती है, लेकिन दूसरी ओर सामान्य लोगों के जीवन में मँहगाई के बढ़ने जैसी स्थितिओं को भी शामिल करती है। कुँवर नारायण की आरंभिक कविताओं में यंत्रणा, मूल्य-प्रणालियों की वेदना-जन्य चेतना अजनबी नहीं रही है; बल्कि अपने सभी रूप-रंगों में उनमें वर्तमान की संहति में यह तथ्य भी शामिल है कि हम और केवल हम ही नये रूपों में उभरने वाली इन परिस्थितियों के जिम्मेदार हैं। पूर्व में, यह चेतना अपेक्षित प्रतीकों के उपयोग के लिए कमतर थी। फिर भी, सार-तत्त्व की प्राप्ति के लिए अपने बहुकोणीय संघर्ष में उन्होंने एक निश्चित वास्तविकता और मूर्तता को पा लिया है, जो अज्ञेय है।

दिए गए उद्धरण बहुतायत से इस बात को प्रमाणित करेंगे कि नारे की ओर उन्मुखता और आख्यान-प्रधानता वाली आलोचना को कविता के लिए साबित करना कठिन है, जोकि स्वयं अपने भीतर एक प्रकार के बुद्धिवाद से युक्त है। समकालीन भारतीय मनुष्य की नियति को देखते हुए अनायास ही कवि स्वयं को तटस्थ कर लेता है। उसकी सोच वाम, दक्षिण या उसके द्वारा प्रस्तावित विकल्पों की नहीं है, वह राजनीतिक मनोवृत्तियों या निर्णयों से सम्बद्ध नहीं है। उसका सम्बन्ध राजनीति, साहित्य या साहित्यिक राजनीति से निरपेक्ष वैसे लोगों से है जो अवसरों को अपनी आँखों के आगे से निकल जाने के पहले ही उन्हें पकड़ लेने के प्रयास में एक-दूसरे को प्रोत्साहित करते रहते हैं।

कुँवर नारायण महत्त्वाकांक्षी व्यक्ति के रूप में उभरने वाले लेखकों की इस बुनियादी बात का अतिक्रमण कर जाते हैं कि 'हमें वही देना है जो हमारे पास है'। वे इस बात पर दुःख व्यक्त करते हैं कि पतनशील प्रवृत्तियों का अनुगमन करने के सिवाय इस देश में हमने कुछ नहीं किया है। वे इस तथ्य को जानते हैं कि हम लोग अपने पतन के अलावा और कोई भी पाप करने में असमर्थ हैं। 'असल बात', 'पहला सवाल', 'महाभारत', 'अयोध्या, 1992' जैसी कविताएँ समकालीन भारत की काया और आत्मा को बखूबी चित्रित करती हैं :

माथे पर माथा रखे नहीं
हाथों पर माथा रखे गुज़ार दी जो मुश्किल
यक़ीन नहीं होता इतनी ही बड़ी चीज़ थी
ज़िन्दगी जो तमाम फिसड्डी हरकतों का

दस्तावेज़ होकर रह गई, जिसमें सिवाय
अपनी रोज़मर्रा हत्या के
दूसरा कोई गुनाह तक शामिल नहीं! (*'असल बात'*)

पहला सवाल पूछते ही कि 'क्यों हर उलटफेर के बाद
केवल इंतिज़ाम बदलते हैं, हम नहीं...?'
'यह विषयान्तर है!'– चिल्लाते हुए छात्र
बिना एक भी सवाल को ठीक से पढ़े
अपनी अपनी कक्षाओं से बाहर निकल आए। (*'पहला सवाल'*)

न धर्मक्षेत्रे न कुरुक्षेत्रे।
सीधे सीधे चुनाव क्षेत्रे–
जीत की प्रबल इच्छा से
इकट्ठा हुए महारथियों के
ढपोरशंखी नाद से
युद्ध का श्रीगणेश।

दलों के दलदल में जूझ रहे
आठ धर्म अट्ठारह भाषाएँ अट्ठाईस प्रदेश... (*'महाभारत'*)

इससे बड़ा क्या हो सकता है
हमारा दुर्भाग्य
एक विवादित स्थल में सिमट कर
रह गया तुम्हारा साम्राज्य (*'अयोध्या, 1992'*)

'राम राम' से 'मरा मरा' की ओर
लौटते हम क्या
दीमकों के घर हैं?
क्रौंच-वध पर
बिलख उठे अनुष्टुप् के
कदाचित हम सब से करुण स्वर हैं। (*'क्रौंच-वध'*)

'कोई दूसरा नहीं' का विश्लेषण एक ऐसे संग्रह के रूप में किया जा सकता है जो कुँवर नारायण की काव्य-कला के उच्चतम बिन्दु को स्पर्श करता है, दूसरे की तुलना में अपने आप में उनकी दृष्टि और कविता को पूर्णता में समाहित करता है। उल्लेखनीय सफलता के साथ उन्होंने काव्यात्मक औदात्य की प्रक्रिया में विकसित

होने वाले आच्छादिति-अन्विति-समाहिती जैसे बहुत से पूर्व प्रयोगों और विचारों का पुनर्चालन किया है। नरेश मेहता के संग्रह 'पिछले दिनों नंगे पैर' और श्रीकांत वर्मा के 'मगध' की ही परम्परा में कुँवर नारायण वर्तमान या कि समकालीन द्वारा इतिहास पर फेंकी जाने वाली नई रौशनी की अभिव्यक्ति और प्रयोग की तलाश करते हैं। इस खोज-यात्रा की अभिव्यक्ति और प्रयोगधर्मिता 'गोलकुण्डा की एक शाम', 'नालंदा और बख़्तियार', और 'विजयनगर' में सरलता से पायी जा सकती है। अतीत और वर्तमान काल के बीच के सम्बन्धों की कुँवर नारायण की खोज-यात्रा समानुभूति के स्तर पर नरेश मेहता और श्रीकांत वर्मा से मूलतः भिन्न है। यह एक मूलभूत विभेद है जो उनकी कविता को महत्तर वैधता और मूल्य प्रदान करती है; दार्शनिक अभिरुचियों की होने के कारण ऊँचाई पर ले जाती है। कुँवर नारायण की कविता का एक महत्त्वपूर्ण गुण है सबसे साधारण तत्त्वों और विषयों को भी दार्शनिक-पराभौतिक औदात्य के साथ हृद्यंगम करने की उनकी क्षमता, जो अर्थ के नये आयामों की ओर ले जाती है. वे उस स्तर को लेकर पूरी तरह सजग हैं, जहाँ अपेक्षित प्रभाव पैदा करने के लिए किसी बिम्ब को अनुकूल रूप में ढाला जा सके। 'पालकी', 'सम्मेदीन की लड़ाई', और 'भूल चूक लेनी देनी' कविताओं में यह साफगोई के साथ अपने बेहतरीन रूप में है।

प्रेम, सौन्दर्य और प्रकृति पर लिखी हुई कुछ कविताएँ भी इस संग्रह में हैं। वे इस अर्थ में विशिष्ट हैं कि उनमें बौद्धिक दृष्टि की एक समान और सटीक गहराई के साथ वैषम्य और संघर्ष का ऊँचा स्तर है। 'वह जो' और 'नदी बूढ़ी नहीं होती' कविताओं को मैं श्रेष्ठ कोटि में रखना चाहूँगा। दाम्पत्य-प्रेम से आरम्भ होकर ये चेतना के पूर्णतः भिन्न आयामों में, अनुभव के वैविध्य-बोध में विस्तृत होती हैं और दक्ष-भाव से अर्थ-परिवर्तन का खेल खेलती हैं। 'आत्मजयी' की शैली में लिखी हुई, किन्तु अन्तर्वस्तु के सन्दर्भ में भिन्न 'अद्यापि...' कविता जीवन के सार-संगीत की एक चरम मानवीय अभिव्यक्ति है। मिसाल के तौर पर :

आज भी
हमारी ढीठ वासनाओं के चोर-दरवाज़ों से होता हुआ
एक संकरा रास्ता
लुकता छिपता
तुम्हारे शयनकक्ष तक जाता है।
× × × × × × × ×
आज भी
एक कवि काल को सम्मुख रख
कठोरतम राजाज्ञा की अन्तिम अवज्ञा में
'विद्या' और 'सुन्दर' की वर्जित प्रेमलीलाओं को
शब्दों की मनमानी ऋतुओं से सजाता है।

('अद्यापि...')

'वृक्षों के शिखर', 'नीम के फूल' आदि कविताएँ केवल प्रकृति के अंदरूनी सौन्दर्य को पहचानने और उसका उत्सव मनाने के ही उपक्रम नहीं हैं, बल्कि उस पहचान और उत्सव को एक काव्यात्मक रूप भी देती हैं। हालाँकि इन कविताओं में अतीत के प्रति एक ललक है, लेकिन ये पलायनवादी नहीं हैं, समय का समन्वय करने में संलग्न हैं। 'एक जन्मदिन जन्मस्थान पर...' प्रथम द्रष्ट्या एक पूर्णतः साधारण कविता लगती है। तथापि, वास्तव में यह कविता दिल्ली जैसे महानगरीय शहर के साथ एक गाँव की सरलता के वैषम्य को उजागर करती है। यह एक गाँव की उस स्थिति को अभिव्यक्त करती है जहाँ मनुष्य के मूल्य-बोध की लगातार बलि दी जाती है, जिसके बावजूद इस बलि के विरुद्ध सतत संघर्ष की चाह में मानव आत्मा अदम्य बनी रहती है। कवि एक सटीक स्वतःस्फूर्ति, सहजता, साफगोई और समृद्धि को मिलाने में सफल हुआ है, जबकि उन्हें बरकरार रखते हुए वह उस समन्वय को अनुभव की दुरूह जटिलता में बदल देता है जो कविता को अवसर के अनुकूल उभरता हुआ समर्थ प्रतीक बना देती है। अन्तिम पंक्ति–'यह कैसा दिशा-बोध घबराया घबराया/यह चेहरा बदहवास, वह चेहरा कुम्हलाया', में मध्यवर्गीय आकांक्षाओं, उसकी उपलब्धियों और अभाव को महानगरीय चेहरों के नैराश्य और ग्राम्य चेहरों की मलिनता के बिम्बों के बीच मिला दिया गया है। ऐसे संकेत अपने अर्थ के विस्तार और आयाम को प्रभावशाली रूप से गुणित करते हैं। इस संग्रह की कविताओं की पसन्द, चयन और क्रम-संयोजन बहुत ही परिष्कृत तकनीक का परिचय देती है जो अपने सम्पूर्ण निष्पादन में परिणत होती जाती है। कविताएँ क्रमशः एक के बाद एक आती हैं और इस ढंग से आती हैं कि उतने समयंतराल में एक समान स्थितियों के विस्तार-वैविध्य के लिए विभिन्न कविताएँ बिम्बों और प्रतीकों की शुद्ध और सूक्ष्म निर्मिति से पहले एक चरम अवधान के साथ एक-दूसरे में रच-बस जाती हैं। इस संग्रह में रेल-यात्रा से सम्बन्धित एक लम्बी कविता है। लेकिन यह कवि का कौशल है जो इसमें आज की उन्मत्त हड़बड़ी, उससे जुड़ी असुरक्षा, विश्वास तथा अर्थ की कमी और प्रेम-हार्दिकता-स्नेह के लिए मनुष्य की उत्कंठा को बुनते हुए इसे समकालीन स्थितियों से जोड़ती है। कुँवर नारायण कविता को समृद्ध करने के आयास में इन सबका और आज के मनुष्य को परिभाषित करने के क्रम में, अपने सभी आयामों में मानवीय भाव के रेशे-रेशे का उपयोग करते हैं। इसलिए यह संग्रह प्रमुखता से उन स्थितियों को परिभाषित करने में सफल हुआ है जिनमें आज का भारतीय अपने आप को अत्यन्त सहानुभूति और संयम के साथ ढूँढ़ता है। इस संग्रह को इस तथ्य के सन्दर्भ में भी महत्तर उपलब्धि माना गया है कि यह उस पद्धति की ओर ध्यान दिलाता है, उसे स्थापित करता है जिसमें कविता को शुद्ध नारे या साधारण वक्तृता में क्षयशील होने से बचाया जा सके। इन्हीं ज़रूरी सरोकारों के कारण यह संग्रह केवल अपने समय की सीमा में ही नहीं रहता; बल्कि काल की बेड़ियों से अपने को मुक्त करते हुए, उन सीमाओं का अतिक्रमण करते हुए उनसे ऊपर उठने की

क्षमता रखता है। कहना अनावश्यक है कि यह इसके समकालीन मूल्य को तनिक भी कम नहीं करता।

कुँवर नारायण एक निपुण कलाकार की तरह बेहद ही संयमित और सन्तुलित ढंग से बहुआयामी विविधताओं का उपयोग करते हैं। उनकी कविताओं में मिथक, प्राकृतिक घटनाओं, ऐतिहासिक वृत्तांतों के साथ-साथ वर्तमान की वेदना, भय और असुरक्षा-बोध भी सन्निहित हैं। वे इन सबको विभिन्न चीज़ों से जोड़ने में समर्थ हैं; जैसे विज्ञान और तकनीकी विकास द्वारा ईजाद सुविधाएँ, जो एक अर्थ में जीवन को अधिक आरामदेह बनाने के लिए हमें समय की रेखीय अवधारणा को वृत्तीय अवधारणा में बदलने के लिए बाध्य करती है। यह चक्रीयता उनके द्वारा प्रयुक्त रूपकों, प्रतीकों और संकेतों की विविधता की ओर हमारा ध्यान ले जाती है और उनकी कविता में आवयविक पूर्णता का एक अनुभव जोड़ती है। 'इच्छा-मरण', 'स्पष्टीकरण' और 'नीम के फूल' कुछ ऐसी कविताएँ हैं जिनके द्वारा कवि आत्मा की दुनिया या लोकोत्तर को परस्पर एक साथ जोड़कर चेतना के क्षेत्रों के अतिक्रमण को सम्भव बनाता है। इसका परिणामी अनुभव अपने आप में ही इसका प्रतिफल है। जो कुछ स्पष्ट है, उसे परिभाषित करने का प्रयास बेकार है क्योंकि यह एक प्रकार के बयान या वर्णन में बदल जाने पर अनिवार्यतः कविता और उसके आयामों की सीमा की ओर ले जाएगा। इस संग्रह की एक और कविता 'हमारा समय' हमारा ध्यान खींचती है, क्योंकि इसमें केवल 'इतिहास' की ही भव्य और व्यापक उपस्थिति नहीं है बल्कि यह हमें भविष्य की सम्भावनाओं के प्रति एक अन्तर्दृष्टि देती है। स्मृति और कामना दो बिन्दु हैं जो कुँवर नारायण की कविता में एकसाथ आते हैं और जिनकी परिणति कामयाबी, उपलब्धि और उन्नति जैसे मूल्यों पर प्रश्नचिह्न लगाने में होती है। न केवल इस प्रश्नाकुलता के कारण बल्कि इसके बावजूद उनकी कविता दूसरी वस्तुओं के बीच एकदम सही जगह पर मानववाद और मनुष्य के लिए गहरी सहानुभूति को पुनर्जीवित करती है। यह बुनियादी पुनर्जीवन एक आशा–निकट भविष्य में मूल्यों की सही चेतना तक पहुँच पाने की आशा–को जगाती है। यही कारण है कि कवि अपनी कवि-दृष्टि में हिन्दी कविता की सामूहिक परम्पराओं की अन्विति तक पहुँचने में सफल हुआ है।

(अंग्रेजी से अनुवाद : पंकज कुमार बोस)

कविता की जरूरत

के. सच्चिदानंदन

बहुत कुछ दे सकती है कविता
क्योंकि बहुत कुछ हो सकती है कविता
ज़िन्दगी में
अगर हम जगह दें उसे
जैसें फूलों को जगह देते हैं पेड़
जैसे तारों को जगह देती है रात

(कोई दूसरा नहीं/कविता की ज़रूरत)

'कविता की ज़रूरत' शीर्षक उपर्युक्त कविता में कवि व व्यंग्यकार दोनों नजर आते हैं। विषय व प्रस्तुति की विविधता, समकालीन ज़िन्दगी की समस्याओं के प्रति प्रतिक्रिया, इतिहास व वर्तमान का समन्वय, विषयानुसार शैली में बदलाव, वक्रोक्तियों का प्रयोग; इस प्रकार हमारे समय के बड़े कवियों की सारी विशिष्टताएँ कुँवर नारायण की कविताओं में द्रष्टव्य हैं।

19 सितंबर, 1927 को उत्तर प्रदेश के फैजाबाद में जन्मे कुँवर नारायण ने लखनऊ में अंग्रेजी का अध्ययन किया। संगीत, पेंटिंग व सिनेमा में उनका पांडित्य था। सच्चिदानंद हीरानंद वात्स्यायन द्वारा सम्पादित 'तार सप्तक' में प्रकाशित अपनी कविताओं से वे चर्चा में आए। पहले कविता-संग्रह 'चक्रव्यूह' (1956) से लेकर, 'कोई दूसरा नहीं' (1993) के बीच उन्होंने काफी लम्बी दूरी तय की है। 'चक्रव्यूह' की कविताओं में ही वे खुद से और समाज से प्रश्न करते हैं। बाद में प्रकाशित 'परिवेश : हम-तुम' कविता-संग्रह में ज़िन्दगी के प्रति ज़्यादा आत्मविश्वास से भरे नजर आते हैं जहाँ वे ज़िन्दगी को स्वाभाविक रूप में स्वीकारना सीखते हैं। साथ में शुरुआत के सररियलिस्ट बिम्ब एक विवेचनात्मक शैली के लिए रास्ता बनाने लगते हैं। 'आत्मजयी', 'अपने-सामने' और 'कोई दूसरा नहीं' आदि कविता-संग्रहों में कवि अकेला नजर आता है। इसका मतलब यह नहीं कि कवि समाज से कटा हो या उसने संन्यास ले लिया हो।

मुक्तिबोध ने कुँवर नारायण की कविताओं में एक बड़े कवि की विशिष्टताओं को पहचाना था। उनकी रचनाओं में रचना की नवीनता और संवाद की गहनता को उन्होंने लक्ष्य किया था। बाद के तीस सालों में उनकी कविता परिपक्व होती गई। सिनेमा के अध्येता व आलोचक कुँवर नारायण की कुछ कविताओं में सिनेमा का प्रभाव द्रष्टव्य है। व्यास सम्मान के लिए चयनित 'कोई दूसरा नहीं' नामक कविता-संग्रह की कई कविताओं में कई कोणों से चीज़ों को दर्शाने की रीति, मोंटाश जैसे तरीके, दृश्यों को जोड़कर प्रस्तुत करने का तरीका आदि देखा जा सकता है। वाक्यों के बीच का स्पेस, विराम, अर्धविराम आदि कुँवर नारायण की कविताओं में काफी महत्त्व रखते हैं। कुँवर की कविताओं में स्मृतियों, चित्रों व सन्दर्भों से होते हुए इतिहास की पुनरावृत्ति होती है। लेकिन यहाँ हम आतुरता के दिनों को याद करने वाले कवि को नहीं पाते, बल्कि रोम के गुलामों से लेकर मौजूदा स्थिति में सड़कों के निर्माण में लगे मजदूरों तक की पीड़ा भरी कहानी की जड़ों को खोजते कवि को पाते हैं। कवि की दृष्टि में इतिहास पुरुषों की धीरता नहीं है, बल्कि सामान्य जीवनानुभव एवं पीड़ाएँ हैं। दस सिर व बीस हाथों से इस जटिल संसार को समझने की कोशिश में वह अपनी ज़िन्दगी को बरबाद कर रहा है।

हम यहाँ एक ऐसे नायक से परिचित होते हैं जिसके बारे में यह समझा जाता है कि दस सिर व बीस हाथों द्वारा इस जटिल संसार को समझने की कोशिश में वह खुद अपनी ज़िन्दगी दुश्वार बना रहा है। एक आम सत्य तक पहुँचने के लिए असत्यों की विपरीत दिशा में अलंकार व दंतकथा के सहारे ज़्यादा दूरी तय करने के कारणों को लेकर कवि आश्चर्यचकित होता है (अपने सामने)। एक अन्य अवसर पर वे पूछते हैं *"क्या तुम्हें मालूम हे, मेरे प्यार/कि दर्द के अकेलेपन से कहीं अधिक/असह्य हो सकता है कभी-कभी/खुशी का अकेलापन?"* (अकेली खुशी)

कुँवर जी कहते है–*"कभी-कभी शब्दों की तरफ़ से भी/दुनिया को देखता हूँ/किसी भी शब्द को/एक आतशी शीशे की तरह/जब भी घुमाता हूँ आदमी, चीज़ों या सितारों की ओर/मुझे उसके पीछे/ एक अर्थ दिखाई देता/जो उस शब्द से कहीं बड़ा होता है।"* (कोई दूसरा नहीं, पृ. 26) लेकिन इन अर्थों को एक भाषा के रूप में समन्वित करने की कोशिश करने पर ललित व व्यस्त चीज़ें अचानक दिशा बदलती हैं। वे कहते हैं, मुझे अर्थपूर्ण संधियों के बदले में केवल विभाजित स्वार्थों के जाल बिछे दिखते हैं।

भाषा व ज़िन्दगी के बीच का यह संघर्ष कुँवर की कविताओं में बार-बार प्रकट होता है। कविता की पंक्तियाँ देखिए–*"धीरे-धीरे टूटता जाता/मेरी ही हँसी से मेरा हर नाता/अकसर वह सभी जगहों पर नहीं आती/अकसर वह ग़लत जगहों पर आ जाती/मानो कोई फ़र्क़ ही न हो सही और ग़लत में/मानो हँसी मेरी हँसी नहीं अपनी मर्ज़ी हो.../चेहरे पर अपने ढंग से चढ़ा हुआ एक रंग/जो किसी खुशी का द्योतक न होकर/एक विदूषक की भूमिका हो किसी प्रहसन में"*

(कोई दूसरा नहीं, हँसी, पृ. 158)

कुँवर नारायण की कविता काल्पनिकता की विपरीत दिशा में गुजरती है। आपातकाल में उनकी लिखी कई कविताओं में 'सफलता की कुंजी' नायाब कविता है : दो शत्रु बन्दूक के साथ आपस में मिलते हैं, गोली चलने पर तीसरे की मृत्यु होती है जो चाय की दूकान पर खड़ा था। घर पर खाली बैठे चौथे को गिरफ्तार किया जाता है, उसकी गवाही के अनुसार पाँचवें को जेल भेज दिया जाता है। सातवें को पहचाना जाता है, छठे के आरोप के बल पर आठवें पर मुकदमा चलता है, नौंवे को सजा मिलती है; बच निकला दसवां ग्यारहवें के पैर पर गिरता है। ग्यारहवें की उंगलियों में घूमती है विजय की ओर खुलनेवाली चाबी। ज़िन्दगी इस प्रकार रूपक ढूँढ़ निकालती है।

(मलयालम से अनुवाद : सन्तोष अलेक्स)

समय व समाज के सरोकार

मिथिलेश शरण चौबे

आवश्यकता है, वस्तुतः प्राकृत होने की क्योंकि हमारे संघर्ष भी प्राकृत हैं, करुणा और क्षोभ भी और हमारे लक्ष्य भी—वे लक्ष्य और वे क्षोभ, जो हमें समस्त पीड़ित मानवता से एकाकार होने की तरफ प्रवृत्त करते हैं और उसके उद्धार का रास्ता ढूँढ़ते हैं। लेकिन, जहाँ हम प्राकृत नहीं हो पाते तो वहाँ हमारे अपने लक्ष्य भी, उनके सही होने के बावजूद, ऊपर से थोपे हुए मालूम होते हैं, और हमारा साहित्य रिक्त या कृत्रिम मालूम होता है। इसका मुख्य कारण यह है कि जो हम हैं और जैसा, वस्तुतः हमारा जीवन है—उससे प्रबुद्ध साक्षात्कार करना खेल नहीं। आज के जमाने में प्राकृत होना ही सबसे मुश्किल है। किन्तु, जो इस वास्तविक सत्य और यथार्थ के अधिकाधिक समीप पहुँचेगा, जो इसका जितना मार्मिक आकलन और उद्‌घाटन करेगा, वही साहित्यकार समाज की और जनता की अधिकाधिक सेवा करेगा, और उसके लिए अनन्य सौन्दर्य की सृष्टि करेगा।

—मुक्तिबोध

'कोई दूसरा नहीं' संग्रह की कविताओं में कवि का मूल-संघर्ष पूरी निपटता और अपने व्यापक सरोकारों के साथ मौजूद है। कवि होने का उनका बोध यहाँ आकर शब्दों और मुहावरों की छायाओं से मुक्त होकर अधिक निस्संगता के साथ अपने वास्तविक अर्थों की तलाश करता नजर आता है। रचनाकार का आत्मसंघर्ष, बाह्य जीवन के असंगत उतार-चढ़ाव, समय की जटिलताएँ व सही-ग़लत के बीच का लुप्त होता अन्तर, राजनीतिक-सामाजिक-आर्थिक-धार्मिक विसंगतियों के भयावह दृश्य, व्यावसायिकता के जाले में फँसा समाज इन कविताओं में जहाँ समूची मुखरता के साथ प्रकट हुआ है वहीं इनसे संघर्ष करता व इनके बीच लगातार रहने को अभिशप्त आम आदमी की बेचैनी, उद्विग्नता, ऊब, अकेलापन, निराशा, अवसाद, प्रश्नाकुलता, जिरह, आत्मस्वीकार, आत्मालोचन, बौद्धिकता-वैचारिकता की जाँच-पड़ताल करते कवि के वृहत्तर लौटने की आकांक्षा, जीवनास्था, मनुष्यता की पक्षधरता का स्वर अन्ततः पूरी जीवंतता के साथ

इन कविताओं में उपस्थित है। इस पूरी नकारात्मकता के बीच कवि की जिद भरी आकांक्षा आम आदमी को उसके दुःख और तकलीफों के साथ ही समय व समाज की मुख्यधारा में वहाँ से लाकर पुनर्स्थापित करने का यत्न करती है जहाँ आदमी और आदमी के बीच के सारे प्रचलित फर्क विलुप्त हो जाते हैं, जहाँ सब समान हैं, कोई दूसरा नहीं।

अपनी कविता में कुँवर नारायण जिस संघर्षरत आदमी की मुद्रा में नजर आते हैं उससे उनकी अपनी रचनात्मकता के संघर्ष का भी पता चलता है। आखिर इतनी उठापटक और जद्दोजहद के बीच वे जिस अपराजेय आस्था के साथ डटे हुए हैं वह आस्था कविता में ही क्यों प्रतिकृत होती है? कविता इस सरलीकृत समय में केवल एक कवि का निरा बयान नहीं होती, उसमें तमाम अन्तर्विरोधों के बावजूद सच अपनी जगह पाता है। मानवीयता के पक्ष में डटकर खड़ी हुई कविता से कवि उस आम आदमी को जगह दिलाने का यत्न करता है जिसे लगातार बहिष्कृत करने की कुचेष्टा जारी है। कविता इसीलिए सिर्फ़ अपनी सम्भावना पर उस उद्यम के लिए अवकाश निर्मित करती है जो अधिकतम जीवन की सम्भावना के निमित्त है। और कविता में ही वह शक्ति है जो उदासीन हो चुके प्रतिपक्ष की ओर से चेतावनी और इनकार की मुद्रा धारण करे–

उपन्यास कहानी या नाटक की तरह
कविता की फ़िल्म नहीं बन सकती
ऐसा करते ही वह दिवंगत हो जाती है
वह होती है अपनी शर्तों पर या नहीं होती
वह अपने सिवाय और कुछ होने से इनकार करती है
यह इनकार उसकी सबसे बड़ी ताक़त है
उसका कोई विकल्प नहीं। क्योंकि वह जिद्दी होती है

कविता की इसी शक्ति के कारण कुँवर नारायण अपनी अभिव्यक्ति का मूल कथ्य–मनुष्यता के प्रति गहरी आस्था, मूल्यों को बचाने की जिजीविषा और ग़लत वक्त में सही पर डटे रहने का साहस, इसलिए कविता में प्रतिकृत कर सके हैं। कुँवर नारायण कविता रचने या शब्दों को तलाशने का कोई उपक्रम नहीं करते बल्कि उनका सीधे-सीधे काम भी कविता और शब्दों के इर्द-गिर्द नहीं है, वे तो मनुष्य के आत्म में उन लुप्त प्रत्ययों को तलाशते हैं जो ज़िन्दगी के लिए अनिवार्य और मनुष्यता के सच्चे प्रतीक हैं। उनकी इस तलाश में शब्द उनके माध्यम बनने के लिए तत्पर हैं और कविता उन्हें पनाह देने को उद्विग्न। क्योंकि कवि की इस खोज में जितना संघर्ष है और उसके फलितार्थ में जितना प्रदेय है वह इस जटिल समय में बचा रहे, मुश्किल है; कविता में उसे ही सहेजने का कर्म कुँवर नारायण के यहाँ मिलता है–'आज मैं शब्द नहीं/किसी ऐसे विश्वास की खोज में हूँ/जिसे आदमी में पा सकूँ।' अपने में मौजूद विश्वास के बलबूते वे आम आदमी में उसे खोजने का यत्न करते हैं। इस यत्न में उनका संघर्ष, समय, समाज से मुखातिब होकर जितनी आक्रामकता के साथ सत्य की पक्षधरता के साथ जारी रहता

है उसमें उन्हें आत्मविश्वास एक बड़ी शक्ति के साथ डटे रहने का भाव जगाता है। उनका यह विश्वास इसलिए प्रखर और लगातार मुखर है क्योंकि उसका अभीष्ट अपनी ही तरह के एक बेहतर इनसान के लिए इतनी बेचैनी और उद्विग्नता है–

कोई चाहे भी तो रोक नहीं सकता
भाषा में उसका बयान
जिसका पूरा मतलब है सचाई
जिसकी पूरी कोशिश है बेहतर इनसान

वे अपनी कविता में अपनी भाषा से इसी सचाई और बेहतर इनसान को बचाने की कोशिश करते दिखते हैं। कविता में सत्य के लिए, बेहतर इनसान के लिए जो तनाव कुँवर नारायण अपने संघर्षों के दौरान पाते हैं वह इसलिए क्योंकि "मनुष्य की सूक्ष्म नैतिक चेतना से भाषा का गहरा और अनिवार्य सम्बन्ध वे पहचानते हैं।"[1] कविता और भाषा का रास्ता कुँवर नारायण का अपना खोजा हुआ रास्ता है क्योंकि कविता और भाषा में बचा लिए गए प्रत्यय आखिरकार एक सही रास्ते से मूल्यों को, मनुष्यता को बचाने का उपक्रम हैं। और इसलिए उनकी कोशिश किसी भी तरह भाषा में अपने संघर्षों को प्रतिकृत करने की है। भाषा में बचा लिया गया सच ही जिन्दा और ज्यों का त्यों बचा लिया सच हो सकता है–'वह आदमी की भाषा में/कहीं किसी तरह ज़िन्दा रहे, बस।' भाषा में उनकी यह कोशिश लगातार जारी रहती है। लेकिन यथार्थ से अपना उनका संघर्ष जो भाषा में प्रतिकृत होता है किसी तरह का सुविधाजनक रास्ता नहीं है और न ही वे भाषा पर किसी निरुपाय स्थिति में जाते हैं। उनका भाषा और कविता का रास्ता अपना अर्जित रास्ता है और जहाँ किसी तरह का सरलीकरण नहीं मिलता। वे इस बात को बखूबी जानते हैं कि उनकी इस कोशिश और ऐसे तरीके को ग़लत समझकर भाषा और कविता से सिर्फ़ ऐसी ही अपेक्षा के कुत्सित पाठ की माँग की जा सकती है और इसीलिए वे इन सरल व्याख्याओं पर विचार करते हुए दो टूक कहते हैं–'उसे पाने की कोशिश में/भाषा को उलटा पलटा/तोड़ा मरोड़ा/घुमाया फिराया/कि बात या तो बने/या फिर भाषा से बाहर आए/लेकिन इससे भाषा के साथ-साथ/बात और पेचीदा होती चली गई।'

भाषा के माध्यम से कुँवर नारायण के अपने समय व समाज के जो सरोकार व्यक्त होकर कविता का रूपाकार हासिल करते हैं वे बिलकुल सरल व सीधे रास्तों के सरोकार नहीं हैं। उन सरोकारों के भाषा की जद में आने के अनेक अवरोध हैं, कवि जितना उन अवरोधों को अपने लिए कविता के मार्ग में पाता है उतना ही मनुष्यता के मार्ग में उन्हें एक केन्द्रीय समस्या के रूप में रूपायित करता है। यह अवरोध आम आदमी का ऐसा भयावह यथार्थ है जो लगातार उसके सामने मौजूद है फिर भी वह उससे बाहर निकलना नहीं चाहता। कविता की शक्ति भले ही सृष्टि के सारे सरोकारों तक पहुँचने की हो लेकिन मनुष्य की चेष्टा अकर्मण्यता और सब कुछ पा

लेने के काल्पनिक उद्यम में ही लगी रहती है–'हम सब चाहते हैं एक चरम यात्रा/और एक परम धाम/हम सोच लेते कि यात्राएँ दुःखद हैं/और घर उनसे मुक्ति।' यह समाज की यथार्थ तस्वीर है जिससे कवि लड़ रहा है। हम एक ठीक रास्ते से अपना संघर्ष शुरू करने के बजाय घर में ही रहकर अर्थात् अपने आत्म में ही सिकुड़कर सब कुछ से मुक्त हो जाना चाहते हैं। हम अपने जीवन का सारा कुछ अच्छा और सुन्दर पा लेना चाहते हैं, जिस प्राप्ति की चरमता एक परमधाम की तरह है किन्तु उसे पाने के लिए अनिवार्य कर्मों से अब निरन्तर बचते हैं। अपने समय के मनुष्यों में गहरे तक भरी यह अकर्मण्यता की भावना कुँवर नारायण को अत्यधिक विचलित करती है। उनका विचलित होना उनके अन्दर मौजूद गहरी संवेदनशीलता का पर्याय है। वे इस समाज की ऐसी अकर्मण्य स्थिति पर बहुत क्षुब्ध होकर उसकी विडंबनापूर्ण अभिव्यक्ति अपनी कविता में करते हैं–

ताज्जुब कि हम ही थे
उस वक़्त भी गवाह
जब कुछ ख़ास शब्द पैदा हुए थे
जैसे प्यार और जिनकी शान के ख़िलाफ़
हम ही हैं आज भी घर-घर में उनका ख़ून

हमारा समाज अपनी संवेदनहीनता में कैसे विरोधाभासी तथ्यों का मूक अनुकर्ता बना रहता है यह इस कविता का शान्त आक्रोश भयावहता के साथ प्रकट करता है। हमारा समाज जिन सकारात्मक प्रत्ययों, जीने के लिए अनिवार्य मनोभावों की पक्षधरता के लिए जगह देता है, अपनी उपस्थिति से उसके पल्लवित होने का मार्ग प्रशस्त करता है, वही निष्क्रियता के चलते उन प्रत्ययों और मनोभावों को समय की जटिलता में पिसकर टूटने व विलुप्त होने के लिए छोड़ देता है। समाज की सुप्त चेतना सारी अच्छाई व सुंदरता को अपने सामने यथार्थ में विलुप्त होती देखती है और उस विलुप्ति में अपनी भूमिका से सहयोग देती है। दरअसल यह समाज की उस निष्क्रिय चेतना और संवेदनहीनता का परिणाम है जिसे अपने मूल कर्तव्यों का, अपनी सांस्कृतिक अस्मिता का कोई बोध नहीं रह गया है। यह उस समाज के मनुष्यों से मनुष्यत्व के नष्ट होते चले जाने की भयावह स्थिति है, उनके मूल व्यक्तित्व के प्रत्ययों के नष्ट होने की निराशाजनक स्थिति है। लेकिन कवि इस समाज की ऐसी निष्क्रिय चेतना पर अपने रचना-कर्म से एक संवेदनशील मनुष्य के अब भी बचे रहने की आश्वस्ति देता है। कवि दो टूक लहजे में आजादी और प्रजातंत्र के स्थूल अर्थों को नकारता हुआ मनुष्यता से सूक्ष्मतम आशयों का उद्‌घाटन करता है–

तुम मुझे हँसने पर मजबूर नहीं कर सकते
इस देश में हर एक को अफ़सोस के साथ
जीने का पैदाइशी हक़ है वरना
कोई माने नहीं रखते हमारी आज़ादी और प्रजातंत्र

"वर्तमान विचारशील आदमी का संकट दरअसल ईमानदारी, विवेक, समझौता, विरोध, आत्म-प्रवंचना से शत्रुता, अप्रिय सत्य के स्वीकार, विरोधाभासों-विसंगतियों द्वन्द्वात्मकता के अहसास तथा दूसरों और दूसरों से ज़्यादा कहीं अपने पर हँस लेने की ताकत से उपजा संकट है।"[2] कुँवर नारायण ऐसे समाज की सारी व्यवस्थाओं पर प्रहार करते हैं। ऐसे समाज के तमाम उद्यम कोई अर्थ तब तक नहीं रखते जब तक कि उसमें एक संवेदनशील मनुष्य के बचे रहने की भरपूर स्वतंत्रता व सम्भावना न रहे। कुँवर नारायण इस समाज को तीखे लहजे में, क्षुब्ध होकर लगातार इस निष्क्रियता से उबरने के लिए एक आवाज बचाए हुए हैं, वह आवाज मनुष्यता को बचाने के लिए छटपटा रही है क्योंकि वह आवाज जान रही है–'कोई और कहता/मेरी बात औरों से।' वह आवाज जान रही है कि इस समय अभिव्यक्ति तक सभ्यता ने गिरवी रख दी है। इतने भयावह यथार्थ से यह समाज जूझ रहा और लोग इस आवाज की अनसुनी कर रहे हैं। यह अपनी अभिव्यक्ति का दूसरों के नियंत्रण में चले जाना सबसे बड़ा संकट है। मनुष्य की आजादी के जो प्रमुख केन्द्रीय अहसास हैं उनमें अभिव्यक्ति की आजादी सर्वोपरि है। हमारे समय में हमारा व्यक्तित्व दूसरों द्वारा बनाई हुई जटिल सभ्यता के व्यूह में इतना अधिक गहरे धँस चुका है कि अब हमारी अभिव्यक्ति का निर्धारण भी उन्हीं के द्वारा तय होने लगा है। यह सामाजिक दुरावस्था की भयावह तस्वीर है। समाज को निर्मम लोगों ने अपने संवेदनाहीन हाथों की गिरफ्त में ले लिया है। यहाँ आम आदमी की आवाज का कोई अर्थ नहीं बचा। हर तरफ हर जगह शोषण करने वाली व्यक्तिवादी, अंधी व्यवस्था फैल रही है। इस समाज का सारा नियंत्रण उस संवेदनाहीन सभ्यता में तेजी से पनपे ग़लत और अमानवीय लोगों के हाथों में पहुँच चुका है–

धर्मराज धूर्तराज दोनों जुआड़ी
पाँसे खनखनाते हुए
राजनीति में शकुनी का प्रवेश
दलों के दलदल में जूझ रहे
आठ धर्म अट्ठारह भाषाएँ, अट्ठाइस प्रदेश

पूरी व्यवस्था निजी स्वार्थों, निजी आकांक्षाओं की प्राप्ति में लगे हुए लोभी, अपने अहंकार के मद में डूबे समाज को दाँव पर लगाने की कुत्सित चेष्टा करने वाले दंभी वर्ग द्वारा संचालित हो रही है। राज्य की नीतियों में छल और प्रपंच का सहारा लेकर निर्णय करने वालों का बोलबाला है और स्वार्थी लोगों ने मिलकर अपनी लगातार स्वार्थपूर्ति के क्रियाकलापों से पूरे देश को प्रभावित किया है। ऐसे लोगों ने अपने ही साथियों से निजी प्रभुत्व की लिप्सा के कारण बार-बार विभाजन करने के षड्यंत्रकारी कर्म किए हैं बिना इसकी परवाह किए कि शीर्ष पर होने वाली इस उठापटक और अमानुषता का असर सारे देश में एक लहर की तरह फैलेगा। नतीजतन आज देश में अनेक दल राजनीति को अपनी-अपनी तरह दूषित कर रहे हैं। धार्मिक कट्टरता,

जातीय कट्टरता की भावनाएँ भड़क रही हैं। मनुष्य को पहचान देने वाली भाषा के नाम पर वैमनस्य फैल चुका है और राष्ट्रीयता के सूत्र में बँधे देश में प्रांतीय पहचान अहंकार और प्रभुत्व की तरह पनप रही है। कुल मिलाकर आधुनिक व्यक्तिवादी सभ्यता के प्रसार ने पूरी तरह हमारे समाज को जकड़ लिया है और वैमनस्य और कट्टरता की लपटों ने सारे देश को झुलसा दिया है।

सभ्यता की इन भयावह जटिलताओं ने पौराणिक प्रतीकों से आगे बढ़कर घोर अमानवीयता और मनुष्य मात्र की महत्त्वहीनता का जो निर्धारित शिल्प अपना लिया है वह किसी देव पुरुष की क्षमता और सामर्थ्य के द्वारा नष्ट होगा, सम्भव नहीं लगता। ईश्वर के प्रतीक को ही इस समाज ने राजनीति के कुत्सित षड्यंत्रों का शिकार बना लिया है। यहाँ स्वच्छन्द घूमने की सामर्थ्य न तो कवि कल्पना के अनुसार ईश्वर ही कर सकता है और न ही ईश्वरीय सत्ता को चरितार्थ करने वाला आदि कवि–

अयोध्या इस समय तुम्हारी अयोध्या नहीं
योद्धाओं की लंका है
'मानस' तुम्हारा 'चरित' नहीं
चुनाव का डंका है
अबके जंगल वो जंगल नहीं
जिनमें घूमा करते थे वाल्मीक

सन् 1992 में अयोध्या के विवादास्पद ढाँचे को लेकर एक राजनीतिक दल ने जिस तरह हिन्दुओं को राम के नाम पर एक जुट करने का चुनावी पैंतरा अपनाया, वह इस बदले हुए जटिल समाज की ईश्वरीय आस्था का कुत्सित चेहरा है। चुनावी राजनीति में राम को घसीटते हुए राजनीति ने मनुष्य समाज को जंगल से भी ज़्यादा बीहड़ बना दिया, उन पुरातन जंगलों की तरह नहीं जिनमें सृजन की अपार सम्भावनाओं को चरितार्थ करने वाले आदि कवि स्वच्छन्द विचरण करते थे, ऐसा हिंसात्मक क्रूर जंगल इस समाज को बना डाला जहाँ एक आदमी का अकेले घूमना भी सम्भव नहीं रहा। कुँवर नारायण साम्प्रदायिक उन्माद में डूबे हुए इस समाज की संवेदनहीनता के कारण उस अकेले ईश्वर का यहाँ होना भी दुश्वार समझते हैं। वे किसी ईश्वरीय सत्ता के होने न होने के अनर्गल तर्कों में न उलझकर तात्कालिक घटना के विस्तृत सन्दर्भों की पड़ताल करते हुए एक ऐसी भयावहता का दृश्य सामने लाते हैं जिसमें हमारे होने तक की सम्भावना की कोई जगह नहीं बची है। समाज की इस जटिलता पर कुँवर नारायण जिस सक्रियता के साथ विचार करते हैं वह उनकी गहरी सामाजिक प्रतिबद्धता का हिस्सा है। वे इन जटिलताओं के वर्णन पर ही स्थिर नहीं हो पाते बल्कि व्यापक स्तर पर जीवन जीने की लालसा रखते हुए एक मनुष्य का इस समय व समाज के विपरीत पूरे मानवीय कर्मों के साथ चलने की जिद का संघर्ष भी रूपायित करते हैं। यह सच है कि सभ्यता इतनी ज़्यादा जटिल व संकटों भरी हो चुकी है, परन्तु यह

भी सच है कि तमाम प्रतिकूलताओं और नकारात्मकता के बावजूद कुछ शेष है जो जीवन के प्रति आश्वस्ति पैदा करता है। यह शेष जो है वह एक आदमी का समय व समाज की तस्वीर से हटकर हाशिए पर चलना है। कुँवर नारायण उस मनुष्य का जो कि एक अर्थ में वे स्वयं भी हैं, संघर्ष निपटता के साथ व्यक्त करते हैं–

किसी ने कहा–'लड़ो। ज़िन्दगी हक़ की लड़ाई है'
हथियार उठाया तो देखा
मेरे ख़िलाफ़ पहला आदमी
मेरा भाई है

इस समय व समाज में यदि आम मनुष्य अपने जीवन को अपना हक मानते हुए उसे पूरी स्वतंत्रता और अपनी निजी गरिमा के साथ जीना चाहता है तो उसके इस फैसले में जो आरंभिक अवरोध उसे मिलेंगे वे उसके सबसे नजदीक रिश्तों के अवरोध हैं। इस व्यवस्था ने ऐसी परिस्थितियाँ निर्मित की हैं कि हम यदि इस व्यवस्था के खिलाफ अपने निजी जीवन को अपनी व्यवस्थाओं से संचालित करना चाहें तो यह भी मुमकिन नहीं है क्योंकि व्यवस्था की जटिलता ने एक व्यक्ति की आजादी किसी अदृश्य तरीके से नहीं छीनी बल्कि उसी के आसपास के परिवेश की जटिलता से वह अतिक्रमित हुई और यह क्रम इतना फैला और निरन्तर है कि एक व्यक्ति का उससे बाहर निकलना बिना स्वयं क्षत-विक्षत हुए सम्भव नहीं रहा। हर कोई इस दुरावस्था में इतनी तेजी से भाग रहा है कि हम इस भागने के प्रयोजन तक को नहीं समझ सकते–

जल्दी का ज़माना है
सब जल्दी में हैं
कोई कहीं पहुँचने की जल्दी में
तो कोई कहीं लौटने की

इस बेचैनी और जल्दबाजी ने हमारे अपने करने और घटित होने के प्रति स्वयं के विचार तक की गुंजाइश नहीं छोड़ी। अनुचित और अनर्गल भागदौड़ में इस समय का मनुष्य अपने उस एक बड़े स्वप्न तक से दूर चला जाता है जो एक मुकम्मल मनुष्य के रूप में मनुष्य के जीवन के वास्तविक अर्थों को चरितार्थ करने वाला स्वप्न है। वह अपनी जल्दबाजी में सिर्फ़ समय को बिता रहा है और समय उसे। उसके हिस्से अपने जिए जीवन का कुछ भी सार्थक नहीं बचता। अपने समय के इस अविवेकपूर्ण जीवन का सच कुँवर नारायण की विचारपूर्ण दृष्टि का परिणाम है। वे जिस सार्थक जीवन की महत्ता को अपनी कविताओं में प्रतिपादित करने का यत्न करते हैं वह इस समय व समाज में लगातार विलुप्त हो रही है। समाज एक असामाजिकता की शक्ल में अपने कृत्यों को तबदील कर रहा है। समाज में इतने ज़्यादा वर्ग विकसित हो चुके हैं कि आम आदमी के स्तर पर उतरकर विचार की जगह समाज के संचालकों, नियंताओं के पास नहीं बची। एक बच्चे के मनोवैज्ञानिक द्वन्द्व से कुँवर नारायण समाज में वर्गविषमता को भोगने के लिए विवश नासमझ नादान बालक का भयावह दृश्य उपस्थित करते हैं–

हर मामले में बराबरी नहीं चलती
दुनिया जो है सो है
कोई उसकी तो बनाई नहीं
इतना क्यों समझना होगा आख़िर
उस नादान बच्चे को
कि वह मालिक के बच्चे का छोटा या बड़ा भाई नहीं

एक अबोध बालक इस समाज की विषमता को प्रदत्ततः भोगने हेतु विवश है। समय व समाज की इस संवेदनहीनता की स्थिति जिसमें अपने आप बिना किए हुए बहुत भोगने के हिस्सेदार बनते चले जा रहे हैं, एक व्यवस्था की जड़ता का खुला बखान है। कवि इन असमानताओं और सामाजिक-धार्मिक-राजनीतिक सरलीकृत प्रतिमानों से क्षुब्ध है और आशंकित हो उठता है।

लेकिन क्या इस आशंका पर ही ठहर जाना उचित होगा। एक विचारशील सक्रिय मनुष्य के लिए समय व समाज की इन दुरावस्थाओं की जकड़न से मुक्त होने के विचार के लिए क्या कोई रास्ता बचा हुआ है। क्या समाज में एक संवेदनशील मनुष्य को कोई मार्ग सम्भव है, एक ऐसे मनुष्य को जो इतने सारे भयावह अनुभवों से गुजरने के पश्चात् भी जीवन के प्रति थोड़ी-बहुत आश्वस्ति का भाव रखता है। कुँवर नारायण के यहाँ ऐसे मनुष्य की तरफ से लगातार विचार जारी है, उस रास्ते की पड़ताल जारी है जो ऐसे जटिल, अमानवीय और मूल्यहीन समय व समाज में उस मनुष्य की सक्रियता के लिए कर्मों का निरन्तर सिलसिला देता है–'आज नहीं कल सही–लड़ना तो होगा ही/कहाँ तक न बोलेगी आख़िर बेगुनाही।' "वे जानते हैं कि आज के जटिल युग में किसी भी वस्तु का आसान भाष्य अथवा हल नहीं है।"[3] यह संघर्ष का रास्ता है जो अन्तिम उपाय है उस मनुष्य के लिए। इस रास्ते में बहुत सारे औजार उस मनुष्य के साथ नहीं है सिर्फ़ अपनी बेगुनाही का आत्मविश्वास उसके पास है। यह आत्मविश्वास एक व्यक्ति के लिए ऐसे समय व समाज में भिड़ने की ताकत देता है। कवि किसी निरुपायता के साथ नहीं, अन्तिम विकल्प के तौर पर, एक ऐसे विकल्प के तौर पर जो उस मनुष्य का ही हो सकता है, संघर्ष के रास्ते की ओर इशारा करता है। कुँवर नारायण में इस आशंका के बावजूद सत्य की पक्षधरता के प्रति जो जिजीविषा है वह इस अकेले विकल्प के चयन का कारण है। वे इस भयावह समय में लगातार ग़लत समझे जा रहे अर्थों से घिरे समाज में भी सच के लिए सम्भावनापूर्ण जगह स्थापित करते हैं–

ग़लत से ग़लत वक़्त में भी
सही से सही बात कही जा सकती है।

यह संघर्ष की पक्षधरता और सच के प्रति अटूट आस्था का भाव कुँवर नारायण की कविताओं की विशेषता है। इस भाव के प्रति उनकी कविताओं में एक एकाग्रता-सी मिलती है और यहीं से आरम्भ होता है उनकी विचारशीलता, बौद्धिकता, आत्मसाक्षात्कार,

आत्मालोचन का वह सिलसिला जिसमें वे संघर्ष के अनुभवों को बेलौस व्यक्त करते हैं। इस मूल्यहीनता, अमानवीय समाज में लगातार ग़लत कर्मों की ओर प्रवृत्त करते समय में मूल्यों और मनुष्यता के लिए श्रेष्ठ कर्मों का छोटा-सा यत्न ही बड़ी सम्भावनाएँ व्यक्त करता है। उसकी लघुता के बजाय या उसकी इतनी भयावहता में असफल चेष्टाओं के बजाय उसके होने की महत्ता अधिक प्रभावी है—

गले तक धरती में गड़े हुए भी
जितनी देर बचा रह पाता है सिर
उतने ही समय को अगर
दे सकूँ एक वैकल्पिक शरीर
तो दुनिया से करोड़ों गुना बड़ा हो सकता है
एक आदमक़द विचार

यह उस अमानवीय समय को संवेदनशील और मानवीय बनाने के लिए एक चौकन्ने विचारशील व्यक्ति का यत्न है जो अपने होने मात्र से अपनी क्रियाशीलता से अच्छे समय की आश्वस्ति का विचार फैला सकता है। कुँवर नारायण दुनिया की तमाम ऊँचाइयों से बड़ा उस एक विचार को मानते हैं जिसमें मूल्यों और मानवीयता की पक्षधरता का साहसी उद्यम है। तमाम आशंकाओं और निराशाओं से उस एक आम मनुष्य का विचार इतनी संवेदना को फैला सकता है जितने में उस और उन जैसे आम मनुष्यों को आश्वस्ति का मार्ग मिल सके। उस अकेले एक आदमी की वैचारिक सक्रियता, धुंध की तरह अमानवीयता से घिर चुके समाज पर तेज धार की तरह एक प्रहार है जो धुंध को पूरी तरह हटा देने के अपने संघर्ष में अपने पूरे आत्मविश्वास के साथ लगा हुआ है। दुनियादारी के अनैतिक कर्मों से यह विचार सहसा अपना ध्यान एक संघर्ष की ओर प्रवृत्त करा सकने में समर्थ हो सकता है—

मूल विषयों से ध्यान हटाना
कितना ज़रूरी होता है कभी-कभी
जब बहुत अँधेरा हो अन्दर या बाहर
जब हाथ को हाथ न सूझे

जब समय इतना अबूझ हो जाए कि स्वयं का अस्तित्व भी संकट में लगने लगे, जब अपनी निराशा अपना अँधेरा चारों तरफ जीवन को निराशा की तरह मान ले ऐसे में अपने विवेक पर भरोसा करते हुए ऐसे समय के विरुद्ध अपनी बौद्धिक सक्रियता से एक छोटा-सा संघर्ष भी बहुत अनिवार्य हो जाता है। और यही संघर्ष समर्थ होता है अपनी निरन्तरता के कारण अँधेरे से घिरे समाज को अँधेरे से निकालने में। अपने आत्मविचार की रोशनी ही ऐसी भयावह स्थिति में वह अन्तर्दृष्टि सम्पन्न आलोक देती है जो कुछ करने के ज़रूरी यत्न को फैलाने का विश्वास रखती है। इस आत्मविश्वास में किसी तरह का गर्व या दंभी उत्साह नहीं है, सिर्फ़ समय की अनिवार्यता से उपजा तीखा अहसास ही इस आत्मविश्वास से विरोध की शक्ल अख्तियार करता है। कुँवर नारायण

अपनी और उस आम बौद्धिक आदमी की इस आत्मशक्ति से किसी बड़े कर्म का गर्व प्रदर्शित नहीं करते वरन् एक विनम्र आत्मस्वीकारोक्ति से अपनी और उस आदमी की सामर्थ्य की असहायता प्रकट कर इस संघर्ष की अनिवार्यता और सिद्ध करते हैं–

अगर मुझमें अपनी दुनिया को
बदल सकने की ताक़त होती
तो सबसे पहले
उस 'मैं' को बदलने से शुरू करता
जिसमें दुनिया को बदलने की ताक़त होती

पूरी विनम्रता से अपनी सामर्थ्य को प्रकट करना ऐसे समय व समाज में जिसमें सच्चाई के बखान की जगह नहीं बची, स्वयं एक सत्य को उजागर कर देना है। यही उस संघर्ष यात्रा की ईमानदार और नैतिक शुरुआत है जो सिर्फ़ कोशिश ही नहीं रह जाएगी यदि यही आत्मस्वीकार यथावत् बना रहा। भाषा में प्रतिकृत होता यह संघर्ष जिस आत्मस्वीकार से आरम्भ होता है, वह यथास्थिति की निपटता व्यक्त करता है। इसे प्रतिकृत करने को कवि जिस चुनौती के रूप में स्वीकार करता है उसके लिए अपनी सुप्त संवेदनाओं के नंगे दृश्य भी वह उजागर करता है। इतनी जीवटता से आरम्भ हुए इस संघर्ष में जिसे कवि को भाषा में प्रतिकृत करना है, उतना ही संघर्ष पुनः करना होगा, अपने आत्म से लड़कर अपनी भाषा की पारिस्थितिकी में उठ रही लपटों से झुलसकर–

कि भाषा की धवस्त पारिस्थितिकी में यदि आग लगी तो
पहले वहाँ लगेगी जहाँ ठूँठ हो चुकी होंगी
अपनी ज़मीन से रस खींच सकने वाली शक्तियाँ

यदि भाषा की अपनी निजी असमर्थता इस संघर्ष में व्यवधान बनती है तो इसलिए नहीं कि भाषा उसे प्रतिकृत करने में समर्थ नहीं बल्कि इसलिए कि कवि संवेदना जो सृजन को सम्भव करती वह ठूंठ हो चुकी है। ऐसा आत्मस्वीकार एक रचनाकार की नैतिक ईमानदारी और अपने दायित्व की विनम्र स्वीकृति व उसके सतत यत्न से अपना आत्मस्वीकार है। "कुँवर नारायण की चिन्ता भाषा की पारिस्थितिकी को बचाने की चिन्ता है। मनुष्य की सूक्ष्म नैतिक चेतना से भाषा का गहरा और अनिवार्य सम्बन्ध वे पहचानते हैं। उन्हें पता है कि हमारे परिवेश में भाषा का रस–क्षरण हो रहा है।"[4] कुँवर नारायण इस आत्मस्वीकार को बड़ी शक्ति मानते हैं, वे अपनी ईमानदार नैतिक कोशिश को अपने से बड़ा मानते हैं। उनकी दृष्टि में इसी कोशिश का जारी रहना बिना कुछ फलीभूत हुए भी एक बड़ा कर्म है। वे ऐसा स्वीकारते हुए उस आदमी में विश्वास पैदा करते हैं जो ऐसे यत्न में लगा है और जिसके सामने किन्हीं बड़े परिणामों की कोई सम्भावना नहीं है। कुँवर नारायण उस आम बौद्धिक मनुष्य की इस चेष्टा को दुनिया को बड़ा रखने की चेष्टा मानते हैं, यही वह शक्ति है जो उस

आदमी को लगातार कोशिश जारी रखने की आत्मशक्ति देगी और वह उस आदमी जैसा आदमी होने की सम्भावना को लगातार जागृत रखेगी–

अपने को बड़ा रखने की
छोटी–से–छोटी
कोशिश भी दुनिया को बड़ा रखने की कोशिश है

अपने स्वयं के व्यक्तित्व को समय व समाज की सारी नकारात्मकता के बावजूद मूल्यों और मनुष्यता की ओर प्रवृत्त करने की कोशिश ही एक व्यक्ति के स्तर पर मनुष्य की दुनिया को बड़ा रखने की कोशिश है। अपने आत्म के उन्नत होने के भाव में ही दुनिया के उन्नत और श्रेष्ठ होने का भाव निहित है। कुँवर नारायण इसी आत्म को श्रेष्ठ कर्मों की ओर प्रवृत्त करना चाहते हैं क्योंकि वे जानते हैं कि इस भयावह दुरावस्था को नारेबाजी और दावों–फतवों से नहीं बदला जा सकता। बदलाव सिर्फ़ आत्मशक्ति से ही सम्भव है। एक व्यक्ति का अस्तित्व यदि सच के लिए डटकर मुकाबला करने वाला है तो दुनिया में सच को जगह देने के लिए दुनिया को बदलने के अनर्गल प्रलाप के बजाय उस व्यक्ति जैसा होना ज़्यादा ज़रूरी और उचित है जिसका अस्तित्व सच के लिए दाँव पर लगा है।

अपनी संघर्षयात्रा के पूर्व जैसा जीवन था उसकी स्मृतियाँ लगातार एक अनुपस्थितिबोध उत्पन्न करती हैं। इस संघर्ष यात्रा में अपनी निजी व्यवस्था के अनुरूप हमने जीने की कोशिश की है। जाहिर है कि हमारी व्यवस्था के प्रतिकूल हो रहे लोगों से, दुनिया से हमारा अलग होना स्वाभाविक है। यह अलगाव एक रिक्तता पैदा करता है। कुँवर नारायण इस दुनिया को उन छूट चुके लोगों का बचा हुआ हिस्सा–सा मानते–मानते ठिठक जाते हैं क्योंकि ये बदलाव हमारे अपने विवेक से तय हुए बदलाव हैं। वह अनुपस्थिति इस अकेली यात्रा में, स्मृतियों से बार–बार गहरी निराशा उपजाती है। ऐसा प्रतीत होता है कि दुनियादारी के बहुत सारे आशय अब इस जीवन में चुक गए हैं, लेकिन ये लगातार अपनी उपस्थिति को कायम रखने में अब भी सफल हैं। यह अन्तर्संघर्ष उद्वेलित करता है, ये कठिन परीक्षा के अवसर उस मनुष्य के मार्ग में विचलन पैदा करते हैं जो एक नई दुनिया की जिद में उनसे अलग हो चुका है जो कुछ ही समय पहले उसके अभिन्न थे। एक संवेदनशील मनुष्य की संवेदना के कोमल अर्थ यहाँ उजागर होते हैं। क्योंकि जिस संवेदना से उसने यह रास्ता चुना है उसी संवेदना से उसने उन्हें अपना साथी माना था। यह भावात्मकता के संक्रमण की कठिन घड़ी है जिसमें एक मनुष्य को अपने चुने मार्ग और अपने प्रियजनों में से किसी एक को चुनना है। यहाँ एक संकट खड़ा होता है जो आत्म से संघर्ष को और बढ़ा देता है–

दरअसल मैं बाहर से नहीं
अन्दर से डरता हूँ
कि हालात से घबराकर
या खुद ही से ऊबकर

किसी दिन मैं ही कहीं
अन्दर से बाहर न कूद जाऊँ।

कुँवर नारायण का निराशाबोध मनुष्य के अन्तर्मन के संघर्षों को एक दुविधा के रूप में व्यक्त करता है। इन संघर्षों के हालातों से घबराकर, अपनी अन्तर्यात्रा से ऊबकर बाहरी दुनियादारी से पुनः आकर्षित होकर उस मनुष्य के इस राह से लौटने का खतरा भी दिखता है। कुँवर नारायण ऐसी दुविधा से स्वयं उबरने का अतिरिक्त यत्न नहीं करते। वे इसी दुविधा में और अधिक दृढ़ होने की सम्भावना देखते हैं। वे जानते हैं कि ईमानदार नैतिक मनुष्य जो अमानवीयता के खिलाफ अपनी यात्रा आरम्भ कर चुका है, कभी नहीं लौटेगा। वे जानते हैं कि अपनी वैचारिक सक्रियता से उसने सही व ग़लत के बीच स्पष्ट अन्तर जान लिया है इसलिए लौटना कोई अप्रत्याशित घटना की तरह भी अब सम्भव नहीं है।

कुँवर नारायण अपनी इस यात्रा में केवल समकालीन जीवन की भयावहता का दबाव ही महसूस नहीं करते बल्कि उनका इतिहासबोध उन्हें अतीत की ऐसी ही जटिलताओं और भयावहता से वर्तमान तक की निरन्तरता के लिए सोचने को विवश करता है। वे अतीत के समय व समाज की अनेक घटनाओं से वर्तमान की समानता भांपते हुए अतीत के समतुल्य वर्तमान की परिणति का अहसास छोड़ते चले हैं। "इतिहास, आशा-निराशा, सुख-दुःख कुँवर नारायण की कविता में किसी विराट् सत्य की तरह नहीं रोजमर्रा की सच्चाइयों की तरह आते हैं जिनसे लिपटता-जूझता आदमी चलता है।"[5] उनके इतिहासबोध में इतिहास की गैरज़रूरी उपस्थिति नहीं है बल्कि समकालीन की भयावहता को व्यक्त करने की अधिक कारगर दृष्टि के निमित्त वे इतिहास में उतरते हैं। उनका इतिहास प्रवेश ही अपनी चेतना के गहरे इतिहासबोध के कारण है जहाँ ऐसा लगता है कि उनके अन्दर पूरा अतीत सोया पड़ा हुआ है और वे आवश्यकतानुरूप उसमें प्रविष्ट हो जाते हैं–'मुझे सोने दो अभी नजदीक की आवाज़ो/मुझमें शोर करो अभी दूर की ख़ामोशियो/कोई साँस ले रहा है अभी मेरे फेफड़ों में/इन बन्दूकों, कटारों पर कसी हुई मुट्ठियाँ।' वे इतिहास का गहरा संस्पर्श अपनी चेतना में पाते हैं और अनुभव करते हैं कि इतिहास की वे स्मृतियाँ अब भी उनमें स्पंदित हो रही हैं तथा उनकी चेतना उसी व्याकुलता से छटपटा रही है। कुँवर नारायण का इतिहासबोध उनकी समकालीन दृष्टि को ज़्यादा तीक्ष्ण, ज़्यादा चौकन्ना और सघन बनाता है। इतिहास किसी प्रत्यय की तरह नहीं, समूची रचनात्मकता के उत्स की तरह उनकी कविताओं में ध्वनित होता है–

लड़ाई से मुँह फेरकर भाग गए थे कुछ विचारक
घने जंगलों की ओर केवल कुछ ग्रन्थ बचाकर
वे आज भी भाग रहे हैं उसी तरह, मदरसे और क़िलों में
फ़र्क़ न कर सकने वाले विजेताओं से घबराकर

जीवन के वास्तविक संघर्षों के समय अपनी सामाजिक भूमिका से पृथक् रहकर विचार और निर्णयों के फतवे जारी करने वाले विचारक जैसे अतीत में मनुष्यता की अप्रत्याशित विजय को देखकर अपने आत्म को बचाने के लिए भाग गए थे वैसे ही आज भी, जबकि उनकी उपयोगी और सार्थक भूमिका हो सकती है किन्तु वे अपने को समेटे हुए बच रहे हैं। कुँवर नारायण इतिहास के उदाहरण से ऐसे थोथे विचारकों, बुद्धिवादियों की समय समाज में अनुपयोगिता पर तीखा व्यंग्य करते हैं। वे मानते हैं कि निरा विचार अर्थात् अनुभवहीनता से उपजा विचार ही सिर्फ़ ऐसे समय मूल्यों और मनुष्यता के संकटों से हमें नहीं उबार सकता। उसके लिए अपने पूरे विचार सामर्थ्य के साथ समाज की भयावहता का सामना करना ज़रूरी है। स्वयं को महत्त्वपूर्ण और अभिजात्य मानते हुए गरिमा और पवित्रता वाले स्थलों तक ही सीमित रखना संघर्षपूर्ण समाज के लिए अनौचित्य की तरह है। वे ऐसे व्यक्तियों की अकारथता पर प्रहार करते हैं और इतिहास से जो हमेशा भागने वाले की छवि उन्हें मिली है उससे रूपायित करते हैं। एक कवि का, जो स्वयं अनुभूत विचारों को कविताओं में प्रतिकृत करता है, ऐसा प्रहार करना गहरे नैतिकबोध का प्रमाण है। कुँवर नारायण ऐसी किसी सुविधा की गुंजाइश स्वयं के लिए नहीं बनाते जिससे उनकी ईमानदारी और नैतिकता को स्वयं से छूट मिल सके। इतिहास उनके अन्दर लगातार सुलगता रहता है। वे उसके उसी सत्य को कविता में चरितार्थ करते हैं जो वर्तमान परिप्रेक्ष्य का अधिक खुलासा कर सके–

कभी-कभी इतने करीब से
अपने को दुहराता है इतिहास
कि साफ़ सुनाई देती
सुनसान रातों में सागर तट पर
दूर से आती
कभी सिक्कों तो कभी सिसकियों की आवाज़

जीवन के दुःख, मर्म, विलाप और वैभव समृद्धि का उल्लास दोनों ही इतिहास में कई बार ऐसे मिले-जुले घटित होते हैं कि उनकी विरोधाभासी उपस्थिति की भयावहता सहज ही महसूस की जा सकती है। कुँवर नारायण के इतिहासबोध में समय व समाज के उन भयावह सत्यों से साक्षात् की आकांक्षा है जो सीधे वर्तमान सन्दर्भों में संवेदनहीन हो चुके समाज में अचरज पैदा नहीं कर पाते। 'विजयनगर' शीर्षक कविता में उन्होंने इस प्रसिद्ध ऐतिहासिक नगर की समृद्धियों को वर्णित करते हुए अचानक जिस भयावह अन्त को व्यंजित किया है वह सहज ही हमारी गर्वोक्तियों को निस्सार कर देता है। वास्तविक आशयों को प्रकट करते हुए कुँवर नारायण समृद्धि और वैभव के मुलम्मे को एक झटके में उतारकर सत्य का निपट नंगेपन में साक्षात्कार कराते हैं–

कभी-कभी यों भी पनपती है हरियाली
कि भीतर ही भीतर सूख जाते तालाब

ऊपर से जिल्द तो हरी भरी लगती है
दीमकें चाट जाती हैं अन्दर की किताब

वर्तमान जीवन में भले ही मनुष्य अपनी सांस्कृतिक समृद्ध विरासत पर गर्व करता रहे किन्तु सत्य यही है कि हमने लगातार इस समृद्धि का बखान करते हुए अपने आत्म को, अपनी अन्तरावस्था को इतना अनुशासनहीन और निरंकुश बना दिया है, मूल्यों और मानवीयता का अपना मार्ग छोड़ दिया है कि इस विरासत के पीछे जो हमारी सभ्यता है वह पूरी तरह खोखली होती चली जा रही है। भले ही हमारा समाज देखने में एक अच्छी जिल्द वाली किताब जैसा लगे किन्तु उसके अन्दर निष्क्रियता, संवेदनहीनता, विचारहीनता ने सारे अच्छे होने की सम्भावना को चाट लिया है।

कुँवर नारायण के इतिहासबोध में सिर्फ़ बड़े-बड़े प्रतीकों और घटनाओं की गूँज ही नहीं मिलती वरन् उनके यहाँ हाशिए का जीवन भी व्यंजित होता है। महत्त्वपूर्ण तथ्य कुँवर नारायण की इतिहास कविताओं का यह है कि वे इस हाशिए के जीवन, अचर्चित घटनाओं की महत्ता को प्रतिपादित करते हुए वर्तमान समय में अप्रासंगिक मान लिए गए जीवन के हाशिए की घटनाओं से केन्द्र की महत्ता और अर्थ निर्धारित करते हैं। 'गोलकुंडा की एक शाम' कविता अपने स्वरूप में एक निश्छल सत्य प्रकट करती है–'टैक्सी ड्राइवर रहमत अलीशाह/या गाइड मत्सराज के पूर्वजों के युद्धों से/कहीं ज़्यादा कठिन है/वर्तमान से उन दोनों की लड़ाई/उससे पराजित न होने के उनके मंसूबे/बारूदों में आग लगाने के इतिहासों से अलग/एक तीसरा इतिहास भी है/रहमतशाह की बीड़ियों और/मत्सराज की माचिस के बीच सुलहों का।' वर्तमान समय में अपनी जगह के लिए संघर्ष अब ज़्यादा महत्त्वपूर्ण हो चुका है, अतीत के युद्धों से ज़्यादा वर्तमान में अपनी संघर्ष यात्रा महत्त्वपूर्ण है। बीड़ियों और माचिस के बीच सुलह इस समय की जटिलता के चलते बिलकुल भी सम्भव नहीं रही, बड़े-बड़े युद्ध अब सामान्य स्तर पर देखने को मिल सकते हैं किन्तु हिंसा के दमन के इस दौर में आत्मीय साझेदारी की सम्भावना बिलकुल विलुप्त हो रही है इसीलिए उसका अब भी होना ज़्यादा अर्थवत्ता रखता है। इन कविताओं में कवि की सुगठित बिम्ब व्यवस्था अपने पूरे कौशल के साथ मौजूद है। बिम्बों के प्रयोगों से कुँवर नारायण निसर्ग को, अद्भुत दृश्यों को समूची रागात्मकता के साथ व्यक्त करते हैं। उनके बिम्ब उनके संघर्षरत व्यक्तित्व के बजाय कोमल मर्मस्पर्शी संवेदना से उद्भूत प्रतीत होते हैं क्योंकि उनमें अनायास ही कुँवर नारायण का वह तेवर दिखाई नहीं पड़ता जो उनकी अधिकांश कविताओं का मूल भाव है–'एक सूर्योदय हो रहा/उसकी कोमल टहनियों से झाँकती धूप/देखते-देखते/सुलगती अँगीठी पर/दूध की तरह उफनते/सवेरे की ताजी गंध से/भर उठेगा पूरा घर।' सूर्योदय का यह स्वाभाविक दृश्य जिसमें एक सामान्य घर को केन्द्र बनाकर कवि सुबह की स्निग्धता को व्यंजित करता है अपनी स्वाभाविकता में किसी तरह की काव्य-चेष्टा-सा प्रतीत नहीं होता। कुँवर नारायण के बिम्ब अपनी स्वाभाविकता के चलते नई कविता में अपना विशिष्ट अर्थ रखते हैं–'रंगों की व्यवस्था में/मौसम की

हरी धारीदार कमीज के/खुले कालर पर वह/लाल बटन की तरह/बिलकुल ढीला टंका/अनायास गिरने-गिरने को।' उदित होते सूर्य को किसी बड़े अतिशय प्रतीक के बजाय कवि कमीज के लाल बटन से व्यक्त करता है। प्रकृति की समृद्धि को सामान्य जीवन के हिस्सों से जोड़ना कुँवर नारायण के बिम्बों की विशेषता है। बिम्बों के प्रयोग से कुँवर नारायण जैसे अद्‌भुत अर्थों की सृष्टि करते हैं वैसे ही वे लयाग्रह से अभिव्यक्ति में नाटकीयता उत्पन्न कर उसे अर्थसघनता प्रदान करते हैं। नई कविता के दौर में ऐसे विरले लय प्रयोग ही देखने को मिलते हैं। कुँवर नारायण इस मायने में भिन्न हैं। वे सिर्फ़ अभिव्यक्ति में विश्वास करते हैं और इसीलिए सामान्य और अटपटे से दिखने वाले लयप्रयोग उनके अर्थसघन यत्न के कारण अनेक कविताओं में दिखाई देते हैं-

इस गाँव से उस गाँव तक
नंगे बदन फेंटा कसे
बारात किसकी ढो रहे
किसकी कहारी में फँसे
यह कर्ज़ पुश्तैनी अभी किश्तें हज़ारों साल की
काँधे धरी यह पालकी है किस कन्हैयालाल की?

इस लयात्मकता में वे उस पीड़ा का गान गाते हैं जो पीढ़ी दर पीढ़ी लोगों को अभिशप्त किए है। शोषित और लगातार अपनी आजादी को अतिक्रमित होता देखते हुए भी ऐसे मजबूर अपनी होनी को भुगत रहे हैं। लय के अनेक अर्थसमृद्धि करते प्रयोग कुँवर नारायण की कविताओं में मिलते हैं। यह उनकी भाषा का अपनी सुविधा के बजाय अभिव्यक्ति की सघनता का यत्न है। ऐसा करते हुए वे कवित्व की ओर से झुकते हुए नहीं दिखते। "वे काव्याभास का खतरा उठाकर भी अपनी मान्यताएँ स्पष्ट करना चाहते हैं।"[6] लयात्मकता के अलावा उनकी कविताओं में अनेक देशज, उर्दू, अंग्रेजी शब्द भी मिलते हैं। जैसा कि लयाग्रह उनकी अभिव्यक्ति की सघनता का मामला है वैसा ही शब्दों का प्रयोग। कभी कहीं ये शब्द नाटकीय और अप्रत्याशित भी लगते हैं किन्तु संप्रेषणीयता को ज़्यादा सघनता देने की सामर्थ्य के चलते कवि उनके प्रयोग से नहीं बचता। 'प्रेसरहार्न', 'लाउडस्पीकर', 'मिनिस्टर', 'पोस्टर', 'फैशन', 'शोहदेपनों', 'जलजला', 'धनवर्षा', 'धनकुबेर', 'लोटपोट', 'ढोंढूभाई' आदि कविता के भूगोल में अप्रत्याशित समझे जाने वाले शब्द कुँवर नारायण की कविताओं में स्वाभाविकता के साथ आते हैं। गणित, विज्ञान, इतिहास एवं अस्तित्व सम्बन्धी अनेक शब्द उनके कहे की अर्थवत्ता को बढ़ाने की हैसियत से कविता में महत्त्व रखते हैं। पृथक् रूप में भले ही ऐसे शब्द कविता के शब्द न लगें लेकिन कुँवर नारायण की कविता में उनका स्वरूप आरोपित नहीं रहता। कुँवर नारायण कई बार अन्वितिहीनता या ठहराव के निमित्त भी ऐसा शब्द प्रयुक्त करते हैं जो अचानक कविता को खंडित-सा करता लगे पर यहाँ दरअसल वह अन्वितिहीनता या ठहराव, विचार और समझ की

एक गुंजाइश के निहितार्थ से आते हैं इसीलिए पूरी कविता पढ़ने के बाद बीच में अटकने वाले ये शब्द बिलकुल अनिवार्य और स्वाभाविक जान पड़ते हैं। कुँवर नारायण अपनी अभिव्यक्ति में भाषा की जबरन उठापटक कहीं भी नहीं करते क्योंकि वे जानते हैं–'बात सीधी थी पर एक बार/भाषा के चक्कर में/जरा टेढ़ी फँस गई।'

भाषा को लुभावना और अधिक प्रयोगशील बनाने के यत्न साधित उपाय अभिव्यक्ति को अस्पष्ट और कमजोर बनाते हैं। कुँवर नारायण सदैव ऐसे प्रयोगों से दूर भाषा से निश्छल सम्बन्ध बनाते हुए कविता को ज़्यादा प्रभावी रूपाकार दे सके हैं। उन्होंने भाषा के साथ लगातार की जा रही कुत्सित चेष्टाओं के समय, भाषा के लगातार गिरते हुए मूल्य के समय अपनी कविताओं में भाषा को उस शक्ति के रूप में अवस्थित करने का यत्न किया है जो भाषा का अपना निजी रूप और गुण है। इसीलिए वे भाषा के सरल और सहज प्रयोग की दरकार भी कर सके है–'क्या तुमने भाषा को/सहूलियत से बरतना कभी नहीं सीखा।' भाषा को लेकर उनकी यह निजी राय भाषा के एक सच्चे हितैषी की भाषा को अतियों से बचाने की कामना है। कुँवर नारायण भाषा में जिस सहूलियत भरे बर्ताव की उम्मीद दूसरों से करते हैं, अपनी कविताओं में उस उम्मीद के लिए सतत यत्नरत दिखाई देते हैं। वे अपनी कविताओं में इस कथन को चरितार्थ करते हैं कि "भाषा के भीतर भाषा की खोज गहरी भाषाई जगह की खोज है।"[7] कुँवर नारायण की कविता में भाषा का जो ईमानदार व नैतिक रूप है वह उनकी भाषा और कविता के प्रति अपनी गहरी निष्ठा, आस्था के कारण है। कविता उनके लिए अपने संघर्ष का मुख्य औजार है। गहरी जीवनास्था से भरे कुँवर नारायण में हर आशंका और निराशा के समय कविता ही आश्वस्ति का भाव जगाती है। वे जीवन से जो कठिन संघर्ष करते हैं वह अपनी कविता की शक्ति के कारण ही सम्भव होता है। वे कविता के बलबूते ही तमाम दुनियावी छल और प्रपंचों के बावजूद ऐसा विश्वास व्यक्त कर पाते हैं–'विश्वास बनाए रखना/कभी बन्द नहीं होंगे दुनिया में/ईमान के खाते।' उनकी कविताओं से लगातार ऐसा ही विश्वास मिलता है और जो उनकी कविताओं का वैशिष्ट्य है। वे इस विश्वास को कायम रखना चाहते हैं। अपने काव्यनायक को इसी विश्वास से जीवटता के अन्तर्सूत्र देना चाहते हैं। संवेदनहीनता और संवादहीनता के समय संवेदना और संवाद को बनाए रखने का यत्न करते हुए वे प्रेम के सूत्रों को पुनः मजबूत करने का उद्यम करते हैं और तमाम जटिलताओं के बावजूद अपने निरन्तर संघर्षरत रहने को कविता में व्यक्त करते हैं–

लौटना है मुझे
प्रेम की तरफ़
विश्वास बनाए रखना है
मनुष्य में
सिद्ध करते रहना है
कि मैं टूटा नहीं

चाहे कविता बराबर ही
जुड़े रहना है किसी तरह
सबसे

कुँवर नारायण के इस विश्वास और उसके लिए निरन्तर कर रहे यत्न के लिए अशोक वाजपेयी लिखते हैं–"दूसरों पर फैसला देने और दूसरों को हर हालत में देशनिकाला देने पर उतारू कवि समय में वे कविता की बुनियादी नैतिकता को फिर से रेखांकित कर रहे हैं।"[8] अपनी संघर्ष यात्रा में तमाम जटिलताओं और कठिनाइयों को भोगने के पश्चात् बहुत कुछ मानवीयता व जीवनास्था का भाव जागृत करने के बावजूद कुँवर नारायण सन्तुष्ट नहीं होते। वे इतने संघर्षों को नाकाफी मानते हैं और अधिक पूर्णता के साथ इस संघर्ष यात्रा पर डटे रहना चाहते हैं–

अबकी अगर लौटा तो/वृहत्तर लौटूँगा
चेहरे पर लगाए नोकदार मूँछें नहीं/कमर में
बाँधे लोहे की पूँछें नहीं
जगह दूँगा साथ चल रहे लोगों को/तरेर कर न देखूँगा उन्हें
भूखी शेर-आँखों से/अबकी अगर लौटा तो/मनुष्यतर लौटूँगा
घर से निकलते/सड़कों पर चलते
बसों पर चढ़ते/ट्रेनें पकड़ते
जगह बेजगह कुचला पड़ा/पिद्दी-सा जानवर नहीं
अगर बचा रहा तो/कृतज्ञतर लौटूँगा
अबकी अगर लौटा तो/हताहत नहीं
सबके हिताहित को सोचता/पूर्णतर लौटूँगा

यह वृहत्तर लौटने की आकांक्षा अपने संघर्षपथ पर अधिक सामर्थ्य के साथ लड़ने और जूझने की आकांक्षा है। मनुष्यतर लौटने का भाव अमानवीयता के समय में मनुष्यता की सम्भावना रचने की इच्छा है। कृतज्ञता से भरे समुदाय में अपने बचे रहने तक कृतज्ञताबोध की इच्छा और पूर्णतर लौटने की आकांक्षा अपने किए-धरे पर असन्तोष के साथ ही और अधिक कर्मरत रहने का साहसी उद्यम व्यक्त करती है। कवि समय व समाज से इस पूर्णता से भरा होकर मूल्यों और मनुष्यता के लिए, गलत के वक्त में सही अर्थों के लिए और अधिक अवकाश निर्मित करना चाहता है। अपनी कविता यात्रा में यह जो श्रेष्ठ के वरण का संघर्ष और विनम्र आत्मस्वीकार कुँवर नारायण व्यक्त करते हैं यह उन्हें आत्मग्रस्त कवियों से पृथक् एक विशिष्ट स्थान देता है। कुँवर नारायण कविता को जिन विशद अर्थों में जीवन संघर्ष का माध्यम चुनते हैं उनकी कविता उन अर्थों को स्वायत्त करती हुई कवि के अभीष्ट का मार्ग प्रशस्त करती है। समय और समाज की नाउम्मीदी के वक्त कविता ही बहुत कुछ उम्मीद की सम्भावना बनाए रखती है, यह कवि का अपना निजी विश्वास है जो कविता

का एक निश्छल सच भी है। एक मनुष्य अपने संघर्ष के जिस आलोक को बचाए रखने का यत्न करता है उसे कवि स्वयं कविता में बचाने का यत्न करता है।

कुँवर नारायण का यह संग्रह एक आम आदमी की सारी हैसियत एवं चेष्टाओं को अपनी कविताओं में समेटे है। उनके मूल्यों व मनुष्यता की पक्षधरता इसी आदमी के हुलिए के बयान से शुरू होकर उसके संघर्षों की जटिलताओं की चरम परिणति तक पहुँचती है। वे आम बौद्धिक नैतिक मनुष्य की जांच-पड़ताल करते हुए उसके संघर्षों को सच्चे जीवन अर्थों के रूप में रूपायित करते हैं। वे भाषा और कविता के गल्प में ज़्यादा न उलझते हुए एक आस्था और गहरी प्रतिबद्धता का भाव उनके प्रति व्यक्त करते हैं। आम मनुष्य का केन्द्रीय चरित्र ही उनकी कविताओं की वह अन्तर्शक्ति है जिसे पाने के लिए वे प्रकृति व इतिहास में अपनी भाषा के अभिनव प्रयोग व कविता के भिन्न मुहावरे से पहुँचने का यत्न करते हैं। उनका उस आम मनुष्य से पूरी कविताओं में यह साक्षात् इस संग्रह की मूल शक्ति है। वे स्वयं मानते हैं–'अकसर मेरा सामना हो जाता/इस आम सच्चाई से/कि कोई आदमी मामूली नहीं होता/कि कोई आदमी ग़ैर मामूली नहीं होता।' आदमी के बारे में ग़लत बयान करते समय व समाज में कुँवर नारायण की यह समझने व उसे व्यक्त करने की कोशिश सच्चा मानवीय कर्म है और 'कोई दूसरा नहीं' की कविताएँ इसी कर्म के लगातार होते रहने का प्रमाण हैं। 'कोई दूसरा नहीं' संग्रह उनकी काव्ययात्रा में एक विशेष महत्त्व रखता है। रमेशचन्द्र शाह के शब्दों में–"कवि द्वारा जगाई गई प्रत्याशाओं की यह अब तक की सर्वाधिक समृद्ध परिणति है इसलिए कि हम यहाँ कुँवर नारायण की काव्यसाधना में अन्तर्निहित सभी सरोकारों और अन्तर्धाराओं को एकाग्र होकर देख सकते हैं।"[9]

सन्दर्भ

1. अशोक वाजपेयी : कविता का गल्प, पृ. 112
2. विष्णु खरे : आलोचना की पहली किताब, पृ. 86
3. वही, पृ. 81
4. अशोक वाजपेयी : कविता का गल्प, पृ. 112
5. वही, पृ. 113
6. परमानंद श्रीवास्तव : शब्द और मनुष्य, पृ. 118
7. वही, पृ. 125
8. अशोक वाजपेयी : कविता का गल्प, पृ. 113
9. रमेशचन्द्र शाह : वही, पृ. 104

आज और आज से पहले [1998]

स्थायी और सार्थक स्थापनाएँ

यतींद्र मिश्र

"कुँवर नारायण को पढ़ना अपने आप को पढ़ने सरीखा सहज अनुभव है जो उम्र के साथ-साथ अधिकाधिक पोढ़ा और पुख्ता होता जाता है।" प्रख्यात आलोचक एवं साहित्यकार श्री रमेशचन्द्र शाह की उपरोक्त टिप्पणी कुँवर नारायण के कवि-कर्म के बारे में है। मुझे लगता है कि इस टिप्पणी को ध्यान में रखकर कवि-आलोचक कुँवर नारायण पर बहुत सारी बातें आसानी से कही जा सकती हैं। जैसे उनका साहित्य और पुराकथाओं से अपनी कविताओं के लिए कथ्य उठाना, अछूती जीवनानुभूतियों को समकालीन यथार्थ से जोड़ना एवं इन सबके अतिरिक्त अपने समकालीन रचनाकारों और रचनाओं पर सार्थक साहित्यिक बहस छेड़ना।

कुँवर नारायण अपने आलोचना-कर्म को उसी शिद्दत से लेते हैं, जैसे अपने कवि-कर्म को। इसीलिए उनका आलोचक भी उतना प्रभावी बन जाता है जितना स्वयं कवि! जिसके कारण वैचारिक गम्भीरता उनके लेखन का पर्याय बन जाती है। मूलतः कवि होते हुए भी कुँवर जी ने अपनी पहली आलोचना पुस्तक 'आज और आज से पहले' में कविता से इतर विषयों को बड़ी व्यापकता और बौद्धिक विमर्श के साथ उठाया है। लगातार अनेक वर्षों तक आलोचना, समीक्षा और वैचारिक लेखन करते हुए लेखक ने अपनी अब तक की रचना-यात्रा से चुनकर कुछ निबन्धों को इस कृति में संकलित किया है।

पुस्तक चार खंडों में विभक्त है। इसके पहले खंड में वैचारिक निबन्ध हैं जिनमें साहित्य के विभिन्न पहलुओं पर विचार करते हुए आज के यथार्थ को देखने का प्रयत्न किया गया है। आधुनिकता, परम्परा, साहित्य और राजनीति, आज के परिप्रेक्ष्य में हिन्दी की स्थिति एवं अन्यान्य प्रश्नों पर कई कोणों से विचार किया गया है। यह खंड इस पुस्तक की उपलब्धि है। इसके अतिरिक्त दूसरा, तीसरा और चौथा खंड रचनाकारों और उनकी कृतियों के बारे में है। इन तीनों खंडों से गुजरते हुए लगता है कि इन समीक्षाओं, निबन्धों में एक कवि की गहन मानवीय अनुभूतियाँ बहुत अन्दर से निकलकर शब्दबद्ध हुई हैं। कुँवर नारायण जिस तरह अपने आत्मावलोकन

से कविता में प्रश्नों का कोलाज निर्मित करते हैं, ठीक उसी तरह चिन्तन के विभिन्न धरातलों से गुजरते हुए सार्थक साहित्यिक टिप्पणियाँ करते हैं। वे कहीं भी यह आभास देते हुए नहीं लगते कि किसी कथ्य या विचार का अन्त अमुक बिन्दु पर जाकर खत्म होता है। उनका कविता को व्याख्यायित करने का तर्क सापेक्ष चिन्तन, आलोचना को अनंत सम्भावनाओं वाला और अधिक पैना बनाता है। इसी दृष्टिकोण के तहत उनकी अपने समकालीनों से अपेक्षाएँ काफी ज़्यादा हैं। वे कुछ से आश्वस्त हैं, कुछ से कहीं-कहीं प्रभावित भी। वे टिप्पणी करते हैं–"साहित्यकार की दृष्टि केवल तत्काल पर ही नहीं रहती क्योंकि वह केवल 'नया' कुछ ही नहीं 'स्थायी' कुछ भी रचना चाहता है।"

परम्परा की पुनर्व्याख्या करते हुए कुँवर नारायण इस नतीजे पर पहुँचते हैं कि परम्पराएँ अपना अतिक्रमण स्वयं करती हैं अर्थात् किसी परम्परा की जीवंतता के लिए आवश्यक है कि वह परम्परा मात्र पुरानी मान्यताओं से जुड़ी न रहकर नई-नई चुनौतियों को गले लगाए। नए सन्दर्भों को अपने पूरे सामर्थ्य के साथ अंगीकार करे, तभी वह दीर्घजीवी हो सकती है। तार्किक-विश्लेषण (Logical Analysis) इस निबन्ध का महत्त्वपूर्ण पहलू है।

इस पुस्तक की भूमिका में आलोचक का कथन है कि–"मैं मानता हूँ कि जीवन द्वन्द्वमूलक है : तनाव और विरोधाभास प्रकृति में है, और रहेंगे। उनसे लड़कर हम उन्हें समाप्त नहीं कर सकते। लेकिन इतनी छूट, इतनी आजादी हमें दी गई है कि हम अपने अन्दर कहीं एक ऐसा सन्तुलन केन्द्र रच सकें जो हमें समाहित करे और दूसरों के प्रति हमें अधिक सहिष्णु और उदार बनाए।" यह सन्तुलन और दूसरों के प्रति उदारता, बिना किसी वैचारिक आग्रह के, कुँवर नारायण की प्रारंभिक कविताओं से लेकर आज तक लिखी उनकी आलोचनाओं में प्रायः दिख जाती है। सबको लेकर चलने में और उससे भी बढ़कर एक सन्तुलन बनाए रखने में, चाहे वह समाज का साहित्य के प्रति हो, सामाजिक यथार्थ का राजनीतिक यथार्थ के प्रति हो, या लेखक का उसके समकालीन रचनाकारों से हो, कुँवर नारायण हर फलक पर सफल ही नहीं हैं बल्कि चकित भी करते हैं।

'रोमांटिक आग्रह और समकालीन मन' निबन्ध में आलोचक की स्थापनाएँ काबिलेगौर हैं। यहाँ वे तर्क देते हैं कि छायावाद की सौन्दर्यवादी-मनोदृष्टि, पाश्चात्य रोमांटिसिज्म से प्रेरित जरूर है, मगर उसकी वास्तविक जड़ें भारतीय मध्ययुगीन भक्ति साहित्य और सूफी काव्य-परम्परा में निहित हैं। विश्व-साहित्य का व्यापक अध्ययन और एक सन्तुलित लेखकीय दृष्टि जो आलोचक के सांस्कृतिक दायित्व बोध को रेखांकित करती है, इस निबन्ध में पूरी ऊष्मा के साथ प्रकट हुई है।

एक ओर कुँवर नारायण अमानवीयकरण से चिंतित हैं, तो दूसरी ओर राजनीति की साहित्य में जबरन घुसपैठ से खिन्न। समय की नजाकत को भांपते हुए वे लिखते हैं–"साहित्य का काम अपनी पहचान को राजनीति की भाषा में खो देना नहीं बल्कि

उस भाषा के छद्म से अपने को लगभग बेगाना करके अलग कर लेना है, एक संत की तरह अकेला कि राजनीति के लिए ज़रूरी हो जाए कि वह बार-बार अपनी प्रामाणिकता और सच्चाई के लिए साहित्य से भाषा माँगे न कि साहित्य ही राजनीति की भाषा बनकर अपनी पहचान खो दे।'' (पृ. 85)

'आधुनिकता-समय-रचनात्मकता' एक चिन्तनपरक गम्भीर निबन्ध है, और अच्छा प्रभाव पैदा करता है। महाभारत, यूलिसिस, फ्रैन्क-करमोड, क्रोचे एवं ग़ालिब आदि के तर्कों-विचारों से यह निबन्ध प्रभावोत्पादक बन पड़ा है। इसी तरह के अन्य निबन्ध भी, जो आज से करीब बीस-पचीस वर्षों पूर्व लिखे गए, आज के उत्तर-आधुनिक समाज में अपने पुनर्पाठ की माँग करते हैं, जिनमें प्रमुख रूप से 'आज का मनुष्य-एक नैतिक आयाम की खोज?', 'नई कविता: रूप और कथ्य' तथा 'साहित्यालोचना के जनतांत्रिक सन्दर्भ' हैं। एक बात विशेष ध्यान आकर्षित करती है कि यहाँ लेखक जीवन को उसकी समग्रता में देखने के साथ-साथ जीवन को किसी विशेष मंतव्य से, अलग से भी देखता है। विचारों के अन्दर एक अलग विचार भी समानांतर रूप से चलता है, एक द्वन्द्व बराबर रहता है। यही चिन्तन की शाश्वत प्रक्रिया है, जिसमें बराबर कुछ नया लिखने की गुंजाइश बनी रहती है। ऐसे तमाम संकेत कुँवर नारायण अलग-अलग निबन्धों में देते चलते हैं।

''एक कवि का व्यक्तित्व तथा उसकी समाज-सापेक्षता कविता में बिलकुल जुड़े हुए सवाल हैं। एक कवि के निजी अनुभवों का संसार दूसरों के किसी मतलब का है या नहीं यह बहुत कुछ उसकी निजी प्रतिक्रियाओं की व्यापकता, मानसिक समृद्धि, समझ आदि पर निर्भर करता है।'' (पृ. 84) या ''कविता की एक लड़ाई स्वयं भाषा के गिरते हुए मूल्य को, उसकी स्वतंत्रता, प्रामाणिकता और ईमानदारी को बचाए रखने की कोशिश है।'' (पृ. 84)। यही ईमानदार कोशिश आलोचक को और भी प्रामाणिक बनाती है, जब वे कहते हैं कि 'चारु चन्द्रलेख' की तुलना में 'बाणभट्ट की आत्मकथा' अधिक सफल कृति है, या अज्ञेय का 'अपने-अपने अजनबी' शिल्प की दृष्टि से महत्त्वपूर्ण उपन्यास है।

शमशेर बहादुर सिंह पर लिखते समय वे इस ओर ध्यान खींचते हैं कि शमशेर न तो पूरी तरह रोमांटिक हैं, न ही जनवादी बल्कि एक वैचारिक तनाव झेलते हुए, बराबर वे एक समर्थ कवि हैं। अज्ञेय उनके प्रिय कवियों में से एक हैं। 'असाध्यवीणा' को वह अज्ञेय की बड़ी उपलब्धि के रूप में देखते हैं। इसी तरह मलयज उनको सन्तुलित और बेहतर कवि लगते हैं। मलयज के बारे में टिप्पणी करते हैं कि "मलयज की निगाह से कविता को पढ़ना एक कवि की परिष्कृत संवेदना और एक समीक्षक के धीर-विवेक से कविता को पढ़ना है।'' (पृ. 204) एवं ''मलयज के लिए निष्पक्षता का मतलब विकल्पहीनता और अनिश्चय नहीं था, साहित्य द्वारा ज़िन्दगी की सच्चाई तक पहुँचने का उपक्रम था–और सच्चाई अकसर बहुत असुविधाजनक ढंग से निष्पक्ष और बेलाग होती है। मलयज की शान्त मगर दृढ़ और खोजी विवेचना अकसर उद्विग्न

करती है।'' (पृ. 204) इसी तरह मुक्तिबोध पर गम्भीरता से चर्चा करते हुए उन्हें अकसर काफ्का याद आ जाते हैं। ये उनके अध्ययन क्षेत्र की व्यापकता और समय के सापेक्ष, जीवन-दृष्टि ही है, जो उनके तर्कों, स्थापनाओं को और अधिक प्रासंगिक बनाती है। कविता लिखने का और कविता के ऊपर लिखने का, कुँवर नारायण का एक खास नजरिया है। उनके लिए कविता का बहिरंग और आभ्यंतर तब तक चिन्तन या टिप्पणी के लिए बेकार है, जब तक कविता में उसका सामाजिक सत्य और व्यक्ति की व्यक्तिगत स्थिति, परोक्ष या अपरोक्ष रूप से उस समाज के लिए प्रभावी न हो। वे कविता में कथ्य की विश्वसनीयता और कवि के निजी अनुभवों की सार्वभौमिकता को उदार अर्थों में देखने के हिमायती हैं। उनकी एक कविता की पंक्तियाँ हैं–

बहुत कुछ दे सकती है कविता
क्योंकि बहुत कुछ हो सकती है कविता
ज़िन्दगी में

हम बचाए रख सकते हैं उस के लिए
अपने अन्दर कहीं ऐसा एक कोना
जहाँ ज़मीन और आसमान
जहाँ आदमी और भगवान के बीच दूरी कम से कम हो।

(कविता की ज़रूरत)

उनका कविता के प्रति यही 'विजन' दूसरों की कविताओं से भीतर तक जूझने का एक माध्यम निर्मित करता है जिसमें हर चीज़ अपने नैसर्गिक रूप से उपस्थित रहती है। आलोचक ने जिस दिलचस्पी से इन कवियों की रचनाओं और उनकी सृजनात्मकता की पड़ताल की है, उससे लगता है कि यदि कुछ और नाम मसलन नागार्जुन, त्रिलोचन, नरेश मेहता, केदारनाथ सिंह एवं धूमिल आदि इस संग्रह से जुड़ पाते तो संग्रह और अधिक प्राणवान होता। इसकी कमी खलती है।

इसके अतिरिक्त 'राग दरबारी', 'रेखा' और 'झूठा-सच' पर समीक्षाएँ विचारणीय हैं। रागदरबारी को उपन्यास के प्रचलित ढर्रों पर देखना, उसकी क्षमता को कम करके देखना है। इस उपन्यास के उदाहरण से वे हिन्दी की नई उपन्यास परम्परा के कुछ तत्त्वों की सुन्दर चर्चा करते हैं। वे इस निष्कर्ष पर पहुँचते हैं कि–''सच पूछा जाए तो 'राग दरबारी' एक परम्परागत उपन्यास की तरह पढ़ा ही नहीं जाना चाहिए। इनमें न तो एक सुनिश्चित कथानक ही मिलेगा न उस कथानक को चलाने वाले नायक, नायिका और खलनायक ही।'' (पृ. 273) 'राग दरबारी' को एक गम्भीर व्यंग्य रचना मानते हुए, वे स्वीकार करते हैं इसमें सामाजिक यथार्थ की जो तस्वीर उभरती है, उसमें भी एक दृष्टि है, जैसी कार्टूनिस्ट की नजर में अपने ऑब्जेक्ट के प्रति होती है।

एक छोटा परन्तु दिलचस्प निबन्ध 'प्रेमचन्द और सत्यजित राय' है, जिसमें साहित्य और सिनेमा की एक दूसरे के प्रति प्रतिबद्धता और सीमाओं को परखा गया है। इसमें

आलोचक इस नतीजे पर पहुँचता है कि कोई भी साहित्यिक कृति और उस पर निर्मित फिल्म, नितांत एक नहीं हो सकते, बल्कि यह दो भिन्न तरह की कलाओं के बीच एक दिलचस्प संवाद होते हैं।

कुँवर नारायण हर मायने में एक जिम्मेदार लेखक हैं, जिनका लेखन हर बार कुछ न कुछ गम्भीर रचता है, चाहे वह कविता हो, कहानी हो, समीक्षा हो या आलोचना। 'आत्मजयी' (1965) की कुछ पंक्तियाँ दृष्टव्य हैं–

यह–दुनिया–यह भविष्य–
तुमको सादर वापस।
मिल सके अगर तो
एक दृष्टि चाहिए मुझे–
जीवन – बच सके
अँधेरा हो जाने से, बस।

यह जीवन को बचा ले जाने की सार्थक और समर्थ दृष्टि जिसकी कामना कवि करता है, कुँवर नारायण के चिन्तन और कवि-कर्म का चरम है, जहाँ अँधेरे और अमानवीयता की तनिक भी गुंजाइश नहीं है। इसी उदारवादी मनोवृत्ति और सुलझी हुई जीवन-दृष्टि के चलते आलोचक की यह किताब आलोचना के क्षेत्र में एक सकारात्मक हस्तक्षेप है। इस मुश्किल वक्त में जब आलोचना पर तरह-तरह से प्रहार किए जा रहे हैं, 'आज और आज से पहले', आलोचना की एक नई संवेदनशील ज़मीन तैयार करता है। अगर इस कृति को आलोचना के प्रचलित ढर्रे से थोड़ा अलग हटकर पढ़ा जाए तो निश्चित ही इसके भीतर सन्निहित चिन्तन और स्थापनाएँ और बेहतर ढंग से खुलेंगी, यह तय है।

बक़द्रे-शौक़ नहीं ज़र्फ़े-तंगनाए-ग़ज़ल*

कृष्ण मोहन

हिन्दी साहित्य के पिछले पाँच दशक मनुष्य के आन्तरिक और बाह्य के बीच विभाजन और संघर्ष में बीते हैं। आधुनिकता और प्रगतिशीलता के बीच जारी इस जंग में प्राय: औचित्य की पराजय हुई है और कबीलाई हठ की जीत। लेकिन कठिन से कठिन समयों में भी मानवीय विवेक अन्तरात्मा के स्वर की तरह सक्रिय रहता है। वरिष्ठ कवि-समीक्षक कुँवर नारायण का निबन्ध-संग्रह 'आज और आज से पहले' इसी बात की पुष्टि करता है। कुँवर नारायण का प्रस्थान बिन्दु मनुष्य का अन्तर्जगत् है, यानी ज़मीन आधुनिकता की है, लेकिन इस ज़मीन का इस्तेमाल उन्होंने प्रगतिशीलता पर प्रक्षेपास्त्र छोड़ने के बजाय उस पर रोशनी डालने के लिए किया है। जिसकी ऊष्मा में दोनों की कल्पित शत्रुता संवाद और बहस के लिए जगह खाली करके तिरोहित हो जाती है। इन दोनों के बीच सबसे तीखा विवाद कला में विचार यानी साहित्य में उद्‌देश्यपरकता के महत्त्व को लेकर रहा है। इस विवाद में आधुनिकता का पक्ष लेने वालों पर विचारहीन कलावादी होने का आरोप लगा तो प्रगतिशीलता के पक्षधरों पर मतवादी प्रचारक होने का। आरोपों-प्रत्यारोपों के माहौल में विचार और अन्त:क्रिया की कठिन गुंजाइश को देखते हुए इस पुस्तक में संकलित निबन्धों का महत्त्व और भी बढ़ जाता है।

1991 में लिखे 'साहित्य और विचार' शीर्षक लेख में कुँवर नारायण कहते हैं कि 'बड़े विचारों का प्रभाव और दबाव कलाओं को अकसर रचनाशील ढंग से भी उकसाता है बशर्ते दोनों के बीच एक खुला और उदार रिश्ता बने। आधुनिकतावादी विचारों ने हमें जेम्स ज्वायस जैसे उपन्यासकार दिए तो मार्क्सवादी आग्रहों ने ब्रेख्त और मार्खेज जैसे रचनाकार दिए। कई मायनों में मुझे यह समय गहरे आत्मनिरीक्षण का समय लगता है जिसमें हम भी अपने बारे में और गहराई से सोच सकते हैं। 1990 में लिखे गए 'एक मुश्किल वक़्त में समीक्षा' शीर्षक लेख में वे कहते हैं जो साहित्य समीक्षा मार्क्सवादी विचारधारा को एक मत की तरह इस्तेमाल करती है एक ऐसे

* कुछ और चाहिए वुसअत मेरे बयां के लिए—गालिब

जीवित विचार की तरह नहीं जिसमें संशोधनों की भी गुंजाइश हो तो मानो वो खुद अपने आलोचना धर्म के साथ विश्वासघात करती है। कुँवर नारायण साहित्य में विचारधारा की भूमिका का न सिर्फ़ विरोध नहीं करते बल्कि एक कदम आगे बढ़कर वे किसी बड़े विचार को उत्कृष्ट कला के लिए मददगार मानते हैं, बशर्ते उस विचार को कायदे से आत्मसात् किया गया हो।

1967 में प्रकाशित निबन्ध 'हिन्दी आलोचना और साहित्य' में वे लिखते हैं, ''विचार पक्ष भी किसी कृति का संभ्रांत अंश हो सकता है लेकिन वह उसकी साहित्यिक उत्कृष्टता के लिए पर्याप्त नहीं। विचारधारा कोई भी हो, सवाल है कि साहित्य में उसकी अभिव्यक्ति कितनी प्रौढ़ और सुन्दर बन पड़ी है, और यहीं साहित्य में तकनीक को महत्त्वपूर्ण समझा जा सकता है। प्रगतिवाद ने उस सीमा तक मार्क्सवाद को महत्त्व दिया कि मौलिकता को जन्म देने वाला व्यक्ति वैशिष्ट्य ही नाजायज होने लगा।" यहाँ मार्क्सवाद के बारे में जो टिप्पणी है वे उस दौर में उसके समर्थकों और विरोधियों दोनों के बीच कायम उस कॉमनसेंस को दिखाती हैं कि मार्क्सवाद में व्यक्ति वैशिष्ट्य के लिए कोई जगह नहीं है। उपर्युक्त वक्तव्य में विचारधारा कोई भी हो, उस वाक्यांश पर ध्यान देना ज़रूरी है। क्या हर विचारधारा कला के लिए एक समान अच्छा या बुरा महत्त्व रखती है। अगर ऐसा है तो ये विचारधारा के खिलाफ, साहित्य में उसकी भूमिका को नकारने से भी सख्त आरोप है लेकिन सौभाग्य से कुँवर नारायण ऐसा नहीं करते। 1962 में छपे अपने एक लेख में उषा प्रियंवदा के उपन्यास 'पचपन खंभे लाल दीवारें' की चर्चा करते हुए वे कहते हैं–''सुषमा और नील का प्रेम जिन कारणों से असफल रह जाता है उनके पीछे कहीं मनुष्य की संकल्पशक्ति असफल रह जाती है और बुद्धिमत्ता की पराजय झलकती है। उस प्रेम की एक सपाट सफलता ये होती है कि दोनों का विवाह हो जाता। उतनी ही सपाट असफलता ये रही कि वे दोनों अलग हो गए। बिना किसी ऐसे कारण के जिसकी अनिवार्यता अधिक तर्कसंगत होती। उस प्रेम का ऐसे कारणों को लेकर समाप्त होना जिनकी जड़ें मनुष्य के अज्ञान और अंधविश्वास में हों ऐसे मूल्यों में हमारे विश्वास को आघात पहुँचाता है जो विवेकजनित हैं। प्रश्न यह नहीं है कि क्या ऐसा सम्भव नहीं। प्रश्न यह है कि ऐसी सम्भावनाओं का कृति में स्थान क्या रखा गया है। राम और रावण के संघर्ष में शुद्ध यथार्थ की दृष्टि से यह भी जायज होता कि रावण जीतता, लेकिन राम का पक्ष कवि के लिए वस्तुतः सही जीवन-मूल्यों का भी पक्ष है। और इसीलिए वह एक वृहत्तर यथार्थ है। इस संग्रह के लेखों में गहन विचार और सघन संवेदना का सुन्दर तालमेल हुआ है। एक तरफ भारत और यूरोप के अनेक विचारों और आंदोलनों की चर्चा है तो दूसरी तरफ प्रसाद, प्रेमचन्द, निराला, हजारीप्रसाद द्विवेदी, शमशेर, मुक्तिबोध, सर्वेश्वर, अज्ञेय, यशपाल, अमृत लाल नागर, रघुवीर सहाय, नेमिचन्द जैन, श्रीलाल शुक्ल, सत्यजीत राय, भगवतीचरण वर्मा, उषा प्रियंवदा से मलयज तक के लेखन पर अत्यन्त आत्मीय मगर बेबाक विचार है। रूप और कथ्य का द्वन्द्व युग सन्दर्भ की तरह हर जगह मौजूद है।

भाषा पारदर्शी है और पुस्तक अत्यन्त पठनीय। हिन्दी जगत् में छाए वैचारिक धुंध में संवाद की ऐसी सार्थक कोशिशों की सचेत अनदेखी होती आई है। यह हमारे समय में संवाद-प्रक्रियाओं, नियंत्रक-संचालकों के इरादों से अधिक हमारी अपनी जागरूकता के स्तर की ओर इशारा करती है। मुक्तिबोध याद आते हैं–

गलियों में अंधकार भयावह...
मानो मेरे कारण ही लग गया
मार्शल लॉ वह,
मानो मेरी निष्क्रिय संज्ञा ने संकट बुलाया
मानो मेरे कारण ही दुर्घट
हुई यह घटना।

(अँधेरे में)

कुँवर नारायण : संसार, उपस्थिति [2002]

कुँवर नारायण का रचना-संसार

प्रयाग शुक्ल

कुँवर नारायण हिन्दी के उन प्रमुख लेखकों-कवियों और साहित्य-संस्कृति चिन्तकों में से है जिनके बहुविध काम-काज की ओर साहित्य-जगत् और पाठक-समाज की निगाहें आज पहले से कहीं अधिक टिकी हुई हैं। और धीरे-धीरे उनकी रचनाओं और उनके विचारों की परख-पहचान के उपक्रम भी लगातार बढ़ते गए हैं। कारण यही है कि पिछले पचास वर्षों में उन्होंने अपने निजी अध्ययन-मनन और लेखन के जरिए, अपने समय को तो लगातार टटोला, टोहा, समझा-विचारा है ही, इतिहास, पुराण, दर्शन और कलाओं की दुनिया के गलियारों में भी बहुत कुछ देखते-सुनते-बुनते हुए उन्होंने अपना वक्त गुजारा है। और इन सभी क्षेत्रों और अनुशासनों से अपना एक 'संवाद' चलाकर, वह बराबर कुछ ऐसा ढूँढ़कर लाए हैं जिसमें मौलिकता, ताजगी और सफाई-सुघराई तो रही ही है, एक विमर्श बनाने की क्षमता भी रही है। कविता की दुनिया में अगर 'चक्रव्यूह' से लेकर आगे के उनके सभी काव्य-संग्रहों में एक चिन्तनशीलता और विचारों की प्रौढ़ता मिलती रही है तो 'आकारों के आसपास' जैसे कथा-संग्रह में कथा-विधि को एक नई तरह से सिरजने की और कथा के बहाने मनुष्य और समाज को पारदर्शी ढंग से देखने की तथा सत्ता-व्यवस्था को जाँचने-परखने की एक सक्रिय, तीखी, चौकस, संवेदी दृष्टि भी।

यह एक अत्यन्त स्वागतयोग्य घटना है कि ऐसे कवि-लेखक-चिन्तक के बहुविध सृजन कर्म से 500 पृष्ठों का डिमाई आकार में एक चयन 'कुँवर नारायण : संसार' नाम से उनके पचहत्तरवें जन्मदिन पर प्रकाशित हुआ है और इसी के साथ जारी हुआ है 'कुँवर नारायण : उपस्थिति' शीर्षक से डिमाई आकार में ही 440 पृष्ठों का वह संकलन भी, जिसमें नंददुलारे वाजपेयी, मुक्तिबोध, नेमिचन्द्र जैन, बालकृष्ण राव से लेकर गिरधर राठी, अरुण कमल, मंगलेश डबराल जैसे विभिन्न पीढ़ियों के लेखकों-कवियों-आलोचकों की वे टिप्पणियाँ, समीक्षाएँ और लेख हैं जो कुँवर नारायण के रचना-कर्म पर हैं। दोनों ही पुस्तकों का संपादन युवा कवि और संगीत रसिक तथा 'सहित' पत्रिका के संपादक यतींद्र मिश्र ने किया है जो कुँवर नारायण के साहित्य

पर एक अनौपचारिक लेकिन सचेत 'शोध' करते रहे हैं। वह अयोध्या में ही रहते हैं जहाँ कुँवर नारायण की किशोरावस्था और युवावस्था का भी बहुतेरा समय बीता है सो वह उनके जीवन और साहित्य की कई 'छवियों' और उनके कई मर्मों को समझने-बूझने की मानो अधिक स्वाभाविक और सहज गति रखते हैं। एक प्रमुख और अग्रज लेखक की दुनिया में उतरने की ज़रूरी विनम्रता, उत्सुकता और खोजी वृत्ति भी उनमें है ही, जो इन दोनों पुस्तकों के संपादन में कहीं न कहीं से झांकती जरूर है। उल्लेखनीय यह भी है कि यह हिन्दी में अपने ढंग का ऐसा पहला प्रयास या आयोजन है जिसमें एक प्रमुख लेखक-कवि के रचना-संसार को पढ़ने-सराहने और उस संसार में उतरने की कुछ दिशा-दृष्टियाँ एक साथ सुलभ कराई गई हैं। 'कुँवर नारायणः उपस्थिति' में कुँवर नारायण से यतींद्र मिश्र का एक ऐसा वार्तालाप भी है जिसमें कुँवर जी के बहुविध विषयों पर सुचिंतित विचारों से हमारी 'भेंट' होती है। और 'कुँवर नारायण : संसार' में यतींद्र मिश्र की जो एक लम्बी और कुँवर जी के लेखन-चिन्तन के बहुविध पक्षों को पकड़ने वाली भूमिका है वह भी बहुत काम की है।

'कुँवर नारायणः संसार' में अगर कुँवर जी की सभी पुस्तकों से और उनके असंकलित-अप्रकाशित लेखन से भी एक चयन है तो 'कुँवर नारायणः उपस्थिति' में उनकी हर पुस्तक पर चुनी हुई समीक्षाएँ और टिप्पणियाँ हैं। इनके अतिरिक्त उन पर स्वतंत्र लेख, संस्मरणात्मक लेख और भेंटवार्ताएँ आदि हैं। 'कवि, कथाकार, आलोचक, चिन्तक भर नहीं...' शीर्षक से इसी पुस्तक के लिए विशेष रूप से लिखा गया श्रीलाल शुक्ल का जो संस्मरणात्मक लेख है उसे मैं 'अद्‌भुत' की श्रेणी में ही रखना चाहूँगा। एक जगह वह लिखते हैं, "'जेंटिलमैन' की जो सामाजिक परिभाषा है उसके सारे सकारात्मक पक्षों पर कुँवर नारायण खरे उतरते हैं। पर वे विक्टोरिया युगीन जेंटिलमैन नहीं हैं जिस पर परम्पराओं—यहाँ तक कि रूढ़ियों तक का भी दबाव स्वीकार करने की मजबूरी है। जीवन के प्रति उनकी बड़ी रैशनल—विवेकशील दृष्टि है। उनका आधुनिकताबोध किताबी नहीं, उनकी जीवन-पद्धति का अंग है।..."

कुँवर नारायण के रचना-कर्म, जीवन और उनके व्यक्तित्व पर ये वास्तव में विवेकपूर्ण ढंग से सम्पादित की गई पुस्तकें हैं। कुँवर नारायण के साहित्य और जीवन पर यह साफ-सुथरी सामग्री हर तरह से ग़ौर करने लायक और प्रसन्न करने वाली है।

संसार में कवि की उपस्थिति

गिरधर राठी

अधिक प्रामाणिक और मानक प्रकाशन हो सकते थे ये दोनों। पिछले कुछ वर्षों से कई लेखकों की चुनी हुई रचनाओं और उनके लेखन पर आलोचनात्मक लेखों, टिप्पणियों, भेंटवार्ताओं का एकत्र प्रकाशन हिन्दी में होने लगा है...ये दो पुस्तकें भी उसी स्वागतयोग्य उपक्रम की कड़ियाँ हैं। लेकिन चूंकि हिन्दी में वह दिन शायद नहीं आएगा जब किसी पहले प्रयास के बाद कोई दूसरा या तीसरा-चौथा, अधिक तैयारी वाला प्रकाशन भी हो, इसलिए पहला प्रयास मुकम्मिल हो तो बेहतर है। मसलन, छापे की भूलें बरतरफ, रचनाओं और आलोचनाओं के प्रथम प्रकाशन की तिथियाँ, सम्बन्धित पत्र-पत्रिका-पुस्तक इत्यादि के ब्योरे समान रूप से नहीं दिए जा सके हैं। कुँवर नारायण के अनुवादों की कुछ अधिक पूर्ण सूची दी जा सकती थी...और अनुवादों के शीर्षक, प्रकाशक इत्यादि भी। चूंकि इन चीज़ों का सीधा सम्बन्ध शोध-अनुसंधान से है, इसलिए ये जानकारियाँ पूरी हों तो ही काम की हैं। अनुक्रमणिका वगैरह तो खैर प्रकाशकों की नजरों में भी फिजूलखर्ची मानी जाती होगी–संपादकों को ही कभी इसकी सुध आती होगी, ऐसा आभास नहीं होता।

परा-तकनीकी की इस सदी में संपादन-प्रकाशन की कुछ मोटी-मोटी तकनीकों का यह संकेत भर है। ऐसे चयन में भूमिका या प्रस्तावना की भूमिका काफी अहम होती है। सुलिखित होने के बावजूद, मात्र 'संसार' में ही यतींद्र मिश्र की एक भूमिका है जिसमें ध्यान एक पहेली की ओर नहीं गया है। पहेली यह है कि कुँवर नारायण न तो निराला, बच्चन आदि की तरह 'लोकप्रिय' हैं, न नागार्जुन, मुक्तिबोध आदि की तरह। फिर भी केदारनाथ सिंह के बाद वे शायद सबसे अधिक पुरस्कृत, अलंकृत, अभिनंदित कवि हैं।

लोकप्रियता के कई पैमानों में एक पैमाना–हिन्दी में–यह है कि 200 से ज़्यादा 'वामपंथी' (और 100 से ज़्यादा संघपंथी) 'लघु' पत्र-पत्रिकाओं में रचनाएँ छपें, पुस्तकों की समीक्षा हो और मतलब-बेमतलब जिक्र हो। यदि मुक्तिबोध, प्रेमचन्द, राजेश जोशी इत्यादि के नामों की तरह, तारीफ में उल्लेख न भी हो तो अज्ञेय, निर्मल वर्मा, रमेशचन्द्र शाह, अशोक वाजपेयी के नामों की तरह बात-बेबात भर्त्सना ही हो! लेकिन

लेखक संघों के मुखपत्रों समेत सैकड़ों पत्रिकाओं में कुँवर नारायण उन दसियों बड़े लेखकों की श्रेणी में पाए जाते हैं जिनका नाम कोई भूले से भी नहीं लेता।

समसामयिक परिदृश्य के भारी-भरकम लेखों और परचों में भी, ध्यान नहीं आता कि हमारे विख्यात लेखक-आलोचक कभी कुँवर नारायण की कविता, कहानी, आलोचनात्मक निष्कर्ष आदि 'उद्धृत' करते हों। तुलना में, सहमति में, असहमति में—या किसी भी बहाने। प्रायः कुँवर नारायण पर विशेष रूप से लिखी जाने वाली समीक्षाओं या लेखों में ही उन पर विचार होता रहा है।

इस 'पहेली' पर ध्यान इसलिए गया कि 'उपस्थिति' में संकलित बहुत सारे अभिलेखों को ग़ौर से पढ़ें तो भान होगा कि कुँवर नारायण के बारे में हिन्दी साहित्य में अच्छा-खासा घमासान है। इस घमासान का एक मोटा-सा कारण तो यह है कि कुँवर नारायण किसी भी मशहूर वाद, विचारधारा या पंथ के अनुयायी नहीं हैं। इसकी मार्मिक पीड़ा सुरेश सलिल के (प्रशंसात्मक) लेख के शीर्षक से ही झलकती है—'मनुष्यता की ओर जाती कविता।' गोया जिस कवि ने कलम उठाई ही इसलिए थी कि वह मनुष्य बना रह सके, 'मनुष्यतर' होता जाए, बकौल सलिल, अपने छठे कविता-संग्रह 'कोई दूसरा नहीं' के प्रकाशन के बाद ही "वह विशेष संवेदना प्राप्त" कर पाया है जिसकी आकांक्षा मुक्तिबोध को उनसे (कुँवर नारायण से) थी। सलिल ही पूछ रहे हैं कि मुक्तिबोध की तरह कुँवर नारायण को "हमारे अन्य प्रगतिशील कवि-आलोचक क्यों नहीं पहचान पाए?" लेकिन एक जवाब तो 1981 में ही विष्णु खरे दे चुके हैं, "वे (कुँवर नारायण) वामपंथी नहीं हैं लेकिन यदि अन्याय, अत्याचार, बर्बरता, तानाशाही तथा फासीवादी मानसिकता के विरुद्ध बिना गुर्राए, रेंके या हुंहुआए खड़ा रहना प्रतिबद्धता है तो कुँवर नारायण की पक्षधरता असंदिग्ध है...मेरी यह पुरानी आस्था है कि प्रत्येक वामपंथी कवि अच्छा कवि भी हो यह कतई ज़रूरी नहीं लेकिन प्रत्येक अच्छा कवि मूलतः, प्रतिबद्ध और जनता का होता ही है..." और अन्त में खरे यह डंक जोड़ना नहीं भूलते—"और देर-सबेर तथाकथित वामपंथियों-जनवादियों को भी उसे ऐसा मानना ही पड़ता है" ('उपस्थिति' : पृ. 140)

लेकिन यह भी शायद निरा आशावाद और आस्थावाद ही है खरे का। नमूने के लिए नंद किशोर नवल का लेख देखें। कुँवर नारायण की आलोचना की पहली किताब 'आज और आज से पहले' 1998 में आई थी। सामान्य स्थिति में ऐसी कोई भी किताब साहित्य जगत् में हलचल मचा देती। लेकिन, मसलन, 'उपस्थिति' में संकलित नवल का लेख उसे "आलोचना में रचनाकारों का हस्तक्षेप" मानकर, रिआयत देते हुए ही थोड़ी-बहुत मान्यता दे पाता है। टी.एस. इलियट का सहारा लेते हुए वे शिकायत करते हैं कि कुँवर नारायण ने (भी) "केदारनाथ अग्रवाल, नागार्जुन और त्रिलोचन (पर)...जो कुँवर नारायण, साही और रघुवीर सहाय की तुलना में बहुत ही बड़े कवि हैं," कुछ नहीं लिखा। "और तो और, केदारनाथ सिंह जैसे विलक्षण कवि भी उन्हें रास नहीं आते।" ('उपस्थिति', पृ. 249)

कुँवर नारायण, जैसा कि रघुवीर सहाय ने भी लिखा है, 'रिआयत' माँगकर अपना कोई मूल्यांकन नहीं चाहते होंगे। लेकिन नंद दुलारे वाजपेयी, नेमिचन्द्र जैन, मुक्तिबोध इत्यादि से लेकर प्रभाकर श्रोत्रिय और पंकज चतुर्वेदी तक अधिकांश (सब नहीं) के लेख कोई न कोई रिआयत दे या लेकर ही कुँवर नारायण को स्वीकार कर पाते हैं। अशोक वाजपेयी तक पहले इस कवि के भीतर 'तापमान' की कमी दिखाकर, और बढ़ती हुई 'आत्मरति' की शिकायत करने के बाद ही (हालाँकि उसके बाद) अपनी पसन्दगी जाहिर कर पाते हैं।

आशय यह है कि क्या हम कभी, किसी के भी बहाने इस बात की पड़ताल करना चाहेंगे कि (हिन्दी) साहित्य में 'लोकप्रिय' और 'सजातीय' हुए बगैर भी 'अजातशत्रु' और 'सर्वप्रिय' बना देने में कौन से तत्त्व काम करते हैं? यों यह भी या तो संपादकीय सीमा है, या फिर कटु वस्तुस्थिति कि कुँवर नारायण की 'उपस्थिति' नोट करने वाले लेखकों में अज्ञेय, साही, मलयज, नामवर, केदारनाथ सिंह जैसे दर्जनों नाम नदारद हैं। वैसे, अज्ञेय के 'तीसरा सप्तक' में कुँवर नारायण मौजूद हैं, और अज्ञेय से उनके सम्बन्ध अच्छे ही रहे होंगे।

यहाँ अनुमान की भाषा में यह कहने का कारण यह है कि इन दो बड़ी-बड़ी पुस्तकों के बावजूद, व्यक्ति कुँवर नारायण के जीवन और जीवनगत सन्दर्भों का हमें कोई खास ब्योरा नहीं मिलता। 'उपस्थिति' में जरा सी सेंध श्रीलाल शुक्ल ने ही लगाई है। शायद उनके साक्षात्कारों के संग्रह से ही फिलहाल काम चलाना पड़े। यहीं पर ध्यान आता है कि इतालवी अनुवादिका मारिओला ऑफ्रेदी के अलावा, शायद किसी भी आलोचक ने (वागीश शुक्ल और श्रोत्रिय ने भी नहीं) 'आत्मजयी' के लेखन काल (लगभग दस वर्ष) में कवि की मन:स्थिति और परिस्थिति को जानने की कोशिश नहीं की। ऑफ्रेदी से ही पता लगता है कि 'बर्बरों का आगमन' (जिसे 'धर्मयुग' नहीं छाप सका) और 'फौजी तैयारी' जैसी कई कविताएँ आपातकाल में, तानाशाही के खिलाफ कवि का उद्‌घोष थीं। वामपंथ आज तक आपातकाल के अपने अपराधबोध से छुटकारा नहीं पा सका है; परदे के पीछे घमासान का एक बारीक कारण यह भी है। उधर आपातकाल और बाबरी विध्वंस पर कवि की प्रतिक्रिया उसे कांग्रेस या संघ परिवार में 'लोकप्रिय' बना सके, यह मुमकिन नहीं। यों यह भी कोई छोटी पहेली नहीं है कि व्यवस्था-प्रतिष्ठानों के 'मुखर' विरोधी कवि-लेखक हर तरह के संस्थान से पुरस्कृत होने वालों में आगे रहे हैं।

कविता और विचार, दोनों में कुँवर नारायण का दृष्टिकोण ऐसा है कि किसी भी खेमे को रास नहीं आता, फिर भी 'चक्रव्यूह' (1956), 'तीसरा सप्तक' (1959), 'परिवेश: हम तुम' (1961), 'आत्मजयी' (1965), 'अपने सामने'(1979), 'कोई दूसरा नहीं, (1993), आदि कविता-संग्रहों, 'आकारों के आसपास' (1972) कहानी-संग्रह, तथा ऊपर संदर्भित अन्य प्रकाशनों के चयन के साथ कुँवर नारायण का संसार अपनी 'उपस्थिति' से हमें रघुवीर सहाय की एक टिप्पणी के साथ आश्वस्त

करता है : ('अपने सामने') "इन कविताओं का रचनाकार एक परिपक्व और अपनी जगह दृढ़ व्यक्ति है। वह अकेला है जैसा हर संवेदनशील बुद्धिजीवी को होना चाहिए।"

जैसा कि अब सभी जानते हैं, संगीत, कला, फिल्म, नाट्य, भारतीय और पाश्चात्य सिद्धान्त-विमर्श में कुँवर नारायण का गहरा दखल है, जो उनके आलोचनात्मक लेखन के अलावा रचना-जगत् में भी पढ़ा-देखा जा सकता है। दृष्टि के खुलेपन और मानवीय मूल्यों पर दृढ़ता के साथ वे आज 75-76 वर्ष की आयु में भी सक्रिय हैं, अनेक प्रकार के घमासानों के बीच। यह एक सुखद प्रतीति है।

इन दिनों [2002]

सरलता में श्रेष्ठता

नंदकिशोर नवल

त्रिलोचन बीसवीं सदी के पाँचवें दशक में उभरने वाले प्रगतिशील धारा के कवि हैं, जबकि कुँवर नारायण उसके छठे दशक में उभरने वाले नई कविता के कवि। इस तरह कुँवर जी दोनों ही अर्थों में त्रिलोचन के परवर्ती हैं। उनके नवीनतम संग्रह 'इन दिनों' में उनकी सौ से कुछ ही कम कविताएँ संकलित हैं, जो उनके भरे-पूरे परिपक्वताप्राप्त कवि-व्यक्तित्व की सूचना देती हैं।

प्रस्तुत संग्रह का सादा-सा नाम इनकी कई कविताओं में आने वाले शब्द 'इन दिनों' से लिया गया है, जैसे 'एक अजीब-सी मुश्किल में हूँ इन दिनों', 'इन दिनों/क्या बिक रहा है किस दाम/फैशन में क्या है आजकल'। 'आजकल' शब्द 'इन दिनों' का ही वाचक है, जिसका मतलब है आज का उपभोक्तावादी, आदर्शहीन और यांत्रिक सभ्यता वाला युग। स्वभावतः यह युग कुँवर जी की कविताओं की सर्वप्रमुख विषयवस्तु है। इस संग्रह की करीब एक दर्जन कविताओं में उन्होंने कई कोणों से उसके असली स्वरूप को उद्‌घाटित किया है। इस तरह की पहली ही कविता 'एक अजीब-सी मुश्किल' में उन्होंने अपने मानव-प्रेम का विवरण प्रस्तुत किया है और अन्त में कहा है कि 'दिनोदिन मेरा यह प्रेम-रोग बढ़ता ही जा रहा/और इस वहम ने पक्की जड़ पकड़ ली है/कि वह किसी दिन मुझे/स्वर्ग दिखाकर ही रहेगा।' इन पंक्तियों में प्रयुक्त 'वहम' शब्द वर्तमान युग पर तीखी रोशनी डालता है, जिसमें 'मानव-प्रेम' को सर्वश्रेष्ठ उपलब्धि या आदर्श के रूप में स्थापित किया गया था! यह सभ्यता कवि को कैसे लगातार अकेला करती जा रही है, यह उसने 'बाज़ारों की तरफ भी' शीर्षक कविता में बतलाया है। 'जख़्म' शीर्षक कविता छोटी है, लेकिन दर्द से भरी हुई, जिसमें कवि को मलाल है कि कपड़ों पर मासूम रक्त के छींटे नहीं, आत्मा पर किसी बहुत बड़े प्यार का कभी न भरने वाला जख्म होता! आम तौर पर यह समझा जाता है कि पूँजीवादी युग के दैत्याकार शहर पूरी तरह से अमानवीयकृत हो गए हैं, लेकिन 'शहर और आदमी' शीर्षक कविता में कुँवर जी ने सूचित किया है कि 'अकसर उसे भी/एक बीमार आदमी की तरह/दर्द से कराहते हुए सुना गया है।' 'जिसे खोज रहा' शीर्षक कविता में वस्तुप्रधान

सभ्यता का जिक्र है, जिसमें चीज़ें बहुतायत से मिलती हैं, लेकिन वही चीज़ नहीं मिलती, जिसकी कवि को तलाश है। 'तितलियों के देश में' एक लाजवाब कविता है, जिसमें कवि ने अपनी विलक्षण कल्पनाशीलता का सहारा लेते हुए एक मायालोक की सृष्टि की है। इस मायालोक में एक पुरुष और एक स्त्री अपने को तितलियों के देश में पहुँचा हुआ महसूस करते हैं, जिसमें दोनों एक-दूसरे के प्रेमाकर्षण में पड़कर तितलियों की तरह पीछा करते हैं। यह मायालोक तब टूटता है, जब पुरुष स्त्री का पीछा करने लगता है, तो वह डरकर भागती है। यह भी आधुनिक सभ्यता पर, जिसमें स्त्री पुरुष से भय खाती है, टिप्पणी ही है। 'खजुराहो' शीर्षक कविता भी अन्ततः आधुनिक सभ्यता को ही बेपर्द करती है! खजुराहो का गर्भ-गृह अपने भीतर आधुनिक युग के भ्रष्ट संसारी को जगह देने के लिए तैयार नहीं! 'नाव में नदिया' आधुनिक मनुष्य की उस विभ्रांति को सूचित करती है, जिसमें 'पता नहीं चलता/कौन किसमें डूबा है?/और किसे जाना है किसके पार?' यहाँ स्थानाभाव के कारण कवि के भावलोक का सिर्फ़ परिचय दिया जा रहा है, जिससे पाठक उसके काव्य-संसार की आधुनिकता का अनुमान लगा सकें, वरना सारी कविताएँ पर्याप्त कलात्मक हैं, जिन पर विस्तार से ही लिखा जा सकता है।

आधुनिक जीवन कितना असह्य हो गया है, इसका अनुमान 'घंटी' शीर्षक कविता से लगता है, जिसमें फोन, दरवाजे और अलार्म की घंटी बजती है, तो कवि या कविता में आने वाला चरित्र करवट बदलकर सो जाता है, पर मौत की घंटी बजती है, तो वह हड़बड़ाकर उठ बैठता है और चलने के लिए तैयार हो जाता है। आधुनिक मनुष्य की नियति कि मौत भी उसे स्वीकार नहीं करती और कहती है, 'करवट बदलकर सो जाओ।' 'आधी रात' 'इन दिनों' की एक उल्लेखनीय कविता है, जिसमें कुँवर जी ने एक फैंटेसी के सहारे यह बतलाया है कि आदमी अपना दुश्मन स्वयं है। उसका दुश्मन उससे बाहर नहीं, बल्कि उसके भीतर है। इस कविता की अन्तिम पंक्तियाँ इस तरह हैं–

आधी रात। अपने घर में घुस रहा हूँ। चोर की तरह।
मैं नहीं जानता कि मैं हत्यारा हूँ या मेरी हत्या हुई है।
जब भी आईने के सामने पड़ता हूँ चौंक जाता हूँ।
मेरी सूरत कभी एक से तो कभी दूसरे से मिलती है।

इधर कुँवर जी के बारे में यह बात खास तौर से कही जाने लगी है कि उनकी कविता का केन्द्र नैतिकता है। उच्च कोटि की मानवीय नैतिकता से किसी का विरोध नहीं हो सकता, लेकिन यदि देश और काल की समस्या को घटाकर व्यक्ति की नैतिकता की समस्या के रूप में दिखलाया गया, तो यह आपत्ति की बात जरूर होगी। मैं यह बात जोर देकर कह रहा हूँ कि किंचित् 'नैतिक' होते हुए भी कुँवर जी अपने युगीन परिवेश से गहराई से प्रतिबद्ध हैं और अब अतिरेकप्रधान किसी व्यक्तिवादी दर्शन का

उन पर कोई प्रभाव नहीं। उक्त कविता भी एक नैतिक नहीं, बल्कि एक यथार्थवादी कविता है, जिसमें यह चित्रित किया गया है कि वर्तमान सभ्यता ने व्यक्तिगत दुश्मन उसके भीतर ही पैदा कर दिया है। जिस तरह 'नाव में नदिया' शीर्षक कविता में आधुनिक मनुष्य की विभ्रांति का वर्णन किया गया है, उसी तरह 'अपने समानांतर' शीर्षक कविता में उसकी इस मनोदशा का कि वह इस दुनिया को कहाँ से स्वीकार करे और कहाँ से छोड़े। इसका परिणाम यह हुआ कि वह एक आँख से हँस रहा है और दूसरी आँख से रो रहा है! 'उसकी सुरक्षा के लिए' शीर्षक कविता भी 'आधी रात' शीर्षक कविता से कुछ मेल रखती है क्योंकि जिस आदमी की सुरक्षा की व्यवस्था की गई है, वह महसूस करता है कि 'इस बार भी/वह अपने ही हाथों मारा जाएगा।' उसकी मुसीबत यह है कि उसे जो आशंका है, उस पर लोगों को विश्वास नहीं। 'दीवारों पर चढ़ते फूल' भी एक लाजवाब कविता है। यहाँ आधुनिक मनुष्य के भय का क्या आलम है, आप देखिए–

सशंकित क्यों हैं लोग
कि सूर्य की पहली किरण के साथ
हल्ला बोलकर चढ़ रहे जो
क़िले की दीवारों पर
बेलों के सहारे
कहीं वे भी
बाग़ी फूलों के हरावल दस्ते न हों?

कविता वैसे ही नाजुक चीज़ है, पर कुछ कविताएँ खास तौर से नाजुक होती हैं। कुँवर जी की ख्याति नाजुक कविताओं के स्रष्टा के रूप में नहीं है, पर कविता के पाठकों के लिए यह बहुत प्रसन्नता की बात है कि 'इन दिनों' में अनेक कविताएँ इतनी नाजुक हैं कि उंगलियों के जरा सा काँपने से चित्र बिगड़ सकता था। वस्तुतः ऐसी कविताओं में ही कवि की कला-मर्मज्ञता की परीक्षा होती है। प्रस्तुत संग्रह में एक कविता है 'जिसे बहुत पहले आना था'। यह वस्तुतः एक प्रेम-कविता है, जिसमें प्रेम इतने निगूढ़ रूप में आया है कि बहुत सधा हुआ पाठक ही उसे देख सकता है। काफी दिनों के बाद कवि अपने घर लौटता है और इस उम्मीद से कि सामानों को नई तरतीब देने से शायद उसकी कहानी कुछ बदले, वैसा करने के बाद सो जाता है। कविता की अन्तिम पंक्तियाँ हैं : 'सोचते-सोचते सो गया था एक गहरी नींद/जैसे अब सुबह न होगी/कि एक आहट से खुल गईं आँखें,/जैसे वही हो दरवाज़े पर/ बरसों बाद/जिसे बहुत पहले आना था।' 'जैसे, शब्द बतला रहा है कि कवि को जो लगा, वह एक मिथ्या आभास था। पर लक्ष्य करने योग्य है कि इस क्षणिक मिथ्या आभास से उसने प्रेम की कितनी गहरी और मोहक कविता रच डाली है! 'कविता के बहाने' में उसने कविता को जो परिभाषित किया है, उसकी नजाकत भी देखते ही बनती

है : 'कविता एक खेल है बच्चों के बहाने/बाहर भीतर/यह घर, वह घर/सब घर एक कर देने के माने/बच्चा ही जाने।' अज्ञेय की कविता 'आँगन के पार द्वार' प्रसिद्ध है। वह जहाँ एक दार्शनिक अवधारणा का सम्मूर्तन है, वहाँ यह कविता अपने आशय में अतिशय मानवीय, यानी हमारे रोजमर्रा के जीवन में काम आने वाली। अब मैं 'कोई नाम दो उन्हें' शीर्षक फूलों पर लिखी गई एक ऐसी कविता का उल्लेख करना चाहता हूँ, जो फूलों के कवि केदारनाथ अग्रवाल की कविताओं की याद दिलाती है, लेकिन अपनी नजाकत में यह कविता भी खास है। इस कविता की भी अन्तिम पंक्तियाँ देखिए : 'बच्चों की तरह खेलते हैं वे/मिट्टी से, धूप से, हवा से, पानी से/जैसे सीधे अभी निकलकर चले आ रहे हों/नानी की कहानी से।'

कुँवर जी की नाजुक कविताओं में से एक कविता है 'आना किन्तु इस तरह', जो एक साथ जितनी जटिल है, उतनी ही सूक्ष्म भी। इसका अंदाजा भी इसकी अन्तिम पंक्तियों से लग सकता है, जिनमें जीवन की व्यस्तता में खोया हुआ कवि गहन निराशा के स्वर में अपनी प्रेमिका से कहता है : 'उस वक़्त आना ऐसे कि लगे/किसी ने द्वार खटखटाया/कोई न हो/पर लगे कि कोई आया/इतना आत्मीय/इतना अशरीर/जैसे हवा का एक झोंका/और मुझमें समाकर निकल जाना/जैसे निकल गई/एक पूरी उम्र।' इसी तरह उनकी एक छोटी कविता एक कामकाजी युवती पर है, जो कभी सवेरे दुनिया की सैर के लिए आसमान से उतरी थी–'अप्सरा-सी जगमगाती धूप'। आजकल वह किराए के दो कमरों में रहती है और 'शाम को आती है/सिर्फ़ सोने के लिए/कमरे में रुआंसी-सी/ज़रा-सी धूप!' इस तरह की अन्तिम जिस कविता का मैं जिक्र करना चाहूँगा, वह है 'अमीर खुसरो' शीर्षक कविता। इस कविता के अन्त में कुँवर जी ने पहले यह कहा है कि 'वह एक नृशंस युग की सबसे जटिल पहेली था/जिसे सात बादशाहों ने बूझने की कोशिश की!' और बाद में यह कि 'खुसरो एक रहस्य था/जो एक गीत गुनगुनाते हुए/इतिहास के बहुत कठिन डगर से गुज़र गया था।' मानना पड़ेगा कि बिना इस नजाकत के अमीर खुसरो की शख्सियत को पकड़ना मुश्किल था, जो एक अतिशय सावधान और संवेदनशील कवि के ही वश की बात हो सकती है, न समाज के और न साहित्य के इतिहासकार के वश की बात।

कुँवर जी की एक मुद्रा व्यंग्य वाली है, जिससे वे कम ही काम लेते हैं और ज़्यादातर वे उसका प्रयोग उसके शास्त्रीय अर्थ में करते हैं। कहना चाहिए कि उन्होंने 'व्यंग्य' को सही अर्थ में लिया है, जिसे हम उनकी कविता की एक उपलब्धि मान सकते हैं। इस संग्रह की कुछ कविताएँ इस कदर 'व्यंग्यात्मक' हैं कि अलग से उनका उल्लेख करना ज़रूरी है। 'एक ही छलाँग में' एक अतिशय महात्त्वाकांक्षी व्यक्ति का जिक्र है, जिसने 'कल्पना की तो ऐसी/कि एक ही छलाँग में/छोटी पड़ गई दुनिया।' लेकिन यह छलाँग भी उसे छोटी लगती है। कवि का व्यंग्य देखिए : 'पीछे मुड़कर देखता है/ऐसी तो बड़ी भी न थी कोई छलाँग/जितनी छोटी पड़ गई दुनिया।' 'सम्भावनाएँ' शीर्षक कविता के अन्त में कवि पहले यह कहता है कि

'बस, हाथ भर की दूरी पर है/वह जिसे पाना है', फिर यह व्यंग्य कि 'ग़लती उसी दूरी को समझने में थी।' 'दूसरों की खुशी के लिए' चापलूस और दरबारी कवियों पर लिखी गई कविता है। इसमें भी कुँवर जी पहले यह कहते हैं कि 'कवियों का कोई ठिकाना नहीं/न जाने कितनी बार वे/अपनी कविताओं में जीते और मरते हैं', फिर यह कि 'उनके कभी न मरने के भी उदाहरण हैं/उनकी खुशी के लिए/जो कभी नहीं मरते हैं।' 'भला आदमी' शीर्षक कविता व्यंग्य से यह बतलाती है कि वह भला आदमी भी झूठ बोला, जिसने भरी अदालत में कसम खाई थी कि सच कहूँगा और सच के सिवाय कुछ नहीं। 'चार ईमानदार' शीर्षक कविता में इस विडंबना को उभारा गया है कि 'बेईमानी को हराने का/यही एक तरीक़ा है/कि उसे अल्पमत में ला दिया जाए।' यह आज का जनतांत्रिक युग है, जिसमें बेईमानी को भी शिकस्त मतदान से ही दी जा सकती है! कुँवर जी राजनीति से अलग-थलग रहने वाले कवि हैं। दलीय राजनीति क्या, राजनीति-मात्र से उन्हें परहेज है। लेकिन जादू वह, जो सिर चढ़कर बोले। 'इन दिनों' में 'रैली' शीर्षक उनकी एक बहुत ही जोरदार राजनीतिक कविता है, जो आज की प्रदर्शनप्रिय राजनीति को पूरी तरह से बेपर्द कर देती है, यद्यपि बहुत ही कलात्मक ढंग से। किस्सा यों है कि दिल्ली के रामलीला मैदान में किसी राजनीतिक दल की रैली में भाग लेने के लिए बसों से उतरकर भीड़ आ रही है। सूरज भी निकलता है, गाँव की तलैया में मुँह धोता है और भीड़ के साथ हो लेता है। अब कविता की दर्द और व्यंग्य से भरी हुई पंक्तियों पर नजर डालिए–

बारह इंच दिन जब इंच-भर रह गया
राजधानी से गाँव लौटती बकवास में
धूल फाँकता सूरज
लाल आँखें
थका माँदा
डूब गया फिर उसी गाँव की तलैया में
जैसे वह दिन हुआ ही नहीं।

जैसा कि सुज्ञात है, मानवीय स्वर किसी भी अच्छी कविता का मूल स्वर होता है, लेकिन कभी-कभी जब वह स्वर किसी कविता में पूरी कलात्मकता के साथ उभरकर प्रकट होता है, तो अत्यन्त मोहक दिखलाई पड़ता है। आस्था और आशा, प्रेम और काम आदि उसी मानवीय स्वर की तरंगें हैं। कुँवर जी के काव्य-संसार को उसके पूरेपन में समझने के लिए उस स्वर को अलग से लक्ष्य करना ज़रूरी है। प्रस्तुत संग्रह में 'पानी की प्यास' शीर्षक एक और लाजवाब कविता है, जिसमें पानी देवदारु की जड़ों से होकर उसकी फुनगियों पर पहुँचता है और वहाँ से यह सोचकर कि उसे फिर धूल में नहीं लौटना है, हवा में एक लम्बी साँस लेकर बादलों के साथ हो जाता है। लेकिन पृथ्वी का प्रबल आकर्षण अपनी सोंधी गंध के साथ उसे खींचता रहता है। अब

कुँवर जी कहते हैं, 'वही था इस रोमांस का/सबसे नाजुक क्षण/उत्कर्ष के चरमबिन्दु पर थरथराती/एक बूँद की अदम्य अभिलाषा/कि लुढ़ककर बादलों से/चूम ले अपनी मिट्टी को फिर एक बार/भरकर अपने प्रगाढ़ आलिंगन में।' 'एक वृक्ष की हत्या' भी एक बहुत अच्छी कविता है जिसमें, कवि कुछ दिनों बाद अपने घर लौटता है, तो पाता है कि उसके दरवाजे पर बूढ़े चौकीदार की तरह जो पुराना पेड़ था, जिसकी ठंडी छांह में वह पलभर सुस्ताता था, अब अपनी जगह पर नहीं है! वह कहता है, 'दरअसल शुरू से ही था हमारे अंदेशों में/कहीं एक जानी दुश्मन।' ये दोनों ही कविताएँ प्राकृतिक विषयों पर लिखी गई हैं, लेकिन इनकी अन्तर्वस्तु मानवीय है। 'मद्धिम उजाले में' शीर्षक कविता भी ऐसी ही है। इसमें कवि ने अपनी बात एक फूल के माध्यम कही है, जिसके झरने की सुन्दरता का अद्‌भुत वर्णन तो इस कविता में है ही, मानवीय कल्पना में अंकित उसकी अलौकिक छवि का भी संकेत है। जीवन एक मिटता हुआ स्वप्न है और मनुष्य के स्वप्नों में एक अमिट जीवन है। एक अधूरी रचना उन्हीं आँखों को खोजती हुई बार-बार पृथ्वी पर आती है, जिनमें जीवन का मिटता हुआ सपना और सपनों में निहित एक अमिट जीवन होता है। इस संग्रह में प्रेम और काम को लेकर लिखी गई एक प्रचंड कविता है 'सरहपा', जिसमें ब्राह्मण कवि और शबर-कन्या के प्रेम का वर्णन है। कविता की अन्तिम पंक्तियाँ–

दोनों मिलकर खेलते एक खेल
जिसमें दोनों जीतते हैं एक साथ।
बचा रह जाता
उस खेल का कवित्व,
और स्त्री-पुरुष, ऊँच-नीच के अभेद में
मनुष्य के मुक्त होने का अर्थ।

कुँवर जी की कविता वहीं कमजोर होती है, जहाँ वह वर्णनात्मक होने लगती है, जैसे 'आजकल कबीरदास' शीर्षक कविता। इसी तरह सपाटता भी उनकी कविता को क्षतिग्रस्त करती है, जैसे 'नींव के पत्थर' और 'उसी ज़मीन पर' शीर्षक कविताएँ। वक्तव्यपरकता भी उनकी कविता को रास नहीं आती, जैसा कि हम 'काफ़्का के प्राहा में' शीर्षक कविता में देखते हैं। उनका अपना रंग खास तौर से वक्रतायुक्त कविताओं में दिखलाई पड़ता है, जिसका प्रमाण 'एक जले हुए मकान के सामने' शीर्षक कविता हो सकती है। यह वक्रता कवि की अभिव्यक्ति की सर्जनात्मकता से स्वयं सम्भव हुई है, कहीं बाहर से नहीं आई। लेकिन इसका यह मतलब नहीं है कि कुँवर जी सरल कविताएँ नहीं लिख सकते। सरलता में श्रेष्ठता का उदाहरण प्रस्तुत करने वाली 'क्राकाउ के चिड़ियाघर में' और 'सबीना' जैसी कविताएँ भी संग्रह में मौजूद हैं। निस्सन्देह 'इन दिनों' पिछले दिनों हिन्दी में प्रकाशित अनेकानेक कविता-पुस्तकों के बीच सर्वाधिक महत्त्वपूर्ण संग्रह है।

कट्टरता के खिलाफ क्लासिकी कविता

गिरधर राठी

इन दिनों समाज और राजनीति में किस्म-किस्म की कट्टरताएँ फिर से जोर पकड़ रही हैं। ऐसे में हिन्दी का यह सौभाग्य ही कहा जाएगा कि कुछ कवि अब भी अपने ही बनाए रास्तों पर चल रहे हैं। कुँवर नारायण का नया कविता-संग्रह 'इन दिनों' ऐसे कवि से साक्षात्कार कराता है जो ज़िन्दगी के रोजमर्रापन से सहमा या डरा हुआ नहीं है। अपने समय से दो-चार होते हुए भी समय के आर-पार देखते रहना किसी भी स्थायी महत्त्व की कविता (या कला मात्र) का मूल सरोकार है। क्षणिक, तात्कालिक और समसामयिक घटनाओं के ब्योरे से गुजरते हुए भी, उनमें बुनियादी मुद्दों के गहरे संकेत पढ़ना-पढ़ाना इस कविता की खास फितरत है।

यह रुझान 'क्लासिकी' किस्म की कविता वाला रुझान है जो कुँवर नारायण के पिछले पचासेक साल के समूचे रचना-संसार में देखा जा सकता है। 'ऊल-जलूल दुनिया को दस और बीस हाथों' से बूझने की तमाम कोशिश में खुद को नाकाम मानने के बावजूद जीवन-जगत् में पल-पल विचलित, विगलित, उत्तप्त या संत्रस्त दिखाने की बजाय, धीर-गम्भीर बनाए रखता है। यहाँ उनकी 'तटस्थ नहीं' शीर्षक कविता कहती है : 'तट पर हूँ/पर तटस्थ नहीं...प्यार का एक भी पल/बहुत होता है/...इसी बहुलता को/दे जाना चाहता हूँ पूरे विश्वास से/इन विह्वल क्षणों में/कि कभी-कभी एक चमत्कार हुआ है पृथ्वी पर/जीवन के इसी गहरे स्वीकार से।'

गौरतलब यह है कि कुँवर नारायण की ऐसी पंक्तियाँ 'व्यक्तिगत' आत्मनिवेदन या 'कन्फेशन' जैसी नहीं लगतीं: अपनी बनावट और बुनावट में कुँवर नारायण की कविता अकसर 'व्यक्ति-निरपेक्ष' रही है। यह भेद यों भी समझा जा सकता है : राजकमल चौधरी या अशोक वाजपेयी या उर्दू के मजाज ('ए गमे-दिल क्या करूँ...') की अधिकांश कविताओं को याद करें तो वे कविताएँ सर्वप्रथम उनके निजी जीवन का निजी बयान या 'कन्फेशन' जान पड़ती हैं, दूसरे चरण में वे भले ही निजता के नितांत संकीर्ण दायरे से उभर जाती हों।

इनके विपरीत, कुँवर नारायण अपने आप को कम ही जाहिर करते हैं : वे 'अनुभव'

की बजाय 'अनुभूति' की अभिव्यक्ति करते हैं। उसके लिए वे अकसर कबीरदास, खुसरो, चन्द्रगुप्त मौर्य या सरहपा जैसे इतिहास–नायकों को ढाल बना लेते हैं। यह क्लासिकी शैली या किसी सीमा तक टी.एस. इलियट की 'ऑब्जेक्टिव कोरिलोटिव' वाली प्रणाली उन्हें अनेक समर्थ हिन्दी कवियों से अलग और विशिष्ट बनाती है। कुछ–कुछ जयशंकर प्रसाद की याद दिलाते हुए।

'इन दिनों' की कविताओं में अनेक ऐसी हैं जो 'ताकत' के स्वरूप, मनोविज्ञान, समाजशास्त्र और राजनय से रूबरू हैं। कुँवर नारायण की कहानियों में भी शक्ति या सत्ता की मीमांसा रेखांकित की जा चुकी है। लेकिन लगभग उसी ज़मीन पर कोई विजयदेव नारायण साही की 'मछली घर' और 'साखी' की कविताएँ लें तो पाएँगे कि अपने क्लासिकी रुझान के बावजूद साही का उत्ताप भी कविता से पाठक तक पहुँचता है; या मुक्तिबोध की 'अँधेरे में' जैसी कविताओं में कवि की व्याकुलता छिपी नहीं रहती। इसी तरह 'मगध' में भी व्यक्ति श्रीकांत वर्मा की निजी बेचैनी झलकती रहती है।

इनके विपरीत, कुँवर नारायण 'नदी के किनारे' इंतजार करती आग का संकेत करते हुए भी, 'अपनी ही आग' को बहुत कुछ छिपाए रहते हैं। सामान्य अर्थों में ऐसी कविता तत्काल 'लोकप्रिय' नहीं हो पाती–धैर्यवान कवि अपने पाठकों से भी धीरज की माँग करता है। यदि वह सुलभ हो तो कुँवर नारायण की कविता परत दर परत कुछ नए–नए अर्थ–संकेत, कुछ गहरी अनुभूतियाँ देती है। तब भाषा और शिल्प के साथ उनका बरताव भी बेहतर ढंग से समझ में आता है, और वह मानवीय, मानवता, प्रेमी, संस्कारित आधुनिकता भी, जो कि उनकी अपनी खास पहचान है।

कविता का उत्तर जीवन

परमानंद श्रीवास्तव

कविता शब्दों में या शब्दों से लिखी जरूर जाती है पर साथ ही वह अपने बाहर या आसपास वह जगह भी छोड़ती चलती है जिसे पाठक (या आलोचक, जो सबसे पहले एक खास तरह का पाठक ही है) अपनी कल्पना और समझ के अनुरूप भर सकता है। इस तरह देखें तो कविता लिखे जाने के साथ ही उस उत्तर-जीवन में प्रवेश कर जाती है, जिसके बाद वह कवि तक सीमित नहीं रहती, बल्कि पाठक के अपने विकसित होते अनुभव-जगत् का भी हिस्सा बन जाती है। और यही वह (पाठक) एक या दूसरी अनेक व्याख्याओं के लिए स्वतंत्र होता है। भ्रम न हो, इसलिए कहना ज़रूरी है कि यह स्वतंत्रता भी निरपेक्ष या असीमित नहीं होती क्योंकि व्याख्याकार के लिए भी कुछ आन्तरिक नियम होते हैं, कुछ शर्तें होती हैं। उनसे सर्वथा मुक्त होकर कोई अतिवादी निष्कर्ष निकाला जाए, तो उसे कविता पर एक और पाठ न मानकर निरर्थक मनमाना प्रलाप ही माना जाता है।

कुछ ही दिनों पहले एक वरिष्ठ कवि के एकल काव्य-पाठ के बहाने बातचीत में कई सवाल उभरे। एक तो यही कि जब तक कविता सीधे-सीधे आज के यथार्थ को तथ्यों, घटनाओं और ब्योरों में जाकर न बताए तब तक क्या उसे एकान्त-राग या शुद्ध निजी जीवन तक सीमित माना जाए और शेष समाज के प्रति उसकी उदासीनता को प्रश्न या जवाबदेही के दायरे में या कि कठघरे में ला खड़ा किया जाए! या कविता को ही और तरह से पढ़ा जाए। क्या यथार्थ के वर्णन और ब्योरे को सीधे-सीधे न पाकर मान लिया जाए कि ऐसा रवैया एक गैर-प्रतिबद्ध कवि का ही हो सकता है, जो न अपना पक्ष चुन सके, न बता सके। क्या मान लिया जाए कि उसकी बेफिक्री विभ्रम विलास है, जो यही जाहिर करता है कि वह सुख की नींद का कवि है क्योंकि दुःख तो उसी के कथनानुसार उसे उत्तेजित नहीं करता। ऐसी धारणाएँ कवि और कविता के बारे में क्या राय बनाएँगी। क्या यह नहीं कि ऐसा कवि जो यथार्थ के बारे में या अपने पक्ष के बारे में सीधे नहीं बताता, एक शब्दों से खेल-सा रचने वाला और उसी में मगन रहने वाला कवि है। अकसर प्रेम पर लिखने वाला और शेष दुनिया को नजरअंदाज

करने वाला–भले ही वह गुजरात जैसा हादसा ही क्यों न हो। कुछ इसी तरह की राय बनाने वालों में एक वक्तव्य ऐसा भी था जो आलोचक को भी शक के दायरे में लाता था। आखिर ये आलोचक भी कैसे हैं जो इस तरह की कविता पर सीधे फैसला देने से बचते हैं। उस कविता को और तरह से पढ़ने की सलाह देते हैं जो फौरी प्रतिक्रिया नहीं जताती, या जो देर में खुलती है। कहा जाए कि ऐसे सवाल न सिर्फ़ समझदार पाठक को उद्विग्न छोड़ जाते है, बल्कि बहुतों को, जो छन्द या काव्य प्रयोजन को सुगमवर्ग पहेली जैसा एकमात्र हल मानकर चलते हैं, एक नासमझ किस्म की पोलेमिक्स तक सीमित रखते हैं। यह कहना कि जो कवि कहता हो कि वह दुःख से उत्तेजित नहीं होता, सुख के विलास का ही कवि हो सकता है–किसी भी चिन्ता, सरोकार या फिक्र से बरी–क्या आत्यंतिक सरलीकरण नहीं है। यहीं पूछा जाना चाहिए कि हम कविता को आखिर क्यों पढ़ें और कैसे? कविता जो कहती है, उसे कहीं गहरे जाकर समझने के लिए या अपने काल्पनिक या इच्छित पूर्वग्रह से उस पर मनमाना निर्णय देने के लिए।

ऐसे क्षणों में बड़े कवि कितने काम आते हैं। उस दिन बातचीत में अचानक याद आए फिराक। 'तुझ से छुट के बड़ी फरागत है/अब मुझे कोई कामकाज नहीं।' कविता में 'अब' जैसा मामूली लगने वाला एक शब्द कितना कुछ कह जाता है। कविता में जिसे 'भाषाई जगह' (Linguistic Space) कहा गया है, उसे ज़रूरी नहीं कि कोई वाक्य या बिम्ब ही बताए। बोलचा़ल का एक शब्द ही काफी है–वह भी जैसे कोई महज एक संयोजक शब्द, जो वाक्य या वाक्य समूह का कोई आन्तरिक आधार बनता है। फिराक की पंक्तियों का हवाला देकर पूछना चाहा–क्या कहना चाहता है कवि! 'तुझसे छुट के बड़ी फरागत है।' क्या कवि को प्रिय से बिछुड़कर बड़ा सुकून है। क्या यह फुर्सत पाए हुए का, अर्थात् किसी निठल्ले का बयान है। क्या यह 'छुटकारा' ही ऐसा नहीं कि भीतर कहीं हथौड़े की-सी चोट पड़ती हो। अकेलेपन की एक वह हद कि अकेलापन भी साबुत नहीं रह पाता। क्षत-विक्षत, लहूलुहान जान पड़ता है। विडंबना (Irony) और किसे कहते हैं। 'तनाव' अगर काव्यगुण है तो कविता में आखिर आता कैसे है। यहाँ ये सवाल उठेंगे जरूर।

2

हमारे यहाँ वरिष्ठतम पीढ़ी के कवि कुँवर नारायण का 'इन दिनों' नाम से संग्रह छपकर अभी-अभी आया है जो सबसे पहले सावधान करता है कि कविता को धीरे-धीरे पढ़ें। अपने ही पूर्वग्रहों से बचकर पढ़ें। यह मानकर पढ़ें कि क्लासिकी रुझान का कवि भी गाहे-बगाहे मुक्त प्रगीतात्मकता में विचरण करने, घूमने या टहलने निकलता है और अपनी ही तय की हुई पाबंदियों से बच निकलता है या बच निकलना चाहता है। कभी व्यंग्य रस के छन्द में, कभी कम से कम शब्दों के अनजाने प्रगीतात्मक ढंग में। व्यंग्य है तो छन्द है और कथ्य काफी कुछ स्पष्ट लक्ष्यीभूत है। उससे अलग जाकर किसी और शक्ल में है, तो कभी सचेत और कभी अनजान काव्य विडंबना

है। कुँवर नारायण के बारे में तो बहुप्रचारित है कि वे गढ़ने, काट-छांट करने, संवारने-तराशने वाले कवि हैं। एक-एक शब्द पर रुकते हैं, बिम्ब-सरीखी इकाई रचते हैं और संश्लिष्टता का मर्म भी समझते हैं। शायद इसी कारण वे तत्काल अर्थ निकालने वाले पाठक के उत्साह को सेंसर करते या जाँचते चलते हैं। बाजार की सब शक्लें तो जानी-पहचानी हैं—वह भी, जिसे कविता में देखकर आश्चर्य नहीं होता, और कुछ भी असंगत नहीं लगता—'कभी-कभी टहलते हुए निकल जाता हूँ/बाज़ारों की तरफ भी:/नहीं, कुछ खरीदने के लिए नहीं/सिर्फ़ देखने के लिए कि इन दिनों/क्या बिक रहा है किस दाम/फैशन में क्या है आजकल!' पर वह भी, जो आम तौर पर कल्पना से परे है—अनुमान के बाहर। और यहीं कुँवर नारायण हैं—अपने ढंग के एक अकेले कवि, जो विचार को संवेदना में और संवेदना को विचार में ढालने वाले कवि के रूप में पहचाने जाते हैं। वह कुछ इस तरह—

वैसे सच तो यह है कि मेरे लिए
बाज़ार एक ऐसी जगह है
जहाँ मैंने हमेशा पाया है
एक ऐसा अकेलापन जैसा मुझे
बड़े-बड़े जंगलों में भी नहीं मिला
और एक खुशी
कुछ-कुछ सुकरात की तरह
कि इतनी ढेर-सी चीज़ें
जिनकी मुझे कोई ज़रूरत नहीं।

इस एक अकेलेपन के ही रंग कितने अलग-अलग हो सकते हैं। साहचर्य उसे बढ़ाता भी है और कम भी करता है। संग्रह त्रिलोचन का भी इन्हीं दिनों छपा है—'मेरा घर'। पर याद आती है तो उनकी बहुत पहले की कविता—'आज मैं अकेला हूँ/अकेला रहा नहीं जाता/जीवन मिला है कि रतन मिला है यह/धूल में कि फूल में/मिला है तो मिला है यह/मोल-तोल इसका अकेले/कहा नहीं जाता।' यह और तरह का अकेलापन है, जो हमेशा दूसरों में होकर ही अपने को सह्य और सार्थक पाता है। पर कुँवर नारायण वस्तुओं में, विपुलता में जो अज्ञात अकेलापन आविष्कृत करते हैं, वह और है। और कवि का 'अंदाजे बयां' भी और। जरूरत नहीं रही ढेर सारी चीज़ों की—इसकी एक खुशी। पाठक क्या राय बनाएँगे इस 'खुशी' के बारे में, कहना कठिन है। क्या यह 'संग्रह' के विरुद्ध कोरा 'त्याग' है। यह क्या संतों जैसा सन्तोष-धन है या कुछ और। कविता इसी 'कुछ और' में है—अपरिभाषित या अप्रत्याशित। कविता के लिए 'प्रदत्त' महत्त्वपूर्ण नहीं है, 'खोज' महत्त्वपूर्ण है।

एक शब्द के पीछे की नैतिक गूँज पकड़ने के लिए कुँवर नारायण इतने चौकन्ने हैं कि उन्हें कबीरदास की मुक्ति अपनी मुक्ति लगती है—प्रसन्नता से परे, उदासी से

परे। और दुनिया में रहना इतना सकारात्मक लगता है कि छोड़कर जाना ही असम्भव लगे। रहने, न रहने में अनबन या द्वन्द्व महत्त्वपूर्ण है। 'कहाँ जाऊँगा छोड़कर/इतनी बड़ी दुनिया को/जो मेरे ही अन्दर बसी है/हज़ारों वर्षों से।' जहाँ समकालीनता का इतना आतंक है, वहीं एक सार्थक कवि की यह कल्पना उसके विरुद्ध एक तरह का हस्तक्षेप है कि एक साथ कई जीवन में, कई देशकाल में रहा जा सके। केदारनाथ सिंह की 'त्रिनिदाद' जैसी डायस्पोरा वाली मनःस्थिति की कविताएँ याद आ सकती हैं–'कुछ दिन अन्य देशकाल में' जैसी कविता पढ़कर। यह ढंग अपने कठोर खुरदरेपन में मराठी कवि विंदा करंदीकर के यहाँ भी दिख सकता है। समयबद्ध और समयातीत के बीच एक निरन्तर आवाजाही का-सा दृश्यालेख।

अपने अनेक संस्करण, आलेख, पांडुलिपियाँ
खोजते हुए लाइब्रेरियों में, अजायबघरों में,
विद्यालयों में
जा पहुँचा वहाँ
जहाँ केवल हर जगह से, हर पाई वस्तु से
लौट आया था एक ऐसे अविचल बिन्दु पर
जिसके चारों ओर
केवल एक अकुलाता विस्तार था

भाषा और भाषा के इस अभेद में कुँवर नारायण जहाँ-तहाँ शिशु कल्पना का सहारा लेते हैं पर यहाँ वे बहुत स्वाभाविक नहीं हो पाते। यह भेद भी छिपा नहीं रहता कि शिशु कल्पना आकृतियाँ बनाती ही नहीं है, मिटाती भी है। कुँवर नारायण के यहाँ प्रकट है कि उनकी उदासीनता एक 'जानकार' की उदासीनता है। इसलिए विस्मय प्रधान खेल की जगह उनके यहाँ अवधारणाओं की बहुलता है। हर कविता अन्ततः एक विचार है–विचार की प्राचीनता और व्याप्ति में अकसर मुकम्मल। मनुष्य होने का पूरा तात्पर्य या विचार भी यहाँ एक सुगठित निर्मिति है।

आश्चर्य नहीं कि कुँवर नारायण का व्यंग्य कई बार न सिर्फ़ ग्राह्य बल्कि सटीक लगता है। उसमें एक कथा-रस भी है और नाटकीय खिलंदड़ापन भी। कवि की सुघड़ सुगठित निर्मितियों का ही जैसे प्रत्याख्यान है यह। विरल, पर महत्त्वपूर्ण। जबकि निर्मितियाँ अनेक हैं–'वह एक शिल्प है जो शून्य नहीं/' 'उसके अमूर्तन में मौजूद है/उसकी ठंडी सतह से ढंकी/बेचैन गहराइयाँ।' इनके बरक्स 'शान्ति वार्ता' जैसी कविताएँ तो नागार्जुन की 'मंत्र' जैसी कविता की याद दिलाती हैं। यों नागार्जुन छूट ज़्यादा लेते हैं और व्यंग्य का फलक भी उनके यहाँ अधिकाधिक विस्तृत होता जाता है। यह ढंग कुँवर नारायण के यहाँ भी है कि देखते-देखते एक विदग्ध उक्ति एक सीमित निपुण कथन से कहीं अधिक अर्थ देने लगे। 'जब कोई अपना ही अपनों से कहता/कि वह ग़ैर नहीं/एक सन्देह पक्का होने लगता/कि अब दोनों की ख़ैर नहीं।'

3

कुँवर नारायण को एक बार इस दृष्टि से भी पढ़ा जाना चाहिए कि निर्मितियाँ भी सब ठस अपारदर्शी नहीं हैं। कई बार कविता एक आकस्मिक 'राग' की तरह शुरू होती है–काव्य प्रक्रिया में निहित उत्सुकता में, जिसकी ऐंद्रिकता निर्विवाद है–

आओ शुरू करें एक दिन
जैसे एक राग

स्वरों और फिरत से बढ़त लेती
मध्य लय में ठहरती हुई
द्रुत में प्रवेश करती
तानों का सधा हुआ भराव

'जानकारी' अलक्षित नहीं है पर खोज की उत्सुकता अबाध है। कविता पर लिखी कविताएँ हैं और अवधारणात्मक भी जान पड़ती हैं पर काव्य-विवेक की सघनता अपने आप में बन्द कार्रवाई नहीं। 'अर्थ है वह ख़ाली जगह भी जो शब्दों के बीच होती।' उत्सुकता का केन्द्र 'ख़ाली जगह' ही है–'एक निरभ्र खाली जगह/उस पर लिखते ही फूल/वह खिल उठता।'

यह मानने में कोई हानि नहीं है कि एक महत्त्वपूर्ण कवि परम्परा में ही हो सकता है–स्मृतियों को लिए-दिए, जो आगे की भी हो सकती हैं और पीछे की भी। यह रघुवीर सहाय या केदारनाथ सिंह के बारे में जितना सच है, उतना ही कुँवर नारायण के बारे में भी। अब तो अन्तर्पाठीयता (Intertextuality) जैसा काव्य सिद्धान्त भी इस आदान-प्रदान या आवाजाही की प्रकृति को समझने में सहायक है। यह लहजा 'आना किन्तु इस तरह' पहली बार कविता में नहीं आ रहा है, पर आ रहा है यहाँ, कवि का अत्यन्त निजी स्वभाव बनकर।

('उस वक्त आना ऐसे कि लगे/किसी ने द्वार खटखटाया/कोई न हो/पर लगे कि कोई आया/इतना आत्मीय/इतना अशरीर/जैसे हवा का एक झोंका/और मुझमें समाकर निकल जाना/जैसे निकल गई/एक पूरी उम्र।')

'सरहपा' जैसी कविता की अन्तर्वस्तु में कवि के स्मरण के साथ सुदूर कल्पना के श्रृंगारपरक (Erotic) बिम्ब भी हैं जो पठन की स्मृति से छनकर आते हैं और जिन्हें जीवन के मुक्त पाठ की तरह इस रूप में पढ़ा जा सकता है–(इस दृष्टि से 'मुक्ति का अर्थ' कविता का साभिप्राय पद है)–

चिकने कपोलों पर लिखता प्यार के मनमाने छन्द
लहराते केशों की सुगंध में ऊँघती एक मदहोशी
चूमता नाभि कमल

'अभिनवगुप्त' और 'अमीर ख़ुसरो' की उपस्थिति कुँवर नारायण की दुनिया का एक ज़रूरी प्रसंग है। इतिहास महज इतिहास नहीं है वह स्मृतिलोक भी है जिसमें संचित पाठ के उत्तरोत्तर खुलने की अनेक सम्भावनाएँ हैं। कुँवर नारायण का क्लासिकी कवि व्यक्तित्व अगर बौद्धिक अवधारणाओं के प्रति वर्जनाशील नहीं है तो जीवन राग या जीवन विनोद की आत्मीय मुक्ति के प्रति भी उदासीन नहीं है। इसी अर्थ में एक कविता में कई कविताएँ, एक जीवन में कई जीवन सम्भव हैं।

4

अन्त में फिर कविता की उसी आरंभिक बहस पर लौटें—कविता का समकालीन यथार्थ क्या इतना सरल, सुनिश्चित और तथ्य सीमित है कि उसका एक ही अर्थ होगा और तुरंत जान लिया गया होगा। बता देने में आसान और व्याख्या-तत्पर। कुँवर नारायण के कबीरदास जितने मध्यकाल में हैं, उतने ही त्रिकाल में हैं और उतने ही फिलहाल में। और यह महज रेटारिक नहीं है। प्रसंगवश 'ताना-बाना' नाम से प्रकाशित आधुनिक भारतीय कविता के एक चयन में केदारनाथ सिंह की कविता 'अपनी ख़बर' काल या समय के बारे में एक गड्डमड्ड समय है और कवि का पता-ठिकाना अन्त तक अनिश्चित है। स्मृति के भीतर स्मृति और समय में हर बार कोई दूसरा समय। इशारे के लिए कवि का यह स्वयमालाप ही काफी है : 'पर वैशाली में मैं आम का एक पेड़ था/श्रावस्ती में शायद एक भिक्षु का भिक्षा पात्र/वाराणसी में एक नाव हो सकता था मैं/अगर मेरे बढ़ई ने मुझे छील छालकर एक पहिया न बना दिया होता...।' क्या इसके बाद भी कविता के एकदम ठीक ठिकाने पर पहुँचने की कोई गारंटी है!

उन दिनों से इन दिनों तक

लीलाधर जगूड़ी

कुँवर नारायण भारतीय परम्परा के उन प्रमुख कवियों में हैं जिनकी कविता मानवीय मूल्यों के अनुरूप परिवर्तन और निर्माण के लिए किसी बड़ी नदी की तरह हर बार मार्ग बदलती रही है। उनका छठा कविता-संग्रह 'इन दिनों' पढ़ते हुए जीवन के पचहत्तर वर्ष पूरे करने वाले कवि के जीवनानुभवों से मिलने-टकराने की भी अपेक्षा रहती है। जीवन के अनेकानेक पक्षों को जिस भाषिक संक्षिप्तता और अर्थ गहराई के साथ उन्होंने कविता का विषय बनाया है उसे देखकर उन्हीं की कविता पंक्ति में 'कभी' की जगह 'कवि' को रखकर कहा जा सकता है कि 'कवि तुमने कविता की ऊँचाई से देखा शहर', और अब इस ताजा संग्रह में उन्होंने कहा है कि 'बाज़ार की चौंधिया देने वाली जगमगाहट के बीच/अचानक संगीत की एक उदास ध्वनि में हम पाते हैं उसके वैभव की एक ज़्यादा सच्ची पहचान।'

इन पंक्तियों में अर्थ की सारी चाभी 'उदास' विशेषण के पास है जिसका अन्वय बाजार, संगीत और ध्वनि तीनों के साथ करना पड़ेगा और समन्वय करना पड़ेगा 'वैभव' के साथ भी। इस संग्रह में कहीं किसी निरर्थक विशेषण का प्रयोग कवि ने नहीं किया है। इस सृजन संयम से भी बहुत कुछ सीखा जा सकता है। इन कविताओं में यदि कोई खोट या मैल दिखाई दे तो वह रचनाकार की दुनिया में विनम्र न होकर जाने का अहंकार है जो शायद 'सादगी' कविता की इन पंक्तियों से तुष्ट हो सके : 'तुम्हारे कपड़ों का दोष है/मिट्टी का नहीं/जो उसे छूते ही मैले हो गए तुम/' शुरू से ही उनकी कविताओं में 'अलख' (जो दिखाई नहीं देता है, वह यथार्थ) दिखाने के प्रति विशेष रुझान रहा है जिसे पुराने मुहावरे में 'अलख जगाना' कहते थे जो कहने को व्यक्तिगत नहीं रहने देता और सहने की दुर्निवार अभिव्यक्ति को सामाजिक बना देता है।

हम ऐसे समय में आ गए हैं जब बाजार वैकल्पिक अर्थव्यवस्था का साधन और सूत्रधार बनकर आधुनिकता और विकास को उदास और प्रसन्न दो चेहरों की तरह धारण किए हुए सब पर छा गया है। कवियों के लिए भले ही यह स्थायी भाव न

रहा हो, लेकिन हिन्दी कविता में यह बाजार-भाव नया नहीं है। पिछले सात सौ साल से तो यह चल ही रहा है। प्राचीन जगत् व्यापार से लेकर 'कबिरा खड़ा बजार में' और 'धोती फटी सिलटी दुपटी' से लेकर आज तक यह बाजार व्याप्त रहा है। बाजारवाद का जवाब देने के लिए आज जिस नई दृष्टि की जरूरत है उससे उपजी हुई कविताएँ कुँवर नारायण के इस नए कविता-संग्रह में एकत्र हुई हैं। 'इन दिनों' जो कुछ भी हमें घेरे, दबोचे और चिंतित किए हुए है वह किसी न किसी सूत्र के रूप में इस संग्रह की 83 कविताओं में मौजूद है। इन कविताओं में दरअसल प्रेम के खो जाने का और बाजार के आतंक का मुकाबला मानवीय सहजता से व्यंग्य क्षमता के अनोखे अंदाज में किया गया है। न कवि ने स्वयं को कहीं परास्त माना है, न विजेता, फिर भी जले हुए मकान की वास्तविकता के सामने अपने जीवित होने को कई कत्लों के बाद जीवित होना माना है। यह रूपक वहाँ तक जाता है जहाँ उसे कहना पड़ता है कि 'ऐसे ही लोग थे, ऐसे ही शहर, रुकते ही नहीं किसी तरह मेरी हत्या के सिलसिले।' यह जला हुआ मकान हिन्दुस्तान के सिवा आखिर हो भी कौन सकता है? इतने बड़े मकान में एक छोटा घर और इस 'घर का दरवाज़ा जैसे गर्द से ढकी एक पुरानी किताब', जिसमें 'लौटी हो एक कहानी अपने नायक के साथ छानकर दुनिया भर की खाक।' 'जो रोज पढ़ता है अखबारों में कि अब वह नहीं रहा, अपनी शोकसभाओं में खड़ा है वह, आँखें बन्द किए-दो मिनटों का मौन।' इस भयावह समय में कुँवर नारायण का कविता-संग्रह व्यक्तिगत डायरी, कहानी, निबन्ध और नाटक का मिला-जुला स्वाद देने वाले किसी अलभ्य एलबम की तरह अपनी जीवंत उपस्थिति के घेरे में ले लेता है : 'आधी रात अपने घर में घुस रहा हूँ चोरों की तरह/...मैं अपने सिरहाने खड़ा हूँ अपने को सोता हुआ देखकर...मैं नहीं जानता कि मैं हत्यारा हूँ या मेरी हत्या हुई है/जब भी आईने के सामने पड़ता हूँ चौंक जाता हूँ/मेरी सूरत कभी एक से तो कभी दूसरे से मिलती है।'

पूरा विश्व अलग-अलग शहरों में नहीं, बल्कि किसी एक ही शहर के विश्वव्यापी परिसर में रहता है जिसे कुतुब परिसर या किसी चिड़ियाघर की तरह काफ्काई दृष्टि से देखा जा सकता है। बहुत सी घटनाएँ 22 नंबर स्वर्णगली से लेकर वेनिस और बल्लीमारान, हैब्सबर्ग्ज के भव्य महल या वावेल दुर्ग या लाल किले के दीवाने खास और अमीर खुसरो की एक नई पहेली तक एक साथ एक ही परिसर में घटित हो जाती है। इन सबके कोलाज और गुंफन के लिए 'काफ़्का के प्राहा में' की ये पंक्तियाँ बहुत सारी उद्भावनाओं और निष्कर्षों को एक साथ समेट लेती हैं : 'कभी-कभी एक ज़िन्दगी से ज़्यादा अर्थपूर्ण हो सकती है/उस पर टिप्पणियाँ/एक प्रेम से ज़्यादा मधुर हो सकती है उसकी स्मृतियाँ/एक पूरी सभ्यता की वीरगाथाओं से कहीं अधिक सारगर्भित/हो सकती है एक स्मारक की संक्षिप्त भाषा।'

पेड़, चिड़ियों, फूल, रंग और बच्चे अब भी कुँवर नारायण की कविताओं में पुरानी उम्मीदों की तरह बार-बार लौट आते हैं। ये बिम्बों के रूप में नहीं बल्कि घटनाओं

से लबरेज आत्मकथा के रूप में फिर कोई जन्म ले लेते हैं। सबके सुख-दुःख, नियति और परिणति की भाषा अपनी चिन्ता में यहाँ एक हो जाती है। उदासी और उल्लास का जन्मदिन एक साथ मन जाता है। एक पेड़ अगर आपका घनिष्ठ पड़ोसी हो तब आप समझ सकते हैं कि वह तो एक पूर्वज और दोस्त ही नहीं, खुद हमारी तरह एक बेचैन प्राणी है। उसकी बाँहों में ही चिड़ियाँ का बसेरा नहीं है, बल्कि उसने तो पूरे मकान को ही चिड़ियों के घोंसले में बदल दिया है। सारी ऋतुओं का पड़ाव वह वृक्ष घर के बाहर चौकीदार की तरह खड़ा है और वह तटस्थ नहीं है, अतीत और भविष्य में जाने का दरवाजा बन जाता है।

कुँवर नारायण की कविताओं की भाषा एक स्तर पर दार्शनिक चिन्तन को उकसाती है और दूसरे स्तर पर मनोविश्लेषण की गति तेज कर देती है। कविता के सम्बन्ध में स्वयं कवि की धारणाओं के परिप्रेक्ष्य में भी हम उनकी कविताओं को समझ सकते हैं : '...जीवन के प्रति बेहतर समझ, संवेदनशीलता और न्यायबोध के अलावा कविता विचार वस्तु को भी अधिक कलापूर्ण-भावनात्मक और अधिक सरस ढंग से हमारे सामने रखती हैं, जैसा कि वह जीवन यथार्थ के साथ भी करती हैं। इस प्रकार देखें तो उच्च विचार उच्च कला से अलग नहीं, उसमें अन्तर्निष्ठ होते हैं-और कभी-कभी उसकी प्रेरणा भी बन सकते हैं। अच्छा विचार अच्छी कविता भी तभी हो सकेगा, जब दोनों एक-दूसरे में ठीक से घुले-मिले हों, अन्यथा वे एक-दूसरे को खारिज कर देंगे।' यह तो कविता का काम है लेकिन उनके यहाँ तो कवि पर और कवि के काम पर भी एक पूरी कविता है : 'बीमार नहीं है वह, कभी-कभी बीमार-सा पड़ जाता है/उनकी खुशी के लिए जो सचमुच बीमार रहते हैं/कवियों का कोई ठिकाना नहीं, न जाने कितनी बार वे/अपनी कविताओं में जीते और मरते हैं/उनके कभी न मरने के भी उदाहरण हैं। उनकी खुशी के लिए जो कभी नहीं मरते हैं।'

उत्सर्गधर्मिता और जीवट के सम्बन्ध में उक्तियों और मुहावरों से बनी ऐसी कविता साहित्य में दुर्लभ है। राग, फाग और आग भी उनकी कविताओं में नई संवेदना के साथ आते हैं। वे परम्परा और आधुनिकता के बीच अपनी ऊर्जा को संगठित निर्मित करते हैं इसीलिए उनकी कविता में कोई भी ऐतिहासिक, पौराणिक और मिथकीय फैंटेसी उसी सहजता के साथ आ जाती है जिस तरह कि प्रत्येक वस्तु में आग का होना बताया गया है। यह आग जब कविता के रूप में आती है तो फिर भले ही हमेशा एक नदी का किनारा वहाँ मौजूद हो, उसकी लपटें हमें तरह-तरह से पिघलाती, पकाती या झुलसाती रहती हैं। इसी बिन्दु पर पहुँचकर कुँवर नारायण कहते हैं कि-'खेलूँगा आग से।' ऐसे वक्त यह अहसास हमें समूची समकालीनता के साथ उठाकर वर्तमान के पूरे इतिहास से जोड़ देता है जब कवि कहता है कि-'मेरी भरपूर नफ़रत कर सकने की ताक़त दिनोंदिन क्षीण पड़ती जा रही है।' प्रत्यक्ष विरोध और उग्र घृणा अनेक मानवीय गुणों के सामने हमेशा कमजोर पड़ जाते हैं और रचनाकारों की बनाई दुनिया में से आड़े वक्त, 'शेक्सपियर', 'ग़ालिब', 'गुरु नानक', 'कंबन',

'त्यागराज', 'मुत्तुस्वामी' और 'प्रेम-रोग' शब्द आते ही मीरा जैसे हाड़-मांस वाले व्यक्तित्व सारी नफरत से लड़ने लगते हैं।

कुँवर नारायण की कविता एक ऐसी दुनिया रचती है जिसमें रोज-रोज होती हत्याओं और साम्प्रदायिक दुर्भावना के खिलाफ कवि मनुष्य के रूप में एक दागदार जीवन भी जीने को तैयार हैं, बशर्ते कि वह किसी बहुत बड़े प्यार का जख्म हो। कहने की और बनाकर करने की जिद छोड़ते हुए कुँवर नारायण की इस संग्रह की कविताओं में जो तत्त्व ज़्यादा छाया हुआ है वह 'जख़्म' कविता से निस्सरित होता हुआ लगता है : 'इन गलियों से बेदाग़ गुज़र जाता तो अच्छा था/और अगर दाग़ ही लगना था तो फिर/कपड़ों पर मासूम रक्त के छींटे नहीं/आत्मा पर किसी बहुत बड़े प्यार का जख़्म होता/जो कभी न भरता।' यहाँ स्थितियों को बदलने की तीव्र इच्छा और मनुष्य से नफरत न कर पाने के बीच का इन दिनों चलता संघर्ष भी कलात्मक ऊँचाइयों के साथ देखा जा सकता है।

मनुष्यता की एक उज्ज्वल आभा

ओम निश्चल

बाज़ार एक ऐसी जगह है
जहाँ मैंने हमेशा पाया है
एक ऐसा अकेलापन जैसा मुझे
बड़े-बड़े जंगलों में भी नहीं मिला
और एक ख़ुशी
कुछ-कुछ सुकरात की तरह
कि इतनी ढेर-सी चीज़ें
जिनकी मुझे कोई ज़रूरत नहीं

कुँवर नारायण के नए संग्रह 'इन दिनों' की इन पंक्तियों में न केवल बाजार से प्रभावित एक शख्स के सूफी मिजाज का पता चलता है बल्कि भीड़ में भी निविड़ एकान्त तलाश लेने वाले कवि हृदय की तटस्थता का भी। किन्तु यह तटस्थता अलग-थलग रहकर धूनी रमाने वाली तटस्थता नहीं, बल्कि बाजार के फैशन को जानने-समझने की किंचित् जिज्ञासा के साथ बरती गई तटस्थता है। दुनिया के प्रति अपना भरोसा दिलाते हुए ही कवि का कहना है–'तट पर हूँ पर तटस्थ नहीं/देखना चाहता हूँ/एक जगमगाती दुनिया को डूबते सूरज के आधार से।' हम यह न भूलें कि यह वही कवि है जिसने लिखा है: 'मुझे एक मनुष्य की तरह पढ़ो/देखो और समझो/ताकि हमारे बीच एक सहज और खुला रिश्ता बन सके/माँद और जोखिम का रिश्ता नहीं।' (अपने सामने, विकल्प-2)

यह वही दौर है जब धूमिल दूसरे शब्दों में कह रहे थे, 'अक्षरों में गिरे आदमी को पढ़ो।' इस तरह 'मनुष्यता की एक उज्ज्वल आभा' से कुँवर जी की कविताएँ आलोकित हैं। जिन लोगों ने कुँवर जी की 'आशय' शीर्षक कविता पढ़ी है वे यह जानते हैं कि एक कवि का अपना मकसद आम आदमी की भौतिक जरूरतों से ऊपर होता है। उसकी भूख इंद्रियातीत होती है। उसकी चेतना का जीवन-मान अलग होता है। किन्हीं शाश्वत जीवन-मूल्यों के लिए उसके प्राण कलपते हैं।

'एक अजीब-सी मुश्किल' कविता के बहाने कुँवर नारायण संकीर्णताओं के विरोध में मानवीय उदारताओं का वृहत्तर जीवन-मूल्य स्थापित करते हैं–कवि की नफरत कर सकने की ताकत दिनोदिन इसलिए क्षीण पड़ती जा रही है क्योंकि शेक्सपियर के चलते अंग्रेजों, ग़ालिब के चलते मुसलमानों तथा गुरु नानक के चलते सिखों से नफरत सम्भव ही नहीं। प्रेम और सौहार्द की एक ऐसी दुनिया के वे हामी दिखते हैं जहाँ एक साथ शेक्सपियर, ग़ालिब, गुरुनानक, कंबन, त्यागराज और मुत्तुस्वामी के लिए हृदय में जगह हो। 'आजकल कबीरदास' में वे कबीर को लेकर एक सच्चे सहृदय कवि की एक ऐसी छवि अंकित करते हैं जिसने काशी के बदले मगहर में मरना स्वीकारा, सत्ता के दरबारों से दरवेशों-सूफियों- फकीरों तक का जीवन जिया... जो वस्तुतः न काशी न मगहर में कहीं नहीं था बल्कि उसे खोजने का अर्थ वस्तुवत् होकर देखने, सही को जानने में है तथा सही को जानना ही सही हो जाना है। वह हमारे जीवन का एक सच्चा गवाह था, हज़ारों वर्षों से एक बड़ी सी दुनिया अपने अन्दर बसाए, जिसका मानना था–'यहीं रहूँगा/इसी मिट्टी में मिलूँगा/इसी पानी में बहूँगा/इसी हवा में साँस लूँगा/इसी आग से खेलूँगा/इन्हीं क्षितिजों पर होता रहूँगा उदय-अस्त/इसी शून्य में दिखूँगा खोजने पर।' ध्यान से देखें तो आग से खेलने का यह दुस्साहस केवल कबीर में ही नहीं, कुँवर जी के यहाँ भी है–पहली ही कविता 'नदी के किनारे' में... 'खेलूँगा आग से'।

कुँवर नारायण की कविता की यह खासियत है कि वह स्फीति से कतराती और शब्द-संयम बरतने वाली कविता है। वे ऐसे प्रौढ़मति कवि हैं जिन्हें मासूम रक्त के छींटों की अपेक्षा आत्मा पर प्यार का जख्म सह्य है : 'इन गलियों से/बेदाग़ गुज़र जाता तो अच्छा था/और अगर दाग़ ही लगना था तो फिर/कपड़ों पर मासूम रक्त के छींटे नहीं/आत्मा पर किसी बहुत बड़े प्यार का जख्म होता जो कभी न भरता' (जख़्म) यह उचित और अनुचित का सद्विवेक है, हिंसा के बरक्स प्यार की हिमायत–और शायद यही वह ताकत है जिसके भरोसे कवि यह कहने का साहस रखता है–

'तुम लिखकर मिटा देना मुझे/मैं लिखकर सिद्ध करता रहूँगा/बार-बार तुम्हें सबसे बड़ा जीवन का एक सपना।' कहने की आवश्यकता नहीं कि कुँवर नारायण अन्तिम पंक्तियों तक पहुँचकर जिसे सिद्ध करना चाहते हैं वह है उनके जीवन का सबसे बड़ा सपना। सत्तर के दशक की उनकी यह कविता अपने कथ्य, संवेदन और भाषिक स्थापत्य में बेजोड़ है। कविता उनके लिए 'एक उड़ान है चिड़िया के बहाने/फूल एक घटना है और खुशबू एक ख़बर', जिसके भीतर का कवि एक साफ-सुथरे चौकोर काग़ज़ की तरह ज़िन्दगी के बारे में कुछ लिखने की सोचता है किन्तु फिर वह उसे कई मोड़ देकर एक नाव बनाकर बहते पानी पर छोड़ देता है क्योंकि बहाव में काग़ज़ नहीं, एक बच्चे की खुशी है (बहाव में वह)। ये पंक्तियाँ यह सिद्ध करने के लिए पर्याप्त हैं कि कुँवर नारायण की कविता के सरोकार कितने मानवीय हैं। जीवन के एक सपने के लिए, एक रचना के लिए, एक प्रस्तावना के लिए, पहले शब्द के

लिए कवि में गहरी आसक्ति इस हद तक प्रबल है कि कविता कवि की स्मृति में वहीं ठहरती है जहाँ उसने फिर मिलने के लिए वायदे किए हैं–अधूरे जिए जीवन में ही उसे शब्दों की छाया दीखती है : 'वहीं कहीं ठहरी रह गई एक कविता/जहाँ हमने वादा किया था कि फिर मिलेंगे/ये शब्द वहीं हैं/जिनमें कभी मैंने जिया होगा एक अधूरा जीवन/इस जीवन से पहले' (ये शब्द वहीं हैं, पृ. 68)

कुँवर नारायण की कविता मनुष्यता के मिथक को गरिमामंडित करने की कविता नहीं है, वह सीधी कार्रवाई से इस अनुभूत सत्य से गुजरने की चेष्टा है : 'आज जब अपना सामान खुद उठाया/एक आदमी का चेहरा याद आया। 'बार–बार यह जो 'आदमी' कुँवर की कविता में आ धमकता है, वही उनकी ताकत भी है। 'मनुष्यता' शब्द की महिमा से बड़ी चीज़ है। शब्द की तयशुदा पारिभाषिकी है किन्तु मनुष्यता की गंध असीमित, अपरिमित, इसीलिए कवि कहता है : 'आज मैं शब्द नहीं/किसी ऐसे विश्वास की खोज में हूँ/जिसे आदमी में पा सकूँ।' कहने में कितना सरल है पर यह किसी सरलीकरण की उपज नहीं, यह कवि की आन्तरिकता का हिस्सा है। मैंने जिन अर्थों में कुँवर जी की कविता को 'मनुष्यता की उज्ज्वल आभा' कहा है, उसके बहुतेरे भाष्य उनके यहाँ मिलते हैं। बिना करुणा के मनुष्यता की साधना सम्भव नहीं; मनुष्य होने की चरितार्थता ही मनुष्यता को धारण करने में है। उनके यहाँ मनुष्यता के मापन का कोई भी मानदंड उनकी निगाह से ओझल नहीं होता। एक भिक्षुक के पात्र में अन्न डालने का दातव्य भाव यदि भिक्षुक के विनय-भाव से कम हो तो यह मनुष्यता की सच्ची सार्थकता न होगी। कवितांश देखें–'मुट्ठी भर अन्न डालते हुए/उसके कटोरे में देखें/हमारा दिया उसकी विनय से छोटा तो नहीं/मिट्टी के ख़ाली पात्र को नहीं/करुणा से भरी उसकी आँखों को देखें/कि हमारे द्वार पर आया भिक्षुक कहीं बुद्ध तो नहीं' (उसे ख़ाली हाथ लौटने से पहले, पृ. 129) उनके यहाँ करुणा प्रकट करने का अर्थ किसी को विनय या भवदीयता में झुका देना या अहसान लादना नहीं, बल्कि ऐसी करुणा जो विनय से कमतर दिखने में ही अपना सच्चा पुरुषार्थ मानती है।

जीवनानुभवों के कई स्तर कुँवर नारायण के यहाँ देखे जा सकते हैं। सहज ही वे कविता में जीवन और जीवन में कविता का बखान करते हैं। कविता और जीवन का एक स्वाभाविक सम्बन्ध उसके सह–अस्तित्व में ही नहीं, समतुल्यता में भी है। इस अनुभव को ही वो मुहावरे की भाषा में यों कहते हैं–'एक ही कविता में होती हैं/कई–कई कविताएँ/जैसे एक ही जीवन में कई जीवन.../छोटी–छोटी सम्पूर्णताओं का एक अधूरा संग्रह/पूरा जीवन' (कुछ छोटी–छोटी कविताएँ, पृ. 101) ऐसे मुहावरे और सुभाषित उनके यहाँ बिखरे पड़े हैं जो जीवन और अनुभव के तात्त्विक चिन्तन से उपजे हैं। मसलन 'कोई दुःख मनुष्य के साहस से बड़ा नहीं–वही हारा जो लड़ा नहीं।' या 'सादगी अभाव की नहीं संस्कृति की परिभाषा है।' उनकी निगाह एक सतत और सयाने कवि की निगाह है जो ठीक उस जगह झकझोरना चाहती है जो कविता द्वारा सर्वाधिक बेध्य है। अन्यत्र भी उन्होंने कहा है, 'कभी–कभी शब्दों की तरफ़ से

भी दुनिया को देखता हूँ।' ऐसा करने से उन्हें उसके पीछे एक ऐसा अर्थ दिखाई देता है जो शब्द से कहीं बड़ा होता है।

कुँवर नारायण की कविता को हम चालू अर्थों में केवल उत्तरोत्तर विकास की कविता नहीं कह सकते क्योंकि वह निरन्तर वैविध्य की कविता भी है। लीलाधर जगूड़ी का भी मानना है कि उनकी कविता मानवीय मूल्यों के अनुरूप परिवर्तन और निर्माण के लिए किसी बड़ी नदी की तरह हर बार मार्ग बदलती रहती है। इसीलिए यह कहना ग़लत नहीं है कि उनकी कविताएँ किसी एक ही तरह की भाषा या विषय में विसर्जित-सी हो गई नहीं लगतीं—दोनों को विस्तृत करती लगती हैं। उनकी कविताओं के सांचे एक-से परिलक्षित नहीं होते। उनमें गतियाँ हैं, सूक्ष्मताएँ हैं, अनुभव का खुलापन है, अनुभूति की मार्मिकता है तथा कविता में कुछ न कुछ मानवीयता बचाने की कोशिश है। इस तरह कुँवर नारायण की कविता वैविध्य का समवाय है। भाषा, अनुभव और छन्दों का यह वैविध्य उनकी कविताओं को किसी तयशुदा फार्मेट, सांचे और परिणति में ढलने से विरत करता है। उनकी कविता में कोमलता है और जीवन-यथार्थ की कठोरताएँ भी। किसी विचारधारा का स्लोगन बनने की बजाय वे स्वांतः सुखाय की सीमाओं से टकराती है और ऐसी अनुशासनिकता से बंधना पसन्द करती हैं जिनमें कोई बंधन न हो, वैचारिक आग्रह न हो, जीवन के दुर्निवार संकटों से उलझने की आजादी हो।

कविता जीवनानुभवों का सारांश होती है। वह देश, काल, समाज की सीमाओं का अतिक्रमण कर एक ऐसी अनुभूति में घटित होती है जो भाषा-भेद के बावजूद मानवीय संवेदनाओं को छूती है, जो भाषा और भाषा के अभेद से उत्पन्न होती है और किसी भी देश और किसी भी काल में लिखी और पढ़ी जा सकती है। विदेश प्रवास के दौरान देखा गया क्राकउ का चिड़ियाघर, काफ्का का प्राहा या फिर कुतुब परिसर हो—कवि ऐसे अवलोकनों से गुजरता और अतीत और वर्तमान से होता हुआ ऐसी अनुभूतियों से रू-ब-रू होता है जिनमें एक अलभ्य मौलिक चिन्तन की छाया नजर आती है। कुँवर नारायण की कविताएँ अनुभव, अनुभूति, संवेदना और हार्दिकता से मिलकर बनी हैं। एक सहज दिनचर्या बिताते, घूमते-फिरते-यात्राएँ करते, बाजार से गुजरते, पुस्तकें पढ़तें, आदमियों से बोलते-बतियाते उनकी कविताएँ पैदा हुई हैं। उनमें जीवन के कोलाज समाहित हैं।

उनकी कविताओं में इतिहास और स्मृति की आवाजाही नई नहीं है : 'आत्मजयी', 'चक्रव्यूह', 'अपने सामने', 'कोई दूसरा नहीं'... सभी कृतियों में इनकी शिनाख्त मिलती है। इस संग्रह में भी अभिनवगुप्त, चन्द्रगुप्त मौर्य, सरहपा, अमीर खुसरो और खजुराहो पर कविताएँ हैं—ऐतिहासिक, पौराणिक और पर्यटकीय महत्त्व की जगहों पर पहुँचकर कवि वर्तमान के करघे पर एक लंबा अतीत और व्यतीत समय जैसे कवि की कल्पना-कूची से चमक उठता है। वह अपने विचारों को मिथकों, संस्कृतियों, शिलालेखों, भित्तिचित्रों और पुरा प्रतीकों से मथता-भेदता और माँजता है—'एक दिन हुआ—जैसे

सुबह/चला–जैसे हवा/बहा–जैसे नदी/सब जगह गया/लेकिन हर जगह बेपहचान/सबमें प्रवाहित हुआ/लेकिन अन्तर्ध्यान.../एक दिन जिया एक शिलालेख/एक भित्ति चित्र/एक पुराकथा' (कुछ दिन अन्य देशकाल में, पृ. 35)

शब्द संयम कुँवर जी की एक अन्य विशेषता है। शब्दों के बीच की नीरवता–यानी खाली जगह की उज्ज्वलता से ही 'शब्द' जगमगा उठते हैं, जैसे पूरा पृष्ठ खाली निरभ्र जगह पर 'फूल' लिखते ही खिल उठता है। उनकी कविताएँ 'उपस्थिति' से ज़्यादा 'अनुपस्थिति' का बखान हैं, 'वर्तमान' से ज़्यादा 'अतीत' का और जब वे लिखते हैं कि 'कभी-कभी एक ज़िन्दगी से ज़्यादा अर्थपूर्ण हो सकती है/उस पर टिप्पणियाँ/एक प्रेम से ज़्यादा मधुर हो सकती है उसकी स्मृतियाँ/एक पूरी सभ्यता की वीरगाथाओं से कहीं अधिक सारगर्भित हो सकती है/एक स्मारक की संक्षिप्त भाषा।' तो यह उनके विरले कवित-विवेक का ही परिचायक है। चिड़ियाघर में एक हाथी की उदासी को पढ़ सकना, समुद्र किनारे महत्त्वाकांक्षी मन को लहरों की तरह उठते और अपने ही सारांश में बिखर जाते देखना, पेड़ की जगह फांक, नीड़ की जगह राख और स्वप्न की जगह शान्ति का अवलोकन, पेड़ से पड़ोसी-सी घनिष्ठता कायम कर लेना, उसकी गऊ-सी निहारती निरीह आँखों की नमी पहचानना और चौकीदार-से बूढ़े वृक्ष की हत्या पर शोक-विह्वल हो उठना वस्तुतः एक कवि की ही प्राथमिकता सूची में आ सकता है। एक 'दरवाजे' के लिए उसका कहना है कि वह केवल एक दीवार का हिस्सा नहीं, उसके अतीत में भी हैं एक वृक्ष के बीज, एक महावन की गौरवगाथा, उसकी तराशी गई काष्ठ काया में भी स्वाभिमान के रेशे हैं–निर्जीव वस्तु के बारे में मानवीय ढंग से सोचना है। पर्यावरण की प्रहरियों के प्रति कवि का लगाव कुछ इस हद तक घनिष्ठ है 'एक वृक्ष की हत्या' में कवि की गुहार लगभग एक सार्वजनिक गुहार बन जाती है : 'बचाना है–नदियों को नाला हो जाने से/हवा को धुआँ हो जाने से/खाने को ज़हर हो जाने से/बचाना है जंगल को मरुथल हो जाने से/बचाना है–मनुष्य को जंगल हो जाने से।' अकारण नहीं कि पेड़ को लेकर संग्रह में कई कविताएँ हैं तथा उनके नष्ट होते जाने के प्रति कवि-चिन्ता भी उतनी ही गहरी है जैसे नरेश सक्सेना ने 'एक वृक्ष भी बचा रहे संसार में' शीर्षक कविता में व्यक्त की है : 'मैं घोषित करता हूँ कि विद्युत शवदाह गृह में किया जाए मेरा अन्तिम संस्कार/ताकि मेरे बाद एक बेटे और बेटी के बाद/एक वृक्ष भी बचा रहे संसार में।'

कुँवर जी की कुछ कविताएँ अपनी ही ऊब, डूब और आसक्तियों से बनी हैं–'यह जगह वही है जहाँ कभी मैंने जन्म लिया होगा/इस जन्म से पहले' अथवा 'मुझमें घर लौटती चिड़ियों का शोर/मुझमें शान्त जल पर पड़ती परछाइयों की स्थिरता' जैसी उद्भावनाओं के पीछे उनका सतत एकात्म चिन्तन है जो उन्हें बार-बार बाहरी जगत् से अपनी ओर खींचता है। तिनके-तिनके में जीवन खोजते हुए वे बार-बार एक घर-सा सुन्दर कुछ बनाते हैं। उनकी 'कविता का स्थापत्य' भी कुछ ऐसा ही है। सच कहें तो उनकी कविताएँ एक कड़वी-मीठी औषधीय गंध से भरी हैं। नीम के फूल की-सी

सात्त्विक गंध और तुलसी की सदाशान्त छाया की उदार गुणवत्ता से भरी उनकी कविताओं में निबौलियों से खेलता बचपन है, नीम-तले पिता के पार्थिव शरीर की यादें हैं, कल को इतिहास की तरह, आज को साहित्य की तरह और अन्त को धर्मग्रन्थ की तरह लिखने की अभीप्सा है, चाहे कविता बराबर ही, सबसे किसी भी तरह जुड़े रहने और मनुष्य में विश्वास बनाए रखने की लालसा है। उनकी कविता प्रतिबद्धता का प्रदर्शन नहीं बल्कि शाश्वत मानवीय उपस्थितियों का सविनय समावेशन है जो कविता के क्षेत्र में विरल है। अनुभव में परिपक्व, कथ्य में सशक्त, चिन्तन में सटीक और भाषिक दृष्टि से संवेदना-प्रवण कुँवर नारायण की कविताएँ एक ऐसे सृजन-संयम का प्रतिफलन हैं जिनमें मानवीय चिन्ताओं की बेचैन कर देने वाली गहराइयाँ निहित हैं। उनके अपनत्व के इस आमंत्रण से भला कोई कैसे बच सकता है : 'उस वक़्त आना ऐसे कि लगे/किसी ने द्वार खटखटाया/कोई न हो/पर लगे कि कोई आया/इतना आत्मीय इतना अशरीर/जैसे हवा का एक झोंका/और मुझमें समाकर निकल जाना/जैसे निकल गई एक पूरी उम्र।'

फिर मुझे लड़ना है वही पुराना युद्ध

पंकज चतुर्वेदी

उसकी गीली आँखों से लगता
वह एक कवि है,
सूँड़ से लगता कि वैज्ञानिक है,
माथे से लगता कि विचारक है,
कानों से लगता कि ज्ञानी है,
इतना ही होता
तो वह लिपिक होता महाभारत का
लेकिन एक उदासी में डूबा
कितना मनुष्य लगता है
एक हाथी भी।

कुँवर नारायण की कविता में भाव-ऊर्जा उनकी बुद्धि-ऊर्जा से इतनी संश्लिष्ट है कि बहुधा अलग से उसकी पहचान नामुमकिन है। शिल्प की 'क्लासिकी' और अन्तर्वस्तु की बौद्धिक सांद्रता के लिए मशहूर इस कविता का बुनियादी उत्स संवेदना ही है, उपर्युक्त पंक्तियाँ इसकी गवाह हैं, जहाँ आँखों की सजलता को कवि होने का प्रमाण माना गया है। वैज्ञानिक दृष्टि, विचारशीलता और ज्ञान वे ज़रूरी विशेषताएँ हैं; जो संवेदना से जुड़कर किसी मनुष्य को जीवन के महाभारत की रचना में समर्थ बनाती हैं। यह प्रक्रिया इतनी गहन, जटिल और विशिष्ट है कि बहुतों को कुँवर नारायण की कविता में संवेदना की कमी महसूस होती है। दूसरे शब्दों में, एक सशक्त व्याकुलता का अभाव। प्रसंगवश, शमशेर की काव्य-पंक्तियाँ हैं–

आह, तुम्हारे दाँतों से जो दूब के तिनके की नोक
उस पिकनिक में चिपकी रह गई थी,
आज तक मेरी नींद में गड़ती है।

डॉ. विश्वनाथ त्रिपाठी ने कहीं लिखा है कि 'नींद जैसी अमूर्त चीज़ को कवि की वेदना ने इतना सघन बनाया है कि उसमें कोई चीज़ गड़ सके!' इसके दूसरे छोर पर कुँवर नारायण की संवेदना इतनी विचार सघन है कि संवेदना के प्रचलित, यहाँ तक कि उसके उत्कृष्टतम रूपों की अभ्यस्त निगाह का धोखा खाना लाजिम है। इस अर्थ में यह कविता के भूगोल का विस्तार है। एक तरह से वे (कवि) कविता में उस 'विज्ञान' को प्रतिष्ठित करते हैं, कलाओं के बरअक्स जिसकी बात करते हुए बर्ट्रेण्ड रसेल ने कहा था कि 'उसका सौन्दर्य मूर्ति की भाँति सहज और अनासक्त है।'

कुँवर नारायण की अभिव्यक्ति का लहजा बहुत गम्भीर, संयत और प्रशांत है। उनमें संवेदना को प्रदर्शन की वस्तु बनाने की अधीरता नहीं, उसके आत्मसातीकरण की कोशिश है। संवेदना उनकी कविता की सतह पर नहीं मिलती, उसके आभ्यांतरिक प्रकाश-वृत्त में दिखती है। जिस गरिमा, निश्छलता और सौजन्य से वे अपनी बात कहते हैं, उसकी पृष्ठभूमि में उनका यह मंतव्य है कि 'सादगी अभाव की नहीं/एक संस्कृति की परिभाषा है।' मनुष्यता के प्रति निष्ठा और विचारशीलता से समन्वित यह उदात्त सादगी ही उनकी कविता की संस्कृति है। वे कहते हैं कि इनसान मिट्टी से नहीं, अपने कपड़ों से मैला होता है। मिट्टी से जुड़ा रहना तो सादगी की मूलभूत शर्त है। इससे सदियों से सभ्यता के लिए अपरिहार्य मानवीय मूल्यों के प्रति कवि की आस्था प्रकट होती है। वे मूल्य, जिनसे मनुष्य को मनुष्य बने रहने और अपनी मनुष्यता को लगातार जांचने और सुधारने की प्रेरणा मिलती है। कुँवर नारायण की कविता दरअसल एक ज़्यादा समावेशी और समुन्नत संवेदना को हासिल करने की मूलगामी वैचारिक चेष्टा करती है। इस तरह विजयदेव नारायण साही के शब्दों में, वह एक 'प्रभुत्व-सम्पन्न सन्तुलन' को अर्जित करती है; जो 'काव्यभाषा की केन्द्रीय गति' और उसे 'वास्तविक शक्ति' देने के लिए अनिवार्य है। साही के मुताबिक 'इस सन्तुलित काव्यभाषा के इर्द-गिर्द चक्कर काटने वालों में मुक्तिबोध जैसे धुँधुआते अग्निपुंज' ही नहीं, 'कुँवर नारायण जैसे शान्त पुरुष' भी हैं। जाहिर है कि सवाल शान्त या उत्तप्त होने का उतना नहीं, जितना अन्तर्वस्तु के महत्त्व और पारदर्शिता का है। इस कसौटी पर सामाजिक-सांस्कृतिक प्रक्रिया में कुँवर नारायण की कविता वैसे ही सार्थक और निर्णायक भूमिका निभाती है, जैसे कि अन्य कवियों की रचनाएँ। बकौल धूमिल-

...मैं जानता हूँ कि 'इनकार से भरी हुई एक चीख'
और 'एक समझदार चुप'
दोनों का मतलब एक है-
भविष्य गढ़ने में, 'चुप' और 'चीख'
अपनी-अपनी जगह एक ही किस्म से
अपना-अपना फर्ज अदा करते हैं

हम उसे प्रभुत्व-सम्पन्न सन्तुलन कहें या क्लैसिकल अनुशासन, कुँवर नारायण के कवि-स्वभाव को समझने में उनकी कविता 'संपाति का संताप' से काफी मदद मिलती है। काल्पनिक ऊँचाई के प्रलोभन में एक प्रज्वलित सूर्य के समीप जाकर अपने पंखों को जला बैठने और उन्हें अकारथ कर देने वाले संपाति के मिथक से हम सभी वाकिफ हैं। सिंहावलोकन के क्षणों में वह पश्चात्ताप से ग्रस्त है। उसे लगता है कि वह 'कुछ कम उत्पाती हो सकता था।' और उसे 'बचकाने उन्माद' से अपनी रक्षा करनी चाहिए थी। यह अराजक महत्त्वाकांक्षा न पाली गई होती, तो 'कुछ और बेहतर हो सकती थी/वह साहसिक उड़ान।' उड़ान का मतलब वास्तविकता के विवेक से पीछा छुड़ाना नहीं, बल्कि विवेक को अक्षुण्ण रखते हुए उदात्त मानव-उद्देश्यों की उपलब्धि है। कवि ने इस मिथक के जरिए एक बड़े अभिप्राय की रचना की है कि विभिन्न शक्तियों की टकराहट से भरे समय में संयमित और मानवीय हो सकना असमर्थता की निशानी या अपसरण नहीं, एक सार्थक चुनौती है–

एक अंधी शक्ति के उद्दंड प्रदर्शन से
कहीं अधिक सार्थक हो सकता था
एक पशु से मनुष्य हो सकने का
विनम्र पराक्रम।

निश्चय ही, यह किसी भी दौर में ताकत के विमर्श का गहरा सृजनात्मक प्रतिकार है। आज, जबकि सत्ता-केन्द्रों की राजनीति ने हमारी भाषा को भ्रष्ट, खोखला और निकम्मा कर दिया है; शब्दों के इस्तेमाल में कुँवर नारायण के संकोच, शालीनता और अर्थों के प्रति उनकी गहन चिन्ता के खास मानी हैं। वे इस विडंबना से सावधान करते हैं कि ज़्यादा बोलना और ज़्यादा दिखना भी निरर्थक हो जाना है "हर एक के अपने-अपने ईमान धरम/इतने पारदर्शी/कि अपठनीय।' सचाई को समझने में यह खतरा निहित है कि हर पहलू से उसका एक ही पहलू नजर आए और आप उसकी कोई एकांगी और अविश्वसनीय तस्वीर सामने रखें–'उतनी ही तरफ़ों से इतनी एकतरफ़ा/कि अपठनीय।' इसलिए यह मामला दृष्टि की अपंगता तक सीमित नहीं, बल्कि सम्यक् संघर्ष और प्रगति में बाधक है–'भीड़ का इंसाफ भभ्भड़ की मुआफ़ी/हर मामले में एक सरलीकरण काफ़ी।'

कुँवर नारायण की कविता बार-बार यह सवाल उठाती है कि क्या हम अपनी कोशिशों के अधूरेपन, हड़बड़ी और आलस्य से उबर नहीं सकते? इसलिए क्या इस कविता ने चुपचाप अपनी आत्मा में अधिकतम संजीदगी, प्रेम, व्याकुलता और सक्रियता के संश्लिष्ट ताप को जज्ब नहीं कर रखा है? यहाँ 'न होने' में सारे होने की शुरुआत है और वैसे भी 'नीचे जल था, ऊपर हिम था'–'प्रसाद' की इस पंक्ति को याद करें तो ऊष्मा शीतलता के आवरण में ही रहती है–

एक कथ्य है उसका ख़ालीपन
उसके अमूर्तन में मौजूद हैं
उसकी ठंडी सतह से ढँकी
बेचैन गहराइयाँ।

इस मकाम को हासिल करने के लिए कवि ने एक लंबा और मुश्किल, लेकिन सही और सुचिंतित रास्ता चुना है। उसे मालूम है कि रचना की दुनिया में 'शॉर्टकट' कहीं नहीं ले जाते। इस प्रक्रिया में सृजन की यातना का सामना वे स्वयं करते हैं, पाठकों पर उसका दबाव पड़ने नहीं देते। सुबूत वह सहजता और खूबसूरती है, जिससे वे कहते हैं कि जिस जमाने में लोगों को 'तेज सवारियाँ पसन्द हैं'–

मैं फिर इंतज़ार करूँगा
उसी धैर्य के रास्ते पर
जिससे फूल आते हैं।

गौरतलब है कि कुँवर नारायण ने अपनी काव्य-यात्रा में जिस सन्तुलन की साधना की है; वह द्वन्द्वरहित नहीं, द्वन्द्वात्मक सन्तुलन है। कोई पूछ सकता है कि सन्तुलन का द्वन्द्व उसमें है या नहीं, पर उस स्थिति में द्वन्द्व की अवधारणा, उसका अहसास और अभिव्यक्ति कैसे सम्भव होती? वह आश्वासन कहाँ मुमकिन था, जो उनकी कविता हमें देती है–

आग का वादा–फिर मिलेंगे
नदी के किनारे।

इसी द्वन्द्व-चेतना की बदौलत वे कह पाते हैं कि 'तट पर हूँ/पर तटस्थ नहीं।' कवि की आत्मस्वीकृति की पृष्ठभूमि में प्रश्न उठता है कि वह तटस्थ नहीं, तो किसका पक्षधर है? निश्चय ही, वह अँधेरे की शक्तियों के विरुद्ध है। हालाँकि घोषित रूप से वह वामपंथी नहीं, पर वाम की ओर उसका झुकाव स्पष्ट है। कभी विनयशील और सांकेतिक लहजे में, कभी पैने और बेलाग स्वर में; पर उसकी कविता की गवाही की फितरत यह है–'काला जिस सचाई को ढँकता/सफ़ेद उसके बीच से बोलता रहता/दबी जबान–कभी खुलकर।' कविता यही काम करती है। वह रोशनी की प्रतिनिधि है। उसकी यह अंदरूनी विवशता बाहरी दुनिया में उसके हस्तक्षेप की ताकत में बदल जाती है–

दरअसल काला तो कोई रंग ही नहीं
और सफ़ेद भी
होता है कई रंगों से मिलकर बना
एक तटस्थ रंग
लेकिन काले का घोर प्रतिवादी
और यही उसकी ताक़त है

अँधेरे के प्रतिकार के लिए सादा, निष्कपट और निर्भीक होना बुनियादी शर्त है–'उसकी निडर सादगी/खादी की तरह/कपट को ओढ़ने से इनकार करती।' इन शर्तों को कवि ने अपने धर्म के रूप में अंगीकार किया है; लेकिन मुश्किल तब बढ़ जाती है, जब समय के सच को काले और सफेद के विभाजन में देखना-समझना असम्भव होता है। कुँवर नारायण के नए संग्रह का नाम 'इन दिनों' इस गड्डमड्ड को सबसे बड़ी विडंबना की तरह चिह्नित किए जाने से भी जुड़ा है–'(लोग) परेशान हैं इन दिनों/काले की जगह/सफ़ेद नामक झूठ ने ले ली है/और दोनों ने मिलकर/एक बहुत बड़ी दूकान खोल ली है।' आज तमाम सत्ताओं के व्यवहार की जो प्रकृति है, उसका इससे सटीक अभिकथन क्या होगा? साम्प्रदायिकता, भ्रष्टाचार, आर्थिक विषमता और सरकारी दमन जैसी राष्ट्रीय समस्याओं में ही नहीं; वैश्विक स्तर पर अमरीका के नेतृत्व में चल रहे निजीकरण, बाजारवाद, सैनिक और साम्राजी आतंकवाद में भी झूठ और सच के मिटते हुए फासिले की भयावह छायाएँ दिख पड़ती हैं। विगत वर्ष साहित्य के नोबेल विजेता हेरॉल्ड पिंटर ने पुरस्कार-समारोह के अवसर पर अपने रिकॉर्डेड भाषण में कहा था–"अधिसंख्य राजनीतिकों की रुचि, हमें उपलब्ध प्रमाणों के अनुसार, सत्य में नहीं होती, बल्कि सत्ता में और उस सत्ता को बरकरार रखने में होती है। उस सत्ता को बनाए रखने के लिए यह ज़रूरी है कि लोग अज्ञान में ही पड़े रहें कि वे सचाई के अज्ञान में जिएँ, यहाँ तक कि अपने जीवन की सचाई तक के। इसलिए हम जिससे घिरे रहते हैं, वह 'झूठ का भरतकाम' (टेपेस्ट्री) है, जिस पर हम पनपते हैं।" ('समयांतर', जनवरी, 2006, पृ. 12) निष्कर्षतः देश से लेकर दुनिया तक, सत्तारूढ़, फासीवादी तत्त्व झूठ को सच की तरफ बरतने के धूर्त कारनामे में मुब्तिला हैं, इसलिए हमारा जीवन भी एकदम साफ-सुथरा नहीं रहा–

रोज धड़ल्ले से उनके रंगबिरंगे विज्ञापन छपते
कि झूठ कुछ नहीं
सिर्फ़ सच को ढँकने की कला है :
ज़िन्दगी का कारोबार
झूठ-सच की लीपापोती पर चला है।

यहीं कवि को संशय घेरते हैं और फैसला करना उसके लिए आसान नहीं रह जाता। जैसा हमारा समय है, उसे मद्देनजर रखकर हेरॉल्ड पिंटर ने सही कहा है कि "नाटक में सत्य एक शाश्वत मरीचिका है। आप इसे कभी नहीं पाते हैं, पर इसकी खोज एक अनिवार्यता है।" (वही, पृ. 11) सच को खोजने की प्रक्रिया में कुँवर नारायण अपने पर और दूसरों पर सन्देह करते हैं, इसलिए लीक से हटकर अपनी बात कहने का जोखिम उठाते हैं। यह दूसरी बात है कि गतानुगतिकता के जिस माहौल में आत्मालोचना की हिम्मत कमजोर पड़ गई हो, सच के और नजदीक जाने की कोशिश को ही शक की निगाह से देखा जाए–

कहीं ऐसा तो नहीं
कि आकाश और पाताल को मिलाती
एक काल्पनिक रेखा
जहाँ दाएँ बाएँ को काटती है
सचाई का सबसे नाजुक बिन्दु वही हो?

सत्ता-तंत्र का हिस्सा होना एक कवि की पीड़ा का सबब हो सकता है, पर उसकी समूची आत्मवत्ता का आईना नहीं। कितने विचार, स्वप्न, कल्पनाएँ और संवेदन मिलकर उसके मूल्यबोध और सौन्दर्य-दृष्टि का निर्माण करते हैं और उसके सृजनात्मक उत्कर्ष में कितने संवेदनात्मक ज्ञान की भूमिका होती है, इसका अनुमान करना कठिन है। अपने समय के दबावों और मुश्किलों से एक रचनाकार के रिश्ते इतने संश्लिष्ट और बहुआयामी होते हैं कि कई बार ऐतिहासिक परिस्थिति और उसकी रचनाओं के बीच कोई सीधा या एकरैखिक सम्बन्ध स्थापित करते हुए हम किन्हीं सरल और भ्रांत निष्कर्षों तक ही पहुँच सकते हैं। सत्ताएँ इस जटिलता को समझ ही नहीं सकतीं और हम इसे महसूस कर सकें, तो शायद एक हद तक इसकी व्याख्या कर पाएँ। कविता और इतिहास के द्वन्द्व और इस द्वन्द्वात्मक समीकरण के बीचोबीच एक कवि की अप्रत्याशित रूप से संवेदनशील स्थिति को कुँवर नारायण ने जिस गम्भीरता से प्रत्यक्ष किया है; उसमें इतिहास-विवेक ही नहीं, अनुभव और अभिव्यक्ति के उनके लहजे और बनावट की भी अहम भूमिका है–

भूल जाना मेरे बच्चे कि ख़ुसरो दरबारी था।
वह एक ख़्वाब था–
जो कभी संगीत
कभी कविता
कभी भाषा
कभी दर्शन से बनता था
वह एक नृशंस युग की सबसे जटिल पहेली था
जिसे सात बादशाहों ने बूझने की कोशिश की!
ख़ुसरो एक रहस्य था
जो एक गीत गुनगुनाते हुए
इतिहास की एक बहुत कठिन डगर से गुज़र गया था।

यों हम पाते हैं कि कविता की क्लैसिकल संरचना के मूल में वह द्वन्द्वात्मक सन्तुलन है, जिसे कवि ने अपने लम्बे सफर में अर्जित किया है। सन्तुलन की काव्य-दृष्टि उनके यहाँ अनेक रूपों में व्यक्त होती है; मसलन बच्चों की-सी निश्छलता और कोमलता, प्रेम की केन्द्रीयता, बौद्धिक सांद्रता, विभिन्न स्तरों पर सक्रिय सत्ताओं के प्रत्याख्यान और समकालीन जीवन में विसंगतियों की प्रतिरोधी और मार्मिक शिनाख्त के रूपों में। कुँवर नारायण ऐसी कविता के हिमायती हैं; जो बच्चों की तरह निष्कपट

और मासूम हो, जिसमें 'भाषा के फंदे' न हों। इस विशेषता को भूलकर उनकी कविता में सिर्फ़ 'बौद्धिक दृढ़ता' देखने-दिखाने वाले ग़ौर करें कि वे चाहते हैं, 'बड़े-से-बड़े विचारों की/शब्द बराबर छोटी-छोटी तस्वीरें/बच्चों के खेलने लायक।' इसीलिए जब हमारे समय में चारों ओर 'बहुत बड़ी मशीन जैसे विकराल महासच' का दबदबा है और 'तमाम माध्यमों के द्वारा' वह सीधे हमारे घरों में दाखिल हो रहा है, हमारी संस्कृति पर हमला कर रहा है; कवि 'बच्चों बराबर छोटे-छोटे सचों की जान' बचाना चाहता है। जाहिर है कि मनुष्यता के बुनियादी मूल्य संकट में पड़ गए हैं और उन्हें ध्वस्त करने वाली वर्चस्वी व्यवस्था के विभिन्न रूप 'महासच' की तरह हमारे सामने हैं जिसका कोई विकल्प नहीं। ऐसे में, कवि एक बच्चे की भोली व्याकुलता से अपने-पराए के सारे फासिले मिटा देना चाहता है–

कविता एक खेल है बच्चों के बहाने
बाहर भीतर
यह घर, वह घर
सब घर एक कर देने के माने
बच्चा ही जाने।

जो बात यहाँ खेल-खेल में कह दी गई है, वह कुँवर नारायण की कविता का एक प्रमुख सरोकार है, उसकी 'रिकरिंग थीम'। उनके शब्दों में कहें, तो यह 'एक बड़े विचार की शब्द बराबर छोटी तस्वीर है, जिससे बच्चे भी खेल सकते हैं।' इस कविता की जड़ें कवि के संवेदन-तंत्र की समकालीनता में हैं, तो दर्शन की भारतीय परम्परा में भी। उनके पिछले संग्रह का नाम था 'कोई दूसरा नहीं' जिससे 'ईशावास्योपनिषद्' की इस महत्त्वपूर्ण स्थापना का स्मरण हो आता है–

यस्तु सर्वाणि भूतान्यात्मन्येवानुपश्यति।
सर्वभूतेषु चात्मानं ततो न विजुगुप्सते।।" (ईशा., पृ. 6)

यानी, 'जो मनुष्य सभी प्राणियों को अपनी आत्मा में ही लगातार देखता है और सभी प्राणियों में आत्मा को; वह कभी किसी से नफरत नहीं करता।' इस नुक्ते पर कवि का वह अन्तर्द्वंद्व हमारे लिए प्रासंगिक है; जिसे पहले 'प्रेम-रोग', बाद में 'एक अजीब-सी मुश्किल' शीर्षक से छपी अपनी एक मशहूर कविता में उसने व्यक्त किया है–

एक अजीब-सी मुश्किल में हूँ इन दिनों–
मेरी भरपूर नफ़रत कर सकने की ताकत
दिनोंदिन क्षीण पड़ती जा रही

समस्या से बिलकुल दूसरे छोर से संबोधित होने के इस विरल अंदाज में हमारे भीषण समय की पदचाप सुनी जा सकती है। प्रेम के सन्दर्भहीन भावोच्छ्वास या वाचाल भंगिमा की बजाय नफरत करने में अपनी असमर्थता जाहिर करके कुँवर नारायण ने

उस सकारात्मक मूल्य-चेतना का हृदयग्राही संकेत किया है, जो मनुष्य की प्रकृति में बद्धमूल है। नफरत न कर पाना एक मनुष्य का, उसकी स्वाभाविकता में पुनर्वास है। तमाम खतरों की निशानदेही के बावजूद मनुष्यता में कवि की अविचलित आस्था का सुबूत। इसका एक बहुत आत्मीय अनुरोध उनके पिछले संग्रह में है–'विश्वास बनाए रखना/कभी बन्द नहीं होंगे दुनिया में/ईमान के खाते।' नए संग्रह में भी बुद्धिजीवियों के शब्दाडंबर और वाग्जाल से खिन्न कवि को आम आदमी पर यकीन ही एक मात्र सही विकल्प जान पड़ता है–

कुछ भरोसा था
तो उस भले आदमी का ही
जिसने भरी अदालत में कसम खाई थी
कि सच कहूँगा
सच के सिवाय और कुछ नहीं।

मनुष्यता का यह सतत आग्रह मनुष्य के मूल्यनिष्ठ रुझान में विश्वास का प्रतिफलन है, जो एक गहन इतिहास-विवेक से संवलित है। कुँवर नारायण चीज़ों, स्थितियों, घटनाओं और चरित्रों को उनकी द्वन्द्वात्मकता में देखते हैं। इसीलिए अंग्रेजों से शेक्सपियर, मुसलमानों से ग़ालिब, सिखों से गुरुनानक और दक्षिण भारतीयों से कंबन, त्यागराज और मुत्तुस्वामी नफरत नहीं करने देते। गौरतलब है कि द्वन्द्व में पकड़कर भी कवि असमंजस का शिकार नहीं होता क्योंकि उसकी पक्षधरता स्पष्ट है। नफरत करने की हर शुरुआती उधेड़बुन प्रेम की एक महत्तर जिम्मेदारी, उसकी अपरिहार्य आन्तरिक विवशता में पर्यवसित हो जाती है। यही इस कविता में प्रकट चेतना का सौन्दर्य है। इसलिए धोखेबाज प्रेमिका के मिलने पर भी कवि 'खून का घूँट' नहीं, 'प्यार का घूँट पीकर रह जाता'। मुहावरे में यह सुखद और विस्मयजनक तोड़-फोड़ कविता ही नहीं, हिन्दी भाषा को कवि की एक अमूल्य भेंट है। 'खून पीना' जब मुहावरा न रहकर काफी कुछ यथार्थ हो गया हो, तो ऐसे वक्त में कवियों का नए मुहावरे खोजना लाजिमी है और वांछनीय भी। विषमता, वैमनस्य और भेदभाव की जिस संस्कृति को प्रभु-वर्ग का समर्थन और पोषण प्राप्त है; उसे अपने दार्शनिक और 'पैशनेट' प्रत्याख्यान से कवि ने हतप्रभ किया है–

...होता है इसका ठीक उलटा
कोई-न-कोई, कहीं-न-कहीं, कभी न कभी
ऐसा मिल जाता
जिससे प्यार किए बिना रह ही नहीं पाता।

आज प्रेम एक निरापद, इकहरी, उपभोग्य वस्तु या गतिविधि नहीं; बल्कि हालात को देखते हुए जान जोखिम में डालना है। प्रेम वैसे भी प्रेमियों के लिए प्राणों का

सौदा रहा है, पर यहाँ एक ज़्यादा बड़े अर्थ में उसकी आत्महंता भूमिका को पहचाना गया है। इसलिए कविता का अन्त एक आत्म-व्यंग्य में होता है–"...मेरा यह प्रेम-रोग...किसी दिन मुझे/स्वर्ग दिखाकर ही रहेगा।" कैसी विडंबना है कि प्रेम के इस निविड़ और आत्मंतिक इसरार के बावजूद लोगों को लगता है कि कुँवर नारायण अहसासों से अलहदा बौद्धिकता के कवि हैं। यह कविता का कुपाठ भले न हो, पर उसका अति-पाठ या अल्प-पाठ तो निश्चय ही है। दरअसल, कुँवर नारायण कविता में अकसर अनुभूति और विचारशीलता की सशक्त और गतिमान संहति को सम्भव करते हैं। वे इन्हें एक-दूसरे से विच्छिन्न होकर निरीह, यांत्रिक, निष्कवच या एकतरफा नहीं हो जाने देते। इसीलिए प्रेम और बौद्धिकता संघटित होकर उनके यहाँ आत्मबद्धता और व्यर्थता के निरसन और प्रतिकार का समर्थ माध्यम बन जाते हैं–

अनर्गल वस्तुओं
और आत्मरत दुनिया से विमुख
एक निरुद्वेल में
लिखकर एक अमिट हस्ताक्षर–प्रेम
उसने एक गहरी साँस ली
और भाप बनकर छिप गया
फिर एक बार बादलों के साथ
बेहद में।

इसी असीमता में कवि बार-बार अपने काम्य सन्तुलन या आत्मशान्ति को खोजता और उपलब्ध करता है। प्रेम की व्याप्ति उसके लिए इतनी है कि वह आशा करता है कि 'जीवन की आत्मकथा' 'किसी आकाश में ध्वनित हो सकती है/जैसे प्रेम।' इसलिए जब वह सृष्टि को 'डूबते सूरज के आधार से' देखता है, तब उसे लगता है कि 'प्यार का एक भी पल/बहुत होता है।' यहाँ प्यार जीवन के प्रति गहन और समृद्ध संसक्ति का स्रोत है और उस तक पहुँचने का जरिया भी–

इसी बहुलता को
दे जाना चाहता हूँ पूरे विश्वास से
इन विह्वल क्षणों में
कि कभी-कभी एक चमत्कार हुआ है पृथ्वी पर
जीवन के इसी गहरे स्वीकार से

इस तरह प्रेम जीवन की अमरता के गम्भीर और उत्कंठित स्तवन में बदल गया है। वह ऐसी वेदना है, जो मनुष्यता की अपरिहार्य कसौटी है। इसीलिए कवि की ख्वाहिश है–'दाग़ ही लगना था तो फिर/कपड़ों पर मासूम रक्त के छींटे नहीं/आत्मा पर/किसी बहुत बड़े प्यार का जख़्म होता/जो कभी न भरता।' जाहिर है कि कुँवर नारायण प्रेम

को एक व्यापक अर्थ में प्रतिष्ठित करते हैं। वह हिंसा और उपभोग की संस्कृति का प्रतिपक्ष है। समता और न्याय को अर्जित करने की लड़ाई का ज़रूरी संबल और आखिर मनुष्य की मुक्ति का चरम साधन। प्रणय- क्रीड़ा इसी प्रेम का हिस्सा है; पर इस सीमा से परे कवि ने सरहपा और शबर-कन्या के संसर्ग के बहाने प्रेम की अनूठी और मूल्यवान परिभाषा की है–

दोनों मिलकर खेलते एक खेल
जिसमें दोनों जीतते हैं एक साथ।
बचा रह जाता
उस खेल का कवित्व,
और स्त्री-पुरुष, ऊँच-नीच के अभेद में
मनुष्य के मुक्त होने का अर्थ।

दरअसल, कवि की विचारशीलता प्रेम की उदात्त अवधारणा को सम्भव करती है। इसकी बदौलत वह वृहत्तर दुनिया से विमुख प्रेम के भोगवादी तिलिस्म में अपने बन्दी, सम्मोहित या नष्ट हो जाने की दुःखद सम्भावना से विद्रोह करता है। वह 'कामलिप्त' होने के बरअक्स 'बाहर के प्रकाश' से मुखातिब होने को अहम मानता है और उस आत्म-मुग्ध सत्ता का आकांक्षी नहीं है, जिसके चलते समय को आसन्न संकटों के परिपार्श्व में 'एक हास की तरह प्रतीक्षा करनी पड़े।' यह एक बार फिर आत्म-विस्तृति, ऐकांतिकता और देवत्व के भावात्मक अतिरेक को विपुल जीवन-स्रोतों को समन्वित अग्रगामी विचार के बल पर सन्तुलित कर लेने की सार्थक काव्य-चेष्टा है। उपभोक्ता संस्कृति के समय में, जब हिन्दी में कुछ लोग प्रेम के नाम पर भोगवाद का छद्म-विमर्श और काम-दग्ध काव्य-अभियान चला रहे हैं; सही मार्ग-निर्देश करने वाली इस काव्य-दृष्टि का विशेष महत्त्व है। 'खजुराहो' बहुत से कवि गए हैं, पर क्या इस भावबोध के साथ कोई वहाँ से लौटा है–'और तभी लगा अकस्मात्/मूर्तियों के कोलाहल से भर उठा/मंडप, अन्तराल, अर्द्धमंडप/और उन सबने ज़िन्दा होकर/एक अश्लील प्रसव-वेदना की शक्ति से/मुझे/तिलमिलाते प्रकाश में बाहर ढकेल दिया।'

वैचारिक सांद्रता के जरिए कुँवर नारायण वस्तुतः 'मनुष्य होने का पूरा तात्पर्य संगठित' करना चाहते हैं। यह संवेदनात्मक अभिप्रायों को बिखरने से बचाने और उनके तादात्म्य को शक्ति में बदलने की आकांक्षा है। एक कविता में कई कविताएँ लिखने और एक जीवन में कई जिंदगियाँ जीने की संश्लिष्ट रचनात्मक कोशिश। ऐसा करते हुए वे जीवन के रूप में सम्पूर्णता और अधूरेपन के द्वन्द्व को बड़ी खूबसूरती से परिभाषित करते हैं–'छोटी-छोटी सम्पूर्णताओं का/एक अधूरा संग्रह/पूरा जीवन।' बावजूद इसके, मनुष्य एक सम्पूर्णता को पाने और रचने, तमाम उपकरणों से सौन्दर्य के अपने स्वप्न को मूर्त करने का संघर्ष करता है। इसीलिए कुँवर नारायण 'तिनके-तिनके में जीवन की खोज' करते हैं। 'चक्रवात' उन्हें 'तहस-नहस करके चला जाता है', पर अपनी

सिसृक्षा के कारण वे उसका सामना करते हैं, उससे कतराते नहीं–'अचानक उजड़ने और फिर भी कुछ रचते रहने की/हिम्मत में ही है हमारी दोस्ती का सबसे पक्का आधार।' इस भावभूमि से बरबस ही ग़ालिब की याद आती है–

घर में था क्या, कि तिरा गम उसे गारत करता
वह जो रखते थे हम इक हसरत-ए-तामीर, सो है

वाल्टर बेंजामिन ने कहा था कि 'पराभूत नायक श्रेष्ठ चिन्तक बनता है।' कुँवर नारायण की कविता गवाह है कि श्रेष्ठ सृजन का रास्ता भी पराभव से होकर जाता है। आखिर जिन्हें निरे भौतिक किस्म के प्रलोभन खींच नहीं पाते और दुनियादारी की होड़ में जिनके हाथ कुछ नहीं लगता; वे ही उस 'जोड़-तोड़' से निकलकर शब्दों के संसार में जा पाते हैं–

जिनके हाथ आया...
उनमें से कुछ
चले गए अंकों से अक्षरों की दुनिया में।

यों 'चक्रवात' के प्रसंग में दुश्मन को दोस्त मानने की असावधानी नहीं, बल्कि चुनौती को स्वीकार करने की उदात्तता है। कुछ-कुछ ग़ालिब की-सी–'ज़माना सख़्त कम आजार है बजान-ए-असद/वगरना हम तो तवक्को ज़ियादा रखते हैं।' अकारण नहीं कि कवि ने सौन्दर्य को शक्ति की अवधारणा से संयुक्त किया है। इससे वे लोग प्रेरणा ले सकते हैं, जो संघर्ष को गैर-ज़रूरी मानते हुए सुंदरता के सुनहरे सब्जबाग दिखाने के आदी हो चुके हैं–

इसी उम्मीद पर बनाता हूँ
फिर एक घर-सा सुन्दर कुछ
कि जब भी वह आए
कुछ तो मिले उसे
अपनी शक्ति को आजमाने के लायक।

दिलचस्प है कि घर यहाँ आरामगाह नहीं और उसे बनाने में उसके बिखर जाने की संभाव्यता निहित है। कुँवर नारायण के काव्य-चिन्तन में घर कोई व्यक्तिगत, जड़, पूर्व-निर्धारित या नि:शेष स्थिति नहीं है। उसे वे एक सम्भावना के रूप में देखते हैं। सृजन और संघर्ष का प्रस्थान बिन्दु। कवि का कोई घर नहीं है और सभी घर उसके हैं। 'कोई दूसरा नहीं' में वे लिखते हैं–'...हम जब जहाँ जिनके बीच हों/वही हो/घर पहुँचना!' समय, स्थान और स्वार्थ की सीमाओं को अतिक्रांत करने के इस रचनात्मक उद्यम को वे ठेठ वैज्ञानिक किस्म की तर्क-प्रणाली से भी समर्थित और पुष्ट करते हैं–

फिर भी एक उच्चतम विधान के तहत
मैं स्थानिक नहीं, सामुदायिक हूँ
और आणविक भी–
एक स्वायत्त सूचना-तंत्र
तमाम सूक्ष्म संचार-साधनों द्वारा
अनेक अदृश्य संसारों और प्राणियों से जुड़ा हुआ!

यों कुँवर नारायण की सबसे बड़ी कोशिश आत्म के असीमित विस्तार की है, जिसमें कोई 'दूसरा' नहीं रह जाता। मनुष्य के लिए जब वे एक पारदर्शी अन्तःकरण, धीर-गम्भीर कर्मशीलता, विशिष्ट संवेदनात्मक ज्ञान और सम्पूर्ण मुक्ति की कामना करते हैं; तो 'गीता' के कर्मयोग की याद दिलाते हैं–'योगस्थः कुरु कर्माणि संगं त्यक्त्वा धनंजय/सिद्ध्यसिद्ध्योः समो भूत्वा समत्वं योग उच्यते' (2/48) और तुलसीदास के काव्य-नायक की उदात्तता की भी–"प्रसन्नतां या न गताभिषेकतस्तथा न यम्ले वनवासदुःखतः।" प्रमाण हैं ये पंक्तियाँ–

चेहरे पर कसे मुखौटे की पाबन्दी को
उतारकर बेचेहरा होते हुए
चाहिए एक ऐसी मुक्ति
जिसमें न प्रसन्नता हो, न उदासी
न किसी का प्रभाव हो, न दबाव
केवल एक दार्शनिक हो अपना सद्भाव
सबके बीच लेकिन सबसे
थोड़ा हटकर भी

कुँवर नारायण उन विरले कवियों में हैं, जिनकी कविता भारतीय चिन्तन-परम्परा और काव्य-परम्परा की तमाम स्मृतियों और अन्तर्ध्वनियों से प्रकाशित और समृद्ध है। हम अपनी हज़ारों वर्ष पुरानी सभ्यता और संस्कृति के प्रवाह को उसकी रगों में महसूस कर सकते हैं। यह मुमकिन हुआ है क्योंकि कवि जीवन और मृत्यु को एक सातत्य में देख पाता है–'पहाड़ों की गागर में/एक छोटा-सा सागर/मृत्यु की तरह पुरातन/जीवन की तरह सनातन।' इसीलिए उसे 'करुणा से भरी आँखों को देखकर' लगता है कि 'द्वार पर आया भिक्षुक' बुद्ध भी हो सकता है और कबीर उसे आज भी 'साहित्य-समाज में अनमने-से' या 'फ़कीरों के भेस में' दिख जाते हैं और उनकी आवाज सुनाई पड़ती है–

कहाँ जाऊँगा छोड़कर
इतनी बड़ी दुनिया को
जो मेरे ही अन्दर बसी है

हज़ारों वर्षों से
यहीं रहूँगा–
इसी मिट्टी में मिलूँगा
इसी पानी में बहूँगा
इसी हवा में साँस लूँगा
इसी आग से खेलूँगा
इन्हीं क्षितिजों पर होता रहूँगा
उदय-अस्त,
इसी शून्य में दिखूँगा खोजने पर

कोई अचरज नहीं कि शाश्वत जीवन से मनुष्य की आस्तित्विक एकता के सच्चे अहसास के बावजूद कुँवर नारायण का कवि कबीर की ही तरह 'स्थूल की सीमाओं के षड्यंत्र' से हैरान है और उसे यह आशंका घेरे हुए है कि 'वे ही उसे मारेंगे/जिन्हें उसने बेहद प्यार दिया।' 'जग की इस उलट बांसी', जिसके कारण कबीर को काशी छोड़नी पड़ी थी, कवि उसके अनेक रूपों को समकालीन भारत में देखता और सहता है। यह कुछ वैसी ही स्थिति है, मानो–

नया-सा लगता कोई बहुत पुराना आदमी
किसी गुमनाम गली में
एक जले हुए मकान के सामने
खड़ा हैरान
कि क्या यही है उसका हिन्दुस्तान?

इस कविता से पिछले बीस-पच्चीस वर्षों में साम्प्रदायिक दंगे, आगजनी, लूटपाट और खूनखराबे की कितनी ही तस्वीरें हमारे जेहन में कौंध जाती हैं। कवि को ठीक ही लगता है कि कोई व्यवस्था नहीं, बल्कि 'भीषण दुर्व्यवस्था/हमारी रक्षा कर रही।' वजह यह है कि धर्म, संस्कृति और राष्ट्र के नाम पर इकहरी, असहिष्णु सामाजिक संरचना के पैरोकार आधुनिक विवेक और तार्किकता से दुश्मनी निभा रहे हैं। नफरत और हिंसा उनके हथियार हैं और वे छद्म मुद्दों को वास्तविक समस्याओं की तरह पेश करते हैं–

'अक़्ल के बीचोबीच ठोंक धर्म-धुरा
समझ-बूझ जहाँ दिखे, भोंक दें छुरा
नकली भी चमकेगा असली की तरह
हर पहलू दिखेगा पसली की तरह'

असल में, लोगों ने मूल्यों को बहुत पीछे धकेल दिया है। वे जिस सभ्यता, स्नेह, आत्मीयता और मानवता की बातें करते हैं; अपनी करनी से उनकी ही हत्या। इस स्थिति को कवि ने मार्मिक रूपक दिया है–'जैसे एक लोहूलुहान गौरय्या/किसी मक्कार

बिलौटे के पंजे में।' प्रसंगवश, जो लोग स्त्री-विमर्श के अहम कारोबार में शरीक हैं; उनमें से बहुतेरे स्त्री के संबंध में अपने वास्तविक दृष्टिकोण की जाँच-परख के लिए इन पंक्तियों पर ध्यान दे सकते हैं–'उनके मन में नकली हमदर्दी/और असली कौतूहल है/कि देखें उसमें कितना आत्मबल है।' कुँवर नारायण की कविता में कई बार अर्थ के एकाधिक स्तर अन्तर्ग्रथित रहते हैं। मसलन एक स्त्री की तकलीफ का बयान देश में नैतिकता के ह्रास को भी सूचित करता है–'पत्नी बेचारी/ईमानदारी की तरह खुश थी/नहीं- बराबर-जगह में भी।' इसी तरह राजधानी में एक राजनीतिक रैली से गाँव लौटते आम आदमी की ज़िन्दगी और सूरज के गाँव की तलैया में चुपचाप डूब जाने में जो मायूसी है; उसमें इस सादृश्य के अलावा राजनीतिक सत्ता-संघर्ष की जन-निरपेक्षता और जनता की दुर्दशा के आशय भी साफ पढ़े जा सकते हैं–'राजधानी से गाँव लौटती बकवास में/धूल फाँकता सूरज/लाल आँखें/थका माँदा/डूब गया फिर उसी गाँव की तलैया में/जैसे वह दिन हुआ ही नहीं।'

कुँवर नारायण की कविता में बिम्ब बहुत गहरे, विशिष्ट, सांकेतिक और मर्मस्पर्शी होते हैं। जीवन की परस्पर-विरोधी स्थितियों और उनमें निहित विडंबना के प्रति सजगता उनके यहाँ तीखे और सघन रूप में व्यक्त हुई है। वे मनुष्य की कायर, आत्मग्रस्त, रूढ़िवादी, बेईमान, परपीड़क और गुलाम मानसिकता की मुखालफत करते हैं और इससे उबरने में नाकाम होना ही उनके लेखे व्यापक मनुष्यता के अवमूल्यन का सबब है। ग़ालिब ने कहा था कि 'आदमी को भी मयस्सर नहीं, इन्सां होना,' लेकिन कुँवर नारायण इस असंभाव्यता की विचलित कर देने वाली परिणति से हमें रू-ब-रू करते हैं–'सच बताइए/अगर इनसान ही हूँ/तो इतनी अपमानित क्यों है/इतनी बड़ी सचाई?' अपने समय के सबसे संजीदा मुद्दों से मुठभेड़ किए बिना काव्य-परम्परा में यह बदलाव और विकास नहीं किया जा सकता और न अपने समय में हुए बिना उसके पार जाया जा सकता है। इस सन्दर्भ में नरेश सक्सेना की मशहूर काव्य-पंक्तियाँ याद आती हैं–'पुल पार करने से/पुल पार होता है/नदी पार नहीं होती/नदी पार नहीं होती नदी में धँसे बिना।'

कुँवर नारायण के यहाँ प्रेम और बौद्धिकता की जो केन्द्रीयता है; वह युद्ध, वर्चस्व, अनैतिकता, भोगवाद और शोषण की संस्कृति के सतत विरोध की कारक और निष्पत्ति, दोनों है। आज की तारीख में इस संस्कृति का नियंता और वाहक अमरीका है, जो नब्बे के दशक में कायम हुई एकध्रुवीय विश्व-व्यवस्था का सबसे ताकतवर राष्ट्र है। उसने झूठे बहाने गढ़कर अफगानिस्तान और इराक को जिस तरह तबाह किया, उसके प्रति कवि के मन में गहरा क्षोभ और प्रतिकार-भावना है। सच कहें, तो किसी खास आदमी या मुल्क से नहीं, आतंकवाद और विनाश के लिए जिम्मेदार हर ताकत से उसकी अनबन है इसकी अभिव्यक्ति प्राय: व्यंग्यात्मक होती है। मसलन 'लड़ाकू विमानम्/न अन्नम् न वस्त्रम्/करें शास्त्र-चर्चा/मगर होड़ शस्त्रम्।' इसीलिए उसने कहा है–'मिटाने औ' मिटने में/हम कम न तुम कम।' यह महज शब्दों का खेल नहीं, जिसकी

सलाह कुछ आलोचक कवियों को हमेशा दिया करते हैं; बल्कि मूलतः शासक वर्गों के पाखंडी, निरंकुश और मनुष्यहंता चरित्र की सटीक मीमांसा है। इससे उलट, सत्ता-तंत्र के सहायक बुद्धिजीवी, लोगों को अपने वाग्जाल में ही सम्मोहित रखने की चेष्टाएँ करते हैं; ताकि वे सचाई से प्रतिकृत न हो सकें। यह दिमागों को खाली करने और भटकाने की साजिश है। बकौल कवि, 'महाशून्य खड्डम्/समझ गड्ड-मड्डम।' अचरज नहीं कि मौजूद विश्व में विचारहीनता की जगह साम्प्रदायिक बर्बरता और सैन्य आतंकवाद ने ले ली है। दुनिया के बड़े-बड़े लड़ाकों और उनकी बन्दूकों का अनोखा जिक्र करते हुए कवि ने इस विडंबना की ओर ध्यान आकृष्ट किया है-'सबको दुनिया की चिन्ता/सबसे दुनिया को चिन्ता।'

इस सिलसिले में कुँवर नारायण 'विश्व-विजेताओं की उस टुकड़ी' पर व्यंग्य करते हैं, जो आदिम किस्म की हिंसकता से एक पूरी सभ्यता को उजाड़ देती है-'उनकी दिलेरी के चर्चे/कल सुनेंगे स्कूलों में बच्चे।' बच्चों की चेतना पर युद्ध के ब्योरों का जो प्रतिगामी असर पड़ता है, उसकी कल्पना से दहशत होती है। हाल ही में छपे अपने एक लेख में वीरेन डंगवाल ने लिखा है-"हर युद्ध अन्ततः तबाही और अभिशाप है।" अमरीकी अधिनायकवाद और उत्तर-आधुनिक संस्कृति की दुरभिसंधि से जुड़ी ताकतों पर उन्होंने सार्थक टिप्पणी की है कि वे स्वयं 'इतिहास-विहीन हैं-विचार से लेकर व्यवहार तक 'इतिहास के अन्त' की उनकी कोशिश का यही तर्क है। प्राचीन सभ्यताओं, उनके गौरवशाली प्रतीकों, धवंसावशेषों, स्मारकों और संग्रहालयों को मिटा डालने का उनका उन्माद 'सभ्यताओं के संघर्ष' के 'एक आयामी सभ्यतामूलक वर्गीकरण' या इकहरी मानव-अस्मिता की यांत्रिक और विघटनकारी सोच पर टिका है। मगर यह सब क्यों, जबकि बकौल कवि, इतिहास के हर दौर में हमें लड़ाई के मैदानों से 'ख़ाली हाथ' ही लौटना है। गौरतलब है कि अमर्त्य सेन ने अपनी नई किताब 'दि आर्ग्युमेंटेटिव इंडियन' में लिखा है कि 'गीता' में युद्ध की अमानुषिकता और व्यर्थता को रेखांकित करते हुए अर्जुन ने जो मंतव्य और सन्देह प्रकट किए हैं; भारत की बहुलवादी और समृद्ध संवाद-परम्परा में उनका स्थायी महत्त्व है। वे सवाल आज और भी वैध और प्रासंगिक हैं-"'भगवद्गीता' का संदेश कुछ भी रहा हो, अर्जुन के युद्धविषयक तर्कों को पूरी तरह से पराजित नहीं माना जा सकता।" कुँवर नारायण की कविता को हम युद्ध के प्रतिरोध की भारतीय परम्परा की समकालीन कड़ी के रूप में देख सकते हैं-

सिकंदर का निर्णायक युद्ध
पोरस में नहीं
एक बीमार सिकंदर से हुआ
जिससे लड़ते हुए वह मारा गया
नापने पर उसकी सारी जीतों का क्षेत्रफल
दो गज से अधिक नहीं निकला।

कुँवर नारायण की विशेषता है कि वे ज़्यादातर काव्य-संरचना की सांद्रता, तनाव और बहुस्तरीयता को बचाकर रखते हैं और कविता को झीना, शिथिल या एकांगी बनाए बिना काव्यार्थ को सम्भव करते हैं। इस प्रक्रिया में वे जटिलता के साथ ऋजुता, प्रभाव की स्पष्टता के साथ गम्भीरता और एकाग्रता के साथ बहुअर्थगामिता के मुश्किल समन्वय या इनके बीच के द्वन्द्वात्मक सन्तुलन को अर्जित करते हैं। वे मूर्त और अमूर्त, सामान्य और विशिष्ट, गरिमा और जोखिम के अन्तर्दृष्टिपूर्ण सहकार के कवि हैं। शाश्वतता उनके यहाँ कालबद्धता का विकल्प नहीं बनने पाती और न परम्परा और संस्कृति से गहरी प्रतिश्रुति सामाजिक परिवर्तन के एजेंडे को ही अपदस्थ करती है। संवेदनशील नागरिक और दार्शनिक उनके लिए वैसे ही हैं, जैसे निश्छल और उदात्त और ये दोनों उनमें एकात्म हैं। उनकी चिन्ता के केन्द्र में सम्पूर्ण मनुष्य है और भारतीय परिस्थिति पर बात करते हुए वैश्विक सन्दर्भ को वे ओझल नहीं करते। उनमें सौजन्य और शालीनता है; पर वह किसी भी स्तर पर अधीनस्थता या दमन की स्वीकृति और आसन्न संकट से पलायन का पर्याय नहीं है। सृजन के लिए वे स्वतंत्रता, आत्मसम्मान, प्रेम और मूल्यनिष्ठता की संस्कृति को अनिवार्य मानते हैं और संस्कृति और सौन्दर्य के लिए संघर्ष को। मसलन 'इतिहास के अन्त' के प्रश्न पर निजी बातचीत में उन्होंने मुझसे कहा कि 'एक तो इतिहास के बाहर जाया नहीं जा सकता; दूसरे, हम जाएँगे कहाँ?' जाहिर है कि 'इतिहास का अन्त' घोषित करने वाली शक्तियों से मुठभेड़ आज एक ऐतिहासिक जिम्मेदारी है। कवि ने इसे बड़ी शिद्दत से महसूस किया है–

फिर उठता चारों ओर
वही पागल शोर
नसों पर फिर वही असह्य दबाव
या तो सिद्ध करो दिग्विजय
या स्वीकार करो दास-भाव।

इस कविता से अफगानिस्तान और इराक पर बर्बर आक्रमण करने वाले अमरीका की चेतावनी याद आती है–'आप या तो हमारे पास हैं या हमारे खिलाफ हैं।' हेरॉल्ड पिंटर के शब्द कविता को समझने में हमारी और मदद करते हैं–"अमरीका को अपने पत्तों को मेज पर रखने में कोई झिझक नहीं रही है। यही मुद्दा है। इसकी आधिकृत रूप से घोषित नीति को अब 'सम्पूर्ण आधिपत्य' (फुल स्पैक्ट्रम डॉमिनेंस : के रूप में परिभाषित किया जाता है। यह मेरी शब्दावली नहीं, उनकी है। 'सम्पूर्ण आधिपत्य' से मतलब ज़मीन, समुद्र, आकाश और अन्तरिक्ष व उसके साथ के सारे संसाधन हैं।" ('समयांतर', जनवरी, 2006, पृ. 15) साफ तौर पर अमरीका ने अपने लाभ और वर्चस्व के लिए कमजोर देशों की संप्रभुता, आर्थिक आत्मनिर्भरता और सांस्कृतिक स्वायत्तता पर हमले तेज कर दिए हैं। उसकी नव-साम्राज्यवादी नीतियों की पृष्ठभूमि में भारत की स्थिति का अरुंधति राय ने जो विश्लेषण किया है, वह हमारी आँखें

खोल देने के लिए काफी है–"हम अपने को एक बहुत ही महीन आर्थिक और रणनीतिक जाले में फँसा रहे हैं। एक बार अगर हम फँसे, तो बाहर का रास्ता नहीं मिलेगा। हम हिंस्र पशु की मांद में हैं।'' (वही, अक्टूबर, 2005, पृ. 10) जो लोग उसकी सरपरस्ती में तरक्की के ख़्वाब देख रहे हैं, अरुंधति ने सावधान किया है कि वे 'ताबेदारी' में जी रहे हैं और यह "घरौंदे बनाने के लिए माकूल जगह नहीं होती।" (वही, पृ. 9) निश्चय ही, ग़ुलामी इस बार वैश्वीकरण की अर्थव्यवस्था, परमाणविक सहयोग, साझा युद्धाभ्यास और उत्तर-आधुनिक वैचारिकी के छद्म-वेश में आई है; इसलिए और भी घातक है। ऐसे में, शासक वर्ग चाहे जितना भ्रमित हो, कवि को अपनी प्रतिरोधी भूमिका के विषय में कोई दुविधा नहीं है–

फिर मुझे लड़ना है वही पुराना युद्ध
उसी नक़ाबपोश दुश्मन के विरुद्ध
जिसकी फ़ौजें
छिपकर अँधेरे में वार करतीं।

कैसा संयोग है कि जिस कवि ने लगभग आधी शताब्दी पहले लिखा था कि "या तो अ ब स की तरह बेसबब जीना है/या सुकरात की तरह ज़हर पीना है," उसे आज भी व्यर्थता से अपने संघर्ष के सिलसिले में सुकरात ही याद आते हैं। फर्क सिर्फ़ इतना है कि पहले उसके स्वर में इस दार्शनिक नियति से जो एक खिंचाव-सा था, उसने अब सहजता का रूप ले लिया है। इसलिए उसकी वैचारिकता ज़्यादा सशक्त और उदात्त हुई है और संवेदना अधिक परिष्कृत और गहन। हिन्दी में बाजारवाद के खिलाफ बहुत चीख-पुकार मची है, पर कई बार उसकी सचाई संदिग्ध लगती है क्योंकि उसका कोई आन्तरिक चेहरा नहीं होता। यहाँ हम कुँवर नारायण की कविता में एक बार फिर पीड़ा और निस्पृहता का सन्तुलन देख सकते हैं, जो अनुभव के स्तर पर जितना विचलित करता है, मूल्यों की अजेयता को लेकर उतनी ही आश्वस्ति सौंपता है। बाजारवाद का इतना गहरा और मार्मिक विरोध शायद ही किसी कवि ने किया हो–

वैसे सच तो यह है कि मेरे लिए
बाज़ार एक ऐसी जगह है
जहाँ मैंने हमेशा पाया है
एक ऐसा अकेलापन जैसा मुझे
बड़े-बड़े जंगलों में भी नहीं मिला,
और एक खुशी
कुछ-कुछ सुकरात की तरह
कि इतनी ढेर-सी चीज़ें
जिनकी मुझे कोई ज़रूरत नहीं!

ग़ालिब भी बार-बार जंगलों की बात करते थे। उस उजाड़ और अकेलेपन की, जो समुद्र की तरह विस्तृत है। घर से बाहर तक–'कोई वीरानी सी वीरानी है/दश्त को देख के घर याद आया।' लेकिन कुँवर नारायण की कविता बताती है कि बाजार हमें एक ऐसे दौर में ले आए हैं, जो पहले कभी नहीं था। यह और बात है कि इस भयावहता का अहसास ग़ालिब से नजदीक हुए बगैर मुमकिन न था। इसके बहुत से साक्ष्य हैं कि वस्तु के ट्रीटमेंट, भाषिक विन्यास और अभिव्यक्ति के लहजे में फर्क के बावजूद कवि के स्वभाव में कुछ ऐसा है, जो उसे ग़ालिब के सूफियाना मिजाज से वाबस्ता करता है। कहना गैर-ज़रूरी है कि समकालीन काव्य-परिदृश्य में भारतीय काव्य और दर्शन-परम्परा से यह बहुलतावादी संसक्ति कितनी दुर्लभ और मूल्यवान है।

इस सबके बावजूद हिन्दी सत्ता-प्रतिष्ठान पिछले चार साल से कवि के संग्रह 'इन दिनों' पर अमूमन खामोश है, तो इससे उसकी जेहनियत का पता चलता है। आलोचना की दुर्गति वैसे भी किसी से छिपी नहीं है। अमर्त्य सेन का प्रसिद्ध कथन है कि 'चुप्पी सामाजिक न्याय की शत्रु है।' जाहिर है कि वह साहित्यिक न्याय की भी दुश्मन हो सकती है। दूसरे, कुँवर नारायण की कविता पर जो लोग लिखते भी हैं, वे 'चुनी हुई चुप्पियों' के जाने-माने उस्ताद हैं। वे उनके यहाँ 'बौद्धिक दृढ़ता, क्लैसिकल अनुशासन, संवेदनात्मक वैध्यता' वगैरह का जिक्र तो करते हैं; पर युयुत्सा और प्रतिरोध के पूरे सन्दर्भ की अवहेलना करते हुए। दरअसल, अमरीकीकरण और बाजारवाद से भारत का जो प्रभु-वर्ग लाभान्वित हो रहा है, उससे इस आलोचना की सांठ-गाँठ भले न हो, पर कोई रंजिश भी नहीं है। प्रसंगवश, जब कुछ लोग इतिहास और साम्यवाद के अन्त का जश्न मना रहे थे, तब कुँवर नारायण ने कहा था कि 'कोई विचारधारा कभी समाप्त नहीं होती और मार्क्सवाद तो हिन्दी साहित्य-संसार में इस कदर आभ्यंतरीकृत होता रहा है कि वह अब उसकी मूल्य-चेतना का अविभाज्य हिस्सा है।' 1993 में छपे अपने संग्रह में उन्होंने वादा किया था कि 'अबकी अगर लौटा तो/हताहत नहीं/सबके हिताहित को सोचता/पूर्णतर लौटूँगा।' निश्चय ही वे इसे पूरा कर सके हैं, तो इसके लिए ज़रूरी इतिहासबोध और संघर्ष से दामन छुड़ाकर नहीं। हमारे लिए यह क्या कम है कि जिस जीवन का स्वप्न वे देखते हैं, वह उनकी कविता के रूप में हमें हासिल है–

बाक़ी ज़िन्दगी मुझे जीने दो
सुल्तानों के हुक्म की तरह नहीं
एक कवि के ख़याालात की तरह आज़ाद
एक पद्मिनी के सौन्दर्य की तरह स्वाभिमानी
एक देवलरानी के प्यार की तरह मासूम
एक गोपालनायक के संगीत की तरह उदात्त
और एक निज़ामुद्दीन औलिया की तरह पाक।

आत्मा पर बहुत बड़े प्यार का जख्म

आशुतोष दुबे

इन गलियों से
बेदाग़ गुज़र जाता तो अच्छा था
और अगर
दाग़ ही लगना था तो फिर
कपड़ों पर मासूम रक्त के छींटे नहीं
आत्मा पर
किसी बहुत बड़े प्यार का जख़्म होता
जो कभी न भरता

कुँवर नारायण की कविता की यही अभीप्सा है–आत्मा पर कभी न भरने वाला, बहुत बड़े प्यार का जख्म। इसी जख्म की बेकली उन्हें जीवन और कविता के ऐसे इलाकों में लिए जाती है जहाँ दूसरों के कदम नहीं पड़े हैं। उनकी कविता व्याप्ति, विविधता और विराटता के सम्मान की कविता है। बल्कि वह जीवन और कविता दोनों के अछोर विस्तार के प्रति विनत कविता है–ग्रहणशील, विचारवान और गहरे विवेक से भरी। सच की सभी सम्भव कोणों और तरीकों-तरकीबों से तलाश करती हुई कविता। विचार के प्रति अपनी गहन प्रतिबद्धता से दीप्त और किसी भी तरह की वैचारिक जकड़बन्दी की घुटन से मुक्त। दृढ़ता और साहस से मनुष्यता के पक्ष में खड़ी हुई यह कविता उन कृत्रिम विभाजनों को निस्तेज कर देती है जिसमें कविता पर होने वाली कोई भी बहस स्खलित हो जाने को अभिशप्त है–निजी बनाम सार्वजनिक, वस्तु और शिल्प, विचारधारा बनाम ढुलमुलवाद वगैरह।

कहा गया है कि एक ही तरह का कवि हो जाना अपने भीतर कई कवियों की मृत्यु है। कुँवर नारायण की कविता जैसे इसके विलोम का उदाहरण है। यहाँ एक कवि में अनेक कवियों का स्वर–समवाय है। भाषा, लहजे, कहन, कथ्य, रूप, वस्तु

की अनेक छटाएँ हैं। कहीं दोस्ताना बातचीत का अंदाज है, कहीं संवाद हैं–लगभग नाटकीय कथोपकथन, कहीं स्वगत है, कहीं विचार-गझिनता और कहीं पैरोडी जैसा दुर्लभ विनोद भाव भी–परमाणु बम बम/तुम तुम न हम हम/मिटाने और मिटने में/हम कम न तुम कम..., एक कवि अपनी चिन्तनभूमि से डिगे बगैर वृक्ष की तरह अपने में पुरानी पत्तियों को तजकर नए पत्ते, नए फूल उगाता रहे यह एक बड़ी उपलब्धि है। आज जब हम शिल्प और विचारधारा के पूर्वानुमेय मुहावरों में बँटे हुए समकालीन परिदृश्य को देखते हैं, तो कुँवर नारायण जी जैसे वरिष्ठतम कवि एक बड़ी प्रेरणा के रूप में हमारे सम्मुख होते हैं।

समकालीन हिन्दी कविता के सामने समकालीनता एक बड़े आतंक की तरह है। इस हद तक कि समकालीन प्रश्नों की शिनाख्त इधर-उधर करने में भी जोखिम-सा लगता है। कुँवर जी मिथकीय और ऐतिहासिक चरित्रों/प्रसंगों के माध्यम से कविता के इस वर्जित क्षेत्र में बार-बार प्रवेश करते हैं।

भूल जाना मेरे बच्चे कि खुसरो दरबारी था।
वह एक ख़्वाब था–
जो कभी संगीत
कभी कविता
कभी भाषा
कभी दर्शन से बनता था
वह एक नृशंस युग की सबसे जटिल पहेली था
जिसे सात बादशाहों ने बूझने की कोशिश की!
खुसरो एक रहस्य था
जो एक गीत गुनगुनाते हुए
इतिहास की एक बहुत कठिन डगर से गुज़र गया था।

इतिहास की डगर से गुजरे ऐसे रहस्यों को अपनी तरह से समझने की कोशिश भी कुँवर नारायण जी का एक महत्त्वपूर्ण काव्य-उद्यम रहा है। 'संपाति का संताप' में संपाति के 'जान पर खेलकर धधकते सूर्य को छू लेने के बचकाने उन्माद' को प्रश्नांकित करते हुए लिखते हैं–'एक अंधी शक्ति के उद्दंड प्रदर्शन से/कहीं अधिक सार्थक हो सकता था/एक पशु से मनुष्य हो सकने का/विनम्र पराक्रम।' वे किसी अन्य देशकाल की अनियत दिनचर्या में अतिथि रहने से सकुचाने की बजाय एक शिलालेख, एक भित्ति-चित्र, एक पुराकथा को जीते हुए उसमें जीवन की वह आत्मकथा खोज सकते हैं जो किसी भी देश और काल में लिखी और पढ़ी जा सकती है। एक स्मारक की संक्षिप्त भाषा में वे एक पूरी सभ्यता की वीरगाथाओं से अधिक सारगर्भिता पा सकते हैं।

एक बड़ा रचनाकार अपनी मूर्ति को कितनी तरह से ढहाकर फिर बना सकता है–उतनी ही तरह से उसके यहाँ यह देखने की गुंजाइश बनती है कि यथार्थ की

बिलकुल नए तरह की बुनावट से उसके यहाँ मुठभेड़ किस तरह हो रही है और इस प्रक्रिया में वह अपना कैसा और कितना पुनराविष्कार कर पा रहा है। लगभग बासठ सुदीर्घ वर्षों में फैली हुई इस काव्य-साधना में लगातार कवि अपनी ज़मीन की निराई-गुड़ाई करता नजर आता है। बाजार से अपने प्रेम-घृणा सम्बन्धों के चलते समकालीन हिन्दी कविता जब कभी-कभी अतिवादी छोरों पर नजर आती है तो कुँवर जी की ये पंक्तियाँ बताती हैं कि वे क्योंकर एक सिद्ध कवि के हस्ताक्षर से वाबस्ता हैं–

वैसे सच तो यह है कि मेरे लिए
बाज़ार एक ऐसी जगह है
जहाँ मैंने हमेशा पाया है
एक ऐसा अकेलापन जैसा मुझे
बड़े-बड़े जंगलों में भी नहीं मिला,
और एक ख़ुशी
कुछ-कुछ सुकरात की तरह
कि इतनी ढेर-सी चीज़ें
जिनकी मुझे कोई ज़रूरत नहीं।

सामाजिक-साम्प्रदायिक घृणा और विद्वेष की राजनीति जिसमें क्षेत्रवाद और भाषावाद जैसी अन्य रुग्णताएँ भी शामिल हैं दुःखद ढंग से हमारे समय की विकट सच्चाई है। कुँवर जी के यहाँ उसका प्रत्याख्यान 'एक अजीब सी मुश्किल' जैसी कविता में जिस सहजता से होता है वह देखते ही बनता है। यहाँ प्रेम दुर्निवार है और नफरत की कोशिशें अन्तिम रूप से विफल होने के लिए बाध्य। यह कवि की बारीक नजर ही है जो सभ्यता-समीक्षा के उपक्रम में देख पाती है कि जो दैत्य-शहर अपने खूंखार जबड़ों में आदमी को दबोचकर उस पर बैठ गया है वह खुद भी बीमार आदमी की तरह दर्द से कराह रहा है।

और अन्त में, युवा कवि कुँवर नारायण जी की कविता से क्या सीख सकते हैं?

बहुत सी बातें। मसलन–विचार और अभिव्यक्ति के बहुविध इलाकों में जाने का काव्यात्मक साहस, समूचे काव्य-उद्यम में सक्रिय और तरंगायित रहने वाला गहरा जीवन-विवेक, समकालीन आलोचना के दबाव में लादी गई अनेक वर्जनाओं की सृजनात्मक तोड़फोड़, मननशीलता और चिन्तन का गम्भीर अनुशासन और कविता के वाक्य की ऐसी, लगभग अन्तिम तराश, जहाँ वह एक मंत्र-कविता में बदलने लगे–

कोई दुःख मनुष्य के साहस से बड़ा नहीं–वही हारा जो लड़ा नहीं।

साहित्य के कुछ अंतर्विषयक सन्दर्भ [2003]

समय और साहित्य–समय से संवाद

परमानंद श्रीवास्तव

कुँवर नारायण हिन्दी के वरिष्ठ कवियों में इस दृष्टि से अकेले और अद्वितीय हैं कि विचार, दर्शन, विचारधारा, सौन्दर्यशास्त्र और आलोचना उनके लिए अपनी ही कविता से कुछ कमतर या मामूली सरोकार नहीं रहे हैं। लिखीं तो उन्होंने कहानियाँ भी, और फिल्मों पर लिखा हुआ उनका इतना विपुल और सर्जनात्मक समझ, गहरी सौन्दर्यानुभूति और विकलता से इस तरह अभिन्न और सम्पन्न है, जिसे तत्कालीन प्रतिक्रिया, रपट या फिल्म समीक्षा तक सीमित करना कठिन है। वे देश–विदेश की क्लासिक मानी जाने वाली और भीतरी प्रकृति में एक हद तक क्लासिकीपन को चुनौती देती हुई फिल्मों की समीक्षाएँ उस गहन अन्तर्दृष्टि से लिखते आए हैं, जो भाषाओं की सीमा या भेद के पार जाकर फिल्म की भाषा पढ़ने का ही नतीजा हो सकती हैं।

आलोचकों की दुनिया में भी कुँवर नारायण एक विरल उदाहरण हैं जिनके यहाँ एक लम्बे समय से आलोचना, दूसरे अनुशासनों के विचार क्षेत्रों से उसके अन्तर्संबंध, 'झूठा सच', 'राग दरबारी' या 'लाल टीन की छत' जैसी कृतियों पर लिखी समीक्षाओं से लेकर समय, साहित्य–समय और संस्कृति पर उनका लिखा बहुत कुछ चकित करने वाला है। इस अर्थ में कुँवर नारायण की आलोचना को साहित्य रसिकता तक सीमित नहीं माना जा सकता, यद्यपि गहरे अर्थ में कला साहित्य के प्रति उनकी सच्ची आसक्ति और सहृदयता निर्विवाद है। प्रसंगवश अभी पिछले दिनों उम्र के पचहत्तर साल पूरे करने पर युवा कवि यतीन्द्र मिश्र ने उन पर दो खंडों में जो पुस्तक सम्पादित की है वह कुँवर नारायण की बहुआयामिता और उनके एक अलग तरह के सर्जक व्यक्तित्व की ऐसी पहचान बनाती है, जिसे साहित्य और साहित्यिक इतिहास के पाठकों, अध्येताओं, शोधकर्ताओं को भी समग्रता में देखना अपने जटिल साहित्य समय और सांस्कृतिक समय को देखने–समझने के लिए ज़रूरी हो जाएगा। फिलहाल हम यहाँ साहित्य अकादमी से संवत्सर व्याख्यान के रूप में प्रकाशित पुस्तक 'साहित्य के कुछ अन्तर्विषयक सन्दर्भ' पर विचार करने तक ही अपने को सीमित रखेंगे।

'साहित्य के कुछ अन्तर्विषयक सन्दर्भ' नाम की इस पुस्तिका में कुँवर नारायण के कुल तीन व्याख्यान संकलित हैं–'साहित्य और नई आर्थिक समालोचना', 'साहित्य, इतिहास और संस्कृति' और 'साहित्य और नैतिकता'। सबसे पहले तो यहाँ स्वीकार कर लेना होगा कि ये व्याख्यान एक बहुपठित और (महज मुक्तिबोध को याद दिलाने के लिए नहीं) ज्ञानात्मक संवेदन और संवेदनात्मक ज्ञान दोनों स्तरों पर सजग-सक्रिय चिन्तनशील दिमाग के भीतर चलने वाली वैचारिक उद्विग्नता की ही झलक देने वाले हैं। आश्चर्य नहीं कि वे हिन्दी आलोचना या समीक्षा के एक उदासीन यथास्थितिवादी ढर्रे के कारण बहुतेरे विचार सजग पाठकों के लिए अनदेखे रह जाएँ। ये व्याख्यान एक अर्थ में इतनी सघन बौद्धिकता से अन्तर्व्याप्त हैं कि इनकी कतिपय स्थापनाओं को केवल सूत्रबद्ध कर देना भी इस तरह की सीमित टिप्पणी का ज़रूरी कार्यभार हो सकता है और शायद इसी तरह इस विमर्श से पैदा होने वाली चिन्ताएँ किसी मर्मी पाठक को पुस्तक खोजकर पढ़ने के लिए बाध्य कर सकती हैं।

क्या मार्क्सवाद और रूप तथा वस्तु की द्वन्द्वात्मकता से जिरह और क्या आगे के उत्तर-आधुनिकतावाद, नव इतिहासवाद, संरचनावाद और उत्तर-संरचनावाद से भीतरी टकराव–कुँवर नारायण का ऐसा अन्तरंग रचना कर्म रहा है, जिससे कोई भी नया आलोचनात्मक पाठ संवाद के उत्सुक रचनाकारों तथा पाठकों के लिए सार्थक उत्तेजक अनुभव या जब-तब चुनौती बन सकता है। इससे अधिक कहने की गुंजाइश यहाँ शायद न हो, इसलिए हम सीधे बहस के कतिपय विचार सूत्रों और सैद्धांतिकी के दायरे के कुछ पद-प्रत्ययों को रेखांकित कर सकते हैं। पर पहले उस उदार खुले व्यापक संवाद के लिए जो शायद कुँवर नारायण का अभीष्ट भी है, कुँवर नारायण की भीतरी चिन्ता को सामने लाना ज़रूरी है, जिसमें सारी सैद्धांतिकी मनुष्य की संवेदना, मनुष्य के संघर्ष और भविष्य के सवालों से टकराती है। ऐसा न हो तो इस दर्जे की कोई गम्भीर अकादमिक बहस एक निर्जीव पोथी से अधिक अर्थ नहीं रख सकेगी। जैसा हिन्दी में आम तौर पर अब तक होता आया है। साहित्य और साहित्य--समय जैसे विषयों पर संवाद करने के लिए आने वाले दिनों में कब और कितने लोग संवाद या गोष्ठी या बतकही में भी साझा कर सकेंगे, कहना कठिन है।

कुँवर नारायण अपने अन्तिम व्याख्यान 'साहित्य और नैतिकता' में इस बात को लकर चिंतित हैं कि हिन्दी समीक्षा पिछले पचास वर्षों से जहाँ अन्तर्विषयक सन्दर्भों–अर्थशास्त्र, इतिहास, संस्कृति, नैतिकता से प्राय: उदासीन रही है और नितांत व्यावहारिक राजनीति से अधिक ग्रस्त या प्रभावित दिखती है, वहीं उसमें जीवन पर संश्लिष्ट और समावेशी ढंग से सोचने और टकराने की क्षमता भी दिनोंदिन कम होती गई है। यहाँ साहित्य और राजनीति के रिश्तों की जाँच-पड़ताल करने वाली पिछली बहसों से उलझने की सम्भावना नहीं है, इसलिए हम कहना चाहेंगे कि कम से कम आज जैसे भयावह और सत्तापोषित फासीवादी समय में कोई भी गम्भीर उत्तेजक लेखन (गहरे अर्थ में ही सही) राजनीतिक होने के लिए अभिशप्त है।

यहाँ हम इसी निबन्ध से कुँवर नारायण की ही चेतावनी की ओर खुद कुँवर नारायण का और उनके आज के पाठकों का ध्यान खींचना चाहेंगे। उन्हीं के शब्द हैं–'हिन्दी का प्राचीन और मध्यकाल एक सशक्त सांस्कृतिक स्रोत हैं, लेकिन आज इसकी विकृत व्याख्याओं के खतरे सबसे अधिक दिखाई दे रहे हैं। उसके प्रति उदासीन रहने का मतलब है एक अनर्थ की सम्भावना की ओर से आँखें बन्द करना।' अगर यही आज का सच है तो खुद सत्ता जो इतिहास का कुपाठ और साहित्य की अतिस्वीकृत मान्यताओं, सांस्कृतिक बहुलता, धार्मिक संवेदना और धर्मनिरपेक्षता की संश्लिष्टता के विरुद्ध अपना दूसरा भ्रष्ट पाठ प्रचलित करने पर आमादा है, उससे टकराने के लिए अराजनीतिक साहित्य के काल्पनिक यूटोपिया में बने रहने के लिए कितनी जगह बाकी बच पाएगी। इसी खतरनाक दौर में आलोचना को गहरे अर्थ में प्रतिरोधक हस्तक्षेप या राजनीतिक प्रतिपक्ष बनाने की कोशिशों को किसी न किसी स्तर पर जारी रखना होगा। माना, वह एक और बहस है, पर उससे एकदम अलग रह पाना भी एक नितांत बौद्धिक शगल होकर रह जाएगा।

पहले ही व्याख्यान में कुँवर नारायण नई आर्थिक समीक्षा के विश्लेषण के हवाले से सांस्कृतिक समीक्षा में आर्थिक सन्दर्भ-पदों जैसे 'एक्सचेंज', 'मार्केट', 'कैपिटल' या इस्तेमाल करने वाले पिएट बूर्दो की इस हिकमत की याद दिलाते हैं कि एक 'कल्चरल' विशेषता जोड़कर वे उन्हीं पदों को साहित्य और विचार के लिए अर्थवान बना देते हैं। वे इसी क्रम में फ्रेंच विचारक मीशेल फूको की इस मान्यता को महत्त्व देते हैं कि समीक्षा का भी एक खुले सांस्कृतिक परिवेश से जुड़ना आवश्यक है, वरना वह अपनी ही पदावली में सीमित और अवरुद्ध जान पड़ेगी।

दूसरे, व्याख्यान–'साहित्य, इतिहास और संस्कृति' में कुँवर नारायण फिर फूको के महत्त्व को स्वीकार करते हैं जो वर्तमान की दृष्टि से ही अतीत के अध्ययन की कोई सार्थकता मानते हैं। फूको ही हैं जो इतिहास के अर्थ को एक ज़्यादा बड़े सांस्कृतिक परिवेश से जोड़कर विस्तार देते हैं। यहीं कुँवर नारायण मुस्लिम काल (सातवीं सदी) में अरबी-फारसी के इतिहास चिन्तन या दर्शन या इतिहास लेखन की परम्परा की ओर इशारा करते हैं जिसके चलते 'इब्ने खल्दून का 'मुकदमा' जैसा ग्रन्थ सम्भव हुआ, जिसके पीछे एक विकसित और परिपक्व ऐतिहासिक-बोध का पता चलता है।

कुँवर नारायण यहीं हज़ार साल लम्बे साहित्य समय को व्यापक ऐतिहासिक-सांस्कृतिक परिप्रेक्ष्य में रखकर समझना ज़रूरी मानते हैं। हमारी सामासिक पहचान अगर बनती है तो इसी साहित्य-समय के भीतर। उनका कहना-'अपनी वंशावली में जाएँ तो पता ही नहीं चलेगा कि हममें से कौन यहाँ का है और कौन बाहर का? आर्य, शक, हूण, द्रविड़, अरब, तुर्क, मंगोल कौन शुद्ध देसी हैं और कौन विदेशी?' अमर्त्य सेन की 'विकास' और 'स्वतंत्रता' विषयक अवधारणाओं को याद करते हुए कुँवर नारायण इसे महत्त्वपूर्ण मानते हैं कि अमर्त्य सेन ने स्वतंत्रता के अर्थ को केवल

आर्थिक और राजनीतिक सन्दर्भ से जोड़कर परिभाषित नहीं किया बल्कि उसे वृहत्तर सांस्कृतिक-ऐतिहासिक परिप्रेक्ष्य भी दिया।

रचना को बेहतर और कई दृष्टियों से सोचने-समझने की कोशिश ही कुँवर नारायण की बुनियादी चिन्ता है और वही एक खुले संवाद के लिए हर पल सम्भावना बनाए रहती है। कुँवर नारायण जैसे गहरे सरोकारों वाले लेखक के लिए 'साहित्य के अन्तर्विषयक सन्दर्भ' शुद्ध अकादमिक चिन्ता नहीं है। महत्त्वपूर्ण है तो उनका अपने समय के ऐतिहासिक-सांस्कृतिक और मानवीय परिप्रेक्ष्य से सक्रिय जुड़ाव। इसे समझने के लिए इस समय के भूगोल और इतिहास से सीधा सामना अनिवार्य हो उठेगा और अन्ततः यह कोशिश शुद्ध बौद्धिकता या पांडित्य में कैद नहीं रह पाएगी। तब अस्मिता विमर्श की जटिलताएँ (दलित सौन्दर्यशास्त्र, स्त्री विमर्श आदि) भी ऐसी कोशिश का हिस्सा जरूर बन रही होंगी, भले ही इस पुस्तिका में अभी वह जगह न बना पाए। ऐसी अनुपस्थिति भी कभी अलग से बहस का मुद्दा हो सकती है।

No Other World [2008]

Selected Poems : Translated by Apurva Narain

Voices of Concern

K. Satchidanandan

The second part of a review of Dilip Chitre's 'Shesha', and Kunwar Narain's 'No Other World' in Apurva Narain's translation.

Kunwar Narain is as different from Dilip Chitre in the way he structures his poetry as it is possible to be for two poets who are writing at the same time about the same world. Still, one can well see the conections in their common concerns and their essential humanism. Kunwar Narain is a minimalist and his poetry is more cerebral than visceral. If Dilip Chitre is Neruda-like in his passion, Narain is Brecht-like in his brevity and wit. There is a purity about his poetry as there is with the person. The poems are lean and suggestive and spring either from a historical memory or an everyday occurrence, or are expressions of certain attitudes to life. It is unpretentious poetry, honest, ever refusing to flaunt its inner wealth, often ironic and almost always philosophical. It has grace and sublimity and is motivated by a deep quest for the meaning of the human. It asks questions about our being, condemns all that makes us fall from grace, upholds justice, truth and egalitarianism and has an unmistakable meditative quality.

As the translator points out in his excellent introduction, "The mirrored other as a sympathetic reflection of the self, together striving to synthesise into a larger human canvas is, in fact, a true point of gravity in his work. Dichotomies are not problematic but stimulating for the poet, calling not for dualities, but, ultimately, emergent non-dualities". As Keki Daruwalla says of Kunwar Narain, "In his poetry life and literature, literature and aesthetics, become interchangeable."

No Other World is a careful selection of Kunwar Narain's poetry that while tracing his evolution as a poet also reveals the full range of his concerns and modes of imagination. The poetry has an inbuilt translatability about it as it depends more on ideas and situations than quaint turns of expression and the strangeness of images.

Apurva Narain, who has selected and translated the collection, has done a creditable and responsible job by giving the poems many patient and careful readings to unearth the many layers of suggestion behind their superficial simplicity. He has captured the verbal nuances and cultural inflections while also being faithful to the rhymes and rhythm of the original, which is no mean achievement, to say the least. A comparison between some of the originals with the translated texts–this is a bilingual edition that prompts us to compare–reveals an astute translator who cares for elegance and fluency and is loyal to the syntactic and semantic structures of the original. He has admittedly followed Walter Benjamin's idea of transparency in translation, allowing the pure language to shine fully upon the original instead of blocking the original light and rendering it opaque.

There is rare maturity even in the early poems of Kunwar Narain, in the section 'Early Meditations', as in Abhimanyu's final revelation in 'Chakravyuh' "...that the brave guardians of the siege/ who sided with their own, not truth,/ were cowards bent on deception/ that, encircled in death, life has many sides/ and time's eternal circular siege/ sides with none.' or in the closing lines of 'Fractured Dreams' (Chitke Swapna) : "...and we are those mortals/ who need a world each instant".

The poet's humanity comes through in 'The Unease' (*Ghabrahat*) where in the pouring rain someone nudges the door-chain many times, making the poet fear that he could be a robber or murderer, but the next instant he sees it differently–"Perhaps that man needed help from me", or in 'The Final Summit' (*Antim Oonchaayee*) that closes with the epiphanic lines, "...then you will find there is no difference between winning everything and not losing courage till the end''. There are moments of irony when the poet roams around to find that there has been no mishap on the day, he was never once slighted, none misunderstood when he spoke the truth, none swindled him even when he trusted everyone and most strangely, he found himself and not another coming back home ('A Strange Day'/*Ek Ajeeb Din*).

The poems in 'Rough Roads of History'reveal a poet with a deep philosophical understanding of historical events and the irony behind many human situations we encounter there. The poems are also secular, non-partisan readings of history where the poet clearly empathises with the victims. 'Ayodhya,1992' is a good example where the poet tells Rama that Ayodhya is no more impregnable and 'these jungles are not the jungles of yore/ that Valmiki used to roam'. The feeling resurfaces in 'Gujarat, 2002' where the poet wishes to pass through the streets of Gujarat's cities unstained by innocent blood, and if the stain was inevitable, carrying on his soul "the wound of some very big love/ that never filled up." In Kafka's Prague, the poet finds, "At times a presence/ can be more present in its absence." The spirit of Kabir comes alive in 'Kabirdas These Days'(*Aajkal Kabirdas*) where humour and wisdom, fantasy and reality, past and present, mix in beautiful proportions.

If the poems in the section 'Journeys' deal with everyday situations with sympathy and depth, those in 'The River Does Not Grow Old' and 'Trees' reveal a profound understanding of nature in relation to man. Narain compares trees to languages: "When a tree dries out/ its most tender parts/ dry out foremost—/its flowers/ its leaves/ When a language dries out/ words begin to lose their poetry/ the sparkle of sentiments/ the value of ideas–/ there begin to widen amid people/ the wilds and voids of disconnect..."('In the Ravaged Ecology of a Language', *(Bhasha ki Dhvast Paristhitiki mein).* The poems in 'Mirrors and Shadows' are meditations on the self and the other: "Whenever I pass in front of a mirror, I am startled/ Sometimes I resemble the one, sometimes the other." (Midnight/*Aadhi Raat*) As we reach at the last sections, 'Remembrances' and 'Humanesque', the poems grow deeper and at the same time more tender, reminding us that the beggar at our door may be the Buddha himself ('Before Turning Him Away Empty-handed', *Use Khalee Hath Lautane Se Pahale*). These lines from 'In a Brief Time Zone' (*Ek Sankshipt Kalkhand mein*) may hold the key to Kunwar Narain's oeuvre: "If I had the strength/ to change my world/ then first of all/ I would begin with changing that I/ who had the strength to change the world."

To Be Wordless

Pratap Bhanu Mehta

Kunwar Narain is one of the finest Hindi poets of his generation, a meditative poet of unsurpassed brilliance. His poetry is an astonishing combination of deep thought and controlled lyricism. It is profound, but lightly carried; never for a moment forgetting that a poem is not a self-indulgent exercise, but a compact between the reader and the poet to ascend to a point of self-consciousness where ordinary prose cannot. There is a fundamental honesty in his oeuvre. Despite its depth of engagement with different facets of existence, it is poetry, that unusually for its age, is meant to be read aloud; its aural quality as much a part of its force as its meaning.

Poems like 'Chakravyuh' or 'Lucknow' have this double effect: a profound unfolding of meaning made more forceful by the peculiar rhythms and metre in which they are expressed. The range is also impressive: at times deeply, but never inaccessibly, philosophical; at times engaged in a minute observation of nature; at times a subdued political protest; at times an ironic engagement with history; at times an engagement with one's own inner demons.

Kunwar Narain is quietly unsettling, his revolt all the more effective because he gradually builds up to it. What Shrilal Shukla once said about his stories is equally true of his poems: they end by jolting you in an unprecedented way, leaving you "wordless". But it is this wordlessness that has a far more profound effect on you than the torrent of words that others hurl at you. But it is also poetry of quiet affirmation, a penetrating scepticism, whose purpose is not to destroy, but generate clarity.

Translations are never easy. Much of Hindi poetry and its references depend on grasping specific words in the context of a tradition. For instance, how does one translate the wonderfully evocative line in

'Lucknow', *"shaame awadh ko shaamate awadh ki tarah bitaya"?* Or give the technical resonances of the term *ulatbansi in* "Aajkal Kabirdas"? But it is a measure of Kunwar Narain's accessibility, and the success of these translations, that they manage to overcome these challenges. Apurva Narain's translation will definitely set a new benchmark. The translations are luminous, evidence of someone having wrestled with the inner meaning of the poems. The judgment calls, on when to translate and when to paraphrase, when to emphasise rhyme and when to privilege meaning, are very well made. For those not fluent in Hindi, the translations will serve as outstandingly readable poems in their own right. And for those fluent in Hindi, they open up new vistas of interpretation. This volume has both the Hindi and the English versions.

Those familiar with Narain's work might quibble over one or two omissions, but on the whole the selection is judiciously made and insightfully organised around themes—early meditations, rough roads of history, journeys, the river does not grow old, trees, an intriguingly titled section, mirrors and shadows, remembrances, and humanesque, all titles that give a fair sense of their content. Many of the poems have their share of surprises : a minute observation often moves on to an unexpected thought, like ruins leading to a meditation on the ironic nature of history.

If there is a dominant theme in this selection, exemplified in the admonition in 'Abhinavagupta', it is a sense of the world that can never be fully made. It is not a message of despair, but a mode of self-clarification. 'Chakravyuh', on the death of Abhimanyu, has the searing line, in translation, "the brave guardians of the siege/ who sided with their own, not the truth/ were cowards bent on deception." "Sided with their own/ not the truth" — an apt description of our political condition.

Kunwar Narain's Poems : A Range of Experiences

Shanta Acharya

Kunwar Narain is among India's most highly-regarded living poets. He writes in Hindi, estimated to be the fourth language in the world as spoken by the largest numbers of native speakers. A selection of his poems, *No Other World,* translated into English by his son, Apurva, was originally published by Rupa in 2008; an abridged edition was released by Arc Publications, UK, in 2010. Quoting Walter Benjamin, Apurva Narain gives us an insight into his process: "A real translation is transparent; it does not cover the original, does not block its light, but allows the pure language, as though reinforced by its own medium, to shine upon the original all the more fully" (Rupa, xv; all quotes are from the Rupa edition).

Frost reminds us that "Poetry is what gets lost in translation." Yet every translator's challenge is to create an echo of the original– a translation of that which is lost in translation! We are also told "A poem is never finished, only abandoned," (Paul Valery). So too is a translation. Father and son know this all too well. For Kunwar Narain, "The remaining poem/ is not written with words, / Drawing the full existence like a full stop/ it is left anywhere..." ('The Remaining Poem') Apurva Narain takes "comfort in the thought that a translation has to be left as it is at some stage for it to appear at all– much as a poem or life has to be – incomplete and unfinished, and in hope" (xix).

The translator tells us he has been faithful to his instincts hoping that some of one's personal creative journey may have shaped those instincts, and just grappling with the rich poetic material is among the best ways of journeying creatively, "of taking in vistas, strumming along with poetic craft, and covering distances that no other journey could" (xv). The reader too makes such a journey bearing in mind the poet's injunction: "From these asides of my poem/ build your own sky, / take my restless words/ and give to this tattered bias of an art's remnant/ a new body of beauty..." ('Medium').

Narain's literary oeuvre spans poetry, short story, epic, criticism, essay, translation as well as writings on cinema, music, arts and culture. The translations here are from five published poetry collections spanning five decades. Narain publishes selectively, after considered intervals. He has the reputation of being a 'true intellectual' among poets, thanks to his extensive reading and encyclopaedic knowledge; yet the burden of his learning sits lightly–both on the man and his writings. Firmly rooted in the Indian literary and philosophical traditions, his sensibility is cosmopolitan. This 'internationalism' is as evident in Tagore (1861-1941) as among the younger generation of poets writing today. Indian poets typically are influenced by at least three traditions–that of the literature of their mother tongue, classical Indian poetry, and the avant-garde ideas and works of modern European writers and thinkers. Yet, when reading Narain, one comes across a distinctly modern sensibility.

Perhaps, it has something to do with his education and background. Born on 19 September 1927, Narain came from a business family; initially he studied science in college, which may have enhanced his overall spirit of enquiry. He then switched to English Literature, and got a Masters from Lucknow University in 1951. Uninterested in the family business, in 1955 he went travelling in Eastern Europe, Russia and China, and met with poets like Nazim Hikmet, Anton Slonimskie and Pablo Neruda during the trip.

Influences on him have been pretty eclectic, eastern and western, ranging from "the Upanishads and the Indian epics to Kabir and Amir Khusro, Buddhism and Marxism to history and mythology, Cavafy and Kafka to Ghalib and Gandhi" (xii). The French symbolists, especially Stephane Mallarmé, and poets like Jorge-Luis Borges, also influenced him deeply.

This panoramic vision comes across in his writing. Narain's poems allude to a wide range of topics–they can move from Kafka's Prague where "a presence/ can be more present/ in its absence" ("In Kafka's Prague") to Krakow Zoo where, having lost his consort, an elephant with his wet eyes "looks/ like a poet, / from his probing trunk a scientist, / from his forehead a thinker, / from his ears a saint" ("In Krakow Zoo"). We encounter Alexander the Great who abandoned his conquest of India;

but the poet reminds us : "Had I been Alexander/ it is possible that I would have killed all thirteen that night/ who incited those that were turning back. We/ had just about found the limit/ Alexander had reached" ("To That Mound"). His themes cover Ayodhya, a city he knew well having spent some of his childhood there, and then to experience the Hindu-Muslim riots in 1992, a harsh reminder of the reality of India today: "O Rama/ life is a bitter fact/ and you are an epic. / You cannot win over/ the unthinking/ that now has not ten or twenty/ but a million heads and hands; / and who knows with whom your ally/ Vibhisana too now stands" ("Ayodhya, 1992"). In "Nalanda and Bakhtiyar," the barbarous conqueror, who destroyed the world-famous Buddhist centre of learning, Nalanda, in the 12th century, meets with his nemesis: "Shut in the dark room of his guilt, with shame, / a victor's dreams break down his strength, give way."

Reading Narain we gain perspective on human emotions displayed over the course of history. In 'Ibn Batutah,' he notes : "All this is not today's/ history but/ of very long ago,/ of primitive savages,/ whose witness I am not." This technique of using historical events to reflect on current affairs is deployed with great effect, a kind of an objective correlative. The poem's ending also serves as a sharp comment: "Sultan, / permit me to leave,/ it is the hour for my prayer." The open-ended quality, the irony, cannot be missed.

In "Falcon," he adopts that all-seeing, God's eye-view as a falcon does : "A hyphen between land and sky / life from a valorous view." Mediating between opposites–earth and sky, life and death–may seem characteristically Indian. And Narain does come across as a thinker, holding on to opposites, like a scientist able to see both sides of the question. In 'Chakravyuh,' he affirms :...''life has many sides/ and time's eternal siege/ sides with none." In the course of our journey with the poet, "some growing gaps start coming to mind / as between people and power/ principle and practice/ prosperity and poverty/ pace and progress./ Some unbearable proximities start to surround / as between resolve and restiveness/ speeding and slipping/ dirt and cleanliness/ dying and living" ('In The Course Of A Journey').

Living in a country of paradox and contradiction, Narain can not help addressing such matters. He does not say nothing can be done about it, instead he quietly asserts: "I have to embark on a journey. / I have to go to work." The reader is left to discover the meaning. In a world born of a terrible beauty, Narain gently reminds us–"when seen, will look pieced together/ like a map of India." He also refers to "an internal intent" that looked "like an old philosopher's face." (A Map). His poems have 'a certain poised vulnerability', an awareness that is "at once detached and attached, its doors opening up for the reader and poet alike, outwards and inwards" (xii).

In "On Both Sides Of The Line," he is confronted with the limitation of perceiving both sides, of being reduced to seeing the world as "split into two clear halves." Trying to see things not linearly but more as a circle, more complete, thus giving his "time-space sense/ more meaning, that is, / it let him give more to others/ and get more from others," except that "others thought he was incomplete." He does not lay the blame of misperception, of partial observation, with 'others'. No, he refers to his own limitation, "because of him/ all else looked complete."

Thus, he looks to Nature as an ideal – nature's give and take is the give and take Narain aspires to. "If I return this time/ I will return better..."more caring for all/I will return more complete" (If I Return This Time). In the section, "Trees," Narain reminds us of nature's generosity: "Whenever that grand old tree comes to mind/ the Upanishads come to mind: / comes to mind a clean, simple life-style; / in its ever-calm shade, a strange/ generous quality that gave/ coolness in summer/ warmth in winter." Trees, flowers, rivers, rays, butterflies, elephants, all figure in his poems as a part of creation's spectrum. "I do not imitate nature, I am nature," he says, "we live in two worlds : one that each creates, one created by all together... *my* world may or may not differ from *ours"* (xii). He is aware that just the way "when a tree dries out/ its most tender parts/ dry out foremost / its flowers/ its leaves." Similarly, "when a language dries out/ words begin to lose their poetry/ the sparkle of sentiments/ the value of ideas" ("In The Ravaged Ecology Of A Language").

What characterises Narain's poetry is the delicate balance between thought and language, content and structure; his words give meaning to ideas. "It is under total creative pressures and from inner imperatives that the special language of a particular poem is generated" (xii).

Between fact and fact there is a language that parts us
between you and me an unbroken silence that joins us :
apart from the world, there is a vision
that endures infinite dreams,
a restless consciousness that, in a frenzy,
takes language to be fact, breaks it up

and strews it upon its solitude;
and then like a sobbing child turned coy
gathers the same scraps of language again
in its spent mind, orders them again,
and locates life with a new meaning.

('Medium')

The poem resides in the realm of universal thought, if not consciousness–the poem transcends the poet's personal limitations as a human being. It is not surprising to learn that one of his main themes is about how to be human. In "He Never Slept," he says: "There begins the search of man/ .../to stay alive amidst those many battles/ that are not his.../ only goes on enacting his duties/ with honesty..." Becoming human is among the greatest challenges one can face. Narain is far from being a lonely poet; on the contrary, his poems connect and resonate universally in their quest for faith in a world of disintegrating values.

One encounters in Narain a profound humanism. In a section titled, 'Humanesque,' in the poem, "When One Can't Remain Human," Narain writes about the limits of being human. Yet all he aspires to is to become a human being. In "A Strange Day" he observes :

I roamed about all day today
and no mishap happened.
I met people all day today
and was slighted nowhere.
I told the truth all day today
and no one took it wrong.
I trusted everyone today
and got swindled, nowhere.

And the strangest miracle was
that coming home I found not another
but myself come back there.

It is powerful in its simplicity, reminding us how every day our world is threatened. Whether we return more complete or return home with our self intact, "we are those mortals/ who need a world each instant" ('Fractured Dreams'). We often read about bad things happening–news bulletins thrive on such stories. How often do we sit down and appreciate the miracle of a day that is ordinary? As Confucius reminds us, "a common man marvels at uncommon things; a wise man marvels at the commonplace." Great poetry too marvels at the commonplace. Narain's poems too begin in the ordinary and end in wonder.

In a preface, Narain alludes to a *"scientific* view on poetry; to the relevance of thought, not just sentiment–the relevance of a liberal sensitive intellect that precludes prejudice and intolerance–and some of his poems have indeed been noted for their intellectually elegant, clinically controlled, classical tendencies. But it is not just a modernist notion of science he alludes to. Instead, it is an informed, human notion of it that recognizes its own fallibility. In being dispassionate, passion is not compromised. In questioning blind faith, faith is only reaffirmed" (xix).

In 'Kabirdas These Days,' he reckons "that to see objectively/ is to see like an object/ to know the right/ is to become right." Being objective is made simple; the question–Who am I?– exemplifies this. "There is no difference/ if I am 'Das' or 'Prasad'/ 'Nath' or 'Din'/ 'Gupt' or 'Narain'/ .../ Hindu or Muslim/ or man's societal symbol/ God-and-Allah/ .../ the whole universe, / or a mystery beyond all words." All the names cited here refer to the Divine, blurring the line between I, the human, and I, a representative of God. Narain goes on to add: "It was clear that not just identity/ but language too was at stake here/ like his non-dual sense." In "Midnight" we are faced with the same question: "I don't know if I have killed or been killed." The unity of perception, that angle of vision, the process involved when Imagination perceives the Object, defines Narain's poetry.

Asked by an interviewer what the role of thought and intellect should be in poetry, Narain is reported to have said: "Pretty much the same as in our life, namely, to enhance a better understanding of life, sensitivity and a sense of justice." Narain's faith in thought seems to be exceeded only by his faith in poetry, for which we may save "within ourselves a corner/ where the gap is the narrowest/ between the earth and sky/ between man and God" (Arc, 13). The connection between life and poetry comes across succinctly in "Off-Centred" : "I do not wish to flee life / I wish to connect to it–/ to jolt it/ on its imaginary axle/ at that very point where/ it is most vulnerable to poetry." In 'Amir Khusro,' his wish is : "Let me live my remaining life/.../ free like the thoughts of a poet."

वाजश्रवा के बहाने : कुछ संकेत सूत्र

गोविंद चन्द्र पांडे

'वाजश्रवा के बहाने' एक लम्बी कविता है, जो दो मुख्य खंडों में विभक्त है, *नचिकेता की वापसी* एवं *वाजश्रवा के बहाने।* पहले खंड में दस विभाग हैं, दूसरे में ग्यारह। अपने 'पूर्वकथन' में कवि का कहना है कि उसे मृत्यु और जीवन को नजदीक से देखने का अवसर मिला है। नचिकेता और वाजश्रवा उसकी अनुभूति के इन्हीं दो छोरों का प्रतिनिधित्व करते हैं।

प्रस्तुत काव्य नचिकेता की वापसी से शुरू होता है और पिता-पुत्र का मिलन इस बार संघर्षपूर्ण न होकर सार्थक होता है। द्यावा-पृथ्वी दो अधूरे वृत्त हैं जो दिगंत में मिलते प्रतीत होते हैं, किन्तु उस दिगंत का निर्धारण नहीं किया जा सकता। जीवन का सत्कार करने में वैदिक दृष्टि आधुनिक दृष्टि से कथंचित तुलनीय है किन्तु वैदिक दृष्टि के लिए दो बातें निर्विवाद थीं—यह जीवन ऋत के सूत्रों से बंधा है और इस जीवन के परे एक महत् सत्य है। इसीलिए वैदिक मानव जिजीविषा का स्वागत करते हुए भी देवशक्ति के प्रति प्रणत् था। इस चिरंतन सत्य की ओर जो नया संकेत नई परिस्थितियों की स्वायत्तता और धूमिलता के माध्यम से प्रस्तुत काव्य में झलकता है उसके लिए हम कृतार्थ हैं। यद्यपि यह कहना ज़रूरी है कि आधुनिक काव्य कभी भी अपनी गम्भीरता को सर्वात्मना व्याख्या अवगाह्य नहीं बनने देता।

प्रथम खंड का आरम्भ 'आह्वान' से होता है। उसकी पहली कविता विस्मयपूर्वक यह जिज्ञासा करती है कि नए या पुराने दिनों में क्या मौलिक अन्तर है। प्रकारांतर से यह पूछा जा सकता है कि मृत्यु देखने के बाद यदि जीवन मिलता है तो वह पिछले जीवन से किस प्रकार भिन्न होगा। जीवन एवं इतिहास के क्रम में जो विच्छेद-अविच्छेद बना रहा, उसमें इस प्रकार का प्रश्न सहज है। दूसरी कविता निर्जीव मानव में प्राण का आह्वान करती है।

'कवयो मनीषा' कविता में यह कहा गया है कि कवि-प्रतिभा सम्भावना के परोक्ष संसार को प्रत्यक्ष रूप देती है।

'असंख्य नामों के ढेर में' सब नामों का मोल मौन में बताया है किन्तु साथ ही यह स्पष्ट किया है कि शब्द सोपान का सहारा अनिवार्य है। 'उसे याद आने लगे कई जीवन' में वर्तमान चेतना के नियामक संस्कारों की विविधता कही गई है। एक ओर वे पुराने व्यक्तिगत या ऐतिहासिक अनुभव की स्मृतियाँ और अवशेष हैं, दूसरी ओर से पार्थिव जैविक संस्कार हैं। मनुष्य का यह दोहरा निर्माण है, जैविक और ऐतिहासिक संस्कारों से।

'वह उदय हो रहा पुनः' में जीवन के दो पक्ष साथ-साथ रखे गए हैं। एक ओर उसका पुनरावर्ती और आसन्न आयाम है दूसरी ओर उसका सुदूर लक्ष्य है। प्रदत्त और साध्य के तनाव में मनुष्य झूलता है।

'उसे याद आया एक जीवन' में बहुत-से अस्पष्ट गलियारे और मंजिलें पार कर कविता इस निष्कर्ष पर पहुँचती है कि वह 'बाहर की ओर ढकेलता रहा उस दरवाज़े को जो अन्दर की ओर खुलता है।'

'एक अन्य आरम्भ' में जीवन की नवोन्मुखता का संकेत है जो सीमाओं का अतिक्रमण चाहती है।

'वे दो लगते हुए एक ही थे' में भेद की तादात्म्यमूलकता एक अनोखे ढंग से व्यक्त की गई है।

'सुदूर अतीत में' में विलुप्त संस्कृति की अप्रत्यक्ष अविच्छिन्नता की ओर कवि संकेत करता है और उसके लिए बहती फूल माला, अंकुर और हस्ताक्षर जैसे प्रतीक उद्‌घाटित करता है।

'पिता से गले मिलता' नचिकेता अपनी वापसी पर प्रसन्नता महसूस करता है। घर लौटना कितना अच्छा लगता है।

दूसरा खंड 'वाजश्रवा के बहाने' के शीर्षक की शुरुआत 'एक व्यामोह का अन्त' से होती है। एक रात के तूफान में एक बहुमूल्य सजावट की वस्तु टूटकर गिर जाती है। जैसे वह स्वयं टूट गया हो पर जीवन फिर से चलने लगता है। नचिकेता से फिर मिलकर वाजश्रवा को अपनी टूटन से मुक्ति मिलती है।

'उपरांत जीवन' में जीवन और मृत्यु के सम्बन्ध पर कवि प्रश्न करता है। मृत्यु मनुष्य का अन्तिम वक्तव्य नहीं है, न किसी अन्य लोक में ही उसे सार्थकता पानी है। यहीं सच्ची अनुभूति के क्षणों में जीवन सार्थक हो सकता है।

यदि 'उपरांत जीवन' में नचिकेता की विश्रांति व्यक्त होती है तो 'अच्छा हुआ तुम लौट आए' में वाजश्रवा की। नचिकेता ने जीवन को पा लिया और वाजश्रवा को खोया हुआ जीवन मिल गया।

'जब मैं व्यस्त था' में वाजश्रवा नचिकेता के अभाव में अचानक अस्तित्व बोध को पहचानता है। 'पुनः एक की गिनती से' में चरम प्रश्न उठाया गया है कि क्या विश्वातीत सत्य विश्वास के अतिरिक्त उपलब्ध हो सकता है।

'अपने सोच को सोचता है एक' में निगूढ़ अद्वैत का सत्य व्यक्त होता है। जो

चेतना क्षुद्र अहं के रूप में प्रस्फुटित होती है और मनोवृत्तियों में बिखरी होती है, वही विश्व ब्रह्मांड का महत् सत्य भी है।

'अपना वह दूसरापन' में भी वही स्वगत द्वैत प्रस्तुत कर उसका अद्वैत में विलयन मिलता है।

'तीन रातें' एक ऐसे मोड़ की चर्चा करती है, जहाँ मनुष्य इतिहास और काल का साक्षी बन जाता है, मानो वह सर्वोच्च शिखर पर हो किन्तु फिर कविता जीवन की ओर मुड़ती है और इस विज्ञप्ति पर समाप्त होती है कि युद्ध बुद्धि की पराजय है।

'यह अवसान नहीं' में कवि भौतिक जगत् और जीवन को पराभौतिक दृष्टि से देखने की आकांक्षा रखता है, किन्तु पराभौतिक को वह आनुमानिक ही मान पाता है। वह समय का साक्षी बनना चाहता है किन्तु उसे अपनी शून्यता की प्रतीति प्रबल रूप से होती है।

'शब्दों का परिसर' में रचनाओं में निहित अर्थों में क्या सचमुच अपूर्व और संरक्षण के योग्य है, इस पर कवि विचार करता है। उसे यह भरोसा चाहिए कि उसका अपना आरम्भ सही है।

'वाजश्रवा के बहाने' में कवि के अभिप्रेत अर्थ ऊपर अत्यन्त संक्षेप में स्पष्ट किए गए हैं। कवि ने अपनी विवक्षा के संप्रेषण के लिए प्रत्ययात्मक भाषा को अपनाया है, जिसके साथ उसने प्रवाहमय बिम्बों की भाषा गूंथ दी है। इससे कहीं व्यंजक-स्फुटता बढ़ती है, कहीं जटिलता।

कवि की सांस्कृतिक, दार्शनिक जीवन-दृष्टि चिरंतन और युगीन अर्थों के बीच सेतु बांधना चाहती है। उसका यह प्रयास अवश्य ही श्लाघनीय है।

एक अपने सद्योविरचित पद्य से हम कवि का सम्मान करते हैं–

सरितमिव विलुप्तां संस्कृतिं नूतनां च
समयशयितलोकं मृत्युपारे तथामुं।
उभयमपि सिनीते सेतुमातन्वती या।
स्फुरतु कविमनीषा शुभ्रकेतुप्रभा सा।।

(नदी के समान खोई हुई संस्कृति और आजकल की संस्कृति, समय में सोया हुआ लोक और मृत्यु के पार का लोक, इन दोनों के बीच में एक पुल-सा बनाती हुई कवि प्रतिभा शुभ्र पताका के समान फहराएँ।)

जीवन चेतना का आह्वान

विश्वनाथ त्रिपाठी

वरिष्ठ कवि कुँवर नारायण के इस काव्य के बारे में सबसे पहली बात यह कहनी चाहिए कि इस बीच प्रकाशित शायद ही किसी अन्य काव्य का पूर्वकथन इतना महत्त्वपूर्ण हो, लगभग तीन पृष्ठों का यह वक्तव्य अपनी गम्भीरता और जीवन-दृष्टि को देखते हुए 'कामायनी' की भूमिका की याद दिलाता है। 'कामायनी' की भूमिका भी संक्षिप्त तथा जीवन, इतिहास और दर्शन के विषय में प्रसाद के व्यापक अध्ययन और चिन्तन से प्रसूत सारगर्भित उक्तियों से भरी है। जीवन सौन्दर्य का कोई उल्लेखनीय कवि शायद ही मिले जिसने मृत्यु पर मार्मिक कविताएँ न लिखी हों। कुँवर ने 'आत्मजयी' में मृत्यु को मूल में रखकर काव्य रचा था। 'वाजश्रवा के बहाने' जीवन की भूमि पर खड़े होकर मृत्यु को देखा गया है। लेकिन चिन्तन में जीवन और मृत्यु का यह भेद मिट जाता है। बिलकुल *गिरा अरथ जल बीचि* वाली बात है।

मृत्यु से बचने का कोई चारा नहीं है। इसी लाचारी को चिन्तक, दार्शनिक शान्ति, पूर्णता आदि कहते हैं। बहुत लाचार होकर अनिवार्यता में मनुष्य मृत्यु को आत्मीय बनाता है। रवींद्रनाथ ने तो मृत्यु को *मरण! रे तू मम श्याम समान* कहा है। और इस कालभूमि पर खड़े हों तो सब कुछ मिथ्या और शून्य लगता है। पृथ्वी और इतिहास सब उदासीन लगते हैं। काल में 'आज' और 'आज' में अन्तर मिट जाता है। सभी कालखंडों के 'आज' निर्विशेष हैं : *यह 'आज' भी वैसा ही है/जैसा कोई 'आज' रहा होगा/इस आज से कहीं बहुत पहले.../याद आतीं वे सुबहें भी/इसी तरह आँखें खोलतीं/ऐसी ही किसी उदासीन पृथ्वी पर।*

और इस सर्वग्रासी काल के विरुद्ध जीवन चेतना का आह्वान है। काल अपराजेय है। लेकिन उसकी अपराजेयता के दो आयाम हैं : समतुल्य मृत्यु और जीवन। दोनों साथ-साथ और निरन्तर अनिवार्य हैं। जीवन मानो एक धधकता तिलक है कवि के मस्तक पर धारण किया हुआ। वह सर्वग्रासिता के विरुद्ध एक चुनौती है। इसे स्वीकार करने वाला रचनाकार इतना व्यापक हो उठता है कि उसका अपना अहंकार भस्म हो जाता है। यह आत्मनिषेध सर्जना का आदि-लक्षण है। अद्‌भुत रचना-कौशल से

कुँवर ने 'वाजश्रवा के बहाने' की प्रथम कविता में रचना का वस्तुनिर्देश कर दिया है, जो समकालीन कविता में पाया जाने वाला अलभ्य मंगलाचरण भी है। कुँवर के इस आधुनिकताबोध और परम्परा निर्वाह की क्षमता समझदार कवियों और पाठकों को ही अभिभूत करेगी। वाजश्रवा (नकिचेता के गो-धनिक पिता) जीवन के प्रबल आकर्षण के प्रतीक हैं। इस काव्य-संकलन के वाजश्रवा के मन में *पहुँचा जा सकता है/आकाश-मार्ग से/जीवन को लाँघ कर... थल मार्ग से भी/जीवन को जीते हुए।* वाजश्रवा के मन में आत्मिक ऊहापोह कम है, वैदिक जीवनदृष्टि की लौकिकता प्रमुख है। आज की भौतिकता में भी उसकी एक झलक पहचानी जा सकती है। साथ ही वाजश्रवा के मन में गहरा विक्षोभ भी है। अपने उस 'अशुभ क्रोध' को लेकर जिसके कारण उसके जीवन यज्ञ में इतना बड़ा व्यवधान पड़ जाता है। वाजश्रवा अन्न के प्रचुर दान से महान कीर्ति पाए हुए थे। वे मरणासन्न गायों का दान करने लगे तो पुत्र नचिकेता ने पिता से प्रश्न किया कि ऐसी जराजीर्ण गायें क्यों दान कर रहे हैं? गो-धनिक वाजश्रवा ने क्रुद्ध होकर कहा, मैं तुझे मृत्यु को देता हूँ। *मृत्यवे त्वा ददामीति।* कठोपनिषद् की यह कथा अतीव सांकेतिक है और वर्ग विभक्त समाज की संस्कृति को समझने के लिए बहुत काम की है। कुँवर ने इसकी अर्थगर्भिता का काव्यात्मक उपयोग करके कवि-कर्म के उत्तरदायित्व का पालन किया है। लेकिन यह अशुभ क्रोध क्या है? अशुभ क्रोध वस्तुतः महाजनी संस्कृति का अपराध बोध है जिसका प्रक्षालन नई पीढ़ी के प्रतीक नचिकेता को करना पड़ता है। इस सन्दर्भ में मुक्तिबोध की *अँधेरे में* कविता के इसी प्रकार के उपनिषद् कथा-पात्र शुनःशेप और अजीगर्त का स्मरण हो आता है। वाजश्रवा को अन्ततोगत्वा इसका एहसास होता है। इस बोध की अभिव्यक्ति कवि ने परिपक्व चिन्तन और अद्भुत शब्द साधन से की है, 'वस्तु' और 'प्रिय' शब्दों के अन्तर को रेखांकित करके। मैंने कुँवर के इस अन्तर को 'वस्तु' और 'पण्य' के अन्तर की दृष्टि से समझा है। प्रिय अभिन्न, आत्मीय होता है। इस आत्मीय शब्द की भारतीय चिन्तन में बड़ी महिमा है। हमारे समय में इस शब्द का कविता में सर्वाधिक सार्थक उपयोग मुक्तिबोध ने किया है। कुँवर ने वस्तु और प्रिय का अन्तर रेखांकित करके मानवीय संस्कृति के हमारे दौर के ऐतिहासिक पक्ष को अभिव्यक्ति दी है। विरोधी पक्ष की चीखों को सुनना पर्याप्त नहीं होता। ठीक जगह पहुँचने के लिए *चीखों* को नहीं, *सिसकियों* को सुनना पड़ता है।

भौतिक संपदा भी सुरक्षा प्रदान करने का भ्रम पैदा करती है। वो शोर का कवच और कुंडल प्रदान करती है। और व्यक्ति चीज़ों की ठसाठस भीड़ में सुरक्षित अनुभव करता है। हमारी समकालीन उपभोक्ता संस्कृति की अमानवीयता और व्यर्थता पर कैसी मर्मांतक टिप्पणी है-*कि तुम लोहे की तरह कठोर और बहरे हो जाओगे/उनसे परे की कोई ध्वनि या अन्तर्ध्वनि/तुम तक पहुँच ही न पाएगी/और तुम सुरक्षित अनुभव करोगे/चीज़ों की ठसाठस भीड़ में।* वाजश्रवा को 'वस्तुत्व' और 'प्रियत्व' का भावबोध होते ही जीवन में सार और असार का फर्क समझ में आ जाता है। मनुष्य को सम्पूर्ण

पृथ्वी नहीं, उसका एक कोना बहुत है। युद्धरत के लिए विजय नहीं, शरशय्या जीवन का यथार्थ है। 'वाजश्रवा के बहाने' में एक अनुस्यूत प्रबन्धत्व है लेकिन यह प्रबन्धत्व पात्रों की अन्तरसम्बन्धता पर नहीं, काव्यार्थ की विविधता की अन्तरसम्बन्धता से पैदा होता है। वाजश्रवा और नचिकेता के द्वन्द्व की कथा इस प्रबन्धत्व का बहुत सूक्ष्म आधार है। कुँवर द्वन्द्व की अपेक्षा 'संयुक्त' या 'दोहरी जीवन शक्ति' कहना पसन्द करते हैं। यह दोहरापन ही द्वन्द्व है। यह काव्य क्षीणप्रबन्धधर्मा होने पर भी अनेक मार्मिक और दुर्लभ अर्थगर्भित उक्तियों से भरपूर है। पाठक को कदम-कदम पर इन मणियों को पाकर कविता पढ़ने की सार्थकता का अनुभव होता है। कहने की आवश्यकता नहीं कि ये उक्तियाँ हमारे अतीव अनुभवसिद्ध कवि के युगबोध, उसकी विसंगतियों और उनमें संगति तलाशने के आत्मसंघर्ष का फल हैं। अन्त में कवि स्वाधीनता आंदोलन की भाषा में जो संदेश देता है, उसे इस काव्य का भरत वाक्य भी कह सकते हैं : *शक्ति है इस विश्वास में/कि हम अकेले नहीं हैं/अकेले हो जाते हैं यह मानते ही/कि हम अकेले हैं। हम अकेले नहीं हैं/ इस हठ को न छोड़ें तो/बाध्य कर सकते हैं ईश्वर को भी/अपना साथ देने को।*

बहुत दिनों के बाद हिन्दी में ऐसा काव्य पढ़ने को मिला जिसकी भावाभिव्यक्ति परम्परा, आधुनिकता, व्यापक अध्ययन और गम्भीर चिन्तन से युक्त है और जिस कवि की संवेदना में मनुष्य के सुखद भविष्य की आशा भी अंगीभूत है।

वाजश्रवा के बहाने : अर्थ के संधान की भूमियाँ

प्रभाकर श्रोत्रिय

हिन्दी सर्जना ने बड़े प्रश्नों से जूझना लगभग छोड़ दिया है। आधुनिक लेखक यदि इन्हें अध्यात्म, दर्शन या प्राचीनता के खाते में डालकर मान लें कि वर्तमान सवालों, समस्याओं और संघर्षों से इनका कोई सम्बन्ध नहीं है तो वह उन विमर्शों, अनुभवों और गवेषणाओं से अपने को वंचित कर लेता है जिनमें पुरखों की सैकड़ों, हज़ारों वर्षों की साधना संचित है और जिनमें ढेरों व्यंजनार्थ और सृजनार्थ निहित हैं। बड़े प्रश्नों से असंख्य प्रश्न निकलते हैं जैसे शास्त्रीय संगीत से कई प्रकार के संगीत। वे आधुनिक लेखकों को सीमित और एकायामी दायरों से निकालकर विराट, देशकाल व्यापी विजन देते हैं।

यह छोटी सी भूमिका कुँवर नारायण की कृति 'वाजश्रवा के बहाने' पर विचार करने के लिए है जो इक्कीसवीं शती के आठवें वर्ष प्रकाशित हुई है, परन्तु उसकी बीज-वस्तु हज़ारों वर्ष पहले की दार्शनिक रचना 'कठोपनिषद्' से संदर्भित है। कुँवर की यह नई कृति उन्हीं की कोई पाँच दशक पहले लिखी रचना 'आत्मजयी' के सूक्ष्म तारतम्य में है, जो एक प्रखर जिज्ञासु युवक नचिकेता की साक्षात् मृत्यु-देव यम से एक ऐसे प्रश्न को लेकर की गई जिरह का काव्य-रूप है जिसका उत्तर यदि यमराज दे देते तो स्वयं की आतंक और भय की सत्ता को संकट में डाल देते; यदि वे यही रहस्य बता देते कि मरने के बाद आत्मा कहाँ जाती है तो मृत्यु का क्या अर्थ रह जाता? लिहाजा यम, नचिकेता को भांति-भांति के वैकल्पिक प्रलोभन देते हैं, पर वह विकट सत्यार्थी केवल अपने प्रश्न का उत्तर पाने पर अड़ा हुआ है। अन्ततः यम उसे अनुत्तरित धरती को लौटा देते हैं।

पहला सत्य-शोधक विफल हुआ...धरती से लेकर आकाश तक...पिता से लेकर धर्मराज तक...सत्य को कहीं ठौर न था...यह एक ऐसी स्थिति है जो देश-काल को सदा बींधती रही है...

इस कथा को कुँवर नारायण ने कैसे बरता और अपने देशकाल के लिए क्या दुहा, यही 'आत्मजयी' का कथ्य है।

काव्य समाप्त हो गया था पर इसके सन्दर्भ कुँवर के मन को मथते रहे। नया काव्य इसी मंथन की उपज है। मंथन से क्या-क्या नहीं उपजता? भारतीय पुराणों की समुद्र-मंथन की रूपक-कथा को याद करें। खैर,

'वाजश्रवा के बहाने' नचिकेता की मृत्यु और पुनः जीवन की संधि से प्रारम्भ होकर क्रमशः अपना मौलिक रूप और अस्तित्व पाने लगता है। जिस पिता ने क्रुद्ध होकर उसे यम-क्षेत्र में धकेला था, वही उसे खो देने के बाद बेहद पीड़ा-सी महसूस करता है और उसे लगता है कि उसने क्या खो दिया है? वह अनुशय और संताप से भरकर पुत्र को पुनः पाने की विकल आर्त पुकार से देशकाल, तल-अतल, अँधेरे-उजाले, चेतन-अचेतन, धरती-आकाश और जहाँ कहीं भी प्राण की व्याप्ति है, वहीं से उसे लौटने के लिए पुकारता है। (इस प्रकार का भी एक प्रतीकार्थ है।) मानो 'उपनिषद्' का प्राण-आह्वान संवेद और पश्चात्ताप में पिघलकर बह रहा हो :

लौट आओ प्राण
पुनः हम प्राणियों के बीच
तुम जहाँ कहीं भी चले गए हो
हमसे बहुत दूर–
लोक में परलोक में
तम में, आलोक में
शोक में अशोक में...

तल में अतल में
जल में अनल में
चल में अचल में...

क्षितिज में व्योम में
तारों के स्तोम में
प्रकट में विलोम में...

फूलों में पत्तियों में
मरु में वनस्पतियों में
अभावों में पूर्तियों में...

जलधि की गहराइयों में
ठिठुरती ऊँचाइयों में
पर्वतों में खाइयों में

वात में निर्वात में
निर्झर में निपात में
व्याप्ति में समाप्ति में...
रसों में नीरस में
पृथ्वी में द्यौस में
संध्या में उषस में–
लौट आओ प्राण

(पृ. 18-20)

वाजश्रवा की यह अद्वितीय-अपूर्व कातर पुकार उसे 'आत्मजयी' के दार्शनिक वृत्त से बाहर निकालकर संवेदनाघात की मानवीय भूमि पर ला देती है।

जाहिर है पचास वर्ष से कवि के भीतर सीझ रहे विचार अब अनुभव का रूप ले चुके हैं इसीलिए वाजश्रवा अब नचिकेता की मृत्यु को जीवन की दृष्टि से देख रहा है जिसका मूल्य उसे खो देने पर ही उसे पता चला है। यह कवि-दृष्टि अपने समय को रचनात्मक अर्थ देने के लिए भी ज़रूरी है, क्योंकि 'भूमंडल' की वर्तमान काल-लिपि, 'प्रलयंकर प्रगल्भता' से सिर्फ़ मृत्यु को लिख रही है। यहीं से खींचकर जीवन लाने की संकल्पिता का काव्य-रूपक मुझे युद्ध के विरोध में लिखा जान पड़ता है, जो युद्ध अब शास्त्रों का उतना नहीं रहा जितना जीवन में उतर आया है--उस पूरी प्रणाली में जिसमें हमारा समय साँस ले रहा है।

कवि वाजश्रवा के 'अशुभ क्रोध' से उत्पन्न 'विक्षोभ' और नचिकेता की 'मृत्यु' के इर्द-गिर्द दर्शन, विचार, अनुभूति, समय, समयांतर बुनता चला जाता है। इसमें अतीत का आग्रह नहीं है केवल अपने लिए प्रासंगिक अर्थ पाने की चाहत है। 'पूर्व कथन' में कवि कहता है–'मेरी अवधारणा में अतीत की ओर लौटने का कोई आग्रह नहीं है, ऐसे कुछ विचारों और धारणाओं का अवलोकन है जो आज कुछ विशिष्ट अर्थों में हमारे लिए पहले से भी ज़्यादा प्रासंगिक ठहरते हैं।'

इस रोशनी में यदि हम इस काव्य को देखें तो इसके दो बीज शब्द प्रतीत होते हैं–'आग्रह' और 'अवलोकन'। अतीत आता है तो कोई हर्ज नहीं, अगर वह 'कुछ विशिष्ट अर्थों में पहले से भी ज़्यादा प्रासंगिक हो'; कवि उससे संपृक्त नहीं है, सिर्फ़ उसका 'कुछ' 'अवलोकन' कर रहा है। यह 'अवलोकन' भारतीय दर्शन और संस्कृति का एक विशेष शब्द है। यह सिर्फ़ 'देखना' नहीं है। जब वेद में कहा जाता है–'पश्य देवस्य काव्यम्' तो क्या यह 'देखना' भर है? 'पर्यवेक्षण' 'खोज' और 'दृष्टि' इसमें शामिल है। बुद्ध का एक स्वरूप है 'अवलोकितेश्वर'–तो क्या वे सिर्फ़ देखते हैं–इसलिए? 'अवलोकन' में 'अन्तर्दृष्टि' और 'बहिर्दृष्टि' दोनों शामिल हैं, और दोनों की अपनी तरह से जरूरत है। जो त्रासदी घटित हुई उसका मूल कारण यही तो है कि वाजश्रवा को नचिकेता के जिस बेचैन प्रश्न पर आत्म-चिन्तन करना था, उसे लेकर वह 'अशुभ क्रोध' कर बैठा–

केवल वही था
जो बाहर निकलने की उतावली में
बाहर की ओर ढकेलता रहा उस दरवाज़े को
जो अन्दर की ओर खुलता है।

(उसे याद आया एक जीवन, पृ. 54)

काव्य में अतीत-दृष्टि और समय-दृष्टि का समन्वय है। इसलिए हमें उस लम्बे दार्शनिक और सांस्कृतिक चिन्तन की अन्तर्धारा को भी देखना होगा जो मृत्यु, पराजीवन और जीवन में विश्वास या मृत्यु के अतिक्रमण से जुड़ी है। परन्तु पहले इस काव्य पर आते हैं।

कवि ने अतीत-दृष्टि के बारे में जिस 'अवलोकन' शब्द का इस्तेमाल किया है, इसके अनेक अर्थों में विवेक-दृष्टि भी है जो काल के लिए है काव्य-वस्तु की अनुभूति के बाद उससे अपनी एक दूरी बनाना, ताकि वह किसी आग्रह या एकांतिकता से ग्रस्त न हो, उसके आत्म-विवेक को ढक न ले, उसे अंधानुकरण में धकेल न दे; ताकि वह उसकी गतिशील जीवंतता को सर्जना का रूप दे सके। देखें–

तर्क से बिलकुल चिपककर नहीं
जरा परे हटकर भी
देखना और सोचना ज़रूरी है
अपने समय को

(तुम्हें खोकर मैंने जाना, पृ. 115)

(इस विवेक-दृष्टि के अभाव में विचारधाराओं और रूढ़ियों में जकड़ी रचनाएँ हर स्तर पर अपनी 'अवधारणा' और 'तर्क' से चिपकी रहती हैं। इसलिए सर्जना नहीं बन पातीं। खैर)

पुत्र को खो देने के बाद पिता में 'सच्चा' पश्चात्ताप जन्म लेता है जिसमें सारा भौतिक वैभव और संग्रहण–जिस पर पुत्र ने प्रश्न उठाया था–उसके प्राणों की एवज में व्यर्थ जान पड़ता है। उसमें अब जाकर वह 'आत्मचिन्तन' जन्म लेता है, जो तब लेना था, जब उसने पुत्र के एक चुभने वाले प्रश्न पर शाप दिया था :

तुम्हें खोकर मैंने जाना
हमें क्या चाहिए–कितना चाहिए
क्यों चाहिए सम्पूर्ण पृथ्वी?
जबकि उसका एक कोना बहुत है
देह बराबर जीवन के लिए
और पूरा आकाश ख़ाली पड़ा है
एक छोटे-से अहं से भरने के लिए। (वही, पृ. 112)

यह 'अपरिग्रह' की ही एक व्याख्या है।

वैसे भी अनुशय या पश्चात्ताप मनुष्य में आत्म-प्रक्षालन और आत्म-तर्पण जगाता है, जिसे दर्शन में 'आत्म-यज्ञ' कहा जाता है। जीवन का सारा विकार छनकर मन पारदर्शी हो जाता है। वाजश्रवा में तबदीलियाँ होने लगती हैं, भूत-भविष्य-वर्तमान अनेक रंगों में झलमलाने लगते हैं–जैसे कांच-महल में दीपक-बिम्ब। लौटने वाला नचिकेता भी वही नहीं रहा है जो मृत्यु से पहले था। अब उसमें क्षमाभाव और जीवन के प्रति उल्लास पैदा हुआ है। 'वाजश्रवा के बहाने' की खंड-खंड संरचना और शब्द से अधिक बोलने वाले अन्तराल पिता-पुत्र के ऐसे ही झलमलाते बिम्ब हैं जिन्हें कुँवर 'तारों भरा आकाश' शायद इसलिए कहते हैं कि उन बिम्बों में सिर्फ़ व्यक्ति या दो सम्बन्ध नहीं हैं, एक समष्टि भाव है, जिसमें जीवन और दर्शन के अनेक निहितार्थ हैं–देश और काल को समाहित किए हुए। इसलिए इन पंक्तियों को शिल्प में संकुचित नहीं करना चाहिए–

...दो शब्दों को जोड़ती हुई
ख़ामोश जगहों से भी
बनता है भाषा का पूरा अर्थ
बनता है तारों भरा आकाश...

(असंख्य नामों के ढेर में, पृ. 34)

पीछे भारतीय चिन्तन-धारा का जिक्र किया गया था, क्योंकि मुझे लगता है कि कुँवर का इतना लंबा आत्म-विमर्श केवल नचिकेता आख्यान को आगे बढ़ाने के लिए नहीं है, बल्कि किसी पुनरन्वेषण के लिए है।

'आत्मजयी' का उत्तर चिन्तन कवि से माँग कर रहा था कि इस बीच समय में हुए बड़े फेर-बदल को उस गहरी पृष्ठभूमि के जरिए रेखांकित करे जो भारतीय तथा विश्वजीवन में अन्तर्प्रवाहित है। समय के चरित्र और सोच में जो विडंबनापूर्ण अतिवाद और एकाधिकारवाद ने अपना दबाव पैदा किया है, ('संघर्ष और हिंसा अतिवाद में है न कि विभिन्नता में', पूर्व-कथन) द्वन्द्व की गलाकाट मारधाड़ मनुष्यता को मृत्यु-मुख में ले जा रही है, सिर्फ़ उसके इन्कार से काम नहीं चलेगा, एक वैकल्पिक दृष्टि देनी होगी। इस काव्य में इसीलिए कथा महत्त्वपूर्ण नहीं है, जीवन-दृष्टि महत्त्वपूर्ण है जिसे स्थापित करने की एक मानवीय भावभूमि की तलाश भी इस लम्बे आत्म-विमर्श का ज़रूरी हिस्सा रहा है।

अपने रचना-समय का आधार कवि ने उस भारतीय विमर्श को बनाया है जो मृत्यु, पराजीवन और मृत्यु के अतिक्रमण सम्बन्धी लम्बी चिन्तन-परम्परा का संचित सार है। क्योंकि यह चिन्तन स्वयं भी गहन गवेषणा की क्रमिक यात्रा से गुजरा है जो मोटे तौर पर वेद से प्रारम्भ होकर महाभारत और आगे भी जाता है। कुँवर ने हालाँकि महाभारत, वेद आदि का जिक्र नहीं किया, परन्तु आश्चर्य-जनक रूप से वे यहाँ उपस्थित

हैं। अन्य स्मृतियों की तरह कई बार दार्शनिक और सांस्कृतिक स्मृतियाँ हमारे अचेतन और अवचेतन में पड़ी रहती हैं जबकि चेतन-स्मृति उन्हें विस्मृत किए रहती है। सृजन की एकाग्रता में अनमोल मन:कोश विलक्षण रूपकार लिए आता है जिसे शायद हमारी चेतना अन्त तक पहचान नहीं पाती।

आप स्वयं देखें कि आज के स्थूल अतिवाद और उससे उत्पन्न क्षोभजन्य द्वन्द्व के सन्दर्भ में कवि को क्या याद आता है और उसके साथ क्या-क्या :

'तुम्हें खोकर मैंने जाना' खंड में एक रोचक प्रसंग है जिसके दरवाजे तीन तरफ खुलते हैं—पहला वर्तमान, दूसरा अतीत और तीसरा भविष्य। उस पर लगी तीन बंदनवारें हैं—पहली जीवन, दूसरी दर्शन और तीसरी सत्य की :

किसी महात्मा से पूछा था एक बार
किसी ने—

कितना समकालीन है तुम्हारा सत्य?
कितने आधुनिक हैं तुम्हारे हथियार?
कितना तर्कसंगत है तुम्हारा संदेश?
क्या तुम्हारे सिपाही
लड़ सकते हैं
एक महायुद्ध?

कोई उत्तर न देकर महात्मा ने पूछा था उससे—

कितना विकसित है तुम्हारा जीवन-विवेक,
कितना आधुनिक है तुम्हारा युद्ध?
कितने प्रबुद्ध हैं तुम्हारे सैनिक?
क्या वे लड़ सकते हैं
स्वयं से
एक आत्मिक न्याय-युद्ध? (पृ. 115)

महात्मा का मतलब न समझकर उस व्यक्ति ने महात्मा की हत्या कर दी थी। मैं इस प्रश्नोत्तर को आपके बहुआयामी चिन्तन के लिए छोड़कर आगे बढ़ता हूँ।

'मृत्यु' वैदिक ऋषि के लिए 'सत्य' है। वह उसे स्पष्ट रूप से जीवन की व्यवच्छिन्नता में देखता है। कोई जन्मा था, मर गया बस खत्म। इसे लेकर शेष संसार को शोक करने या भावुक होने की जरूरत नहीं। ऋग्वेद में शव को जलाने या गाड़ने के बाद, साथ आए लोगों से लौट जाने को कहा जाता है। मृतक की युवा पत्नी से वेद कहता है कि यह तो तुम्हारे सजने-संवरने की, सांसारिक आनन्द उठाने की उम्र है, जाओ अपने देवर से विवाह कर नया संसार बसाओ जो बड़ी ललक से तुम्हारी राह देख रहा है। वह स्पष्ट कहता है—'इमं जीवेभ्य: परिधि दधामि मैषां नु गादपरो

अर्थमेतम्'–'मैं परिधि में ही जीवन और-मृत्यु के बीच एक व्यवच्छिन्न रेखा खींचता हूँ।' मैं समझता हूँ कि 'परिधि' का तात्पर्य है–सृष्टि चक्र--जीवन और मृत्यु को घेरे संसार वृत्त। वेद सृष्टि के मूल में 'काम' मानता है (कामस्तदग्रे) वह स्पष्ट कहता है कि 'अस्तित्व' के पहले कुछ नहीं था; न सत्, न असत्; न अन्तरिक्ष, न पृथ्वी; सर्वत्र था जल और सघन अंधकार। 'काम' जन्मा तो सृष्टि जन्मी। वेद कई बार यथार्थ कृति लगती है–कथाओं और प्रार्थनाओं की फैंटेसी से बुनी हुई। जैसी दो टूक धारणा उसकी सृष्टि-जन्म के बारे में है, वैसी ही मृत्यु के बारे में भी। मृत्यु उसके लिए अन्तिम और अकाट्य 'सत्य' है, जीव को फिर आना है तो 'पुनर्जन्म' लेना होगा।

आगे विकसित भारतीय चिन्तन वेद की इस अवधारणा को नहीं मानता, उसी तरह कुँवर भी कहते हैं–'मृत्यु इस पृथ्वी पर जीवन का अन्तिम वक्तव्य नहीं है।' (पृ. 90)

उपनिषद् के लिए अन्तिम सत्य मृत्यु नहीं, 'आत्मा' है। जब जीवन के मूल में 'आत्मा' की प्रतिष्ठा हुई तो जिज्ञासा हुई कि मरने के बाद 'आत्मा' जाती कहाँ है? इसी जिज्ञासा का मूर्त रूप नचिकेता है। उसे लेकर ही नचिकेता–आख्यान का माया–लोक बुना गया है फिर भी यहाँ आत्मा सम्बन्धी जिज्ञासा किसी निष्कर्ष पर नहीं पहुँची। इसे मूर्त रूप मिला 'महाभारत' में।

मुझे लगता है कि इस विषय पर यदि वेद 'थीसिस' पेश करता है तो उपनिषद् 'एंटी थीसिस' और महाभारत 'सिंथेसिस'।...और विचित्र और अकथित रूप से 'वाजश्रवा के बहाने' न 'थीसिस' है न 'एंटी थीसिस', वह 'सिंथेसिस' है।

वह 'आत्मा' सम्बन्धी प्रश्न को भी केन्द्र में नहीं रखता। वह 'पराजीवन' को इसलिए स्वीकारता है कि वह मृत्यु के विरुद्ध एक अलग तरह से जीवन का वक्तव्य है–'राहत सी देता है इस तरह भौतिक को पढ़ना, परा भौतिक की भाषा में।' (यह अवसान नहीं, पृ. 148)

इसी सन्दर्भ में कवि कहता है–

अन्तिम शब्द समाप्तक नहीं
अगले पृष्ठ पर जारी है–
अगला पृष्ठ जो कल खुलेगा

(वही, पृ. 146)

यह अगला पृष्ठ सही अर्थों में महाभारत के सावित्री आख्यान में खुलता है।

सावित्री का सामना भी नचिकेता की तरह यमराज से होता है। वह यमराज के काम में कोई बाधा नहीं डालती। सिर्फ़ अपने पति के 'प्राण' लेकर जाते हुए यमराज का चुपचाप पीछा करती है। न जाने कितने समुद्रों, खाइयों और पहाड़ों को आकाशमार्ग से पार करती सावित्री की तपस्या और आत्म–शक्तियाँ सोपान पर सोपान चढ़ती जाती हैं। (श्री अरविंद ने 'सावित्री' महाकाव्य में मनःभूमियों के इस उच्चतर आरोहणों की

उदात्तता की अर्थवत्ता उजागर की है।) इस लम्बी यात्रा में सावित्री न उद्विग्न होती है न असन्तुलित; बल्कि एक विनम्र विवेक, और सद्भाव से यमराज से निरन्तर संवाद बनाए रहती है। यम उसे सत्यवान के प्राण के विकल्प में नचिकेता की तरह 'वरदान' के प्रलोभन देता है, परन्तु वह उन्हें अस्वीकार कर नचिकेता की तरह उनका परोक्ष अपमान नहीं करती, बल्कि समझौते के भाव से उन्हें स्वीकार भी करती है; अनेक सदाशयी विचारों से उनका मन नम करती है, उसका पूरा आचरण नचिकेता की तरह सब कुछ के इन्कार से भरा हुआ नहीं है। अन्ततः सावित्री अपना लक्ष्य पा लेती है जबकि नचिकेता विफल हुआ था। 'वाजश्रवा के बहाने' में नचिकेता को खोकर वाजश्रवा में क्रोध और अहंकार की जगह एक विनम्र विवेक जागा है जो सावित्री के तापमान से मिलता है। इसी से वह अपनी पुनर्रचना करता है और सोचता है–

कुछ इस तरह भी पढ़ी जा सकती है
एक जीवन-दृष्टि
कि उसमें विनम्र अभिलाषाएँ हों
बर्बर महत्त्वाकांक्षा नहीं

(पुनः एक की गिनती से, पृ. 120)

विनम्र समरसता, अकाट्य तर्क और जीवन-विवेक से ही सावित्री ने यम के सामने सत्यवान के प्राण लौटाने के अलावा कोई विकल्प नहीं छोड़ा था।

इसे संयोग कहें या अवचेतन पर पड़े बिम्ब या यथार्थ दृष्टि, कि उपनिषद् की तरह 'वाजश्रवा के बहाने' में नचिकेता सदेह यम के पास नहीं जाता केवल उसके 'प्राण' जाते हैं, मृत देह धरती पर पड़ी रहती है, जबकि उपनिषद् में वह कहता है–'सस्यामिव मर्त्यः पच्यते सस्यमिवाजायते पुनः' (कठोपनिषद्-1.1.6) अर्थात् मेरे पहले जो भी यमलोक गए हैं वे पृथ्वी में समाने के बाद ही गए हैं, फिर आए हैं तो पृथ्वी से ही, पुनर्जन्म लेकर। 'वाजश्रवा के बहाने' में नचिकेता की मृतदेह ही वाजश्रवा द्वारा प्राण की पुकार बन सकी है। सावित्री-आख्यान में सावित्री सत्यवान की मृत देह को पृथ्वी पर ही छोड़कर यम का पीछा करती है और यम द्वारा आश्वासन पाने पर लौटकर उसका सिर अपनी गोद में रखती है। कुछ ही क्षणों में वह जीवित हो जाता है। सावित्री-आख्यान से केवल इस घटना-साम्य में ही नहीं, बल्कि पूरे काव्य में सकारात्मक, सेतुता और सौम्यता का विधान सावित्री-आख्यान की तरह अन्तःसंचरित है।

प्रारम्भ में वाजश्रवा और नचिकेता दोनों एक-दूसरे को ग़लत समझते हैं, इसलिए दोनों के मूल तेवर टकराहट और आक्रोश के हैं। एक क्रोध, दंभ, लोभी, अविवेक और अतार्किकता है; दूसरा जिद, अनम्यता, अपक्वता और अकुशलता से भरा। स्थाई दुर्घटना से आघात के बाद पश्चात्ताप और संयोगवश पुत्र के लौटने पर शान्त और सकारात्मक पिता का व्यक्तित्वांतरण हो जाता है, उसी तरह वापसी के बाद नचिकेता को पराजीवन का सत्य पाने की अयोग्यता के कारण प्राप्त विफलता के बाद

जीवन-विवेक का यथार्थ समझ में आता है जो किसी उत्तेजना या हड़बड़ी से नहीं पाया जा सकता। उसके लिए प्रशांत अग्नि में सीझना होता है। उसके लिए यथार्थ का दामन छोड़ने की जरूरत भी नहीं, मनुष्य को एक जीवन–नीड़ चाहिए जहाँ अनंत उड़ान भरकर भी लौटा जा सके–

उसकी इच्छा होती
कि यात्राओं के लिए असंख्य जगहें और अनंत समय हो
और लौटने के लिए हर समय
हर जगह अपना एक घर

(पिता से गले मिलते, पृ. 79)

सावित्री में ये सारे समन्वय और सन्तुलन आद्यंत बने हुए हैं।

ऊपर की सारी वैचारिक विकास-प्रक्रिया इस काव्य के सन्दर्भ में रेखांकित करने का अर्थ प्रभाव ढूँढ़ना नहीं है, केवल यह है कि एक भारतीय मानस की दार्शनिक और सांस्कृतिक अवधारणा में अनायास साम्य होता है और अगर आज के इस निषेध की खाई को पार करना है तो हमारे लिए यही मार्ग काम्य है। सारे द्वन्द्व के बाद अन्ततः महाभारत जिस सौम्य, साम्य-भूमि पर उतरा है; अपनी त्रुटियों के लिए यदि ईश्वर को भी मरना पड़ा है, सत्ता के शिखर पर पहुँचे पांडवों को हिमालय के ताप में गलना पड़ा है, वह एक युद्ध काव्य को किस तरह दुनिया के युद्ध काव्यों से अलग करता है। गौतम बुद्ध संसार के सारे दुःख व्यापार की यात्रा कर क्यों समाधान की राह दिखाते हैं? बीसवीं शती का महान काव्य 'कामायनी' क्यों इस निष्कर्ष पर पहुँचता है :

नित्य समरसता का अधिकार,
उमड़ता कारण जलधि समान,
व्यथा की नीली लहरों बीच
बिखरते सुख मणि गण द्युतिमान।

(श्रद्धा, पृ. 54)

मानवेंद्र राय का रैडिकल ह्यूमेनिज्म क्यों कहता है कि विश्व द्वन्द्व पर नहीं टिका है समन्वय पर टिका है, वरना अभी तक कभी का खत्म हो जाता?

और हमारा युग-पुरुष गाँधी जिस सत्याग्रह, अहिंसा और समन्वय से बीसवीं शती में विश्व का सबसे बड़ा युद्ध जीत चुका है, अगर वहीं कुँवर पहुँचते हैं तो यह अनुकरण नहीं, भारतीय स्वभाव के चिन्तन की मौलिकता है, जो उसकी साधना, उसके मंत्रों, प्रार्थनाओं, यज्ञों, काव्यों (व्यापक अर्थ में) और जीवन-आचारों....में बसती है–बशर्ते उन्हें हम अपनी पावन नदियों की तरह प्रदूषित न कर दें।

यह हमेशा याद रखना चाहिए कि सभी माएँ एक ही प्रक्रिया और एक ही पीड़ा से संतति को जन्म देती हैं तो वे एक-दूसरे की नकल नहीं कर रही हैं।

कुँवर का एक खंड है–वे दो लगते हुए भी एक ही थे क्योंकि–

आशय एक ही था
क्योंकि आधार एक ही था।

इसके विस्तार में न जाकर मैं केवल गोविंदचन्द्र पांडे का यह वाक्य उद्धृत करना चाहता हूँ यहाँ 'भेद की तादात्म्यमूलकता अनोखे ढंग से व्यक्त है।'

बहरहाल कुँवर का काव्य संघर्ष और नकार का काव्य नहीं है, वे समझाते हैं–

सब कुछ हमारे विरुद्ध नहीं है
अधिक कुछ हमारी ओर है (पृ. 143)

और

हर समय हम लड़ नहीं रहे हैं
उससे कहीं अधिक समय हम जी रहे हैं–
एक सौहार्द के बल पर
सद्भावना के इस रूपक में अधिक दम है,
युद्ध की जरूरत
बुद्धि की हार की सबसे बड़ी शर्म है।

(तीन रातें, पृ. 144)

कामायनी में प्रसाद कहते हैं–'हम अन्य न एक कुटुंबी', तो फिर यह भेद क्यों?–

सब भेद भाव भुलवा कर
दुख-सुख को दृश्य बनाता;
मानव कह रे! 'यह मैं हूँ'
यह विश्व नीड़ बन जाता!

(आनन्द, पृ. 289)

कुँवर कहते हैं कि 'एक अन्य प्रारम्भ' के लिए अतीत के ईर्ष्या-द्वेष, युद्ध-संघर्ष, गिले-शिकवे भूलना चाहिए और नई शुरुआत करना चाहिए–

उठाओ संकल्प की पहली ईंट
स्मृति-शिलाओं से ज़्यादा ज़रूरी है
शिलान्यास

(एक अन्य प्रारम्भ, पृ. 56)

विश्व की दो बड़ी शक्तियों का इन दिनों जारी युद्ध और कलह का आधार अतीत के जातीय युद्ध की स्मृति ही है।

'पूर्व-कथन' में कवि ने कहा है–'पिता-पुत्र के सम्बन्धों को मूलतः द्वन्द्वात्मक ढंग से न देखकर संयुक्त या दोहरी जीवन शक्ति के रूप में देखा गया है। 'क्षमाभाव' और 'पश्चात्ताप' इसी शक्ति के द्योतक हैं। काव्य; वाजश्रवा का एकालाप है जिसमें नचिकेता भी इसीलिए संयुक्त हो गया है।

'वाजश्रवा के बहाने'–निश्चय ही एक जटिल काव्य है। इसका मुख्य कारण यह है कि इसके भीतर 'कथावस्तु' सुमरनी के धागे–जैसी कभी-कभी झाँकती है। कृति में मुख्य रूप से जीवन और सृजन के अनुभव और विचार हैं, जिनमें संस्कृति, दर्शन, मनोविज्ञान, समय-सजगता आदि हैं और इनके ढेरों सन्दर्भ हैं, कथाएँ–अन्तर्कथाएँ हैं। आप सीधे-सीधे काव्य-भाषा के सतही उपकरणों से कृति को नहीं पा सकते, हर कुछ के भीतर गहरी अन्तर्यात्रा से ही काव्यार्थ और तत्त्वार्थ पढ़ा जा सकता है और यह हर गहरे काव्य तक पहुँचने की नियति है। 'वाजश्रवा के बहाने' की भाषा इतनी सर्जनात्मक है–और शायद इसीलिए जटिल भी, कि कई बार वह स्वयं कथ्य प्रतीत होती है।

असल में कुँवर नारायण के यहाँ यथार्थ चिल्लाता नहीं है; वह चिन्तन की गहनता में, बोध में, अर्थ की तहों में निहित है और यदा-कदा उसमें समय और घटनाओं के चिह्न भी उभरे हैं। इसकी स्पष्ट ध्वनियाँ आप इस कृति के पहले प्रकाशित काव्य-संकलन 'इन दिनों' और अन्य पूर्व संकलनों में भी सुन सकते हैं। जीवनानुभव और संवेदन को गहरे काव्य में जिस संकेत और ध्वनि में प्रकट होना होता है, उसका एक बहुत ही सुथरा रूप 'वाजश्रवा के बहाने' में मिलता है।

कुँवर नारायण के यहाँ अनेक अर्थ छवियाँ पाठक के लोकतंत्र का निर्माण करती हैं। वे यदि किसी कवि से अधिक नहीं तो कम भी नहीं हैं। इसलिए अनेक पाठ हो सकते हैं।

'वाजश्रवा के बहाने' एक भिन्न और नया काव्य-प्रकार है। यह न प्रबन्ध काव्य है, न निर्बंध काव्य। इसकी काव्यात्मक बुनावट अनोखी है। पचासों सार्थक अन्तरालों और अनेक व्यंजक खंडों की इस कृति में अर्थ की सघनता है।

मुझे लगता है कि हिन्दी में 'कामायनी' के बाद 'वाजश्रवा के बहाने' दूसरी गहरी अर्थवान रचना आई है, जो उस परम्परा को बदले हुए समय-शिल्प के अनुरूप आगे बढ़ाती है।

वाजश्रवा के बहाने : एक पाठ विमर्श

कृष्णदत्त पालीवाल

मेरे जैसे सामाजिकों के मानस में कुँवर नारायण के कवि-कर्म को लेकर न जाने कितने व्यंग्य-व्यंजक अर्थों के संकेत हैं। भारतीय चिन्तन में व्यंजना और अभिव्यक्ति की निपुणता के ध्वन्यार्थ सर्जना के नए आयाम रहे हैं। कुँवर नारायण की कविता सोम और अग्नि दोनों को आत्मसात् करती हुई अपने अर्थ-आयामों को विस्तृत करती चलती है। उनकी रचना-स्थिति एवं रचना-भाषा के प्राण-तत्त्व का संचार वह क्लासिकल-संवेदना करती है, जिसमें हमारी जातीय स्मृति या परम्परा बांसुरी की तरह बजती सुनाई देती है। पाठक के लिए इस कविकर्म में सुन्दरता से 'वरिवस' अर्थात् चिन्तन के लिए पूरा 'स्पेस' है। यह 'स्पेस' तात्कालिक जीवन की सघनता और ठोसपन की जकड़ से मुक्त कर चिन्तन की नई राह निकालती है। उनकी कृति 'आत्मजयी' हो या अभी हाल में प्रकाशित 'वाजश्रवा के बहाने'—दोनों में मुक्त-चिन्तन के लिए खुला क्षेत्र है। यह हिन्दी का 'वरिवस्या' सृजन या चिन्तन के खुलेपन की कामना से निष्पत्ति पाता सर्जन है। कभी ऋषियों ने भरे हृदय से याचना की थी—'उरौ देवा अनिबाधे स्याम'। हमें अबाध विचरण का क्षेत्र मिले—नीचे, ऊपर, आगे-पीछे। नए सृजन की प्रेरणा कालगति का खुलापन है और वाग्देवी की सृष्टि का आकाश तत्त्व। इसलिए कवि ने जो कर दिया, रच दिया—उस कृति पर पाठकों की एक पूरी सांस्कृतिक परम्परा का अधिकार हो जाता है। इसी अधिकार से मैं 'वाजश्रवा के बहाने' जैसी कृति का 'पाठ' और उपपाठ—दोनों का अन्तःपाठ करना चाहता हूँ। ताकि 'पाठ' की विरचना (डि-कांस्ट्रक्शन) से इस कृति की आन्तरिक प्रेरणा में अन्तर्व्याप्त मनोभूमिका के आसपास चक्कर काटकर अन्तर्ध्वनित काव्यानुभूति से, कवि स्वभाव से साक्षात्कार कर सकूँ।

मैं इस कृति की आन्तरिक यात्रा में इस विचार के मुकाम पर पहुँचा हूँ कि यह कृति 'आत्मजयी' से भिन्न दृष्टि का विस्तार है। कवि कथन मानें तो—'आत्मजयी' में यदि मृत्यु की ओर से जीवन को देखा गया है, तो 'वाजश्रवा के बहाने' में जीवन की ओर से मृत्यु को देखने की एक कोशिश है।' (वाजश्रवा के बहाने—पूर्व कथन, पृ. 7)। इस कृति को पढ़ते हुए मुझे लगा है कि मैं एक सनातन जीवन कथा का

पाठ कर रहा हूँ। एक ही काव्यानुभूति की अर्थ व्यंजकता के विभिन्न पाठ या फिर विभिन्न काव्यानुभवों का एक संश्लिष्ट सघन-एकाग्र पाठ। नए-नए अर्थबोध और नई विचार-सृष्टि की प्रेरणा में चक्कर काटती काव्यानुभूति। फिर कुँवर नारायण के कवि की विरासत में ज़िन्दगी की ऐसी ललकार है जो दीर्घकालीन रूढ़िग्रस्त पाठ-परम्परा को तोड़कर उपनिषद्-कठोपनिषद् की रक्षा करते हुए असली अर्थ में नवीनीकरण करती है। इसी अर्थ में अपने अनेक समकालीन सन्दर्भों से नाभि-नाल जुड़ी हुई 'वाजश्रवा के बहाने' एक नई और नए चिन्तन को पुकारती रचना है। इसमें आत्मिक और भौतिक के बीच भारी उपद्रव है और चिन्तन परम्परा का अविराम कोलाहल। आत्मिक और भौतिक में कोई समझौता नहीं—निरन्तर टकराहट, तनाव और तर्क की धारदार अर्थ-दीप्ति। इसमें कवि की सर्जनात्मक शक्ति अपने काल के सन्दर्भों को बहस-विवाद की गम्भीर भाषा में स्थान देती है। इसलिए इस कृति का डिस्कोर्स या भाष्य पुराने प्रतिमानों से नहीं किया जा सकता। यहाँ परम्परा का गहन गम्भीर प्रवाह है—स्मृति का सातत्य है—चिन्तन की एकाग्रता निरन्तरता है, जो खंड-खंड काव्यानुभवों को जोड़कर एक अखंड पाठ में बदल देती है, जिसकी अन्तर्योजना में विचारों की अन्विति का विन्यास है। इस कृति की अर्थ-मीमांसा के लिए, व्यंजना के तमाम आवरणों को खोलने के लिए 'परकाय प्रवेश' की कला में पारंगत होना पड़ेगा। कुँवर नारायण का कवि वेद-परम्परा के कवि से प्राप्त आलोक का अनुभव करता है और उस अनुभव का अतिक्रमण करता हुआ भविष्य की तरफ संक्रमण करता है। भूत का वर्तमान ही कवि का संधिकाल है। इस दृष्टि से इस रचना-कर्म में हमें 'नई रचना-स्थिति के तर्क' की उपस्थिति का अहसास होता रहता है। 'वाजश्रवा के बहाने' कृति का विशिष्ट महत्त्व इस विचार-स्थिति में है कि अपने कवि-कर्म में, चिन्तन में एक सजग पड़ताल-परख के साथ प्रश्नों, चिन्ताओं-समस्याओं-चुनौतियों की ओर हमारा ध्यान आकृष्ट होता है, जिनसे जूझे बिना आज के सृजन की अर्थवत्ता संदिग्ध रहती है।

'वाजश्रवा के बहाने' कृति को पढ़ते हुए कविता के स्वरूप और प्रकृति में आ रहे परिवर्तन का स्पष्ट बोध 'आह्वान' तथा 'कवयो मनीषा' के अन्तर्गत पाते हैं। कवि 'उस अपराजेय जीवन शक्ति का' आह्वान करता है और 'उसकी प्रकट-अप्रकट प्रतीतियों को साक्षी बनाकर' कहता है कि—'धारण करता हूँ मस्तक पर/एक धधकता तिलक/और फैल जाता है/दसों दिशाओं में/भस्म होकर मेरा अहंकार।' यह अहंकार—मुक्त आत्म-समर्पण आत्म-उन्मोचन की अनिवार्य प्रक्रिया है। इसी सृजन-प्रक्रिया में साधारणीकरण और संप्रेषण-व्यापार के अन्तःसूत्र निहित हैं। इन अन्तःसूत्रों से अज्ञेय और भवानी भाई के साथ कुँवर नारायण नई कविता काल से निरन्तर जूझते रहे हैं। इस कवि-आत्म से ही यह पुकार उठी है—'लौट आओ प्राण/पुनः हम प्राणियों के बीच/तुम जहाँ कहीं भी चले गए हो/हमसे बहुत दूर/लोक में/परलोक में/तम में/आलोक में/शोक में अशोक में।' प्राणों के लौटने से ही नई स्थितियों-परिवर्तनों, सामाजिक संरचनाओं में नए जीवन का संचार होगा। यही सुचिन्तित सांगोपांग विश्लेषण हमें कुँवर नारायण की

कृति 'कवयो मनीषा' के अन्तरंग में मिलता है। भारतीय सर्जना का एक सुलगता प्रश्न अपनी ही एक रचना को सन्देह से देखते हुए पूछता है रचनाकार–'क्या तुम पहले कभी प्रकाशित हो चुकी हो?' इस प्रश्न में यह अर्थ-ध्वनि निहित है कि रचनाकार ही रचना को नहीं देखता, रचना भी रचनाकार को देखती-पढ़ती है और पाठ-स्फोट होता है। वह अंधकार को चीरकर कहती है 'एक से अधिक संसारों की सम्भावनाएँ' साक्षी रही हैं कि मैं संगृहीत हूँ अब/रचनाओं के महाकोश में/मुझे 'कवि' या 'कविता' के प्रथम अक्षर 'क' से कहीं भी खोजा जा सकता है।' यह खोज इस रहस्य का उद्‌घाटन करती है कि 'जो था किन्तु प्रकट न था/प्रकाशित हुआ/मन और बुद्धि के संयोग से/रूपायित होती एक कृति/फैलती जीवन की शाखाएँ- प्रशाखाएँ/अपने वैभिन्न/ और एकत्व में।' प्रश्न का समाधान नहीं है–कविकर्म में–वह प्रश्न ही बना रहता है और इस प्रश्न की सत्ता-महत्ता में व्यास, कालिदास, तुलसी, प्रसाद, निराला, अज्ञेय और कुँवर नारायण खोए रहते हैं–'यह सब कैसे हुआ/अनायास? सायास? अकारण? सकारण?/क्या यह सब अभी भी हो रहा है/उसी तरह निरन्तर-अनंतर- आभ्यंतर/अपने पूर्वार्द्ध/या उत्तरार्द्ध में?' कितनी विचित्र बात है कि जो प्रश्न कालिदास और अज्ञेय को मथते हैं, वे ही प्रश्न कुँवर नारायण को घेरकर खड़े मिलते हैं। इस प्रश्न चेतना की अनंत उत्कर्ष गति के कारण ही भारतीय चिन्तन में काव्य को 'कला' नहीं कहा गया है। कला में हुनर है, काव्य में प्रश्नाकुलताओं की धधकती समिधाओं की अग्नि। यह अग्नि ही वाग्देवी है जो पुरातनता की भस्म से कविकर्म में पुनर्नवता भरती है–नए प्रयोगों की अन्वेषी राहें सुझाती है/हमारे आदि में अपना अन्त पाती है और हमारे अन्त में अपना आदि/क्योंकि आदि क्षण ही सर्जनात्मक सम्भावनाओं का अक्षय स्रोत है। कवि इन सम्भावनाओं को शब्दों के स्रोतों से उतरकर पकड़ता है–अर्थ सन्दर्भ देता है–तभी तो–'कुछ भी हो सकता है/उन गाढ़े रंगों की चौंध के पीछे/एक उड़ते हुए बहुरंगी पक्षी की आत्मा/या एक बेचैन पल में/फड़फड़ाता नीला आकाश।'

यहाँ आपको अज्ञेय के हारिल का ध्यान सहसा ही स्मृति में कौंध जाता है। सृजन पक्षी की अनथकता, पंखों की चोट से नभ में हलचल मचाने का अरमान। यह कवि-अरमान अज्ञेय की तरह ही कुँवर नारायण में पूरी ताकत से सक्रिय है। विचार-यज्ञ में अपने को ही समिधा बनाता कवि–या बहुरंगी पक्षी की आत्मा नीलाकाश में बेचैन होकर उड़ती है। इस बेचैनी में प्यासे को अथाह हो जाते एक बूँद की परिधि में कोई नहीं बांध सकता। उसके जीवित स्पंदन में 'सम्पूर्ण प्रकृति' साँस लेने लगती है–उसके रुदन और स्तवन से पूरे भुवन का कोना-कोना थरथराने लगता है। उसमें व्योम से भी परे प्रदीप्त है–लोक परलोक। सम्पूर्ण सृष्टि उसके राग में वशीभूत होकर देखने लगती है और मनुष्य हज़ारों हाथों, हज़ारों आँखों, हज़ारों पंखों से आकांक्षाओं के लोक में उड़ने लगता है। कवि सर्जना में वह दिन नहा-धोकर पुनः लौट आता है जो कल चला गया था। इसलिए कविता में जो अतीत है, वह व्यतीत है–मृत नहीं है–उसे पुनः स्मृति में लाकर वर्तमान बनाया जा सकता है। वाजश्रवा के लिए इसी

अर्थ में अतीत की स्मृति का प्रवाह–परम्परा है–सातत्य है–निरन्तरता है–काल का डमरू नाद है।

अपने उजाले से अधिक उज्ज्वल कवि का प्रश्न है 'कौन था उसका रक्षक/कौन था सुरक्षित?/एक जीवाश्म में/सूत्रबद्ध सम्पूर्ण जीव–जगत की लीला में/शब्दों और अंकों की/अक्षय सांकेतिका का अभियंता।' प्रश्न–प्रतिप्रश्न–केवल शब्दों को चीरती अर्थ–ध्वनि, वक्रोक्ति की भंगिमा का अभिप्रेत 'इंटरप्रटेशन' व्यंग्यार्थ और प्रतीयमान अर्थ–'वह प्रथम पुरुष एक अविभक्त 'मैं'। विभाजित हुआ होगा स्वेच्छा से। 'स्व' और 'अन्य' में, कर्ता और कर्म में। प्रकट हुआ होगा दो अर्धांगों में/अपने पूर्व वैविध्य और सामाजिकता में/स्त्री और पुरुष' चेतन और अवचेतन की आदिम क्रीड़ा–प्रत्यक्ष से ज़्यादा परोक्ष, प्रमाण से ज़्यादा अनुमानित। तभी तो 'असंख्य नामों के ढेर में' उसका नाम–पता समय खोजता कवि? उसका नाम मौन, उसका पता अनंत की दिशाहीन यात्रा और उसका समय एक आयामहीन अनुपस्थिति। एक पृष्ठ की काली किताब है वह जो बीच से ही खुलती बन्द होती है। उसका फंक्शन क्या है–पहले प्रभात की राग–रंजित आभा का विस्तार। कुहरिलता में लिखावट खो जाती है–समय की ओर अतीत बेतरतीब पठार–सा फैल जाता है।

इस समय में भी कवि मन गतिवान रहता है–वाजश्रवा बनकर। इस वाजश्रवा के मन में जीवन–दृष्टि की लौकिकता के प्रति गहरा आकर्षण है। वह आज की भौतिकता को जी लेना चाहता है, उसे अपने 'अशुभ–क्रोध' पर विक्षोभ है, जिसके कारण जीवन–यज्ञ में व्यवधान पैदा होता है। यह वाजश्रवा पुराना होते हुए भी नया मनुष्य है। वेद होते हुए भी वेद का निरुक्त नहीं है–उपनिषद् का भाष्य है। उसके पुत्र की 'वापसी', वह अमूल्य अवसर है–जब वह अपनी भूल सुधार सकता है। यहाँ 'क्षमाभाव' और 'पश्चात्ताप' इन दो कूलों के बीच जीवन की सरिता बह रही है। यह जीवन प्रवाह–सुस्त–ढीला–मरियल नहीं है–उसमें जीवन की गीता का प्रेरणा देने वाला 'पाठ' है। यह 'पाठ' रीडिंग से ज़्यादा मिस रीडिंग है और इस मिसरीडिंग में न जाने कितने अर्थ–बहुल संकेत हैं। इसलिए कवि अतीत में नहीं लौटता–वह अतीत को वर्तमान का 'संवाद' बनाकर जीता है। टी. एस. एलियट के 'वर्तमान की अतीतता' और 'अतीत के वर्तमानता' की यह नई अर्थ–मीमांसा है। इसलिए इस रचना का प्रबन्धत्व पुराने प्रबन्ध की सभी कड़ियाँ तोड़कर विकसित होता है, जिसमें स्फुट मुक्त छन्दों के विषय, विभाव, अनुभाव, संचारी भाव की स्थायी निष्पत्ति में थिरकते मिलते हैं।

दरअसल 'वाजश्रवा के बहाने' के पूरे प्रबन्धत्व में ध्वनि की प्रेरणा से निष्पत्ति पाती बहुलार्थकता का प्राधान्य है। व्यंजक शब्द, व्यंजक अर्थ, व्यंग्य अर्थ, व्यंजना व्यापार तथा व्यंग्य काव्य के सभी 'संकेतक' अपने को संकेतों से संकेतित कर रहे हैं। इसलिए वाजश्रवा अतीतगामी न होकर वर्तमान की धारणाओं को धारण कर जीवन जीने की सार्थकता का प्रतीक बनकर कृति में उभरता है। वह हमारे आज का 'विभाव' है और 'पाठ' का आकाशधर्मा पिता पाठ। इस पिता पाठ को आज उत्तर–

आधुनिकतावादी–समय और स्थिति में ल्योतार की भांति जानने और 'क्लोज रीडिंग' से गहने की जरूरत है। स्थापित अर्थों के बासी पाठ को 'वाजश्रवा के बहाने' जैसी कलाकृति विस्थापित करती है।

कृति के आभ्यंतर में ऋग्वेद की सूक्तियों की गूँजें-अनगूँजें हैं। साथ ही अपूर्व–अर्थ–सृष्टि यह है कि नचिकेता की वापसी में नए जीवन का राग-रंग से पूर्ण आवाहन है। इस कृति के दूसरे भाग 'वाजश्रवा के बहाने' में जीवन की करारी ध्वनियों–वक्रोक्तियों–विदग्धताओं से उपजी संध्या का काल है। कुँवर नारायण ने संयमित शब्दों में कहा भी है कि 'दोनों एक ऋतु–चक्र के अभिन्न हिस्से हैं। चक्र में उतार–चढ़ाव की चक्राकार गति है, आरम्भ और अन्त नहीं।' (पूर्व–कथन, पृ. 9) फिर जोड़ दिया 'नचिकेता का आँखें खोलना, वाजश्रवा के लिए इसी अर्थ में एक नई दृष्टि और सृष्टि की उपलब्धि है।' इस दृष्टि एवं सृष्टि में अपराजित नई पीढ़ी का विजय गीत है। कुँवर नारायण एक ऐसे कवि हैं, जिनके मानस की गहराई को 'आत्मजयी' से जोड़कर ही समझा जा सकता है।

'आत्मजयी' कवि–मानस में रचने के बाद भी अपनी जड़ें फैला रही थी, इस तथ्य को कवि ने छिपाया नहीं है। बड़ी ईमानदारी से यह रहस्य उद्घाटित कर दिया है कि इस काव्य की रचना के कुछ अंश 'आत्मजयी' (1965) के कुछ ही वर्षों बाद लिखे गए थे–छुटपुट प्रकरणों में। उसकी कुछ पंक्तियाँ इस रचना में शामिल कर ली गई हैं। 'मेरे लिए वे उस धरोहर की तरह हैं, जिसके बाहरी वास्तु में यदि पिछली कुछ यादें बरकरार हैं तो भीतर के कमरों, गलियारों में वर्तमान की जीती–जागती हलचलें और आवाजाही है।' इस आवाजाही में युग की मनोभूमिका के अभिप्राय रचना में जुड़ते गए हैं। पाठक के लिए अच्छी बात यह है कि दार्शनिक मुद्रा में बोलने पर भी कुँवर नारायण दर्शन द्वारा काव्यार्थ की परिक्रमा नहीं करते–जैसे प्रसाद या महादेवी करती थीं। वे कहीं भी प्रसाद की तरह काव्यानुभूति को दर्शन में बदलने का हौसला नहीं दिखाते। वे तो अज्ञेय की तरह दर्शन को अनुभूति में गलाते हैं। इसलिए आज के जीवन के दबाव की अभिव्यंजना का मार्ग उन्हें सूझता है। इस सूझ के कारण बोझिल बौद्धिकता और अनुभूति की रहस्यमूलक नाटकीयता से वे प्रायः मुक्त रहे हैं।

कुँवर नारायण में चिन्तन की गम्भीरता के कारण एक अबूझ जटिलता है और उलझी–सुलझी संवेदना और कथ्य का खेल है। उनका अपना एक मुहावरा है और अपना अलीकी चिन्तन। वे कवि–दार्शनिकों की तरह 'वाजश्रवा के बहाने' में 'एब्स्ट्रैक्ट' (अमूर्त–वायवी) उधेड़बुन नहीं करते। बल्कि जीवनानुभूतियों के विविध–विस्तृत और सहज वर्णपट प्रस्तुत करते हैं। स्वनियोजित बोध–कथा से दृश्यों–ध्वनियों के टटके बिम्ब सामने लाते हैं–'*एक अथक कथावाचक है समय/ढीठ उपदेशक है काल चक्र/दुहराता पिछले पाठ/लिखता कुछ नए पृष्ठ/जीवन का महाग्रन्थ/एक संकलन के प्रारूप में नत्थी/पिता–पुत्र दृष्टांत की/असंख्य चित्रावलियाँ।*' आधुनिक अर्थ–व्यंजनाओं में, प्रकरण वक्रताओं से जीवन प्रसंगों का डूबकर अंकन उनकी अलग पहचान बनाता

है। वे केवल संसार को समझने वाले कवि नहीं हैं–नए विमर्शों से बदलने वाले कवि हैं। प्रश्नाकुल बौद्धिक कवि। परम्परा में वे अज्ञेय की तरह उतरते हैं–परम्परा का निरन्तर निखार-विस्तार-परिष्कार-संस्कार ही उनकी आधुनिकता है। आधुनिकता की यही एकाग्रता 'वाजश्रवा के बहाने' में समसामयिक निर्वचन और बहुवचन बनने में समर्थ हुई है। अपनी काव्य-परम्परा को अपना चिन्तन देने में कभी न चूके हैं न किसी समकालीन कवि से पीछे रहे हैं। उन्हें ज्ञात है कि रचना का असली अर्थ-सन्दर्भ सामाजिक चेतना, पारिवारिक चेतना, मानवीय चेतना और ब्रह्मांड-व्यापी चेतना के स्तरों के विस्तार एवं विरेचन से निर्मित होता है। उनकी कविता में चक्रव्यूह से घिरे अभिमन्यु की सजगता है तो 'आत्मजयी' की चिन्तन-धारा का अबाधित प्रभाव भी। 'कोई दूसरा नहीं' का अर्थ उन्मेष निखर कर 'वाजश्रवा के बहाने' में चिन्तन का नया जीवन खमीर या फ्यूजन उठाता है। इसलिए वे अलीकी उत्तर-आधुनिकतावाद के सीमांतों की चेतना को परिभाषित करते कवि हैं, जो आधुनिकतावाद के मुहावरे को छोड़कर रचता है।

'उसे याद आने लगे अपने कई जीवन' में स्मृतियों के द्वार खुलते हैं। उसकी स्मृति में सदियों से बसे कई जीवन हैं। इनमें 'कल' एक भविष्य है–मिथक है–अतीत है–संधि है–'दोनों से युक्त और दोनों से पृथक्' अजीब निरन्तरता का खेल। यहाँ पुरानी जन्म कुंडलियों में नया भविष्य गढ़ जाता है। एक पुराने वृक्ष से छनकर आता झिलमिल आकाश नई पत्तियों की आभा का तेज है। काल निबद्ध *'पंक्तियों से/गड्ड-मड्ड हो जाते/उदाहरण और उद्धरण। घटनाएँ और विचार/ अटकलें और अनुभव। प्रविष्टियाँ और भूलें। श्रेणियाँ और वर्ग/उन्हें फिर से क्रमांकित और सूत्रबद्ध करते ही/उलट-पुलट जाता है इतिहास/नायक और महानायक/बदल जाते हैं विदूषकों और/साधारण चरित्र-नायकों में/और दर्शकों में से निकलकर/कोई घोषित करता है/कि मैं हूँ इस रंगशाला का/असली सूत्रधार।'* लेकिन इस सूत्रधार के हाथ केवल मोहभंग की कुंठा लगती है। नाटकीय द्वन्द्व का तनाव इस रचना तर्क की स्थिति में है कि एक पीड़ित निर्वासन में। जन्म-कैद काटते लगता है। शायद यही है अन्तिम यथार्थ। इस यथार्थ का भोक्ता और द्रष्टा कौन है? पिता का चिन्तन या पुत्र का मोह या वही और एक पुत्र की उदासी। आखिरकार–'वह उदय हो रहा है पुनः' जिसमें न जाने कितने जीवनों की स्मृतियाँ हैं–अभिप्राय हैं। उसे एक जीवन याद आता है तो उसमें बासी सफलताओं के चित्र हैं और संतुष्टियों की लटकती झालरें हैं। इस जीवन के तर्क से थककर...वह...एक अन्य आरम्भ की ओर लपकता है। एक जीवन से दूसरे जीवन में संतरण याचना नहीं, आकांक्षा है। जिसमें एक महासागर एक छोटे शंबूक से अपनी विपुलता की गूँज माँग रहा है और एक बहुत बड़ी गूँज सागर से उठकर शंख में समा जाती है। इसलिए 'मैं' में 'अन्य' का विलय–'वे दो लगते हुए भी एक ही थे' की तत्त्व मीमांसा बनता है। दो लगते हुए–भिन्न दिखते हुए भी अभिन्न। उनकी आत्मकथा की कथाओं में उवाच अलग-अलग, सार-वस्तु एक ही। नीलमणि-सा

जीवन बिन्दु कल्पनाओं को उभारता है जबकि कोई भी कहानी 'सुखांत' नहीं होती। प्रत्येक सुखद कहानी का अन्त दुखांत होता है। इस तरह 'वाजश्रवा के बहाने' की कहानी दर्शन नहीं है–दर्शन का अनुभवों में निचोड़ है।

कुँवर नारायण के पास काल-निचोड़कर अमृत पीने की कबीर कला का आलम है। वह परम्परा में, इतिहास 'सुदूर अतीत में' यात्रा करते हैं। परम्परा की पुरखा-नदी में सभ्यता-संस्कृति, भाषा-मिथक, साहित्य की मंत्रकीलित ऋचाओं की अनुगूँजें हैं–इन अनुगूँजों में हमारे पुरखे बोलते हैं–सभ्यता के विलुप्त समाज जागकर संवाद करते हैं और कुछ समय की शब्द-ध्वनियाँ-स्मृतियाँ परम्परा के गले में भाषा की फूलमालाएँ बनकर झूलती हैं। इस तरह यह स्मृति के सागर-मंथन से निकली कविता का अमृत-कलश है, जिससे कवि मनुष्यता को जीवित रखना चाहता है। 'पिता से गले मिलते' नचिकेता का अर्थ है--उस जीवित संसार में अन्तर्प्रवेश जो विस्मृत हो गया था। 'उसे अच्छे लगते हैं वे घर/जिनमें एक आँगन हो/वे दीवारें अच्छी लगतीं/जिन पर गुदे हों/किसी बच्चे के तुतलाते हस्ताक्षर/यह अनुभूति अच्छी लगती/कि 'माँ' केवल एक शब्द नहीं/एक सम्पूर्ण भाषा है।' इस सम्पूर्ण भाषा में अनंत समय का 'अनंत' गा रहा है।

इस काव्य का द्वितीय खंड 'वाजश्रवा के बहाने' ही मूल कृति का शीर्षक बना है। पहला खंड विचार की अन्तर्यात्रा का दीपक है, जिसके प्रकाश में हम नचिकेता का नया 'पाठ' और पाठ की पाठात्मकता के नीचे दबी अमित आकांक्षाओं को 'ट्रेस' करते हैं। इस ट्रेसिंग या खोज में कहानी की केन्द्राभिसारी अर्थवत्ता अपनी व्यंजकता से खुलती है। हम इस पाठ की अन्तर्पाठीय मीमांसा करते हैं और पाते हैं कि इसमें अर्थ की व्याख्यानपरक लय है। इस लय में दमित-अवचेतन की आकांक्षाएँ बोलती-बतियाती मिलती हैं। मिशेल फूकों के विमर्श-सिद्धान्त का सहारा लेकर कहें तो पिता की सत्ता को बदलते सन्दर्भों में चुनौती देने वाला पुत्र नचिकेता पुराने मूल्यों-आस्थाओं के खोखलेपन को उजागर करता है। परम्परावादी पिता का उत्तर आधुनिक पुत्र। विचारों के सभी पुराने महावृत्तांतों को ध्वस्त करता है और सभी स्थितियों पर नए सिरे से विमर्श। इस विमर्श से अपूर्व इतिहास जन्म लेता है।

वाजश्रवा भी बदलकर-पिघलकर नई शक्ल में आ जाता है। वह जानता है कि केवल सत्य बोलना पर्याप्त नहीं है–सत्य के भीतर होना भी आवश्यक है। 'एक व्यामोह का अन्त' नया आरम्भ है। उसे भीतर से अनुभव हुआ–वह कमाया-सत्य कि उसके मुँह के दाँत छिटककर दूर जा पड़े 'और लगे उस पर हँसने–उसी के दाँत।' एक अजीब छाया नाट्य की शुरुआत। इसमें एक चीख पूरा घर कंपा गई और ईश्वर चुप रहा। इस चुप और चीख के बीच से शुरू हुआ 'उपरांत जीवन' का श्रीमद्भागवत पाठ। भीतर का नया व्यास बोला मृत्यु इस पृथ्वी पर जीव का अन्तिम वक्तव्य नहीं है। अन्तिम वक्तव्य तो अथक कथावाचक समय के काल-चक्र में बँधा हुआ है। तो फिर सच्चा पश्चात्ताप भी एक नए संवत्सर का शुभ-पर्व बन सकता है। प्रेम से

गले लगाने से एक दुर्लभ अपनत्व की पुनः प्राप्ति हो सकती है। प्रेम ही परम पुरुषार्थ है–मृत्यु से जीवन बड़ा है। मूल बात यह है कि श्लोक बराबर जगह में भी जीवन संदेश पढ़ा जा सकता है। शाम का भूला सुबह घर लौट सकता है–एक नए प्रेम-पाठ के साथ। जीवन की अथक अंत्याक्षरी में अनंत से आगे बढ़ने का संकल्प ही जीवन है। 'अच्छा हुआ तुम लौट आए' में जीवन की वापसी है और एक चीरता सच कि 'भुतही हवेलियों में पाँव रखते झिझकेगा एक नवागत पुत्र का भविष्य बोध।' इस बोध के बिम्ब जाग गए हैं–जैसे 'आगंतुक पैरों की आहट पा/अतीत के तलघर में चौंककर भूँकने लगेंगे सकपकाए कुत्ते/कंगूरों, कार्निसों में बसे चमगादड़ों में/दौड़ जाएगी एक खलबली/एक मौन पूछेगा–'कौन'/और स्वयं ही उत्तर देगा–'कोई नहीं।' स्मृतियों के कुहासे से ऊपर उठकर 'सार्थक' की खोज। कानों में गूँजते पिता के स्वाभिमानी शब्द–जिनमें दया से घृणा है और पुरुषार्थ से अटूट प्रेम। एक चौरासी साल का अपराजेय साहस जीवन को सँभाले मृत्यु से लड़ता है और कहता है–*'मुझे दया से नफ़रत है–/दे सको तो बराबर की मैत्री दो/सम्मानित जीवन का प्रसन्न गर्व चाहिए/इस सच साक्षात्कार कि 'कठिन होता है समझ पाना जीने का अर्थ।' आयु के चौथे प्रहर में जब बदल जाते हैं/युद्ध और शान्ति के अर्थ।'* तब हम न हारने की लड़ाई लड़ते हैं।

आकाश-यात्रा के बाद घर लौटने का अर्थ होता है–उस सिंहासन की नाप जो एक खाट से ज़्यादा बड़ी नहीं होती। उस अनुभूति का मर्म जानना कि *'मैं तुम्हारा पिता हूँ, तुम्हारा भविष्य नहीं। तुम्हारा वर्तमान भी नहीं केवल तुम्हारा अतीत। अर्थात् अस्वीकार करने में स्वीकार का भाव। क्योंकि था जो वह अब भी। मरा नहीं कहीं तुम में जीवित है।'* इस तरह पुराण परम्परा की लाखों व्याख्याएँ सम्यक् हैं और हर व्याख्या का अलग कोण। 'जब मैं व्यस्त था' अतीत को वर्तमान में खींचकर लाने में तो उसके सामने जीवन-मरण के असुविधाजनक प्रश्न थे। लेकिन 'तुम्हें खोकर मैंने जाना' कि हमें क्या चाहिए? क्यों चाहिए? जटिल प्रश्नों का सरल हल क्यों चाहिए? 'पुरुषार्थ का अर्थ जीवन का उल्लंघन है? या उससे समझौता? इस प्रश्न का समाधान कहाँ है? अतः जीवन का अर्थ पुरुषार्थ-चतुष्टय में छिपा है। शर-शय्या पर लेटे भीष्म का जीवन-यथार्थ मोहभंग का थका उपदेश नहीं है पूरे महाभारत के अन्तःकथन का सारांश है। आधुनिक जीवन-विवेक कहता है–'तर्क से बहुत चिपककर नहीं/जरा परे हटकर भी/देखना और सोचना ज़रूरी है अपने समय को।' इस तरह यह प्रश्नाकुलताओं से निर्मित कृति है–प्रश्नों के भीतर प्रश्न। हज़ार-हज़ार प्रश्नों से उलझना कुँवर नारायण का कवि स्वभाव है। वे हर अनाम-पुच्छल ग्रह का भाष्य करते हैं और परिवर्तनों की गति का संकेत देते हैं। जीवन की हदों से बाहर वे जीवन के विश्वासों की पराकाष्ठा को नजदीक से पढ़ते हैं और उसके पाठ के भीतर सोए अर्थ को जगाकर संवाद। यह कविकर्म इसी कला के कारण हिन्दी कविता में 'अपूर्व' है।

इस कृति में कुँवर नारायण के लिए जीवन की पूजा का अर्थ तपश्चर्या नहीं है–सम्पन्न दिनचर्या है। कृति का जीवनानुभव इस तरह निचुड़कर यहाँ आ गया है,

जिसमें जीवन-दृष्टि का अर्थ बर्बर महत्त्वाकांक्षा नहीं है-विनम्र अभिलाषाओं का, वाणी के कवित्व का एक श्लोक की तरह निर्मित विवेक वयस्कता से भरपूर अर्थ-भंडार है। जिसमें किसी भी 'संधि' का विच्छेद-विस्फोटक विकृत रूप न बने। यह विचार भरोसा बने कि जीवन 'अन्तों' से नहीं मध्यांतरों के दृश्यों से बदलता है और बदलाव की सर्जनात्मकता फूल-सा नया सूर्योदय लगती है। अज्ञेय जैसे वन के छन्द हैं कुछ-कुछ उसी तरह कुँवर नारायण वन के छन्द हैं-हर तरफ से बन्द और हर तरफ से खुले। वे कहते हैं-*'पैतृक सम्बन्ध है-वन से जीवन का। वह कभी एक महाकाव्य/कभी एक निर्वासन।' कभी वह एक सृष्टि है/कभी स्रष्टा/कभी एक महाकवि/कभी एक महाद्रष्टा/कभी वह युधिष्ठिर का वन-पर्व/कभी हिमालय पर गलता शरीर/कभी दशरथ के सूने महल/कभी राम की कुटीर/वह आता रहता है हमारे जीवन/संघर्षों में/हम जाते रहते हैं उसकी प्रशान्ति के आश्रमों में।'* इस तरह वन के अनेक गूढ़ार्थ हैं, अनेक बहुवचन, अनेक प्रतीयमान ध्वन्यर्थ। स्वयं को सोचने-समझने का उपक्रम मानव की सबसे बड़ी शक्ति है-वही अटूट विश्वास की साधना भी है और सिद्धि भी। यह कृति प्रतीकों की भाषा में इसी प्रतीयमान को आधुनिक अर्थ-सन्दर्भ देती है। यह अर्थ-सन्दर्भ, अर्थ-वस्तु को शब्द और अर्थ के ध्वनन-व्यापार से प्रस्फुटित करता है।

'वाजश्रवा के बहाने' में अपने युग की जटिल बहुलार्थक प्रतीक कथा रचने के साहस ने शब्द और अर्थ परम्परा का नया काव्य-पाक तो तैयार किया ही है-उसमें अनेक वाजश्रवाओं-नचिकेताओं की व्यंजकता को ठोस आधार दिए हैं। कठोपनिषद् के कथातत्त्व को पृष्ठभूमि में रखकर यह कृति एक नया काव्य-प्रयोग सामने लाती है, जिसके फार्मेशन में काव्य का नया समाजशास्त्र और सौन्दर्यशास्त्र खास तरह की भूमिका रखता है। इस कृति से पाठक खुला संवाद करता है तो बहुत कुछ पाता है। लेकिन अपने को उस पर लादता है तो अर्थ की तितलियाँ दम तोड़ देती हैं। वस्तुतः इस कृति में त्रासजनित विवेक को पावनताजनित विवेक में बदलने की चुनौती निरन्तर विद्यमान रही है।

लगभग चार दशकों से भी ज़्यादा समय की शब्द-साधना में कुँवर नारायण संलग्न रहे हैं। इसी काव्य-साधना की शक्ति से यह कवि हमारे समय के तमाम अन्तर्विरोधों-संशयों और विसंगतियों को 'वाजश्रवा के बहाने' से उजागर कर सकता है। जैसे-जैसे इस कृति को पढ़ते जाते हैं-पाठक को नए अर्थों की अन्तर्ध्वनियाँ मोह लेती हैं। आज हम स्मृति के उस छोर पर पहुँच गए हैं जहाँ इतिहास की सभी विचारधाराओं का अन्त हो गया है। ऐसे कठिन समय में यह कृति हमें अन्तःप्रेरणाओं का नया आलोक दे सकती है। आज के पाठक के लिए यह काव्यानुभूति कम मूल्यवान नहीं है।

जीवन के नैरंतर्य का साक्षात्कार

विश्वनाथ प्रसाद तिवारी

कुँवर नारायण का 'वाजश्रवा के बहाने' अपने समकालीनों और परवर्तियों के काव्य-संग्रहों के बीच एक अलग और विशिष्ट स्वाद देने वाला है जिसे प्रौढ़ विचारशील मन से ही महसूस किया जा सकता है। यह गहरी अन्तर्दृष्टि से किए गए जीवन के उत्सव और हाहाकार का साक्षात्कार है। ऋग्वेद, उपनिषद् और गीता की न जाने कितनी दार्शनिक अनुगूँजें हैं इसमें, जो कुछ सुनाई पड़ती हैं, कुछ नहीं सुनाई पड़तीं। अछोर अतीत है पीछे, अनंत अंधकार है आगे। बीच में अथाह जीवन है, जो केवल मानवों का नहीं, सम्पूर्ण सृष्टि का है, और जो खंड में नहीं बल्कि अखंड काल की निरन्तरता में प्रवहमान है। अपने काव्य का प्रारम्भ करते हुए कुँवर नारायण लिखते हैं :

यह 'आज' भी वैसा ही है
जैसा कोई आज रहा होगा
इस आज से कहीं बहुत पहले।

वस्तुत: कोई भी बीता हुआ 'कल' अतीत नहीं होता बल्कि वह कभी का जीवित 'वर्तमान' हुआ करता है-

वह लौट आया है आज
जो चला गया था कल
वही दिन नहा-धोकर। फिर से शुरू हो रहा है
वह जो था-है
अहर्निशि
न प्राचीन न अद्यतन।

इस सृष्टि की और समय की निरन्तरता में कोई मरा नहीं, न कोई नष्ट हुआ। सभी जीवित हैं अपने अन्य रूप में। 'वासांसि जीर्णानि यथा विहाय...' (गीता)। किसी विलुप्त सभ्यता के अवशेषों की शब्द संपदा में एक नया पाठ पढ़ा जा सकता है। प्रवहमान समय इस रंगशाला का सूत्रधार है।

कवि जिज्ञासा करता है कि कौन है वह जो प्रत्यक्ष से कहीं अधिक परोक्ष और प्रमाणित से कहीं अधिक अनुमानित है। और वह वेद के ऋषियों जैसे निष्कर्ष पर पहुँचता है–एकोऽहंबहुस्याम:–

वह प्रथम पुरुष–एक अविभक्त 'मैं'
विभाजित हुआ होगा स्वेच्छा से
'स्व' और 'अन्य' में, कर्त्ता और कर्म में,
प्रकट हुआ होगा दो अर्धांगों में
अपने पूर्व वैविध्य और सामाजिकता में
पुरुष और स्त्री

एक संसार वह है जिसमें क्षितिज पार की दूरियों के पार कुछ चमकते तारे हैं और जिन्हें पाने के लिए उड़ने की बेचैनियाँ हैं। दूसरा संसार वह है जिसमें आसान समझौते हैं, जमा–खर्च के खाते हैं, औसत सफलताएँ हैं। कवि को याद आता है ऐसा ही एक जीवन और फिर ऐसे ही न जाने कितने जीवन। इस जीवन की विकल स्मृति में उसका पुनरवलोकन करते हुए कुँवर नारायण जिस शब्दावली और जिन अप्रस्तुतों का विधान करते हैं वह काव्य संसार में मौलिक होने के कारण रेखांकित करने योग्य है। 'खखारती–सी लाचारी', 'अपने प्रतिबिम्ब की आँखों से अपने को देखना', 'भूगोल–सा बचा–खुचा चेहरा', 'उजड़े हुए नगर का नक्शा', 'सड़कों की झुरियाँ', 'दूकानी रौनक उतारकर घर लौटती दैनिकताओं की शाम', 'बासी सफलताएँ', 'औसत संतुष्टियों की झालर', 'कच्चे रंगों का भराव', 'हाथ बदलते रिश्ते', 'रगड़ खाते सिक्के', 'घूरती हुई सर्प दृष्टि', 'टेढ़े–मेढ़े दर्पणों के अन्तहीन अंधे गलियारे'–आदि प्रयोग कैसे जीवन का बिम्ब प्रस्तुत करते हैं? क्या उस जीवन का नहीं जो मृत्यु से भी कहीं अधिक निर्मम हो सकता है? या उस आदमी का नहीं जो बाहर निकलने की उतावली में उस दरवाजे को बाहर की ओर ढकेल रहा है जो अन्दर की ओर खुलता है? इस जीवन की कमाई क्या एक असफलता, एक व्यर्थताबोध नहीं है? लेकिन नहीं, यह व्यर्थताबोध भी कवि के लिए मूल्यवान है क्योंकि उसी के अवशेषों से दूसरा निर्माण सम्भव है–

उठाओ संकल्प की पहली ईंट
स्मृति शिलाओं से ज़्यादा ज़रूरी है
शिलान्यास।

एक अनंत क्रम है यह, एक चक्राकार समय, एक आदिहीन, अन्तहीन यात्रा। जो पहला है, वही अन्तिम और जो अन्तिम है, वही पहला। पिता–पुत्र जैसे एक जीवन प्रवाह बनाते हैं और एक जीवन से दूसरे में संतरण होता रहता है–

बार–बार लौटता है वह
एक माँ के लिए

एक पिता के लिए
स्वजनों के लिए
और हर बार निकल पड़ता है
अजानी यात्राओं पर।

कवि की जिज्ञासाएँ सामान्य नहीं हैं। सरल गद्यात्मक सूत्रों में कहूँ तो सृष्टि, जीवन और काल को उसके अछोर विस्तार और उसकी अथाह रहस्यमयी गहराइयों में समझने की जिज्ञासा क्या मामूली है?

क्या है जीवन
कहाँ है वह? कहाँ खोजें उसे
किस देश किस काल में?

सभ्यताएँ और संस्कृतियाँ अपने सारे आवरणों के साथ जन्मती हैं, विकसित होती हैं और एक दिन विलुप्त हो जाती हैं। फिर किसी दूसरे देशकाल में आँखें खोलता है एक अंकुर जो विशाल वृक्ष के रूप में फैल जाता है और इस तरह शुरू होती है एक नई दुनिया। जन्म और मरण के दोनों छोर अपनी असीम सम्भावनाओं के साथ जीवन में उपस्थित रहते हैं। कवि मृत्यु को इस पृथ्वी पर जीवन का अन्तिम वक्तव्य नहीं मानता। वह परलोक को इसी दुनिया का मामला बताता है, जिसमें कुछ भी समाप्त नहीं होता, सब कुछ रह जाता है। अवश्य ही, समय कुछ भी अपने साथ ले जाने की अनुमति नहीं देता पर अपने बाद अमूल्य कुछ छोड़ जाने का पूरा अवसर देता है–*एक अथक कथावाचक है समय/ढीठ उपदेशक है कालचक्र/दुहराता पिछले पाठ/लिखता कुछ नए पृष्ठ/जीवन का महाग्रन्थ/एक संकलन के प्रारूप में नत्थी/पिता पुत्र दृष्टांत की/असंख्य चित्रावलियाँ।*

ज्ञात और अज्ञात के बीच/लगातार चलती प्रश्नोत्तरी/अनारंभ से निकल कर/अनंत से भी आगे तक निकल जाती/जीवन की अथक अत्यांक्षरी।

कवि के सामने गुजरता हुआ एक स्वाभिमानी अतीत है और झिझकता हुआ एक नवागत पुत्र का भविष्य बोध। पिता पुत्र का स्वागत करते हुए उसे मुक्ति का आश्वासन और स्वाधीन कर्म की प्रेरणा देता है–*अतीत की अपेक्षा नहीं/उसके बावजूद उसके बजाय/जीना होगा दूसरा एक जीवन/उससे अधिक समर्थ/उससे अधिक सार्थक/जँभाई लेकर आँखें खोलता है जैसे एक अंकुर।*

और अन्त में पुत्र को यह रहस्य भी बताता है कि उसे भी अन्ततः अपना फैसला भविष्य पर ही छोड़ना पड़ेगा–*लाखों व्याख्याएँ सम्भव हैं पुरानों की/असंख्य दावे और मुक़दमे/चलते रहेंगे अनंत काल तक:/और अन्त में/(विचित्र विरोधाभास है इस अन्त में)/फैसला तुम्हें छोड़ना होगा/फिर किसी अज्ञात नवागंतुक पर/जो अभी जन्मा नहीं।*

यह पीढ़ियों का संघर्ष नहीं, एक नैरंतर्य है जो अतीत, वर्तमान और भविष्य के समय मापक शब्दों में व्यक्त किया जाता है। कवि ने यहाँ वर्तमान को नश्वर नहीं

समझा। उसे पूरे स्वाभिमान के साथ जीने की प्रेरणा दी है। किसी की दया नहीं, किसी से नफरत नहीं। न विश्वविजय की आकांक्षा, न बिकाऊ होकर घूमने का भाव। बल्कि विवेक के साथ एक आत्मिक न्याय युद्ध करते हुए।

वाजश्रवा को पश्चात्ताप होता है कि उसने अपने सबसे 'प्रिय' को 'वस्तु' माना। अब उसे महसूस होता है कि 'अस्तिबोध' और 'वस्तुबोध' में अन्तर होता है। नचिकेता को खो चुकने के बाद उसे बोध होता है कि वह एक योद्धा की प्रतिज्ञा नहीं बल्कि एक नागरिक का पुरुषार्थ है, एक विचारक का विवेक, एक प्रेमी का रागानुराग और एक संन्यासी का विराग। और वह किसी दूसरे से नहीं, बल्कि स्वयं से एक आत्मिक न्याय युद्ध लड़ना चाहता है। वस्तुतः वाजश्रवा के बहाने यह कवि ही है जो अपनी जीवन-दृष्टि इन शब्दों में व्यक्त करता है–*कि उसमें विनम्र अभिलाषाएँ हों/बर्बर महत्त्वाकांक्षाएँ नहीं/वाणी में कवित्व हो/कर्कश तर्क वितर्क का घमासान नहीं/कल्पना में इन्द्रधनुषों के रंग हों/ईर्ष्या द्वेष के बदरंग हादसे नहीं,/विकट सम्बन्धों के माध्यम से/बोलता हो पास पड़ोस/और एक सुभाषित/एक श्लोक की तरह/सुगठित और अकाट्य हो/जीवन विवेक।*

और कवि इस निश्चय पर पहुँचता है–*कि जहाँ पहुँचा जा सकता है/आकाश मार्ग से–जीवन को लाँघकर/वहाँ पहुँचा जा सकता है थल मार्ग से भी/जीवन को जीते हुए/बिलकुल ऐहिक हो अध्यात्म/साधारण मिट्टी के बने खिलौने/जीवन शक्तियों के प्रतीक/तपश्चर्या नहीं/सम्पन्न जीवनचर्या हो/जीवन की पूजा का अर्थ।*

यह बिन्दु जहाँ कवि पहुँचता है, आश्चर्य कि अद्वैत के प्रवर्तक आदि शंकराचार्य भी अपने निष्कवच आत्म निवेदन में इसी बिन्दु पर पहुँचे थे। काशी में भगवान विश्वेश्वर के सम्मुख आचार्य शंकर ने जो चालीस श्लोक पढ़े थे उनमें एक श्लोक की एक अद्‌भुत पंक्ति है–'यत् यत् कर्मं करोमि तदांडेन शम्भोतवाराधनम्' (हे शंभु मैं जो-जो कर्म करता हूँ वह सब तुम्हारी आराधना है) इससे अधिक सम्पन्न जीवनचर्या और क्या हो सकती है? यह तपश्चर्या से क्या बेहतर विकल्प नहीं है? इस थलमार्ग से क्या वहाँ नहीं पहुँचा जा सकता जहाँ आकाश मार्ग से पहुँचने की कल्पना है?

कवि एक रूपक के माध्यम से जीवन और वन का पैतृक सम्बन्ध बनाते हुए 'वन' शब्द के अनेक गूढ़ार्थों में जाता है और क्षितिज के पार तक फैले अछोर जंगल को अपने भीतर ही प्रतिबिंबित देखता है। वह इस महावन या कहें कि महाप्रकृति के संतुलन को बिगड़ते नहीं देखना चाहता। इसके बीच वह अपने को अकेला नहीं महसूस करना चाहता। सबके साथ अपने को जोड़े रखने का विश्वास सबसे बड़ी शक्ति है। जीवन में हर समय संघर्ष ही नहीं होता, उसमें सहयोग और समझौते भी हैं। कवि के अनुसार संघर्ष की जड़ें हिंसा और अतिवाद में हैं। वह युद्ध की जरूरत को बुद्धि की सबसे शर्मनाक हार मानता है। उसके अनुसार प्रकृति की विकास योजना नितांत सांयोगिक नहीं है। अतः उसके प्रति मनुष्य में ग्रहण से पहले अर्पण का विनम्र भाव होना चाहिए।

अपने काव्य के अन्तिम अंश को कवि ने शीर्षक दिया है–'यह अवसान नहीं'। वह मानता है कि मृत्यु जीवन का अवसान नहीं है। वह मृत्यु का साक्षात्कार करता है। पराभौतिक की भाषा में भौतिक को पढ़ता है। दुनिया के भूगोल में अपने प्रवेश और इतिहास में अपने निकास के बारे में सोचता है। एक तरफ पृथ्वी है, दूसरी तरफ अथाह अज्ञात। मगर कवि न आतंकित होता है, न निराश। वह सहज है क्योंकि उसके आत्ममंथन ने उसे इस बिन्दु पर छोड़ा है कि अन्त कुछ नहीं है। जो अन्त है वही आरम्भ है। भरत मुनि ने अपने 'नाट्यशास्त्र' के द्वितीय अध्याय में रंगशाला के निर्माण के बारे में बताया है। उनकी रंगशाला के नेपथ्य गृह से निकलने के दो द्वार होते हैं जिनसे निकलकर अभिनेता आगे बढ़ता है। इनमें से एक द्वार पर नियति के देवता का वास होता है और दूसरे पर मृत्यु के देवता का। भरत मुनि सम्भवतः कहना चाहते हैं कि मृत्यु के बाद ही या बाद भी अभिनेता एक दूसरा जीवन धारण करता है जिसका कि उसे अभिनय करना होता है। मृत्यु और जीवन के इस अनंत क्रम पर भारतीय चिन्तन में बहुत कुछ कहा गया है। यह संयोग नहीं है कि कुँवर नारायण के इस काव्य का अन्त 'शुरुआत' शब्द से होता है।

मुझे कहना चाहिए कि कुँवर नारायण के इस संग्रह में भी मृत्यु का गहरा बोध है। भले ही इसमें जीवन की ओर से मृत्यु को देखने की कोशिश है। यदि मृत्यु न होती तो जीवन को इस प्रकार देखने की आकांक्षा भी न होती। 'मृत्यु ही जीवन को अर्थ देती है और निरर्थक में भी अर्थ भरती है'–यह कथन असंगत नहीं है। मृत्यु है इसीलिए जिजीविषा भी है। जिजीविषा है इसीलिए सम्भावना भी।

कुँवर नारायण के इस काव्य में विषयवस्तु के बिलकुल विपरीत एक गजब की सहजता और भाषा प्रवाह है। कहीं कोई शब्द अपरिचित नहीं पर अर्थ की गहराइयों के साथ विद्यमान। भावावेग के दबाव के अनेक अवसर आते हैं और आ सकते थे पर कवि पूर्णतः संयम और काव्यानुशासन के साथ सहज होकर पाँव रखता है। कदम-कदम पर विचारों के ऊँचे टीले और गहरी खाइयाँ हैं पर प्रवाह ऐसा कि एक शब्द दूसरे को ठेलकर आगे निकलता और धारा को अविच्छिन्न रखता हुआ। जैसे सागर की लहरें जो धकेलती हुई आगे बढ़तीं और पछाड़ खाकर पीछे लौटती हैं। जैसे फेन बुदबुद और जल का शाश्वत प्रवाह एक साथ। इस काव्य की हर कविता अपने में अलग मगर एक विचार प्रवाह में जुड़ी हुई है। कथन वैचित्र्य और तुकों के साथ सैकड़ों चुस्त उक्तियाँ सूक्तियों-सी उद्धृत की जाने योग्य हैं। विषय-गम्भीरता के साथ सहजता का यह अद्‌भुत संयोग महान कवि तुलसी की याद दिला देता है। आज के काव्य परिदृश्य में जबकि वर्तमान और स्थूल दृश्य यथार्थ ही सब कुछ है, इस भाव भूमि की कविता से गुजरना एक विरल अनुभव है।

पटाक्षेप नहीं, केवल दृश्य-परिवर्तन

नंदकिशोर नवल

काफी पहले विष्णु खरे ने मुझसे कहा था कि कुँवर नारायण में 'कवियों का कवि' बनने की पूरी सम्भावना थी! उन्होंने यह बात एक आश्वस्ति-भाव के साथ कही थी, जिसका आशय यह था कि वे उस खतरे से बच निकले! सच्चाई यह है कि कुँवर जी ने 'आत्मजयी' के प्रकाशन (1965) के माध्यम से ही अपने 'कवियों का कवि' होने की घोषणा कर दी थी। उसके बाद से उनकी स्फुट कविताओं में भी बारीकी आती गई है। आज वे उम्र के जिस मुकाम पर पहुँचे हुए हैं, उनसे बारीक कविताओं की ही अपेक्षा की जा सकती है, न कि 'इन फिरोजी होठों पर बरबाद मेरी ज़िन्दगी!' जैसी सतही रूमानी कविताओं की। हिन्दी में आम तौर पर उम्र बढ़ने के साथ कवियों की ऐंद्रिय संवेदना और भावानुभूति ही शिथिल नहीं पड़ती जाती है, उनकी कल्पना और विचार-शक्ति भी जैसे अपनी धार खोने लगती है। यह हिन्दी का सौभाग्य है कि कुँवर जी में विकास का क्रम निरन्तर जारी है। उनकी कल्पना-शक्ति और विचार-शक्ति ही तीव्र नहीं होती जा रही है, उनकी ऐंद्रिय संवेदना और भावानुभूति भी तीक्ष्णतर हुई है। संप्रेषणीयता कविता का बहुत बड़ा गुण है, लेकिन उसे लोकप्रियता का पर्याय समझना ग़लत है। यह सर्वथा सम्भव है कि कोई कविता संप्रेषणीय तो हो, लेकिन लोकप्रिय न हो। दूसरे, कविता में स्तर-भेद अनिवार्य है। उसमें निराला भी होंगे और पंत भी, अज्ञेय भी होंगे और नागार्जुन भी, शमशेर भी होंगे और त्रिलोचन भी। यह स्तर-भेद न हो, तो कविता का संसार नितांत एकरस हो जाएगा और वह रुचि के विभिन्न स्तरों पर स्थित पाठकों को सन्तुष्ट न कर सकेगी। यह धारणा भी ग़लत है कि श्रेष्ठ कविता हमेशा लोकप्रिय ही होती है। इसे उलटकर कहना भी उतना ही ग़लत है, जैसे यह कि गैर लोकप्रिय कविता ही श्रेष्ठ होती है। कविता की असली कसौटी है उसकी संप्रेषणीयता। यदि वह संप्रेषणीय है, तो वह श्रेष्ठ कविता है। उस समय इस बात से कोई फर्क नहीं पड़ता कि वह लोकप्रिय है या नहीं।

कुँवर जी का उपर्युक्त काव्य 'आत्मजयी' पूर्णतः संप्रेषणीय होते हुए भी लोकप्रिय नहीं हुआ। 'वाजश्रवा के बहाने' 2008 में प्रकाशित उनका नवीनतम काव्य है, जो

'आत्मजयी' का उत्तरार्ध होते हुए भी अपने आप में पूर्ण है। उन्हें ज्ञानपीठ पुरस्कार से सम्मानित किया गया है, लेकिन अभी तक इस काव्य ने अपनी लोकप्रियता का कोई प्रमाण नहीं दिया। यह पूर्णतः संप्रेषणीय कृति तो है ही, इसमें कुँवर जी की ऐंद्रिय संवेदना और भावानुभूति की ताजगी भी देखने लायक है। यहाँ आकर उनकी कल्पना-शक्ति और धारदार हो गई और उनकी बौद्धिकता बेधक होने के साथ-साथ अत्यन्त पारदर्शी। बारीकी तो इसमें हद से ज़्यादा है ही। अनेक कवि सृष्टि से शून्य की रचना करते हैं, कुँवर जी ने शून्य से सृष्टि की रचना की है। स्वभावतः मार्क्सवादी विद्वान इसका विरोध भले न करें, संकीर्णतावादी होने के आरोप के भय से, लेकिन वे इसे नजरअंदाज करने की भरपूर कोशिश करेंगे, बल्कि कर रहे हैं। आज दुनिया जहाँ पहुँची है, वहाँ उनका समर्थन और विरोध अपना मूल्य खो चुके हैं। खुशी की बात है कि वे मन ही मन इस बात को स्वीकार करते हैं, ऊपर से अस्वीकार करें तो करें।

'आत्मजयी' और 'वाजश्रवा के बहाने' में नचिकेता और उसके पिता वाजश्रवा की 'कहानी' है। घटना का एक क्षीण सूत्र है, जो दोनों लम्बी कविताओं को अलग-अलग एकत्व प्रदान करता है। कठोपनिषद् में नचिकेता का पिता उद्दालक को कहा गया है और वाजश्रवा को उसका प्रपितामह। लेकिन प्रसिद्धि नचिकेता का पिता वाजश्रवा को बतलाती है, जिसका एक प्रमाण है राणाप्रसाद शर्मा द्वारा निर्मित पौराणिक कोश (ज्ञानमंडल, वाराणसी)। कुँवर जी ने कठोपनिषद् को छोड़कर इसी प्रसिद्धि को आधार बनाया है और काव्य के दोनों खंडों में क्रमशः पुत्र और पिता का वृत्तांत अंकित किया है। यह वृत्तांत कभी कवि के द्वारा उपस्थित किया गया है और कभी स्वयं पात्रों के आत्मालाप के द्वारा। ऊपर 'पारदर्शी' शब्द का प्रयोग किया गया है। वस्तुतः इस काव्य में सारा कुछ इतना पारदर्शी है कि एक हिन्दी कवि का यह शेर याद आता है, 'मुहब्बत', 'नजर' और 'पर्वत' तीनों बहुत बड़ा अर्थ रखते हैं। 'मुहब्बत' का अर्थ है जीवन-प्रेम, 'नजर' का अर्थ है असीम की दृष्टि और 'पर्वत' का अर्थ है विचार और दर्शन। मार्क्सवादी विद्वान ठोस को इतना महत्त्व देते हैं कि 'सूक्ष्म' का जिक्र आते ही वे अपना आपा खो बैठते हैं! डॉ. मैनेजर पांडेय का मुहावरा लेकर कहें, तो वे लेनिन की इस उक्ति को कि 'सत्य ठोस होता है' (ट्रुथ इज कांक्रीट) पकड़कर लटक गए हैं! वे यह नहीं सोचते कि वस्तु-जगत के साथ-साथ एक भाव और विचार-जगत भी है, जो पूर्णतः सूक्ष्म होता है और जिसके बिना मनुष्य पूरा नहीं हो सकता। ठोस के साथ सूक्ष्म की वही स्थिति है, जो पृथ्वी के साथ आकाश की। दूसरी बात यह कि मार्क्सवादी विद्वान बात-बात में समाज की कसम खाते हैं और समाज-परिवर्तन का एक ही मार्ग बतलाते हैं, जो कि उनके पास है। वे समझने को तैयार नहीं कि लक्ष्य तक पहुँचने के कई रास्ते हो सकते हैं। यह सही है कि भारतीय इतिहास के प्राचीन काल में सामाजिक-आर्थिक चिन्तन उतना विकसित नहीं था, इसलिए चिन्तकों और दार्शनिकों ने व्यक्ति की राह पकड़ी और उसी को लोकहित में ऊँचा उठाने पर बल दिया। मार्क्सवाद में संस्कृति अधिरचना है और अर्थव्यवस्था आधार, तथापि किसी

हद तक दोनों में द्वन्द्वात्मक सम्बन्ध की कल्पना की गई है। व्यक्ति की उपेक्षा का क्या परिणाम होता है, हम समाजवादी व्यवस्था की भहराहट में देख चुके हैं। ऐसी स्थिति में यदि भारतीय संस्कृति में व्यक्ति पर अत्यधिक बल दिया गया है, तो वह दूसरा अतिवाद हो सकता है, लेकिन वह बकवास नहीं है! ध्यातव्य है कि समाजवादी व्यवस्था का भी लक्ष्य व्यक्तित्व का स्वतंत्र विकास ही है। इसमें भी इसी कसौटी पर सामाजिक विकास की परीक्षा की गई है। एक दृष्टि से 'वाजश्रवा के बहाने' भारतीय संस्कृति का निचोड़ है। दूसरे, नचिकेता हो या वाजश्रवा, ये दोनों बहाने हैं, कवि का लक्ष्य तो है समकालीन व्यक्ति का स्वातंत्र्य, यानी सकारात्मक असीम विकास, जिसकी कसौटी है उसका सामाजिक जीवन।

'वाजश्रवा के बहाने' की भूमिका में कुँवर जी ने कहा है, "'आत्मजयी' में यदि मृत्यु की ओर से जीवन को देखा गया है, तो 'वाजश्रवा के बहाने' में जीवन की ओर से मृत्यु को देखने की कोशिश है।" इससे भी अधिक महत्त्वपूर्ण बात उन्होंने यह कही है कि "इस 'देखने' (पश्य) का विशेष महत्त्व है। अन्ततः दोनों एक-से ही 'निष्कर्ष-बिन्दु' पर पहुँचते-से लगते हैं, कि जहाँ जीवन को लाँघकर, आकाश-मार्ग से, पहुँचा जा सकता है, वहीं शायद जीवन को जीते हुए, थल-मार्ग से भी।" इसके साथ यह भी ध्यातव्य है कि "'पिता-पुत्र के सम्बन्धों' को मूलतः द्वन्द्वात्मक ढंग से न देखकर संयुक्त या 'दोहरी' जीवनशक्ति के रूप में देखा गया है।" क्यों "विभिन्नताएँ एक-दूसरे की दुश्मन नहीं, एक-दूसरे की पूरी विशिष्टताएँ हैं, वे स्वतंत्र कड़ियाँ भी हैं और एक-दूसरे को जोड़ने वाली कड़ियाँ भी।" यह कृति दो खंडों में बँटी है। पहला खंड है-'नचिकेता की वापसी', जिसमें जीवन के आह्वान और उदय को देखा गया है, और दूसरा खंड है, 'वाजश्रवा के बहाने', जिसमें एक विदग्ध जीवन का सायंकाल वर्णित है। कवि का कहना है कि "दोनों एक ऋतु-चक्र के अभिन्न हिस्से हैं। चक्र में चढ़ाव-उतार की चक्राकार गति है, आरम्भ और अन्त नहीं।" ये उद्धरण हमारे हाथ में इसी कृति की कुंजी थमाते हैं, जिससे यह कृति खुलती है और हमें आँगन के पार द्वार और फिर द्वार के पार आँगन और फिर आँगन के पार द्वार दिखलाई पड़ता है। अब हम संक्षेप में इस काव्य के क्रमशः दोनों भागों का जायज़ा लें।

नचिकेता यम के द्वार से मुक्ति-लाभ करके लौट आया है। वह कहता है :

आह्वान करता हूँ/उस अपराजेय जीवनशक्ति का/उसकी प्रकट-अप्रकट प्रतीतियों को/साक्षी बनाकर/धारण करता हूँ मस्तक पर/ एक धधकता तिलक।/ और फैल जाता है/दसों दिशाओं में/भस्म होकर मेरा अहंकार।

तात्पर्य यह कि नचिकेता निरहं हो जाता है, जो मुक्तिबोध के 'व्यक्तित्वांतरण' से भिन्न है, क्योंकि उसमें जहाँ व्यक्तित्व का विकास है, यहाँ व्यक्तित्व का विसर्जन, जो भारतीय संस्कृति का मूल संदेश है। सोचने की बात यह है कि दोनों प्रक्रियाओं का लक्ष्य एक ही तो नहीं है, जैसे लघिमा और द्राघिमा सिद्धियों का? लघिमा सिद्धि में हम अपने को न्यूनतम सीमा तक घटाकर सर्व को अपने में व्याप्त करते हैं और

द्राघिमा सिद्धि में अपने को हम इतना बढ़ा लेते हैं कि सर्व उसमें सम्पूर्णतः समाहित हो जाता है। यहाँ यह कह देना भी ज़रूरी है कि निरहं होना कोई बाहर से उपलब्ध होने वाली चीज़ नहीं है, वह एक भीतरी प्रक्रिया है, मन और बुद्धि की। कुँवर जी ने भी नचिकेता के निरहं होने की अवस्था के बारे में कहा है, "जो था किन्तु प्रकट न था/प्रकाशित हुआ/मन और बुद्धि के संयोग से/रूपायित होती एक कृति/फैलती जीवन की शाखाएँ प्रशाखाएँ/अपने वैभिन्न्य/और एकत्व में।" 'वैभिन्न्य' और 'एकत्व' रहस्यमय शब्द हैं। कवि के शब्दों में उनकी व्याख्या देखिए–

वह प्रथम पुरुष--एक अविभक्त 'मैं'/ विभाजित हुआ होगा स्वेच्छा से/ 'स्व' और 'अन्य' में, कर्ता और कर्म में, /प्रकट हुआ होगा दो अर्धांगों में–/अपने पूर्व वैविध्य और सामाजिकता में/ पुरुष और स्त्री/वह जितना अपनी ओर खिंचा हुआ/उतना ही पृथ्वी पर झुका हुआ।

यहाँ एक छोटी-सी बात की ओर इशारा कर देना ज़रूरी है। वह यह कि कवि ने 'प्रथम पुरुष' का प्रयोग 'उत्तम पुरुष' के लिए किया है, जबकि उसका अर्थ है 'अन्य पुरुष।' ऐसा लगता है कि वह यहाँ संस्कृत की जगह अंग्रेजी व्याकरण से प्रभावित है।

पहले खंड के कई उपखंडों में नचिकेता के मुक्ति प्राप्त करने से पहले की स्थिति सूचित करने के बाद अगले उपखंड 'एक अन्य आरम्भ' में कवि ने अपनी जादुई कल्पना-शक्ति का परिचय देते हुए उसके जन्मांतर की कथा कही है, जो हमें महान फिल्म-निर्देशक सत्यजित राय की याद दिलाता है। वे अपनी घोर यथार्थवादी फिल्मों में भी विलक्षण कल्पना-शक्ति से आवश्यक स्थलों पर सूक्ष्म से सूक्ष्म यथार्थ को इस प्रकार दृश्यमान बनाते थे कि दर्शक विस्मित रह जाता था। लेकिन उक्त कथा के पहले हम यह देखें कि कठोपनिषद् में जहाँ मोक्ष-लाभ के लिए योग को साधन बतलाया गया है, वहाँ इस कृति में कुँवर जी बहुत ही सशक्त ढंग से मनुष्य की संकल्प-शक्ति अथवा उसकी निश्चयात्मक बुद्धि को उसका साधन बतलाते हैं। वे नचिकेता के बारे में कहते हैं–

फिर वही पहला आदमी होगा/और अन्तिम भी/उसके बाद मिट जाएगा उसका संसार/उसके लिए।/यह व्यर्थता-बोध अकारण नहीं/मूल्यवान है!/उसी के अवशेषों से/सम्भव है एक दूसरा निर्माण।/उठाओ संकल्प की पहली ईंट/स्मृति-शिलाओं से ज़्यादा ज़रूरी है/शिलान्यास।

अब उन्हीं के शब्दों में नचिकेता के पुनर्जन्म प्राप्त करने का वृत्तांत देखिए। एक छोटे-से गाँव में रहने वाला एक बालक अपनी माँ से पूछता है कि उन खाइयों और अलंघ्य पर्वतों के पार उधर क्या है, माँ? माँ उत्तर देती है कि इसी भूगोल और इतिहास से निर्मित एक संसार उधर भी है। सुनती हूँ कि उधर जो भी जाता है, फिर घर लौटकर नहीं आता। अब कवि के शब्दों में–

दुर्गम पहाड़ों को पार कर/अन्तिम ढलान से उतरते हुए/बालक ने देखा कि सूरज के ढलते-ढलते/वह एक ही दिन में वयस्क हो गया है। /थका-माँदा जहाँ वह पहुँचा

था/उसी के गाँव की तरह ऊँचे पर्वतों से घिरा/एक दूसरा गाँव था/एक घर के द्वार पर उसने दस्तक दी।/बिलकुल उसकी माँ की तरह था/उस स्त्री का चेहरा जिसने दरवाज़ा खोला, /उसे पानी पिलाया/और एकटक उसे देखती रही/अचानक बिलकुल माँ की तरह/खुशी से चमक उठीं उसकी आँखें–/ "ओह, लाख-लाख शुक्र है ईश्वर का/कि तू लौट आया घर/इतने-इतने बरसों बाद! मेरा बेटा/अपने घर/अपने माता-पिता के पास!"

इस पर कवि की टिप्पणी है–

बार-बार लौटता है वह/एक माँ के लिए/एक पिता के लिए/स्वजनों के लिए/और हर बार/फिर निकल पड़ता है/अजानी यात्राओं पर।

यह है सीमित और असीमित तथा ज्ञेय तथा अज्ञेय के बीच की आवाजाही, जिसके बिना कोई जीवन पूर्ण नहीं हो सकता। यह वह स्थिति है, जिसमें नचिकेता को लगता है कि 'वह न तो है, न नहीं है–/वह न अपने उस तरफ है/न उस तरफ के भी दूसरी तरफ–/फिर भी लगता वह अपने हर तरफ जीवित है।'

मुक्तिबोध की 'दिमागी गुहाँधकार का ओरांग-उटांग!' शीर्षक कविता प्रसिद्ध है। उसमें उन्होंने व्यक्तित्वांतरण को एक निरन्तर प्रक्रिया बतलाया है, यानी ऐसी चीज़ नहीं, जिसे प्राप्त कर लेने के बाद वह चीज़ हमेशा के लिए अपने पास आ जाती है। इसलिए अपने मध्यवर्गीय संस्कारों से हमेशा संघर्ष करते रहने की उन्होंने हिदायत दी है। इस कृति में कुँवर जी भी नचिकेता के बारे में कहते हैं कि उसे 'कई बार लगता/वह दुनिया मिल गई/पर जल्दी ही वह भ्रम टूटता/और टूटता अन्दर ही अन्दर कुछ/किसी बच्चे के विश्वास-सा नाजुक।'

'वाजश्रवा के बहाने' के पहले खंड की समाप्ति जिस उपखंड से हुई है, वह है 'पिता से गले मिलते।' इसकी कुछ पंक्तियाँ उद्धरणीय हैं, जिनमें माँ के दूध की पवित्रता और सुवास है। ये पंक्तियाँ अपनी मार्मिकता में बेजोड़ हैं–

पिता से गले मिलते/आश्वस्त होता नचिकेता कि/उसका संसार अभी जीवित है! उसे अच्छे लगते वे घर/जिनमें एक आँगन हो/वे दीवारें अच्छी लगतीं/जिन पर गुदे हों/किसी बच्चे के तुतलाते हस्ताक्षर, /यह अनुभूति अच्छी लगती/कि 'माँ' केवल एक शब्द नहीं/एक सम्पूर्ण भाषा है...।

जैसा कि ऊपर सूचित किया जा चुका है, इस काव्य का दूसरा खंड है 'वाजश्रवा के बहाने'। इस खंड की अहमियत इसी से समझी जा सकती है कि इसी नाम पर इस कृति का नामकरण किया गया है। ऊपर इसकी भूमिका का वह वाक्य भी उद्धृत किया गया है, जिसमें कवि ने कहा है कि 'आत्मजयी' में मृत्यु को जीवन की ओर से देखा गया है और इसमें जीवन की ओर से मृत्यु को। जाहिर है कि जीवन की ओर से मृत्यु को देखना ही कवि की दृष्टि में अधिक महत्त्वपूर्ण है, क्योंकि यहीं आकर काव्य समाप्त होता है।

दूसरे खंड का आरम्भ इस काव्य में बहुत प्रभावशाली ढंग से हुआ है। नचिकेता से वियोग के बाद वाजश्रवा की हालत के बारे में कवि कहता है, "गई रात की बात

है–वह अपने पदस्थल से गिरा/और चूर-चूर हो गया।" उसके टूटे हाथ में कलम थी, जिससे उसने एक अन्तिम संदेश लिखना चाहा, पर लिख न सका। उसने यह सोचकर कि चलो, लिखने से छुट्टी मिली, राहत की साँस लेनी चाही, पर अपनी जगह पर फेफड़े ही न थे। उसने बेहद घुटन महसूस की और बाहर जाना चाहा, पर खोजने पर भी उसे अपने पाँव न मिले। उसके बाद एक भयानक चित्र आता है, जिसमें वह अपने टूटे-फूटे पाँवों को बैसाखियों की तरह इस्तेमाल करना चाहता है, लेकिन–

कोशिश की/और तभी वह फिर गिरा/मुँह के बल, /दाँत छिटककर दूर जा पड़े/और लगे उस पर हँसने, उसी के दाँत।

इसके बाद आशा की एक किरण एक बच्चे की तरह उसके कमरे में प्रवेश करती है और उसके टुकड़ों के साथ खेलने लगती है। वाजश्रवा निराश होकर कहता है, 'मैं हार गया।' इस पर बच्चा उसे उम्मीद दिलाते हुए कहता है, "नहीं, हम बराबर रहे।" बच्चे का यह कथन अत्यन्त मार्मिक है, क्योंकि इसमें मृत्यु और जीवन की बराबर-बराबर हिस्सेदारी है। कुँवर जी का दृढ़ विचार है कि 'मृत्यु इस पृथ्वी पर/जीव का अन्तिम वक्तव्य नहीं है' और 'परलोक इसी दुनिया का मामला है।' तात्पर्य यह कि मुक्ति के लिए मृत्यु की प्रतीक्षा आवश्यक नहीं है, वह इसी जीवन में प्राप्त हो सकती है।

जैसे उक्त बच्चे का कथन अत्यन्त मार्मिक है, वैसे ही आक्रोश में नचिकेता को यम को दे देने के बाद वाजश्रवा का पश्चात्ताप भी। वह कहता है, *'मेरी सबसे प्रिय वस्तु! भूल हुई/ 'वस्तु' माना अपने सबसे 'प्रिय' को,/ अपना अभिन्न नहीं/इसके बाद यह अर्थपूर्ण उक्ति : 'बहुत बड़ा अन्तर है/अस्तिबोध में और वस्तुबोध में।''* 'आत्मजयी' के पीछे किसी न किसी रूप में अस्तित्ववाद की प्रेरणा थी। उसमें इस दर्शन की स्थितियाँ और सूत्र स्थान-स्थान पर ज्यों के त्यों मिलते हैं। लेकिन 'वाजश्रवा के बहाने' एक शुद्ध भारतीय कृति है और मजा यह कि यह समकालीन जीवन के सन्दर्भों से सीधे जुड़ती है। देखिए निम्नलिखित पंक्तियाँ–

वस्तुएँ पुकारती हैं–/हम ही सदा पूज्य रहे हैं दुनिया में/हमें अपनी अंध-भक्ति दो/हम तुम पर कृपा करेंगे/चीज़ों की वर्षा से भर देंगे/तुम्हारा घर/तुम हमें अर्पित करो अपना धर्म, कर्म/हम तुम्हें तत्काल फल देंगे।

लेकिन वाजश्रवा के माध्यम से कवि क्या कहता है? वह कहता है–

अपने अस्तिबोध को/एकाग्र करो वस्तुओं पर/निर्जीव वस्तुएँ भी जी उठेंगी/और देंगी तुम्हें मनमाना वर!/वे तुम्हारी रक्षा करेंगी/उस आक्रामक शून्य से/जो प्रतिक्षण हुँकारता रहता है, /वे तुम्हें एक ऐसे शोर का/कवच और कुंडल देंगी/कि तुम लोहे की तरह कठोर और बहरे हो जाओगे, / उनसे परे की कोई ध्वनि या अन्तर्ध्वनि/तुम तक पहुँच ही न पाएगी/और तुम सुरक्षित अनुभव करोगे/चीज़ों की ठसाठस भीड़ में

निश्चय ही यह अस्तिबोध अस्तित्ववाद का 'अस्तित्व-बोध' नहीं, बल्कि उसके मूल में भारतीय अस्ति है, जो एक स्तर पर नास्ति से मिल जाती है। यही नास्ति वस्तुओं के हमले से सुरक्षित रखने वाला कवच और कुंडल है।

आगे बढ़ने पर पुनः हमें इस काव्य में समकालीन जीवन के सन्दर्भ मिलते हैं। उदाहरणार्थ, *"किसी महात्मा से पूछा था एक बार किसी ने–/ 'कितना समकालीन है तुम्हारा सत्य?/कितने आधुनिक हैं तुम्हारे हथियार?/कितना तर्कसंगत है तुम्हारा संदेश?/क्या तुम्हारे सिपाही/लड़ सकते हैं/एक महायुद्ध?'/कोई उत्तर न देकर/महात्मा ने पूछा था उससे–/ 'कितना विकसित है तुम्हारा जीवन-विवेक?/कितना आधुनिक है तुम्हारा युद्ध?/कितने प्रबुद्ध हैं तुम्हारे सैनिक?/क्या वे लड़ सकते हैं/स्वयं से/एक आत्मिक न्याय-युद्ध?'/ 'मैं तुम्हारा मतलब नहीं समझा!'/चीख पड़ा था एक अधीरज,/और बिना महात्मा का मतलब समझे/उसने एक महा-आत्मा की हत्या कर दी/हत्या के सबसे विकसित/हथियार से!"* इसके बाद कवि की टिप्पणी है–

तर्क से बहुत चिपककर नहीं/ज़रा परे हटकर भी/देखना और सोचना ज़रूरी है/अपने समय को/जो बिलकुल सामने है–दो आयामी/पहलदार दिखाई देता है/आड़े-तिरछे होकर देखने से।/किसी एक सीने से बहता हुआ रक्त/ किसी भी सीने से/किसी भी समय में/बहता हुआ लगता है...

जैसे रवींद्रनाथ इसके लिए सावधान थे कि उनके रहस्यवाद को कोई अलौकिक वस्तु न समझा जाए, कुँवर जी भी सावधान रहे हैं कि हिन्दी के पाठक और विद्वान् एक औपनिषदिक प्रसंग को लेकर रची गई उनकी कृति को कोई नितांत अव्यावहारिक, दूसरा शब्द लेकर कहें तो भाववादी, कृति न मान बैठें। आगे के खंडों में वे स्पष्ट शब्दों में कहते हैं कि *'बिलकुल ऐहिक हो अध्यात्म/साधारण मिट्टी के बने खिलौने–जीवन-शक्तियों के प्रतीक'* और कि *'तपश्चर्या नहीं/सम्पन्न दिनचर्या हो/जीवन की पूजा का अर्थ।'* वे बार-बार समय और समयातीत, ठोस और सूक्ष्म, अर्द्ध और पूर्ण तथा वातार्लाप और आत्मालाप की संधि पर बल देते हैं और कहते हैं, 'इस 'संधि' का विच्छेद/उसे विस्फोटक बना सकता है!' तुलसीदास ने वन और घर के बीच राम की कुटी छवाने को कहा था। कुँवर जी वन में जीवन की और जीवन में वन की कल्पना करते हैं। मुक्ति-प्राप्ति जीवन को वे जीवन का पटाक्षेप नहीं, बल्कि केवल दृश्य-परिवर्तन मानते हैं। उनका आदर्श यह संन्यस्त जीवन है, जिसकी जीवनचर्या में उदात्त और पाशविक के बीच भी एक सन्तुलन है और उसके साम्राज्य में एक मानवीय जीवन जी सकने की पूरी गुंजाइश है। उनके शब्दों में, *'वन का अर्थ अ-जीवन नहीं/एक अन्य जीवन है, /निज से अ-निजता में होते हुए/एक महानिजता की संस्कृति में प्रवेश का मार्ग।'* समकालीन सभ्यता में अकेलेपन की समस्या और भयावह हो उठी है। कुँवर जी कहते हैं कि "हम अकेले नहीं हैं!" इस हठ को न छोड़ें तो/बाध्य कर दे सकते हैं ईश्वर को भी/अपना साथ देने को।"

वे उपर्युक्त 'संधि' से उपलब्ध जीवन को जीवन का अन्त नहीं मानते। अत्यन्त सुन्दर शब्दों में उन्होंने कहा है, "अन्तिम शब्द समाप्त नहीं/अगले पृष्ठ पर जारी है–"अगला पृष्ठ जो कल खुलेगा।" उन्हें जीवन से इतना प्रेम है कि वे कहते हैं

कि *"कुछ नहीं में/ढेर से 'नहीं' के पहले/जो जरा-सा 'कुछ' है/वही 'सब कुछ' है।"* वाजश्रवा के शब्दों में उनकी घोषणा है–

अपूर्ण को ही मान लिया सम्पूर्ण।/ पूर्णता के पीछे भागना-व्यर्थ है, वह शून्य है, उसे पाना/अपने को खो देना है/शून्यों की अपार गणित में।

वे यहाँ तक कहते हैं कि 'इस बार भी यदि/अधूरा ही छूट जाए कोई संकल्प/तो विश्वास रहे/कि सही थी शुरुआत।'

इस विवरण से कुँवर जी की कल्पना-शक्ति, अनुभूति-प्रवणता और बौद्धिक तीक्ष्णता पूरी तरह से स्पष्ट हो जाती है। जहाँ तक बौद्धिकता की बात है, टी.एस. इलियट को स्मरण करते हुए कहा जा सकता है कि इस काव्य में उन्होंने विचार को अनुभूत किया है और इसके साथ अनुभूति को भी वैचारिक पर्यायों में अभिव्यक्ति दी है। मैंने शुरू में उनकी ताजगी से भरी ऐंद्रिय संवेदना की भी बात कही है। उसके प्रमाणस्वरूप तीन-चार उद्धरण प्रस्तुत हैं–

1. वह लौट आया है, आज/जो चला गया था कल/वही दिन नहा धोकर/फिर से शुरू हो रहा है/सृष्टि का पहला-पहला दिन।
2. आशा की एक किरण ने/किसी बच्चे की तरह/कमरे में झाँका
3. ओस की बूँदों में टंकी/बूँद-बूँद रोशनी! उठता/तारों का वितान।/निकलती एक दूसरी पृथ्वी,/जगमगाता एक दूसरा आसमान
4. कल सुबह भी खिलेगा/इसी सूरजमुखी खिड़की पर/फूल सा एक सूर्योदय।

'वाजश्रवा के बहाने' हिन्दी कविताओं के वाचालतापूर्ण वातावरण में मितकथन का एक विलक्षण उदाहरण है। इस मितकथन की तुलना केवल शमशेर की कविता से की जा सकती है, लेकिन वहाँ जहाँ शब्दों से ही वाक्य का काम लेने की प्रवृत्ति है, कुँवर जी सिर्फ़ शब्दों का भी प्रयोग करते हैं, तो वाक्य उनके आसपास ही कहीं होता है, यानी उनके शब्द वाक्य से टूटे हुए अपने आप में पूर्ण कभी नहीं होते। इस कृति से गुजरने के बाद हम अनुभव करते हैं कि इसमें कवि ने हिन्दी कविता की भाषा को वहाँ पहुँचाया है, जहाँ वह पहले नहीं गई थी। शायद किसी अन्य भारतीय भाषा में इस कृति के समकक्ष कोई कविता नहीं लिखी गई।

समय और समय के पार

परमानंद श्रीवास्तव

अपने निबन्ध में अपनी काव्य-रचना के बारे में वरिष्ठ कवि कुँवर नारायण कहते हैं : 'समय के साथ कविता के सरोकारों का दायरा और अधिक विस्तृत तथा अभिव्यक्ति के तरीक़े और अधिक जटिल हो गए हैं। एक तो यह कि कविता की प्रागैतिहासिक जड़ें उतनी साफ़-साफ़ नजर नहीं आतीं। मिथक-सन्दर्भ, लयात्मकता आदि पृष्ठभूमि में हैं : काव्य के परिचित अलंकरणों को हम महसूस-भर करते हैं।' एक औपनिषदिक आख्यान से 'वाजश्रवा के बहाने' जैसा विश्व दृष्टि सम्पन्न प्रबन्ध रचने वाले कुँवर नारायण हमारे समय में अकेले ऐसे कवि हैं, जो अपनी जिज्ञासा और दार्शनिक चिन्ता के साथ अनंत जगहों, अनंत समयों में जाते हैं और 'आत्मजयी' से 'वाजश्रवा के बहाने' तक एक गहरी काव्यदृष्टि अर्जित करते हैं। कवि यहाँ एक तरह का काव्यरूपक रचता है और काव्यप्रबन्ध को प्रश्नोन्मुखी बनाता है। 'नचिकेता की वापसी' खंड में समय-विमर्श यों है–

यह 'आज' भी वैसा ही है
जैसा कोई 'आज' रहा होगा
इस 'आज' से कहीं बहुत पहले

कवि किसी अपराजेय जीवन शक्ति का आह्वान करता है और अहंकार से मुक्त हो जाना चाहता है। वह लोक-परलोक, तम-आलोक, शोक-अशोक के बीच एक सम्बन्ध देखता है जो वात-निर्वात, निर्झर-निपात, व्याप्ति-समाप्ति में विस्तार पाता है। 'वाजश्रवा के बहाने' में जीवन का अनिवार्य स्वीकार है जबकि मृत्यु की धारणा भी है–यद्यपि मृत्यु नहीं है। समयों में आवाजाही भी प्रश्नाकुल बनाती है–'*रात का चौथा पहर है/सुबह से जरा पहले का अँधेरा-उजाला/द्विविधा का समय/कि वह कौन था/या अब होने जा रहा है।*' नीत्शे का कहना था कि प्रश्न पूछो, उत्तर की फिक्र न करो। कवि अपनी रचना से ही पूछता है–'क्या पहले कभी प्रकाशित हो चुकी हो। इस अबोध प्रश्न में अनेक जिज्ञासाएँ हैं। जाहिर है हर महत्त्वपूर्ण रचना अधूरी, असमाप्त

होती है। मुक्तिबोध इसके प्रमाण हैं। उनकी कविताएँ एक दूसरी से जुड़कर पूरी होती हैं। एक अर्थ में औपन्यासिक।

वाजश्रवा जब अपना सर्वस्व दान कर देता है, नचिकेता पिता से पूछता है–'मुझे किसे दे रहे हैं? इस ढीठ प्रश्न पर क्रुद्ध वाजश्रवा कहता है–मृत्यु को। नचिकेता पिता का आदेश पाकर प्रतिप्रश्न नहीं करता–सीधे यम के यहाँ चला जाता है। यम उसकी साधना देखकर तीन वरदान देते हैं–'पिता का क्रोध कम हो।' 'अग्निविद्या का ज्ञान हो' और यह भी कि नचिकेता 'आत्मतत्त्व का मर्म' जान सके। कठोपनिषद् से नचिकेता का आख्यान, ऋग्वेद से वाजश्रवा की कथा मिलकर एक बड़ा स्पेस पा लेते हैं। प्रबन्ध ऐसा कि प्रगीत तत्त्व सम्पन्न। 'मैं', 'स्व', 'अन्य' में कला-कर्म सामाजिक आशय प्राप्त करते हैं। 'आत्मजयी' में 'वाजश्रवा के बहाने' का बीज-सूत्र मौजूद है। 'आदिम अँधेरे में अकुलाता एक बीज।'

'वाजश्रवा के बहाने' को कुछ आपबीती, कुछ जग-बीती कहा गया है। 'पूर्वकथन' में कुँवर नारायण के शब्द हैं : 'आज से लगभग आधी सदी से जाना था...जीवन का अपना सम्मोहन होता है, जो मृत्यु के संत्रास के बावजूद हमें जीने की शक्ति देता है।' कवि की दृष्टि में स्वानुभव ही इस जिजीविषा के अर्थ को सघनता दे सका। यहाँ एक सटीक संकेत है–'आत्मजयी' में यदि मृत्यु की ओर से जीवन को देखा गया है, तो 'वाजश्रवा के बहाने' में जीवन की ओर से मृत्यु को देखने की कोशिश की है। कहना न होगा कि मृत्यु को देखना भी जीवन की स्वीकृति है। कभी कबीर ने मृत्यु को नकारा था और जीवन को नंगी आँखों से देखा था। नचिकेता की वापसी के अपने निहितार्थ हैं। एक क्षण के लिए पिता-पुत्र की दूरी खत्म हो जाती है। यह अतीतावलोकन नहीं है–जो प्रत्यक्ष है, उससे अनिवार्य मुठभेड़ है।

नाम, पता, समय अज्ञात है। अपरिचय की पारदर्शी दीवारों में अपारदर्शी दर्पण दिख जाता है। द्वन्द्व है तो निकटता भी है। निकटताएँ हैं तो दूरियों के अन्तराल भी हैं। राग-विराग परस्पर घुले-मिले हैं। खोयी हुई सभ्यताएँ भी एक नया पाठ बनाती हैं। एक खंड का शीर्षक ही जीवन नैरंतर्य का साक्ष्य है–'उसे याद आने लगे अपने कई-कई जीवन'/यही है मिथक की समकालीनता। 'कभी उसे लगता : 'कल' एक भविष्य है। और वह/उसका मिथक/कभी लगता है 'कल' एक अतीत है/और वह उसका मृतक/कभी लगता 'आज एक सान्ध' है/दोनों से मुक्त/और दोनों से पृथक्। यह द्वैत-अद्वैत का घनिष्ठ सामंजस्य है, जो जीवन-मृत्यु के बीच पुल बनाता है। कुँवर नारायण का दार्शनिक अवबोध यह है कि उदाहरण और उद्धरण/ घटनाएँ और विचार/अटकलें और अनुभव/प्रविष्टियाँ और भूलें/श्रेणियाँ और वर्ग–परस्पर अभिन्न हैं। यही है कृतार्थ पिता का सामर्थ्य और पुत्र का अवसाद। इस कृति के कुछ साभिप्राय उपखंड हैं–'वह उदय हो रहा पुनः', 'उसे याद आया एक जीवन', 'आज एक सांध है'–दोनों से मुक्त और पृथक्। यही संकेत है–नचिकेता का पिता से गले मिलना। उधर 'वाजश्रवा के बहाने' के कुछ उपशीर्षक–'एक व्यामोह का अन्त', 'उपरांत', 'अच्छा हुआ तुम

लौट आए' को जोड़कर पढ़ें तो नचिकेता का पिता के आदेशानुसार प्रस्थान, वापसी और वाजश्रवा का पछतावा। पिता-पुत्र अभिन्न हैं। 'वाजश्रवा के बहाने' में–एक तरह की अनथक जिज्ञासा का संकेत है–'जीने को तो बहुत था/हद से ज़्यादा/और सोचने को तो/उससे भी कहीं अधिक था/यहाँ से वहाँ तक!' यहाँ कथा असमाप्त रहती है, क्योंकि कोई भी निष्कर्ष या समाहार झूठ होता।

कुँवर नारायण के कुछ भाषायी प्रयोग चकित करते हैं–'लड़खड़ाते हस्ताक्षर', 'दूसरे को ओढ़ती कंगाली', 'वामन उपसर्ग', 'चुप्पी की नीली चादर', 'बर्बर महत्त्वाकांक्षाएँ'। पहले भी 'परिवेश : हम तुम' में कवि के यहाँ विलक्षण प्रयोग दिख जाते हैं–'कौमार्य का कंचन वैभव', 'काई के कालीन पर एक अनात्मा देह'। एक भाषा विचार-भाषा को प्रकट करती है। ऐसे स्थलों पर लोक का अध्यात्म और अध्यात्म का लोक अभिन्न हो जाते हैं।

यह है–दार्शनिक कल्पना की व्याप्ति : 'एक महासागर माँग रहा'/अपनी विलुपता की गूँज/एक छोटे से शंबूक से/और एक बहुत बड़ी गूँज/सागर से उठकर समा जाती एक शंख में।' कविता आत्म की खोज है–समय में समयांतर से जिरह। महाभारत के नचिकेता-आख्यान से बहुत कुछ लिया गया है–जैसे–'मेरे लिए/युद्ध नहीं/शर शैया/अन्तिम यथार्थ है जीवन का/प्राण त्यागते किसी पितामह की/उदास आँखों में ठहरे/उस मोहभंग का थका उपदेश हूँ/जिसका अन्तःकरण/पूरे महाभारत का सारांश है।' 'महाभारत' जैसे पृष्ठभूमि में है–'दुश्मन होकर घेर लेते हमें/हमारे ही प्रियजन/और क़िलों में बदल जाते हैं/हमारे छोटे-छोटे घर!' महाजन जैसे कुँवर नारायण की कल्पना में 'मन' हो जाता है। भौतिक-परभौतिक का पाठ कहीं अभिन्न हो जाता है।

'चक्रव्यूह', 'परिवेश : हम तुम', 'आत्मजयी' में बहुत से अभिप्राय एक दूसरे के समक्षीकृत हैं–'चक्रव्यूह' की 'विरासत' कविता में अभिमन्यु का पैतृक युद्ध आगे तक जारी है–'कौन कब तक बन सकेगा कवच मेरा/युद्ध मेरा, मुझे लड़ना/इस महाजीवन-समर में अन्त तक कटिबद्ध। मेरे ही लिए यह व्यूह घेरा/मुझे हर आघात सहना/गर्भ-निश्चित मैं नया अभिमन्यु, पैतृक युद्ध!' 'आत्मजयी' में नचिकेता पिता वाजश्रवा को जैसे चेतावनी दे रहा हो : 'पिता तुम भविष्य के अधिकारी नहीं, क्योंकि/तुम्हारा वर्तमान जिस दिशा में मुड़ता है/वहीं कहीं एक भयानक शत्रु है जो तुम्हें मारकर/तुम्हारे संचयों को मार्ग में ही लूट लेता है/और तुम ख़ाली हाथ लौट आते हो।' कहने का अर्थ यह कि 'वाजश्रवा के बहाने' के पीछे कुँवर नारायण की लम्बी यात्रा है। महाभारत से कुँवर नारायण अकेले लड़ने का अर्थ लेते हैं। 'सद्-आत्माओं से युयुत्सु विकार वृहदाकार' जहाँ 'वाजश्रवा के बहाने' में अपराजेय जीवन का प्रसंग है, वहीं युद्ध का भी। 'थकी-मांदी हताशाओं के बूढ़े सिपाही' एक चरित्र प्रसंग है। आदिम संशय और आधुनिक संशय कहीं अभिन्न है। यह है मिथकीयता में समकालीन का हस्तक्षेप। एक समय में कई समयों की आवाजाही से ही 'वाजश्रवा के बहाने' का कथारूप बनाता है।

कुँवर नारायण का बल पूर्णता पर नहीं, आरम्भ पर है। याद करें, एडवर्ड सईद का प्राच्यवाद। इस दृष्टि से 'वाजश्रवा के बहाने' के दार्शनिक गूढ़ार्थ हैं। यहीं तीसरी दुनिया का यथार्थ स्वप्न लगता है। कुँवर नारायण के शब्द हैं–'लेकिन इस बार भी यदि/अधूरा ही छूट जाए कोई संकल्प/तो इतना विश्वास रहे/कि सही थी शुरुआत।'

एक जीवन में कितने जीवन सम्भव हैं! कुछ प्रयोग विडंबना को विस्तार देते हैं–*'हड्डियों के आर-पार/चीखते रसातल में/चुप्पी की एक नीली चादर में/लिपटा हुआ सिर/अघरथ हाथ अँधेरे की झिल्ली को चीरकर।'* यह है समावेशी जीवन विवेक जो कविता का रूपक नचिकेता को 'बीता' बनाता है, वाजश्रवा को 'जीता'।

यह है भारतीय कविता जिसमें समय और समयातीत घुले मिले हैं। के. सच्चिदानंदन 'ताना-बाना' जैसे भारतीय काव्य चयन में भारतीय कालबोध के नैरंतर्य को महत्त्वपूर्ण बनाते हैं। वर्तमान की अतीत से मुठभेड़। 'वाजश्रवा के बहाने' पढ़ते हुए मलयालम से कवि अयप्पा पाणिक्कर याद आते हैं–'नींद की जागृति' 'जागृति की नींद'। कुँवर नारायण 'वाजश्रवा के बहाने' में लिखते हैं–'एक वामन-उपसर्ग/माँग रहा मुझ अकिंचन से/तुम्हारी अखंडता में से/जरा-सी मिट्टी/ जरा-सा पानी/जरा-सी आग/और पूरा आकाश।' एक जीवन दूसरे में सम्मिलित है। 'असाध्य दूरियों का तंतुजाल।'

'आत्मजयी' में नचिकेता आत्महत्या के हताश क्षण से लौट आता है। वाजश्रवा के लिए नचिकेता की वापसी प्रीतिकर है : *'मैं जिन परिस्थितियों में ज़िन्दा हूँ/ उन्हें समझना चाहता हूँ–वे उतनी ही नहीं/ जितनी संसार और स्वर्ग की कल्पना से बनती हैं'* और अपनी मृत्यु में वह बिल्कुल अकेला है। धर्म से प्रवासी, जन्म से अस्वीकृत–वाजश्रवा का विक्षोभ साभिप्राय है। उसे पता है नचिकेता ने 'अडिग ज्ञान' का वरण किया। वाजश्रवा के शब्द हैं–

'तुम्हें खोकर मैंने जाना/ हमें क्या चाहिए/ कितना चाहिए/ क्यों चाहिए सम्पूर्ण पृथ्वी/जबकि उसका एक कोना बहुत है/ देह-बराबर जीवन के लिए/और पूरा आकाश ख़ाली पड़ा है/ एक छोटे से अहम् से मरने के लिए।' पुरुषार्थ के अर्थ या तात्पर्य को लेकर एक अथक जिज्ञासा है जो इस कृति को व्यापक फलक देती है। 'वाजश्रवा के बहाने' एक समकालीन क्लासिक है–कुँवर नारायण की लम्बी यात्रा की पूर्णतर फलश्रुति। उन्हें जीवन समय के आरपार दिखता है। एक संन्यासी का-सा राग-विराग ही ऐसे क्लासिक को जन्म दे सकता है। तर्क और अतर्क्य के द्वन्द्व से ही बड़ी कृतियाँ सम्भव होती हैं। कविता कल्पांतरों का अग्रिम प्रारूप हो जाती है। विडंबना में पूर्णतर। विमर्श में अनिवार्य। मिथकीयता स्मृति को वर्तमान में रूपांतरित करती है। अज्ञेय ने मिथ की नमनीयता को श्रेयस्कर बताया था। कविता परा-बुद्धि का चेतन प्रयोग है। यह आत्मविमर्श है, तो समय-मीमांसा भी।

कुँवर नारायण 'पैशन' से आगे आते हैं। धार्मिक और काव्यात्मक उनके यहाँ अभिन्न हो जाते हैं। अमूर्तन उनके लिए कोई युक्ति-भर नहीं है। शैरवैस कुँवर नारायण के प्रिय कवि हैं। मिथक शास्त्र में उनकी रुचि लम्बे समय से है। जब लेवीस्ट्रॉस

समस्त भाषा को कविता का कच्चा माल कहते हैं, तो कविता में संगीतात्मक मिथक के पास जाते हैं। भारतीय संगीत से कुँवर नारायण का लगाव 'रसिक' होने से अधिक है। जब कुँवर नारायण कहते हैं–'मैंने भाषा और शब्दों के प्रति अपनी अनुभूतियों, प्रतीतियों को बिलकुल खुला रखा है' तो यह सहज विनम्र स्वीकार है–गर्वोक्ति नहीं। कुँवर नारायण के लिए कविता भी सभ्यता-समीक्षा है। निस्सन्देह समय के आर-पार।

'वाजश्रवा के बहाने' का एक पाठ

दिनेश कुमार शुक्ल

'उशन् ह वै वाजश्रवसः सर्ववेदसं ददौ/तस्य ह नचिकेता नाम पुत्र आस'
(कठोपनिषद्)

हिन्दी के वरिष्ठ कवि कुँवर नारायण की नई काव्य-रचना 'वाजश्रवा के बहाने' को हम हिन्दी भाषा का एक उपनिषद् कह सकते हैं। स्थूल भौतिक रूपों के परे, गोचर के पार, हर वस्तु का, हर विचार का एक अपना अनंत संसार फैला हुआ होता है। जैसे दीपक का प्रकाश अनंत तक फैलता चला जाता है, भले ही उसकी आभा मद्धिम होते-होते हमारी आँखों से अदृश्य हो जाए, वैसे ही वस्तुओं का विस्तार अनंत और अनश्वर होता है। इस तरह के अगणित विस्तार एक-दूसरे को आच्छादित किए हुए पसरे पड़े हैं। पर्त दर पर्त। इस पूर्णता को देखने की चेष्टा 'वाजश्रवा के बहाने' में स्पष्ट देखने को मिलती है। यह चेष्टा जिज्ञासा से कुछ बढ़कर है, सम्भवतः यह कवियों के स्वभाव की मणि है, जिसके आलोक में कवि 'द्रष्टा' बनता है। इस संग्रह में हम कुंवर नारायण जी के इस 'द्रष्टा' रूप को बहुत निकट से देख सकते हैं। उनके आत्मदीप की लौ की जगमगाहट 'आत्मजयी' की तुलना में 'वाजश्रवा के बहाने' में अधिक प्रखर हो उठी है। इस काव्य में प्रायः द्रष्टा, दृश्य और दृष्टि एक-दूसरे में इस तरह समाहित होते चलते हैं–"रवि आतप भिन्नतमभिन्न जथा।"

'आत्मजयी' और 'वाजश्रवा' दोनों में कथाभूमि कठोपनिषद् की ही है। पिता वाजश्रवा, पुत्र नचिकेता। वैसे तो वाजश्रवा का अर्थ है ऐसा व्यक्ति जो आनन्ददानी के रूप में जाना जाता हो। किन्तु इस कथा के वाजश्रवा वैदिक युग की लौकिकता, कर्मकांड, लेनदेन, (सात्त्विक) दुनियादारी में पगे हुए पिता हैं। यज्ञ की प्राविधि का कर्मकांडी अनुपालन करते हुए जब पूर्णाहुति के बाद दान देने का समय आता है तो वे कंजूस हो जाते हैं। 'मरी बछिया बाम्हन के नाम' की रीति का पालन करते हुए वाजश्रवा बूढ़ी-बीमार गायें दान में निकाल देते हैं, अच्छी दुधारू अपनी गौशाला के लिए बचा लेते हैं। यह देखकर किशोर नचिकेता को क्षोभ होता है। उसे तो बताया

गया था कि दान में अपनी प्रिय से प्रिय मूल्यवान वस्तु का त्याग करना चाहिए। यही धर्म है। किन्तु पिता ने ऐसा क्यों नहीं किया? वाजश्रवा वेद हैं। नचिकेता उपनिषद् है। प्रश्नाकुल नचिकेता पिता से पूछता है कि मैं तो आपका सबसे प्रिय हूँ, मुझे आप किसको दान में देंगे? कर्मकांड में व्यस्त पिता अनसुनी करते हैं। नचिकेता दुर्निवार बार-बार पूछता है। खीझकर क्रोध में वाजश्रवा कहते हैं–'मृत्यवे त्वा ददामीति।' पितुवचन मानकर नचिकेता यमलोक के द्वार पर पहुँच जाता है। यमराज बाहर गए हैं। वह प्रतीक्षा करता है, तीन दिन-तीन रात। निर्जल निराहार (मृत्यु के बाद क्या जल और क्या आहार!) यम आते हैं। बालक का साहस और सत्त्व देखकर उन्हें वात्सल्य हो आता है। यम नचिकेता से तीन मनचाहे वरदान माँगने और घर लौट जाने को कहते हैं। बड़ी मुश्किल से नचिकेता मानता है–तीन वरदान हैं : 1. घर वापसी और पिता का क्रोधशमन अर्थात् पुनर्जीवन और सौमनस्य, 2. यज्ञाग्नि और स्वर्ग-प्राप्ति की प्राविधि का ज्ञान अर्थात् भौतिक सफलताओं के गुर, और तीसरा कठिन प्रश्न वह पूछता है वृहत्तर सत्य के बारे में–3. आत्मा, जन्म, जीवन, मृत्यु के रहस्यों के बारे में। यम उसे प्रलोभन देते हैं कि संसार की सारी संपदा ले लो पर यह गूढ़ ज्ञान अभी छोड़ो। नचिकेता सारे प्रलोभन ठुकराता है। यम पसीजते हैं। तीसरे प्रश्न का उत्तर नचिकेता को मिलता है। नचिकेता इस नए आत्मज्ञान के साथ अपने घर पिता के पास लौटता है।

वाजश्रवा-नचिकेता का युगल रूपक सनातन है। अपने पुत्र को चांडाल को बेचते हुए सत्य हरिश्चन्द्र, शिवि, रतिदेव, पुत्र की बलि को उद्यत अब्राहम। यह रूपक भांति-भांति की भूमिकाओं में हर काल में आता रहा है। कुँवर नारायण के 'वाजश्रवा' हमारे अपने समय के पिता हैं। वे अपनी अपूर्णताओं को जानते हैं। अपनी सीमाओं से परिचित हैं। दुनियादार होते हुए भी वे मानते हैं कि दुनिया दुनियादारों के चलाए नहीं चलती। दुनिया की गति का नियमन गैरदुनियादार नचिकेता ही करते हैं। वही मनुष्य की चेतना के विकास का मार्ग प्रशस्त करते हैं। यह नचिकेताओं के संघर्ष का ही परिणाम है कि आज हम सभ्यता के उच्च सोपानों तक पहुँच सके हैं। कुँवर नारायण ने एक सनातन कथा को अपने युग के अर्थों से भरा है। उपनिषद् तो अपने आप में कविता हैं। 'वाजश्रवा के बहाने' में भी वैसा ही अर्थगौरव है जो उपनिषदों में जगह-जगह मणियों की तरह जगमगाता रहता है। आज के जटिल बहुआयामी और विस्फोटक युग की कथा 'वाजश्रवा के बहाने' कहने का साहस वही कवि कर सकता है जिसमें रूढ़ि और परम्परा के अन्तर को पहचानने का विवेक हो; जो तात्कालिकता के चालू मुहावरों के छद्‌म को आसपास फटकने भी न दे; जो जानता हो कि हमीं नचिकेता हैं और हमीं वाजश्रवा। 'वाजश्रवा के बहाने' का कवित-विवेक जानता है कि वाजश्रवा (हमें) को अपने युग के कर्मकांड की प्रविधि (टेकनोलॉजी) का प्रयोग करते भी, लौकिकता का निर्वहन करते हुए भी, स्वार्थ और 'स्व' की लौकिक लघुता से मुक्त होकर नचिकेता बनना है। बल्कि उसको भी 'ट्रांसेंड' करना है। प्रविधियाँ संगठन के लिए आवश्यक हैं किन्तु वे ही लघुताओं को भी जन्म देती हैं। 'मन्यु'

के मूल में वही हैं। 'वाजश्रवा के बहाने' में हम उन सूक्ष्मताओं को देख सकते हैं जिनसे आज के वाजश्रवा का कलेवर बना है। रंगों की, छायाओं की, कोमलताओं-कठोरताओं की उन पर्तों को हम इस किताब में देख सकते हैं जिनसे हमारे अपने भावलोक का निर्माण हुआ है। मृत्यु के द्वार पर ही जीवन का सही अर्थ प्रकट होता है। वाजश्रवा नचिकेता को पुनरुज्जीवित हो उठने (रिसरेक्ट) का आह्वान करते हैं। एक हूक-सी उठती है–*"लौट आओ प्राण/पुन: हम प्राणियों के बीच/तुम जहाँ कहीं भी चले गए हो/हमसे बहुत दूर/लोक में परलोक में/तम में आलोक में/शोक में अ-शोक में...।"* वाजश्रवा के इस कातर स्वर में एक स्वर 'सरोज-स्मृति' के पिता 'निराला' का भी है। 'कामायनी' के मनु का विराटता से आतंकित मौन भी इस पुकार में ध्वनित हो रहा है। किसी भी क्लासिकी रचना की यही कसौटी है कि उसे पढ़कर और भी बहुत कुछ आपके मानस में प्रतिध्वनित होने लगे। संसार एक बहुत गहरा रंगमंच है जिसके गर्भ में उठती वाजश्रवा की पुकार पूरे ब्रह्मांड के गह्वर को पोर-पोर भरती चली जाती है। यहाँ मृत्यु के मंच से जीवन का आह्वान करता हुआ वाजश्रवा आपको कितना विराट लगता है, यह जब आप इस पूरे बंध को पढ़ेंगे तो जानेंगे! *'जीवन-जीवन की पुकार है खेल रहा है शीतलदाह'* (कामायनी) जैसी अमर पंक्तियाँ 'वाजश्रवा के बहाने' पढ़ते समय आपके भीतर गूँजने लगेंगी। यही कविता की स्वायत्त शक्ति है। देखिए, फिर देखिए *"यह लौट आया है, आज/जो चला गया था कल/वही दिन नहा धोकर/फिर से शुरू हो रहा है...और हम आश्चर्य करते/कहीं कुछ भी तो मरा नहीं।"*

कृति के रूप में 'वाजश्रवा के बहाने' एक नाट्य रूप भी हो सकता था। किन्तु रचनाकार ने इसे काव्य रूप ही दिया है। स्थूल तारतम्यता के बंधनों से मुक्त, चिन्तन की ऊर्जा से वेगवान यह काव्यरूप कई अर्थों में विशिष्ट है। अनुभव, अनुमान, भ्रम, भय, विचार, संवेदना सभी को वहन करता हुआ कवि एक साथ 'कई कई जीवनों' में प्रवेश करता है। 'असंख्य नामों के ढेर में' में वह ढूँढ़ना चाहता है कोई संज्ञा जो उसे सही-सही व्यक्त कर सके। 'कवयो मनीषा' के प्रसंग में कवि पूछता है–

अपनी ही एक रचना को
सन्देह से देखते हुए पूछता है रचनाकार
क्या तुम पहले कभी प्रकाशित हो चुकी हो?

और फिर उत्तर आता है–"मैं संग्रहीत हूँ रचनाओं के महाकोश में।" भाई पाठक, याद आता क्या आपको भी 'कस्मै देवाय हविषा विधेम।' इस किताब की यही औपनिषदिक बुनावट इसे शिल्प के स्तर पर आधुनिक हिन्दी कविता में बिलकुल अलग 'स्पेस' प्रदान करती है।

'वाजश्रवा' का पाठ समाजशास्त्री के लिए भले ही सरल और सपाट हो, कवि के लिए वह रास्ता सुलभ नहीं है। समाजशास्त्री के लिए यह कहना आसान है कि वैदिक युग लौकिकता से ओत-प्रोत था, कर्मकांड के माध्यम से सामाजिक सम्बन्धों

का नियमन होता था, वर्गसमाज की शुरुआत हो रही थी, मंत्रद्रष्टाओं वाला आरंभिक कबीलाई समाज समाप्त हो चला था, घोर पितृसत्ता की स्थापना हो चुकी थी। इसके विरोध में वेदांत के रूप में उपनिषद के प्रगतिशील दर्शन का जन्म हुआ। प्रश्न–परिप्रश्न की परम्परा बढ़ी। गार्गी और नचिकेता का युग आया। नए युग का सूत्रपात हुआ। समाजशास्त्रीय विवेचन में वाजश्रवा जड़ रूढ़ि थे और नचिकेता नए उन्मेष के प्रतीक। कवि के लिए युग की इस प्रकार की विवेचना असम्भव होगी, सम्भवः अनैतिक और असह्य भी। 'वाजश्रवा के बहाने' में कवि उद्‌भासित करता है कि काल भी संश्लिष्ट है और मनुष्य भी। एक ही देशकाल में कई–कई देशकाल समाए रहते हैं। एक सभ्यता कई–कई सभ्यताओं की उत्तराधिकारिणी होती है, एक ही व्यक्ति में अनेक व्यक्ति होते हैं–'*भोक्ता और द्रष्टा/एक ही सिक्के के दो पहलू हैं–/कन्धों पर लबादा डाले तख़्त पर बैठा वह वयोवृद्ध/एक पराजित सम्राट भी हो सकता है/और एक विरक्त संन्यासी भी!/एक कृतार्थ पिता भी हो सकता है वही/और एक पुत्र की उदासी भी।*" जो पिता है वही पुत्र। आप ही वाजश्रवा–आप ही नचिकेता। नचिकेता भी नितांत आत्म में ही नहीं रहता। वह यमराज से माँगता है पुनर्जीवन, पिता का स्नेह और यज्ञाग्नि के रहस्य जिससे उसे स्वर्ग की भौतिक सुख–संपदा सुलभ हो सके। इन प्रथम और द्वितीय वरदानों को माँगता हुआ नचिकेता इहलौकिक है लगभग अपने पिता जैसा ही। यह तो तीसरा वरदान है जो नचिकेता को बिलकुल नए लोक में ले जाता है–एक वृहत्तर, सार्वकालिक, सार्वदेशिक, सार्वभौतिक, उदात्त लोक में।

कुँवर नारायण जी का काव्य 'आत्मजयी', 'वाजश्रवा के बहाने' की पूर्वकथा है। यद्यपि दोनों किताबें स्वायत्त हैं किन्तु हैं जुड़वा बच्चों की तरह। 'आत्मजयी' में कठोपनिषद् की कथाभूमि प्रायः प्रत्यक्ष तो आती है। काव्य में मूर्तन कई स्तरों पर एक साथ होता चलता है। किन्तु 'वाजश्रवा के बहाने' में कथातत्त्व पृष्ठभूमि में काफी पीछे चला गया है। 'वाजश्रवा' की कविता अपनी ज़मीन और अपना आकाश स्वयं रचती है। 'आत्मजयी' की तरह कविता रंगमंच पर नहीं चलती बल्कि वह एक वृहत्तर 'आकाश' में संचरित होती है। 'वाजश्रवा' में काव्यतत्त्व की गति द्रुततर है–विलंबित से आगे धीरे–धीरे द्रुत की ओर बढ़ती हुई, शब्दों को 'ट्रांसेंड' करती हुई, शब्दातीत होती हुई। 'आत्मजयी' की कविता का अनुनाद श्रवण की परिधि में था। जबकि 'वाजश्रवा' का काव्य स्निग्ध आलोक की तरह अनायास पाठक की भावकाया को भर देता है। कहीं कोई चकाचौंध नहीं। मानो उषस् की देवी बाल सूर्य को अपने साथ लिए चली आ रही हो–"*वह उदय हो रहा पुनः/कल जो डूबा था/...उसके चेहरे पर/लौटते जीवन का सवेरा है.../उससे परे/उसकी आँखों में/ वह क्षितिज। जो अब उससे आलोकित होगा।*"

किताब की भूमिका में कुँवर नारायण जी मानते हैं कि "जीवन का अपना सम्मोहन होता है जो मृत्यु के संत्रास के बावजूद हमें जीने की शक्ति देता है" और "जीवन में संघर्ष हैं पर संघर्ष ही संघर्ष नहीं हैं। उसमें मार्मिक समझौते और सुन्दर सुलहें भी

हैं।" अब ऐसे में पाठक के रूप में मेरे सामने एक निजी समस्या है–किन्तु इतनी निजी भी नहीं। यहीं मुझे कवि गोरख पांडे याद आ जाते हैं *"कहाँ है वह जगह जहाँ नहीं है संघर्ष/इसलिए/तुम जहाँ भी हो मेरे दोस्त/मेरे हाथ स्वीकारो/"* गोरख की इन पंक्तियों का स्वर, भारत की गरीब होती, पिसती, बड़ी आबादी की उपेक्षा करती हुई सारी आवाजों के ऊपर भारी पड़ता है। यद्यपि 'वाजश्रवा' का सन्दर्भ थोड़ा अलग है। किन्तु दोनों में अधिक दूरी नहीं है। दोनों मानवीय संवेदना को मुखरित करने वाले हैं। दोनों ही जीवन के पक्षधर हैं। और दोनों में सच्ची कविता है। आप कह सकते हैं, वाजश्रवा के शब्दों में–

वे दो होते हुए भी एक ही थे/भिन्न दिखते हुए भी अभिन्न/जन्म से ही/.../उवाच अलग-अलग/सारवस्तु एक ही, ऊपर से बहुरूपी/अन्तरंग एक ही।

'वाजश्रवा के बहाने' की भूमिका में कुँवर नारायण जी इस संग्रह की कविता के संगठन-संयोजन में 'जैविक संवेदना' की बात करते हैं। यह एक महत्त्वपूर्ण 'कॉन्सेप्ट' है। प्रबन्ध-काव्य या खंडकाव्य में कवि को एक संगठन (ढाँचा) खड़ा करना पड़ता है। निराला जी की लम्बी कविताओं का स्थापत्य इसका सबसे विख्यात उदाहरण है। इससे हटकर 'वाजश्रवा के बहाने' का काव्य बंधा भी है और नहीं भी। इस काव्य को किसी अन्विति या 'स्ट्रक्चर' में बांधते ही इसका औपनिषदिक सौन्दर्य नष्ट हो जाता। 'वाजश्रवा' का काव्य संयोजन आकाश में उड़ते शारदीय पक्षियों के झुंड से मिलता-जुलता है जिसमें एक 'फार्मेशन' तो होता है पर वह लगातार बदलता रहता है, यहाँ तक कि जो पक्षी आगे थे वे आराम के लिए पीछे चले जाते हैं। बिलकुल उसी तरह यहाँ भी काव्यतत्त्व एक मुक्त फार्मेशन में संचार करते हैं। 'वाजश्रवा' के काव्य की यही जैविक संचेतना इस काव्य के 'पाठ' को 'इंटरैक्टिव' बनाती चलती है। इस कविता से दरअसल आप गुफ्तगू कर सकते हैं। हिन्दी कविता को इस किताब के माध्यम से वरिष्ठ कवि कुँवर नारायण ने बहुत कुछ नया दिया है।

Readings from Vajashrava

Dinesh Kumar Shukla

'Vajashrava Ke Bahaane' (In the name of Vajashrava) is the latest book of Kavya (epic poem) from eminent Hindi poet Kunwar Narain. The theme of the book is based on the later vedic legend of Vajashrava and Nachiketa. The legend confronts the existential questions of life and death and celebrates the glory of the eternal human quest for ultimate reality. Nature has endowed the human race with unprecedented powers and faculties of head and heart but these exhibit severe limitations when approaching the realms of higher realities. Our vision is limited and our reach constrained. It is in this twilight zone where poets have been treading since ages. The Upanishads record this universal quest of human beings in an unparalelled poetic diction. The book of Kunwar Narain under review is Upanishadic in essence and epic in its composition. Time is a black hole. Nothing escapes it. It is omnivorous. It is the task of the poet to salvage as much as possible from the gravitational pull of this black hole. Kunwar ji has brought out the Nachiketa legend from the depths of time and presented it with the flesh and blood of modern age. Upanishads are also the logbooks of the voyages, undertaken by our ancestors, in the uncharted oceans of emotions, intellect and creativity. Vajashrava Ke Bahane is a re-reading of these logbooks. At the same time, it is also a private voyage for the poet.

'Vajashrava Ke Bahane' is a modern day symphony written on the background reverberations of a cosmic kind. Here poetry stands face to face confronting the challenges of an eternal struggle and ironies of fate and chance. It is not a routine reaffirmation of the victory of life over death. Nachiketa not only rejects the mundane pleasures and wealth, in fact, he rejects the mere corporeality of individual life and goes beyond it to achieve what is eternal, universal and ultimate. Ours is a fragile world. In recent times, it has suffered the excesses of rationalism to the extent that the very rationale of rationalism appears to have lost its relevance. The intellectual extremisms of our times have often led to totalitarian mindsets of various types. Hindi poetry of the day is a victim of this phenomenon. This epic poem of Kunwar ji can be taken as a timely intervention to revitalize and rehumanize the mainstream of contemporary Hindi poetry in a gentle and unobstrusive way.

The legend of Vajashrava and Nachiketa was first scripted in Kathopanishad. Vajashrava was a Rishi of Rigvedic mould. He was a successful householder, husbandsman, farmer and a teacher well versed in procedures and rituals of religion. The rituals prescribed a compulsory alms-giving at the completion of a yagna. However, Vajashrava was a man of the world, so he, while complying with the rituals, made it economical by donating the useless cows from his herd. As against father, the son Nachiketa was an idealist. He objected to this and pestered his father with the demand to donate betters cows. Vajasharva evaded questions. Nachiketa persisted. He implored his father–"I am your dear son, whom shall you donate me." An angry Vajashrava blurted out–"I shall give you to Yamaraj, the lord of death." Nachiketa took it as a mandate from his father and proceeded towards the netherworld of death. The gates of the netherworld were closed. Nachiketa waited for three days and three nights without food and water at the gates. When Yamaraj returned from his excursions, he was impressed by the piety, determination and perseverance of Nachiketa. He advised him to go back home as it was untimely for him to be admitted to the world of death. Nachiketa refused. At last, Nachiketa agreed to return after a lot of persuasion and promised by the god of death to grant him three wishes of his choice. The first two wishes pertained to his return to life, his father's forgiveness, and mysteries of the fires of yagnas and keys to heaven and physical well-being. The third was the cardinal wish for knowledge of ultimate reality and the mysteries of life and death.

This legend occurs again and again in various forms in different civilizations. The Story of Abraham, ready to sacrifice his son, is a similar one depicting the eternal quest. Vajashrava and Nachiketa recreated by Kunwarji belong to our times—in fact here they transcend the past as well as the future. This poem is like a mirror in which we can see our own reflections transforming now as Vajashrava, now as Nachiketa. The reader can see the impulses of fear, hope, desires, passing like waves on the lake of cognition. While reading this epic, we are pulled onto the stage of drama being played by the emotive forces, unleashed by a classic poetry. There are multiple layers of catharsis through which the reader of Vajashrava has to pass. The aesthetic rigors required for reading this poem are rather demanding at times for a casual reader of modern-day Hindi poetry.

The book has been organized into two cantos. The first one deals with the return of Nachiketa from the world of death to the world of life. It opens with Vajashrava calling his son to come back to life. It is an invocation of life to resurrect itself. Here one can experience that rare poetic resonance of pathos and ecstasy.

I invoke
that invincible force of life,
I call upon
all its forms visible invisible
to bear witness–
I adorn my forehead
With the marks of fire
The ashes of my ego
scatter far into the space deep

The poetry in Vajashrava reverberates and transforms into a drama. All poetry, after all, is drama. The heart-rending calls of Vajashrava puncture the dome of the universe.

There are whispers, monologues, exhortations, laments, hectoring and long silences. We can discover manifold poetic renditions at each step as we go deep and deep into the text. There are deserts, brooks, rocky terrains, and then enormous expanses of the prairies of a rhythmic prose. The poetic craft of Kunwar Narain belongs to a post-modern classicism.

The narrative flows from subtext to subtext while ordinary words metamorphose into persons, or into things with solid shapes, or into visible ideas and emotions. The force of the narrative often breaks the inherent structural limitations of language and there is an illuminating transcendence not seen for quite sometime in contemporary Hindi poetry.

Nevertheless, there are occasions when a reader may find himself losing his bearings. This is unavoidable when poetry has to flow over the rapids of metaphysics. There were times when poetry would become a mantra in such situations. However, the modern sensibility would only sympathize with a poet if he generates mantras. Kunwar ji has been able to bypass such rapids and has tried to create a new poetic metaphysics for our technological age. There is a reinterpretation of recurring questions of morality, self, freedom, fate, individual, social justice, etc. This will necessarily require a new set of literary crafts and devices. In Vajashrava, we may come across some endeavours in this regard. The poet has to, first of all, doubt his own originality and authenticity :

Looking with suspicion
at his own creation
he asks,
"Have you not been published
ever before?"

...

The answer rebounds :

Now I am contained
in the infinite lexicon of creations,
Pinch the first letter
of the word poet or poetry
and with 'P' as key
I can be searched out
here and there and anywhere.

It appears that a powerful search engine of the poetic internet has come into existence. Nothing is unavailable. The easy reach has deprived the things of their basic essence. A deadly ordinariness has entered into the very core of everything howsoever subtle. Kunwarji has been able to underline this post-modern collapse of the core of the wider existence.

There is a general loss of direction. Vajashrava is confounded by the calls coming from his own inner self as well as from the depths of the universe :

What a confounding!
I hear for a while
up to a distance voices of my own
The voices overtake me and move forward
Some of them left far behind

The directions reverberate
with the pathos
of a call–

This unavoidable confounding and loss of certainties has been felt by the Hindi poets since the days of Nai Kavita. It reminds one of the famous lines of Muktibodh (Mujhe pukaarti hui pukar kho gayee kahin). With today's explosion of knowledge and information, the quest of the poet will face more and more loss of direction. The poet will have to negotiate the paths full of killing minefields and inescapable labyrinths.

There is a flood of identities from which the post-modern man has to retrieve his individual identity. He has to search the needle in a haystack. The data-mining of cyber space has entered the nebulous undigitised area of poetic space. The solid, unitary and well-defined structures of yesterday have changed into multilayered, composite and abstract fabrications of uncertain shapes. Memory plays hide and seek. The poet starts remembering his many lives spread over the past centuries, the waves playing on the waves over the dark waters of history. Nachiketa returns to his father through many resurrections, beginnings, multiple transformations and after many failed attempts. This "coming back" from the long voyages is encoded in the very dynamics of life. Poetry is a part of this kinetics.

The second canto opens with a breakage. An illusion is shattered. Last night the poet fell from his pedestal and broke into pieces. The Fall: a theme occurring again and again in this epic poetry. The fall is an essential pre-condition of existence and is necessary for heightening of the creative tension. The poet fell but his essence kept on hovering and brooding over a scattered, demolished and dismembered existence. An entire civilization, a whole era is lying scattered and disconstructed irreversibly. In the end, a book of simple childhood games is placed at the pedestal. The void left by something considered eternal has been ironically filled by a trifle simplicity. That is how, all illusions merge into the reality of their times. Illusions are necessary constituents of reality, more so in the reign of contemporary post-postmodern alliances. These alliances dominate all spaces, including the poetic space, leaving no space for a poet. An exiled poet asks :

How much modern is thy truth
How modern your weapons
How relevant is your message,
Can your soldiers
Stand through
One single great war?
How much modern
is your war
Are your soldiers
adequately awake
Can they fight a war with the Self

and uphold the justice
for the Soul?

There is an after-life after the life-on-pedestal. Death is not the dying declaration of the living beings. The existence beyond life is as earthly as life itself. Vajashrava confides to his son :

It is good
that you came back
in my life

But I know,
even if you want,
you can not
come back to my age.

Is it just a generation gap the poet is talking about? Or is it that paradigm shift that has taken place–is it the inexorable parting of the tectonic plates forcing the continents away from each other. Is the human civilization being torn apart? The poet is longing for a wholeness in life. Not just the struggle. Not just the quest but the whole gamut of daily life, including its mundane routine, is invoked by the poet as the real worship :

Not penance alone
let the entire rigmarole
of daily life
signify the meaning
of the worship of life.

The ascetic Shankaracharya is speaking again through the pen of Kunwar Narain (yad yad karma karomi tattadakhilam Shambho tawaaradhanam). A few centuries ago, Shankaracharya had spoken similarly through Sant Kabir (jo jo karon so puja). This is how the poets reincarnate. The poets have to reincarnate so that eternity and universality may continue to have a meaning.

The poets generally do not talk of balancing the truth. Truth is always partisan. Truth and Reality present the most haunting and bewildering mirage for the human quest. The poetry of Kunwar Narain when faced with this mirage meets the fate of a thirsty deer. In Vajashrava, there is a tendency to put the struggle on a high pedestal but avoid face-to-face confrontation with it. In this poetic treatment, there are natural propensities towards a covert fatalism. The poet of Vajashrava, has his own conclusions. He maintains that "excessive" depiction of struggle in the arts would present an inordinately cruel picture of life. He reaffirms that there is struggle but there are also beautiful reconciliations and harmonious truces. But, it is well known that truces are temporary and reconciliations are a meta-stable state. It must be stressed that struggle itself is not all cruelty. Therefore, the thrust of Vajashrava may not lead to the conclusions where the poet would like us to arrive.

The arts involving speech and language are constrained by the complex association of thoughts and words and the multi-polar character of meaning. These relationships have become more complex in the context of modern poetry. There is a virtual deluge of words due to the explosion of information and the globalization of arts and communications. Then, there is an unprecedented explosion of the diversity of discourses in each society. The excess of language and communication has broken down the old structures of thought and comprehension which were, at a time, sanctioned by a common social agreement. There is a new economics with a worldwide collapse. There is a worldwide religio-terror mechanism changing the very meanings of the words. In this scenario, one may be tempted to visualize the treatment of the Nachiketa theme by a feminist or a dalit. After all, Nachiketa's is a patriarchal theme where "stree" and "dalit" find no place although the subject is claimed to belong to universal quest and eternal values. This epic poem by Kunwarji will become more interesting when read from feminist or dalit or other marginal view points.

Having said so, it must be emphasized that there are no conclusions in arts. There are only impressions. Heisenberg's principle of uncertainty is as much a part of the post-modern poetry as that of quantum physics. The process of observation changes the reality. Therefore, there are no absolutes either in the arts or in the sciences. For a poet, Vajashrava and Nachiketa are not just two stages in the development of human civilizations. A given time-space is a complex construct of past, present, future and multiple spatial dimensions. The poetry of Kunwar Narain reiterates that there are a large number of beings contained in a single individual:

The ascetic and hedonist
are but two faces
of the same coin,
That ancient patriarch
wrapped in a cloak
sitting on a throne
is a defeated monarch,
Or may be

he is a hermit detached,
Or a father fulfilled
Or
The despair of a son embodied

Therefore, while reading "Vajashrava Ke Bahane", remember, you are not alone. You are populated with a whole world, and not only of your own. Nachiketa and Vajasharva could also be there, your avid co-readers.

* *The English translation of the poetic excerpts from Vajashrava are by the reviewer.*

अपूर्णता में सम्पूर्णता के दर्शन का राग

गोपेश्वर सिंह

एक दिन बातचीत में दिल्ली विश्वविद्यालय के मनोविज्ञान विभाग के एक प्रोफेसर ने, जो मेरे मित्र भी हैं, कहा, "मैंने कुँवर नारायण की कविता-पुस्तक 'वाजश्रवा के बहाने' पढ़ी। सुन्दर कृति है।" यह बात मेरे लिए चौंकाने वाली घटना की तरह थी। एक तो दूसरे विषयों के लोग अब साहित्य पढ़ते नहीं। दूसरी बात यह कि मैंने तब तक वह रचना स्वयं नहीं पढ़ी थी। तब तक कुँवर जी को ज्ञानपीठ पुरस्कार भी नहीं मिला था। उन्होंने मुझसे पूछा–"आपने तो पढ़ी होगी?" मैंने थोड़ा झिझकते हुए कहा–"अभी नहीं पढ़ी। जल्दी पढ़ूँगा। लेकिन आप बताएँ कि वह रचना आपको क्यों पसन्द आई?" वे थोड़ा रुके, शायद वे इस 'क्यों' का उत्तर देने के लिए तैयार नहीं थे। फिर बोले–"अच्छी लगी। क्यों अच्छी लगी, यह कहना मुश्किल है। हाँ, इतनी अच्छी लगी कि मुझ पर अब तक उसका असर है।" उन्होंने कुछ सोचते हुए आगे कहा–"जीवन में विश्वास पैदा करने वाली कविता है। सकारात्मक दृष्टिकोण की कविता। भारतीय संस्कृति की प्राणधारा से निकली कविता।"

मेरे मित्र हिन्दीभाषी हैं, किन्तु जैसा कि चलन है, वे भी अंग्रेजी में ही अपना सारा बौद्धिक कार्य करते हैं। यद्यपि अंग्रेजी के साथ वे परिष्कृत हिन्दी भी बोलते हैं और अपने हिन्दी प्रेम तथा कभी-कभार के साहित्य-प्रेम के लिए हाईस्कूल के अपने एक शिक्षक का नाम आदर सहित लेते हैं। बहरहाल, अब जबकि मैं 'वाजश्रवा के बहाने' पढ़ रहा हूँ तब मुझे सहसा अपने वे मित्र याद आ रहे हैं। साहित्य उनका प्रोफेशन नहीं है। जब-तब स्वांतः सुखाय वे कुछ पढ़ लिया करते हैं। किन्तु उन्होंने जो कहा था, उससे न चाहते भी मैं सहमत हूँ। अन्त में उन्होंने कहा कि कवि की ऐसी पंक्तियाँ मुझे बेहद अच्छी लगती हैं : *"वह उदय हो रहा पुनः/कल जो डूबा था/उसका डूबना/उसके पीठ पीछे का अँधेरा था/उसके चेहरे पर लौटते जीवन का सवेरा है।"* बेशक ये पंक्तियाँ जब वे सुना रहे थे, हू ब हू उन्हें याद नहीं थीं। लेकिन भाव और शब्द बिलकुल क्रम में ठीक थे। यह इस कृति का प्रभाव था, जिससे उनकी स्मृति संचालित थी।

वाकई 'वाजश्रवा के बहाने' को पढ़ना एक सुन्दर लोक की यात्रा है। अच्छी काव्य-कृति पढ़ने का अनुपम सुख देने वाली कृति है यह। आधुनिक हिन्दी कविता की यह एक बड़ी उपलब्धि है। इधर के वर्षों में कविता के शुद्ध पाठकों का अभाव होता गया है। समकालीन हिन्दी कविता में यह ऐसी कृति है जो पेशेवर पाठक की दुनिया से निकलकर गैर पेशेवर पाठक तक जाती है और उसे अपने प्रभाव-वृत्त में ले लेती है। मेरे वे प्रोफेसर मित्र उसके प्रभाव-वृत्त में आने वाले ऐसे ही गैर पेशेवर पाठक हैं जो कई दिनों तक उस कृति में जीते रहे। उस दिन अपनी बात समाप्त करते हुए मेरे मित्र ने कहा था कि कविता क्यों अच्छी लगी, इसका कोई बड़ा कारण मैं नहीं बता सकता। बस इतना ही कि अच्छी लगी। और अच्छी चीज़ों का कारण बताना कोई ज़रूरी नहीं।

मेरे लिए यह चौंकाने वाली घटना इसलिए है कि मेरे परिचितों में, मेरे हमउम्र या मुझसे बड़े साहित्य के अध्यापन, लेखन या पत्रकारिता से जुड़े जो लोग हैं, उनकी समकालीन कविता से प्राय: यह शिकायत रहती है कि आजकल की कविताएँ गद्यधर्मी और जटिल हैं और पढ़ने का सुख कम देती हैं। मैं ऐसे मित्रों से प्राय: कहता हूँ कि आप सबकी काव्य-रुचि पंत, प्रसाद, निराला, बच्चन, दिनकर, अज्ञेय आदि तक ठहरी हुई है। समकालीन कविता का आस्वाद लेने लायक अपने आपको आपने नहीं बनाया है। 'वाजश्रवा के बहाने' पढ़ने वाले और इसके प्रभाव की गिरफ्त में आने वाले मेरे वे प्रोफेसर मित्र भी ऐसे ही पाठक हैं। मैं 'वाजश्रवा के बहाने' पढ़ते हुए वह कारण खोज रहा हूँ जो समकालीन कविता से लगभग बिदके और विमुख होते हुए पाठक के कविता में वापस आने और अभिभूत हो जाने का मुख्य आधार है।

मैं जानता हूँ कि किसी काव्य-कृति की समीक्षा का यह कोई मान्य तरीका नहीं है। समीक्षा के रूढ़ शास्त्रीय अर्थ में यह समीक्षा है भी नहीं। रूढ़ शास्त्रीय अर्थ में 'वाजश्रवा के बहाने' खंड-काव्य नहीं है। हालाँकि कुँवर जी ने खंड-काव्य के ही रूप में रचा है और प्रकाशक ने इसे खंड-काव्य कहकर ही प्रकाशित किया है। 'जयद्रथ वध', 'कुरुक्षेत्र' आदि की तरह का सर्गों में बंटा, कथा और आदर्शों के बाहुल्य से बोझिल खंड-काव्य यह नहीं है। यह नए ढंग की ऐसी रचना है, जिसे खंड-काव्य के शास्त्रीय ढाँचे को तोड़े बिना उसके बगल में रचे गए अभिनव स्थापत्य का नाम दिया जा सकता है। शास्त्रीय ढाँचे में तोड़-फोड़ मचाने की जगह उसे बगैर हिलाए बगल में चुपचाप कुछ नया, सुन्दर और मौलिक रच डालने की अहिंसक रचनात्मक कोशिश का 'वाजश्रवा के बहाने' एक श्रेष्ठ उदाहरण है। इस कृति से सम्बन्धित अपने एक लिखित वक्तव्य में कुँवर नारायण ने कहीं ठीक ही कहा है–"जॉयस के 'यूलिसिस' के महत्त्व को समझने के लिए होमर के 'यूलिसिस' की नींव खोदना ज़रूरी नहीं। दोनों का सह-अस्तित्व न केवल सम्भव है, बल्कि आवश्यक है। कुछ इस तरह भी देखा जा सकता है कि कालिदास का 'विक्रमोर्वशीय' ऋग्वेद की 'उर्वशी' का विस्तार है या उससे भिन्न, उसका विध्वंस नहीं।" मैं यहाँ यह कहना चाहता हूँ कि

'वाश्रजवा के बहाने' भी खंड-काव्य जैसे काव्य-रूप का अधुनातन विस्तार है, उसके विध्वंस पर स्थापित किया गया रचनात्मक विजय केतु नहीं। इसी अर्थ में मैंने कहा कि यह नया रचने की अहिंसक रचनात्मक कोशिश है। खंड-काव्य के पारंपरिक अर्थ से अलग होता हुआ, कथा की विरलता के बावजूद, इस काव्य-कृति में गजब की लय और पठनीयता है। यह ऐसे अपूर्व आकर्षण से युक्त है जो पृष्ठ दर पृष्ठ नवीन होता जाता है। नए किस्म के काव्य-बोध से रचित इस कृति में भाव, भाषा और शिल्प, हर स्तर पर संगीत के मंद स्वर का आकर्षण है। अपने उक्त वक्तव्य में कुँवर नारायण ने ठीक ही लिखा है–"...कृति में एक धारा का-सा प्रभाव नहीं है। कहीं यदि 'द्वीप समूहों' का-सा 'नेचुरल फार्मेशन' है तो कहीं जलाशयों का-सा प्रदेश। कोई क्रम नहीं, केवल विभिन्नताओं और अभिन्नताओं का एक सान्निध्य। अगर जीवन को (क्रमानुसार नहीं) व्यतिक्रमानुसार जिया और पढ़ा जा सकता है, तो एक काव्य-रचना को क्यों नहीं। इसलिए कहा जा सकता है कि 'वाजश्रवा के बहाने' यदि खंड-काव्य है भी तो 'व्यतिक्रमानुसार' रचा गया और उसे पढ़ते हुए मेरी यह समीक्षा भी समीक्षा के अर्थ में क्रमानुसार नहीं है।"

'आत्मजयी' जैसे खंड-काव्य की रचना के लगभग आधी सदी बाद कुँवर नारायण 'कठोपनिषद्' के उसी कथा-प्रसंग यानी नचिकेता के मृत्यु को दिए जाने को पुनः नए सिरे से 'वाजश्रवा के बहाने' में देखते हैं। 'आत्मजयी' में नचिकेता यम यानी मृत्यु का साक्षात्कार करता है। प्रस्तुत कृति में वह पिता वाजश्रवा के पास लौटता है। मृत्यु के द्वार से लौटे पुत्र को पाकर पिता की वाणी के शुभ्र और सांद्र स्वर के उजास में लिखी गई यह रचना उस कथा-प्रसंग को जीवन का नया विस्तार देती है–*"पिता से गले मिलते/आश्वस्त होता नचिकेता कि/उनका संसार अभी जीवित है/उसे अच्छे लगते वे घर/जिनमें एक आँगन हो/वे दीवारें अच्छी लगतीं/जिन पर गुदे हों/किसी बच्चे की तुतलाते हस्ताक्षर/यह अनुभूति अच्छी लगती/कि 'माँ' केवल एक शब्द नहीं/एक सम्पूर्ण भाषा है/अच्छा लगता/बार-बार कहीं दूर से लौटना/अपनों के पास।"* नचिकेता से अलग पिता की दूसरी अनुभूति है–*"अच्छा हुआ तुम लौट आए/मेरे जीवन में/लेकिन जानता हूँ/नहीं आ सकोगे/चाहकर भी नहीं वापस मेरे युग में!"* इसीलिए कि पुत्र के वर्तमान और पिता के अतीत के बीच चौड़ी होती खाई है। फिर भी वाजश्रवा कहता है–*"कभी मत भूलना कि मैं तुम्हारा पिता हूँ/तुम्हारा भविष्य नहीं, / लेकिन तुम्हारा अतीत हूँ/जिसे तुम कभी भी/पूरी तरह अस्वीकार नहीं कर सकोगे।"* इस तरह अतीत और वर्तमान के बीच संवाद के जरिए भविष्य का आकाश सामने है–*"कल सुबह भी खिलेगा/इसी सूरजमुखी खिड़की पर/फूल-सा एक सूर्योदय/फैलेगी घर में/सुगंध-सी धूप/चिड़ियों की चहचहाहटें/लाएँगी एक निमंत्रण/कि अब उठो आओ उड़ें/बस एक उड़ान भर ही दूर है/हमारे पंखों का आकाश।"*

'वाजश्रवा के बहाने', जैसा कि शीर्षक से स्पष्ट है, एक आधार-भूमि भर है। मूल है वह बात जो कवि कहना चाहता है। वह मूल बात है, यदि कुँवर नारायण

के ही शब्दों में कहें तो, 'जीवन का अपना सम्मोहन', जिससे रचनाकार बँधा है और जो 'मृत्यु' के संत्रास के बावजूद हमें जीने की शक्ति देता है।' जीवन और मृत्यु को नई दृष्टि से देखने के गहरे आत्ममंथन के बाद कवि इसे उपलब्ध करता है। कवि के शब्दों में 'वाजश्रवा के बहाने' जीवन के इसी प्रबल आकर्षण के स्पर्श की चेष्टा है। इस जिजीविषा के विभिन्न आयाम चाहे भौतिक हों या आत्मिक, चाहे बौद्धिक (दार्शनिक) हों या भावनात्मक, तत्त्वतः वे हैं जैविक ही। आगे रचना का उद्‌देश्य स्पष्ट करते हुए कहा गया है–"आत्मजयी में यदि मृत्यु की ओर से जीवन को देखा गया है, तो 'वाजश्रवा के बहाने' में जीवन की ओर से मृत्यु को देखने की एक कोशिश है।" इस 'देखने' को कवि अधिक महत्त्व देता है–"इस 'देखने' (पश्य) का विशेष महत्त्व है। अन्ततः दोनों एक से ही 'निष्कर्ष बिन्दु' पर पहुँचते-से लगते हैं–कि जहाँ जीवन को लाँघकर, आकाश-मार्ग से, पहुँचा जा सकता है, वहीं शायद जीवन को जीते हुए, थल-मार्ग से भी।"

यह जीवन का प्रबल आकर्षण ही है कि मैं कई दिनों से प्रस्तुत रचना को पढ़ रहा हूँ और उसके सम्मोहन में बँधा हूँ। मेरे सामने यह प्रश्न है कि ऐसी कौन-सी बात है जो बार-बार मुझे इस कृति को पढ़ाए लिए जा रही है। इधर के वर्षों में मुझे कोई ऐसी काव्य-रचना याद नहीं, जो इस तरह बार-बार पढ़ने का आकर्षण पैदा करे। कभी 'कनुप्रिया', 'अंधा युग', 'उर्वशी' आदि प्रबन्धों को बार-बार पढ़ने का प्रबल आकर्षण था। लेकिन उसके कारण दूसरे थे। यहाँ न तो रूमानियत है, न पति और प्रेयसी के बीच का आकर्षण-आमंत्रण और न युद्ध की विभीषिका की विराट् त्रासदी से उपजे प्रश्न। फिर भी मैं इसके प्रबल आकर्षण से बँधा हूँ और बार-बार पढ़े जा रहा हूँ तो इसका कारण इससे फूटता वह जीवन-राग है शायद, जो मुझे सम्मोहित किए हुए है। यह सम्मोहन 'अतियों' के नकार और जीवन को पूर्णता प्रदान करने वाली कवि-दृष्टि का वह विस्तार है जो वैदिक काल से लेकर वर्तमान तक सक्रिय है और भविष्य के शुभ्र शिखरों की ओर देखता है। इधर के वर्षों में रचना और आलोचना में 'संघर्ष' पर अधिक जोर रहा है। कवि के शब्दों में–"जीवन में संघर्ष भी है, पर संघर्ष ही संघर्ष नहीं है। इस तरह चित्रित करने से कि जीवन सतत संघर्षमय ही है, उसकी ज़रूरत से ज़्यादा क्रूर छवि उभरती है। उसमें मार्मिक समझौते और सुन्दर सुलहें भी हैं, इस विवेक को प्रमुख रखकर भी जीवन को सोचा और चित्रित किया जा सकता है। संघर्ष और हिंसा अतिवाद में है, न कि विभिन्नताओं में। भौतिक और आत्मिक के बीच समझौता आसान है, लेकिन 'अतिभौतिक' और 'अतिआत्मिक' के बीच समझौता लगभग असम्भव। हिंसा की जड़ें इसी 'अति' में हैं।" मुझे लगता है कि इस काव्य-कृति के लिए मेरे भीतर जो प्रबल आकर्षण है, वह इस अतिवादी समय में भौतिक और आत्मिक के बीच 'सुंदर सुलहों' से पैदा हुआ जीवन-राग है, जिसे बार-बार देर तक सुना जा सकता है।

कभी राममनोहर लोहिया ने कहा था कि इतिहास-पुरुषों की तुलना में भारतीय मानस को किंवदंती-पुरुष (मिथक) अधिक प्रभावित करते हैं। मिथक के साथ सुविधा

यह है कि उसका पुनर्सृजन और पुनर्व्याख्या सम्भव है। लेकिन इसके साथ एक खतरा यह भी है कि ऐसा प्रयत्न करने वाली दृष्टि यदि सन्तुलित नहीं है तो उसकी परिणति भौतिक या आत्मिक अतिवाद में हो। कुँवर नारायण की कवि-दृष्टि 'वाजश्रवा के बहाने' मिथक को पुनर्सृजित करते हुए इस तरह की अतियों से न सिर्फ़ बचती है, बल्कि उसके पड़ोस में सन्तुलन का नया लोक भी रचती है जो भौतिक भी है और आत्मिक भी। इसमें वैदिक गूँजें और अनुगूँजें भरी पड़ी हैं। नचिकेता और वाजश्रवा स्वयं औपनिषदिक चरित्र हैं। लेकिन सब कुछ वर्तमान की ज़मीन पर घटित होता है और लगता नहीं कि अतीत और वर्तमान के बीच कोई हिंसक विवाद है। अतीत विस्तृत होता हुआ वर्तमान तक आता है और भविष्य की ओर जाता है। जिसे भारतीय प्राणधारा कहेंगे, वह भौतिक और आत्मिक के इसी सम्यक् सन्तुलन में है जिसे इधर के वर्षों में हिलाने की कोशिश तेज हुई है। 'वाजश्रवा के बहाने' के जरिए कुँवर नारायण उस सन्तुलन को मजबूत आधार देते हैं जो भारतीय चिन्तन की प्राणधारा है। वैदिक काल से लेकर वर्तमान तक आती और भविष्य की ओर देखती इस प्राणधारा को इतने सजग और प्राणवान ढंग से देखने के ऐसे प्रयत्न हिन्दी में बहुत कम हुए हैं। हज़ारों वर्षों की भारतीय काव्य-यात्रा में जीवन-दर्शन को चित्रित करने वाली जो भारतीय दृष्टि रही है, उसी का आधुनिक और नया विस्तार है 'वाजश्रवा के बहाने', जिससे आधुनिक काल की सिर्फ़ एक काव्य-कृति तुलनीय है और वह है प्रसाद की 'कामायनी'।

मैं अकसर कहता हूँ कि कविता मनुष्य का प्रथम सेकुलर स्वप्न है। भारतीय कविता मनुष्य के उसी सेकुलर स्वप्न का सगुण-साकार रूप है। वैदिक ऋचाओं से लेकर कालिदास-भवभूति तक की रचनाएँ उसी स्वप्न का विस्तार हैं। इस विस्तार में वह दृष्टि सक्रिय रही है जो मनुष्यता के ऊंचे उठते शुभ्र शिखरों पर टिकी रही है। उसमें कहीं कोई साम्प्रदायिक-संकीर्ण सोच नहीं है। मिथक पर आधारित होने के बावजूद 'वाजश्रवा के बहाने' कविता में देखा गया कवि का सेकुलर स्वप्न ही है जो जीवन-राग के कारण सम्मोहित करता है। इसे पढ़ते हुए एक कवि को पढ़ने के साथ एक सुगम दार्शनिक को पढ़ने का सुख मिलता है, ऐसा दार्शनिक जिसका हृदय कवि का हो। ऐसा कभी-कभी ही होता है कि दर्शन और कविता आपस में मिल जाएँ और पाठक को पता नहीं चले कि वह कविता के साथ एक जीवन-दर्शन में प्रवेश कर चुका है। ऐसी ही कृति है 'वाजश्रवा के बहाने'।

'वाजश्रवा के बहाने' तक आकर हिन्दी कविता उस उच्चता को प्राप्त करती है, जहाँ प्रगतिशीलता और गैर-प्रगतिशीलता की रोज-रोज की व्यर्थ की 'फौजदारी' नहीं है। अपने को 'पूर्ण' मानने की हिंसक तानाशाही की जगह अपूर्णता में पूर्णता के दर्शन करने वाली यह कवि-वाणी वैदिक मंत्रों का प्रभाव और संगीत तो उत्पन्न करती ही है, आधुनिक युग के झंझावातों के बीच नया जीवन-राग भी पैदा करती है :

अपूर्ण को ही मान लिया सम्पूर्ण।
पूर्णता के पीछे भागना–व्यर्थ है,
वह शून्य है,
उसे पाना
अपने को खो देना है
शून्यों की अपार गणित में।

कोई कह सकता है कि 'वाजश्रवा के बहाने' पढ़ते हुए मैं मोहाविष्ट हूँ और मोहावेश में किसी कृति की सन्तुलित समीक्षा नहीं लिखी जा सकती। मैं यहाँ कहना चाहता हूँ कि ऐसी कृति कभी-कभी ही लिखी जाती है जो पाठक को इस तरह मोहाविष्ट कर दे कि वह वही कहे जो कृति कह रही है। यह समीक्षक की कमजोरी नहीं, कृति की शक्ति है। मेरा खयाल है, जो कोई इसे पढ़ेगा इसकी प्रबल आकर्षण शक्ति से मोहाविष्ट होगा ही। इसे पढ़कर आप भी कहेंगे कि आधुनिक हिन्दी कविता की महत्तम उपलब्धि है–यह कृति।

मन और बुद्धि के संयोग से रूपायित कृति

रविभूषण

कठोपनिषद् उन कुछ पुस्तकों में से एक है, जिसने कुँवर नारायण के जीवन और लेखन को प्रभावित और समृद्ध किया है। 'आत्मजयी' (1965) के तैंतालीस वर्ष बाद 'वाजश्रवा के बहाने' (2008) का प्रकाशन एक बड़ी काव्य-घटना है। इन दो खंडकाव्यों के बीच कुँवर नारायण की तीन काव्यकृतियाँ–'अपने सामने' (1979), 'कोई दूसरा नहीं (1993) और 'इन दिनों' (2002) प्रकाशित हुई थीं। 1965 से 2008 के समय का भारत और विश्व तमाम तकनीकी उपलब्धियों के बाद संकटग्रस्त होता गया है। स्वतंत्र भारत में हिन्दी के कवि इतिहास और पुराणों से अपनी काव्य-सामग्री अकारण ग्रहण नहीं कर रहे थे। आलोचकों में रामविलास शर्मा 'परम्परा का मूल्यांकन' कर रहे थे और कवियों में कुँवर नारायण परम्परा की पुनर्व्याख्या कर रहे थे। सत्तर के दशक से इस मूल्यांकन-पुनर्व्याख्या में कुछ अधिक गति आई थी। सितंबर, 1987 में कुँवर नारायण ने स्वीडन की स्टॉकहोम यूनिवर्सिटी में जो निबन्ध पढ़ा था, उसमें 'हिन्दुत्व के दार्शनिक और नैतिक पक्ष' के आकर्षण का उल्लेख था, क्योंकि 'उनमें जीवन को एक सौम्य तथा शान्तिप्रद गुण प्रदान करने की क्षमता है–मनुष्य के नैतिक और आध्यात्मिक संस्कृति की अभिवृद्धि पर उनका बल देना आज के सन्दर्भ में भी, जबकि भौतिकवाद का भूत सवार होता जा रहा है, एक विशेष अर्थ रखता हुआ प्रतीत होता है।' नैतिक उन्नति आवश्यक है, पर इसका प्रयोजन 'मानवीय चेतना को दास बनाना नहीं, बल्कि उसकी सेवा करना है।'

'वाजश्रवा के बहाने' के पूर्व 'कविता के बहाने' ('इन दिनों' में संकलित) कविता में कविता को 'एक उड़ान', 'एक खिलना' और 'एक खेल' माना गया था–चिड़िया, फूल और बच्चों के बहाने कुँवर नारायण ने 'कविता' शीर्षक कविता ('कोई दूसरा नहीं' में संकलित) में कविता का पूरा मतलब 'सच्चाई' कहा था, 'जिसकी पूरी कोशिश है बेहतर इनसान'। उनके लिए कविता 'शब्दों के माध्यम से जीवन को देखने का एक तरीक़ा' है। 'वाजश्रवा के बहाने' की भूमिका 'पूर्वकथन' में उनके लिए 'देखने' (पश्य) का विशेष महत्त्व है। जीवन को देखने की कवि-दृष्टि

सर्वाधिक महत्त्वपूर्ण है क्योंकि जीवन में ही कविता की जड़ें होती हैं। एक वैज्ञानिक, अर्थशास्त्री, समाज-वैज्ञानिक और राजनीतिज्ञ की जीवन-दृष्टि कवि की जीवन-दृष्टि से भिन्न होती है। जीवन को देखने की एक खंडित और इकहरी दृष्टि है-भेदपरक और दूसरी दृष्टि अभेदपरक है, जो समग्रता और विविधता में जीवन को देखती-समझती और उसका सम्मान करती है। "'आत्मजयी' में यदि मृत्यु की ओर से जीवन को देखा गया है, तो 'वाजश्रवा के बहाने' में जीवन की ओर से मृत्यु को देखने की कोशिश है।"

कुँवर नारायण का अतीत के प्रति कोई आग्रह नहीं है-लौटने का आग्रह। रामविलास शर्मा जब ऋग्वेद और उपनिषद् पर विचार कर रहे थे तब उनका भी आग्रह अतीत में लौटने और वहाँ रमने का नहीं था। वर्तमान को अतीत से सर्वथा अलग कर वर्तमान को कोई व्यवस्थित, सुसंगत, सुन्दर और स्वस्थ रूप-रंग नहीं दिया जा सकता। क्या रामविलास शर्मा पर जैसे हमले किए गए, वैसे नहीं तो उससे मिलते-जुलते आरोप और आक्षेप कुँवर नारायण पर लगाए जाएँगे कि क्यों तैंतालीस वर्ष बाद वे पुनः कठोपनिषद् में गए? 'वाजश्रवा के बहाने' के सारे प्रश्न हमारे समय के हैं, वर्तमान के हैं। स्वतंत्र भारत में एक पौराणिक रचना को आधार बनाकर तैंतालीस वर्ष में लिखे गए एक कवि के दो खंडकाव्य! पहले पुत्र नचिकेता और बाद में पिता वाजश्रवा। 'वाजश्रवा के बहाने' शीर्षक से ही यह स्पष्ट है कि कवि को उसके बहाने उसकी या उसके समय की बात नहीं करनी है। कुँवर नारायण का ध्यान आज के समय और जीवन पर है। 'आज का ज़माना' ('अपने सामने' में संकलित) कविता में गुलामों और सुल्तानों के जमाने के लौटकर आने की बात है। 'काले लोग' कविता में खतरनाक सभ्यता है और कवाफी की प्रसिद्ध कविता 'बर्बरों की प्रतीक्षा' से सन्दर्भ लेकर लिखी गई कविता 'बर्बरों का आगमन' में यह घोषणा है कि 'उन्होंने फिर हमें एक बार जीत लिया है और उनके लोगों ने जिनमें अफसर, सिपाही, कोतवाल, सलाहकार, मसखरे और नक्काल दरबारी, नमकहलाल, मुसाहिब, खुशामदी दलाल प्रमुख हैं-चारों तरफ छा गए हैं।' स्वाभाविक है, ऐसे समय में कवि अपनी कविता में साफ और खरे शब्दों का इस्तेमाल करे न कि मदारी की डुगडुगी की तरह शब्दों का इस्तेमाल। ऐसे विकट और संकटग्रस्त समय में जब एक देश 'भारत से महाभारत' हो रहा हो ('कोई दूसरा नहीं' संकलन में संकलित कविता 'महाभारत') कवि-कर्म और काव्य-रचना किस प्रकार हो, जहाँ-*'दलों के दलदल में जूझ रहे/आठ धर्म अठारह भाषाएँ अट्ठाइस प्रदेश हों'* (वही) वहाँ *आँगन* कुँवर नारायण 'वृहत्तर', 'कृतज्ञतर' और 'पूर्णतर' लौटने की इच्छा रखते हैं। 'अबकी अगर लौटा तो', 'काफ़्का के प्राहा में' कविता में ('इन दिनों' में संकलित) वर्तमान से ज़्यादा जानदार और शानदार हो सकने वाले अतीत की जो बात कही गई है, वह केवल प्राहा की ही नहीं है। नींव से जुड़े पत्थर भी 'जब खुलकर झगड़ते हैं'/*'लड़खड़ाकर ढहने लगते/हमारे ही ऊपर/हमारी सभ्यताओं के शिखर'* ('इन दिनों' में 'नींव के पत्थर' कविता)।

'आत्मजयी' और 'वाजश्रवा के बहाने' के बीच के तीन काव्य-संकलनों की कुछ कविताओं की बानगियाँ अपने समय और जीवन को स्वयं कवि की काव्य-पंक्तियों के द्वारा समझने के लिए प्रस्तुत की गई हैं। वर्तमान और आधुनिक जीवन एवं सभ्यता के संकट से जुड़ा है 'वाजश्रवा के बहाने' खंडकाव्य। हिन्दी कविता में कोई प्रसिद्ध-प्रतिष्ठित कवि इस काव्यरूप को विगत दो-तीन दशकों से विशेष ग्राह्य और आवश्यक नहीं मान रहा था, पर कुँवर नारायण ने इस काव्य-रूप में बड़े प्रश्नों को पुनः प्रस्तुत किया। इक्कीसवीं सदी के पहले दशक के अन्त में एक प्राचीन काव्य-रूप में आधुनिक काव्यकृति! किसी भी अर्थ में 'वाजश्रवा के बहाने' में अतीत की ओर कवि नहीं लौटता। यह अतीतोन्मुख न होकर जीवनोन्मुख काव्य है। 'पूर्वकथन' में कविकथन है–'मेरी अवधारणा में अतीत की ओर लौटने का कोई आग्रह नहीं है। ऐसे कुछ विचारों और धारणाओं का पुनरवलोकन है जो आज कुछ विशिष्ट अर्थों में हमारे लिए पहले से भी ज़्यादा प्रासंगिक ठहरते हैं।'

'वाजश्रवा के बहाने' दो खंड–प्रथम और द्वितीय में विभाजित है। प्रथम खंड 'नचिकेता की वापसी' है और द्वितीय खंड 'वाजश्रवा के बहाने' है–प्रथम खंड में दस उपखंड हैं तथा द्वितीय खंड में ग्यारह। पहला उपखंड 'आह्वान' है और अन्तिम 'शब्दों का परिसर'। आरम्भ में ही वर्तमान को, 'आज' को अतीत से सर्वथा अलग, अपने में भिन्न, विशिष्ट और नवीन रूप में नहीं देखा गया है–*'यह आज भी वैसा ही है/जैसा कोई 'आज' रहा होगा/इस आज से कहीं बहुत पहले'।* काल-सम्बन्धी दृष्टि से जीवन-सम्बन्धी दृष्टि जुड़ी और बनी हुई है। नचिकेता की वापसी में 'जीवन का आह्वान और उदय' है। यह 'अपराजेय जीवन शक्ति का आह्वान' है। प्राणियों के बीच 'प्राण' के लौट आने की गुहार है। प्राणहीन प्राणियों से आज संसार भरा पड़ा है। हम बिना 'प्राण' तत्त्व के हैं। साँसें चल रही हैं, शरीर अपने कार्य-व्यापार कर रहा है, पर 'प्राण' गायब हैं। शरीर और नितांत भौतिक स्तर पर जिया गया जीवन आधुनिक सभ्यता में प्रमुख है। लोक-परलोक, तम-आलोक, शोक-अशोक, तल-अतल, जल-अनल, चल-अचल, क्षितिज-व्योम, प्रकट-विलोप, फूल-पत्तियाँ, मरु-वनस्पतियाँ, अभाव-पूर्तियाँ, गहराइयाँ-ऊँचाइयाँ- खाइयाँ, वात-निर्वात, व्याप्ति-समाप्ति, रस-नीरस, पृथ्वी-व्योम, संध्या-उषा–जहाँ कहीं भी प्राण हम प्राणियों से दूर है, विकलता से उसे लौट आने को कहा गया है। पृथ्वी पर आज जीवनदायिनी शक्तियों से कहीं अधिक जीवननाशिनी शक्तियाँ हैं। सात बार *'लौट आओ प्राण/पुनः हम प्राणियों के बीच/तुम जहाँ कहीं भी चले गए हो/हमसे बहुत दूर'* दोहराया गया है। यह एक कातर पुकार है, जिससे दिशाएँ गूँज रहीं। हिन्दी कविता में ही नहीं, भारतीय कविता में भी यह वह विकल-व्याकुल स्वर है, जो अकेला है, नया है, विशिष्ट और आवश्यक है।

जीवन-सम्बन्धी दृष्टिकोण से मनुष्य अपने सारे कार्यकलाप तय और सम्पन्न करता है। सब कुछ हमारे सोच और चिन्तन पर निर्भर है। 'आत्मजयी' लिखने के समय कुँवर नारायण ने यशपाल से कहा था 'विचारशील प्राणी होने के नाते सोचना मनुष्य

की नियति है–मृत्यु को भी सोचना और जीवन को भी'। दर्शन के क्षेत्र में तत्त्व-चिन्तन पहले की तरह नहीं है। तत्त्व-चिन्तन की उपेक्षा के कारण समाज दिशाहीन हुआ है। भारतीय पुराकथाएँ आरम्भ में यूनानी पुराकथाओं की तरह रहस्यवादी रूप की नहीं थीं–इस ओर कुँवर नारायण ने 'आत्मजयी' की भूमिका में ध्यान दिलाया था। मनुष्य और प्रकृति के बीच घनिष्ठ सम्बन्धों का ह्रास औद्योगिक सभ्यता और पूँजीवादी सभ्यता के विकास-क्रम में हुआ। आज सभ्यता, जीवन, पर्यावरण, पृथ्वी के संकट की जो बातें की जाती हैं, वह चिन्तन और कर्म के उस एकरेखीय विकास से जुड़ा है, जहाँ 'अन्य' (प्रकृति सहित) अनुपस्थित है। 'आत्मजयी' और 'वाजश्रवा के बहाने' के संयुक्त आवश्यक पाठ से हम एक 'सन्तुलन केन्द्र' रच सकते हैं। महत्त्व 'नया' का ही नहीं 'स्थायिता' का भी है, जो बिना सहिष्णुता और उदारता के सम्भव नहीं है।

सम्भवतः जयशंकर प्रसाद के बाद कुँवर नारायण हिन्दी के दूसरे कवि हैं, जिन्होंने पौराणिक कथाओं का आधार ग्रहण करते हुए एक सन्तुलित और सार्थक जीवन पर बल दिया है। निश्चित रूप से दोनों कवियों में भिन्नताएँ हैं, पर थोड़ा ही सही एक मिलन-बिन्दु भी है। स्वयं कुँवर नारायण के अनुसार 'प्रसाद जीवन से थोड़ा हटकर–'आश्चर्य लोक' की रचना करते हैं', जबकि कुँवर नारायण के यहाँ ऐसा कोई आश्चर्यलोक नहीं है। प्रसाद श्रद्धा और इड़ा के मेल पर ध्यान देते हैं और कुँवर नारायण 'मन और बुद्धि के संयोग' पर–*'मन और बुद्धि के संयोग से/रूपायित होती एक कृति/फैलती जीवन की शाखाएँ-प्रशाखाएँ/अपने वैभिन्न्य और एकत्व में'* आज सारा बल भिन्नता पर है। 'एकत्व' पर ध्यान केवल रचनाकार का ही हो सकता है। जीवन द्वन्द्वमूलक है और प्रकृति में तनाव और विरोधाभास भी है, जिसे संघर्ष से समाप्त नहीं किया जा सकता। सभ्यता का विकास-इतिहास संघर्ष से जुड़ा है और कुँवर नारायण के अनुसार संघर्ष से द्वन्द्व, तनाव और विरोधाभास दूर नहीं हो सकते। विचारशील 'मैं' का द्वैतरहित अथवा 'अद्वैत' बोध महत्त्वपूर्ण है।' प्रसाद की 'श्रेयमयी प्रेय रचनात्मक ज्ञानधारा' 'श्रेय' और 'प्रेय' का सामंजस्य है।

'वाजश्रवा के बहाने' इक्कीसवीं सदी की एक बहुमूल्य काव्यकृति है, जिसका काव्य फलक अत्यन्त व्यापक है। 'आत्मजयी' और इस काव्यकृति में कवि की चिन्ता धार्मिक या दार्शनिक क्षेत्र की न होकर जीवन की है। जीवन है, तभी धर्म और दर्शन भी है। यह काव्यकृति जीवन-कृति है। चालीस वर्ष से अधिक समय तक कुँवर नारायण को नचिकेता और वाजश्रवा क्यों मथते रहे हैं? इन दो पात्रों के माध्यम से उन्होंने समय और जीवन को अखंड रूप में देखा है। उनकी दृष्टि उभयपक्षीय है। उन्होंने 'पिता-पुत्र' के सम्बन्धों को मूलतः द्वन्द्वात्मक ढंग से न देखकर संयुक्त 'दोहरी' जीवनशक्ति के रूप में देखा है। पुस्तक के दोनों खंड एक-दूसरे से अभिन्न हैं। प्रथम खंड में जहाँ 'जीवन का आह्वान और उदय' है, वहीं दूसरे खंड में 'एक विदग्ध जीवन का सायंकाल है।' आह्वान-उदय और सायंकाल को कवि 'एक ऋतु-चक्र के अभिन्न हिस्से' मानता है–'चक्र में चढ़ाव-उतार की चक्राकार गति है, आरम्भ और अन्त नहीं।' यह

काल-सम्बन्धी चक्रीय दृष्टि है। जीवन-सम्बन्धी अवधारणा और काल-सम्बन्धी अवधारणा एक-दूसरे से जुड़ी है। कुँवर नारायण जीवन में 'संघर्ष' स्वीकारते हैं, पर उसे केवल 'संघर्ष' रूप में नहीं देखते। जीवन को संघर्षमय मानने से 'उसकी ज़रूरत से ज़्यादा क्रूर छवि उभरती है।' 'सभ्यताओं के संघर्ष' और 'इतिहास के अन्त' की घोषणा वाले दौर में यह काव्यकृति 'समझौतों' और 'सुलहों'–'मार्मिक समझौते और सुन्दर सुलहें' को महत्त्वपूर्ण मानती है। 'वह उदय हो रहा पुनः' और 'उसे याद आया एक जीवन' उपखंड में 'आसान समझौते', 'औसत संतुष्टि', 'औसत सफलताएँ' और 'बासी सफलताएँ' के दृष्टांत-सिद्धान्त हैं। सन्तुष्ट, सफल जीवन, सार्थक जीवन नहीं हो सकता। कुँवर नारायण संतुष्टि और सफलता को खारिज नहीं करते। वे 'मार्मिक समझौते' और 'सुन्दर सुलहें' के पक्ष में हैं, न कि औसत, आसान और बासी समझौते और संतुष्टि के पक्ष में। जो भी मार्मिक और सुन्दर है उसका दूसरे से सम्बन्ध है। *'औसत संतुष्टियों की झालरें लटकाए/सारी खिड़कियाँ खोलकर/दूर तक देखा–/उम्र भर की कमाई में/कहीं कोई भारी घाटा था।'* यही जीवन हम सब जी रहे हैं–औसत संतुष्टियों वाला जीवन। विडंबना यह है कि आज अनेक कवि-लेखक भी यही जीवन जी रहे हैं। यह आने वाला जीवन एक पुनरवलोकन है और बिना पुनरवलोकन के जीवन और समाज सुन्दर-सार्थक नहीं हो सकता। 'पुत्र की वापसी एक अमूल्य अवसर है कि वाजश्रवा अपनी भूलों को कुछ सुधार ले। इस अवसर तथा जीवन में आते रहने वाले इस तरह के अवसरों को इस लम्बी कविता में विशेष महत्त्व दिया गया है। पछतावा, पुनरागमन जैसे शब्दों में यही भाव व्यंजित है।' औसत सफलताएँ और औसत संतुष्टियाँ मनुष्य के एकाकी स्वार्थी और सीमित दृष्टि से जुड़ी हैं। यह भी एक जीवन-दृष्टि है, जिसमें विवेक प्रमुख नहीं है। 'माता-पिता, बेटे-बेटी, सगे-सम्बन्धी/सबका अपना-अपना जीना-मरना/मृत्यु से भी अधिक निर्मम हो सकता है अक्सर/जीवन का तर्क'।

बिना मानवीय सार्थक सोच, चिन्तन के, जिए गए जीवन का कोई अर्थ नहीं है। 'एक अन्य आरम्भ' उपखंड में 'व्यर्थता-बोध' को मूल्यवान कहा गया है। इस अहसास से ही हम अपना मार्ग बदलते हैं। उसी के अवशेषों से। सम्भव है एक दूसरा निर्माण वर्तमान से ही नहीं अतीत और भविष्य से भी जुड़ जाता है। आखिर भविष्य निर्मिति ही प्रमुख है। 'स्मृति शिलाओं से ज़्यादा ज़रूरी है शिलान्यास'। 'वाजश्रवा के बहाने' में जीवन का नए प्रकार से शिलान्यास है। पिता-पुत्र को कुँवर नारायण ने 'आत्मजयी' में ही वैदिककालीन वस्तुवादी दृष्टिकोण और उपनिषदकालीन आत्मपक्ष का प्रतीक माना था। भौतिक और आत्मिक को एक-दूसरे के विरोधी रूप में देखा जाता रहा है। जबकि भौतिक और आत्मिक के बीच में समझौता आसान है। लेकिन 'अतिभौतिक' और 'अतिआत्मिक' के बीच समझौता लगभग असम्भव है। हिंसा की जड़ें इसी अति में हैं। आज का हमारा समय 'अति' का है और इसी कारण अड़ोस-पड़ोस से लेकर चारों ओर–विश्व के प्रत्येक कोने में हिंसा फैली है। हिंस्र जीवन और समाज हमारा आदर्श नहीं हो सकता। यह यथार्थ है और आज आवश्यक है एक आदर्श

जीवन की कल्पना। भाषा के व्याकरण में जिस तरह मात्र एक छोटे उपसर्ग–'एक वामन उपसर्ग' 'अ' की भूमिका है–'सब कुछ अ-सीम हो जाता है पल भर में।' बहुत कुछ उसी तरह जीवन में हम जिसे तुच्छ गौण और निरर्थक समझते हैं उसकी भी एक विशेष भूमिका है। 'अ' उपसर्ग का महत्त्व है और वह यह बताता है कि हमारी दृष्टि प्रमुख है।

कुँवर नारायण को दार्शनिक कवि कहना ग़लत होगा। जीवन में दृष्टि और दर्शन प्रमुख है। आज इस पर बहुत कम ध्यान दिया जाता है जबकि इसी पर सर्वाधिक ध्यान देने की आवश्यकता है। कुँवर नारायण हिन्दी कवियों में ही नहीं, सम्भवत: भारतीय कवियों में भी अपनी जीवन-दृष्टि और काव्य-दृष्टि के कारण भिन्न और विशिष्ट हैं। 'वाजश्रवा के बहाने' के द्वितीय खंड के एक उपखंड 'उपरांत जीवन' में समय अथक कथावाचक है और 'मृत्यु इस पृथ्वी पर/जीव का अन्तिम वक्तव्य नहीं है।' कवि द्वन्द्वात्मक ढंग से पिता-पुत्र के सम्बन्ध को न देखकर संयुक्त ढंग से देखता है। 'नचिकेता की वापसी' वाजश्रवा के लिए अच्छी है। एक उपखंड का शीर्षक है–'अच्छा हुआ तुम लौट आए।' यह पिता का पुत्र के प्रति क्षमाभाव है। कवि ने 'क्षमा भाव' और 'पश्चात्ताप' को दोहरी जीवन शक्ति के रूप में देखा है। कठोपनिषद् का नचिकेता और वाजश्रवा भिन्न हैं। इन दो पात्रों को कवि ने 'वाजश्रवा के बहाने' में एक-दूसरे के विरोधी रूप में न रखकर संयुक्त रूप में प्रस्तुत किया है। नचिकेता से भेंट अब वाजश्रवा के लिए एक अवसर है। 'कि जारी रहे वह संवाद/जो बीच में छूट गया था अधूरा।' अमर्त्य सेन दसवीं-ग्यारहवीं सदी के बाद भारत में संवाद को टूटते देखते हैं। और जहाँ तक प्रजातंत्र का प्रश्न है, वह संवाद के बिना निरर्थक रह जाता है। 'वाजश्रवा के बहाने' का कोई पौराणिक पाठ उचित नहीं है। इसका आधुनिक, समकालीन और वैश्विक पाठ सहित विविध पाठ सम्भव है। बेहतर है इस काव्यकृति का एक समग्र पाठ। वाजश्रवा *'बेमेल संघर्ष के निरर्थकता-बोध को/उसकी सम्पूर्ण विडंबना में परखना चाहता'* है। यह बेमेल संघर्ष विविध स्तरों पर है। अहंकार के भस्म होने की बात पुस्तक के आरम्भ में ही है। सच्चाई यह है कि *'किसी भी सिंहासन की नाप/एक खाट की नाप से/ज़्यादा बड़ी नहीं होती।'* वाजश्रवा के लिए 'आयु के चौथे प्रहर में' भी जीने का अर्थ समझना कठिन लगता है। वाजश्रवा नचिकेता का अतीत है, जिसको पूरी तरह कभी अस्वीकार नहीं किया जा सकता। 'वाजश्रवा के बहाने' में पिता पुत्र महत्त्वपूर्ण नहीं हैं, जीवन-दृष्टि महत्त्वपूर्ण हैं। पिता-पुत्र के माध्यम से जीवन-दृष्टि पर विचार है। वाजश्रवा अपनी भूल स्वीकारता है कि उसने अपने को वस्तुओं पर केन्द्रित किया। अपने सबसे 'प्रिय' को 'वस्तु' माना। 'आत्मजयी' में नचिकेता ने अपने पिता वाजश्रवा को हर जगह अतिरंजित अवास्तविक देखा था–भूख-प्यास वाला साधारण प्राणी। अब वाजश्रवा को लगता है *'बहुत बड़ा अन्तर है/अस्तित्व बोध में और वस्तु-बोध में'*। वाजश्रवा पहले जहाँ उत्सवों के मंडप सजाने में व्यस्त था। नचिकेता जीवन-मरण के प्रश्न से जूझ

रहा था। दोनों के दो संसार थे एक-दूसरे से भिन्न। उस समय वाजश्रवा के लिए 'वस्तु' ही सर्वस्व थी। नचिकेता को खोने के बाद उसे कई अहसास हुए, ज्ञान हुआ। 'तुम्हें खोकर मैंने जाना' उपखंड में वाजश्रवा की स्वीकारोक्ति है। अब वाजश्रवा भिन्न है। समय को जानने के लिए बहुत अधिक तर्काश्रित होना ज़रूरी नहीं है। *'तर्क से बहुत चिपककर नहीं/ज़रा परे हटकर भी/देखना और सोचना ज़रूरी है/अपने समय को।'* हम सब अपने समय को कैसे देख रहे हैं। समय के आज जितने पाठ हो रहे हैं, क्या उससे समय की एक मुकम्मिल छवि निर्मित होती है या प्रत्येक बार समय हमसे छूट जाता है। जीवन में तर्क और बुद्धि ही सब कुछ नहीं है। भारतीय मानव पश्चिम की तरह आधुनिक युग में तार्किक नहीं रहा है। दर्शन में भी तर्क ही सब कुछ नहीं है, तर्क का सम्बन्ध सोचने से है, पर देखने से नहीं। वाजश्रवा नचिकेता को खोकर प्रत्येक निर्माण में रह जाने वाली कमी के सम्बन्ध में सोचता है कि क्यों हमारे 'प्रियजन' ही हमें 'दुश्मन होकर घेर लेते हैं' और क्यों किलों में बदल जाते हैं। 'नया ज्ञानोदय' (दिसंबर, 2008) में कुँवर नारायण की एक कविता है 'छोटे-छोटे घर।' जब घर ही असुरक्षित हों, किलों में बदले हुए हों तो मनुष्य, उसके सम्बन्ध और जीवन का क्या बच जाता है? यह सब हमारी उस जीवन-दृष्टि पर निर्भर करता है, जिसके तहत अपने समय को हम देखते हैं। यह हमारी दृष्टि है जिससे हम आदि, अन्त और मध्यांतर देखते हैं और यह निश्चित करते हैं कि 'दृश्य' 'अन्त' में बदला है या 'मध्यांतर' से। 'वाजश्रवा के बहाने' में जीवन-विवेक और जीवन-दृष्टि महत्त्वपूर्ण हैं। इसके निर्माण में भेदपरक दृष्टि कभी सहायक नहीं है।

कठोपनिषद् का मात्र आधार लेकर कुँवर नारायण ने हमारे समय और जीवन के प्रश्नों और संकटों को न केवल प्रस्तुत किया है, अपितु उसके उत्तर भी दिए हैं। समय के दो रूप—भौतिक और अभौतिक को एक साथ रखकर देखा गया है। आधुनिक मनुष्य की तुलना में कवि ने वैदिक मनुष्य को 'अधिक सभ्य' माना है, क्योंकि उसमें केवल ग्रहण का नहीं, अर्पण (देने) का भी भाव था। एकाधिकारवादी होने से समस्याएँ और बढ़ी हैं। वैदिक मनुष्य में 'पृथ्वी को उजाड़कर लूट लेने की अधीर बर्बरता नहीं' थी। आज हम सब वन-जंगल को असभ्य दृष्टि से देखते हैं, उसे अराजक मानते हैं। 'वाजश्रवा के बहाने' में मानव जीवन और वन्य जीवन दोनों को एक व्यापक सार्थक और सुसंगत जीवन-दृष्टि से देखा गया है। नागर जन जो अपने को सुसभ्य और सुसंस्कृत जन समझते हैं, जंगल में रहने वालों को जंगली, पिछड़ा, असभ्य और बर्बर समझते हैं, जिस प्रकार जीवन में वन हैं, उसी प्रकार वन में जीवन है। वन से जीवन का 'पैतृक सम्बन्ध' है, वन अ-जीवन न होकर एक 'अन्य जीवन' है, उसे अराजक समझना ग़लत है। *'अराजक नहीं है जंगल/भिन्न है उसकी सभ्यता/उसकी संस्कृति/उसके नियम/उसका प्रभुत्व/अलग है उसकी नागरिकता/उसका संविधान/उसका प्रशासन।'* यह वह जीवन-दृष्टि है जिसमें भी द्वन्द्व, संघर्ष, मुठभेड़ के लिए कोई अधिक स्थान नहीं है। जीवन न केवल संग्राम है, न विश्राम। हम एक साथ जीते और लड़ते

हैं। जीवन का विकास प्रकृति के दोहन-शोषण में नहीं, उसके साथ-साथ रहने में है। भौतिक संस्कृति का प्रत्याख्यान और आत्मिक संस्कृति का निर्माण है 'वाजश्रवा के बहाने' में। कुँवर नारायण ने 'कोई दूसरा नहीं' संकलन की एक कविता 'विलक्षण सन्तुलन' में सही समत्व बिन्दु से जीवन-परिदृश्य को विस्तृत करने की बात कही थी।

प्रबन्ध काव्य का अब तक जो सुनिश्चित, व्यवस्थित रूप स्वरूप था, वह इस काव्यकृति में नहीं है। कुल इक्कीस खंड अपने में स्वतंत्र भी हैं और प्रत्येक खंड से जुड़े हुए हैं। यहाँ कथा से अधिक अनुभव और दृष्टि प्रमुख है। प्रबन्ध काव्य का रूप विधान विषयानुकूल बदला है। सभी उपखंड की एक दूसरे में आवाजाही है। कवि के अनुसार 'रचना में विभिन्न खंड कुछ इस तरह से एक-दूसरे में आते-जाते रहते हैं मानो उनके बीच में विभाजक रेखाएँ न होकर अलिखित संधियाँ हों। उनका अस्तित्व उनकी पहचान से ज़्यादा बड़ी सच्चाई हो...वे स्वतंत्र कड़ियाँ भी हैं और एक-दूसरे को जोड़ने वाली कड़ियाँ भी।' प्रबन्ध काव्य का यह नया रूप विधान है। कुँवर नारायण शब्दों के बीच की खामोश जगहों से भाषा के पूरे अर्थ बनने की बात को निकटताओं के 'बीच की दूरियों के अन्तराल' से जोड़ते हैं। 'इन दिनों' संकलन में उनकी एक कविता है 'शब्दों के बीच'–'*अर्थ है वह ख़ाली जगह भी/जो शब्दों के बीच होती।*' 'वाजश्रवा के बहाने' में शब्दों के बीच जो खाली जगहें हैं, वे कम अर्थपूर्ण नहीं हैं। इस कृति के दूसरे खंड के एक उपखंड 'पुनः एक की गिनती से' की ये पंक्तियाँ हमारे समय की मूल्यवान पंक्तियाँ हैं। इन पंक्तियों में व्यक्त जो जीवन-दृष्टि है, उसी से समस्याएँ हल होंगी, संकट दूर होगा। बड़ी बात यह है कि जिस जीवन-दृष्टि को 'एक' कहकर कुँवर नारायण एक विशेष ढंग से पढ़े जाने की बात कहते हैं उससे शायद ही किसी को असहमति होगी। *कुछ इस तरह भी पढ़ी जा सकती है/एक जीवन-दृष्टि/कि उनमें विनम्र अभिलाषाएँ हों/बर्बर महत्त्वाकांक्षाएँ नहीं/ वाणी में कवित्व हो/कर्कश तर्क-वितर्क का घमासान नहीं/कल्पना में इन्द्रधनुषों के रंग हों/ईर्ष्या-द्वेष के बदरंग हादसे नहीं/निकट सम्बन्धों के माध्यम से/बोलता हो पास-पड़ोस/और एक सुभाषित, एक श्लोक की तरह/सुगठित और अकाट्य हो जीवन विवेक।*

ध्वनियों और स्मृतियों का काव्य

रमेश दवे

वरिष्ठ कवि कुँवर नारायण अज्ञेय की संस्कृति-संपन्न बौद्धिक और ऐतिहासिक धारा के संभवतया अन्तिम कवि हैं। 'आत्मजयी' के चार दशक बाद 'वाजश्रवा के बहाने' जैसी कविताओं का आना, केवल किसी पुरा-चरित्र के रूप में नचिकेता की वापसी नहीं है, बल्कि यह उस सांस्कृतिक समबोध के साथ आधुनिक-जीवन के अवबोध का काव्य-उन्मेष भी है। वैदिक ध्वनियाँ और उपनिषदीय चरित्र जब कविता बनते हैं तो वे न तो भौतिक चरित्र रहते हैं, न किसी वाङ्मय की पुरानी कथा। कविता में ऐसे सन्दर्भ स्वयं कविता हो जाते हैं और उनसे जो कुछ भी निपजता है, वह कविता के शब्द की ही ध्वनियाँ होती हैं और सन्दर्भ उनके साथ एक नया सांगीतिक अर्थोन्मेष रचते हैं। 'वाजश्रवा के बहाने' दो खंडों में व्यंजित ऐसी कविताएँ हैं जो सन्दर्भ-रेखाओं के पार, स्मृति रेखाओं का अदृश्य संसार रचती हैं। वे ठीक वैसी हैं जैसी कर्क, मकर या भूमध्य-रेखा, जो नाम में रेखाएँ हैं, किन्तु उनका अपना अदृश्य और वायवीय अस्तित्व ऐसा है, जो शून्य होकर भी रूपमय है और किसी भौगोलिक नक्शे पर खिंची रूपमय रेखा होकर भी शून्यमय है। 'वाजश्रवा के बहाने' इस दृष्टि से रूप और शून्य की स्मृति और ध्वनि का काव्य है।

'वाजश्रवा के बहाने' को यदि अलग-अलग कविताओं के बजाय, एक पूरी लम्बी कविता की तरह पढ़ी जाए तो बेंजामिन बैली की यह बात काफी हद तक सही लगती है जब वह कहता है—'एक लम्बी कविता कवि द्वारा किए जा रहे आविष्कार का परीक्षण है और यह आविष्कार एक प्रकार का ऐसा ध्रुव-तारा है जिसके प्रकाश में व्यंजनाएँ, कल्पनाओं की पतवार थामे यात्रा करती हैं।' एक कवि के लिए उसकी हर कविता आविष्कार ही तो है और कुँवर नारायण इस आविष्कार के जरिए नचिकेता और वाजश्रवा दोनों को उनकी भौतिक पुरुष-सत्ता से कविता की अर्थ-ध्वनि और स्मृति-सत्ता में बदल देते हैं।

'वाजश्रवा के बहाने' अर्थात् आत्मजयी की वापसी, और वापसी यानी मृत्यु का जीवन में लौटना या मृत्यु का ही जीवन हो जाना। यह लौटना भी किसी भौतिक पुराकथा

के चामत्कारिक पात्र की तरह नहीं बल्कि 'कवि' और 'कविता' के प्रथम अक्षर 'क' में उस 'आज' की तरह जैसा कोई 'आज' और *'जिसकी एक पुकार की कातरता से/गूँजती हैं दिशाएँ।'* यह खोज या अन्वेषण ही तो कविता में एक प्रकार का परीक्षण है–कल्पना का भी, भाव-संज्ञाओं का भी और शब्दार्थ-ध्वनियों का भी। कुँवर नारायण मानते हैं कि उनकी इस कातर खोज का समय 'द्विविधा का समय है' अर्थात् प्रश्न यह है कि जिसकी खोज है, क्या वह 'था' या 'है' या अब 'होने जा रहा है?' क्या उसी शक्ति का आह्वान है एक अपराजेय जीवन-शक्ति के रूप में 'वाजश्रवा के बहाने'?

कुँवर नारायण के इस अ-प्रबन्ध काव्यखंड-खंड काव्य ने 'कामायनी' के किसी 'निर्वेद' की ध्वनियों से न टकराकर 'वेद' की ध्वनियों से टकराना चाहा है, नई ऊर्जा के साथ, भाषा की अपरा-शक्ति और मनुष्य की अपराजेय-जिजीविषा के साथ। कुँवर नारायण यहाँ खोज तो करते हैं स्मृति-ध्वनियों की ही, लेकिन मिथक-मुक्त होकर, क्योंकि यदि वे ऐसा न करते तो कविता मिथकों में खो जाती और एक पुरा-कथा की तरह कुँवर नारायण खोजते रहते सूर्यपुत्रों में, या स्वयं सूर्य में, या सूर्य के स्वर्गलोक में–एक विवस्वान, एक यमराज जिसे पृथ्वी का एक प्रश्न-पुरुष ललकार रहा होता है। ये कविताएँ किसी गार्गी के याज्ञवल्क्य से न तो 'अति प्रश्न' की तरह हैं और न याज्ञवल्क्य की निरुत्तरता, बल्कि कुँवर नारायण के प्रश्न तो एक आत्मजयी के 'अति प्रश्न' हैं और इसलिए नचिकेता व्यक्ति नहीं प्रश्न है, चरित्र नहीं जीवन चेतना है, पात्र नहीं बल्कि जीवन-मय जिज्ञासा और मृत्यु-मुक्त जीवन की खोज भी है। 'आत्मजयी' की शृंखला में लिखी गई 'वाजश्रवा के बहाने' की ये कविताएँ पिता-पुत्र के सम्बधों या पितृत्व के सम्बन्धों और सम्बोधनों से मुक्ति की कविताएँ इसलिए हैं कि यहाँ पितृत्व भी भंग हुआ है और पुत्रत्व भी। और जो कुछ शेष है वह है–एक ऐसा बिम्ब या रूपक, मृत्यु जिसमें जीवन है और जीवन जिसमें जिजीविषा!

एक कवि जो अपनी कविता किसी के बहाने रचता है, उसकी पहली चुनौती है कि सर्वप्रथम एक अनुपस्थिति रचे और फिर उस अनुपस्थिति से भी एक और अनुपस्थिति रचे, जैसे अनुपस्थिति शेक्सपीयर ने 'हेमलेट' के पात्र होरेशियो से कहे गए एक संवाद में रची है। हेमलेट होरेशियो से कहता है 'एन एबसेंस फ्राम एबसेंस' यही अनुपस्थिति कुँवर नारायण भी रचते हैं। नचिकेता और वाजश्रवा की अनुपस्थिति रचने का तात्पर्य यह है कि उन्हें ऐसा काव्य-बिम्ब बना देना, जो 'हैं' तो भी अनुपस्थित हैं, और 'नहीं हैं' तो शब्द या बिम्ब की तरह होने का अहसास-भर हैं। कुँवर नारायण ने इन कविताओं को शब्द-ध्वनियाँ-स्मृतियाँ कहा है जिसके लिए आचार्य रामचन्द्र शुक्ल ने कहा था 'स्मृतियाँ हमें केवल सुखपूर्ण दिनों की झांकियां नहीं समझ पड़तीं : वे हमें लीन करती हैं, हमारा मर्म-स्पर्श करती हैं।' ऐसी स्मृतियाँ जो हमें लीन करें, हमारा मर्म-स्पर्श करें और वह भी हमारे वाङ्मय से बाहर आकर; तो, एक कवि को सर्वप्रथम स्वयं ही आत्मजयी होना होता है, उसे स्वयं अपने से संघर्ष करना होता है, अपने अंतर्द्वंद्व को रचने के लिए तड़पना होता है, क्योंकि यदि वह ऐसा नहीं करेगा तो कविता एक

आख्यान बनकर रेटरिक-मात्र रह जाएगी। शायद इसीलिए डब्ल्यू.बी.येट्स मानता था कि 'अन्य के साथ उलझना एक प्रकार का रेटरिक रचता है लेकिन स्वयं के साथ संघर्ष सच्ची कविता की रचना करता है।' यहाँ एक कवि का चिन्तन जाग्रत होता है और यह चिंतन कैसे किया जाए, जो एक मर्मस्पर्शी, स्मृति-संपन्न रचना बने? इसके लिए अल्बेयर कामू कहा करता था कि 'चिंतन केवल बिम्बों के माध्यम से ही संभव है।' कुँवर नारायण का वाजश्रवा और नचिकेता, सब कुछ चिंतन से उपजे बिम्ब हैं, इसीलिए वे ध्वनियों में, स्मृतियों में, अर्थोन्मेष में, सबमें कविता हैं, न कि रेटरिक।

कुँवर नारायण जैसा कवि यदि आख्यान की परंपरा में से कविता की आधुनिक भाव-सृष्टि करता है तो उसकी पहली शर्त होती है, मिथकीय रूप-वस्तु का स्थापत्य खंडित करके; एक लोक-प्रतिष्ठ आख्यान को उसकी मूल काया से बाहर निकालकर, उसे ऐसी कविता-वस्तु बना देना, जिसमें सारे पूर्ववर्ती रूप और रूपक तिरोहित हो जाएँ और कविता प्रतिष्ठित हो जाए। इसके लिए एक प्रकार की सांस्कृतिक-संवादिता और सांगीतिक भाषा-लय आवश्यक है, जो कविता का शिल्प रचती है। यदि कविता को उसके कवितापन में उपलब्ध न करके कुँवर नारायण एक काव्य-कथा रचते तो उन्हें 'आत्मजयी' में एक प्रकार का अमरत्व रचना पड़ता, संभव है कि उन्हें अमरता की मधुविद्या के महारथी अश्विनी कुमार को उनकी मधुविद्या के साथ लाना होता जो मनुष्य का मस्तक काटकर उस पर अश्व का मस्तक लगा देते और फिर वाजश्रवा से एक कथा कहलवानी पड़ती और संदर्भ के लिए लाना पड़ता आथर्वण दध्यांग को, जो त्वाष्ट्र विद्या या सूर्यविद्या से आत्मजयी को अमर कर देता। यदि यह सब होता तो 'आत्मजयी' एक जिज्ञासावान 'आत्मजयी' कहाँ होता, 'आत्मजयी' के वे प्रश्न भी कहाँ होते जो एक पिता द्वारा अपने अदेय पुत्र को मृत्यु को सौंपकर पितृत्व से मुक्त हो जाने के प्रश्न होते, यम से टकराने के प्रश्न होते और आत्मजयी होकर वापस जीवन में लौट आने के प्रश्न होते? यहाँ इतना सब कहने का तात्पर्य यह है कि एक कवि के समक्ष एक साथ अनेक विकल्प हैं–कथा है, कथानायक है, आख्यान-परंपरा है, मिथक हैं और इन्हीं के अंदर से उसे कविता चुनना और बुनना है। अब इस चुनौती को वह कविता में परिणत कैसे करे? कुँवर नारायण ने इसलिए आत्मजयी की वापसी में केवल एक जगह नचिकेता के नामोच्चार के साथ कविता लिखी और 'वाजश्रवा के बहाने' वाले खंड में केवल कविता ही कविता रखी। इसलिए यदि इन कविताओं को केवल स्वतंत्र कविताओं की तरह पढ़ा जाए तो भी, और उन्हें संदर्भ के साथ एक निरन्तरता या परंपरा में पढ़ा जाए तो भी, उनकी सबसे बड़ी खूबी ही यह है कि वे व्यक्ति-निरपेक्ष होकर अपने समूचे व्याकरण में, अपनी व्यंजना में और अपने बिम्ब-विधान में केवल कविता ही हैं जिन पर न प्राचीन का पुरातत्त्व हावी है, न आधुनिक होने की विचारधारागत बौद्धिक और भाषिक इंजीनियरिंग। इसलिए 'वाजश्रवा के बहाने' की लगभग सभी कविताएँ आत्म-चेतना के साथ अपराजेय जीवन-शक्ति की कविताएँ हैं।

'वाजश्रवा के बहाने' का 'पूर्वकथन', इस रचना की मूलभूमि से भी साक्षात्कार और संवाद करवाता है। स्वयं कुँवर नारायण की अनेक आत्म-स्वीकृतियाँ भी यहाँ दिखाई देती हैं। मृत्यु को बहुत नजदीक से जानना, अपने उत्तर जीवन में जीवन को ज़्यादा नजदीक से जानना, जीवन का अपना सम्मोहन, मृत्यु के काल संत्रास और वाजश्रवा के बहाने जीवन के प्रबल आकर्षण के स्पर्श की चेष्टा, ये समस्त अभिव्यक्तियाँ बताती हैं कि कुँवर नारायण भौतिक, आत्मिक, बौद्धिक, दार्शनिक, जैविक और भावनात्मक, सभी तत्त्वों को जिजीविषा के विभिन्न आयामों की तरह देखते हैं। यदि इन कविताओं का कोई केन्द्रीय वक्तव्य भी हो सकता है तो कुँवर नारायण स्पष्ट कहते हैं–'आत्मजयी में यदि मृत्यु की ओर से जीवन को देखा गया है तो 'वाजश्रवा के बहाने' में जीवन की ओर से मृत्यु को देखने की एक कोशिश है।'

'वाजश्रवा' को कुँवर नारायण ने एक भाव-संज्ञा के रूप में भी रचा है। वाजश्रवा में वैदिक जीवन दृष्टि की लौकिकता प्रमुख है। अपने 'अशुभ-क्रोध' पर उसे गहरा विक्षोभ भी है लेकिन यज्ञ के व्यवधान के बावजूद पुत्र की वापसी का अवसर पछतावा, पुनरागमन और क्षमाभाव के साथ अति-भौतिक से अति-आत्मिक होने का अवसर भी है और संघर्ष एवं हिंसा के अतिवाद के बजाय विभिन्नताओं में विवेक और सन्तुलन की मानवीय संवेदना भी।

इन कविताओं के जरिए कुँवर नारायण हमारे उस जीवन-बोध को भी जाग्रत कर रहे हैं जो हमारी चेतना में विचार, अनुभव, स्मृति और कल्पना की तरह निहित है। 'आत्मजयी' या 'वाजश्रवा' के माध्यम से कवि के मन में अतीत की ओर लौटने का आग्रह नहीं है, बल्कि प्रकृति से ग्रहण करने और उसे अर्पित करने का जो वैदिक बुद्धि-भाव मनुष्य में निहित था, उसके पुनरवलोकन का भी प्रयास है। पृथ्वी को उजाड़ने की अधीर बर्बरता, अपने सांस्कृतिक मूल्यों की रक्षा करके ही रोकी जा सकती है। इसलिए प्रकृति के प्रति सदाचार की संस्कृति और बहिर्मुखी मानवता को कुँवर नारायण उपनिषदीय प्रज्ञा में द्वन्द्वात्मक न होकर आत्म-सजग होकर स्थापित करते हैं। इसलिए ऋग्वेद की सूक्तियों, गूँजों, अनुगूँजों को ध्वनित करने के लिए 'कः', 'हिरण्यगर्भ', 'पुरुष', 'नासदीय', 'सृष्टि', 'उषस' जैसी स्पष्ट-अस्पष्ट ध्वनियों को वे अपनी काव्य-ध्वनि की पहचान बताते हैं। 'नचिकेता की वापसी' जीवन के आह्वान और उदय की वापसी है और 'वाजश्रवा के बहाने' में एक विदग्ध जीवन का सायंकाल है। यहाँ ऋतुचक्र और चक्राकार गति की वैज्ञानिक-दृष्टि भी अभिव्यक्त हुई है, क्योंकि विज्ञान भी ऋतुचक्र की गति को आरम्भ और अन्त से मुक्त मानता है। यहाँ आकर नीत्शे के मवेशी समय से लेकर स्टीफन हाकिंग की काल-अवधारणा तक की एक यात्रा 'वाजश्रवा के बहाने' की जा सकती है और इस दृष्टि से 'वाजश्रवा के बहाने' की काव्य-भूमि न अतीतगामी है न वर्तमान में स्थिर, बल्कि यदि कविता को भी उसकी गति में रचा और पढ़ा जाए तो वह भी शब्द, अर्थ और बिम्ब का आरम्भ और अन्त से मुक्त एक काल-चक्र ही है और यहीं उपनिषद् का ऋतुचक्र और कविता

की गति का एक-दूसरे से विलय होता है। इतनी जटिल आत्म-भूमि पर 'वाजश्रवा के बहाने' की कविताएँ एक प्रकार से आत्मजयी-आलोचना दृष्टि की माँग करती हैं।

'वाजश्रवा के बहाने' का प्रथम खंड 'नचिकेता की वापसी' पर केन्द्रित है। यहाँ कुँवर नारायण प्रथम कविता में यह स्पष्ट कर देते हैं कि वे नचिकेता के रूप में किसका आह्वान कर रहे हैं–*'आह्वान करता हूँ/उस अपराजेय जीवनशक्ति का/उसकी प्रकट अप्रकट प्रतीतियों को/साक्षी बनाकर/धारण करता हूँ मस्तक पर/एक धधकता तिलक/और फैल जाता है/दसों दिशाओं में/भस्म होकर मेरा अहंकार।'* इन पंक्तियों में आम प्रबन्ध या खंड-काव्यों की तरह कोई स्तुति न रचकर आह्वान रचा गया और वह भी इसलिए कि जो जीवनशक्ति अपराजेय बनकर लौटे, वह अहंकार-मुक्त हो। कविता में सर्वप्रथम जीवनशक्ति के अहंकार-मुक्त होने का यह आह्वान, मनुष्य में मनुष्य देखने की प्रबल आकांक्षा का प्रतीक है अन्यथा अपराजेय जीवनशक्ति मनुष्य को निर्बाध उद्दंडता से ग्रस्त कर विनाशक तत्त्वों को उत्पन्न कर सकती है।

कुँवर नारायण के पास भाषा की ध्वन्यात्मकता है। इसका मुख्य कारण है उनकी वैदिक ऋचाओं की ध्वनियों के संदर्भ से प्रगाढ़ परस्परता होना। लोक/परलोक, तम/आलोक, शोक/अशोक, तल/अतल, जल/अनल, चल/अचल, व्योम/स्तोम/विलोम, निर्वात/निपात, व्याप्ति/समाप्ति, इन विलोमी युग्मों के साथ जब वे प्राण को लौटने की अभ्यर्थना रचते हैं तो जिज्ञासा होती है कि उस प्राण की परिकल्पना और पुनरागमन का सौंदर्य कैसा है–*रसों में/नीरस में, पृथ्वी में/द्यौस में, संध्या में उषस् में/या कहीं और?* ठीक ऋग्वेद की मानस-संज्ञा की तरह जब प्राण का आह्वान कुँवर नारायण करते हैं तो एक ऐसी भाषा का भी आविष्कार करते हैं, जिसकी संज्ञाएँ वैदिक हों और जिसका व्याकरण वाङ्मय हो। लेकिन आह्वान की अभ्यर्थना इतनी सहज-सरल भी नहीं क्योंकि जिस द्विविधा समय में, पुकार-कातरता अनुगूँज की तरह व्याप्त है, उसके अंदर 'था' और 'है' के संशय-प्रश्न हैं।

'कवयो मनीषा' के संबोधन एकदम रचना की धुरी बदलकर रचनाकार पर केन्द्रित हो जाते हैं। जो संशय पूर्व कविता में प्रकट हुआ था वह एक प्रकार का कवि-संशय ही था जो हमारी विज्ञान-पुष्ट आधुनिक दृष्टि का संशय भी है। *अपनी एक रचना को सन्देह से देखते हुए/...मैं संग्रहीत हूँ/अब रचनाओं के महाकोश में/मुझे 'कवि' या 'कविता' के प्रथम अक्षर 'क' से/कहीं भी...खोजा जा सकता है/मन और बुद्धि के संयोग से/रूपायित होती एक कृति।* यह एक लम्बी कविता है और यहाँ कवि ने अनेक भाषाई आविष्कार किए हैं। इससे यह भी सिद्ध होता है कि जिस वैदिक वाङ्मय की ध्वनियों को कुँवर नारायण ने आजमाया है, वह वाङ्मय भाषायी संरचना और बिम्ब-कल्पना में कितना समृद्ध था! स्तवन/भुवन/आह्लाद/ऊर्जा/अहर्निश/अद्यतन/मकरंद/स्पंद/जीवाश्म/अक्षय/ सांकेतिका/अभियंता/अभिव्यक्त/स्व-अन्य/प्रत्यक्ष/परोक्ष/ आदि अनेक शब्द एक रचना में शिल्प-चेतना के भी प्रमाण इसलिए हैं कि कविता में किसी प्रकार के शब्द-निवेश का निषेध नहीं होता और जब एक प्राण के पुनरागमन

की प्रार्थना आधुनिकता के प्रत्ययों के साथ रची जाती है, तो कवि का कर्त्तव्य है कि वह अपनी काव्य-मनीषा में उस प्राणमयी भाषा का भी अवतरण करे जो प्राण के स्पंदन की भाषा हो।

इस खंड की कविताएँ पढ़ते हुए 'असंख्य नामों के ढेर में' शीर्षक वाली कविता तक आते हैं तो कुँवर नारायण का काव्य-पक्ष अधिक सघन होने लगता है। *'उसका नाम एक मौन है/जो उच्चारित नहीं किया जा सकता/...वह केवल एक पृष्ठ की किताब है/'... उनके शब्दों की ध्वनियाँ और अंतध्वर्नियाँ नहीं/केवल उनकी आकृतियाँ पहुँच पा रही थीं/संकेत चिह्न/जिन्हें वे ग़लत पढ़ते रहे/...जैसे दो शब्दों को जोड़ती हुई/ख़ामोश जगहों से भी/बनता है भाषा का पूरा अर्थ/...जैसे शब्दों में सुषुप्त स्मृतियाँ/जाग उठती हैं ध्वनियाँ....प्रतिध्वनियों की भाषा में/...शब्द संपदा को ईंट-ईंट जोड़कर भी पढ़ा जा सकता है।'* ये सभी पंक्तियां जहाँ शब्द, ध्वनि, प्रतिध्वनि और स्मृति के संकेत-चिह्नों और खामोश खाली जगहों का बिम्ब की तरह इस्तेमाल करती हैं तो बरबस ही अज्ञेय अपनी भाषाई चेतना में उभर आते हैं और लगता है कुँवर नारायण उन्हीं भाषायी ध्वनियों के एक और प्रतिनिधि कवि हैं, जिनके पास मुक्तिबोध का विस्मयकारी रेटरिक न होकर एक सर्जनात्मक भाषा का शील-शिल्प है, जो मौन में भी ध्वनित होता है।

'नचिकेता की वापसी' का प्रथम खंड एक प्रकार से आगामी खंड का पूर्व-कथ्य ही है। कवि अनेक कविताओं में दार्शनिक मुद्रा भी अपनाता है जिसे वह 'आत्मिक' कहता है। *'कल' एक भविष्य है/'कल' एक अतीत है/और वह उसका 'मृतक'/कभी लगता 'आज' एक संधि है।* ये पंक्तियां टी.एस. इलियट के 'टाइम पास्ट/इन टाइम प्रेजेंट' की याद दिलाती हैं। इसके बाद कुँवर नारायण 'उदाहरण/उद्धरण/घटनाएँ/विचार/अटकलें/अनुभव/प्रविष्टियाँ/भूलें/सम्राट/संन्यासी' के साथ जब पिता पुत्र में कृतार्थ पिता और 'पुत्र की उदासी' रचते हैं तो लगता है जैसे इस शब्दावली में कवि ने स्वयं अपनी समीक्षा के भी द्वार खुले कर दिए हैं। इसी प्रकार 'यह' और 'वह' के सर्वनामों से जब 'तीसरी दुनिया' की खोज तक जाते हैं तो लगता है कि कुँवर नारायण मिथकीय नामों से बचने के लिए अनेक जगह सर्वनाम-पदों का प्रयोग, अदृश्य बिम्ब रचने के लिए कर रहे हैं। *'वर्षों तक/तह करके रखे हुए काग़ज़ की तरह'* में स्मृति का एक ऐसा बिम्ब रचा गया है जिसमें *'भूगोल-सा/बचाखुचा चेहरा कुछ बासी सफलताओं'* के साथ अपनी पहचान तो रचता है लेकिन यहाँ कुँवर नारायण शिल्प में विद्रूप रेखांकन का सिक्कों की चमक-दमक के साथ जो विलोम रचते हैं उससे लगता है कि 'नचिकेता की वापसी' कविता के अनेक शब्दों और व्याकरणिक पदों के काव्यात्मक प्रयोग की संभवतया वैसी ही वापसी है जैसे भाषा ने अभिनवगुप्त और आनन्दवर्धन में अपने अलंकार-प्रत्यय और ध्वनि-प्रत्यय के साथ पुनरागमन किया हो। मृत्यु को पराजित कर जब जीवन लौटता है तो संकल्प अधिक संकल्पमय हो उठता है। तभी ऐसी काव्य-व्यंजनाएँ प्रकट होती हैं–*'उठाओ संकल्प की पहली ईंट/स्मृति-शिलाओं से ज़्यादा ज़रूरी है/शिलान्यास'।* इतिहास-भूगोल से बने वस्तुमय संसार से विमुखता, पलायन न

होकर अनेक संसारों में, भाषाओं में, कलाओं में, यदि एक तरफ प्रवेश है तो दूसरी तरफ कुरूपताओं से दूर भगाने का दिवास्वप्न–यह दिवास्वप्न इसलिए कि सब कुछ श्रेष्ठतम, सुंदरतम होना संभव नहीं और इसलिए कुरूपताओं से भागना भी एक दिवास्वप्न ही है। यह खंड भाषा, व्याकरण, पेंटिंग, कलाएँ और ध्वनि-लय के प्रति जितना प्राणमय है उतना ही विचार, संकल्प, चिंतन और शिल्प के स्तर पर परिपुष्ट भी। शब्दों का एक महाकोश कुँवर नारायण ने नए बिम्बों के साथ, संकेतों के साथ, खाली खामोश जगहों के रूपक के साथ रचा तो अवश्य है लेकिन जीवन-मृत्यु, अकारादि-शब्द ध्वनियों और पुनरागम में अपराजेय जीवनशक्ति की पुनरावृत्ति कुछ अधिक ही है। संभवतया एक कवि जब अपने भावलोक में डूबता है तो उसे भाषा अपने लिए उकसाती होगी। इस दृष्टि से पढ़ा जाए तो यह खंड हिन्दी की अधुनातन कविता में एक भाषा की प्रश्न-संज्ञा की भी वापसी है और उस वापसी का नचिकेता प्रतिनिधि होकर भी नहीं इसलिए है कि नचिकेता स्वयं में एक प्राण का बिम्ब है और यह खंड प्राण के ही पुनरागमन का खंड है–जो व्यक्तिवाचक संज्ञापद में यदि नचिकेता में प्रत्यक्ष हुआ है तो भाववाचक संज्ञापद में भाषा में, वह भी ऐसी भाषा, जो वस्तु-भाषा का भावांतरण करती है।

दूसरा खंड–वाजश्रवा के बहाने–एक व्यामोह के अन्त से आरम्भ होता है। यहाँ कविता ने अपना शब्द-शिल्प अलग प्रकार का अपनाया है, कविता की आंतरिक ध्वनियों में कोई उदास विक्षोभ अवश्य है। एक भी पाँव के बिना, बैसाखियों की निरर्थकता। मुँह के बल गिरने पर दाँतों की हँसी का टूटकर जा छिटकना, स्याह टुकड़ों का यूँ ही पड़े रहने देना, और अंग-अंग लौटाए जाने का अग्नि, जल, पृथ्वी, पवन और शून्य के संयोग–पंचभूत के विलय और पुनर्जीवन में आने की ही ध्वनियाँ हैं, जो वाजश्रवा ने अपने विक्षोभ से उत्पन्न की हैं। 'किसी अन्य मिथक में प्रवेश करतीं/स्मृतियों/...जीवन का महाग्रन्थ/एक संकलन के प्रारूप में नत्थी/...किंचित् श्लोक बराबर जगह।' ऐसे बिम्ब-भाषा के साथ जब कवि प्रायश्चित्त, वापसी का सौभाग्य और हार्दिक क्षमायाचना की विडंबना रचता है तो लगता है जैसे हर पिता एक प्रश्नाकुल-पुत्र को मृत्यु को सौंपने के बाद उसके जीवन में लौटने की प्रार्थना भी कर रहा हो और अपने पितृत्व पर पश्चात्ताप भी। कुँवर नारायण यहाँ हमारे समय का एक विद्रूप-विकल्प भी रचते हैं। मृत्यु को दान करने के समय से जीवन में पुनः लौटने का समय बदल चुका है, इसलिए वाजश्रवा को लगता है कि वह जीवन में लौटना हो सकता है लेकिन वाजश्रवा के युग में नहीं और जो युग सामने है उसमें लौटने के लिए 'झिझकेगा एक नवागत पुत्र का भविष्यबोध'। कुँवर नारायण यहाँ क्या एल्ड्यूअस हक्सले और एलविन टॉफलर की तरह अपने समय में उत्पन्न होते अनेक नवागत नचिकेताओं के लिए चुनौती उत्पन्न नहीं करते? एक पिता जो दया से नफरत करे–क्यों? केवल इसलिए कि दोष दया से नहीं क्षमा और पश्चात्ताप से ही मिटाया जा सकता है। थके हुए शब्दों की अनुगूँज, आकांक्षाओं में विश्वविजय और टकराहटें न होना, और प्रतिज्ञाओं का बाजारू होकर बिकाऊ होना–ये सब हमारे समय की ही तो विसंगतियां हैं–यह होते हुए भी स्वयं

के अस्तित्व का अहंकार कितना घृणित हो सकता है यह वाजश्रवा के विक्षोभ में देखा जा सकता है। कुँवर नारायण यहाँ जिस प्रकार के मानवीय सत्य रचते हैं, वे सार्वभौम होकर भी कितने निजी हैं, जातिवाचक या भाववाचक होकर भी कितने व्यक्तिवाचक हैं। दोनों ही खंड की सबसे बड़ी शिल्पगत विशेषता यह है कि यहाँ क्रियाएँ शिथिल और अक्रियाशील हैं लेकिन संज्ञाएँ और सर्वनाम क्रियारूप धारण करते हैं। एक भाषा-संपन्न कवि का यह भाषिक-उन्मेष ही 'वाजश्रवा के बहाने' के दोनों खंडों की कविताओं का काव्य-सौष्ठव है। *'कभी मत भूलना कि मैं तुम्हारा पिता हूँ/तुम्हारा भविष्य नहीं/तुम्हारा वर्तमान भी नहीं/...लाखों व्याख्याएँ संभव हैं पुरानों की...एक विषम पल में जाना है मैंने/...जब तुम्हें खोया/...शास्त्रोक्तियों में बूझते/वक्रोक्तियों के अर्थ/बहुअर्थी शब्दों में टटोलते/पहेलियों के हल/किंवदंतियों में गिनते/खंडहरों की संख्या/युद्ध को देते/धर्मयुद्ध की संज्ञा/...कितना समकालीन है/तुम्हारा सत्य/कितने आधुनिक हैं तुम्हारे हथियार/...अविचल व्याकरण में निबद्ध/परिवर्तनों के दिशा संकेत।'* ये सभी उद्धरण एक साथ दो जीवन-प्रकार रचते हैं—एक मनुष्य-प्रकार और दूसरा भाषा-प्रकार। मनुष्य और भाषा कुँवर नारायण जिस ढंग से संयोजित या सम्पुंजित करते हैं तभी तो वे कह सकते हैं—*'एक जीवनदृष्टि/कि उसमें विनम्र अभिलाषाएँ हों/बर्बर महात्त्वाकांक्षाएँ नहीं/वाणी में कवित्व हो/कर्कश तर्क-वितर्क का घमासान नहीं।'* यदि 'वाजश्रवा के बहाने' में यह सब कवि कुँवर नारायण की आंतरिक वेदना की वाणी है तो यहाँ कवि 'कामायनी' के मनु के मनुष्य से आगे का मनुष्य है जो अपना 'मैं' किसी दूसरे में प्रस्थापित कर रहा है। अर्थात् पलायन नहीं बल्कि यदि जीवन का विस्थापन हमारी अपनी ही बर्बर महत्त्वाकांक्षाओं से हुआ तो, त्यागना होगा हमें अपना 'मैं-पन' अपनी ही बर्बरता से बचने के लिए; क्योंकि संसार के सारे युद्ध, धर्मयुद्ध इस 'मैं-पन' के ही परिणाम हैं। अन्त तक आते-आते कवि में वैदिक ऋषिभाव, महावन,...पुरोहित हो जाने के साथ, इस घोर घृणित आतंकी संसार में भी यह सकारात्मकता जागती है कि *'शक्ति है इस विश्वास में/कि हम अकेले नहीं हैं।'* क्या 'मैं-पन' के तमाम धर्मयुद्धों के बाद, वाजश्रवा के अहंकारग्रस्त पुत्रदान के बाद ऐसा विश्वास जागना या जगाना यह प्रकट नहीं करता कि मृत्यु यदि एक सत्य है तो जीवन उससे बड़ा सत्य, युद्ध यदि अहंकार की बर्बरता है तो शक्ति का विश्वास शान्ति और अहिंसा में भी प्रकट हो सकता है, जैसा महावीर, बुद्ध, ईसा और गाँधी में हुआ था। इसलिए नचिकेता मृत्यु-रूपक न होकर जीवन-रूपक है—वह सतत प्रश्न ही इसलिए है कि प्रश्न है तो जीवन है। प्रश्नहीन होना जीवन-विहीन होना भी है। इसलिए वाजश्रवा स्वयं भी अपने समय में मानता है कि *'यह अवसान नहीं/एक संध्या का विवरण है।'* शायद इसलिए कि अवसान की संध्या आगामी उदय का विश्वास भी है।

कुँवर नारायण की भाषा में ही 'वाजश्रवा के बहाने' को परखा जाए तो कहा जा सकता है कि यह एक ऐसा काव्य है, जिसे कवि ने तरह-तरह से सोचा, देखा और लिखते हुए कहा है कि यह काव्य है—

'देखने' के बारे में
'रोशनी' के बारे में
'रंगों' के बारे में
'रेखाओं' के बारे में
उनसे घिरी और छूटी
'जगहों' के बारे में सोचता हूँ–

दुनिया के 'भूगोल' में/ अपने प्रवेश/ और 'इतिहास' में अपने/ 'विश्वास' के बारे में।

उद्धरण चिह्नों में इन शब्दों को रखना कुँवर नारायण का मंतव्य भी प्रकट करता है। यहाँ भारतीयता का वह सुखांत भी है जो मनुष्य में जिजीविषा के प्रति अपराजेय भाव रचता है।

हिन्दी में एक अरसे बाद इतनी शिल्प-गठित, भाषा-संपन्न, बिम्ब-कल्पना और चिंतन के चुनौतीपूर्ण आह्वान की रचना का आना, हमारी भाषा की सर्जनात्मक सामर्थ्य का प्रमाण है। यहाँ न सर्ग हैं, न महाकाव्यात्मक संरचना। यहाँ वैसे मिथकीय संवाद भी नहीं जो धर्मवीर भारती के 'अंधायुग' में हैं या वैसी सामासिक जटिलता भी नहीं जो 'राम की शक्ति पूजा' में है। कुँवर नारायण ने अतिरिक्त चौकन्नेपन से यह रचना की है। प्रतीक मिथकीय हैं, चरित्र मिथकीय हैं लेकिन भावबोध के स्तर पर काव्य-परिवेश और पर्यावरण समग्र रूप से आधुनिक और समय-संवेदी है। ये कविताएँ अपनी आंतरिक लय में जटिल हैं, व्याकरणिक पदों का शिल्प में प्रयोग और उनसे उपजे बिम्बों की प्रतीकात्मकता समझना आसान नहीं, कहीं-कहीं सप्रयास ऐसी जटिलता रची भी गई है, लेकिन एक कवि जब अपनी समूची भाव-संज्ञा में होता है तो वह सारी जटिलताओं के पार देखता है और यह पार देखने की जटिलता ही कविता को भी जटिल करती है। इसलिए इन कविताओं को स्मृतियों, ध्वनियों और छवि-बिम्बों में पढ़ना आवश्यक है–क्योंकि यदि इन्हें कथा में पढ़ने की कोशिश की गई तो कथा अनुपस्थित मिलेगी, इसलिए इन्हें पढ़ना होगा–रंगों में, रोशनी में, रेखाओं में, खाली खामोश जगहों में और यदि इनके साथ हमें अपनी स्मृतियाँ, ध्वनियाँ, अनुगूँज जोड़ना है तो भूगोल और इतिहास के वस्तुजगत की उन वैज्ञानिक और पारिस्थितिक गतियों में पढ़ना होगा, जिसे 'विकास' का नाम दिया जाता है। कविता में नचिकेता की वापसी और वाजश्रवा महत्त्वपूर्ण नहीं हैं, महत्त्वपूर्ण यदि कुछ है तो हमारे संकल्प की वापसी, हमारे विश्वास की वापसी, हमारे वर्तमान से भविष्य को देखने की दृष्टि की वापसी और हमारे उन्मादी अहंकार से, कविता के सौंदर्य-संसार में वापसी। ये कविताएँ यदि ठीक से पढ़ी गईं तो लगेगा यह एक प्रकार से कुँवर नारायण की भी कविता में वापसी है जिसे उन्होंने जीवन के नवोन्मेष और भाषा के अर्थोन्मेष से रचा है।

एक सम्यक् जीवन-बोध की खोज

अवधेश प्रधान

आधुनिक भारत ने ब्रिटिश संपर्क से उत्पन्न सांस्कृतिक समस्याओं के समाधान के लिए वेदों–विशेष रूप से उपनिषदों की ओर देखा था और उनसे नवजागरण की शक्ति संचित की थी। विविधता के भीतर एकता की सर्वसामान्य भूमि की खोज करते हुए सबसे पहले राममोहन राय ने उपनिषदों की विचार-साधना शुरू की जिसे स्वामी विवेकानंद ने सर्वोच्च सार्वभौम ऊँचाई प्रदान की। स्वामी विवेकानंद उपनिषदों के अपूर्व कवित्व, उदात्त चित्रण और उच्चतम भावसमूह की प्रशंसा करते नहीं थकते, उन्हें उसके संगीत के प्रत्येक सुर में शक्ति की अनुभूति होती है। वे कहते हैं, 'यह एक ऐसी जाति का साहित्य है जिसमें अभी अपनी जातीय तेजस्विता का ह्रास नहीं हुआ।' (विवेकानंद साहित्य, भाग-5, पृ. 132) वे मानते हैं कि न केवल भारत, वरन् समस्त संसार के लिए तेजस्विता, शक्ति और स्वाधीनता की प्रेरणा उपनिषदों में मौजूद है, 'उपनिषद् शक्ति की विशाल खान हैं। उपनिषदों में ऐसी प्रचुर शक्ति विद्यमान है कि वे समस्त संसार को तेजस्वी बना सकते हैं। उनके द्वारा समस्त संसार पुनरुज्जीवित, सशक्त और वीर्यसम्पन्न हो सकता है। समस्त जातियों को, सकल मतों को, भिन्न-भिन्न संप्रदाय के दुर्बल, दुःखी, पददलित लोगों को स्वयं अपने पैरों खड़े होकर मुक्त होने के लिए वे उच्च स्वर में उद्घोष कर रहे हैं। मुक्ति अथवा स्वाधीनता–दैहिक स्वाधीनता, मानसिक स्वाधीनता, आध्यात्मिक स्वाधीनता ही उपनिषदों के मूलमंत्र हैं।' (वही, पृ. 133-34)

यह अकारण नहीं है कि नवजागरणकालीन विचार और रचना को उपनिषदों ने अपूर्व प्रेरणा प्रदान की। उससे समग्र भारतीय साहित्य में एक नए शक्ति-प्रवाह का संचार हुआ, रवींद्रनाथ जिसके सर्वोत्तम प्रतिफल हैं। छायावाद के शक्ति-काव्य में उसका गम्भीर प्रभाव महसूस किया जा सकता है। महायुद्ध और उसके बाद अनेक कवियों ने रामायण और महाभारत के आख्यानों का आश्रय लेकर आधुनिक समस्याओं का मंथन किया लेकिन उपनिषदों को कभी हाथ नहीं लगाया तो इसका कारण क्या यह समझा जाए कि उपनिषदों का उदात्त आध्यात्मिक स्वर उनके सेक्यूलर मिजाज के अनुकूल नहीं पड़ता था? तब फिर कुँवर नारायण जैसे आधुनिक संवेदना के कवि

ने कठोपनिषद् के आख्यान का आश्रय लेकर 'आत्मजयी' (1965) की रचना क्यों की? इतना ही नहीं, वे इस पर इसके बाद भी चालीस से अधिक वर्षों तक सोचते रहे और फिर उसी आख्यान का आश्रय लेकर एक और खंडकाव्य की रचना 'वाजश्रवा के बहाने' (2008) नाम से की। कठोपनिषद् में ऐसा क्या है जो 1965 में भी कवि को प्रासंगिक लगा और 2008 में भी आधुनिक जीवन की समस्याओं पर अपनी बात कहने के लिए एक महत्त्वपूर्ण सन्दर्भ प्रतीत हुआ। कुँवर नारायण 'तीसरा सप्तक' के दौर से ही 'वैज्ञानिक दृष्टिकोण' पर जोर देते रहे हैं, जो उनके विचार से वह 'सहिष्णु और उदार मनोवृत्ति है' जो जीवन को किसी पूर्वग्रह से पंगु करके नहीं देखती बल्कि उसके प्रति एक बहुमुखी सतर्कता बरतती है। यह मनोवृत्ति जैसे वैज्ञानिक के लिए महत्त्वपूर्ण है उसी प्रकार कलाकार के लिए भी। किसी वाद या सिद्धान्त विशेष का संकुचित दायरा नहीं, वरन् सम्पूर्ण मानव परिस्थिति उसका क्षेत्र है 'जिसे उसका जिज्ञासु स्वभाव बराबर सोचता-विचारता रहा है।' (वक्तव्य : तीसरा सप्तक) कलाकार और वैज्ञानिक की मनोभूमि एक बिन्दु पर समान है, 'जो बुनियादी जिज्ञासा एक वैज्ञानिक को रूढ़ि की उपेक्षा करके भी, यथार्थ की गूढ़ तहों में बैठने के लिए बाध्य करती है, खोज की वही रोमांचकारी प्रवृत्ति कवि को भी अज्ञात के विराट व्यक्तित्व में भटकाती रहती है। (वही) इसी मनोभूमि से बौद्धिक स्वतंत्रता जन्म लेती है 'जो सदा से जीवन के प्रति निडर और अन्वेषी प्रश्न उठाती रही है।' (वही) वैज्ञानिक दृष्टिकोण, सहिष्णु और उदार मनोवृत्ति, जिज्ञासु स्वभाव, खोज की रोमांचकारी प्रवृत्ति, जीवन के प्रति निडर और अन्वेषी प्रश्न उठाने वाली बौद्धिक स्वतंत्रता-यही वह मनोभूमि है जो नचिकेता के निडर, जिज्ञासु और अन्वेषी प्रश्नाकुल मानस से मेल खाती है। यह अकारण नहीं कि कुँवर नारायण इसी वक्तव्य में उस मूल वेदना का जिक्र करते हैं 'जहाँ मैं क्या हूँ, मैं क्यों हूँ का चिर असन्तुष्ट प्रश्न जीवन की हर आस्था को रौंदता रहता है।' और यह भी अकारण नहीं कि 'आत्मजयी' की परिसमाप्ति भी इसी तरह की प्रश्नाकुल वेदना से होती है, '...इन समाधानों के बीच/चौंक-चौंककर पूछता रहा हूँ-''जीवन क्या है? मृत्यु क्यों? मुक्ति कैसे?/ईश्वर कहाँ?" अज्ञात के विराट व्यक्तित्व से भड़कने की जरूरत नहीं है, यह कोई अवैज्ञानिक प्रपंच नहीं है, अज्ञात के प्रति रहस्य-जिज्ञासा के मनोभाव पर केवल कवि और दार्शनिक का ही एकाधिकार नहीं है, उसका सम्बन्ध भी विज्ञान की मनोभूमि से है। विज्ञान प्रकृति की तहों को जितना ही खोलता जाता है, उसका रहस्य और गहराता जाता है, नए रहस्यों की सृष्टि होती जाती है, नए प्रश्न खड़े होते जाते हैं। आज भी हम ब्रह्मांड की विराट सत्ता का एक मोटा-सा अंश ही जान और अनुमान पाए हैं, उससे अज्ञात का दायरा और बृहत्तर हो गया है। अनंत सत्ता के मूल तक पहुँचते-पहुँचते जो कुछ हाथ लगता है वह है माया-कणों की अनंतता (इनफिनिटी ऑव वर्चुअल पार्टिकल्स)! यह एक अद्‌भुत तथ्य है कि जीवन के अनंत विस्तार के प्रति कुँवर नारायण शुरू से ही 'हाय हाय भावुकता' के बजाय 'संयत और निःस्पृद्ध बुद्धिमत्ता' का रुख रखते आए हैं।

सम्भव है, कवि के व्यक्तिगत जीवन में मृत्यु के कुछ निर्णायक अनुभव बहुत निकट से गुजरे हों और वह नचिकेता के आख्यान की ओर मुड़ गया हो लेकिन इन अनुभवों ने अधिक से अधिक परिवेशजन्य प्रेरणा का काम किया होगा, निर्णायक तो स्वयं कवि का अपना संवेदनशील मानस ही रहा होगा। और वैसे भी 'आत्मजयी' के केन्द्र में मृत्यु का दारुण अनुभव नहीं, वरन् नचिकेता का विद्रोही आत्म सत्य है। एक बात ध्यान में रखने की है कि कुँवर नारायण ने नचिकेता के आख्यान का सहारा भर ही लिया है, बाकी सब कुछ उनका अपना है, बहुत कुछ 'प्रसाद' की कामायनी की तरह। इनकी प्रबन्ध और प्रकरण-वक्रता की मेधा तो पहली ही नजर में दिख जाती है जब वे केन्द्र में यम को न रखकर 'आत्मजयी' में नचिकेता को रखते हैं और 'वाजश्रवा के बहाने' में वाजश्रवा को, जबकि कठोपनिषद् का मुख्य भाग यम के मुख से आत्मतत्त्व के विशद निरूपण को समर्पित है। हालाँकि स्वामी विवेकानंद, जिन्हें सब उपनिषदों में कठोपनिषद् सर्वाधिक प्रिय था, सबसे अधिक नचिकेता की उस आत्मश्रद्धा पर निछावर हैं जिसके बूते वह तमाम भौतिक भोग-विलास और सुख-साधन के प्रलोभनों को ठुकरा देता है और श्रेय का, ज्ञान का वरण करता है। अवश्य ही यह कठोपनिषद् के आख्यान का सबसे महत्त्वपूर्ण स्थल है और इसकी मार्मिकता ने कुँवर नारायण के भी हृदय को स्पर्श किया है, फिर भी कुँवर नारायण के नचिकेता में आत्मश्रद्धा से आत्म-सत्य का आग्रह अधिक है, उसके सत्याग्रह में युवा-विद्रोह का तीखापन भी आ गया है, उसकी शुरुआत ही एक झटके से होती है–*'पिता, तुम भविष्य के अधिकारी नहीं/क्योंकि तुम 'अपने' हित के आगे नहीं सोच पा रहे/न अपने 'हित' को ही अपने सुख के आगे।'* पहले व्यवस्था की आलोचना–*'ये कैसी स्तुतियाँ हैं जिनसे/पाखंड की गंध आती है/ग़लत जीने से सही बातें ग़लत हो जाती हैं/सच्चाइयाँ झूठ लगतीं/अच्छाइयाँ गुनाह/धर्म पाप हो जाता है/ईश्वर आततायी...।'* यह हिंसा और संकीर्ण स्वार्थ पर आधारित कर्मकांड की, यज्ञ की, यथास्थिति की समूची व्यवस्था की आलोचना है–तुम्हारे कल्याण का आधार निरीह आहुतियों पर आधारित है, यह सब धर्म नहीं, धर्मसामग्री का प्रदर्शन है, केवल हिंसा से अपने को सिद्ध करने वाला तुम्हारा आश्वासन नहीं चाहिए, तुम्हारा विश्वास भी नहीं चाहिए जिसकी चरम परिणति हत्या हो। नचिकेता विद्रोह पर क्यों आमादा हुआ? इसलिए कि पिता यज्ञ में बूढ़ी-बीमार गायें दान कर रहे थे? कुँवर नारायण के नचिकेता का विद्रोह स्वातंत्र्योत्तर भारत के साठोत्तरी युवा का विद्रोह है–*'तुम्हारी दृष्टि में मैं विद्रोही हूँ। क्योंकि मेरे सवाल तुम्हारी मान्यताओं का उल्लंघन करते हैं/नया जीवन बोध सन्तुष्ट नहीं होता/ऐसे जवाबों से जिनका सम्बन्ध/आज से नहीं अतीत से है/तर्क से नहीं रीति से है।'* लेकिन साठोत्तरी पीढ़ी तक इसे सीमित रखना अन्याय होगा, वह तो विद्रोह की सनातन मनोवृत्ति है जो मुक्ति के लिए बंधन तोड़ डालने को उद्यत रहती है। परीछवियों और राज्याभिषेकों में भी नचिकेता की 'आत्मा तड़पती है।' उसकी जिज्ञासा ने उसके आगे कोई ऊँचा ध्येय रख दिया है–*'सुख, सुविधा, विश्राम...नहीं/कुछ और*

ध्येय है/कभी कभी लगता/यह जीवन अपरिमेय है/...नहीं पाता जो दैहिक स्वप्न-परिधि में।' वह युवा है लेकिन महज यौवन से सन्तुष्ट होने वाला नहीं–*'यौवन से सन्तुष्ट न होतीं/जीवन की परिभाषाएँ।'* वह जीवन की परिभाषाओं को लेकर उद्विग्न है इसलिए उसे तो बस जीवन को प्रकाश देने वाली एक दृष्टि चाहिए–*'मिल सके अगर तो/एक दृष्टि चाहिए मुझे/जीवन बच सके/अँधेरा हो जाने से-बस।'*

कठोपनिषद् में नचिकेता ने पहला वर यह माँगा था कि मेरे पिता वाजश्रवस शान्तसंकल्प, प्रसन्नचित्त और क्रोधरहित हो जाएँ और यमपुरी से वापस पृथ्वी पर जाने पर पहले की तरह पहचानकर मुझसे बातें करें। कठोपनिषद् की परिसमाप्ति यम द्वारा आत्मतत्त्व के निरूपण में हो जाती है, उसमें नचिकेता की वापसी का वर्णन या उल्लेख नहीं है। लेकिन कुँवर नारायण की कवि-कल्पना प्रथम वर से संकेत पकड़कर कहानी को आगे बढ़ाती है–नचिकेता यमलोक से लौटता है और पिता उससे स्नेह से मिलते हैं, अपने 'अशुभ क्रोध' पर पश्चात्ताप ही नहीं करते, उस नए जीवनबोध की दृष्टि से सामंजस्य भी बैठा लेते हैं जो नचिकेता यम के पास से लेकर लौटा है। 'वाजश्रवा के बहाने' की रचना इसी कल्पित कथा के आश्रय को लेकर हुई है। कथा से अन्तर्वस्तु तक की यह मौलिक उद्भावना देखकर कुंतक ही नहीं, कोई भी सजग पाठक कुँवर नारायण की प्रतिभा का कायल हो जाता है। कवि-कल्पना ने आख्यान से लेकर अन्तर्वस्तु तक जो चमत्कार किया है उसे इस काव्य की ही पंक्तियों में इस तरह कहा जा सकता है–*'एक विलुप्त सभ्यता के/विदग्ध आत्म-चिन्तन को/उसके अवशेषों में फैली- बिखरी/शब्द संपदा को/ईंट ईंट जोड़ कर भी पढ़ा जा सकता है/एक नया पाठ।'* (पृ. 35-36)

कुँवर नारायण 'पूर्व कथन' में लिखते हैं–'वाजश्रवा में आत्मिक ऊहापोह कम है, वैदिक जीवन-दृष्टि की लौकिकता प्रमुख है। आज की भौतिकता में भी उसकी एक झलक पहचानी जा सकती है।' न तो वैदिक जीवन-दृष्टि में लौकिकता प्रमुख है, न आज की पूंजीवादी भौतिकता में वैदिक जीवन-दृष्टि का प्रकाश। कुँवर नारायण के वाजश्रवा में आत्मिक ऊहापोह का अभाव होता तो वह ऐसे तीखे निष्कर्ष पर न पहुँचता, *'मृत्यु से भी कहीं अधिक निर्मम हो सकता है/जीवन का तर्क'* (पृ. 54), यहाँ वह 'आत्मजयी' के नचिकेता की ही अनुभूति को दुहराता है, *'अस्तित्व एक घातक तर्क भी हो सकता है/एक पाशविक भावना भी इस तरह/कि कुछ और कलह ज़रूरी लगे/स्वार्थ और छल से जीना मजबूरी लगे।'* (आत्मजयी) वाजश्रवा पुत्र के लौट आने से प्रसन्न है लेकिन उसकी आत्मसजगता उसे सावधान करती है 'लेकिन तुम नहीं लौट सकोगे मेरे युग में' नचिकेता से उसका पुनः मिलना एक अवसर देता है कि 'तुम्हारा आज' और 'मेरा कल' के बीच संवाद जारी रहे। संवाद जारी रखने का श्रेय समय और अनुभव को है जिसने दोनों को बदल दिया है, दोनों को दूसरे के करीब ला दिया है। अब वाजश्रवा समझ गया है कि 'टकराहटें भी वही हैं/जहाँ विकटताएँ हैं' और यह भी कि 'विकटताओं के बीच भी/ज़रूरी है दूरियों के अन्तराल/चमकने के लिए।' (पृ. 33) वाजश्रवा की मार्मिक जीवन-समीक्षा जितना व्यथित करती है उतना ही

विवेकवान बनाती है। उसकी जीवन-समीक्षा में शरशय्या पर पड़े भीष्मपितामह और गोली मारे जाते महात्मा गाँधी की महाकाव्यात्मक ट्रैजेडी या विषण्णता है और फिर उस विषण्ण पट-भूमि पर आग के से अक्षरों में लिख जाता है–'तर्क से बहुत चिपककर नहीं/जरा परे हटकर भी/देखना और सोचना ज़रूरी है/अपने समय को।' (पृ. 115) उसने जीवन को *'बुद्धि जटिल नहीं इच्छा-सहज जिया है'* और फिर उसकी स्वाभिमानी मनस्विता उसकी जीवन संध्या को एक नए वीरोचित सौन्दर्य से उद्भासित कर देती है–*'मुझे दया से नफ़रत है/दे सको तो बराबर की मैत्री दो,/पर अपनी दया देकर दयनीय मत बनाओ मुझे/सम्मानित जीवन से/या फिर एक सम्मानजनक मृत्यु/मरने दो मुझे...।'* (पृ. 100) उसकी लौकिकता में कैसी उदात्त आध्यात्मिकता की दीप्ति दमकने लगती है जब वह कहता है–*'मेरी आकांक्षाओं में/न थी विश्वविजय, न टकराहटें/गले में 'बिकाऊ है' की तख़्ती लटकाकर/बाज़ारों में घूमना भी नहीं था/मेरी प्रतिज्ञाओं में'* (पृ. 100)। आज की बाजारजीवी भौतिकता उसकी ऐश्वर्य-जित् लौकिकता के आगे पानी भरे। उसकी लौकिकता आध्यात्मिकता का प्रकाश है! और फिर, वह अपने आप को बदलने को तैयार है। *'उसी के अवशेषों से सम्भव है दूसरा निर्माण'*–एक नए शिलान्यास का उसका संकल्प भी उसके व्यक्तित्व में एक नया आकर्षण जोड़ता है। 'आत्मजयी' में एक अर्थ गर्भ पंक्ति आती है–*'हम वस्तु नहीं हैं वस्तुस्थिति हैं।'* कुँवर नारायण ने 'वाजश्रवा के बहाने' में वस्तुबोध बनाम अस्तिबोध के द्वन्द्व से उसे और विशद किया है और मनुष्य के अस्तिबोध का नाश करने वाले आत्मघाती वस्तुबोध की आलोचना की है। वस्तुत: यह आज के पूँजीवादी उपभोक्तावादी समाज में बढ़ती हुई जड़ वस्तु पूजा की मानसिकता (फेटिशिज्म) की आलोचना है। पूँजीवाद एक ऐसी विश्व दृष्टि है जो न केवल मनुष्य विरोधी, वरन् स्वयं जीवन-विरोधी भी है, प्रकृति भी उसकी तोप का चारा बना ली जाती है। कुँवर नारायण ने मानव जीवन और प्रकृति का सन्तुलन बिगाड़ देने वाली इस सभ्यता की आलोचना केवल आधुनिक पर्यावरण संरक्षण की दृष्टि से नहीं, वरन् रवींद्रनाथ की उस समग्र दृष्टि से की है जिसमें 'तपोवन' महज पर्यावरण नहीं, वरन् एक पूर्ण सभ्यता है। रामायण और महाभारत के वन प्रसंगों के महाकाव्यात्मक परिप्रेक्ष्य में वे निषेध की उंगली उठाकर चेताते हैं–वन से जीवन का एक पैतृक सम्बन्ध है, वन निर्जन नहीं हैं, यहाँ सघन जीवन है, जंगल अराजक नहीं है, उसकी सभ्यता, उसकी संस्कृति, उसकी नागरिकता, उसका प्रशासन, उसकी जीवनचर्या भिन्न है, संस्कृति, मानवीय है, वन अजीवन नहीं, 'एक अन्य जीवन है' (पृ. 133-36)

इसका शीर्षक 'वाजश्रवा के बहाने' क्यों? इसमें वाजश्रवा के बहाने क्या पूर्वोक्त आलोचना-दृष्टि का निर्वचन है? लेकिन इस आलोचना-दृष्टि या जीवन- समीक्षा के पीछे कोई रचनात्मक जीवन-दृष्टि होनी चाहिए जिसका निर्वचन कवि वाजश्रवा के बहाने करना चाहता है। वह जीवन-दृष्टि इन पंक्तियों में पढ़ी जा सकती हैं–*'कुछ इस तरह भी पढ़ी जा सकती है/एक जीवन-दृष्टि/कि उसमें विनम्र अभिलाषाएँ हों/बर्बर*

महत्त्वाकांक्षाएँ नहीं/वाणी में कवित्व हो/कर्कश तर्क-वितर्क का घमासान नहीं/कल्पना में इन्द्रधनुषों के रंग हों/ईर्ष्याद्वेष के बदरंग हादसे नहीं/निकट सम्बन्धों के माध्यम से/बोलता हो पास-पड़ोस/और एक सुभाषित, एक श्लोक की तरह/सुगठित और अकाट्य हो/जीवन-विवेक। दाँतों और पंजों के/निशान खोजते हुए नहीं/केवल कुछ अलौकिक ध्वनियों के सहारे/आकार ले/यह निश्चय/कि जहाँ पहुँचा जा सकता है/आकाश मार्ग से-जीवन को लाँघकर/वहीं पहुँचा जा सकता है/थलमार्ग से भी/जीवन को जीते हुए/बिलकुल ऐहिक हो अध्यात्म/साधारण मिट्टी के बने खिलौने/जीवन शक्तियों के प्रतीक/तपश्चर्या नहीं/सम्पन्न दिनचर्या हो/जीवन की पूजा का अर्थ।' (पृ. 120-21) इन पंक्तियों में पूरी कलात्मकता और सरलता के साथ एक ऐसे सम्यक् जीवन-बोध की रूपरेखा व्यंजित हुई है जो केवल पूर्व या केवल पश्चिम की मनीषा की देन नहीं है, बल्कि यहाँ एक ऐसी जीवन-दृष्टि का उन्मेष है जिसमें पूर्व और पश्चिम, प्रवृत्ति और निवृत्ति, भोग और त्याग, सेकुलर और आध्यात्मिक का समन्वय हो गया है। यह वह उदात्त जीवनादर्श है जिसे 'जीवन को लाँघकर' नहीं वरन् 'जीवन को जीते हुए' उपलब्ध किया जाता है। इसी को स्वामी विवेकानंद व्यावहारिक वेदांत कहते थे जिसकी व्याख्या करते हुए सिस्टर निवेदिता लिखती हैं, 'यदि एक और अनेक सचमुच एक ही सत्य हैं तो केवल उपासना के ही विविध प्रकार नहीं, वरन् सामान्य रूप से कर्म के भी सभी प्रकार, संघर्ष के सभी प्रकार, सर्जन के सभी प्रकार भी सत्य-साक्षात्कार के मार्ग हैं। अतः लौकिक और मार्मिक में अब आगे कोई भेद नहीं रह जाता (नो डिस्टिंक्शन हेन्सफोर्थ विट्वीन सेक्रेड एंड सेकुलर...)। कर्म करना ही उपासना करना है। विजय प्राप्त करना ही त्याग करना है। स्वयं जीवन ही धर्म है। प्राप्त करना और अधिकार में रखना उतना ही कठोर न्यास है जितना कि त्याग करना और विमुख होना।...उनके लिए कारखाना, अध्ययन कक्ष, खेत और क्रीडाभूमि आदि भगवान के साक्षात्कार के वैसे ही उत्तम और योग्य स्थान हैं जैसे साधु की कुटी या मन्दिर का द्वार। उनके लिए मानव की सेवा और ईश्वर की पूजा, पौरुष तथा श्रद्धा, सच्चे नैतिक बल और आध्यात्मिकता में कोई अन्तर नहीं है। एक दृष्टि से उनकी सम्पूर्ण वाणी को इसी केन्द्रीय दृढ़ आस्था के भाष्य के रूप में पढ़ा जा सकता है।' (विवेकानंद साहित्य, भाग-1, भूमिका, हमारे गुरु और उसका संदेश।) संघर्ष के बजाय सौहार्द और सद्‌भावना के बल पर जीना और अपने को अकेला न समझने का दृढ़ विश्वास इसी जीवन-विवेक से जन्म लेता है। नचिकेता की 'तीन रातें' वाजश्रवा की भी 'तीन रातें' हैं जो उसे सीख देती हैं कि *'शक्ति है इस विश्वास में/कि हम अकेले नहीं हैं/अकेले हो जाते हैं यह मानते ही/कि हम अकेले हैं।'* (पृ. 143) कुँवर नारायण का यह सम्यक् जीवन-बोध उनके लम्बे जीवन अध्ययन और विचार-संघर्ष का परिणाम है। उनकी साहित्य दृष्टि में एक भविष्य दृष्टि की भी कौंध है जिसके अनुसार 'साहित्य केवल तत्काल की फिक्र नहीं, उस आने वाले समय की चिन्ता भी है जिसमें एक बेहतर दुनिया की हमारी आकांक्षाएँ और आशाएँ निहित हैं।'

कुँवर नारायण ने 'पूर्व कथन' में लिखा है कि "'वाजश्रवा के बहाने' जीवन के इसी प्रबल आकर्षण के स्पर्श की चेष्टा है। इस जिजीविषा के विभिन्न आयाम चाहे भौतिक हों या आत्मिक, चाहे बौद्धिक (दार्शनिक) हों या भावनात्मक, तत्त्वतः वे हैं जैविक ही।" जिजीविषा प्रथमतः तो जैविक हो सकती है लेकिन तत्त्वतः जैविक नहीं हो सकती। बौद्धिकता और भावनात्मकता जैविकता का ही उच्च बिन्दु नहीं है और न तो आत्मिकता महज भौतिकता का विस्तार। प्रश्न जीवन के प्रबल आकर्षण भर का नहीं है, प्रश्न जीवन की अर्थवत्ता का है। अगर वाजश्रवा जीवन के प्रबल आकर्षण से ही बद्ध रहता तो 'वाजश्रवा के बहाने' इतनी ऊँची कविता के स्तर पर नहीं पहुँचता। उसमें जीवन के एक नए और ऊँचे अर्थ का संधान है। इसीलिए उसमें जीवन के एक सम्यक् और पूर्णतर बोध की खोज और उपलब्धि का निर्वचन है। जीवन तभी एक अर्थ पाता है जब वह जैविक और मनो दैहिक से ऊँचे उठकर मनोसामाजिक स्तर पर विकास और विस्तार पाता है।

इसकी प्रबन्ध रचना में गुंफित विभिन्न अंशों की स्वतंत्रता और स्वतःपूर्णता के बारे में कुँवर नारायण 'पूर्व कथन' में कहते हैं, 'रचना में विभिन्न खंड कुछ इस तरह एक-दूसरे में आते-जाते रहते हैं मानो उनके बीच में विभाजक रेखाएँ न होकर अलिखित संधियाँ हों।... वे स्वतंत्र कड़ियाँ भी हैं और एक दूसरे को जोड़ने वाली कड़ियाँ भी।' इससे कवि ने काफी छूट ले ली है, उसकी आसानी के साथ पाठक की मुश्किलें बढ़ गई हैं। 'वाजश्रवा के बहाने' की तुलना में 'आत्मजयी' अधिक सुगठित है लेकिन 'आत्मजयी' की तुलना में 'वाजश्रवा के बहाने' में प्रकाश अधिक है। 'आत्मजयी' की लय किंचित् आवेगमय है, इसकी धीर-प्रशांत। आधुनिक जीवन के विभिन्न सन्दर्भों को ध्वनित करने वाली कलात्मक अन्तर्ध्वनियों के बीच एक सम्यक् जीवनबोध की खोज इसकी अपनी लक्षणीय विशिष्टता है। 'कवयो मनीषा' आदि अंशों में ऋग्वेद के अनेक सूक्तों की अनुगूँजें सुनाई देती हैं जो इसके भाषा शिल्प की अन्यतम विशेषता बन गई है। 'वाजश्रवा के बहाने' समकालीन कवियों के लिए इस बात का आश्वासन देता है कि प्रबन्ध-रचना में अब भी बहुत सम्भावनाएँ हैं और केवल तात्कालिक घटित या घटमान तथ्य समूह के पीछे-पीछे चलने के बजाय कभी-कभी अनछुए क्लासिकीय स्रोतों का अवगाहन भी फायदेमंद है, इससे नए काव्य-प्रयोगों के क्षितिज का विस्तार होता है, समकालीन कविता की रीतिबद्ध एकरसता भी टूटती है और सम्यक् जीवन-बोध के निर्माण और निखार को एक नया परिप्रेक्ष्य भी मिलता है।

गहरे जीवन-सत्य से साक्षात्कार

ज्योतिष जोशी

असहमति को अवसर दो। सहिष्णुता को आचरण दो
कि बुद्धि सिर ऊँचा रख सके...
उसे हताश मत करो काइयाँ स्वार्थों से हरा-हराकर।
अविनय को स्थापित मत करो,
उपेक्षा से खिन्न न हो जाए कहीं
मनुष्य की साहसिकता।

('आत्मजयी', पृ. 23)

उन्नीस सौ पैंसठ में प्रकाशित 'कठोपनिषद्' के नचिकेता प्रसंग को लेकर लिखे गए खंडकाव्य 'आत्मजयी' में कवि कुँवर नारायण ने नचिकेता के बहाने 'जीवन की सार्थकता' के गहन प्रश्नों पर विचार किया था। यह सार्थकता 'सत्य की खोज' में निबद्ध थी (और है भी) जिसमें कवि के अनुसार 'अपना हित गौण' हो जाता है। नचिकेता ने ऐसे ही जीवन का वरण किया जिसमें ऐंद्रिय सुखों के लिए कोई जगह न थी। कवि ने अपनी भूमिका में लिखा था-"नचिकेता की चिन्ता भी अमर जीवन की चिन्ता है। 'अमर जीवन' से तात्पर्य उन अमर जीवन-मूल्यों से है जो व्यक्ति-जगत का अतिक्रमण करके सार्वकालिक और सार्वजनीन बन जाते हैं।" कवि कुँवर नारायण के खंडकाव्य 'आत्मजयी' पर विचार-विमर्श का लंबा सिलसिला चला था और कुछ असहमतियों के बावजूद प्रायः सबने इस कृति के गहन मानवीय-दार्शनिक प्रयत्न को सराहा था। इसी कड़ी का दूसरा खंडकाव्य 'वाजश्रवा के बहाने' अनेक स्तरों पर हमारा ध्यान खींचता है जिसकी यात्रा में 'जीवन की ओर से मृत्यु को देखने की कोशिश है।' कवि का स्वयं कथन है-"'आत्मजयी' में यदि मृत्यु की ओर से जीवन को देखा गया है, तो 'वाजश्रवा के बहाने' में जीवन की ओर से मृत्यु को देखने की एक कोशिश है।" ('वाजश्रवा के बहाने', पृ. 7)

कुँवर नारायण की सिद्धि इसमें है कि औपनिषदिक विमर्श को जीवन के मध्य रखते हुए वे जिस सत्य का प्रत्याख्यान प्रस्तुत करते हैं उससे जागतिक व्यामोहों को

तोड़ने में मदद मिलती है। नचिकेता अगर 'आत्मजयी' में अपनी अनश्वरता का बोध प्राप्त कर सका है और नियति से मुठभेड़ कर गहन आस्था को प्राप्त करता है तो 'वाजश्रवा के बहाने' में वह और स्वयं वाजश्रवा आत्मिक और भौतिक के द्वन्द्व से मुक्त होते हैं। 'कठोपनिषद्' के वाजश्रवा से 'मृत्यवे त्वा ददामि' का शाप सुनकर नचिकेता ने यम के पास पहुँचकर जिन तीन वरदानों को प्राप्त किया था–वाजश्रवा का नचिकेता के प्रति क्रोध शान्त होना, अब से होने वाले यज्ञों में नचिकेता नाम की अग्नि की प्रतीक्षा और मृत्यु के रहस्य को जानना। इनमें पहले और अन्तिम वरदानों के आधार पर कवि ने 'आत्मजयी' में जीवन से संबद्ध स्थितियों पर विचार किया था। इस गहन मंथन में भौतिक और आत्मिक का द्वन्द्व प्रमुख था। भौतिक समृद्धि की आकुल-आकांक्षा में अपने 'आत्म' को निर्वासित करना और अपनी वस्तुवादिता में हिंसा को एक मूल्य की तरह जीने की जिद ने वाजश्रवा को अंधा बना दिया था। वाजश्रवा वैदिक चरित्र होते हुए भी आधुनिक मनुष्य की अति भौतिकता का प्रतीक है तो नचिकेता उसके खोए 'आत्म' का। यम का आह्वान है–'बाहर के इस अंधकार से/कहीं बड़ा भीतर प्रकाश है/तेरे होने का न होने का/बाहर से अधिक पुष्ट/भीतर प्रमाण है।/उसे सिद्ध कर/तू पाएगा–/वही स्रोत है।/वही मुक्ति है।/वही त्राण है।' ('आत्मजयी', पृ. 94)

'वाजश्रवा के बहाने' निश्चय ही एक स्वतंत्र खंडकाव्य है, पर 'आत्मजयी' से जोड़कर उसे युग्म बनाए बिना उसके साथ न्याय करना सम्भव नहीं है। 'नचिकेता की वापसी' और 'वाजश्रवा के बहाने' शीर्षक दो खंडों में निबद्ध तथा 'आह्वान', 'कवयो मनीषा', 'असंख्य नामों के ढेर में', 'उसे याद आने लगे अपने कई-कई जीवन', 'वह उदय हो रहा पुनः', 'उसे याद आया एक जीवन', 'एक अन्य आरम्भ', 'वे दो लगते हुए भी एक ही थे', 'सुदूर अतीत में', 'पिता से गले मिलते', 'एक व्यामोह का अन्त', 'उपरांत जीवन', 'अच्छा हुआ तुम लौट आए', 'जब मैं व्यस्त था', 'तुम्हें खोकर मैंने जाना', 'पुनः एक की गिनती से', 'अपने सोच को सोचता है एक 'मैं'', 'अपना वह दूसरापन', 'तीन रातें', 'यह अवसान नहीं' और 'शब्दों का परिसर' जैसे अनुच्छेदों के माध्यम से कुँवर नारायण अतीत और भविष्य के बहाने पुरातन और अद्यतन की टकराहट को दिखाते हुए उससे एक गूढ़ जीवन-सत्य का संधान करते हैं। इस खंडकाव्य का 'आह्वान' है–"आह्वान करता हूँ/उस अपराजेय जीवनशक्ति का/उसकी प्रकट-अप्रकट प्रतीतियों को/साक्षी बनाकर/धारण करता हूँ मस्तक पर/ एक धधकता तिलक/और फैल जाता है/दसों दिशाओं में/भस्म होकर मेरा अहंकार।"

यह आह्वान मानव को मानवोत्तम बना देने का आह्वान है और अपने अहंकार पर विजय प्राप्त करने की प्रबल आकांक्षा, जिसके बिना जीवन तो सम्भव है पर जीवन के सत्य का संधान करना कठिन। कुँवर नारायण ने जैसे 'आत्मजयी' में खंडकाव्य की रूढ़ियों को तोड़ा था, वैसे ही 'वाजश्रवा के बहाने' में भी खंडकाव्य की रूढ़ियों को तोड़ा है और स्वतंत्र अनुच्छेदों में विन्यस्त कविताओं से एक बड़ा सांस्कृतिक

विमर्श (दार्शनिक और आध्यात्मिक निःसारता की अवधारणाओं को कुशलता से निरस्त करते हुए) निर्मित किया है। उसका प्रस्थान ही अहंकार की सीमा का अतिक्रमण करने में होता है; क्योंकि उसके बिना जीवन-प्रभात का आना असम्भव है। 'नचिकेता की वापसी' में जीवन का नया आस्वाद और नई चेतना का विन्यास है। अनेक अनुच्छेदों में विन्यस्त कविताओं की संगति में गूढ़ जीवन-सत्यों का साक्षात्कार और उन पर गहन मंथन है। नचिकेता विस्मित है। वह संसार में प्रवेश कर आह्लाद से भर उठा है। जीवन और सृष्टि की गोचर और अगोचर द्युतियों में नचिकेता को विस्मय तो होता है, पर वह सोचता है–"एक विलुप्त सभ्यता के/विदग्ध आत्मचिन्तन को/उसके अवशेषों में फैली-बिखरी/शब्द-संपदा को/ईंट-ईंट जोड़कर भी पढ़ा जा सकता है/एक नया पाठ।" नचिकेता के विस्मय में कवि ने अनेक दार्शनिक और आध्यात्मिक निष्पत्तियों की बड़ी सहज व्याख्या की है; विशेषकर 'उसे याद आने लगे अपने कई-कई जीवन' अनुच्छेद में कुँवर नारायण ने जीवन और मृत्यु के दार्शनिक रहस्यों को जिस तरह व्याख्यायित किया है, वह बेजोड़ है–"कभी उसे लगता/ 'कल' एक भविष्य है/और वह उसका मिथक/कभी लगता 'कल' एक अतीत है/और वह उसका 'मृतक', /कभी लगता 'आज' एक 'संधि' है/दोनों से युक्त और/दोनों से पृथक्।/उसी के अवशेषों से होता है/बार-बार उसका जन्म/वही पुरातन जन्मकुंडली लिए/उन्हीं नौ ग्रहों से घूमता हुआ/लौटता है वह उसी धरती पर...।"

सब कुछ स्वप्न है यथार्थ भी। कुछ भी मिथ्या नहीं है और मृत्यु को भी जीवन से सार्थकता पानी है। जीवन अनंत है, वह जाता है तो पुनः लौटता है। उसके बिना सृष्टि-चक्र अधूरा है। पर जीवन केवल जीने भर से कृतार्थ नहीं होता, वह कृतार्थ होता है आत्मा की सम्पन्नता से, परमार्थ से, अहंकार से सर्वथा मुक्त रहकर जीवन को ही प्रार्थना बना लेने से। कठिन मार्गों से गुजरने के बाद ही जैसे हम किसी लक्ष्य तक पहुँचते हैं, वैसे ही यदि सत्संकल्पों को धारण किए बिना हम अपने जीवन को भौतिकता तक ही सीमित मानते हैं तो निश्चय ही हम जीवन को नष्ट करते हैं। नाना विचारों, स्मृतियों, कल्पनाओं और चिन्ताओं में डूबा हुआ नचिकेता जीवन के समग्र बोध का साक्षात्कार करता है। वह मानव-सभ्यता के चिरंतन सत्यों का अवगाहन करते हुए जिन-जिन रहस्यों से गुजरता है और जिन-जिन दृश्यों को देखकर हतप्रभ होता है, उन स्थितियों को कुँवर नारायण ने अत्यन्त अर्थगर्भी युक्तियों और चिन्तनपरक सारणियों में रखा है, लगता है जैसे कवि ने आज की आपाधापी से भरे यांत्रिक युग में भौतिकता और वस्तुवाद से आक्रांत मनुष्य की अधोगति का अभिलेख दर्ज किया है। नचिकेता एक-एक स्थिति पर टिकता है और मर्माहत होता है–"वे आधे मनुष्य हैं–नर नारी/आधे कुछ और यक्ष, किन्नर, गंधर्व, पशु, पक्षी/वे न आश्वस्त करते न भयभीत, /आधे लगता अभी जीवित हैं।

निर्मल वर्मा ने जिसे आज की सभ्यता के संकट के रूप में रेखांकित किया है, उन्हीं के शब्दों में–'हम एक ऐसी सभ्यता में रहते हैं, जिसने सत्य को खोजने के

सब रास्तों को खोल दिया है, किन्तु उसे पाने की समस्त सम्भावनाओं को नष्ट कर दिया है।' ('धुंध से उठती धुन') ठीक उन्हीं संकटों को चिह्नित कर कुँवर नारायण ने उन सम्भावनाओं को खोजने की चेष्टा की है, जो नष्टप्राय हैं। नचिकेता को जीवन तो दिखाई देता है, पर वह अधूरा है, मृत्यु उस पर हावी है। धरती के जीव (संकेत मनुष्य का है) आधे जीवित, आधे मरे हुए हैं। भौतिकता ने उन्हें ग्रस लिया है। उनका आत्म विगलित है। उनका अन्तर शून्य हो चला है, उनमें कहीं कोई स्पंदन शेष नहीं है। कदाचित् यही जीवन की ओर से मृत्यु को देखना है।

'वाजश्रवा के बहाने' शीर्षक दूसरे खंड में नए-पुराने के द्वैत में सार्थक जीवन की खोज का उपक्रम है। इस खंड की घोषणा है–"मृत्यु इस पृथ्वी पर/जीव का अन्तिम वक्तव्य नहीं है/किसी अन्य मिथक में प्रवेश करती/स्मृतियों, अनुमानों और प्रमाणों का/लेखागार हैं हमारे जीवाश्म।/परलोक इसी दुनिया का मामला है।"

वाजश्रवा के व्यामोह का अन्त होता है, वह नचिकेता से गले मिलता है और उसके लौट आने को अपना परम सौभाग्य मानता है–"अच्छा हुआ तुम लौट आए/मेरे जीवन में, /लेकिन जानता हूँ/नहीं आ सकोगे/चाहकर भी नहीं–वापस मेरे युग में।

''समय कम नहीं/बहुत है जितना भी है/एक विषम पल में जाना है मैंने/उसकी प्रलयंकर प्रगल्भता को/जब तुम्हें खोया/और एक पल में जाना है उसकी उदारता को/जब तुम्हें वापस पाया।"

वाजश्रवा का संवाद जो स्वगत शैली में है, केवल प्रायश्चित्त भर नहीं है, वह पुरातनता की एक जिद भी है। उसमें अब भी एक चुनौती बची है जो नूतनता को द्वैत में डालती है। वह वैदिक पुरातनता सही मायनों में आज के समय की चुनौती है जिसमें जी-भर पाने की ललक का अवकाश कम है। दया, माया, करुणा और सद्भाव का लोप हो चुका है। सर्वत्र हाहाकार है, मनुष्य, मनुष्य का शत्रु है, हिंसा का अतिचार है, जीवन इसी में कहीं दबा-कुचला है, मृत्यु विहंस रही है। वाजश्रवा की स्मृति में चल रही नचिकेता की विगत कथा मनुष्य को जीवन के सारतत्त्व की सीख देती है। 'तुम्हें खोकर मैंने जाना' अनुच्छेद में वह कहता है–"तुम्हें खोकर मैंने जाना/हमें क्या चाहिए–कितना चाहिए/क्यों चाहिए सम्पूर्ण पृथ्वी?/जबकि उसका एक कोना बहुत है/देह-बराबर जीवन जीने के लिए/और पूरा आकाश ख़ाली पड़ा है/एक छोटे-से अहं से भरने के लिए।" मनुष्य को तार सकता है उसका जीवन-विवेक, जिसे खोकर वह बन जाता है निष्प्राण और निस्तेज। कुँवर नारायण का वाजश्रवा इस जीवन-विवेक की परिभाषा करता है–"कि उसमें विनम्र अभिलाषाएँ हों/बर्बर महत्त्वाकांक्षाएँ नहीं, /वाणी में कवित्व हो/कर्कश तर्क-वितर्क का घमासान नहीं,/कल्पना में इन्द्रधनुष के रंग हों/ईर्ष्या द्वेष के बदरंग हादसे नहीं,/निकट सम्बन्धों के माध्यम से/बोलता हो पास-पड़ोस,/ और एक सुभाषित, एक श्लोक की तरह/सुगठित और अकाट्य हो/जीवन-विवेक।"

मृत्यु और जीवन तथा जीवन और मृत्यु को सत्य के गहरे क्षणों में देखता यह खंडकाव्य जहाँ विधा की पुरानी रूढ़ियों को तोड़कर नया स्वरूप ग्रहण करता है, वहीं उपनिषदकालीन आध्यात्मिकता को समकालीन जीवन के प्रश्नों के बीच रखकर प्रासंगिक बनाता है। खंडकाव्य की कविताओं में कथा की संगति का झीना सूत्र है जिसमें उन्मुक्त विचरता कवि पृथ्वी से लेकर अनंत तक की यात्रा करता है, पर तर्क और तथ्य की वल्गा उसके हाथों से कहीं भी नहीं छूटती। अनेक गूढ़ दार्शनिक शब्दों को नया अर्थ देता कवि समकालीन कविता के एकायामी और निस्तेज होने को भी लक्ष्य करता है। इस खंडकाव्य से हिन्दी कविता को विचार और विमर्श की ऐसी संस्कृति मिलती है जिसे तात्कालिकता ने अपहृत कर लिया था। यह खंडकाव्य हिन्दी में सांस्कृतिक कविता की वापसी भी है तो कविता में आज के समय की मनुष्य की नियति का साक्षात्कार भी। विचित्र ही है कि गद्य विधाओं में आज के जिस जीवन के संघर्ष की छवियों के अंकन को प्रशंसा मिलती है, कविता में उसके न होने को प्रश्नांकित किया जाता है। वर्षों बाद एक व्यवस्थित मानववादी दर्शन से अभिप्रेत खंडकाव्य ने इस अभाव की पूर्ति की है। कुँवर नारायण की चिन्तनशील प्रज्ञा इस काव्य में जिन-जिन स्तरों तक जाती है, उन स्तरों तक की यात्रा महाकाव्यों में ही मिलती है जिसमें अतिशयोक्ति एक बड़ी बाधा बन जाती है और जो सही तर्क को भी वायवीय बना डालती है। कुँवर नारायण का कवि दार्शनिक प्रत्ययों से टकराने के बाद भी अपनी धरती से नहीं डिगता। वह सत्य के उन्हीं अंशों के साक्षात्कार को अपना काव्याकलन बनाता है जो स्वयं उसके जिए गए जीवन का सत्य और सत्त्व है। इस मायने में हम यह भी कह सकते हैं कि 'वाजश्रवा के बहाने' एक कवि के रूप में कुँवर नारायण द्वारा विगत पचास वर्षों में पाए गए 'काव्यसत्य' का प्रतिफलन है। इस काव्य के बीज शब्दों, बिम्बों और अर्थगर्भित प्रतीकों से भी कविता का एक नया आलोक फूटता प्रतीत होता है जिसमें नवागत का सत्कार है–

"'अन्तों' से नहीं/ 'मध्यांतरों' से/बदलते हैं दृश्य/ओस की बूँदों में टंकी/बूँद-बूँद रोशनी! उठता/तारों का वितान/ निकलती एक दूसरी पृथ्वी/जगमगाता एक दूसरा आसमान।"

जिस तरह नचिकेता यम के साक्षात्कार से जीवन-सत्य पाकर महाभाव से भरकर मानवोत्तम हो जाता है, उसी तरह वाजश्रवा विगत को भूलकर वस्तुवाद से परे होकर अपने 'आत्म' को समृद्ध करने के संकल्प के साथ खड़ा होता है। हिंसा से भरे क्रूर जीवन की अधोगति को प्राप्त हो रहे मानव-समाज को पुन: नैतिक जीवन की सार्थकता की सीख देते कुँवर नारायण ने सचमुच इस काव्य के माध्यम से एक बड़ी सिद्धि प्राप्त की है। आचार्य रामचन्द्र शुक्ल की ये पंक्तियाँ इस खंडकाव्य पर शतश: सटीक बैठती हैं–"कविता ही हृदय को प्रकृत दशा में लाती है और जगत् के बीच क्रमश: उसका प्रसार करती हुई उसे मनुष्यत्व की उच्च भूमि पर ले जाती है। भावयोग की सबसे उच्च कक्षा पर पहुँचे हुए मनुष्य का जगत् के साथ पूर्ण तादात्म्य हो जाता है, उसकी अलग भावसत्ता नहीं रह जाती, उसका हृदय विश्व-हृदय हो जाता है।"

अवसान नहीं, एक संध्या का विवरण

ओम निश्चल

कुँवर नारायण को ज्ञानपीठ पुरस्कार दिए जाने का निर्णय उस समय लिया गया है, जब 'वाजश्रवा के बहाने' वे एक बार फिर कविता के सुदूरभेदी चिन्तन और लक्ष्य की दिशा में लौटे और यह जताया कि उपनिषदों की ओर लौटना केवल अपनी परम्परा की ओर लौटना नहीं है बल्कि इस बहाने नए जीवन-यथार्थ के ज्वलंत प्रश्नों से टकराना है, उन विचारों, प्रत्ययों, युक्तियों और विश्वासों से आज भी संग्रहणीय किन्तु अलक्षित जीवन-मूल्यों का संधान करना है जिन्हें सामने रखकर मनुष्यतर होने की कृतज्ञता से परिपूर्ण हुआ जा सकता है। याद करें तो उन्होंने अपने संग्रह 'कोई दूसरा नहीं' की एक कविता *अबकी अगर लौटा तो* में यह प्रतिश्रुति व्यक्त की थी कि *अबकी अगर लौटा तो/बृहत्तर लौटूँगा/अबकी अगर लौटा तो/हताहत नहीं/सबके हिताहित को सोचता/पूर्णतर लौटूँगा।* विराट के संधान की एक बड़ी कोशिश उनकी कविताओं में बराबर दीखती रही है। 'चक्रव्यूह' का कवि 'परिवेश : हम तुम', 'अपने सामने', 'कोई दूसरा नहीं' और 'इन दिनों' संग्रहों में उत्तरोत्तर अपने *डिक्शन* को माँजता रहा है। वह अपनी कथ्य-भंगिमाओं में सरल दीखता है लेकिन जितनी सरलता अभिव्यक्ति की सादगी और पद-न्यास में दीखती है, उसकी अभिव्यंजना उतनी ही अर्थगर्भी और बहुवस्तुस्पर्शी होती है। यही कारण है कि 'कोई दूसरा नहीं' और 'इन दिनों' की स्फुट कविताओं और 'आत्मजयी' व 'वाजश्रवा के बहाने' खंड काव्यों में जीवन के उन तमाम आयामों को सहेजा गया है जो तात्कालिक यथार्थ के घटाटोप से नहीं, वृहद जीवन-यथार्थ के शाश्वत प्रश्नों से उलझते हुए उपजे हैं। वे बार-बार इतिहास, मिथक और अतीत की ओर लौटते हैं और उन विचारों, धारणाओं का पुनरवलोकन करते हुए अनुभव की मुट्ठियों में जीवन का अमूल्य सारांश लेकर लौटते हैं जो आज हमारे लिए पहले-से भी ज़्यादा प्रासंगिक हैं।

कुँवर जी का पहला प्रबन्ध काव्य 'आत्मजयी' 1965 में प्रकाशित हुआ था और अब 2008 में 'वाजश्रवा के बहाने' के प्रकाशन से उन्होंने एक बार फिर मिथकीय आधारभित्ति पर अपनी रचनाशीलता का एक बड़ा वृत्त खींचा है। इस बीच उनके

तीन संकलन आए, एक से बढ़कर एक। '65 के बाद राजनीति में एक खास तरह की उथल-पुथल का समय रहा है। '62 के चीनी आक्रमण ने पंचशील की धज्जियाँ उड़ा दी थीं। नेहरूवियन विकास के मॉडल पर प्रश्नचिह्न लगने लगे थे। आगे चलकर संविद सरकारों के प्रयोग भी जनता ने देखे। मोहभंग ने न केवल राजनीति बल्कि साहित्य की अन्तर्धारा को भी प्रभावित किया। अकविता की खंडित रोमानियत और निषेधकारी भंगिमाओं ने विचलन का माहौल पैदा किया। साठोत्तर कवियों ने शुरुआती दौर में निषेध और मोहभंग की लकीरें खींची। '71 में बांग्लादेश का उदय हुआ। '74 में सम्पूर्णक्रांति का नारा उठा। '75 में आपातकाल के दौरान अभिव्यक्ति के जोखिमों से गुजरने की चुनौतियाँ बढ़ीं। तत्पश्चात गैरकांग्रेसवाद के नारे के साथ भारतीय राजनीति ने नई करवट बदली। समाज और राजनीति में धर्म के कर्मकांडी स्वरूप के प्रति आसक्तियाँ बढ़ीं। यह समय राजनीति के शिखरपुरुषों की हत्याओं का भी साक्षी रहा है। 1992 में अयोध्या रक्तरंजित हुई, बाबरी ध्वंस के बाद एक नए और संकीर्ण राष्ट्रवाद ने सिर उठाया। पृथ्वी की प्राकृतिक शक्तियों का मनमाना दोहन शुरू हुआ। भूमंडलीकरण और उदारतावाद ने समूचे विश्व को अपने प्रभामंडल में रंग लिया। पृथ्वी पर हिंसा-बर्बरता बढ़ी। नैतिकता और मानवीय मर्यादाओं का क्षरण हुआ और तथाकथित न्याय में लोगों का भरोसा उठता गया। सभ्यता ने जैसे-जैसे पाँव पसारे, मनुष्य की वासनाएँ और प्रबल, दुराग्रही और हठी होती गईं। एकाधिकारवादी प्रभुत्व ने सहअस्तित्व की चूलें हिला दीं। कुँवर नारायण परिदृश्य की इन हलचलों को *'तट पर हूँ पर तटस्थ नहीं' भाव से* लगातार महसूस करते रहे हैं। उन्होंने लिखा: *मैं ज़िन्दगी से भागना नहीं, उससे जुड़ना चाहता हूँ*...अन्यत्र लिखा, *चाहे कविता बराबर ही/जुड़े रहना है किसी तरह सबसे।* उनकी दिलचस्पी सिनेमा, संगीत, कलाओं व थिएटर सबमें है किन्तु कविता उनका एकमात्र ऐसा शरण्य है जहाँ पहुँचकर वे राहत की साँस लेते हैं। उनकी कविता की अन्तर्वस्तु पर उपनिषदों, भारतीय महाकाव्यों से लेकर कबीर, अमीर खुसरो, बुद्ध, मार्क्स, कवाफ़ी, काफ़्का, ग़ालिब और गाँधी तक का प्रभाव है।

प्राय: कवि जब कोई बड़ी रचना करता है, वह शक्ति ग्रहण करने के लिए अपनी परम्परा में लौटता है, स्मृतियों और मिथकों के पास जाता है। मिथकों का भारतीय कविता खासकर हिन्दी कविता से गहरा सरोकार रहा है। *अंधायुग, कनुप्रिया, संशय की एक रात* जैसे काव्य नई कविता की मानक उपलब्धियों में हैं तो *ब्रह्मराक्षस* व *अँधेरे में* मिथक तकनीक का बेहतरीन उदाहरण हैं। कुँवर जी ने *आत्मजयी* या *वाजश्रवा के बहाने* में केवल औपनिषदिक आख्यान की परिक्रमा नहीं की है बल्कि उन्होंने इन्हें मिथकीय युक्ति द्वारा जीवन-ऊर्जा की रचनात्मक क्षमता का काल के बृहत्तर आयाम में विस्तार के रूप में ग्रहण किया है। उनका कहना है कि मिथक का ढाँचा केवल एक वाहन की तरह है। जीवन और मृत्यु के बुनियादी यथार्थ को 'आत्मजयी' किस तरह देखता और सुलझाने की कोशिश करता है, यह जिज्ञासा का शायद ज़्यादा सार्थक पहलू हो सकता है। धर्म की कर्मकांडी परम्परा के विरुद्ध नचिकेता का विद्रोह

(वैदिक पक्ष) तथा उपनिषदों की दार्शनिक परम्परा में समाधान खोजना (जिज्ञासा) आज भी एक जायज चिन्ता लगती है। नचिकेता के भीतर वह बृहत्तर जिज्ञासा है जिसके लिए केवल सुखी जीना काफी नहीं, सार्थक जीना ज़रूरी है। 'आत्मजयी' की भूमिका में कुँवर नारायण ने लिखा है, यह जिज्ञासा ही उसे उन मनुष्यों की कोटि में रखती है जिन्होंने सत्य की खोज में अपने हित को गौण माना और ऐंद्रिय सुखों के आधार पर ही जीवन से समझौता नहीं किया, बल्कि उस चरम लक्ष्य के लिए अपना जीवन अर्पित कर दिया जो उन्हें पाने के योग्य लगा। 'आत्मजयी' में वाजश्रवा कुँवर जी को वस्तुवादी दृष्टिकोण का समर्थक लगता है तो नचिकेता उपनिषदकालीन आत्मपक्ष का हिमायती, जिसका लक्ष्य आत्मचेतस् होना है। किन्तु 'वाजश्रवा के बहाने' में वाजश्रवा का अन्तःकरण निमज्जित हो उठा है।

याद करें तो यम से मनचाहा वरदान माँगने की छूट होते हुए भी नचिकेता कहता है, *मुझको इस छीनाझपटी में विश्वास नहीं/मिल सके अगर तो एक दृष्टि चाहिए मुझे–जीवन बच सके।* यह अपरिग्रह की साधना है। हर समय पृथ्वी पर दो तरह के प्राणी रहते आए हैं–एक वर्ग जिसकी मानसिकता लूट-खसोट की रही है तो दूसरा वर्ग श्रेष्ठ मूल्यों के लिए जीने वाला रहा है। नचिकेता इसी वर्ग का प्रातिनिधिक चरित्र है। ध्यान से देखें तो आज भी दोनों तरह का समाज-वर्ग हमारे यहाँ है–एक ओर बर्बर, हिंस्र, महत्त्वाकांक्षाओं-शस्त्रों, बारूदों, बमों, रासायनिक हथियारों से रौंदी जाती पृथ्वी तो दूसरी तरफ कुछ पुण्य आत्माएँ–महामानव जो अपनी लघुता के बावजूद श्रेयस्कर को बचाने, जीवन को बचाने के लिए संघर्षतर हैं। यम भी तो नचिकेता से यही कहता है–*तू आत्मा की एक ऐसी स्वायत्तता बना जिसमें जीवन को वस्तुओं के शासन से मुक्त जी सके।* (आत्मजयी, पृ. 97)एक स्तर पर आकर नचिकेता को लगता है–*वह अनुभव जिसे मैं जी चुका/एक जीवन था/वह जीवन जिसे मैं मर चुका/एक रोमांचकारी अनुभव था।* (आत्मजयी, पृ. 110) नचिकेता अन्ततः जीवन का ही हिमायती है, श्रेयस्कर के वरण का हिमायती। उसकी विचारणा यही है–*जीवन–हर नए दिन की निकटता/आत्मा-विस्तार।* नचिकेता आत्मविस्तार का दूसरा पर्याय है। वह अन्त में वाजश्रवा के भीतर भी श्रेष्ठ जीवनमूल्यों का संचार करने में सफल होता है। इस मृण्मय जगत से उसका नाता अटूट है–किन्तु यह रिश्ता आत्मिक है, भौतिक नहीं। उसके प्यार में वासना नहीं है। कवि ने भी चाहा है कि उसकी इस अनुभूति को कोई बृहत्तर नाम दिया जाए। उसकी आत्मिक अनुभूति कहीं न कहीं इन पदावलियों में संचित है–*वे जो लौट गईं केवल छूकर मुझे/छीनती हुई पराई इच्छाएँ/जिनकी व्याकुल माँगों से मैं विचलित नहीं, वंचित होता रहा/बाल बाल बचा गईं मुझे/उन तमाम परिस्थितियों में बँट जाने से/जिनके आतंक, आग्रहों और आकर्षणों से गुज़रकर भी/मैं घटा नहीं संचित होता रहा।* (आत्मजयी)।

कहना यह है कि 'आत्मजयी' और 'वाजश्रवा के बहाने' दो अलग-अलग काव्य नहीं हैं, दो अलग जीवन-दृष्टियाँ हैं–पर इनकी प्रबन्धात्मकता एक है। इनकी विचारबद्धता

एक है। एक के बिना दूसरा अधूरा है। नचिकेता को समझे बिना और वाजश्रवा के अंतस् में उतरे बिना मूल्यों के अन्तर्द्वंद्व को समझा नहीं जा सकता। वाजश्रवा जिसका व्यवहार नचिकेता के प्रति इतना क्रूर और स्वहित में मदांध दिखता है, उसी वाजश्रवा को जब हम *वाजश्रवा के बहाने* के उपखंड *अच्छा हुआ तुम लौट आए* में देखते हैं तो जैसे वासनाओं से मुक्त एक स्वच्छ निर्मल चित्त के कपाट खुलते दीखते हैं। वह कहता है–*मुझे दया से नफ़रत है/दे सको तो बराबर की मैत्री* दो। पुत्र से मैत्री की भावना हमारी शास्त्रोक्ति का ही अनुधावन है। *प्राप्ते तु षोडषे वर्षे पुत्र मित्रवदाचरेत्।* पुत्र से पराजय की कामना भी हमारी संस्कृति की सीख है। वाजश्रवा कितनी बड़ी बात कहता है कि वह एक ऐसी प्रवृत्ति है जो पूरी तरह मरी नहीं/कहीं नचिकेता के भीतर जीवित है–बिलकुल पिता की तरह ही। वह यह कहते हुए भावुक हो उठता है, *मैं तुम्हें हमेशा ही/कुछ जीता हुआ/कुछ बीता हुआ दिखूँगा/किसी भी वर्तमान की सच्चाइयों में/एक सत्यापित दस्तावेज़-सा उद्धृत।* (वाजश्रवा के बहाने, पृ. 104)

कोणार्क, क्राकाउ के चिड़ियाघर में, काफ़्का के प्राहा में, नालंदा और बख़्तियार, विजय नगर, जंजीरा का क़िला, गोलकुंडा की एक शाम, श्रावस्ती, चन्द्रगुप्त मौर्य, अभिनव गुप्त, सरहपा, अमीर ख़ुसरो तथा कबीरदास जैसे काव्यात्मक प्रसंगों में कुँवर जी केवल सैर के लिए नहीं जाते बल्कि उनके माध्यम से वे जीवन की प्राक्तन गहराइयों में उतरते हैं। वे कहते हैं, *कभी-कभी शब्दों की तरफ़ से भी दुनिया को देखता हूँ/किसी भी शब्द को/एक आतशी शीशे की तरह/जब भी घुमाता हूँ आदमी, चीज़ों या सितारों की ओर/मुझे उसके पीछे/एक अर्थ दिखाई देता/जो उस शब्द से कहीं बड़ा होता है।* शब्दों की तरफ से दुनिया को देखने वाला यह कवि इतिहास, स्मृति और मिथकों के बहाने वर्तमान समय, जीवन और संसार को देखता है। तभी वह *धर्मक्षेत्रे कुरुक्षेत्रे* को सीधे-सीधे चुनाव क्षेत्रे में बदला हुआ तथा भारत को महाभारत रचते हुए एक देश के रूप में देख पाता है। इस तरह *कोई दूसरा नहीं* में बृहत्तर, मनुष्यतर और कृतज्ञतर लौटने की जो प्रतिज्ञाएँ कुँवर जी ने की थीं, वे 'वाजश्रवा के बहाने' में आकर परिपूर्ण हुई हैं। उन्होंने बर्बर महत्त्वाकांक्षाओं और भाषा की ध्वस्त पारिस्थितिकी के इस महायुग में प्रलोभनों, युद्धों, वासनाओं, अकृतज्ञताओं से घिरे समाज को औपनिषदिक आख्यान के दर्पण में देखा है।

परम्परा से हमें रूढ़ियों से घृणा करना सिखाया जाता है। कहा जाता है रूढ़ियों से बचो। किन्तु इन्हीं रूढ़ियों की अतर्क्य गुहा में उतरकर इनसे नवाचार का अन्वेषण किया जा सकता है, प्राणवान तत्त्वों का संधान किया जा सकता है। कुँवर नारायण ने उपनिषद् के नचिकेता-वाजश्रवा के पुरा प्रसंगों से जीवन की पेचीदा गुत्थियों को सुलझाने की कोशिश ही नहीं की है, वर्तमान के बर्बर, भौतिकवादी और महत्त्वाकांक्षी होते समाज की व्याधियों को चिह्नित करने का यत्न भी किया है, पुरातन रूढ़ियों में नए अर्थ का अनुसंधान किया है। इस तरह विशेषकर 'आत्मजयी' और 'वाजश्रवा के बहाने' का उनका काव्य-संसार यह बताता है कि एक अच्छे और बड़े कवि में सदियों की आवाज

सुनाई देती है। वह परम्परा से जो कुछ लेता है, उससे कई गुना वह आगामी पीढ़ियों को देता है। *वाजश्रवा के बहाने के उपरांत जीवन* शीर्षक उपखंड में कवि इस बात की पुष्टि करता है–*समय हमें कुछ भी अपने साथ ले जाने की अनुमति नहीं देता/पर अपने बाद/अमूल्य कुछ छोड़ जाने का पूरा अवसर देता है।* एक बातचीत में मेरे यह पूछने पर कि एक कवि को जीवन से कितना लेना और कितना देना चाहिए, कुँवर जी ने कहा था, 'जीवन से लेन-देन एक सतत प्रक्रिया है। उसकी निश्चित नाप-जोख नहीं हो सकती। बहुतों ने जीवन से बहुत कम लेकर उसे बहुत अधिक दिया है।...कुछ रचकर दुनिया को दे सकने का आह्लाद कुछ पाने की तुष्टि से ज़्यादा बड़ा है।'

हिन्दी में बहुत कम किन्तु अत्यन्त अर्थवान लिखकर कुँवर नारायण ने साहित्यिक दुनिया में विशेष हलचल पैदा की है। उनके काव्य के वैचारिक प्रवाह में नैतिकता की धीमी और तरल आहट सुन पड़ती है तो एक ऐसी परिपक्व और सयानी समझ भी दिखती है जो जीवनानुभवों का सार आयत्त करती हुई हमारे पुराने मिथकीय संसार का भी नए अर्थों में प्रक्षालन करती है। आज से लगभग आधी सदी पहले मृत्यु की आंच को बेहद निकट से महसूस करने वाले कुँवर नारायण ने नचिकेता के प्रश्नाकुल मन के निथरे अन्तःकरण को 'आत्मजयी' में व्यक्त किया था। यम से जीवन का वरदान पाकर लौटे नचिकेता में यदि आत्मजयी होने का सामर्थ्य है तो उसके प्रति अकारण कुपित होकर निष्करुण होने का क्षोभ पिता वाजश्रवा के मन में कम नहीं रहा है। कुँवर नारायण के ही शब्दों में, *आत्मजयी* में यदि मृत्यु की ओर से जीवन को देखा गया है तो *वाजश्रवा के बहाने* में जीवन की ओर से मृत्यु को देखने की एक कोशिश है। एक लम्बे अरसे बाद भी कुँवर नारायण को उपनिषद् का यह प्रसंग मथता रहा है। 'आत्मजयी' में नचिकेता के आत्मगौरव की रक्षा के साथ-साथ उन्हें यह लगता रहा है कि कदाचित् वे वाजश्रवा के साथ न्याय नहीं कर पाए। लिहाजा *वाजश्रवा के बहाने* वाजश्रवा के अन्तःकरण का ही मार्मिक उद्‌घाटन है।

जनश्रुति है कि वाजश्रवा ने विश्वविजय के निमित्त यज्ञ करने की ठानी थी, किन्तु यज्ञ में भी वे ब्राह्मणों को बूढ़ी, कमजोर व रुग्ण गायें ही दान में देने पर अड़े थे। बालक नचिकेता के एतराज करने पर क्रुद्ध वाजश्रवा ने उसे मृत्यु का शाप दे दिया। फलतः नचिकेता को पिता की आज्ञा के अनुसार यम के घर जाना पड़ा। यम कहीं बाहर गए थे। तीन दिनों बाद घर लौटने पर वहाँ नचिकेता को भूखा-प्यासा देख यम ने उसके आने की वजह पूछी और जानना चाहा कि इन तीन दिनों में उसने क्या-क्या खाया-पिया। नचिकेता ने कहा, पहले दिन *प्रजा* खाई, दूसरे दिन *पशु* तथा तीसरे दिन *सुकृत*। बातचीत के दौरान उसके मार्मिक उत्तर से अभिभूत हो यम ने नचिकेता को तीन वरदान दिए। मृत्यु से निर्भय नचिकेता की वापसी पर अपने अशुभ क्रोध से गहरे विक्षुब्ध पिता वाजश्रवा विस्मय और आनन्द से भर जाते हैं–उनके भीतर पश्चात्ताप, पछतावे और क्षमाभाव की मिली-जुली चेतना सांस लेती है। उधर न तो अपनी वापसी का कोई दंभ नचिकेता में दिखता है और न ही अपने क्रोध को अतिवादी छोरों पर

ले जाकर जीने की कोशिश वाजश्रवा में नजर आती है। पिता-पुत्र के सम्बन्धों में इस काव्य में एक सहज संगति है, कवि के शब्दों में उसमें मार्मिक समझौते और सुन्दर सुलहें भी हैं। इस तरह 'आत्मजयी' और 'वाजश्रवा के बहाने' दोनों की अन्तर्वस्तु को मिलाकर देखें तो जहाँ 'आत्मजयी' में वाजश्रवा और नचिकेता के मध्य पुरानी और नई पीढ़ी के मध्य गहरी फांक नजर आती है, वहीं, *वाजश्रवा के बहाने* में वे परस्पर निकट आते हैं। वाजश्रवा कर्मकांडी और भौतिकवादी नजरिए का समर्थक है तो नचिकेता पिता के कर्मकांडी और क्षुद्र महत्त्वाकांक्षी स्वभाव का विरोधी। उसे पिता की दुनिया एक दूसरे की थकी हुई प्रतिक्रिया में युगों से रूढ़ और बासी सी लगती है। दूसरे शब्दों में, भौतिकवाद और अपरिग्रह का पारस्परिक द्वन्द्व इस काव्य में अन्तर्भूत है। दो विरोधी प्रवृत्तियाँ जो कल थीं, आज भी हैं। यह काव्य दो विरुद्धों के सामंजस्य का साक्ष्य भी है। अन्ततः वाजश्रवा का अन्तःकरण पश्चात्ताप से गीला हो उठता है। वह सोचता है, *एक वापसी के सौभाग्य से भी मनाया जा सकता है/एक नव संवत्सर का शुभ पर्व।*

बड़े लेखक की निगाह जहाँ एक तरफ अपनी *परम्परा* से ओझल नहीं होती वहीं दूसरी तरफ *समकालीनता* के कैनवास पर वह मिथकों को पुनर्जीवित करता है और परखता है कि पुराने मूल्य वस्तुतः हमारे लिए कितने मूल्यवान हैं। रामविलास शर्मा इसका एक बड़ा उदाहरण हैं, जिन्होंने अपनी परम्परा से होते हुए मार्क्सवाद के वस्तुनिष्ठ मूल्यांकन-अनुशीलन में जीवन भले ही खपा दिया हो, अपने उत्तर जीवन में वे जिस तरह वैदिक अध्ययन की ओर लौटे थे, उससे इस समझ को बल मिलता है कि सच्चे और बड़े लेखक की जड़ें जितनी परम्परा में रहती हैं, उतनी ही आधुनिकता में। इतिहास और मिथक की धूल-धक्कड़ साफ कर अपने समय के कालुष्य को भारती ने *अंधायुग* में व्यंजित किया तो श्रीकांत वर्मा ने *मगध* में इतिहास और मिथकों के बहाने अपने समय-विवेक पर तीखी टिप्पणियाँ कीं। क्योंकि जीवन में अन्तिम कुछ भी नहीं है और उपरांत जीवन कहीं से भी शुरू हो सकता है। कवि के शब्दों में-*किंचित् श्लोक बराबर जगह में भी/पढ़ा जा सकता है एक जीवन संदेश।*

पाठ पर जाएँ तो इस काव्य के पहले खंड 'नचिकेता की वापसी में' वाजश्रवा के भीतर जीवन की प्रसन्नमुखता का आह्वान है, अहंकार के विलोपन की आश्वस्ति है, जीवन की ओर लौटने की मनुहार भरी टेर है-*लौट आओ प्राण/पुनः हम प्राणियों के बीच।* कोई हलचल है जिससे वाजश्रवा का खालीपन भर उठता है, उसे औसत असफलताओं-भरे अपने कई-कई जीवन याद आते हैं। उसे लगता, वह एक कृतार्थ पिता भी हो सकता है और एक पुत्र की उदासी भी-जैसे वह अपनी नियति का भोक्ता और द्रष्टा दोनों हो। उसके चेहरे पर लौटते जीवन का सवेरा है। फिर उसे एक जीवन याद आता है जब वह सोचता है-*मृत्यु से कहीं अधिक निर्मम हो सकता है/अक्सर जीवन का तर्क। स्मृति शिलाओं से ज़्यादा ज़रूरी है शिलान्यास* और वह संकल्प की पहली ईंट उठाने को उद्यत हो उठता। कई बार लगता, दुनिया मिल गई पर जल्दी

ही भ्रम टूटता। सुदूर अतीत की स्मृतियाँ उसका पीछा करतीं। पिता से गले मिलते नचिकेता को अपने पिता का संसार जीवंत हो उठा दिखता। यह अनुभूति अच्छी लगती कि माँ केवल एक शब्द नहीं एक सम्पूर्ण भाषा है। उसकी इच्छाओं में यात्राओं की उड़ानें होतीं, अनंत समय की चाहत और विश्रांति का एक ठौर होता–अपना एक घर, और यह नचिकेता के अपने घर लौटने की भी कथा है।

दूसरे खंड *वाजश्रवा के बहाने* में वाजश्रवा के विदग्ध जीवन का सायंकाल व्यंजित है। वह खुद का आत्म-परिष्कार करता है। जड़ीभूत विचारों को त्याग नचिकेता के परिष्कृत विचार उसे प्रेरक लगते हैं। तभी तो *उपरांत जीवन* शीर्षक कविता खंड में वह कहता है–*मृत्यु इस पृथ्वी पर/जीव का अन्तिम वक्तव्य नहीं है।* पूरी की पूरी कविता महज एक पाठ नहीं है, एक जीवन संदेश है कि *समय हमें कुछ भी/अपने साथ ले जाने की अनुमति नहीं देता/ पर अपने बाद/अमूल्य कुछ छोड़ जाने का/पूरा अवसर देता है।* वाजश्रवा के भीतर से पछतावे की अनुगूँज और उदासी के कुहासे से बाहर निकलने की प्रतिश्रुति सुनाई देती है–*एक विषम पल में जाना है मैंने/उसकी प्रलयंकर प्रगल्भता को/जब तुम्हें खोया/और एक पल में जाना है उसकी उदारता को/जब तुम्हें वापस पाया।* वाजश्रवा कहता है–*तुम्हें खोकर मैंने जाना/हमें क्या चाहिए–कितना चाहिए क्यों चाहिए सम्पूर्ण पृथ्वी? जबकि उसका एक कोना बहुत है देह-बराबर जीवन जीने के लिए। और पूरा आकाश ख़ाली पड़ा है/एक छोटे से अहं से भरने के लिए?* वाजश्रवा के बहाने कुँवर नारायण *कवित-विवेक* और *जीवन-विवेक* को भी नए सिरे से खंगालते हैं। वे कहते हैं–*कुछ इस तरह भी पढ़ी जा सकती है एक जीवन-दृष्टि–कि उसमें विनम्र अभिलाषाएँ हों, बर्बर महत्त्वाकांक्षाएँ नहीं/वाणी में कवित्व हो/कर्कश तर्क-वितर्क का घमासान नहीं। कल्पना में इन्द्रधनुषों के रंग हों/ईर्ष्या द्वेष के बदरंग हादसे नहीं/निकट सम्बन्धों के माध्यम से बोलता हो पास-पड़ोस/और एक सुभाषित, एक श्लोक की तरह/सुगठित और अकाट्य हो जीवन-विवेक।*

जैसा कि ऊपर कहा गया है, वाजश्रवा के बहाने कुँवर नारायण केवल मिथक का अनुगमन नहीं करते, वे इस मिथक से जीवन के मान-मूल्यों का आह्‌वान करते हैं। वे आज की दुनिया को उपनिषदकालीन दुनिया के सापेक्ष रखकर देखते हैं और पाते हैं कि पहले भी प्रकृति से कुछ पाने की अभीप्सा मनुष्य में रही है किन्तु तब प्रकृति से पाने और उसे देने में दोनों का हित निहित था। मनुष्य में सुजनता और विनम्रता थी। पृथ्वी और प्रकृति का दोहन करने की अधीर बर्बरता नहीं थी, जैसी आज है। जबकि कवि के शब्दों में–*यह आज भी वैसा ही है/जैसा कोई आज रहा होगा/इस आज से कहीं बहुत पहले।* इसलिए यह काव्य मिथक से सूत्र लेता हुआ आज के यथार्थ से टकराता है। यह *अस्ति* और *वस्तु* के बोध के अन्तर्द्वंद्व की समस्या है। कवि ने यहाँ निराशा का धुंधलका नहीं, उजाले की, विश्वास की लकीरें खींची हैं। वह कहता है, *सब कुछ हमारे विरुद्ध नहीं है। अधिक कुछ हमारी ओर है।* यह विश्वास ही हमारी सबसे बड़ी शक्ति है–*हर समय हम लड़ ही नहीं रहे हैं। उससे कहीं अधिक समय*

हम जी रहे हैं। (वाजश्रवा के बहाने, पृ. 144) वाजश्रवा के बहाने अवसान का नहीं, जीवनारंभ का संदेश देने वाला काव्य है। कवि की ही शब्दावली में कहें तो *यह अवसान नहीं, एक संध्या का विवरण है,/प्रतीकों की भाषा में लिखा हुआ/जिसे मैं एक नदी के किनारे बैठा ध्यान से पढ़ रहा हूँ।* वह मानता है कि जीवन में भूल-चूक, गलतियाँ होती हैं, होती रहेंगी, किन्तु उन्हें सुधारने का अवसर सदैव हमारे सामने होता है। बस एक सही शुरुआत के लिए हमारे मन में अटूट विश्वास होना चाहिए। क्योंकि एक सही शुरुआत ही जीवन का पुनरारंभ है। किसी चीज़ को खोकर ही हम उसका मूल्य जान पाते हैं, उसका अभाव लक्षित कर पाते हैं। वाजश्रवा ने नचिकेता को खोकर ही जाना कि उसने कितना अमूल्य कुछ खो दिया है एक छोटे से अहं की तुष्टि के लिए और उसे पाकर उसे लगा, उसका विश्वास लौट आया है। अन्यत्र कुँवर जी ने कहा भी है कि *आज मैं शब्द नहीं/किसी ऐसे विश्वास की खोज में हूँ/जिसे आदमी में पा सकूँ।*

यह काव्य हमें वाजश्रवा के जीवन के बहाने अनेक संदेश देता है। इस पृथ्वी पर हम क्या जीतना चाहते हैं, एक दूसरे को मारकर। हम अपने घरों को युद्ध क्षेत्रों में क्यों बदलते जा रहे हैं। आदि-आदि। इसलिए जब वाजश्रवा कहता है, *मैं एक योद्धा की शपथ नहीं/एक नागरिक का धर्म, अर्थ, काम और मोक्ष हूँ/मैं एक विचारक का विवेक/एक प्रेमी का रागानुराग/एक जीवन शैली/और एक संन्यासी का विराग हूँ*—तो यह समूची मनुष्यता के लिए एक जीवन दर्शन है, जीवन-विवेक है। जब यह विवेक जागता है तभी—किसी एक सीने से बहता हुआ रक्त किसी भी सीने से किसी भी समय बहता हुआ लगता है।

नचिकेता की वापसी वाजश्रवा के लिए नए युग के स्पंदन की आहट है, नए मूल्यों का उन्मेष है। पिता से गले मिलते नचिकेता के मन में जो भाव उठते हैं, क्या वे सामान्यजन के भीतर नहीं उठते—*यात्राओं के लिए असंख्य जगहें और अनंत समय हो/और लौटने के लिए/हर समय हर जगह अपना एक घर।* अपने एक घर का अहसास आज किसी भी व्यक्ति का अपना अहसास है। वाजश्रवा के अन्तःकरण की पुकार जैसे चारों ओर गूँजती है—*लौट आओ प्राण/पुनः हम प्राणियों के बीच।* प्राण के बिना प्राणहीन हैं प्राणिजन। जैसे आत्मिक आलोक का अभाव हो गया हो जीवन में। सारे भौतिक सुखों के बावजूद नचिकेता का न होना जैसे प्राणियों का प्राणहीन होना है। आज जो पीढ़ियों का द्वन्द्व है, मनुष्य मनुष्य के बीच की मारकाट है, हिंसा, मात्सर्य, क्रोध, भय और घृणा का वातावरण है, क्षुद्र अहं की परितुष्टि के लिए मानवाधिकारों को रौंदती बर्बरता है, ऐसे माहौल में यह काव्य हमें राह दिखाता है—

एक सच्चा पश्चात्ताप—एक प्रायश्चित
एक हार्दिक क्षमायाचना से भी
परिशुद्ध की जा सकती है
भूलचूक की पिछली ज़मीन

एक सुलह की शपथ
हो सकती है पर्याप्त संजीवनी
कि आँखें मलते हुए उठ बैठे
एक नया जीवन संकल्प
और लिपट जाए गले से
एक दुर्लभ अपनत्व की पुनः प्राप्ति।

(वाजश्रवा के बहाने, पृ. 91)

वाजश्रवा के लिए नचिकेता वापसी जीवन में एक नए परिच्छेद का आगमन है–एक अटूट की कड़ी का ही दूसरा अनुच्छेद। वाजश्रवा सुकृतियों और त्रुटियों दोनों का संगी है। उसे लगता है दोनों उसे ही लक्ष्य कर उसके ही माध्यम से बोलते हैं। इस काव्य में कुँवर जी ऋग्वेद के प्रजापति सूक्त से जिस *कवयो मनीषा* का उल्लेख करते हैं, वस्तुतः कवि की मनीषा यही है कि उसके होने से लगता है–*कोई तो है जिसकी हलचलों से भर उठा है/इस खालीपन का कोना-कोना/उसका देखना निमंत्रित करता है/एक निश्चेष्ट जगत को।* निश्चय ही कुँवर नारायण ऐसे गृहस्थ कवि मनीषी हैं जिन्होंने धर्मरत जीवन को दार्शनिक अक्ष पर ले जाकर विश्लेषित किया है। उनकी आवाजाही शुरू से ही हमारे प्राचीन ग्रन्थों, वेदों, उपनिषदों, इतिहास, स्मृति, पुराण और पुरा आख्यानों में रही है। उनकी विचारणा में रच-बस कर कठिन से कठिन दर्शन भी *रसात्मकं वाक्यम् काव्यम्* में बदल गया है। क्लासिकी संयम और कविसुलभ चेतना से उन्होंने पुराने प्रतीकों, मिथकों को नए सिरे से मांजा और बरता है। मृत्यु न तो नचिकेता की समस्या है न वाजश्रवा की। जीवन के लिए सारे सरंजाम हैं दुनिया के। दोनों अन्ततः सुन्दर सुलहों के साथ एकमत होते हैं। यह कवि की दूरंदेशिता है, जीवन के लिए शुभ का विधान है। कुँवर जी मिथकों का परिष्कार करते हैं, रूढ़ियों के पास तक रचयिता की सह-अनुभूति और संवेदना के साथ जाते हैं और हर बार एक नया अर्थ-आयाम लेकर लौटते हैं। आलोचक कृष्णदत्त पालीवाल ठीक कहते हैं, *'हर मिथक के भीतर एक गुठली होती है। गुठली के भीतर एक शक्तिबीज। इसी शक्तिबीज को कुँवर नारायण ने 'आत्मजयी' में महावृक्ष बनाया है।''*'वाजश्रवा के बहाने' इसी महावृक्ष का विस्तार है।

कहना न होगा कि *कठोपनिषद्* के आख्यान से अपने कवि कर्म की शुरुआत कुँवर जी ने जिस विदग्ध काव्य *आत्मजयी* से की थी, अपने उत्तर जीवन के इस परिच्छेद में वे फिर एक बार कठोपनषिद् के इसी प्रसंग के दूसरे मार्मिक पहलुओं की ओर लौटे हैं। *नचिकेता की वापसी* यदि वाजश्रवा को अपनी भूलचूक सुधारने का एक अमूल्य अवसर देता है तो *वाजश्रवा के बहाने* कुँवर नारायण अपने कृतित्व की एक कालजयी और मूल्यवान रेखा खींचते हैं। वे यह सिद्ध करते हैं कि पृथ्वी को लूटने-खसोटने की बर्बर महत्त्वाकांक्षा जितनी आज के सभ्य समाज में है, उतनी वैदिक मनुष्यों में न थी। इस तरह जैसे वे कहना चाहते हों–अतीत सदैव मुँह फेरने की चीज़ नहीं है, यह कई मायनों में अनुकरणीय भी है। हम 'आत्मजयी' में नचिकेता

का यह कथन न भूलें जिसमें उसने कहा है–असहमति को अवसर दो/सहिष्णुता को आचरण दो/कि बुद्धि सिर ऊँचा रख सके...आह तुम नहीं समझते पिता, न ही समझना चाह रहे कि/एक शील पाने के लिए/कितनी महान आत्माओं ने कितना कष्ट सहा है। यह पिता को पुत्र द्वारा दी गई अपरिग्रह की सीख है। असहमति का अवसर देना आज लोकतंत्र का सबसे बड़ा वैशिष्ट्य है। सहिष्णुता देश को, समाज को जोड़े रखने का अचूक गुणधर्म है। इस बहाने कवि ने नैतिकता और शील का अनुष्ठान रचा है। ये मनुष्य के ही गुणधर्म हैं। यहाँ दो विरोधी प्रवृत्तियों के उद्घाटन से कुँवर जी ने सत्य, नीति, शील, विवेक और न्याय का मार्ग ग्रहण करने की ही अपरोक्ष सीख दी है। वाजश्रवा का कथन भी यहाँ उपेक्षणीय नहीं है। साधारण मनुष्य की तरह जीने के अपने तौर-तरीकों के साथ वह अपनी दुनिया का शहंशाह है। वह पुत्र से द्रोह करके भी दयनीय नहीं बनना चाहता। वह जानता है, आयु के चौथे पहर में युद्ध और शान्ति के अर्थ बदल जाते हैं, तो भी वह नचिकेता का पिता है, वर्तमान, भविष्य न सही, उसका अतीत तो वह है ही जिसके गुणसूत्र कहीं न कहीं नचिकेता के भीतर जीवित हैं। वह उसकी सुकृतियों का सहभागी और त्रुटियों का संगी दोनों है। वही कृतार्थ पिता भी है–और एक पुत्र की उदासी भी। यह पिता का पुत्र से ही नहीं, परम्परा का आधुनिकता से संवाद है।

कविता क्या है, इस पर कुँवर जी ने कई कविताएँ लिखी हैं। किन्तु इस काव्य में वे जीवन के लिए जो वैशिष्ट्य और मानक निर्धारित करते हैं, वे कविता पर भी उतना ही सटीक बैठते हैं। एक सुभाषित, एक श्लोक की तरह सुगठित और अकाट्य। कुँवर नारायण की कविताओं में भी ये विशेषताएँ स्पष्ट दीखती हैं। वहाँ सुभाषितों की महक मिलेगी तो रमणीयार्थ प्रतिपादक पदावलियों का सौन्दर्य श्लोक की तरह सुगठित दिखेगा। वाजश्रवा के इस कथन में कहीं न कहीं कुँवर जी का कवि-मन भी बोलता नजर आता है–*मेरी यह खाट छह फुट लम्बी, तीन फुट चौड़ी/मेरा पूरा राजपाट–मेरा साम्राज्य है/इसका विस्तार किसी भी सिंहासन से कम नहीं/और मेरा यह घर पूरी दुनिया से बड़ा है।* कुँवर जी ने किसी के यह कहने पर कि आप तो ड्राइंगरूम के कवि हैं, कहा था, *हाँ मैं ड्राइंगरूम का कवि हूँ किन्तु मेरे ड्राइंग रूम में सारी दुनिया आ जाती है।* एक सचेत कवि अपने कार्यभार को इसी तरह देखता है। सचमुच यह काव्य नीतिकथनों और सुभाषितों से भरा है। रुग्ण मनुष्यता का शब्दोपचार है यह। भाषा को बरतने का कलात्मक संयम आज जिन कुछ कवियों के पास है, कुँवर जी उनमें अग्रणी हैं। कवित विवेक की पारिभाषिकी वे अपने पर सख्ती से लागू करते हैं। इसीलिए वे पुरातन, औपनिषदिक प्रसंग छेड़कर भी पुराण और उपनिषदों से किसी आसक्ति का बखान नहीं करते। वे धर्म और कर्मकांड की प्रचलित मान्यताओं के वशीभूत नहीं होते। उनके शब्द चयन लक्ष्य करने योग्य हैं। पीड़ित निर्वासन, विरक्त संन्यासी, प्रलयंकर प्रगल्भता, सम्मानित जीवन, अपराजेय साहस, स्वाभिमानी शब्द, काइयाँ स्वार्थ, प्रखर धूप और गीली शाम इत्यादि।

वाजश्रवा के बहाने में निश्चय ही क्लैसिकी गुणवत्ता है, जहाँ हर कविता खंड-काव्य का अविभाज्य अंश होते हुए भी स्वतंत्र कविता के रूप में अलग-अलग वैशिष्ट्य और अनुभवों से मंडित है। जीवन-मरण के दार्शनिक रहस्य को खोलते हुए जीवन की हलचलों को जिस तार्किकता और निस्संगता के साथ उन्होंने इस काव्य के केन्द्र में प्रतिष्ठित किया है वह केवल पिता-पुत्र के परस्पर संयोग से उपजा जीवन-मृत्यु का, दो जीवन-दृष्टियों का अन्तर्द्वंद्व भर नहीं है, बल्कि मनुष्य की अटूट जीवनाभिलाषा का अथक अनुष्ठान है। नचिकेता और वाजश्रवा दोनों के अपने-अपने अनुभवों को एक बड़ी कृति में रेशे-रेशे कर बिखेर देना उनके कवित्व की बड़ी सफलता है। यह प्रबन्धात्मकता में इतिवृत्तात्मकता का विलोपन और विचारों की प्रतिष्ठा है। इस कथा के बहाने उन्होंने प्रकृति की संपदा का दोहन करती, बर्बर सभ्यताओं की याद दिलाती, हथियारों की होड़ में पड़ी, एक महायुद्ध की तरफ बढ़ती मानव सभ्यता की पहचान की है। इसके कलेवर से मौजूदा समय के संकटों की सुगंध आती है। यह हठी प्रगल्भता का विक्षोभ और जयी उदारता का गौरवगान है। यहाँ कुँवर नारायण के शिल्प, मितकथन और अर्थगौरव का वही जादू बरकरार है, जिसके लिए वे बरसों से जाने जाते रहे हैं। वाजश्रवा के बहाने कवि जीवनादर्शों के साथ-साथ कविता के उच्चादर्शों का बखान भी करता है और एक बार फिर उन शब्द शक्तियों में भरोसा टिकाता है, जिनकी सत्ता आज भी अपराजेय और अक्षुण्ण है। कवि के ही शब्दों में—अचानक रसातल में डूब जाती है नदी/मरुस्थल हो जाती है सभ्यता/विलुप्त हो जाता है समाज/फिर भी गूँजते रह जाते हैं समय में/कुछ शब्द ध्वनियाँ-स्मृतियाँ/भाषा में बह आई फूल-मालाएँ।

अब एक अलग तरह की धूप है जीवन में

सुशील सिद्धार्थ

कुछ इस तरह भी पढ़ी जा सकती है/एक जीवन-दृष्टि–/कि उसमें विनम्र अभिलाषाएँ हों/बर्बर महत्त्वाकांक्षाएँ नहीं, /वाणी में कवित्व हो/कर्कश तर्क-वितर्क का घमासान नहीं, /कल्पना में इन्द्रधनुषों के रंग हों/ईर्ष्या द्वेष के बदरंग हादसे नहीं/निकट सम्बन्धों के माध्यम से/बोलता हो पास-पड़ोस, /और एक सुभाषित, एक श्लोक की तरह/सुगठित और अकाट्य हो/जीवन-विवेक।

('वाजश्रवा के बहाने' पृ. 120)

भारतीय भाषाओं के बीच हिन्दी कविता को सुप्रतिष्ठित करने वाले यशस्वी कवियों में कुँवर नारायण का नाम बहुत आदर के साथ लिया जाता है। पिछले कई दशकों से उनकी रचनाशीलता अपने बृहत्तर आशयों के साथ हिन्दी कविता को सम्पन्न कर रही है। 'वाजश्रवा के बहाने' कुँवर नारायण का सद्यः प्रकाशित खंडकाव्य है। पुस्तक में 'पूर्वकथन' के अन्तर्गत वे लिखते हैं–'आत्मजयी में यदि मृत्यु की ओर से जीवन को देखा गया है, तो वाजश्रवा के बहाने में जीवन की ओर से मृत्यु को देखने की एक कोशिश है।' हिन्दी के सुधी पाठक 'आत्मजयी' जैसी स्थायी महत्त्व की कृति से परिचित हैं। 'आत्मजयी' और 'वाजश्रवा के बहाने' के केन्द्रीय सरोकार प्रायः समान हैं। अन्तर दृष्टिकोण का है और यह एक उल्लेखनीय अन्तर है। जीवन और मृत्यु के तटों के बीच बहते अस्तित्व या जीवन के साथ चलकर मृत्यु का अतिक्रमण कर जाने वाले अस्तित्व का विश्लेषण कुँवर नारायण ने किया है। 'डेथ इन द आफ्टरनून' में हेमिंग्वे ने कहा है–'यदि कोई भी कहानी सम्पूर्णता में कही गई हो तो वह मृत्यु पर समाप्त हो पाती है। जो मृत्यु को अलग करके कहानी कहता है, वह कहानीकार नहीं होगा।' मृत्यु जीवन से पृथक् हो भी कैसे सकती है। इसीलिए विश्व साहित्य में जहाँ कहीं दार्शनिक पगडंडियाँ दिखती हैं, वहाँ ये दोनों शब्द अनथक पथिक की तरह कभी आगे कभी पीछे चलते दिखाई पड़ते हैं। प्रायः सभी महान रचनाकार जीवन और मृत्यु

के यक्ष प्रश्न से जूझे हैं और जूझते हुए उन्होंने जीवन के निहितार्थ का उत्खनन किया है। 'वाजश्रवा के बहाने' में जीवन के निहितार्थ का उत्खनन सभ्यताओं के तलघर में पैठकर किया गया है। यह एक सार्थक, सकारात्मक और यह भी कहें कि पवित्र जीवन-मूल्य की खोज है। अशोक वाजपेयी ने निर्मल वर्मा के सन्दर्भ में कहा था-'निर्मल वर्मा की एक खोज हमारे क्रूर-हिंसक-अध्यात्मशून्य समय में पवित्रता की खोज रही है।' एक दूसरी तरह से यह वाक्य कुँवर नारायण की कविता को समझने में हमारी मदद करता है। यह बताने की जरूरत नहीं कि 'पवित्र' और 'अध्यात्म' जैसे शब्दों का रिश्ता यहाँ किसी 'अलख निरंजन' से नहीं जुड़ता। इनका एक ठोस भौतिक आधार है।

'वाजश्रवा के बहाने' एक खंडकाव्य है। खंडकाव्य की प्रचलित परिभाषाओं को तो कुँवर नारायण ने 'आत्मजयी' में ही निरस्त कर दिया था। कठोपनिषद् के नचिकेता, वाजश्रवा और यम प्रसंगों से 'आत्मजयी' के सूत्र बुने गए थे। 'वाजश्रवा के बहाने' तक आते-आते जैसे इस अत्यल्प कथासूत्र का भी विलयन हो गया है। एक निर्भार कथानक की कौंध इस काव्य को विशिष्ट बनाती है। 'नचिकेता की वापसी' और 'वाजश्रवा के बहाने'-इन दो खंडों तथा इक्कीस उपशीर्षकों में काव्य संगठित है। इन सबके बीच एक रचनात्मक आवाजाही है, अर्थात् 'रचना में विभिन्न खंड कुछ इस तरह एक-दूसरे में आते-जाते रहते हैं मानो उनके बीच में विभाजक रेखाएँ न होकर अलिखित संधियाँ हों। उनका अस्तित्व उनकी पहचान से ज़्यादा बड़ी सच्चाई हो। हमारे समग्र जीवन बोध में वे उसी तरह हैं जैसे हमारी चेतना में हमारे विचार, अनुभव, स्मृतियाँ, कल्पनाएँ आदि-साथ-साथ और विशिष्ट भी। वे स्वतंत्र कड़ियाँ भी हैं और एक-दूसरे को जोड़ने वाली कड़ियाँ भी।' यह एक सकारात्मक सुविधा है। आगे बढ़ने का आमंत्रण है और पुनरावलोकन का अवकाश।

यदि हम कवि कुँवर नारायण के अद्यतन काव्य पड़ावों पर दृष्टि डालें तो पाएँगे कि 'वाजश्रवा के बहाने' का चिन्तन-मनन किसी-न-किसी रूप में हर वक्त उनका सहयात्री रहा है। जीवन को समग्रता में (हस्तामलकवत्) देखने की सतर्क जिद उनकी कविताओं का स्पंदन है। वे बौद्धिक-दार्शनिक कवि के रूप में ही रेखांकित किए जाते हैं। शाश्वत्, असीम, विराट, सनातन आदि शब्दों से अब उन्हें भले ही संकोच भरी असुविधा होती हो मगर यह सत्य है कि वे जीवन के शाश्वत का ही अनुसंधान करते आए हैं। इस प्रक्रिया से उत्पन्न नैतिक पीड़ा और बेचैनी उनकी कविताओं में दिखती है। 'वाजश्रवा के बहाने' में दृश्य और अदृश्य जीवन से जुड़े असंख्य प्रश्न हैं। इन प्रश्नों को हल करने के कई तरीके हैं-

कभी जीवन-वस्तु को/एक नाटक में बदलकर देखता/उसे एक दर्शक की तरह/कभी एक प्राश्निक की तरह/कभी सोचता उसे/एक दार्शनिक की तरह।

दर्शक, प्राश्निक और दार्शनिक के त्रिकोण में रचना का रसायन गतिशील हुआ है। 'वाजश्रवा के बहाने' में एक वाक्य आता है-'जीवन की अथक अंत्याक्षरी।' सचमुच ऐसा ही है। 'आत्मजयी' का समापन इन शब्दों के साथ हुआ था-

क्योंकि इन समाधानों के बीच/चौंक-चौंककर पूछता रहा हूँ–/जीवन क्या है?/मृत्यु क्यों/मुक्ति कैसे?/ईश्वर कहाँ?

यही प्रश्न 'वाजश्रवा के बहाने' के प्रस्थान बिन्दु हैं। कवि 'पूरी दुनिया को जीत लेने की हड़बड़ियों से लैस' थकीमांदी हताशाओं के बूढ़े सिपाहियों से भरी/घिरी उदासीन पृथ्वी पर समरसता की नई सुबह का आह्वान करता है। 'लौट आओ प्राण' पंक्ति से प्रारम्भ होता कविताांश इसी प्रतीति की पुकार है। '...संसृति जलनिधि तीर तरंगों से फेंकी मणि एक' की भांति ही नचिकेता अपनी वापसी पर नए विस्मयों से भर गया है। इसी प्रकरण में कवि जीवन अथवा सृष्टि के आदि पलों के संकेतों से गुजरता है। एक से अनेक होने की पुरातनता को कुँवर नारायण ने अपनी सिद्ध भाषा में व्यक्त किया है। कवि जीवन की सतत गति को, एक खास अर्थ में 'अविनाशी' को लक्षित करते हुए शब्द और शून्य दोनों का महत्त्व रेखांकित करता है। किसी भी तरह की भिन्नता या दूरी या विषमता अन्ततः जीवन के किसी न किसी मर्म तक ले जाती है–

जैसे दो शब्दों को जोड़ती हुई/ख़ामोश जगहों से भी/बनता है भाषा का पूरा अर्थ/बनता है तारों-भरा आकाश।

इस महाभाव से भरने के बाद स्वभावतः नचिकेता एक दूसरा ही मनुष्य हो जाता है। जैसे सिद्धार्थ बुद्ध हो गया हो। तब नचिकेता के बहाने कवि ने काल, देश, व्यक्ति, समाज और जगत को 'अनवरुद्ध अस्तित्व' की तरह व्याख्यायित किया है। 'वह उदय हो रहा पुनः/कल जो डूबा था।' इसी भावभूमि पर अज्ञेय ने लिखा होगा कि कितनी नावों में कितनी बार!

तो क्या बस यही है जीवन का उद्देश्य! आमाशय, यौनाशय और गर्भाशय में सीमित व्यक्तियों पर कवि पहले भी खेदपूर्ण व्यंग्य कर चुका है–भाग्य उसका ईर्ष्या के योग्य! जीवन यहीं नहीं है और यही नहीं है। नचिकेता अपने भावात्मक-वैचारिक पुनर्नवन के बाद अस्तित्व की प्रशांत पहचान में उतरता है। 'आत्मजयी' का इतालवी अनुवाद करते हुए प्रो. मरियोला आफ्रेदी ने भूमिका में निष्कर्ष निकाला था कि इस काव्य की मुख्य समस्या एक युवा पुत्र का पिता की सत्ता की हिंसक प्रवृत्तियों के विरोध में विद्रोह है। 'वाजश्रवा के बहाने' में यह निष्कर्ष बदल चुका है। कवि स्वीकारता है कि, 'पिता-पुत्र के सम्बन्धों को मूलतः द्वन्द्वात्मक ढंग से न देखकर संयुक्त या 'दोहरी' जीवन शक्ति के रूप में देखा है।' यह सोच का एक नया धरातल है। वापसी, पछतावा, पुनरागमन, क्षमा, पश्चात्ताप, बृहत्तर आदि अनेक शब्द जैसे बीज शब्द की तरह 'वाजश्रवा के बहाने' में मौजूद हैं। ऐसा लगता है कि कुँवर नारायण की काव्य चेतना का वृत्त इस काव्य में पूरा हो रहा है। जैसे आचार्य रामचन्द्र शुक्ल 'कविता क्या है' जैसा विनिबन्ध बार-बार लिखते रहे, जैसे प्रेमचन्द 'गोदान' से पहले उसकी सन्दर्भ कथाएँ लिखते रहे और जैसे एक सम्पूर्ण जीवन/काव्य साधना के बाद जयशंकर प्रसाद ने अन्ततः 'कामायनी' में समरसता की प्राण प्रतिष्ठा की–ठीक वैसे

ही 'वाजश्रवा के बहाने' में कुँवर नारायण ने 'जीवन विवेक' को सुपरिभाषित किया है। और यह सम्भव हुआ है विलक्षण वागर्थ के साथ। जैसे–

और एक बहुत बड़ी गूँज/सागर से उठकर समा जाती एक शंख में।

वापसी के बाद नचिकेता की निगाह उन 'दीवारों' पर जाती है जो जीवन-प्रवाह में बाधक हैं–'एक बच्चा दौड़ रहा/उसके पीछे पीछे/दौड़ रही दीवारें।' ये दीवारें तब भी प्रकट हुई थीं जब 'आत्मजयी' का नचिकेता 'आत्महत्या का प्रयत्न' कर रहा था–'जिधर भागे/उधर आगे पहले ही से एक कठिन अनिश्चय/पीछे आ खड़ी होती एक नई दीवार।' अवरोधी तत्त्वों की सही शिनाख्त से विरोधी मानसिकता का चरित्र बदल जाता है–'पंख हो गई हैं दीवारें।' संबुद्ध नचिकेता जब वाजश्रवा से मिलता है तो पूरा परिदृश्य बदल जाता है। द्वितीय खंड 'वाजश्रवा के बहाने' वस्तुतः पुरातन और अद्यतन प्रश्नों को हल करने का उपक्रम है। यहाँ कुँवर नारायण ऐसे सवाल उठाते हैं जिनको शामिल कर कई विमर्श चर्चा में बने हुए हैं। उपभोक्तावाद, नवपूँजीवाद, लम्पटता, हिंसा, असहिष्णुता, क्षुद्रता, स्वार्थ, अमानवीयता और आत्यंतिक भौतिकता इत्यादि को कवि ने विमर्श का विषय बनाया है। ...क्योंकि इनके कारण ही मनुष्यता का महापतन जारी है। एक साक्षात्कार में कुँवर जी की पत्नी श्रीमती भारती ने कहा है कि कुँवर जी कभी गुस्सा नहीं करते...गुस्सा आने पर उदास हो जाते हैं। 'वाजश्रवा के बहाने' पढ़कर लगता है कि एक बड़ा रचनाकार अपना गुस्सा और अपनी उदासी किस तरह व्यक्त करता है। असीम से ससीम, फिर संकीर्ण और अन्त में क्षुद्र होते जाने पर कुँवर नारायण ऐसे उद्विग्न/उदास होते हैं–

रह जाती हर निर्माण में/यह कैसे कमी/कि दुश्मन होकर घेर लेते हमें/हमारे ही प्रियजन/और क़िलों में बदल जाते हैं/हमारे छोटे-छोटे घर।

कुँवर नारायण वस्तु बनाम मनुष्य का प्रश्न उठाते हैं जो 'अस्तिबोध और वस्तुबोध' की शब्दावली में एक व्यापक अर्थ तक पहुँचता है। आत्मा और इंद्रियबोध का द्वन्द्व पहले भी कवि को उद्वेलित करता रहा है। वस्तुओं और उससे जुड़े तमाम प्रसंगों की ओर विक्षिप्त विश्व पर टिप्पणी है–'वे तुम्हें एक ऐसे शोर का/कवच और कुंडल देंगी/कि तुम लोहे की तरह कठोर और बहरे हो जाओगे।' निरन्तर संवेदनहीन होते समाज पर वाजश्रवा के बहाने कवि की यह चिन्ता प्रासंगिक है। इन सबके बीच 'महात्मा' (गाँधी) भी आते हैं यह पूछते हुए कि एक हत्यारे से–'कितना विकसित है तुम्हारा जीवन विवेक?' वस्तुतः तरह-तरह के हत्यारों से कवि भी यही पूछना चाहता है।

...मनुष्य के साथ मनुष्येतर सृष्टि को भी कवि ने अपनी चिन्ता में शामिल किया है–'वन में भी जीवन है/जैसे जीवन में भी वन!' मनुष्य की हिंसा को सहती मनुष्येतर सृष्टि कब तक विरूप होने से बची रहेगी और कब तक बचा रह सकेगा पर्यावरण–

चेतावनी देता है बिगड़ता सन्तुलन–/सावधान!

वन और जीवन की सहभागिता पर 'अपना वह दूसरापन' शीर्षक से लिखा अंश पुस्तक के सर्वाधिक सुसंवेद्य हिस्सों में से एक है। इसे पढ़ते हुए अज्ञेय की

'असाध्य वीणा' का 'महाकिरीटी तरु-वृत्तांत' एक भिन्न तरह से याद आने लगता है। कुँवर नारायण जानते हैं कि निसर्ग से निबद्ध मनुष्यता एक उदात्त जीवन का अर्थ प्राप्त कर लेती है और यही 'वाजश्रवा के बहाने' वे कहना चाहते हैं। इस अर्थ के आकाश में प्रसन्न मन सूर्य की धूप पकी हुई, थोड़ी थकी हुई, स्पर्शनीय, गुनगुनाती और नमित लगती है–

जो अब एक अलग तरह की धूप है जीवन में।

निश्चित रूप से समकालीन कविता में यह नितांत अकेली और नवेली कविता-पुस्तक है। प्रतिक्रिया प्रेरित, विमर्श-व्यथित और एजेंडा की प्रत्यंचा पर चढ़ी कविता पुस्तकों से एकदम जुदा। जिस भाषा और शिल्प-विवेक के लिए कुँवर नारायण जाने जाते हैं, वह इस कृति में अपने शीर्ष पर है। यह कृति 'कातर मन' से 'कृतार्थ मन' की यात्रा है। यह सच है कि 'आत्मजयी' के बाद 'वाजश्रवा के बहाने' के सूत्र भी कठोपनिषद् से जुड़ते हैं।...मगर यह कहना ज़रूरी है कि कवि ने हमारे समय के सबसे ज्वलंत प्रश्नों पर उंगली रखी है। यानी इसमें केवल कठोपनिषद् की अनुगूँज नहीं है, इसमें बर्बर-भयावह-हिंसक होते समय-सामाज के 'शठोपनिषद्' की समीक्षा भी की गई है।

श्लोक में निबद्ध अन्तर्लोक

अजित कुमार राय

कविता आत्म-सत्य की लयाभिव्यक्ति है। कुँवर नारायण अपने आस-पास फैले संसार में ही आत्म-साक्षात्कार करते हैं। मनुष्य की नियति और उसके अस्तित्व की पहचान से जुड़े जटिल प्रश्नों को औपनिषदिक विन्यास में परखने का उपक्रम उनकी कविता का कांस्टैंट तत्त्व है। उनका सद्यः प्रकाशित खंडकाव्य 'वाजश्रवा के बहाने' 'कठोपनिषद्' का आधुनिक संस्करण प्रतीत होता है। वह 'आत्मजयी' का आत्म-विस्तार लगता है। इसमें नचिकेता की तरह ही 'कठोपनिषद्' की अन्तर्वस्तु भी पुनर्नवा होकर लौटती है। आत्मा की तरह ही एक निर्भार कथानक मुक्त फॉर्मेशन में संचरण करता हुआ कविता के सच तक पहुँचने का प्रयास करता है। प्रगतिशील कवि कुँवर नारायण की दार्शनिक पगडंडियाँ अन्ततः कहाँ ले जाती हैं? ज्ञात और अज्ञात के सम्बन्धों के अनावरण में एक समष्टिगत कॉस्मिक दृष्टि लक्षित की जा सकती है। शाश्वत और विराट के प्रति कवि का समर्पण अद्‌भुत है। किन्तु कविता में ऋषियों की नहीं, उनकी अपनी प्रार्थनाएँ संयोजित हैं। जीवन की दरारों में प्रवेश करती उनकी कविता सांसारिक सुख-भोग और पारमार्थिक जीवन की खोज की वृत्तियों के द्वन्द्व के भीतर से आज की मानवीय नियति के द्वन्द्व को पकड़ने की कोशिश करती है। प्रकारांतर से वह आज के उपभोक्तावाद-बाजारवादी समय का प्रतिपक्ष रचती है। परन्तु यहाँ एक ही देशकाल में कई-कई देशकाल समाए हुए हैं। दृश्य और अदृश्य जीवन के अनंत विस्तार को आच्छादित करता कवि एक साथ कई-कई जीवनों में प्रवेश करता है–

यहाँ से भी शुरू हो सकता है/एक उपरांत जीवन/पूर्णाहुति के बिलकुल समीप बची रह गई/किंचित् श्लोक बराबर जगह में भी/पढ़ा जा सकता है एक जीवन-संदेश।

यहाँ मृत्यु के सन्दर्भ में जीवन के निहितार्थ का उत्खनन विलक्षण वागर्थ के साथ सिद्ध भाषा में किया गया है। यहाँ रेटॉरिकल मुद्रा में मृत्यु का उत्तर-जीवन के रूप में अनुवाद किया गया है। यहाँ ज़िन्दगी की धमक महसूस की जा सकती है। भाषा-हीनता के बावजूद मृत्यु सत्य की भाषा बोलती है। जैसे निर्गुण 'निराकार ब्रह्म' कहने पर भी (ईश्वर का) एक व्यक्तित्व मूर्त्त हो उठता है उसी प्रकार आध्यात्मिकता

के निषेध के बावजूद यहाँ सच्ची आध्यात्मिकता का अस्तित्व मौजूद है। लौकिक और आध्यात्मिक प्रत्यय संयुक्ताक्षर की तरह नचिकेता के व्यक्तित्व में गुंफित हैं और अर्थगत द्वित्व के बहाने परासत्य को प्रतिभाषित किया गया है। काव्यार्थ के रिफ्लेक्शन और वॉयब्रेशन दूरसंवेदी ध्वनियों को बड़े सलीके से पकड़ते हैं। यहाँ संरचनात्मक अन्विति की जगह वैचारिक अन्विति प्राप्त होती है और भावुकता के आस्फालन के बजाय प्रशांत चिन्तनशीलता का आसव। नरेश मेहता का 'महाप्रस्थान' यदि हिमभाषा में लिखा गया उपनिषद् है तो 'वाजश्रवा के बहाने' निरावेग सान्द्र समाधि-भाषा में लिखित अभिनव पृथ्वी सूक्त है। जिस प्रकार 'तालस्तॉय और साइकिल' केदारनाथ सिंह की प्रौढ़तम कृति है, उसी प्रकार 'वाजश्रवा के बहाने' कुँवर जी के जीवन-चिन्तन की परिणति। मानो कविता के पिंड में ब्रह्मांड की लय बज रही हो–

और एक बहुत बड़ी गूँज/सागर से उठकर समा जाती एक शंख में।

आज की 'तदर्थवाद' से पीड़ित सिंथेटिक कविताओं के बरक्स कुँवर जी इतिहास की धूल झाड़कर कालातीत सत्य में प्रवेश करते हैं। यथार्थ उनकी कविता में अक्सर एक विचार-दर्शन के रूप में संघनित हो जाता है। यथार्थ की खरोंच से बचे किसी अक्षत-अनाहत स्वैर-लोक में छिप जाने के लिए नहीं, जीवन-विष को पचा लेने वाली अमृता-दृष्टि के पाने के लिए उनका काव्य-विवेक समय के आर-पार देखने का कायल है–

मैं ज़िन्दगी से भागना नहीं/उससे जुड़ना चाहता हूँ, /उसे झकझोरना चाहता हूँ/उसके काल्पनिक अक्ष पर/ठीक उस जगह जहाँ वह/सबसे अधिक बेध्य हो कविता द्वारा।

उनका काव्य-सत्य सामाजिक संघर्षों के बीच जीवन-सौन्दर्य की तलाश करता है, सुन्दर सुलहों और मार्मिक समझौतों के मान-बिन्दुओं का तन्मय आलेखन करता है। सवाल उठता है कि कविता की ज्यामितीय संरचना में आखिरकार भूख या पेट को कितनी जगह घेरनी चाहिए। कुँवर जी की कविता की जटिल जन्म-कुंडली जाने किस ज्योतिर्विद ने बनाई है कि उसमें 'जैविक संवेदना' भी अन्ततः मानवीय संवेदना को ही पुरस्कृत करती है। शरीर की भी एक आत्मा होती है और मृत्यु के सम्यक् साक्षात्कार के बाद ही समग्र जीवन-बोध उपलब्ध होता है–'मरा' ही 'राम' बनता है। दिमाग के ईथर में बजते निर्गुण या मृत्युगीत भी अन्ततः जीवन-मर्म तक ही पहुँचते हैं : 'एक अथक कथावाचक है समय और परलोक इसी दुनिया का मामला है।' नचिकेता की नींद में बनी तमाम क्लासिकीय फिल्में स्वप्न के माध्यम से सत्य तक पहुँचती हैं।

कभी-कभी शाम का भूला सुबह घर लौटता है/एक सपने से, कहीं न गया न कहीं से आया/फिर भी आश्चर्य करता/कहाँ था वह किस दुनिया में!/पूछता है स्वयं से/कहीं यह जागना भी/कोई सपना ही तो नहीं!

कहीं नाटकीय एकालाप और कहीं संवादधर्मी शिल्प में औपनिषदिक कथा की मानवीय सम्भावनाओं की खोज काफी आश्वस्त करती है। नई और पुरानी पीढ़ी के

द्वन्द्व का अतिक्रमण कर मृत्यु के माथे पर ज़िन्दगी के हस्ताक्षर करने वाले कुँवर नारायण आज के अनिवार्य कवि हैं। उनकी कविता में हमारा रचना-समय बहुत प्रच्छन्न ढंग से आता है और दिनेश कुमार शुक्ल के अनुसार–"आत्मजयी की तरह यहाँ कविता रंगमंच पर नहीं चलती बल्कि वह एक वृहत्तर आकाश में संचरित होती है।" यथार्थ के नेपथ्य का सत्य उनका इष्ट है। किन्तु अमूर्त्तन से अलग हटकर उनकी स्फटिक भाषा संवेदनात्मक विवेक को मूर्त्त करती है। वे बिम्बों से अधिक कथनगत वक्रता या भाषिक चमत्कार में अधिक विश्वास करते हैं। मिथकों और प्रतीकों के बहाने सांस्कृतिक गरिमा की गवेषणा करते हुए उन्होंने काव्य-जीवन में एक नया परिच्छेद जोड़ा है।

अलौकिकता और लौकिकता की विलक्षण काव्य-संधियाँ

पुष्पिता अवस्थी

कवि कुँवर नारायण का काव्य 'वाजश्रवा के बहाने' अपने सर्वोत्तम रूप में 'जीवन' के पुनर्सृजन का सार्थक प्रयत्न है। कवि मुक्तिबोध रचना को 'जीवन की पुनर्रचना' कहते हैं। शंकर ने 'विवेक चूड़ामणि' में कहा है कि ज्ञान की अग्नि, अज्ञान को भस्म कर देती है। ज्ञान मानव को बंधन-मुक्त करता है। जन्म-मरण के भव-चक्र से मुक्ति दिलाता है। नाम रूप के विश्व-बंधन को ज्ञान के माध्यम से तोड़ा जा सकता है। विवेकशील व्यक्ति प्रतिमा, अंधविश्वास, जीवन के प्रति मोह से ऊपर उठकर सत्य का अन्वेषक हो जाता है। ज्ञान मानव का सत्य से साक्षात्कार कराता है। इस 'सत्य से साक्षात्कार' की अनुभूति 'वाजश्रवा के बहाने' काव्य-ग्रन्थ में होती है। मन-मानस और जीवन की अनेकानेक ग्रंथियाँ खुलती हैं।

किसी भी प्रकार का चिन्तन और दर्शन स्थान विशेष की सामाजिक, आर्थिक एवं सांस्कृतिक परिस्थितियों की उपज है। समाज में अनेक कुरीतियाँ धार्मिक कट्टरता के कारण व्याप्त हैं। समाज की बुराइयाँ नैतिक मूल्यों में अनास्था के कारण हैं। विश्व में जो शक्तियाँ जीवन और जगत् की भवितव्यता निर्धारित करती हैं उन सारी शक्तियों के बीच आस्था और विश्वास एक महत्त्वपूर्ण साधन है–

तपश्चर्या नहीं
सम्पन्न दिनचर्या हो
जीवन की पूजा का अर्थ

('पुनः एक की गिनती से' पृ. 121)

अपने अस्तिबोध को
एकाग्र करो वस्तुओं पर
निर्जीव वस्तुएँ भी जी उठेंगी
और देंगी तुम्हें मनमाना वर–

('जब मैं व्यस्त था', पृ. 110)

कवि लिखता है–

बहुत बड़ा अन्तर है
अस्तिबोध में और वस्तुबोध में

('जब मैं व्यस्त था', पृ.109)

मनुष्य की अन्तश्चेतना में कुछ ऐसी व्याकुलता रहती है जिसे भौतिक आवश्यकताओं की पूर्ति द्वारा शान्त नहीं किया जा सकता है। यहीं पर धर्म जीवन के लिए आवश्यक हो जाता है। यह जीवन की अन्तरंग तृष्णा को तृप्त करता है। 'वाजश्रवा के बहाने' में भी चिन्तन की यह दृष्टि विश्लेषित है यथा–

कभी वह एक सृष्टि है
कभी स्रष्टा
कभी एक महाकाव्य
कभी महाद्रष्टा
कभी वह युधिष्ठिर का वनपर्व
कभी हिमालय पर गलता शरीर
कभी दशरथ के सूने महल
कभी राम की कुटीर
वह आता रहता है हमारे जीवन-संघर्षों में
हम जाते रहते हैं उसकी प्रशान्ति के आश्रमों में

('अपना वह दूसरापन', पृ. 132)

'वाजश्रवा के बहाने' मूलतः दार्शनिक कृति है। सम्पूर्ण सांसारिकता के बीच जीवन-दर्शन की साधना का विवेक इसमें विश्लेषित है।

वाजश्रवा के बहाने की चिन्तन दृष्टि में वैश्विक-दृष्टि के रचनात्मक स्वरूप का समाहार देखा जा सकता है। 'अपने सोच को सोचता है एक मैं' के अन्तर्गत प्रारम्भ में कवि का मत है–

विचाराधीन था
जीवन का रहस्य

पाँच तत्त्वों के बहुमत से निर्मित
स्थूल के घनत्व का दावा
स्पष्ट और प्रत्यक्षदर्शी था। (पृ. 126)

इसी के अन्तिम हिस्से में कवि का मानना है–

सबकुछ हमारे विरुद्ध नहीं है,
अधिक कुछ हमारी ओर है

यह विश्वास ही
हमारी सबसे बड़ी शक्ति है

('अपने सोच को सोचता है एक मैं', पृ. 143)

वस्तुतः इस सम्पूर्ण काव्य की केन्द्रीय सोच 'अपने सोच को सोचता है एक मैं' शीर्षक के अन्तर्गत समाहित है। कवि कुँवर नारायण का इतना सधा हुआ एकतान और आत्मलीन मन, उनकी सृजनशीलता के नूतन क्षितिज को चरितार्थ करता है कि महाकाव्य रचे बिना ही कई महाकाव्यों का सारांश निचोड़कर प्रस्तुत कर दिया है जो कवि के काव्य-पौरुष और काव्य-विवेक की असाधारणता और मौलिकता का प्रमाण देती है। कवि ने बहुत गाढ़ी-स्याही से अपने बिम्बों को रचा है। समूचा काव्य अनुभूति का सघन स्मृति-विस्तार है।

यहाँ जीवन-दर्शन और विश्व-दर्शन प्रायः चित्तदर्शी दृष्टि से विश्लेषित और अभिव्यक्त है—यथा

एक उड़ते हुए बहुरंगी पक्षी की आत्मा
या एक बेचैन पल में
फड़फड़ाता नीलाकाश
या कुछ भी नहीं,
केवल एक विरोधाभास
कि नीला नहीं
पारदर्शी है आकाश

('नचिकेता की वापसी', पृ. 26)

यहाँ अभिधा में व्यंजना है और व्यंजना में अभिधा। इसीलिए दर्शन की गूढ़ दृष्टि भी ग्लेशियर की तरह धवल और चमकती हुई पाठक को दिखाई देती है कि दर्शन की शीतलता का सघनबोध सहज ही अनुभव होता है। दर्शन की 'चुप' व्याख्या का एक उदाहरण द्रष्टव्य है—

उसका नाम एक मौन है
जो उच्चारित नहीं किया जा सकता :
उसका पता
एक मन की दिशाहीन यात्रा है

('असंख्य नामों के ढेर में', पृ. 32)

प्रारम्भ के वे क्षण जिसकी साक्षी सिर्फ़ और सिर्फ सृष्टि है कवि ने स्वयं ही अनेक शीर्षकों और असंख्य नामों के माध्यम से अपने काम के मुख्य सूत्र उद्घाटित कर दिए हैं। कवि पूरी सभ्यता के चिन्तन के रहस्य को विश्लेषित करते हुए कुछ यूँ अभिव्यक्त करता है—

एक विलुप्त सभ्यता के
विदग्ध आत्म-चिन्तन को
उसके अवशेषों में फैली-बिखरी
शब्द-संपदा को
ईंट-ईंट जोड़कर भी पढ़ा जा सकता है
एक नया पाठ

('असंख्य नामों के ढेर में' पृ. 35-36)

भवभूति जब कहते हैं कि सभी भावनाएँ वस्तुतः एक ही भाव 'करुणा' के विविध रूप हों तो वस्तुतः वह करुणा के माध्यम से अस्तित्व मात्र की एकरसता के बोध को ही व्यंजित कर रहे होते हैं। जब द्वैत, संशय, अनास्था और आधुनिक जीवन की अर्थहीनता से गुजरकर कविता अपनी आस्था अर्जित करती भी है तो वह किसी पूर्वप्रदत्त आस्था की तरह उतनी मासूम नहीं रह जाती है–हिन्दी की आधुनिक कविता की संवेदना में मनुष्य और उसके आत्मबोध का स्थान केन्द्रीय है। यहाँ मानव और किसी वृहत्तर सत्ता के सम्बन्ध विज्ञान में दोनों समकक्ष सहभागी हैं क्योंकि यह रिश्ता दोनों की समान आवश्यकता है।

विराट का यह बोध 'वाजश्रवा के बहाने' में भी दिखाई देता है। कुँवर नारायण के यहाँ विराट का यह बोध अपने समय की विडंबना के तीखे अहसास के साथ रूपायित है। काल की सकारात्मक, वैविध्यपूर्ण, सार्थक, विश्लेषणपरक, बहुवर्णी, बहुविध और बहुप्रचारित व्याख्या है जिसे हर व्यक्ति अपनी तरह से अनुभव करता है–समय की विश्लेषणपरक व्याख्या को देखिए–

उसे याद आने लगे
उसकी स्मृतियों में सदियों से बसे
अपने कई-कई जीवन...

('उसे याद आने लगे अपने कई-कई जीवन', पृ. 38)

कभी उसे लगता
'कल' एक भविष्य है
और वह उसका मिथक
कभी लगता 'कल' एक अतीत है
और वह उसका 'मृतक'...
उसी के अवशेषों से होता है
बार-बार उसका जन्म
वही पुरातन जन्मकुंडली लिए
उन्हीं नौ ग्रहों से घूमता हुआ
लौटता है वह उसी धरती पर...

('उसे याद आने लगे अपने कई-कई जीवन' पृ. 38)

जीवन को...उसके सुख-दुख को कवि पूरी सजगता के साथ हर जगह विश्लेषित करता है। सम्पूर्ण काव्य में 'संवेदनात्मक ज्ञान की ज्ञानात्मक संवेदन में परिणति' कुँवर जी ने पूरी सावधानी के साथ सम्पन्न की है। वस्तुतः पृथ्वी और उसकी प्रकृति ही मनुष्य का वास्तविक घर है–स्वनिर्मित घर में सिर्फ़ घर का भ्रम भर है। सांसारिक और दार्शनिक कौतूहल काव्य को पूर्णरूपेण जीवंत बनाए रखता है।

कुँवर जी ने काव्य में रहस्य और दर्शन की गुत्थियाँ सुलझाई हैं। कवि जानता और मानता है–

एक अथक कथावाचक है समय
ढीठ उपदेशक है कालचक्र
दुहराता पिछले पाठ
लिखता कुछ नए पृष्ठ
जीवन का महाग्रन्थ
एक संकलन के प्रारूप में नत्थी
पिता-पुत्र दृष्टांत की
असंख्य चित्रावलियाँ

('उपरांत जीवन', पृ. 90)

कवि नई पीढ़ी के भविष्य के सच को जानते हुए सरल ढंग से द्वन्द्व करता है जो समय की विडंबना है–

अच्छा हुआ तुम लौट आए
मेरे जीवन में
लेकिन जानता हूँ
नहीं आ सकोगे
चाह कर भी नहीं–
वापस मेरे युग में

('अच्छा हुआ तुम लौट आए', पृ. 96)

'वाजश्रवा के बहाने' में महाकाव्यों का वैभव और उदात्तता है, नाटकीय-संस्पर्शों की बहुलता और चामत्कारिक कथा मोड़ है, अलौकिकता और लौकिकता की विलक्षण काव्य-संधियाँ हैं। अपने समूचे प्रभाव और रूप में वह एक असामान्य सृजन की प्रतीति कराती है। कवि की सारस्वत प्रतिभा, सहज ज्ञान के साथ लोक और शास्त्र से गहरी अभिज्ञता और बेजोड़ शिल्प का यह अद्‌भुत संयोग है। मनुष्य के पौरुष और उसके सूक्ष्म विवेक में इतनी सम्भावनाएँ छिपी हुई हैं कि वह इन्हें साधकर ही रहता है क्योंकि वह ईश्वर की आत्मा प्रदत्त शक्ति है और उसका विनियोग होना ही है। जब बुद्धि थक जाती है, तब सूक्ष्म विवेक नेतृत्व करता है। जहाँ यह विवेक भी परास्त हो उठता

है, वहाँ मानव-संस्कृति स्वयं का आलोड़न-विलोड़न करती हुई उस आत्म-साक्षात्कार में उतर पड़ती है, जहाँ व्यक्ति और विश्व, भौतिक और अभौतिक, विज्ञान-ज्ञान और धर्म, साधक और साध्य, बुद्धि और हृदय के विभेद समाप्त हो जाते हैं। ब्रह्मांड में पिंड और पिंड में ब्रह्मांड प्रतिफलित होने लगता है। अद्वैत की यह चरम साधना, साधना और उसकी चरम अनुभूति में, प्रलय में लय और लय में प्रलय का बोध सिमटकर एक ऐसे अनुभव को जन्म देते हैं जो ज्ञेय होकर भी ज्ञाता का नहीं है बल्कि समूचे विश्व की वह निधि बन जाता है।

कुँवर नारायण परम्परा के पुनरान्वेषण और पुनर्शोधन के लिए उन शक्तियों को उजागर करते हैं जो रूढ़, औपचारिक, बंधे-बंधाए जीवन की संकीर्ण मर्यादाओं और आत्मकेन्द्रित अनुभवों से अलग हैं। 'वाजश्रवा के बहाने' में ऐसी पंक्तियाँ भी हैं–

पढ़ते-पढ़ते एक दिन मुझे लगा–
एक ही जीवन को बार-बार पढ़ रहा हूँ
कभी एक ही अनुभव के विभिन्न पाठ,
कभी विभिन्न अनुभवों का एक ही पाठ
अन्तिम समाधान के नाम पर
उतने ही विराम
जितने वाक्य।

('शब्दों का परिसर', पृ. 157)

शब्दों का गहरा और सर्जनात्मक प्रयोग कुँवर जी अपनी काव्य-सर्जना में साधते हैं जो कथ्य को बांधने में नहीं, उसे उन्मुक्त करने में है। कवि ने बहुत संवेदनशील भाषा में कहा है–

जम्हाई लेकर आँखें खोलता है जैसे एक अंकुर
पृथ्वी को कहता 'माँ'
आकाश को पिता
और निकलकर एक वृक्ष से दूसरा वृक्ष
जड़ें जमाता है अपने समय, अपनी मिट्टी में

('अच्छा हुआ तुम लौट आए', पृ. 98)

दर्शन और जीवन की सच्चाई को अत्यन्त सूक्ष्मता और मर्मस्पर्शी ढंग से आर्द्र भाषा में व्यक्त किया है–

मुझे दया से नफ़रत है
दे सको तो बराबर की मैत्री दो
पर अपनी दया देकर
दयनीय मत बनाओ मुझे

सम्मानित जीवन हो,
या फिर एक सम्मानित मृत्यु,
मरने दो मुझे...

('अच्छा हुआ तुम लौट आए', पृ. 100)

कवि ने 'कवयो मनीषा' शीर्षक में लिखा है–

जितना प्रत्यक्ष उससे कहीं अधिक परोक्ष
प्रमाणित से कहीं अधिक अनुमानित
कौन है वह?

('कवयो मनीषा', पृ. 30)

वस्तुतः पाठक के लिए यह सलाह है कि 'वाजश्रवा के बहाने' में जितना प्रत्यक्ष है उससे कहीं अधिक परोक्ष... लेकिन उस परोक्ष तक इसके बहाने से पहुँचा जा सकता है। इस काव्य में जितना प्रत्यक्ष में व्यंजित है उससे अधिक उसका सार्वदेशिक दर्शन-बोध गूँजता है–परोक्ष में कि यह कृति सार्वकालिक होकर बजती रहती है–अज्ञेय की असाध्यवीणा से अधिक। 'वाजश्रवा के बहाने' काव्य में एक ओर दर्शन की गुत्थियों को सुलझाया गया है और पिता-पुत्र के सम्बन्धों के संवेदनशील सत्य को उद्घाटित किया गया है तो दूसरी ओर सामान्य जीवन सच्चाइयों को भी सात्विक भाषा में अभिव्यक्त किया गया है।

उपनिषद् के सत्त्व की आधुनिक सामाजिक सन्दर्भों में इतनी सारगर्भित सार्थक काव्यपरक व्याख्या हो सकेगी, जिसमें पिता-पुत्र के सम्बन्धों को मूलतः द्वन्द्वात्मक ढंग से न देखकर संयुक्त या 'दोहरी' जीवन शक्ति के रूप में देखा जाएगा। कदाचित् कुँवर जी को भी प्रारम्भ में यह भान न होगा। किन्तु यह कृति अनायास 'आत्मजयी' के बाद पिता के मन में उभरे संशयों, स्नेहोद्गारों से आपूरित जीवन के अधुनातन प्रसंगों और जटिलताओं को उरेहने का सूत्र बन गई है।

गहरे यकीन से उपजी कविताएँ

लीलाधर मंडलोई

कुँवर नारायण मेरे प्रिय कवि हैं और प्रिय कवि पर लिखना कठिनतम काम है। उनकी कविताओं को पढ़ता हूँ तो मेरे सामने उनका खरा निर्भीक किन्तु सरल व्यक्तित्व सामने आ खड़ा होता है। अपनी तमाम किस्म की असहायताओं के बीच कुँवर नारायण जैसा कवि कह सकता है–''जानता हूँ कि मैं/दुनिया को बदल नहीं सकता/न लड़कर उससे जीत ही सकता हूँ/हाँ लड़ते-लड़ते शहीद हो सकता हूँ।'' यह कहते हुए वह यह देखना नहीं भूलते कि बिल्कुल मामूली ज़िन्दगी जीते हुए भी लोग चुपचाप शहीद होते देखे गए हैं।

कुँवर जी गूढ़ व्यंजनाओं के कवि हैं। मिथक में उनकी आवाजाही के दौरान आपको क्लासिक आभा कविताओं में दिखती है। वहाँ उनका काव्य स्वर संयम मर्यादा और अलग से उजास में आलोकित मिलता है–''चेतना को अधीन करके देखता है भर्तृहरि/जैसे पत्थर में एक मूर्ति को देखता है शिल्पी/मूर्ति में एक आत्मा को देखता है कवि/आत्मा में ब्रह्म को देखता है ऋषि.../और न ब्रह्म की सीमा है, न चेतना की ही।'' (भर्तृहरि की विरक्ति, पृ. 93)

कुँवर जी की कविताओं में पाठक के मर्म को सांस्कृतिक आशयों-अभिप्रायों में पकड़ने की अचूक क्षमता है। उनकी भाषा देखने के साथ ही बोलने वाली भाषा है। तह दर तह गहरी लय में पगी। पाठक की नैसर्गिक लय से मेल खाती। सादगी के अर्थ में पाठक के अनकरीब। कुछ कविताओं को छोड़ दें जो मिथक और दर्शन से दृश्य में आई हैं; बाकी ढ़ेर सी पाठक की अनुभूति और अनुभव की सहयात्री सी लगती हैं। ''लड़ाई सचमुच अगर/सही और ग़लत की ही है/तो ज़रूरी है सबसे पहले तय करें/कि क्या सही और क्या ग़लत है। राजनीति की भाषा में नहीं, नीति की भाषा में।'' क्या इस सच को हर नागरिक, हर पाठक अपनी बात नहीं मानता। न्याय जो कुहासे में है और कोई तरीका कारगर नहीं। तब सिर्फ़ सवाल बचते हैं। कवि सवालों को खड़ा करता है, ठीक लगभग वैसा जैसा उसका पाठक सोचता है। कविता में यह वहाँ पहुँचने का संकल्प है जहाँ सिर्फ़ कला चातुर्य में कभी जनसामान्य से दूर होने की हिकमत

में चाहे डूबे यदि इस तरफ से कभी को देखें वशिष्ठ शालीन भावप्रवण और साथ में गम्भीर दिखाई देगा ध्यान से देखें तो वह पाठकों के लिए... ''सिर्फ़ एक पर्दा है अन्तर्मुखी और बहिर्मुखी के बीच।'' कुँवर नारायण अपनी एक कविता में अत्यन्त विनम्रता से अपने को खोलते हैं–''कोई ख़ास बात नहीं/बचे समय में/बस एक छोटा-सा जीवन और जीना चाहता था/किसी बहुत बड़े सपने के लिए।'' इस ख्वाहिश में सृष्टि की हर एक इकाई से उनकी वाबस्तगी दिखाई देती है। हर एक मनुष्य की पीड़ा की सहभागी बनने की कामना। उनका चिन्तक मन इसी उधेड़बुन में अधिक सक्रिय दिखता है। वे अपनी कविता की जद में हर प्रसंग, विषय और घटना को शामिल करते हैं– ''सरकार कहती/तो ठीक ही कहती होगी–कि पुख़्ता है हमारी अर्थ-व्यवस्था/क्योंकि वह शेयरों पर नहीं/उन पर निर्भर है जिनका/कोई शेयर ही नहीं/हमारी शेयर-व्यवस्था में।'' इस तरह कवि का आप बहुत एक नागरिक के अनुभव से मिलकर कब कविता में आकार पा लेता है सहज पता नहीं चलता। बस कविता के भीतर से कुछ झाँकता दिखता है तो कभी मन जो विचार की शक्ल में मजबूती से खड़ा है उनका यही दुर्लभ काव्य गुण हमारे समय के यथार्थ को सार्वभौमिक कोण देता है।

कुँवर जी एक बड़े शिल्पी भी हैं–वस्तु और कला के पारखी। उनमें गहरा तटस्थता भाव शब्दों के चयन को लेकर है और वह विश्लेषणात्मक चेतना, धैर्य और विवेक के साथ कविता सम्भव करते हैं। बीज पद की तरह भावों का परिष्कार उनका मूल्य है जो सांस्कृतिक गांभीर्य और उदारता का संवाहक बनता है, इसलिए प्राय: कविता में भाव का सुथरापन, कलात्मक दृष्टिकोण और अनुभूति की विरल गहराई है। इसमें उनकी मनुष्यता एक धातु की तरह उपस्थित है–''स्वीकार करता हूँ कि/मेरी तरह मेरी दुनिया भी मानवीय है'' और यही वह ताकत है जो उनसे कहलवाती है साफ-साफ...''जानता हूँ मारा जाऊँगा/किन्तु हारूँगा नहीं।''

कवि की सक्रियता एक अनुपम उदाहरण है पाठकों, लेखकों और उन नागरिकों के लिए जिनके वे प्रिय हैं और सब को साथ लेते हुए यात्रारत क्योंकि उनका विचार है, ''मैं जो लिख रहा था/लिखता रहा/क्योंकि वह मेरे एक गहरे यकीन का मामला था/अंधड़ की परिधि से बाहर।'' दरअसल कुँवर जी यकीन के कवि हैं। विशेषकर तब जब पाठकों का यकीन एक हद तक कवियों से उठने लगा है।

समय से जिरह की कविता

ज्योतिष जोशी

कुँवर नारायण हिन्दी के शीर्ष कवि होने के साथ-साथ उन गिने-चुने भारतीय कवियों में एक हैं जिनकी कविताएँ मनुष्य को भरोसा देती हैं और जीवन को जीने, थाहने और उसे बरतने की ज़रूरी सीख भी। यह कविता हमें चौंकाती नहीं, किसी विलक्षणता का भ्रम भी नहीं पालती; बस, सादगी में जीवन के गहरे मर्मों को पिरोती चलती है और हम इससे संवाद करते हुए अन्तर में जीवन का ज़रूरी भरोसा पाने लगते हैं। 'हाशिए का गवाह' कविता-संग्रह तक आते-आते कुँवर नारायण की कविता हमारी दुनिया को न केवल पूरी तरह जान गई है वरन् उसके 'अनजाने रहस्य' तक को भेदने में सफल हो गई है। यह 'रहस्य' छोटे-छोटे जीवन-सत्यों से एक बड़े अर्थ को पाने का रहस्य है जिनका हमारे जीवन में बहुत महत्त्व है। जीवन के भूलते-भागते क्षणों में, ऐसे अनेक क्षण हमसे ओझल हो जाते हैं या हम स्वयं उन्हें ओझल हो जाने देते हैं जिनकी अर्थ बहुल द्युति हम नहीं जानते–'एक से घरों में रहते हैं/तरह-तरह के लोग/जिनसे बनते हैं, दूरियों के भूगोल...' एक से घरों में रहते हुए तरह-तरह के लोग दूरियों के भूगोल बनने में मदद करते हैं। दूरियों का यह भूगोल आपसी विश्वास को दरकाता है और उससे वर्जनाएँ जन्म लेने लगती हैं; तब न प्यार बचता है, न सम्बन्ध।

कुँवर नारायण की कविता मुक्ति की अनुभूति की नहीं, मुक्ति की प्रक्रिया की कविता है, इसलिए इसमें जीवन की चिन्ताएँ, उसके कारण और उसकी नामालूम-सी लगने वाली इच्छाएँ बेहद परेशान करतीं हमारी चिन्ताओं में शामिल हो जाती हैं जिनसे यह जीवन बनता है। एक कवि के रूप में कुँवर नारायण को उन सबकी बेतरह याद है; क्योंकि इनसे जीवन अधिक सम्पूर्ण बनता है–'वक़्त बदला–दृश्य बदलते–जगहें बदलतीं–लेकिन बहुत नहीं बदलतीं/एक कवि होने की वजहें/ उसकी चिन्ताएँ/किसी अधूरी-सी भेंट की याद/जीवन को अधिक सम्पूर्ण बनाती हुई...' यह संग्रह उन स्मृतियों को सहेजने का अद्वितीय प्रयत्न है जिन्होंने कवि को नए जीवन का उत्स दिया है या कवि ने जिनके माध्यम से जीवन को उसके गहरे क्षणों में जिया है। इन कविताओं

में अतीत और वर्तमान के बड़े वितान का गहरा तनाव है। कवि की अनुभूति में आवेग की नहीं, चिन्तन की प्रबलता है। जीवन-सत्य और जिये गए क्षणों के बीच आवाजाही में एक मर्म भरी पुकार भी है जो कदाचित् हमारे अन्तर में उतरती है। करुणाजनित इस पुकार में एक विह्वलता है—भागते समय में अपने वर्तमान को जोड़े रखने की वत्सलता से भरी विह्वलता; जिसमें हर क्षण एक कसक की तरह उभरता है और जीवन-मर्म की इबारतों की तरह खिल उठता है—'समझा/मैं एक जीवन को पीछे छोड़कर/उससे कहीं बहुत आगे निकल आया हूँ/और पीछे छूटा जीवन/मुझे छोड़कर/अतीत से जा मिला है/बहुत दूर तक।' इस भागते समय में उस बचपन की स्मृति भी है जो बहुत पीछे छूट गया है लेकिन जिसकी स्मृति के बिना बहुत खाली-सा लगता है—'उसमें ऐसा कुछ भी न था/जिसे पहले ही जीकर/समाप्त न किया जा चुका हो/फिर भी उसके आग्रह पर/मैं क्षण भर को रुका/वह आत्मीय क्षण/अपने आप में सम्पूर्ण था।...बरसता सावन/काग़ज़ की नाव में/उसके साथ बैठा/ज़रा-सा बचपन।'

कुँवर नारायण की इन कविताओं का रंग बिलकुल अलग है; उनकी पहचान से थोड़ा अलग दिखता हुआ रंग, जिसमें बौद्धिकता कम है, दार्शनिकता का दबाव उससे भी कम और पूरे संग्रह में एक आत्मीय संवाद है, कहीं-कहीं अपने से तो कहीं जगत् से। अपने को संबोधित करते कुँवर नारायण जीवन का सिंहावलोकन करते हैं तो जगत् को संबोधित करते वे छोटे-छोटे अनुभवों और प्रश्नों पर टिककर उसका एक 'पाठ' तैयार करते हैं, स्वयं को उसमें मिलाते हैं और एक अचरज भरी सीख की ओर ले चलते हैं—'इतना कुछ था इस दुनिया में/लड़ने-झगड़ने को/मरने-मारने को/पर ऐसा मन मिला/कि ज़रा सा प्यार में डूबा रहा/और जीवन बीतता रहा/' इस 'ज़रा सा प्यार' की ताकत बताते कुँवर नारायण बड़ी बात कह जाते हैं; जीवन इस प्यार के बिना कितना अर्थहीन है, यह कहने की जरूरत नहीं है।

दैनंदिन जीवन के प्रश्नों पर सोचते-विचारते कवि कुँवर नारायण कविता को मानवीय-विमर्श बनाते हैं और उसमें जीवन तथा दुनिया के बीच उसके बदलते रिश्ते पर जिरह करते हैं। प्रश्न करना कवि की प्रकृति में वैसे भी नहीं है, पर उससे जिरह करते कुँवर नारायण यथार्थ से टकराते हैं। एक साथ कई प्रश्नों का समुच्चय सामने होता है और कवि का सिर्फ़ एक उत्तर—'जिये हुए से कहीं ज़्यादा/देखा-सुना और पढ़ा हुआ/शामिल हो गया है जीवन में/जैसे एक प्याला चाय के साथ/सुबह का अख़बार।' एक उदासी कविता में तैर जाती है और आशंका से त्रस्त कवि कह उठता है—'आज का अख़बार पढ़कर/पता नहीं चलता/कि यह सब कल हो चुका है/या कल होगा!' यह आशंका अपने समय के प्रति संजीदगी है और कवि की मानवीय चिन्ताओं का प्रतिफल। सब कुछ उलट-पुलट रहा है, संसार की सुन्दर चीज़ें नष्ट हो रही हैं, आदमी ने आदमी को सुखी और खुश न देखने की कसम खा ली हो जैसे; एक बेहद भयानक समय में कवि अपने से पूछता है—'...और जहाँ हमें पहुँचना है कल/वहाँ छोटे-छोटे बच्चे/उत्सुकता से प्रतीक्षा कर रहे हों/कि देखें उनके लिए/क्या लेकर आता है मेरा

युग/एक हाथ में लिए आज का अख़बार/दूसरे में कविताएँ/असमंजस में हूँ/कि पहले उन्हें ख़बरें सुनाऊँ/या कविताएँ...।'

कुँवर नारायण की कविता में गाँव और नगर का फर्क स्पष्ट है। उन्हें इसका गहरा अहसास है कि अब नगरों में मानवीय सम्बन्धों की खोज व्यर्थ है क्योंकि 'नगरी' अब 'समुद्र की तलहटी' में डूब चुकी है। कवि को आज भी गाँव पर ही भरोसा है। द्वारिका में भटकते सुदामा को कवि की ताकीद है–'बहुत भोले हो सुदामा/नहीं समझोगे इस कौतुक को/मत भूलो अपने गाँवों को/जिनके विश्वासों की धूप-छाँह में कहीं/अभी भी बची है/एक जगमगाती द्वारिका।'

'हाशिए का गवाह' आठ खंडों में विभाजित कविताओं का संग्रह है जिसमें कई रंगों की कविताएँ हैं; पर सभी कविताओं में एक तारतम्य है और वह है मानवीय सम्बन्धों की चिन्ताओं की तारतम्यता; जिसमें जीवन के गहरे प्रश्न, आज की आपाधपी भरी यंत्रणा, भूल-बिसर गए क्षणों के बहाने अपने को पुराने समयों में खोजने की विकलता और नष्ट होती जा रही 'सुन्दर चीज़ों' पर गहरी विवशता। अठहत्तर कविताओं के इस संकलन में व्यक्त कवि-समय मार्मिक है और कदाचित् हमें बार-बार अपनी अन्तर्यात्रा को प्रेरित करता हुआ भी। भाषा की सादगी में छुपे हुए गहरे मर्म हमें अनायास उदास कर देते हैं तो कभी बेहद चौकन्ना भी, कभी झिंझोड़ते हैं तो कभी हमें अपने 'अकेले' में स्मृतियों की ओर लौटाते हैं और इस तरह कवि के 'सत्य' से हमारा सत्य एकाकार हो उठता है। शेली ने ऐसी ही कविता के लिए कहा था–"A Poem is very image of life expressed in its eternal truth."

'हाशिये की गवाही' देते कुँवर नारायण अपने 'उत्तरदायित्व' को याद करते ठीक ही तो कहते हैं–'जो भी रचा है मैंने/उसी का हिस्सा हूँ: पूरी तरह मौजूद हैं उसमें/मेरे अन्तर्विरोध और मेरा अन्तःकरण : हर तरह से उत्तरदायी हूँ/अपनी रची दुनिया के लिए।'

अपने कथन में स्पष्ट और अपनी गवाही में सत्य के प्रति प्रतिबद्ध कुँवर नारायण की कविताएँ हमारे समय से जिरह हैं और हमारे-आपके 'होने' न 'होने' का प्रति-संघर्ष भी। कविता इससे अधिक कुछ करती भी तो नहीं।

अन्य का अभिज्ञान

अनिरुद्ध उमट

प्रत्येक कवि अपने पाठ की कुछ पगडंडियाँ पाठक के सुविधार्थ कुछ जाने, कुछ लगभग अनजाने छोड़ता है, कुछ दीखती है, कुछ अदृश्य-सी रहती है। पाठक का अनुमान, संस्कार और जोखिम लेने की प्रवृत्ति ही वह उपाय होता है जिसके सहारे वह सही या ग़लत राह चुन लेता है। मगर कुछ कवि पाठक के लिए सरल-सी दीखती गहरी चुनौती बन प्रस्तुत होते हैं। वे स्वयं न तो किन्हीं खांचों, गुटों या दलों के प्रवक्ता होते हैं, न ही सक्रिय सदस्य, वे अपने होने को सदैव स्वायत्त, स्वतंत्र रखते हैं, उनका अजातशत्रु होना कई बार परम्परागत पाठक को परेशानी में डाल देता हैं। शत्रुहीनता से सर्वथा अपरिचित पाठक अचकचा जाता है कि यह किस तरह सम्भव है? किस तरह सादगी और दृढ़ता एक मूल्य बन जाती है? परम्परागत संस्कार उसे कभी इस तरह के जीवन-मूल्यों के प्रति सोचने का अवसर ही नहीं देते हैं। राजनीति से सब कुछ को देखने की राजनीति पाठक से सर्वप्रथम वह सहज विवेक-सत्ता-सामर्थ्य छीन लेती है जिसके होने से वह पिछलग्गू मात्र न रहकर एक सजग, चेतनासम्पन्न इकाई बन सकता है। पक्षप्रियता वहाँ किसी दल या विचार मात्र के प्रति न रहकर मनुष्य मात्र की नियति, वेदना, यातना, स्वतंत्रता के प्रति होती है। यह होना एक लम्बी साधना की माँग करता है जिसमें अधिकांश सुविधाएँ, परिचित मुद्राएँ, मार्ग त्यागने पड़ते हैं। यह त्याग तभी सम्भव है जब अपनी सर्जना पर सर्जक की अगाध आस्था, विश्वास हो। कुँवर नारायण की कविता का होना भी इसी कारण सम्भव हो पाता है। वे अपने स्वरों, लय के पक्के साधक हैं तो इसलिए कि उन्हें कभी अपनी राग, अपना सुर परिपूर्ण नहीं लगा, न ही उन्हें अन्य के राग, स्वरों की परिपक्वता, पूर्णता से असुरक्षा हुई। वे एकाग्रता, सादगी, गहराई के पर्याय यदि बने तो इसके पीछे के उनके हठ को नजरअंदाज नहीं किया जा सकता। वे 'वाजश्रवा के बहाने' लिखने के बाद 'हाशिए का गवाह' लिख सकते हैं। आज के इस कुटिल, चतुर, चालाक समय-समाज में उन्हें पढ़ने के लिए यदि ये सभी उपलब्ध उपाय-मार्ग त्यागने पड़ते हैं तो यह उनके कवि-कविता की ताकत है जो खुद भी भारहीन रहना चाहती है और हमें भी लगभग

निरावरण, भारहीन करती चलती है। उनके लिए 'कविता कोई भावुकता की हाय-हाय न होकर यथार्थ के प्रति एक प्रौढ़ प्रतिक्रिया की मार्मिक अभिव्यक्ति है।' वे कहते हैं कि 'वैज्ञानिक दृष्टिकोण से उनका अभिप्राय उन सिद्धान्तों या मतों से उतना नहीं जिन्हें मार्क्स, फ्रायड, आइन्स्टाइन, न्यूटन या डार्विन स्थापित कर गए जितना उस बौद्धिक स्वतंत्रता से है जो सदा से जीवन के प्रति निडर और अन्वेषी प्रश्न उठाती है।' कुँवर जी का नया संग्रह 'हाशिए का गवाह' उसी बौद्धिक स्वतंत्रता, निडरता और अन्वेषी व्याकुलता से रचा गया है।

पचास वर्ष पूर्व 'तीसरा सप्तक' में व्यक्त अपने विचारों पर कुँवर जी का कवि आज भी उतना ही अडिग, निडर, हठी है। उनका इस तरह सृजनशील रहना हमारी कई व्यर्थ की निरी बौद्धिक, दलीय दलीलों के शोरोगुल में अपनी विधा के प्रति ईमानदारी व खरेपन की गवाही है जो कभी भी हाशिए पर नहीं रहता बल्कि जो सदैव बहुत गहरे बीचोबीच स्थित रहता है—प्रत्येक विचलन से अविचलित। वे 'बादलों में जिसका घर हो' शीर्षक कविता के आरम्भ में कहते हैं, 'निर्वासन की शेष अवधि में/ अन्तिम बार आमंत्रित करता हूँ तुम्हें' इसी कविता में वे बूँद भर जीवन की हिम्मत को रेखांकित करते देखते हैं कि किस तरह वह 'इतने बड़े संसार को लाँघ कर/बादलों में अपना घर बनाती है' और इसे वे अपनी कविता में अन्ततः यहाँ तक प्रकट होते, रूप लेते देख पाते हैं कि 'बचा कर रखना अपने संसार को/उस बिजली पानी के स्पर्श से/बादलों में जिसका घर हो।'

यही उनके इस संग्रह का चरित्र है। यह बानगी नहीं, यही उसका मूल स्वरूप में अन्ततः होना है। इन पंक्तियों को आधार बना यह जाना जा सकता है कि हमारी भाषा का अन्यतम कवि कहाँ से चला था और कहाँ जा पहुँचा है मगर तब भी उसकी बुनियादी चिन्ताएँ, संकट, स्थापनाएँ, स्वप्न खंडित या विस्मृत नहीं हुए हैं बल्कि वे और अधिक दृढ़, स्पष्ट, पारदर्शी हुए हैं। उनकी कविता में आज के व्यक्ति के आत्मसंघर्ष, उसके आत्मबोध और नैतिक जिम्मेदारियों के सूक्ष्म ब्योरे हैं। उसमें धीरज, विवेक, आत्मसजगता, पुरुषार्थ और करुणा—कुछ ऐसे बीज शब्द हैं जिनसे उनका काव्यलोक उत्कर्ष पाता है। इसीलिए वे यह लिख पाते हैं—

विश्वास किया कि प्यार की भाषा/सब जगह एक ही है/
लेकिन जल्दी ही जाना/ कि वर्जनाओं की भाषा भी एक ही है।

यह सहज भाव से असमान धरातल को भाषा में कह जाना और कहने को किसी चतुरसुजान की सुविधा से बचा ले जाना कुँवर जी की कविता का व्यक्तित्व है। 'गुएर्निका' कविता के अन्त में वे कहते हैं—

कुल मिलाकर/जो एक अन्देशे का चित्र उभरता/
वह एक आदमी का भी हो सकता है/और दुनिया का भी।

दोनों ही कविताओं की इन दो पंक्तियों के होने को पृथक् से देखना चाहिए, 'लेकिन जल्दी ही जाना' और 'कुल मिलाकर जो एक अन्देशे का चित्र उभरता' यह जो बात कहने की चौकन्नी घरेलू-सी शैली है, यह अपने घरेलूपन में बेहद जटिल क्षणों में बड़ी मददगार सिद्ध होती है, किसी बुज़ुर्ग की अंगुली के स्पर्श सरीखी।

कवि सनातन संशयी होता है किन्तु वह संशय से आरम्भ कर सदा संशय ही में गिरे, धँसे ये ज़रूरी नहीं, कभी-कभी वह संशय से आरम्भ करने को विवश होता है, आगे यह कोहरा घना रहता है, यह छंट जाता है, इसका कोई पूर्वानुमान कवि को नहीं होता। यह अपूर्वानुमेय होने की मात्रा का दबाव ही उस कवि के स्वभाव को भाषा में उसकी हैसियत प्रदान करता है। कुँवर जी के यहाँ इस स्वभाव के बीज को देखने-उपजाने की बड़ी सधी क्रिया-प्रक्रिया-प्रतिक्रिया है, उनके यहाँ इस बीज की प्रकृति से छेड़छाड़ कभी नहीं होती। वे प्रकृति की प्राकृतिकता के संरक्षक के रूप में स्वयं को विकसित करते हैं। वे निरे उद्‌घोष के लिए या किसी मत-विचार के प्रतिपादक-अनुगामी नहीं तो इसी संशय के प्राकृतिक होने के विश्वास पर आस्था रखने के कारण ही। यह उनकी कविता को कई तरह के व्यर्थ उपक्रमों से बचा लेता है, इसी कारण वह ऊपर से अपने रूप में हमें बेहद अपनी जानी-सी लगती है, यह उनके शिल्प के पीछे की बुनियाद है। वे कई अन्य कवियों मसलन शमशेर-मुक्तिबोध से इस दृष्टि से कुछ भिन्न दीखते हैं। जटिलताएँ उनके यहाँ भी कम नहीं, मगर वे उलझाव या क्लिष्टता में नहीं जा धँसती। वे चीज़ों को उसके मूलस्वरूप में रख देने के सामर्थ्य के कवि हैं—यह सामर्थ्य भी संशय के गर्भ से ही उपजता है। इसीलिए उनकी कविता अपने होने से इतर कुछ भी अन्य जतन करने से मुक्त कविता है। अधिकांश हिन्दी कविता जहाँ एक समय बाद अपने जाने गए के भार से कुछ इस तरह दोहरी और वाचाल हो जाती है कि अपनी संरचना में ही अपनी तबाही के साजो-सामान जुटाने लग जाती है, वहीं कुँवर जी की कविता निरन्तर विनम्र और स्पष्ट हो अपने संशयों के बारे में बतियाने लगती है तो यह किसी अनायास संयोग का परिणाम नहीं होता—

मैं कहीं और भी होता हूँ/जब कविता लिखता/
कुछ भी करते हुए/कहीं और भी होना/धीरे धीरे मेरी आदत-सी
बन चुकी है/...ज़िन्दगी बेहद जगह माँगती है/
फैलने के लिए/इस फैलने को ज़रूरी समझता हूँ/और अपनी मजबूरी भी।

इसी कारण उनकी कविताओं को पढ़ते या उन पर लिखते यह लगता रहता है कि उन्हें पढ़ने के लिए वह घटाटोप नहीं चाहिए जो अन्यत्र अनिवार्य होता है, बल्कि उन्हें पढ़ने के लिए पृथ्वी को छूता आकाश चाहिए, जिसकी नीलिमा और विस्तार में कोई पैबन्द या कारस्तानी की गुंजाइश नहीं होती। वे हमारे उपलब्ध समय में उसकी उपलब्धता की पराकाष्ठा के कवि हैं। इस संग्रह में वे अत्यन्त बुज़ुर्ग या अत्यन्त सयाने

से इतर एक प्रकार के 'सम' की स्थिति के कवि के रूप में बतियाते हैं। उनका यह 'सम' पर होना उनकी कविता पर लिखने के क्षणों में हमसे भी वही आकांक्षा रखता है। वे हमारे अग्रज कवि क्यों हैं, यह इस 'समग्र' को जाने बगैर सम्भव नहीं। उनकी कविता धीमे से यह जाहिर कर देती है कि उसका हाल-फिलहाल के कोलाहल से कोई गहरा रिश्ता नहीं है, न ही वह उससे विचलित है; मगर वह उससे उदासीन भी नहीं है। वे यही आश्वासन अपने पाठक से भी उतनी ही सादी निर्मलता से चाहते है, यह चाहना ही एक स्थिति के बाद संस्कार में परिवर्तित हो जाता है, जब उनकी रचनाओं के बहाने हम कुछ विचारने लगते हैं। उनकी उपस्थिति इस संग्रह के निमित्त वह कार्य कर जाती है जो बहुत बुनियादी और अनिवार्य है–

कुछ को सब कुछ चाहिए/कुछ को कुछ नहीं/
...उसकी दिनचर्या में सब कुछ तत्काल/अनायास, आसपास.../
कुछ भी नहीं है पकड़ने को दौड़ कर।

संग्रह की एक कविता 'उदासी के रंग' में उस तपते तार को छुआ गया है जो दूर से ठंड से ठिठुरता लग रहा था। कवि अपने ध्यान में मगन किस कदर है, यह इन पंक्तियों की सादगी के पीछे के दर्शन के अनुभव में व्यक्त होता है–

कभी-कभी धोखा होता/उल्लास के इन्द्रधनुषी रंगों से खेलते
वक़्त/कि कहीं वे/किन्हीं उदासियों से ही/छीने हुए रंग तो नहीं?

यही है वह स्थिर, दृढ़ ठोस हाशिए के गवाह का अपने कर्म के प्रति, अन्य के प्रति रिश्ते का असल सूत्र। यहाँ संशय कहीं भी काव्यतत्त्व को बोझिल या खंडित नहीं करता बल्कि काव्य प्रकृति के अनुसार स्वयं को लचीला, मानवीय बना लेता है। यह संग्रह पुनः कुँवर जी के माध्यम से साबित करता है कि कवि की एक नैतिकता इसमें भी है कि वह अपनी विधा की पवित्रता, शील, अस्तित्व के प्रति समर्पित रहे। यह यदि खंडित या अपवित्र होता है तो सारा जतन व्यर्थ हो जाएगा। हम यदि उस तत्त्व को अक्षुण्ण नहीं रख पाते हैं जो हमारी नियति का सर्वाधिक सगा-प्रवक्ता है तो यह हमें जान लेना चाहिए कि हमारे समस्त ज्ञान-ध्यान के बाद भी हम अभी इस स्रोत की निर्मलता से बहुत दूर हैं जिसका जाने-अनजाने किन्हीं अन्य उपकरणों के सुविधार्थ दुरुपयोग करते आ रहे हैं। यह एक कवि की पहली आखिरी जिम्मेवारी भी है। कुँवर जी की समस्त कविताई इस जिम्मेवारी का उत्कर्ष है। उन्हें पढ़ना सही अर्थों में अपनी नियति, अपने समय की नब्ज को हलके से छू लेने, ढूँढ़ लेने जैसा है। उसकी स्पंदन गति को ठीक-ठीक परख लेने के बाद पाठक को लगने लगता है कि हमारी भाषा में जो ओझा, नीम-हकीम दवा-दारू करते हैं वह सबसे पहले हमारे होने की गरिमा को क्षति पहुँचाता है। वह राजनीतिज्ञों की तरह सटीक ऊँचे स्वर में न बोलते अकसर कवि की अचकचाहट-संशय में कुछ कहते

हैं, यह कहना उनके यहाँ अकसर हमारे सुनने से पूर्णता प्राप्त करता है। वे कहकर चादर ओढ़ लेने वाले महानों से इतर अपनी कविता, अपने कहने को धीमा और स्थगित करते जाते हैं–

तब भी अगर कुछ बचा रह जाता है/शरीर-सा भूखा प्यासा
तो उसे भी/ग्रहण कर लेता है सविनय/आगे बढ़ कर/एक
भिक्षुक-सा समय।

एक अन्य कविता 'कोने' की ये पंक्तियाँ उस अज्ञात नियति, उसकी विसंगति, विडंबना से हमें वहाँ ले जाती है जहाँ अर्थ व कहे के पीछे का अदृश्य एक अन्य कहन हमारी प्रतीक्षा में जाने कब से बैठा होता है, 'दिशाएँ कोने नहीं बनाती/ हर तरफ दिशाओं का खुला आकाश होता है।' काव्यक्षण में जो जादू, पर्दादारी, जो चकमकपना होता है वह तभी प्रकट होता है जब उसे वहीं भाषा भी प्रतीक्षित मिले जो उसे सँभाल, ओढ़ सके। अशोक वाजपेयी के अनुसार, 'विषय से अलग भी किसी रचना की आत्यंतिकता होती है, उसके इस अन्तर्लोक में कई बार विषय प्रश्नांकित हो सकता है, उसकी ऐसी तहें खुल सकती है, जिसका स्वयं रचयिता को अंदाज न रहा हो। भाषा भी रचती है, कई ऐसी रचनाएँ होती हैं जिन्हें पढ़कर ऐसा लगता है कि इन्हें जितना लेखक ने, उतना ही भाषा ने रचा है।' कुँवर जी के यहाँ कई-कई बार, कई-कई रूपों में सम्भव होता है–वे अपने रचने के साथ उस अन्य को भी पर्याप्त पसारा देते हैं जो कहीं अदृश्य है। मगर कवि जानता है वह अदृश्य कोई अपरिचित नहीं, विस्मृत भले ही हो। उनके यहाँ उस विस्मृत को पूरी जगह-सुरक्षा मिलती है। वे अन्य की इस सुरक्षा की गारंटी में ही अपने होने की सार्थकता पाते कवि हैं। यहाँ हम 'दहलीज के परे' कविता का स्मरण कर सकते हैं–

एक संकटकाल से/संधिकाल में प्रवेश करते, मैंने पीछे मुड़
कर देखा–/एक आदमी अपनी दहलीज़ को/सलीब की तरह/
कन्धों पर लादे/अपने घर से बाहर निकल रहा था।

अपनी कविता की समस्त चरखा-कताई के विनम्र-कर्म में कवि का सयानापन उसकी प्रौढ़ता, उसकी संश्लिष्टता उसे उस चरम, उस निर्णायक स्थल तक ले आता है जहाँ स्फटिक-सा क्षण चौड़े पाट में बहने लगता है, सब कुछ को साथ लेता, जो भी अधूरापन-विसंगति है, उस सब को बाँहों में भींचे–उस सागर में समाहित होने जिसे उन्होंने 'उत्तरदायित्व' शीर्षक देते लिखा है–

जो भी रचा है मैंने/उसी का हिस्सा हूँ/पूरी तरह मौजूद है
उसमें/मेरे अन्तर्विरोध और मेरा अन्तःकरण/हर तरह उत्तरदायी
हूँ/अपनी रची दुनिया के लिए/...मैं ईश्वर होता तो/मुक्त
कर लेता अपने को/यह कह कर कि सिद्धान्ततः/मैं अपनी

रचनाओं से परे हूँ/...स्वीकार करता हूँ/कि मेरी ही तरह/
मेरी दुनिया भी/मानवीय है

यह वह कवि कह रहा है जिसने कुछ समय पूर्व ही कहा था, 'अबकी अगर लौटा तो/मनुष्यतर लौटूँगा।' सादगी को अभाव की नहीं संस्कृति की परिभाषा मानने वाले कुँवर जी का यह संग्रह अपनी सहजावस्था में उनके पिछले संग्रहों की पांत में विस्तार है जहाँ उनके कवि-कविता के अन्तःकरण का आयतन व्यापक और निडर अन्वेषी, प्रश्नाकुल हो गया है। कवि का सामर्थ्य इसी घटत-बढ़त में देखा-परखा जाता है। इस परख को एक बड़ा कवि निरन्तर निर्मम-तटस्थ बनाता है जिसके चलते मानवीय अस्तित्व की गरिमा से जुड़े प्रश्न सृजनक्षण में अपना अर्थ स्वरूप पाते हैं। कुँवर जी के यहाँ किसी भी प्रकार की तात्कालिकता का चौंकाता प्रस्फुटन नहीं है, यह संग्रह हमें तनिक सचेत करता है कि कहीं हमारा ध्यान-एकाग्रता-ग्राह्यता खंडित-प्रदूषित तो नहीं हो रहा है क्योंकि हमारा कवि अब भूमि में और गहरे जड़ें फेंक-पसार रहा है। उतनी ही संपृक्ति उसके काव्य के प्रति हममें रहती रहनी चाहिए। यह जुगलबन्दी इस संग्रह में अपेक्षित है। कवि नवीन सागर की काव्य पंक्ति को स्मरण करें तो, 'अभी तुम हो/तुम में है/ तुम न रहोगे तो/पूरी तरह से चला जाएगा वह'। यहीं कुँवर जी के कवि की अपनी विधा और उसके साथ के रिश्ते की अटूट पकड़ और अनिवार्यता और बाहरी उठापटक या क्रीड़ा की सही-सही पहचान की दृष्टि 'पुरस्कार' कविता में यूँ प्रकट होती है कि उसके बाद उसके नाद, कंठ की गहराई-गम्भीरता की गूँज हमारी चेतना में बस जाती है-

एक छोटा-सा अंधड़/बन्द दरवाज़े को/ढकेल कर खोलते
हुए/ढिठाई से कमरे में घुसा/हलकी-फुलकी चीज़ों को/
इधर-उधर बिखेरता हुआ/मैं जो लिख रहा था/लिखता रहा/
क्योंकि वह/मेरे एक गहरे यक़ीन का मामला था/अंधड़
की परिधि से बाहर

इस रूप में कुँवर जी हिन्दी कविता के गहरे यकीन के कवि के रूप में काव्यप्रदेश में रहते हैं क्योंकि उनका कवि 'होने' की हैसियत को जानता है जो अदृश्य-सी चेतावनी के स्वर में कहता है कि तुम नहीं रहोगे तो पूरी तरह से चला जाएगा वह। अन्य के रहने के लिए यह अपने रहने को कायम रखता है व पूरी तरह से चले जाने को मुल्तवी किए रहता है। संक्षेप में कहें तो यह संग्रह अंधड़ की परिधि से बाहर है इसीलिए इसमें हाशिए का गवाह बनने की, बने रहने की हूक, आकांक्षा जीवित रह पाई है और उन सभी के लिए यह स्वयं में एक आवाहन भी है जो अपने हल्ला बोल अभियान में इस बुनियादी नियति-विडंबना-सत्य से सर्वथा अनभिज्ञ है। यह अनभिज्ञ से अभिज्ञान की ओर का रास्ता कवि ही दिखा सकता है, वह भी किसी अन्य को नहीं बल्कि स्वयं कवियों को ही।

हाशिए की गवाही

लताश्री

मुक्तिबोध ने फैंटेसी का प्रयोग किया जो उस दौर के यथार्थ की भयावहता का दर्शन कराता है जब दूसरे विश्वयुद्ध ने मानव-मूल्य और मानवीय संवेदना को सन्देह के घेरे में ला दिया था और भारत के सन्दर्भ में देखें तो आजादी को लेकर जो एक मधुर स्वप्न था, वह भंग हो चुका था। कुँवर नारायण भी यथार्थ की इस भयावहता से रू-ब-रू थे, मगर उन्होंने इसकी त्रासदी की भयंकरता को रचने के बजाय इसके भीतर ही जीवन की सम्भावनाओं को तलाशने की कोशिश की। इसके लिए उन्होंने मिथकीय चरित्रों को लेकर कविताएँ लिखीं, जिनमें जीवन और मृत्यु के बीच के द्वन्द्व को केन्द्र बनाया गया। इनकी कविताओं में जो कुछ बौद्धिक प्रभाव दिखलाई देता है उसका यही कारण है। पर यह कुँवर नारायण की सीमा नहीं है, उस दृष्टि की सीमा है जो बौद्धिकता के झीने आवरण के पार जीवन के प्रति मासूमियत भरा लगाव, प्रेम और सौन्दर्य के प्रति उल्लास भरी ललक को नहीं देख पाती है। सम्भवतः जीवन और मृत्यु के अन्तहीन द्वन्द्व 'आत्मजयी' में जीवनानुभव से प्रेरित होकर ही उपस्थित हुए मगर विचार पक्ष की प्रबलता सर्वत्र व्याप्त रही, यद्यपि उसके बाद 'अपने सामने', 'कोई दूसरा नहीं', 'इन दिनों' तथा 'वाजश्रवा के बहाने' तक की कविताएँ जीवन के प्रति इनके पूरे रागबोध को प्रकट कर देती हैं। यह रागबोध हर स्तर के प्रत्येक अनुभव से जुड़ा है जैसे 'प्रेम रोग' नामक कविता में यह प्रकट हुआ जब इतिहास की ध्वंसात्मक स्मृतियों को याद करते हुए उन्हें शेक्सपियर की याद आई, डायर की नहीं और मुसलमानों को याद करते हुए ग़ालिब याद आए, औरंगजेब नहीं। महत्त्वपूर्ण बात यह है कि जीवन के प्रति सकारात्मक दृष्टिकोण तथा जीवन के लिए सार्थकता की अनिवार्यता कुँवर नारायण के काव्य चिन्तन का मूल मंत्र है। और इसी मूल स्वर को पूरी तत्परता से उद्घोषित करता है उनका नवीनतम कविता-संग्रह 'हाशिए का गवाह।' दरअसल कुँवर नारायण इतिहास से सबक लेने के बजाय उससे जीवन के प्रति एक सकारात्मक समझ बनाना ज़्यादा ज़रूरी समझते हैं, इसीलिए धोखा देने वाली प्रेमिका का खून कर देने की इच्छा धीरे-धीरे तिरोहित हो जाती है और

उसमें कवि को माँ, बहन आदि की छवि दिखलाई देने लगती है। यह प्रेम के बारे में बहुत ही विरल, सम्भवत: विश्वास से परे दृष्टिकोण है पर जीवन की भयावहता और इतिहास की विद्रूपता पर जीवन की रागात्मकता की स्थापना इसी प्रकार सकारात्मक समझ से सम्भव हो सकती है, वरना इतिहास से मिली नफरत वर्तमान को भी खौफनाक बना देती है। पिछले पंद्रह वर्षों में हम साम्प्रदायिक, जातीय और क्षेत्रीय तनावों के नए दौर का सामना करते रहे, उस प्रसंग में कुँवर नारायण की यह समझ ध्यान देने योग्य है। हालाँकि इससे यह आशंका उत्पन्न होती है कि कवि की सामाजिक पक्षधरता कहीं मानवीय प्रेम के अमूर्त उदात्तीकरण का शिकार तो नहीं हो रही है, कुछ-कुछ गाँधी से मिलती-जुलती कि पाप से घृणा करो, पापी से नहीं। नफरत जीवन को बेहतर बनाने, शोषण और उत्पीड़न से मुक्त समाज के निर्माण के लिए किए जाने वाले प्रयास को ऊर्जा प्रदान करे, वहाँ तक वह सकारात्मक है पर नफरत को मंजिल मानकर हम बेहतर समाज की कल्पना नहीं कर सकते। उद्देश्य सकारात्मक हो तो नफरत की परिणति प्यार में होती है और प्यार मनुष्य के व्यक्तित्व का प्रसार करता है, 'स्व' से मुक्ति देता है, वह व्यापक सरोकारों से जुड़ता है क्योंकि प्यार किसी सीमा में नहीं बंधता, उसकी भाषा असीम और अनंत होती है। कवि कहता हैं : 'यदि पर्दे के दूसरी तरफ़/खिली धूप में खिलता गुलाब बेचैन शब्द/जिन्हें होंठों पर लाना भी गुनाह था/धीरे-धीरे जाना/प्यार की और भी भाषाएँ हैं दुनिया में।'

'हाशिए का गवाह' की पहली ही कविता इसका उदाहरण है। पिछली मिथकीय कविताओं में जो सभ्यता विमर्श था, जीवन और मृत्यु को लेकर जो दार्शनिक और बौद्धिक स्वर था, वह इस कविता-संग्रह में अधिक सघन, भाव-संवेग के स्तर पर अधिक गहन होकर प्रकट हुआ है। इसी के साथ-साथ कवि की 'निजता' अधिक व्यापक हो गई है, जीवन को बचाना उसका सर्वप्रमुख सरोकार हो गया है। 'कोलंबस का जहाज' की ये पंक्तियाँ इस सन्दर्भ में प्रस्तुत है : 'ज़रूरी है सावधानी/पृथ्वी पर लौटा है अभी-अभी/अन्तरिक्ष यान/खोजकर ऐसी दुनिया/जिसमें न जीवन है–न हवा–न पानी।'

विज्ञान ने मनुष्य के जीवन को विविध आयाम दिए, सुविधाएँ दी, पर धीरे-धीरे उसके भीतर के 'आदमी' को निकाल लिया, वह यंत्र मानव बन गया। गेटे ने यांत्रिक पूँजीवाद के प्रारंभिक दौर में ही मनुष्य के भीतर से आत्मा निकाले जाने का रूपक रचा था। कुँवर नारायण आज के नए उपनिवेशवाद और विलंबित पूँजीवाद का क्रिटिक रचते हैं जहाँ पहुँचकर वह अपनी ही रची दुनिया को नष्ट करने पर आमादा हैं।

कुँवर नारायण इस विध्वंस की स्थिति का निदान प्यार और सौन्दर्य में ढूँढ़ते हैं। ऐसे प्यार और सौन्दर्य में जो बौद्धिक परिभाषाओं और लेन-देन के गणित से ऊपर है, पर इतना उदात्त भी नहीं कि उसकी परिणति आध्यात्मिक रहस्यवाद में हो। यह कहने में हर्ज नहीं मालूम पड़ता कि कुँवर नारायण का यह संग्रह आज के दौर में रची जा रही बेहतरीन कविताओं के बीच भी विशिष्ट है, स्वयं उनकी कविताओं के बीच भी अनूठा नजर आता है। इस संग्रह की कविताओं में कोई बौद्धिक वक्तव्य

नहीं है, फलसफा नहीं है। ये कवि की गहन अनुभूतियों से उत्पन्न हुई हैं जो सीधे जीवन की मासूम, स्वच्छन्द अभिलाषाओं से जुड़ी हैं। 'मारिषा' में वे कहते हैं : 'इतनी अनांगिक सुन्दरता/कि एक काया में न समाती/ बार-बार लौटती है/विभिन्न शरीरों में/विभिन्न देशों और समयों में/कभी हेलेन, कभी क्लियोपेट्रा/कभी कारमेन...।'

यह अनांगिक सुंदरता 'भोर की बहती हवाओं की तरह अस्थिर' है: 'मैं भोर की बहती हवाओं की तरह/अस्थिर हूँ/फूलों पर चमकते/ओस कणों की तरह क्षणिक/स्पर्श से परे एक कवि का स्वप्न/मुझे पहली बार ऋषियों ने/एक ऋग्वन में देखा था/इतनी आत्मिक/कि एक देह तक नहीं।'

यतींद्र मिश्र कहते हैं कि "कुँवर नारायण के बारे में कोई परिभाषा देना कठिन है क्योंकि कवि होने के साथ-साथ वे धीर आलोचक और कला समीक्षक भी हैं जिनकी परिधि में संस्कृति एक निकाय की तरह मौजूद रहती है।" स्वयं कुँवर नारायण ने 'वर्तमान साहित्य' के 'शताब्दी कविता विशेषांक' में प्रकाशित अपने साक्षात्कार में कहा कि "संगीत और दूसरी कलाएँ एक कवि के भीतर कई स्तरों पर साहित्यिक संस्कृति का निर्माण करती हैं। मुझे याद है इस बारे में मलार्मे और प्रतीकवादियों ने चिन्ता की थी। उसके कुछ बेहतर परिणाम सामने हैं, भले ही दुरूह लगें। मैंने 'चक्रव्यूह' की कविताओं में ऐसी कोशिश की थी और पाया कि संगीत के उत्कृष्ट क्षणों और रहस्यात्मकता का एक काव्य आनन्द है, जो कविता को पुष्ट करता है, बहुआयाम देता है।"

इससे इनकार नहीं किया जा सकता कि कुँवर नारायण अभिजात्य से मुक्त नहीं हैं, यह अभिजात्य भाव-संवेदन से लेकर भाषा और शिल्प तक में दिखलाई पड़ता है। इसके कारण इनकी कविताओं में एक विशिष्ट सुघड़ता और प्रवाह में लयबद्धता आती है। अगर लोक का अर्थ व्यापक जीवन-परिप्रेक्ष्य से है तो बगैर शक कहा जा सकता है कि इनकी कविताओं का सम्बन्ध लोक जीवन से है। पर उस रूप में नहीं जिस रूप में त्रिलोचन की कविताओं में है। 'लोक' को रचने का इनका अंदाज अपना है, उस अंदाज में एक नफासत है, मगर किसी कवि को सिर्फ़ इसी वजह से व्यापक-जीवन-सन्दर्भों से अलग, अर्थात् कलावादी नहीं कहा जा सकता। 'हाशिए का गवाह' में एक कविता है 'नीरो का संगीत प्रेम'। नीरो बेला बजाता था और अपने आप को दुनिया का बेजोड़ कलाकार समझता था। एक दिन उसके सिपाही एक ऐसे गायक को पकड़कर लाए जिसे लोग देश का सबसे बड़ा गायक मानते थे। सिपाहियों ने उसे भाले से कुरेदते हुए सम्राट के आगे गाने के लिए कहा, लेकिन भयाक्रांतता उसके मुँह से आवाज नहीं निकलने देती, फिर उसे यातना दी जाती है और वह दर्द से चीखने लगता है। सम्राट को उसकी चीख में संगीत का आनन्द मिलने लगा। निम्नांकित पंक्तियाँ द्रष्टव्य हैं : 'सम्राट को उसका चीखना सुरीला लगा/ अपनी बेला पर वह/ ऐसा एक भी आर्तनाद कभी नहीं निकाल सका था/हुक्म हुआ कि उसे क़ैद में रखा जाए/ताकि वह भाग न जाए/और रोज उसे/उस समय नीरो के सामने लाकर/यातना दी जाए/जब

वह अपनी बेला पर अभ्यास करता हो/धीरे-धीरे गायक अपना गायन भूल गया/उसे केवल रुदन याद रहा/बादशाह को खुश करने के लिए/उसके सिपाही गायक को/रोज़ नई-नई यातनाओं से तड़पाते.../कला और दर्द के बीच रिश्ते को/समझने का/नीरो का यह अपना तरीक़ा था।'

जाहिर है कवि इस कलादृष्टि के विपक्ष में खड़ा है। यह कला जनविरोधी है, इसमें मानवीय राग नहीं, क्रूरता है, एक तानाशाह की अमानवीय कला दृष्टि है यह, संवेदना और मनुष्य के प्रति आदिम लगाव से दूर अभिजातपन का यह विद्रूप नमूना है। कुँवर नारायण इस अभिजात्य से ग्रस्त नहीं हैं। बल्कि इसके विरोध में खड़े हैं। मानवीयता, नैतिक आग्रह और संघर्ष की जिजीविषा के विविध भावों से इनका अभिजात्य बना है जो भाषा और शिल्प के नए और सुघड़ प्रयोग के लिए है और कविता में आए ब्योरों, विवरणों और इतिहास की स्मृतियों को जीवंत और प्रासंगिक बनाता है। इस प्रकार कवि की निजता किसी-किसी दायरे में बंधने के लिए अभिशप्त नहीं होती, वह व्यापक मानवीय दायरे में जाकर सार्थकता प्राप्त करती है। यहाँ आकर काल और देश की सीमाएँ मिट जाती हैं : 'भारत लौटते हुए/एक उड़ान की ऊँचाई से/देख रहा था मैं भी/नीचे बिछी पृथ्वी पर छोटे-छोटे घरों को/दूर-दूर तक फैले/एक से यथार्थ को...।/मैं नेरुदा से मिला था। आधी सदी पहले/एक युद्धाहत नगर में/जो तेजी से लौट रहा था/जीवन की ओर।'

यह कवि का इतिहासबोध है जो उसकी विभीषिका और त्रासदियों पर ठहरकर सिर नहीं धुनता, आगे बढ़ता है जीवन की तलाश में। जीवन महत्त्वपूर्ण है, तमाम संकटों, भयावहताओं और युद्धोन्मादों के बीच, कविता इसी प्रकार जीवन से जुड़ती है, तमाम नकारात्मक परिस्थितियों के बावजूद जीवन के प्रति एक राग, थोड़े से प्यार की तलाश करके, यही थोड़ा सा प्यार जीने का हौसला उत्पन्न करता है। एक युद्धाहत नगर में नेरुदा से मिलना कवि के लिए इसलिए आह्लादपरक है क्योंकि वह तेजी से जीवन की ओर लौट रहा था।

यह आशंका उत्पन्न हो सकती है कि कवि व्यापक जन सरोकारों और बहुसंख्यक जनता के दु:ख-दर्द को नजरअंदाज करके कला की नितांत रूप से वैयक्तिक सुविधाजनक और वायवीय दुनिया में रहना चाहता है। इस पर ठीक से विचार करने के लिए 'हाशिए का गवाह' की कविताओं पर ध्यान देने की जरूरत है। प्रेम और करुणा को लेकर एक संश्लिष्टताबोध इनकी कविताओं में प्रारम्भ से दिखलाई देता रहा है। यह संश्लिष्टताबोध ही इन्हें इकहरी जनपक्षधरता और रूमानी क्रांतिकारिता से बचाकर यथार्थ की भूमि पर खड़े होने की शक्ति देता है। यहाँ यह उल्लेख करना आवश्यक है कि कवि की निजता संकीर्ण नहीं है। जैसा कि पूर्व में ही संकेत किया जा चुका है, वह फैलती है और व्यापक मानवीय बोध से जुड़ती है जहाँ प्रेम और करुणा ही जीवन की कसौटी है। संग्रह में एक छोटी मगर विराट् सोच को व्यक्त करने वाली कविता है 'ट्यूनीशिया का कुआँ': 'ट्यूनीशिया में एक कुआँ है/कहते

हैं उसका पानी/धरती के अन्दर ही अन्दर/उस पवित्र कुएँ से जुड़ा है/जो मक्का में है/ मैंने तो यह भी सुना है/कि धरती के अन्दर ही अन्दर/हर कुएँ का पानी/हर कुएँ से जुड़ा है।'

कुएँ में गहराई है, व्यापकता नहीं, इस प्रकार वह अनुभूतियों की गहनता का प्रतीक है, पर उसकी व्यापकता का नहीं। बिना व्यापकता के गहनता की व्यापक मानवीय सरोकारों के प्रसंग में कोई सार्थकता नहीं है, पर पानी दायरों को तोड़ता है और हर कुएँ का पानी दुनिया के हर कुएँ से जुड़ा होने के कारण व्यापकता और गहराई के द्वन्द्व की समस्या को दूर कर देता है। इस कविता में कुँवर जी के भाषा-शिल्प का अनूठापन आकर्षित करता है। पहले एक कुएँ के पानी का मक्का के कुएँ से जुड़ा होना फिर हर कुएँ से जुड़ना मनुष्य को स्थान, काल, धर्म की सीमाओं से मुक्त करता है। यह एक चित्र है जो धर्म की सीमा को रेखांकित करता है, इसके तुरंत बाद दूसरा चित्र आता है जिसमें कवि कहता है कि 'हर कुएँ का पानी हर कुएँ से जुड़ा है।' यह याद करने योग्य है कि अज्ञेय की कविता में बूँद उछलकर अलग होती है वह पानी का अंश है, पर वह अपने अस्तित्व का बोध कराती है। बूँद 'मैं' यानी आत्मा का प्रतीक है, पर यहाँ पानी उस रूप में सब्जेक्टिव नहीं है। यहाँ सहज मानवीय सम्बन्ध चेतना है, आत्म का विस्तार है।

दरअसल 'हाशिए का गवाह' की कविताएँ स्वयं कुँवर नारायण की काव्य-यात्रा में बदलाव का संकेत देती हैं। यह बदलाव भावबोध में ही नहीं, भाषा में भी है। संवेदना को सूक्ष्म भाषिक प्रतीकों से व्यक्त करने के कारण यहाँ एक अलग किस्म की मार्मिकता दिखलाई देती है। पूर्व की कविताओं की अपेक्षा यहाँ वाक्य-विन्यास अधिक सहज और गहरी व्यंजना से पूरित है। इन व्यंजनात्मक अर्थ छवियों के कारण ही सहज वाक्य-विन्यास के बावजूद कविताएँ बोध और अभिव्यक्ति की दृष्टि से कहीं भी सरलीकरण का शिकार नहीं होतीं। यह उनके कठिन अभ्यास के कारण सम्भव हुआ। कविता में सहज होकर भी सरलीकरण से बचे रहना सामान्य कवि के लिए सम्भव नहीं है। इन कविताओं में प्रेम को लेकर एक सघन, ऐंद्रियबोध व्यक्त हुआ है। मांसल चित्र भी सूक्ष्म व्यंजनात्मक प्रयोगों के कारण ऊपर-ऊपर नहीं झलकते पर विवरणों, प्रतीकों की परतों के नीचे हम जैसे-जैसे उतरते हैं, अर्थ परत दर परत खुलते जाते हैं।

कुँवर नारायण की कविताओं की केन्द्रीय शक्ति है उनका नैतिकबोध। यह नैतिकबोध लोकोत्तर अथवा रूढ़िग्रस्त नहीं है, यह गतिशील है, यह सांस्कृतिक क्षेत्र से लेकर राजनीतिक स्तर तक आवाजाही करता है। इसके माध्यम से एक कवि व्यापक मानवीय चेतना से जुड़ता है। आज के समय में जब संवेदना से लेकर नैतिकबोध तक एक सतही और छिछली व्यावसायिकता से ग्रस्त हो रहे हैं, इस संग्रह की कविताएँ जीवन को देखने की एक नई पॉजिटिव दृष्टि देती हैं।

तट पर हूँ पर तटस्थ नहीं [2010]

साक्षात्कार की गम्भीरता

अमरेन्द्र पाण्डेय

'तट पर हूँ पर तटस्थ नहीं' कुँवर नारायण के साक्षात्कारों की महत्त्वपूर्ण पुस्तक है। कुँवर नारायण मौजूदा समय के उन अग्रणी कवियों में हैं जिन्होंने कविता में अपनी एक ऊँचाई तो प्राप्त की ही है, अपने संवाद के माध्यम से साहित्य-जगत में एक सशक्त और सार्थक हस्तक्षेप भी किया है। यह हस्तक्षेप आलोचना से कम का नहीं है। इस पुस्तक के द्वारा वैचारिक ठहराव टूटे हैं और वाद-विवाद की प्रक्रिया आगे बढ़ी है। यह पुस्तक वाद-विवाद-संवाद के प्रत्येक रूप को प्रस्तुत करती है। साहित्य-समाज की अनेक बहसों में कुँवर नारायण अपनी मान्यताओं और तर्कों के साथ उपस्थित होकर साक्षात्कार विधा को और अधिक गम्भीर बना देते हैं। दरअसल कुँवर नारायण ने साक्षात्कार विधा के उभार (आठवें दशक) के समय से ही पत्रकारिता और साहित्य के सम्बन्ध को गम्भीरता से लिया और उसे जीवंत कर दिया है। कुछ गंभीर साक्षात्कार की जो परम्परा हमारे यहाँ मौजूद रही है उसको और अधिक समृद्ध करने का काम 'तट पर हूँ पर तटस्थ नहीं' पुस्तक करती है। हिन्दी में साक्षात्कार विधा अपने उभार के दौर से ही अपनी प्रकृति में गम्भीर रही है। 'अपरोक्ष' (सात लेखकों से अज्ञेय का संवाद) नाम से अज्ञेय के महत्त्वपूर्ण साक्षात्कार प्रकाशित हो चुके हैं। मनोहर श्याम जोशी ने 'बातों बातों में' शीर्षक से प्रभावशाली व अत्यन्त विस्तृत साक्षात्कार लिया है। वहीं अमृतलाल नागर का साक्षात्कार 'अमृत मंथन' नाम से प्रकाशित है। इसी क्रम में 'शेष निशेष' दिनकर की भेंटवार्ता है तो वहीं 'रचना : क्यों और किनके बीच' में अज्ञेय से लिए गए साक्षात्कार हैं। भेंटवार्ताएँ इतनी प्रभावशाली होती हैं व पाठकों में दिलचस्पी पैदा करती हैं कि साहित्य-समाज में घट रहे पहलुओं के बारे में एवं लेखकों के विचारों से परिचित होने में सहज भूमिका निभाती हैं। यही कारण है कि इस विधा के प्रति पाठकों की दिलचस्पी को देखते हुए किताबघर प्रकाशन ने 'मेरे साक्षात्कार' नाम से एक पुस्तक श्रृंखला ही प्रकाशित कर दी है जिसमें नागार्जुन, कुँवर नारायण, विश्वनाथ प्रसाद तिवारी, लीलाधर जगूड़ी, रामदरश मिश्र, मैनेजर पाण्डेय, केदारनाथ सिंह आदि हैं। इसी तरह से 'कहना न होगा', 'बात-बात में बात' और

'सम्मुख' आदि पुस्तक नामवर सिंह की संवादी पुस्तक है। इधर के समयों में 'यातना, संघर्ष और स्वप्न' (राजेन्द्र यादव), 'कथोपकथन' (अरुण कमल) आदि महत्त्वपूर्ण साक्षात्कार पुस्तकें प्रकाशित हुई हैं जो साक्षात्कार विधा को समृद्ध करती हुई निरन्तर आगे बढ़ रही हैं।

'तट पर हूँ पर तटस्थ नहीं' पुस्तक में 1998 से लेकर 2009 तक के कुल 19 संवाद संकलित हैं। इस पुस्तक का सम्पादन विनोद भारद्वाज ने किया है जो कुँवर नारायण के साक्षात्कारों की आरंभिक पुस्तक 'मेरे साक्षात्कार' का भी संपादन कर चुके हैं। पुस्तक में संकलित साक्षात्कारों का विषय-क्षेत्र अत्यन्त विस्तृत है। यह पुस्तक पिछले एक दशक में कुँवर नारायण द्वारा विभिन्न लेखकों, कवियों, पत्रकारों को दिए गए साक्षात्कारों का प्रतिनिधि संकलन है। इसमें कुछ भेंटवार्ताएँ संवाद के रूप में कम, आलोचना के रूप में अधिक हैं तो कुछ गहराई में जाकर अपने समय के ज्वलंत एवं साहित्यिक-सामाजिक ताने-बाने के प्रश्नों के उत्तर तलाशने की कोशिश करती हैं, जबकि कुछ प्रश्नों के उत्तर बहुत सीधे, स्पष्ट और दो टूक शैली में हैं।

पहला साक्षात्कार विनोद भारद्वाज का है। इस लम्बी बातचीत का क्षेत्र अत्यन्त विस्तृत है। कुँवर नारायण के व्यक्तित्व व कृतित्व के शुरुआती दौर की यहाँ चर्चा आई है। बीसवीं शताब्दी के अन्तिम दिनों के बदलाव को लेकर कुछ नितान्त व्यक्तिगत और भीतरी प्रश्न, साहित्य के अलावा, संगीत, फिल्म, रंगमंच आदि में उनकी दिलचस्पी, कविता के कम होते पाठकों, साहित्य-संस्कृति के प्रति लगातार बढ़ती उदासीनता, वर्तमान राजनीति की अराजकता, फूहड़पन और हिंसा के लगभग भयावह वातावरण आदि जैसे गम्भीर विषयों पर बातचीत की गई है। बातचीत में बड़ी साफगोई और धैर्य दिखाई पड़ता है। प्राय: सभी प्रश्नों पर कुँवर नारायण का जवाब बहुत ही सधा हुआ और तार्किक ढंग का है। दूसरी बातचीत युवा आलोचक पंकज चतुर्वेदी ने की है जो कुँवर नारायण की रुचियों, सरोकारों और मन्तव्यों से वाक़िफ कराती है। इस बातचीत में 'तीसरा सप्तक' में सम्मिलित होने के साथ-साथ, कविता के जीवनानुभव और उसके मूल्यांकन को लेकर गम्भीर प्रश्न हैं। साम्यवादी व्यवस्थाओं के बिखराव और पथराव के बाद जो एक ध्रुवीय विश्व बना उसका हिन्दी कविता के ऊपर क्या प्रभाव पड़ा, इसका जवाब देते हुए कुँवर नारायण कहते हैं, "कलाएँ हमेशा वैश्विक या घुमन्तू रही हैं। विभिन्न देशों में कलाकारों की नियमित आवाजाही रही है। बुद्ध के समय से ही। कलाएँ, बड़े विचार और साहित्य हमेशा यात्री (ट्रैवलर) रहे। रही बाजार के वर्चस्व की बात, तो यह बहुत कुछ कवि पर निर्भर करता है।" (पृ. 50) तीसरी बातचीत ओम निश्चल द्वारा की गई है जो विचारधारा और साहित्य के सम्बन्धों के साथ-साथ समकालीन प्रश्नों पर केन्द्रित है। पर्यावरण प्रदूषण के घोर संकट पर कुँवर नारायण के विचार बेहद महत्त्वपूर्ण हैं, "साफ हवा और पानी के लिए तरसती दिल्ली में रहना पर्यावरण के बढ़ते प्रदूषण की समस्या को बहुत नजदीक से और खतरनाक स्तर पर महसूस करना है। यह अन्धाधुन्ध औद्योगीकरण पर भी गहरा प्रश्नचिन्ह लगाता है।"

इसी तरह से विचारधारा के सन्दर्भ में कुँवर नारायण ने लिखा है, "मेरा हमेशा से यह मानना रहा है कि श्रेष्ठ साहित्य का सन्दर्भ अनेक विषयक होते हुए भी किसी एक ही विषय या विचारधारा का हिमायती नहीं होता।"

भारतीयता सम्बन्धी एक सवाल का जवाब देते समय कुँवर नारायण ने कहा है कि "भारतीयता का सवाल पिछले कुछ वर्षों में नई तरह हमारे सामने आया है। खासकर हिन्दुत्व के रूप में उसकी खास पहचान बनाने की कोशिश में भारतीयता पर विचार करते समय अक्सर यह सावधानी नहीं रखी जाती कि भारतीय दर्शन और भारतीय धर्म की अलग-अलग दो स्पष्ट धाराएँ रही हैं। उन्हें गड्ड-मड्ड करके सोचने से अनेक भ्रान्तियाँ पैदा होती हैं। धर्म का कर्मकांडी रूप साफ-साफ वैदिक और पौराणिक मिथकों तथा राम, कृष्ण और शैव उपासनाओं से जुड़ा है। दार्शनिक परम्परा, सांख्य, उपनिषदों, अद्वैत आदि विचारधाराओं में बिल्कुल अलग-सी दिखायी देती है और अक्सर धर्म के कर्मकाण्डी रूप से बचती हुई एक उदार और वैज्ञानिक ढंग से सोच का परिचय देती है।" भारतीयता पर हिन्दुत्व के नजरिये से सोचना मुख्यत: विभक्त मानसिकता का द्योतक है। इससे अन्धविश्वासी आचरण को अधिक बल मिलता है।

महावीर अग्रवाल ने सर्वाधिक साक्षात्कार लिए होंगे। 'मानव संस्कृति की महत्त्वपूर्ण अभिव्यक्ति है कविता' शीर्षक से उन्होंने कुँवर नारायण के साक्षात्कार लिए हैं। यह साक्षात्कार मुख्यत: कवि की रचना-प्रक्रिया, कविता और साहित्येतर विधाओं में उनकी दिलचस्पी के साथ-साथ उनकी विचार प्रक्रिया को उभारने में सफल होता है। इस साक्षात्कार की खासियत एक रैखिक नहीं है बल्कि प्रश्नों के उत्तर से उभरने वाले बिन्दुओं के प्रति प्रश्न के रूप में अधिक है। 'क्या रचनाकार के लिए वैचारिक प्रतिबद्धता का होना ज़रूरी मानते हैं?' का जवाब देते हुए कुँवर नारायण का मत है, "विचारों और विचारधाराओं में थोड़ा अन्तर मानता हूँ। विचारों के प्रति हम सचेत होते हैं। बद्ध नहीं। जीवन में भी, लेखन में भी। राजनीतिक प्रतिबद्धता में गैर साहित्यिक दबाव पड़ता है, जिससे स्वतंत्र लेखन अवरुद्ध हो सकता है। श्रेष्ठ लेखन के लिए राजनीतिक प्रतिबद्धता ज़रूरी शर्त नहीं है। अच्छे लेखन की अपनी शर्तें होती हैं जो किसी भी प्रकार की बद्धता का उल्लंघन कर सकती हैं। निराला, प्रेमचन्द, मुक्तिबोध, शमशेर आदि ऐसे कुछ उदाहरण हैं जिनका लेखन प्रतिबद्धता का नमूना नहीं है, उनके पक्के साहित्यबोध का नतीजा है।" कविता और राजनीति के सम्बन्धों की समझ को स्पष्ट करता हुआ हीरालाल नागर का साक्षात्कार है। 'पूरे विश्व का सोच हमारी परिधि में हो' शीर्षक से प्रेमकुमार ने साक्षात्कार लिया है। इस बातचीत में कुँवर नारायण की साहित्यिक प्रेरणा, 'आत्मजयी' की प्रेरणा और उस पर उनके विचार जानने की उत्सुकता अधिक दिखाई पड़ती है। इसी संवाद में उनसे साहित्य में मिथक की जगह के बारे में कुछ सवाल किए गए हैं जिनके सन्दर्भ में कुँवर नारायण ने उचित ही कहा है कि "मिथकीय ढाँचे साहित्य में लौटते रहते हैं, वास्तविक जीवन में वे भले ही काल्पनिक लगें। किन्तु मिथक में वे अच्छे-बुरे मूल्यों के प्रतीक

बन जाते हैं। उनकी जड़ें पौराणिक हो सकती हैं, ऐतिहासिक या फिर किंवदन्तियों और लोक-कथाओं में भी। मिथक भी एक तरह की भाषा है। इधर यह सोच भी आया है कि मिथक विचारधाराओं की तरह काम करते हैं और विचारधाराएँ कुछ-कुछ मिथकों की तरह प्रभाव डालती हैं। मिथकों का प्रभाव अभी भी जितना भारतीय जीवन पर है उतना और कहीं नहीं।"

अरुंधति सुब्रमण्यम के साथ बातचीत में अनुवाद की महत्ता पर जोर है। एक अनुवाद की जो प्रक्रिया होती है उससे न सिर्फ हम दूसरे को समझते हैं बल्कि उन रचनाकारों के अनुभवों का भी लाभ उठाते हैं। कुँवर नारायण का लेखन भी इससे प्रभावित रहा है। इस विषय पर संवाद करते हुए कुँवर नारायण बताते हैं, "मेरा मानना है कि किसी अच्छे कवि को जानने का सर्वोत्तम उपाय यह है कि आप उसका अनुवाद करने की कोशिश करें। जब मैंने अपने फ्रेंच शिक्षक की मदद से मलार्मे का अनुवाद सीधे फ्रेंच से करने की कोशिश की तो मुझे बहुत कुछ सीखने का अवसर मिला। बोर्खेस, वालकॉट तथा हाल में जर्मन अुनवादकों के साथ गुंटर ग्रास की रचनाओं के अनुवाद ने भी उसी तरह मेरे अनुभवों को काफी समृद्ध किया है।"

समावेशी और सांस्कृतिक सोच के हिमायती कुँवर नारायण साहित्य में भी समावेशी होना चाहते हैं। अजित राय के साथ की गई बातचीत का शीर्षक 'साहित्य को समावेशी होना चाहिए' नाम से है। बातचीत मुख्यत: 'पुरस्कारों' पर केन्द्रित है। आगे के साक्षात्कारों में पुन: महावीर अग्रवाल का एक साक्षात्कार है जिसमें मानक आलोचना का मानदण्ड क्या हो, उसकी संकीर्णता, प्रगतिशील विचारधारा, जनवादी लेखक संघ और जनसंस्कृति मंच के बीच के आरोप-प्रत्यारोप को टटोलने की कोशिश की गई है। यह बातचीत कई मायनों में ऐतिहासिक है। सीमा भारती का साक्षात्कार नई कविता आन्दोलन और उसमें कुँवर नारायण की भूमिका के प्रभाव को रेखांकित करता है।

अनुराग वत्स के प्रश्नों का जवाब इत्मिनान और तफसील से देने का प्रयास कुँवर नारायण ने किया है। इस संवाद में प्रवाह है, शिथिलता नहीं है। इसमें मुख्यत: पहली बार 'आत्मजयी' के प्रतीक, उनकी कविता में परम्परा, इतिहास, नैतिकता और वैचारिक दृष्टि की बहुलता पर बात की गई है। उन नामों को सूचीबद्ध करने की कोशिश है जिनके सम्पर्क-सान्निध्य और प्रभाव से कुँवर नारायण का सृजन अर्थवान बना है। भारत भारद्वाज ने कुँवर नारायण के काव्य विषय के चयन पर दिलचस्प चर्चा की है। 'काव्य पीछे की ओर क्यों लौटता है? मिथक इतिहास आदि की ओर?' प्रश्न का जवाब देते हुए कवि कहता है, "हम आज के समय में देख रहे हैं कि जनचेतना और हमारी भाषा में दूर तक बसी मिथकों और इतिहास की स्मृतियों का राजनीति में उपयोग या दुरुपयोग कितनी आसानी से होता है। साहित्य उसका सही रूप सामने लाने में मदद कर सकता है।"

पुस्तक की दो अन्तिम बातचीत पुन: ओम निश्चल और विनोद भारद्वाज द्वारा की गई है। कुँवर नारायण को निकट से जानने के कारण दोनों साक्षात्कारों में उनके

निजी जीवन एवं सार्वजनिक जीवन से सम्बन्धित प्रश्न तो किए ही गए हैं, देश के हालात (हिंसा, धार्मिक कट्टरता, असहिष्णुता) पर भी गम्भीर प्रश्न किए हैं। इसमें सवाल अनेक बार बहुत तीखे हैं और जवाब उतने ही संयत। कुँवर नारायण अपनी बातचीत में धीरज भरी संवादधर्मिता का अद्‌भुत प्रमाण देते हैं।

पुस्तक में साहित्य के विभिन्न सरोकारों एवं समस्याओं पर प्रकाश डाला गया है। साहित्य की इन्हीं समस्याओं के सन्दर्भ में कवि भी चिन्तित है। मार्क्सवादी विचारधारा की प्रासंगिकता एवं उसके प्रति प्रतिबद्धता पर बोलते हुए कुँवर नारायण कहते हैं, "हालाँकि मैं मार्क्सवाद का विरोधी तो नहीं था पर अनुयायी भी नहीं था।" वहीं साम्प्रदायिकता को लेकर कुँवर नारायण लीलाधर मंडलोई से बातचीत करते हुए बड़ा ही सुनियोजित और सुगठित वक्तव्य देते हैं। मिथक के सन्दर्भ में वे कहते हैं, "हाँ राम का मिथक जिस पर मैंने 'अयोध्या-92' कविता लिखी। मैंने इस मिथक के कुरुपीकरण के खिलाफ ही कविता में लिखा।"

पुस्तक के अन्त में 'भारतीय ज्ञानपीठ पुरस्कार' एवं 'नई धारा' सम्मान के अवसर पर दिए गए वक्तव्य भी संकलित हैं। इसमें अधिकांश साक्षात्कार पहले से प्रकाशित हैं और सभी की तिथि दी गई है।

कुल मिलाकर यह पुस्तक सिर्फ़ कुँवर नारायण के पाठक के लिए ही उपयोगी नहीं है, बल्कि साहित्य के अन्य विमर्शात्मक पहलुओं की पड़ताल के लिए भी आवश्यक है।

युग-युगों को माँजता-सा

वैभव सिंह

कुँवर नारायण हिन्दी के कुछ उन रचनाकारों में हैं जिन्होंने लेखक के तौर पर अपनी गरिमा और सम्मान को बचाए रखा है। लोभ, लेनदेन और होड़ से दूषित होता परिवेश उनके दामन को कलंकित कर पाने में कम ही सफल हुआ है। ग़लत वक्त में भी सही बातें कहने की उनकी जिद उन्हें विशिष्ट बनाती है। अगर उन्हीं की काव्य पंक्तियों का सहारा लेकर कहा जाए तो वे 'विषम घड़ी में अन्तःकरण' की पवित्रता की चिन्ता करने वाले कवि हैं। इसीलिए उनकी काव्य-संवेदनाओं में पाठकों को अपने सरोकारों की छवियाँ दिखती हैं। बीसवीं सदी की कविता जितना संघर्ष का आह्वान करती है, उतना ही युद्ध और हिंसा की निरर्थकता को भी व्यक्त करती है। वह जितना कुछ ज़रूरी किस्म की घृणा को भीतर पालने के पक्ष में है उतना ही घृणा को हमेशा के लिए समाप्त करने की बातें भी कहती है। उसकी संवेदना के स्थापत्य में क्लासिकल भव्यता मौजूद नहीं है पर स्वयं से जूझने और स्वयं को बदल सकने की आधुनिकता उसकी विशेषता बन जाती है। लेकिन विडंबना यह कि आधुनिकता ने प्रेम को बहुत महत्त्व नहीं दिया है। आधुनिकता में मौजूद प्रगति व परिवर्तन की धारणा ने प्रेम को भी बहुत यांत्रिक बना दिया। इसीलिए सदी की कविताओं ने आधुनिकता के इसी अभाव को पूरा करने के लिए, उसकी इस महान असंगति को मिटाने की जैसे जिद ठान रखी है। परिणामस्वरूप पूरी सदी की महानतम कविताएँ घृणा का पाखंड करती हुई प्रेम की स्वाभाविक संवेदना की ओर लौटती हुई दिखती हैं। लड़ने-झगड़ने में अपनी मनुष्यता को नष्ट करती, आत्मघाती घृणा में निरन्तर विकृत होती तथा जीवन को निरर्थक षड्यंत्रों में बर्बाद करती दुनिया में एक कविता में सहज ही कुँवर नारायण लिख जाते हैं—

इतना कुछ था इस दुनिया में
लड़ने झगड़ने को
मारने मरने को

पर ऐसा मन मिला
कि ज़रा से प्यार में डूबा रहा
और जीवन बीतता रहा। (इतना कुछ था इस दुनिया में)

कुँवर नारायण की कवि-छवि में धैर्य व अनुशासन का काफी प्रभाव दिखता है और उसके बारे में काफी लिखा जाता रहा है। पर उनके धैर्य के बारे में कुछ रोचक प्रशंसापूर्ण वाक्य लिखने वाले लोग यह नहीं समझते कि कवि का काम धैर्य या अनुशासन का प्रचार करना नहीं बल्कि इनका अतिक्रमण कर अपने समय के प्रश्नों के निकट जाना है। इसलिए धैर्य या अनुशासन कुँवर नारायण की भी बाह्य मुद्राएँ है पर असल में वे सृजन से जुड़ी स्वाभाविक बेचैनियों को सहते हैं और जन-मन के निकट जाने की चेष्टा करते हैं। प्रचलित अर्थ में कुँवर नारायण भले ही किसी संगठन या विचारधारा के घोषित प्रचारक न हों पर वे अनूठे ढंग से जनोन्मुखी हैं। उनकी मौलिक और अनूठी जनोन्मुखता के कारण उनकी कविताएँ मनुष्य को निडर बनाने की चेष्टा करने वाली कविताएँ हैं। यह समाज को बर्बरताओं से मुक्ति दिलाने का संकल्प व्यक्त करती निडरता है। इसीलिए वे अन्याय के खिलाफ जोर की आवाज, ऊँची आवाज या निडर आवाज का आह्वान कर सकते हैं और साफ शब्दों में कह सकते हैं–

यह फुसफुसाकर धीरे बोलने वाली सभ्यता
बेहद फुसफुसी है। ('बिजूका' कविता की पंक्ति)

कह सकते हैं कि हिन्दी के अक्सर ही हाहाकार से भरे, मित्र मंडलियाँ बनाने की चिन्ता में डूबे और चापलूसियों व झूठी वाहवाही से भरे परिदृश्य में वे किसी विनम्र लेकिन दृढ़ आवाज की तरह अपनी उपस्थिति को महसूस कराते रहते हैं। कहीं जाकर फिर वृहत्तर लौट सकने की चिन्ता उनकी प्रमुख चिन्ताओं में शामिल है। इसीलिए वे मगहर में बसे कबीरदास को भी अपनी कविताओं में याद करते हैं जो फकीरों के भेस में निर्वासित जीवन जीकर ही ज़्यादा सन्तुष्ट है। निर्वासित होने का गौरव उनकी चेतना का भी विशिष्ट लक्षण है। निर्वासन उन्हें पीड़ा देने से ज़्यादा शक्ति प्रदान करता है। यह वह भाव है जो शक्ति और निर्बलता के परे जाने के लिए उन्हें तैयार करता है। वे अपनी कविता को ताकत और पराजय, दोनों के आगे झुकने से बचाते हैं। अपनी एक कविता में वे ताकत और पराजय, दो में से एक के चुनाव के लिए जो सभ्यता बाध्य करती है, उसके खिलाफ लिखते हैं–

फिर उठता चारों ओर
वही पागल शोर
नसों पर फिर वही असह्य दबाव
या तो सिद्ध करो दिग्विजय
या स्वीकार करो दास-भाव

दिग्विजय की क्रूरता और दास-भाव की हीनता, दोनों को अस्वीकारने के रोमांच को महसूस कराती कुँवर नारायण की रचनाशीलता लगभग छह दशकों में फैली हुई है। छह दशकों की उनकी कविता एक साथ ही प्रेम, संघर्षशीलता और निडर सहजता के भावों को व्यक्त करती है। 2005 में उन्हें ज्ञानपीठ सम्मान प्राप्त हुआ जो उनकी सृजनशीलता की सबसे विवेकपूर्ण स्वीकृति थी। हाल में ज्ञानपीठ ने 'कई समयों में' शीर्षक से विभिन्न विधाओं में लिखी उनकी रचनाओं का संकलन भी प्रकाशित किया है। इसका सुरुचिपूर्ण संपादन दिनेश कुमार शुक्ल और यतींद्र मिश्र ने किया है। यह संकलन कुँवर नारायण की बहुचर्चित कविताओं का संकलन भर नहीं है बल्कि इसमें उनकी कहानियाँ, फिल्म समीक्षाएँ और गम्भीर निबन्ध भी संकलित हैं। इसी तरह उनके खंडकाव्य 'आत्मजयी' और 'वाजश्रवा के बहाने' के कुछ अंश भी संकलित हैं। संचयिता निश्चित रूप से रचनावली नहीं होती है लेकिन वह किसी रचनाकार के सृजन के श्रेष्ठतम आयामों को पाठकों तक पहुँचाने के मामले में एक ज़रूरी माध्यम अवश्य होती है। संचयन में यह दायित्व संपादकों पर रहता है कि वह लेखक की प्रतिनिधि रचनाओं को संकलित करें और साथ ही उनकी अन्य श्रेष्ठ रचनाओं को भी जो प्रतिनिधि नहीं मानी जा सकी हैं। इसके अलावा वह लेखक की बहुआयामिता का भी सम्मान करते हुए उसे सामने लाएँ। इन विशेषताओं से 'कई समयों में' लैस है, पर एक कमी अवश्य रह गई है। ज़्यादा अच्छा होता कि लेखक की विभिन्न रचनाओं के लेखन काल का भी उल्लेख कर दिया जाता। पूरे संचयन में कहीं किसी रचना के लेखन या प्रकाशन के समय के बारे में कुछ नहीं बताया गया है। इससे सृजन के विकास क्रम और समय के साथ बदलती संवेदना की परख करना मुश्किल काम हो जाता है। कोई रचना कालजयी हो सकती है पर वह काल की प्रतिनिधि भी होती है और अगर उसके रचे जाने के कालखंड के बारे में पाठकों को पता रहता है तो वे उसके साथ अधिक तर्कसंगत सम्बन्ध भी बना सकते हैं। रचना की ऐतिहासिकता की रक्षा करना भी उतना ही ज़रूरी होता है जितना उसकी कालजयिता पर मुग्ध होना। काल खंड के बारे में व्यापक अज्ञानता होने से रचनाएँ समीक्षकों के द्वारा अनर्थकारी व्याख्याओं की शिकार भी हो सकती है। जाहिर हैं कि संचयन के संपादकों से यह चूक हुई है और इसका ध्यान रखा जाना चाहिए था।

संकलन में कुँवर नारायण की कहानियों जैसे 'सीमारेखाएँ', 'सन्धि', 'जनमति' या 'गुड़ियों का खेल' आदि को शामिल करना सबसे विवेकवान कदम है क्योंकि लेखक की कई कहानियाँ ऐसी हैं जो उनकी कविताओं या निबन्धों से कम महत्त्वपूर्ण नहीं मानी जा सकती हैं। उनकी कहानी 'सीमारेखाएँ' तो लगता है कि आज पूरी तरह से प्रासंगिक है जहाँ देशों के बीच लड़ाई की तैयारियाँ हमेशा चलती रहती हैं और ये लड़ाइयाँ कराने वाले वे लोग हैं जिनका पूरा मुनाफा ही लड़ाइयों पर टिका होता है। सरहदों के तनाव न तो स्वाभाविक हैं और न आकस्मिक, बल्कि पूरी तरह से प्रायोजित हैं। देशभक्ति, राष्ट्रप्रेम या युद्ध सम्बन्धी वीरता की भावनाएँ खास अन्तरालों

पर उकसाई जाती हैं ताकि सीमाओं के तनाव को सही ठहराया जा सके। किसी बाहरी दुश्मन के आतंक को समाप्त नहीं होने दिया जाता है बल्कि आतंक को स्थायी बोध बना दिया जाता है। कहानी भी दर्शाती है कि दो मुल्कों के बीच सीमारेखा अकस्मात कहीं खो गई है और जिसे दुर्घटना माना जा रहा है वह वास्तव में एक नितांत सुखद स्थिति है। सीमारेखा के खो जाने के बाद दो मुल्कों में प्यार-मुहब्बत का सिलसिला आरम्भ हो जाता है तो उससे घबराकर पेशेवर देशभक्तों, राजनीतिज्ञों और कूटनीतिज्ञों की टीम सामने आ जाती है और शपथ खाती है कि उस सीमारेखा को ढूंढकर मानेंगे। इसके बाद वे मर-मिटने का आह्वान करने लगे और 'मर-मिटना' स्वयं में धर्म में बदल गया। देश की रक्षा किसी प्रहसन या स्वांग में बदल जाती है। यकीनन कुँवर नारायण की कहानियाँ उनकी कविताओं की तरह ही बड़े संयमित तरीके से सामाजिक भी हैं और मनुष्यता के बारे में अमूर्त चिन्तन करने के स्थान पर बड़ी दृढ़ता के साथ अपनी पक्षधरता को भी जता देती हैं।

कुँवर नारायण खास जनवादी अर्थों में प्रतिबद्ध लेखक नहीं हैं। पर जनवादी न होने या न दिखने का सम्बन्ध जिस प्रकार तटस्थता से जोड़ा गया है, वह हिन्दी आलोचना का सबसे बड़ा दोष है। तटस्थता की जैसी बुरी व्याख्या हिन्दी आलोचना में हुई है, वैसी शायद पूरे विश्व साहित्य में दुर्लभ है। जनवादी होना किसी समय विशेष में साहित्य में खास राजनीतिक चेतना की अभिव्यक्ति हो सकती है पर वह विपक्ष में होने की एकमात्र कसौटी क्यों बन जाती है, यह प्रश्न उठाने में अजीब तरह की उदासीनता ही जताई गई है। जनवादी दायरे के लेखक ही क्यों सत्ता-अन्याय के विपक्ष में हैं, अन्य क्यों नहीं? कुँवर नारायण की कविताएँ इस प्रश्न को प्रासंगिक बनाती रही हैं। कुँवर नारायण जैसे लेखक प्रचलित पक्षधरता और सामूहिक प्रतिरोध की सांगठनिक अभिव्यक्तियों के साथ ज़्यादा जुड़े बगैर भी निष्पक्ष लेखक नहीं हैं। साहित्य में किसी राजनीति का घोषित कार्यकर्ता होने के स्थान पर साहित्य की मूल चेतना की चिन्ता करते हैं। इस अर्थ में उनका योगदान कम नहीं क्योंकि समाज में हर समय राजनीतिक प्रश्न और बहसें अधिक मुखर दिखती हैं। मनुष्य को राजनीति के प्रति अधिक सजग और सतर्क बना दिया गया है जबकि कला व संस्कृति के विभिन्न रूपों, जिसमें साहित्य भी आता है, के प्रति संवेदनहीनता को गम्भीर स्थिति के तौर पर भी नहीं देखा या दिखाया जाता है। लेकिन साहित्य में राजनीति के लिए आरक्षण का विरोध करने का यह अर्थ कतई नहीं कि वे समय की हलचलों से अनभिज्ञ हैं। जिन स्थितियों ने मनुष्य को असहाय और हीन बनाया है, उनके विरुद्ध उनकी कविताएँ पर्याप्त रूप से मुखर हैं और समाज की चिन्ता करने वाले लेखकों व पाठकों को प्रेरित भी करती हैं। उनकी रचनाएँ राजनीति का निषेध नहीं करती हैं लेकिन साहित्य को राजनीति के दरबार में जी-हुजूरी करते भी नहीं देखना चाहती हैं। इसीलिए कुँवर नारायण ने अपने लेखों-निबन्धों में पर्यवेक्षण और पर्यवेक्षक की भूमिका का प्रश्न भी उठाया है। इन निबन्धों में उनका चिन्तक और आलोचक रूप

निखरकर सामने आया है और कविताओं की ही तरह उनकी भाषा में भी परिपक्वता के प्रमाण मिलते हैं। चौतरफा दृष्टि रखना, बेलोच और इत्मीनानी दृष्टिकोण से बचना, चौकन्नी नजर को बचाना ये सारी चीज़ें वे लेखक के लिए ज़रूरी मानते हैं और इसके लिए राजनीति का गुलाम रहना उनकी दृष्टि में अहितकर भी है। उन्हीं के शब्दों में–

'सन्तुलित बुद्धि और उदार संवेदनशीलता से साहित्य अपने चारों तरफ़ देखता है, केवल राजनीति की ही तरफ़ नहीं, न किसी एक ही जगह खड़े होकर। यह चौतरफ़ा दृष्टि तभी सम्भव है जब एक पर्यवेक्षक की तरह वह अपनी जगह बदलने के अधिकार को प्राथमिक महत्त्व दे। साहित्य की राजनीति को अपने लिए मैं कुछ इसी तरह समझता हूँ कि वह एकदिशात्मक, बेलोच और इत्मीनानी दृष्टिकोण न अपनाकर एक निरीक्षक और विवेचक की तरह अपने समय और समाज पर चौकन्नी नज़र रखे।'

राजनीति और साहित्य के सम्बन्धों पर कुँवर नारायण ने अन्यत्र भी कई लेखों में विचार किया है और वहाँ भी लगभग इन्हीं निष्कर्षों की गूँज दिखती है। हालाँकि कुछ भिन्न शब्दों में। राजनीति से बाहर साहित्य को वे इसलिए नहीं रखना चाहते क्योंकि साहित्य का सरोकार राजनीति से बिलकुल नहीं है। इसलिए रखना चाहते हैं क्योंकि राजनीति के संकुचित दायरे के बाहर जब साहित्य रहेगा तब वह राजनीति के लिए भी नैतिक दबाव का ज़्यादा सफल प्रयोग कर सकेगा। इसीलिए वह साहित्य को राजनीति से थोड़ा पृथक और उससे बाहर रहने वाले 'सक्षम प्रभाव बिन्दु' (Pressure Point) के रूप में देखना चाहते हैं। रवींद्रनाथ टैगोर के जीवन और लेखन को वह इस सन्दर्भ में मुख्य उदाहरण के रूप में प्रयोग करते हैं और लिखते हैं–'टैगोर का न तो लेखन ही और न उनका व्यक्तित्व ही मुख्य रूप से राजनीतिक था, लेकिन राजनीति में फिर भी उनका गहरा असर था; यानी राजनीति के बाहर वे एक 'सक्षम प्रभाव-बिन्दु' थे। टैगोर के अलावा उन्होंने मध्यकाल में तुलसी और कबीर तथा आधुनिक राजनीति में गाँधी के माध्यम से भी उन्होंने इसी प्रश्न को उठाया है कि क्या साहित्य का काम राजनीति से हमेशा ही संवाद कायम करना होता है? या उसका काम बर्बर राजनीति से संवाद कायम करने से इनकार कर समय के यथार्थ के समानांतर दूसरी दुनिया रचना भी होता है। कबीर का 'अध्यात्म' या तुलसी की भक्ति उन्हें ऐसे जनमानस की आवाज लगती है जो राजनीति नहीं साहित्य के माध्यम से प्रकट होती है। गाँधी को भी उन्होंने राजनीति के बाहर नैतिक दबाव बिन्दुओं को कायम करने वाले नेता के रूप में देखा है और उचित ही लिखा है–'राजनीतिक तंत्र के बाहर एक सभ्यता में अगर इस तरह के स्वतन्त्र प्रभाव क्षेत्र नहीं बन पाते, या नहीं बनने दिए जाते, तो किसी भी समय राजनीति के लिए बर्बर और निरंकुश हो जाना आसान है।'

कुँवर नारायण के राजनीति व साहित्य के सम्बन्धों के बारे में की ये टिप्पणियाँ निश्चित रूप से उदात्त चिन्तन की देन हैं पर किंचित बहसतलब भी हैं। बहस इस बात

पर हो सकती है कि राजनीति के बाहर साहित्य रहता है तो इतिहास में ऐसे भी दौर आते हैं जब राजनीति मनुष्यता के पक्ष में होती है और तब साहित्य स्वयं राजनीति के भीतर भी आता है और उस राजनीति के सहचर से ही अपने लिए गरिमा व सम्मान प्राप्त करता है। बर्बर राजनीति के युगों में भी मानवीय राजनीति की कभी सूक्ष्म तो कभी मुखर प्रक्रियाएँ चलती रहती है। इसी तरह राजनीति केवल अपने समय के राजनेताओं से परिभाषित नहीं होती बल्कि वह लोगों के मन में उदित हो रहे नए संकल्पों, नए भावबोध तथा नई संघर्ष शक्तियों में भी पहचानी जा सकती है। राजनीति के स्वार्थी ठेकेदारों के बाहर भी नई राजनीतिक चेतना विकसित होती रहती है और उसका सम्बन्ध संस्कृति तथा परम्परा के मूल्यों से भी होता है। ऐसे में क्या साहित्य केवल राजनीति का निंदक रहकर या मुख्यधारा की राजनीति का ही चेहरा देखकर अपना विकास कर सकता है? उसका काम वैकल्पिक राजनीति के क्षेत्रों तक अपनी दृष्टि पहुँचाना नहीं हो सकता? साहित्य का एक दायित्व मनुष्य की उस चेतना का विकास करना भी है जो मानवता के पक्ष में लड़ती राजनीति को चिह्नित कर सके। टैगोर अगर स्वयं को राजनीति से पूरी तरह बाहर कर लेते तो क्या 'गोरा' जैसा उपन्यास लिख सकते थे जो राजनीतिक बहसों से भरा हुआ है या प्रेमचन्द कभी 'गोदान' लिख सकते थे जिसमें किसान की विवशता और जमींदार की ढहती सत्ता के ऐसे विराट चित्र खींचे जा सकते थे? इसलिए साहित्य का स्वतंत्र प्रभाव क्षेत्र आवश्यक है पर वह ऐसा स्वतंत्र भी नहीं हो सकता कि हर समय उसकी चिन्ता राजनीति से उठने वाले प्रदूषण, विवाद या बहस से अपने चादर को मैली हो जाने से बचाना हो। साहित्य यथार्थ के लिए प्रतिबद्ध है और उस यथार्थ में अगर मैली, विकृत और कुरूप राजनीति भी आती है तो वह उससे आँखें नहीं चुरा सकता है।

कुँवर नारायण उन कवियों में से भी हैं कि दुनिया में कविता की सिकुड़ती जगह, भाषा के बदलते रूपों और मीडिया के प्रभावों के बारे में बड़े ईमानदार ढंग से चिंतित हैं। एक पूरी सदी में उन्होंने कविता को लोकप्रियता के सर्वोच्च शिखर से ढलान की ओर आते देखा है और नई तकनीक का भाषा के ऊपर बढ़ते नए किस्म के दबावों के गवाह भी रहे हैं। कविता के बारे में इस छवि से भी उन्हें गाहे-बगाहे लड़ना पड़ा है कि वह 'स्थूल जरूरत' को पूरा कर सकती है। टीवी-सिनेमा और कविता के बीच के अन्तर को न पहचानने के कारण भी यह भ्रम बड़े पैमाने पर फैला है कि कविता या सृजन के अन्य रूपों को टीवी-सिनेमा ने निरर्थक बना दिया है या उनकी अब जरूरत नहीं है। इस सन्दर्भ में कुँवर नारायण की यह बात तार्किक और व्यावहारिक दृष्टि से ठीक ही लगती है कि हमने टीवी-सिनेमा के इकहरे प्रभावों तथा मनोरंजन को ही अन्तिम मान लिया और कविता जिस प्रकार से रचना और उसकी प्रतिरचना के दुहरे तथा आत्मीय सम्बन्धों का निर्माण करती है, उसकी शक्ति को हमने अस्वीकार कर दिया। वह लिखते हैं–'कविता में पाठक अपनी तरफ़ से भी बहुत कुछ जोड़ता है जबकि टीवी और सिनेमा जैसे चाक्षुष माध्यमों मे यह प्रक्रिया

एक तरफ़ा और इसलिए इकहरी होती है। टीवी-सिनेमा की तकनीक ने छवियों, संदेशों और कथाओं के यांत्रिक उत्पादन और पुनरुत्पादन को तीव्र बना दिया है पर उसकी तीव्रता ने ही उसके असर को कम कर दिया है। चेतना पर वह ज़्यादा देर टिक नहीं पाती हैं और मनुष्य को निरन्तर नए की खोज में भटकाती हैं। इसका कारण यह है कि मनुष्य इनसे पैदा बिम्बों को केवल आत्मसात करता है, उसकी कल्पनाएँ उनसे अछूती रह जाती हैं।' उस विडंबना की ओर भी कुँवर नारायण ने इशारा किया है जिसमें राम-कृष्ण के मिथक किसी परिचित अभिनेता के व्यक्तित्व में विघटित हो जाते हैं और दर्शक की कल्पना को कमजोर बनाने लगते हैं। लेकिन फिर से वह कविता की ही अनिवार्यता को ओर लौटते हैं और कविता को लेकर उनका चरम आशावाद है जो उनसे लिखवाता है कि कविता के अलगाव के कारण ही हम अपने भीतर की दुनिया में एक उखड़ापन, नीरसता का अनुभव करने लगते हैं क्योंकि–'कविता का उत्स जैविक है–उसके लक्षण हमारे जीवाश्मों में बसे हैं, हमारे हृदय की गति और लय की तरह।'

कुँवर नारायण की कविताएँ इसलिए भी ज़रूरी और अनिवार्य हैं क्योंकि वे मनुष्य के संघर्षों के प्रति बेहद आस्थावान हैं। दुनिया ऐसे बहुत सारे जटिल व क्रूर चीज़ों से भरी है जिसमें मनुष्य की हार और हताशा का उपहास उड़ाया जाता है। ठोकर खाकर गिरे को हर ओर ठहाकों की आवाजें डराती हैं और अपने घावों पर धूल-मिट्टी फेंकने वालों से दूर जाना पड़ता है। दुनिया की महानतम कविताएँ वही रही हैं जिन्होंने हारते हुए लोगों के साथ आत्मीयता दिखाई है और निर्वासितों की पीड़ा को स्वर प्रदान किया है। उन्होंने मनुष्य के बेकार के रोमान और दुस्साहस को खराब ही बताया है और उसके उदात्त व मानवीय साहस की प्रशंसा की है। बहुत से कवि यह ग़लती जरूर करते हैं कि वह दमित मानवता के प्रति सहानुभूति प्रकट करते हैं। सहानुभूति बाँटने को वह कवियों का दायित्व समझने लगते हैं। वे कविता लिखना और मानवतावादी दिखना एक ही कार्य समझने लगते हैं। वे कविता लिखने के नाम पर करुणावान संतों का मिशन पूरा करने में जुट जाते हैं। जबकि दमित मानवता उनसे सहानुभूति की नहीं बल्कि अपने संघर्षों को प्रतिबिंबित करने की माँग करती है। नफरत की दुर्भावनाओं ने जिस दुनिया को तहस-नहस कर डाला है, उसके खिलाफ कविताओं में संवेदना की तलाश करना चाहती है। कुँवर नारायण की कविता इन अपेक्षाओं पर खरा उतरने के कारण ही सौन्दर्य का सृजन करती हैं और सौन्दर्य के लिए समाज की लड़ाई में मुकम्मल सहयोगी भी बनती हैं। उनकी एक कविता 'एक अजीब-सी मुश्किल' उनकी सम्भवत: सबसे यादगार कविताओं में है जो रक्तपात और प्रतिशोध के बीच दौड़ रही दुनिया के विचारों का शुद्धिकरण करना चाहती है।

साहित्य में शहरों और प्राचीन स्थलों के स्मरण की पुरानी परम्परा रही है और गद्य की तुलना में कविताओं में अधिक बिम्बात्मक रूपों में उनका वर्णन मिलता है। शहर वहाँ किसी स्केच की तरह उभरते हैं और खूबसूरत बिम्बों में उनकी विरासत

को संजो दिया जाता है। शायद ही कोई ऐसा बड़ा कवि रहा हो जिसने शहरों-गाँवों की ओर मुड़कर उन्हें आत्मीय ढंग से याद न किया हो। कुँवर नारायण की कई कविताएँ भी भारतीय शहरों के आत्मीय स्मरण का परिचय कराती हैं पर उनकी ऐसी कविताएँ भी हैं जिनमें शहरों के बड़े बड़े त्रासदीपूर्ण चित्र खींचे गए हैं और उन्हें निश्छल आत्मपरकता में डुबो दिया गया है। जैसे कि उनकी कविता है 'लखनऊ' जो इसी संकलन में शामिल है। कविता को पढ़कर लगता है कि लखनऊ को लेकर कवि का मन बेहद खिन्न और उदास है और यह शहर उसे बिलकुल ही नापसन्द है। लखनऊ वह शहर है जो कवि को टूटी आरामकुर्सी पर लेटे अधमरे बूढ़े जैसा लगता है। कवि के कल्पना में वह ज़िन्दगी के लिए तरसते मरे हुए नौजवानों का शहर बन जाता है जहाँ दस सेकंड की बात को समझाने के लिए लोग दो घंटे तक बहस करते हैं। वहाँ बेवाओं का सब्र है और मुर्दा शानोशौकत की कब्र है। कविता के रूप में वह तवाइफ की ग़ज़ल-सा भी आता है। इसी तरह फतेहपुर सीकरी, रामगढ़, दिल्ली, नालन्दा आदि के बारे में कुँवर नारायण ने कविताएँ रची हैं और हिन्दी कविता व शहरों के पुख्ता सम्बन्धों को दर्शाती हैं। पर यह भी दिखाती हैं कि कविता शहरों की ओर देखती हुई भी शहरों के इतिहास को ढूंढ रही हैं और उसके वर्तमान को लेकर बेहद निराश और व्यथित है। शहरों में उनका अतीत उन्हें आकृष्ट करता है पर अतीत के दिक्काल को पकड़ पाने में अपनी खीज भी उसी तीव्रता से व्यक्त कर देती हैं। वर्तमान से व्यथित रहना सामान्य मानव स्वभाव होता है पर उस व्यथा को कला में ढालकर उसे काल के ओर-छोर पर फैला देने की कविता की ताकत मनुष्य को अचंभित करती है और उसे कविताओं पर गर्व करने का अवसर भी प्रदान करती है। आखिर रामचरितमानस, महाभारत जैसे ग्रन्थ किसी महान भविष्य का आश्वासन हैं या फिर किसी महान अतीत का जो वर्तमान से लड़ने की ताकत प्रदान करते हैं। वे वर्तमान के आतंक और विभीषिका से हमें मुक्त कराने की क्षमता के कारण ही हमें प्रिय लगते हैं।

कुँवर नारायण उन लेखकों में नहीं हैं जो अपनी रचना-दृष्टि या जीवन-दृष्टि को किसी संकीर्णता की हद तक प्यार करते हैं और 'निजी' या निजता को पाठकों पर थोपने को ही कविता मान लेते हैं। लेकिन वह यह बात जरूर ध्यान में रखते हैं कि अगर 'निजी' को व्यापकता, मानसिक समृद्धि या समझ आदि से संस्कारित कर लिया जाए तो वह कविता में ढलने पर सामाजिक से अधिक प्रभावशाली हो सकता है। वह अपने निबन्ध 'सामाजिक यथार्थ और कविता का संघर्ष : कुछ नोट्स' में लिखते हैं–'जिस तरह निजी अत्यन्त उदार अर्थों में सामाजिक या सार्वभौमिक हो सकता है, उसी तरह सामाजिक अत्यन्त संकुचित अर्थ में बिलकुल निजी हो सकता है।' निजता और सामाजिकता के बीच के झगड़े को सुलझाने में कुँवर नारायण का लेखन और लेखकीय सरोकार जैसी गहन अन्तर्दृष्टि का परिचय देते हैं, वह सचमुच दुर्लभ है। 'कई समयों में' कुँवर नारायण की कविताओं और उनकी विचार-दृष्टि

में कैसा अन्तरंग सम्बन्ध है, उसका भी परिचय कराती है और अपने पाठकों को उनके बहुरंगी रचना-संसार के बीच ले जाती है। यहाँ कवि का सारा सृजन-आकाश खुलकर सामने आ जाता है और समकालीनता, इतिहास और भविष्य से उसके उत्साहपूर्ण सम्बन्धों का सारा तानाबाना आलोकित हो उठा है। उसका 'स्व' मनुष्यता से कितना गहरा बिंधा और जुड़ा है, इसका प्रमाण मिलता है। वैसे ही जैसे अपनी एक कविता 'स्वयं की अभिव्यक्तियाँ' में उन्होंने लिखा है–

क्या यही हूँ मैं
उजागर इस क्षितिज से उस क्षितिज तक जागता-सा?
एक क्षण की सिद्ध, प्रामाणित, परिष्कृत चेतना-सा
युग-युगों को माँजता-सा

जरा-सा कवि, जरा-सा मनुष्य

ओम निश्चल

दुनिया भर के कवियों, लेखकों ने समय-समय पर ऐसा बहुत कुछ डायरी, नोट्स, आत्मकथा, संस्मरण इत्यादि विधाओं में लिखा है जिनसे न केवल उन्हें समझने के कुछ सूत्र हमें हासिल होते हैं बल्कि लेखक के नजरिये से उस समूचे समय को पहचानने में बड़ी मदद मिलती है। हाल ही में आई कुँवर नारायण के नोट्स की किताब 'दिशाओं का खुला आकाश' इस दिशा में एक बड़ा प्रयास है, जिसे पढ़ते हुए न केवल डायरी और नोट्स के शिल्प में उनके आत्मचिन्तन से साक्षात्कार होता है बल्कि इससे विभिन्न प्रसंगों, घटनाओं, सोहबतों, समाज, साहित्य, संस्कृति, अध्यात्म, सिनेमा, संगीत और रूपंकर कलाओं से आयत्त एक लेखक के जीवनानुभवों की समृद्ध बानगी मिलती है। येवतुंशको ने लिखा है कि कवि की कविता ही उसकी आत्मकथा है। बाकी सब कुछ केवल फुटनोट। कुँवर नारायण की कविता इस दृष्टि से उनके भीतरी मिजाज की गवाही देती है। 'कोई दूसरा नहीं' की कविता 'काग़ज़ कलम और स्याही' में उनकी इस आत्मकथा के मुखर संकेत मिलते हैं। यह कविता बताती है कि कवि कल्पनाजीवी होता है, उसे किसी काम-धंधे से बांधकर नहीं रखा जा सकता। कुँवर नारायण को भी पैतृक व्यवसाय से जोड़े रखने की लाख कोशिशें हुईं किन्तु उनका कवि-मन इन बंधनों में बंध न सका। वह काग़ज़, कलम और स्याही की दुनिया में रम जो चुका था और जिसके जीवन का ध्येय कुछ इस तरह था : 'फिर कभी काग़ज़ हुआ/तो चाहूँगा ज़िन्दगी किसी ऐसे पत्र का इंतज़ार हो/जिसे कोई प्यार से लिखे और/होंठों से चिपका कर सोचे/कि उसे भेजे या न भेजे।' कुँवर नारायण ने कविता और जीवन के रिश्ते को कुछ इसी तरह सँभालकर रखा है। वे कहते हैं, 'कविता जीवन से बेहद प्यार की भाषा है।'

अस्सी के आसपास लखनऊ से शुरू इस डायरी का प्रारम्भ वे लगभग अपने बारे में एक सूक्ष्म ब्योरे से करते हैं। अयोध्या-फैजाबाद में जन्मे कुँवर किशोरवय में ही माँ और बहन की मृत्यु के निकट साक्षी रहे। बाद में लखनऊ में अपने चाचा के साथ रहने आ गए। सम्मिलित परिवार की आत्मीयता ने उन्हें टूटने से बचाए रखने

में मदद की। स्कूली जीवन की अनुकूलता कभी रास नहीं आई। फिर भी एम.ए. तक की पढ़ाई की। बाद के वर्षों में आचार्य नरेंद्रदेव और लोहिया जैसे नेताओं से निकटता बनी। एम.ए. में वे रघुवीर सहाय के सहपाठी थे। उन्होंने ही उन्हें जैसे समकालीन हिन्दी कविता से जोड़ने की पहल की। प्रारम्भ में अंग्रेजी में कविताएँ लिखना शुरू किया पर धीरे-धीरे हिन्दी में लिखने की ओर प्रवृत्त हुए। किन्तु लिखने और छपाने के बीच जो संकोच पहले था, वही लगभग आज भी बरकरार है। कहते हैं, 'आज भी छपवाने में हिचक महसूस करता हूँ।' एक नोट में उन्होंने लिखा भी है : 'कम लिखता हूँ, उतना ही लिखना और छपाना चाहता हूँ जितना ज़रूरी हो। लिखने का शौक है। लिखने की बीमारी नहीं।'

इसमें सन्देह नहीं कि डायरियाँ या नोट्स कवि की रचनात्मक पृष्ठभूमि को समझने में मदद करते हैं। कुँवर नारायण के समूचे रचना-संसार को देखें तो यह बात स्पष्ट होती है। पहले-पहल आए कविता-संग्रह 'चक्रव्यूह' को पढ़ते हुए लगता है यह कवि नियति, अवसान और जीवन की कुछ शाश्वत जिज्ञासाओं से आक्रांत है। उनका यह पहला काव्य इसीलिए आगे के उनके संग्रहों से कुछ जटिल लगता है क्योंकि यही वे दिन थे जब वे अपने जीवन की अप्रत्याशित जटिलताओं से जूझ रहे थे। माँ और बहन की मृत्यु ने उन्हें भीतर तक हिला दिया था। मृत्यु और जीवन को लेकर जो भय और अकेलापन उनके भीतर पैदा कर दिया था उसकी गवाहियाँ इन कविताओं में हैं। वे ऐसे प्रश्नों से जूझते दीख पड़ते हैं। किन्तु उन्होंने इन संकटों में अपने एकान्त को बिखरने नहीं दिया और उपनिषदों की ओर लौटते हुए 'आत्मजयी' की संपुष्ट रचना की। इतनी छोटी उम्र में यम और नचिकेता के प्रसंग के बहाने मृत्यु के छिलकों को उतारने का उपक्रम हिन्दी संसार में अपनी तरह का एक अकेला उपक्रम था। इन्हीं नोट्स में एक प्रसंग उन दिनों का है जब दिनकर उनसे मिलने आए और युवा कुँवर को देखकर बोले थे : 'तुम्हीं कुँवर नारायण हो?' और फिर 'जी' कहने के बावजूद संशयों में डूबते-उतराते हुए दिनकर ने कहा था–'ये बताओ जब तुमने अभी ही 'आत्मजयी' लिख डाली है तो बुढ़ापे में क्या लिखोगे?' और अचरज नहीं कि 'आत्मजयी' का यह प्रसंग कुँवर नारायण को लगातार मथता रहा है। वे जैसे किसी ठोस उत्तर की तलाश में पुत्र नचिकेता के साथ-साथ पिता वाजश्रवा के अन्त:करण की तलाशी लेते रहे और उत्तर जीवन में आकर एक बार फिर उन्होंने 'आत्मजयी' के इस दूसरे पहलू को उठाया और नाम दिया : 'वाजश्रवा के बहाने'। जैसे कि बिना 'वाजश्रवा के बहाने' 'आत्मजयी' अधूरी हो। 'आत्मजयी' और 'वाजश्रवा के बहाने' के बीच के अन्तरालों को भले ही उन्होंने स्फुट काव्य, कहानियाँ, आलोचनाओं से भरा हो पर इन प्रबन्ध काव्यों से उन्होंने जीवन को संजीदगी से समझने का सलीका सिखाया है।

साहित्य की अन्तर्धारा में विवाद न हो, ऐसा सम्भव नहीं। विचारधारा, गुटबन्दी और अपने-अपने पूर्वग्रहों ने साहित्य की 'सहितस्य भाव:' वाली दुनिया को लगातार छोटा और संकीर्ण बनाया है।

कुँवर नारायण इन व्याधियों से दूर रहने वाले लेखक हैं। वे न तो किसी विचारधारा के अनुगामी रहे, न उनके अपने कोई पूर्वग्रह ही रहे हैं बल्कि एक लेखक की शाश्वत सदाशयता का परिचय देते हुए वे युवा से लेकर वरिष्ठ लेखकों के पसन्दीदा कवि रहे हैं। उनके स्वाभिमान की मिसाल तो इस एक वाकये से मिलती है कि जब एक बार किसी ने उन पर किसी बात को लेकर तंज कसा तो वे कह उठे थे : 'साहित्य का धंधा न करना पड़े, इसलिए मोटर का धंधा करता हूँ।' तब वे स्पीड मोटर्स लखनऊ में बैठते थे और मोटरगाड़ियों के पैतृक कारोबार से जुड़े थे।

'दिशाओं का खुला आकाश' शीर्षक कुँवर नारायण की नोटबुक वाकई अपनी अन्तर्वस्तु में आक्षितिज विस्तार और निस्सीमता लिए हुए है। कवि होने के नाते ज़्यादातर टिप्पणियाँ कविता को लेकर हैं किन्तु जीवन और रचनात्मकता के अन्य पहलू भी उनकी दृष्टि से ओझल नहीं रहने पाए हैं। कविता को लेकर कवियों ने समय-समय पर लिखा है। शायद हर कवि कविता के बारे में अपना दृष्टिकोण रखता है। कविता क्या है, इस पर आचार्यों ने भी बहुधा विचार किया है। कुँवर नारायण कहते हैं, 'कविता विचारधारा नहीं होती, लेकिन उसमें एक विचारणीय भावकोण अवश्य होता है।' आगे वे एक और टीप में स्पष्ट करते हैं : 'किसी भी विचारधारा से मैत्री एक बात है, उसकी नौकरी या गुलामी बिलकुल अलग बात।' इसीलिए शायद विचारधारा के साथ जिस कमिटमेंट यानी प्रतिबद्धता की बात की जाती है, उसकी बनिस्बत वे वाबस्तगी यानी 'इन्वाल्वमेंट' को अधिक सही मानते हैं। 'वाबस्तगी' में उन्हें जैविक आजादी और खुलापन नजर आता है। एक कवि के बारे में उनके इस कथन से भला कौन असहमत हो सकता है : 'एक कवि की ख्याति ऐसी हो जो सुगंधि की तरह फैले, न कि ढिंढोरे की तरह पिटे।' कविता में बिम्बों, अलंकरणों का अपना योग है पर वे उसे केवल इसी का वाहक नहीं समझते, बल्कि अर्थ की एक नई संस्कृति दे सकने में और कबीरी सादगी में उसकी चरितार्थता उन्हें ज़्यादा मानीखेज लगती है। इस सादगी को और स्पष्ट करते हुए वे लिखते हैं : 'सरल और सहज कविता का मतलब कमजोर कविता से नहीं, स्पष्ट और आडंबररहित कविता से है। इसके लिए सोच समझ में ईमानदारी और गहराई तथा भाषा में सादगी ज़रूरी शर्तें हैं।' उनकी दृष्टि में यह सहजता सोच-समझ में परिपक्वता से स्वतः पैदा होती है।

हिन्दी में लम्बी कविता का एक दौर रहा है। मुक्तिबोध की लम्बी कविताओं की तर्ज पर अनेक कवियों ने लम्बी कविताएँ लिखीं। आगे चलकर लम्बी कविताओं का एक आंदोलन ही चलाने की कोशिश की गई। कुँवर नारायण ने दो-दो प्रबन्ध काव्य लिखे–'आत्मजयी' और 'वाजश्रवा के बहाने'। पर कुल मिलाकर वे लम्बी कविताओं के कवि कभी नहीं रहे। शायद इसीलिए उन्होंने लिखा : 'एक लम्बी कविता के शिल्प को सँभालना मुश्किल होता है। यह सँभला हुआ न हो तो कविता का दुश्मन हो जाता है।' ऐसा कहते हुए वे लम्बी कविता के विरोधी न थे किन्तु वे जानते थे कि मुक्तिबोध ने लम्बी कविताओं को सफलतापूर्वक साधा है, रघुवीर सहाय 'रामदास'

तक गए। पर बाद में छोटी कविताओं पर लौट आए। ऐसा कहने के पीछे कुँवर जी का आशय यही है कि हर कवि अपना माध्यम, अपना छन्द, अपना फार्मेट, अपनी प्रकृति के अनुकूल चुनता है। क्योंकि, मुक्तिबोध हो सकता है छोटी कविताओं में विफल होते या शमशेर के लिए लम्बी कविता का फार्मेट अनुकूल न पड़ता। तुलसी ने आसान से चौपाई और दोहा-छन्द में जो अपार सफलता प्राप्त की, क्या पता अन्य छन्दों में वह लोकप्रियता न मिल पाती। आज की कविता के बेशिल्प स्वरूप को लेकर कविता लिखने की आसानी पर ग़ौर करते हुए वे इस नतीजे पर पहुँचते हैं कि न तो गद्य के तोड़फोड़ से, न छन्द में लिखने से ही कोई कविता बनती है बल्कि वह श्रेष्ठ कथ्य से ही निर्धारित हो सकती है। कुँवर जी ने लिखा है : 'मैं छन्द में भी लिखना पसन्द करता हूँ पर इस कटट्रता को नापसन्द करता हूँ कि जो छन्द में नहीं, वह कविता ही नहीं।' कविता की सघनता पर विचार करते हुए उन्होंने लिखा है, 'ज़्यादा शब्द हों तो कविता गरिष्ठ हो जाती है कम हों तो दुरूह। छन्दों और अन्य अलंकरणों की अति का मतलब है अर्थ कम आडंबर ज़्यादा।'

इसके अलावा भी साहित्य, लेखन, समाज और कविता के अन्तस्सम्बन्धों पर कई टिप्पणियाँ यहाँ हैं। कविता दिल की भाषा है या दिमाग की, कुँवर जी के नोट्स में इस रिश्ते की बारीकी से खबर ली गई है। एक जगह वे कहते हैं : 'उत्कृष्ट तर्क का भी एक कवित्त होता है, जो सीधे दिल को नहीं छूता, दिमाग से होते हुए दिल तक पहुँचता है।' इस लिहाज से कुँवर नारायण की खुद की कविता को भी इस कसौटी पर रखकर देखा जा सकता है। वे दिल की भाषा को बड़े सलीके और करीने से छूते हैं पर अचानक किसी भावप्रवाह में बह नहीं जाते। इसीलिए उनकी कविता ठहरकर लिखी गई कविता लगती है। उन्होंने भाषा में भावनाओं की सँभाल और संरचना का ध्यान रखा है। वे कहते हैं, 'भावना एक ऊर्जा का अंधाप्रवाह है। उस प्रवाह को यूँ ही छोड़ दिया जाए तो वह कविता को, और कवि को भी बहा ले जाएगा। कुशलता से रोक, ठहराव, बाँध और क्यारियाँ बनाई जाएँ तो वही ऊर्जा शोभा में बदल जाएगी।' लेकिन तमाम विचारों की रोशनी में उनके इस मत पर ग़ौर करें तो कविता की अर्थवत्ता मुखर हो उठती है : 'एक कविता होती है जीवन के बारे में। एक कविता होती है जो जीवन में प्रवेश कर जाने वाली कविता होती है।' उनकी खुद की कविता इसी सरणि का अनुगमन करती है।

कुँवर नारायण की यह डायरी जीवनानुभवों के सारांशों से भरी है। उनकी हर टीप में जीवन, समाज और साहित्य को समझने की कोई न कोई कुंजी छिपी है। जगह ब जगह आप्त वाक्य बिखरे हैं। मनुष्य को हर वक्त कुछ न कुछ सीखते रहना चाहिए। सीखने की कोई उम्र नहीं होती। इसे वे एक आख्यान से समझाते हैं : 'कहते हैं ज़हर का प्याला पीने से कुछ पहले सुकरात अपने तंतु वाद्य पर एक नया राग बजाना सीख रहे थे। किसी ने हैरत से पूछा—कुछ ही घंटों में, आपके जीवन का अन्त हो जाएगा। फिर इस नए राग के क्या माने? 'मरने से पहले अगर एक नया

राग सीख लूँ तो इसमें बुरा क्या है।' सुकरात ने सहजता से कहा। साहित्य को देखने का क्या दृष्टिकोण होना चाहिए, इस पर वे कहते हैं : 'सही और सम्पूर्ण साहित्य वह है, जिसे हम दोनों आँखों से देखते हैं...सिर्फ़ बाईं या सिर्फ़ दाईं आँख से नहीं।' इसी के साथ ही वे लेखक की आजादी के भी पक्षधर हैं। उन्होंने कहा है, 'अच्छे लेखन का हित उसके स्वाधीन रहने में है। लेखक के लिए संगठनों, आंदोलनों, गुटों आदि की सदस्यता भी उसकी उस आज़ादी को प्रदूषित कर सकती है, जिससे उसके लेखन की आधारभूमि बनती है।' वे कहते हैं : 'मैं जीना चाहता हूँ–लिखना चाहता हूँ बिलकुल अपनी तरह।"

कुँवर नारायण ने धर्म, अध्यात्म तथा ईश्वर को सदैव अलग ढंग से देखा है। वे उन संकीर्ण अर्थों में धार्मिक नहीं हैं जैसी समाज में उसकी एक मान्य परिभाषा है या धार्मिक अनुष्ठान और कर्मकांड द्वारा स्वीकृत है। बल्कि धर्म का मतलब उनके लिए आत्मिक संस्कृति और संयम है जिसके बिना कोई भी मानवीय चेष्टा अधूरी और बर्बर है। ईश्वर को अपने से अभिन्न न देख पाने की मनुष्य की अक्षमता की ओर ध्यान दिलाते हुए वे कहते हैं, 'हम उसे 'कहीं और' रखकर पूजते रहे, और वह हमेशा 'कहीं और' ही रहा। हम 'कहीं और' रहे। उसे अपने साथ रखें तो कहीं और जाने या कहीं और देखने और खोजने की ज़रूरत ही नहीं।' इधर 'हिंदू' और 'हिन्दुत्व' को साम्प्रदायिकता की संकरी मनोवृत्ति से जोड़कर देखने की प्रवृत्ति बढ़ी है। कुँवर जी इस समझ पर प्रहार करते हुए इसे राजनीतिक एजेंडे से परिचालित मानते हैं। वे कहते हैं, 'हिन्दू' का अर्थ किसी भी राजनीतिक दल के सीमित एजेंडा से कहीं ज़्यादा बड़ा है और 'हिन्दुत्व' मूलत: एक जीवनदर्शन है, मारकाट का छोटा या बड़ा जत्था या दस्ता नहीं। उसकी बुनियादी मानसिकता लड़ाकू नहीं, सहिष्णु है।'

इस डायरी या नोटबुक में दिनचर्या के छोटे-बड़े प्रसंग भी हैं। वे टाइपराइटर पर एक वक्त कुशलता से काम करते थे, लगभग पचास वर्षों तक उसी पर लिखा। अपनी खटपट के बाद भी जो उनकी लिखने में ही नहीं, सोचने में भी मदद करता रहा है। पर एकाध वर्ष पहले कंप्यूटर लिया तो लगा कि उन्होंने नहीं बल्कि कंप्यूटर ने उन्हें खरीद लिया है अपनी सेवा-टहल के लिए। यही हाल, हाल ही में खरीदी मोटरकार का है जिसे बरतने के बाद वे इस निष्कर्ष पर पहुँचे कि 'हज़ारों साल पहले एक आदमी मालिक होता था और उसके दर्जनों गुलाम होते थे : अब हर चीज़ के दर्जनों गुलाम होते हैं।' एक टीप में वे लिखते हैं, 'मैं एक गुलाम का सपना हूँ। मैं भाग रहा हूँ दुनिया से बचकर उसी के अंधे गलियारों में।' इसी के साथ बदलते समय की व्यावसायिकता, नैतिकता, व्यावहारिकता पर अनेकों टिप्पणियाँ हैं। कई प्रेरक प्रसंगों के हवाले हैं। मुक्तिबोध से कोई परिचय न होते हुए भी 'परिवेश : हम तुम' पर उनकी समीक्षा ने उन्हें आश्वस्ति दी तो हजारीप्रसाद द्विवेदी के 'चारु चन्द्रलेख' पर ज़्यादा सख्त समीक्षा लिखने के बाद जब एक चाय पार्टी में उनसे भेंट हुई तो उनके असमंजस को देख द्विवेदी जी का खुद हाथों में हाथ लेते हुए यह कहना कि 'बहुत

सतर्क और सुगठित समीक्षा है तुम्हारी' आज भी उनके बड़प्पन की याद दिलाता है। यहाँ लखनऊ के खुले-खिले पारिवारिक माहौल की यादें हैं तो दिल्ली की तंग गलियों में लदे-फंदे मकानों की भीड़ का अहसास भी जहाँ बिजली और टेलीफोन के तारों से उलझे आसमान और हरियाली के अभाव से जूझते मुहल्ले की दयनीयता नजर आती है। इन्हीं टिप्पणियों में कहीं आचार्य नरेन्द्रदेव हैं कहीं सत्यजित राय, पं. जसराज, ग़ालिब, हुसैन, उस्ताद अमीर खां, बड़े गुलाम अली खां, उस्ताद रहीमुद्दीन खां डागर, कबीर, निदा फ़ाजली, सल्वातोर काजीमोदो, काफ़्का, पॉल वैलरी, वालेस स्टीवेंस, बोर्खेस, डायलन टामस, पुत्र अपूर्व, पत्नी भारती और प्रिय यतीन्द्र भी। कहीं लोगों की यह शिकायत भी कि वे दूसरों के लिए कुछ नहीं करते। लेकिन अपने से भी उनकी यही शिकायत है कि वे खुद के लिए भी कुछ नहीं करते। हर समय अपने में डूबे कविता करते रहते हैं जैसे कि यही अपने और सबके प्रति कर्तव्य और उत्तरदायित्व का निर्वाह हो।

'दिशाओं का खुला आकाश' साहित्यिकों के सिरहाने रखने योग्य पुस्तक है। कवियों, लेखकों के लिए एक दैनंदिनी की तरह पठनीय है। जगह ब जगह ऐसी बातें इसमें हैं जो हारे हुए को भी राह दिखाती हैं। किसी कबाड़ी के यहाँ दिखी पांडुलिपि के कुछ पन्नों की खोज में वे उस हवेली तक पहुँच जाते हैं जिसके मालिक को कभी पुराने जमाने की चीज़ों के संग्रह का शौक था। पांडुलिपि के ये पन्ने उसी संग्रह से थे। कुँवर जी कहते है : 'मैं आज भी जीवन की उस विलुप्त पांडुलिपि को खोज रहा हूँ।' यहाँ एक से एक टिप्पणियाँ हैं जिनका जिक्र किए बिना मन नहीं मानता। फिर भी दो-एक प्रस्तुत हैं, जिनमें कुँवर जी की उड़ान देखते ही बनती है। दिल के इलाज के लिए ले जाए गए कुँवर जी से जब डॉक्टर भी न उगलवा सके कि दर्द किस तरह का है तो उन्हें एक कीमती मशीन के सुपुर्द किया गया। कुँवर जी चुटकी लेते हैं कि मशीन भला उस दर्द की भाषा को कहाँ समझ पाती जिसका ताल्लुक सिर्फ़ एक 'आह' से होता है। एक टीप में उन्होंने भावुक होकर लिखा : 'दुनिया को जो मुझसे चाहिए, वह मैं अब उसे दे नहीं सकता। मुझे दुनिया से जो चाहिए, उसे अब पा नहीं सकता। हमारे बीच यह अन्तिम समझौता लिखा जा चुका है। बस, अब केवल मेरे हस्ताक्षर भर की देर है। साक्षी आ चुके हैं...,' यह भावपूर्ण वक्तव्य जनवरी, 2006 का है। पर उसके बाद भी 'वाजश्रवा के बहाने', 'हाशिए का गवाह' और 'कुमारजीव' जैसे नायाब काव्य प्रकाशित हुए हैं। अपूर्व नारायण के अंग्रेजी अनुवादों में कविता की एक पुस्तक 'नो अदर वर्ल्ड' आई और साक्षात्कारों की एक किताब : 'तट पर हूँ पर तटस्थ नहीं।' डायरी की यह पुस्तक भी किसी कविता-संग्रह से कम नहीं है। वे सतत लेखनचर्या में रहने वाले व्यक्ति हैं। उनकी लेखनी जैसे इस बात के लिए संकल्पित है कि अभी न होगा मेरा अन्त!

कविता, साहित्य, जीवन, मुलाकातों, और बतकहियों की बड़ी ही रम्य, नुकीली और दिलचस्प टिप्पणियाँ यहाँ हैं जो कुँवर जी के सारभूत जीवनानुभवों और गद्य

लेखन का भी एक विरल उदाहरण हैं। इसकी कोई एक टिप्पणी भी आपके पूरे दिन को एक सतत अनुगूंज में बदल सकती है। तमाम तरहों से दिन ब दिन कम होते जाने के दृढ़तर अहसास के साथ अपने आसपास के लोगों से अपनी कमियों को दरगुजर करने का इसरार करते हुए कुँवर नारायण का यह लिखना कि 'उसे स्वीकार करना, जो मैं अभी भी बचा हूँ...'ज़रा सा कवि, ज़रा सा मनुष्य...' इसी में एक कवि का बड़प्पन छिपा है। कवि प्रेम का भूखा होता है। वह मनुष्यता के निर्माण में मदद करता है। वह कुछ देने के लिए ही दुनिया में आया है। तभी तो वह कहता है, 'हम सब भिखमंगे हैं : केवल वे ही जो जीवन को मूल्यवान कुछ दे पाते हैं, सही मानों में अमीर हैं।' 'एक मुझमें रागिनी है, जो कि तुमसे जागनी है' जैसी स्नेहमयी पदावली लिखने वाला कवि कहता है : 'प्रेम तो जीवन में कम ही मिला। मैंने ही उसे कुछ ज़्यादा जिया, जीवन से भी ज़्यादा। सम्भव की हदों से बाहर, कभी उसे कविता बनाकर तो कभी उसे पूरी दुनिया बनाकर। जो नहीं पाया उसका अफ़सोस नहीं। जो दे नहीं सका, उसकी कचोट है।' कुँवर नारायण के इन नोट्स को पढ़ते हुए बरबस अज्ञेय के नोट्स ध्यान में आते हैं, जिसका कुछ अंश इला डालमिया कोइराला ने उनके मरणोपरांत प्रकाशित 'कवि-मन' में सहेजा है।

शब्द और भाषा से अन्तरंग संवाद

विजय मोहन सिंह

कुँवर नारायण जितने महत्त्वपूर्ण कवि हैं, उतने ही महत्त्वपूर्ण चिन्तक। उनके चिन्तन का क्षेत्र बहुत व्यापक है। साहित्य, संस्कृति, दर्शन, संगीत और सिनेमा उनके गद्य लेखन में सब कुछ अन्तर्भुक्त है। उनका चिन्तक रूप मुझे बहुत आकृष्ट करता रहा है। इससे पहले उनकी किताब 'आज और आज से पहले' ने मुझे मथा और झकझोरा था। प्रस्तुत पुस्तक 'शब्द और देशकाल' में भी उच्च स्तर का चिन्तन है। इसके 'पूर्व कथन' में वे कहते हैं : "लिखने का अर्थ मेरे लिए शब्द और भाषा को यांत्रिक ढंग से बरतना नही है, उनके साथ एक अन्तरंग संवाद और साहचर्य भी है।" यह अन्तरंग संवाद इस पुस्तक के लेखों में प्रारम्भ से अन्त तक अनुस्यूत है।

इस पुस्तक में संकलित लेखों का क्षेत्र बहुत व्यापक है। किन्तु उसकी परिधि के केन्द्र में भाषा और शब्द ही हैं। कुँवर नारायण चिन्तन में शब्द भाषा को मथ कर जो बाहर से ले आते हैं, उसका सम्बन्ध जितना आन्तरिक होता है, उतना ही बाहरी सामाजिक सरोकारों से जुड़ा हुआ भी। उनकी मौलिकता अक्सर चकित कर देती है। संस्कृति आज बहुचर्चित शब्द और कर्म है, जो अनेक लोगों के लिए रोजगार भी बन चुका है। उसके बारे में कुँवर नारायण लिखते हैं : 'संस्कृति शब्द मुझे बेहद थका हुआ शब्द लगता है।' इससे आगे वे अन्यत्र कहते हैं, "सामरिक ढंग से यानी आक्रमण करके किसी भूभाग को अधिकृत करने की अपेक्षा सांस्कृतिक ढंग से अपना प्रसार करने से कोई भूभाग अधिक स्थायी ढंग से प्रभावित होता है।"

इसी तरह भक्ति आंदोलन और भक्तिकाल को कई लोग जबदी हुई मनोवृत्ति का काल न मान कर सही अर्थों में क्रान्तिकारी और आधुनिक काल का आन्दोलन मानने लगे हैं, उसके बारे में कुँवर नारायण कहते हैं, "भक्ति आन्दोलन...यदि वह आन्दोलन था तो एक पैसिव आन्दोलन ही था, जिसका तब की सामाजिक और राजनीतक स्थिति पर कोई प्रभाव नहीं पड़ा। इसी तरह वे बहुत साहस के साथ कहते हैं, "हालाँकि हिन्दी ओर उर्दू जुड़वाँ बहनों की तरह बढ़ीं (ग़ालिब और मोमिन को देखें तो तब ज़्यादा तेजी से) किन्तु क्रमशः उर्दू पिछड़ती गई और आज उर्दू पूरी तरह आधुनिक

नहीं बन पाई है। संस्कृति की तरह ही वे स्वायत्ता के बारे में लिखते हैं, ''स्वायत्तता एक बहुत ख़तरनाक शब्द है।''

चूँकि पुस्तक के कई निबन्ध कुछ विशेष अवसरों पर दिए गए (पुरस्कार सम्मान आदि के मौकों पर) वक्तव्यों के रूप में लिखे गए हैं इसलिए औपचारिकता ज़्यादा है अन्तरंगता कम। आश्चर्यजनक ढंग से पुस्तक में कुछ साहित्येतर विषयों पर जिस प्रामाणिकता और गम्भीरता के साथ लिखा गया है वह कुँवर नारायण की चिन्तन परिधि को तो सूचित करता ही है, इससे पता चलता है कि कुँवर नारायण आज की पल पल परिवर्तित होती हुई सामाजिक ओर राजनीतिक परिस्थितियों पर भी बिल्ली जैसी नजर रखे हुए हैं। मसलन, 'नई आर्थिक समीक्षा' नाम की पुस्तक के माध्यम से (सं. मार्क ऑस्टीन) वे कहीं अर्थशास्त्र के केन्द्रीय होते जाने पर तो विचार करते ही हैं उसके बहाने मानो आज भारत की आर्थिक नीति का भी निर्मम विश्लेषण कर डालते हैं। अर्थशास्त्र के केन्द्रीय होते जाते खतरों के बारे में वे लिखते हैं : ''पिछले दशक से अर्थशास्त्र के कुछ विद्वानों ने यह अनुभव किया कि अर्थशास्त्र अत्यधिक तकनीकी और विज्ञानवादी शब्दावली में कुछ इस तरह डूबता आ रहा है कि उसके मानवीय चेहरे और सरोकारों को ठीक से पहचानना दुश्वार हो गया है।''

आज के साहित्य को भी अर्थशास्त्र इसी अमानवीय दृष्टिकोण से प्रभावित कर रहा है। 'नई आर्थिक समीक्षा' के सभी लेखों में भी साहित्य का इसी दृष्टि से पाठ और विश्लेषण है। इस कारण यद्यपि साहित्य का दायरा विकसित हुआ है लेकिन इस सादृश्यधर्मी पाठ के अपने खतरे हैं। अर्थशास्त्र ने आधुनिकतावाद और उससे जुड़े लेखकों के लेखन तथा लेखक-पाठक सम्बन्धों को भी दूर तक प्रभावित किया। इसका दिलचस्प उदाहरण यह है कि वे लेखक जो बाजार पर निर्भर थे, पापुलर लेखन की ओर मुड़ गए। लेकिन वे लेखक जिनके लिए लेखन को आमदनी का जरिया बनाने की मजबूरी न थी वे कला, कला-मूल्यों और सिद्धान्तों को प्रतिपादित करने के लिए आर्थिक दृष्टि से मुक्त थे जिसके लिए बाज़ार से समझौता करना ज़रूरी न था।

इस सन्दर्भ में देखें तो पाश्चात्य और भारतीय दृष्टि में फर्क नजर आएगा। जैसे यहाँ अनेक ऐसे उदाहरण नजर आएँगे जब श्रेष्ठ लेखन बिना समुचित आर्थिक आय के भी होता रहा है। बल्कि यहाँ तक माना जाता रहा है कि आर्थिक सम्पन्नता आते ही लेखक की लेखन प्रतिभा में क्षरण आने लगता है। (शायद कुँवर नारायण ही इसके अपवाद हैं)। कुँवर नारायण ने अर्थशास्त्र के आलोक में लेखन के सभी पक्षों पर विचार किया है।

कुँवर नारायण का लेख कुछ अकादमिक किस्म का है। किन्तु वह कहते हैं कि साहित्य के इस बृहत्तर परिवेश पर इसलिए ध्यान आकृष्ट कराना चाहते हैं कि हिन्दी समीक्षा अभी तक बँधी-बँधाई पद्धति से सीमित शब्दावली और भाषा से काम चलाती रही है। इस 'काम चलाते रहने' में जो थकान व्यंजित है वह यहाँ सोद्‌देश्य है।' हिन्दी समीक्षा कुछ सीमित मुद्दों पर ही ठहर गई और आज तक ठहरी हुई है।

कुँवर नारायण कहते हैं कि जब अर्थशास्त्र जैसे अर्ध वैज्ञानिक विषय भी अपने को विस्तृत करने और मानवीय बनाने के लिए साहित्य की ओर देख रहे हैं तब भी हिन्दी समीक्षा अपने संकुचित दायरे में घिसी-पिटी शब्दावली के सहारे चक्कर लगा रही है, यह बहुत दुर्भाग्यपूर्ण है।

संग्रह के कई निबन्ध संगीत, सिनेमा, मीडिया, पत्रकारिता आदि पर हैं। मनोरंजन उद्योग की भूमिका के बारे में वे लिखते हैं, ''टीवी और औसत बंबईया सिनेमा भावना के सबसे उच्छृंखल पक्ष का व्यवसाय है–कच्ची किशोर भावनाओं का उद्दीपन और उनका विकृतीकरण।'' कुँवर नारायण ने मीडिया की भूमिका के बारे में लिखा है, ''इस सदी (बीसवीं) के अन्त तक पहुँचते-पहुँचते एक स्वतंत्र ताक़त के रूप में मीडिया का भरपूर उपयोग किया जा रहा है।'' जहाँ साहित्य भाषा को लेकर गम्भीर और मानवीय ढंग से सचेत है, वहाँ मीडिया भाषा का उपयोग व्यवसाय और बाजार के लिए अमानवीय रूप से कर रहा है।

सहज बौद्धिकता में निबद्ध चिन्तन

ज्योतिष जोशी

कुँवर नारायण हिन्दी के शीर्षस्थ कवियों में शुमार हैं जिनकी प्रतिष्ठा एक ऐसे भारतीय कवि के रूप में है जिनके अवदान में सृजन के साथ-साथ चिन्तन का भी कम महत्त्व नहीं है। अभी हाल ही आई उनकी पुस्तक 'शब्द और देशकाल' चिन्तनपरक पुस्तकों की शृंखला में उल्लेखनीय है जिसमें कुँवर नारायण ने साहित्य-संस्कृति के अनेक जटिल पक्षों पर विचार किया है। छोटे-बड़े तेईस निबन्धों के इस संकलन में सबसे पहले साहित्य अकादेमी में उनके द्वारा दिए गए 14वें संवत्सर व्याख्यान को देखना उचित होगा जिसे फरवरी 2000 में दिया गया था। 'साहित्य के कुछ अन्तर्विषयक सन्दर्भ' शीर्षक इस निबन्ध में श्री नारायण साहित्यालोचन के उन अनिवार्य तत्त्वों पर विचार करते हैं जिनकी आवश्यकता महसूस की जाती है। 'साहित्य और नई आर्थिक समालोचना' पर विचार करते हुए वे मार्था वुडमैन्सी और मार्क ओस्टीन द्वारा सम्पादित पुस्तक 'नई आर्थिक समीक्षा' की पड़ताल करते हैं जिसमें साहित्य के पाठ और व्याख्या आर्थिक दृष्टिकोण पर आधारित हैं। इस पुस्तक के बहाने आलोचना में आर्थिक पक्षों पर विचार करते हुए वे पॉल डेलनी के निबन्ध 'हू पेड फॉर मॉडर्निज्म' (आधुनिकतावाद पर किसका पैसा लगा?) को उठाते हैं और दो महत्त्वपूर्ण तथ्यों को सामने रखते हैं—उनमें पहला यह है कि बीसवीं सदी के आरम्भ में इंग्लैंड के साहित्यिक बाजार में आया बड़ा बदलाव तथा दूसरा-वहाँ 'रेण्टियर कल्चर' यानी लेखकों-पाठकों के एक ऐसे वर्ग का उभरना, जिसके पास हर तरह से सम्पन्नता आई। कुँवर जी इसकी तह में जाते हुए रेखांकित करते हैं कि इंग्लैंड में 'रेण्टियर कल्चर' ने लेखकों और पाठकों को 'एलीट वर्ग' में तब्दील कर दिया। इस परिवर्तन से सम्पन्न लेखकों का साहित्य, सम्पन्न पाठकों को सन्तुष्ट करना रह गया। आर्नल्ड बेनेट और वॉल्टर बेसेन्ट जैसे लेखक यही कर रहे थे जबकि "लोबेयर, एलियट, जॉयस और लॉरेन्स जैसे लेखक अपने समाज की बदली वास्तविकताओं के साथ चलते हुए भी साहित्य की मूलभूत धारणाओं का निर्वाह कर रहे थे। अपने विवेचन में वे मीशेल फूको की इस मान्यता से सहमत दिखते हैं जिसमें फूको कहते हैं कि समीक्षा का एक खुले सांस्कृतिक

परिवेश से जुड़ना आवश्यक है, वर्ना वह अपनी ही शब्दावली और मुहावरों का गढ़ बनाकर उसमें सीमित हो जाएगी।

अपने विवेचन को 'साहित्य, इतिहास और संस्कृति' के तहत स्पष्ट करते हुए वे कहते हैं–"समीक्षा ने बहुधा मनुष्य के आर्थिक-सामाजिक यथार्थ को कुछ इस सीमित तरह से परिभाषित किया कि एक बृहत्तर जीवन-यथार्थ की परिकल्पना मानो गौण हो। समीक्षा कुछ मुद्दों पर ठहर गई और ठहरी रही। ये मुद्दे आज भी ग़ैर ज़रूरी नहीं हो गए हैं लेकिन इनको सोचने के तरीक़ों और भाषा में बदलाव ज़रूरी है जिनके जरिये हम अपनी बात कहना चाहते हैं लेकिन ज़्यादा प्रभावी तरीक़े से नहीं कह पा रहे।" वे भाषा के प्रभावी और खुले संवाद पर बल देते हुए कहते हैं– "...यानी किन्हीं कारणों से जिन 'समीक्षा-पदों' और भाषा की पहुँच संकुचित और कमज़ोर हो गई है उनमें नई जान डालने के लिए यह ज़रूरी है कि हमारी साहित्यिक संवेदनाओं की हमारे समय की विशिष्ट जानकारियों के साथ ज़्यादा उदार, खुले और व्यापक संवाद की स्थिति बने। स्वयं अर्थशास्त्र जैसा अर्द्ध-वैज्ञानिक विषय भी जब अपने को अधिक विस्तृत और मानवीय बनाने के लिए साहित्य जैसी विधाओं की ओर देख रहा है, ऐसे में साहित्य-समीक्षा का प्रायः कुछ विमर्शों से आगे न बढ़ना विडंबनापूर्ण है। कई बार समीक्षा-पदों के संकुचित और एकतरफ़ा होने के पीछे वैचारिक ध्रुवीकरण का भी एक बड़ा कारण रहा है।" (पृ. 16)

इसी अध्याय में 'साहित्य और नैतिकता' नामक अनुच्छेद में वे विषय का विस्तृत विवेचन करते हुए दो उल्लेखनीय आवश्यकताओं पर बल देते हैं जिनमें एक है–'विलुप्त साहित्य की खोज से अधिक महत्त्वपूर्ण है उपलब्ध क्लैसिक्स के विलुप्त आशयों की खोज' तथा दूसरा है–'पाठक के साथ साहित्य के जीवंत संवाद की स्थिति का न बन पाना मानवीय स्तर पर दोनों की शक्ति को विपरीत ढंग से प्रभावित करना है।' इसी तरह 'हिन्दी साहित्य में यूरेशियाई अनुभवों की झलक' में यूरोप और एशिया के साहित्यिक अनुभवों के माध्यम से श्री नारायण हिन्दी भाषा और उसके लेखन की दुरभिसन्धियों पर विचार करते हुए अंग्रेजी और हिन्दी के शक्ति-सन्दर्भ को खोजते हैं–'यदि अंग्रेजी की शक्ति इसके वैश्विक, आधुनिक और व्यावसायिक सन्दर्भों में निहित है तो हिन्दी अपनी शक्ति जन-भाषा के रूप में अपनी गहरी जड़ों से प्राप्त करती है।" (पृ. 33)

अपनी इस स्थापना पर जब वे आज के लेखन को तौलते हैं तो पाते हैं कि "आज का हिन्दी लेखन इस स्थिति में एक विभक्त निष्ठा का अनुभव करता है–औपनिवेशिक अतीत में जमे उच्चताबोध और परिवर्द्धन आकांक्षी साधारणता के बीच तनाव।" (पृ. 33)

जाहिर है इस परस्पर तनाव की स्थिति में हिन्दी का लेखन उस प्रभाव को नहीं पा रहा है जिसका वह अधिकारी हो सकता है। लेकिन दूसरी तरफ यह भी कह सकते हैं कि यह तनाव और दुष्कर स्थितियों का सामना करने की शक्ति ही शायद हिन्दी

को इतना प्रतिरोधक और सहिष्णु बनाने के साथ-साथ इतनी सामर्थ्य देती है कि वह प्रत्येक विलोम को आत्मसात् कर नई चेतना के साथ बार-बार प्रगट होती है। इसी अनुच्छेद में कविता से अपने सम्बन्ध के बारे में लिखते हुए वे कहते हैं–'मैं कविता केवल इसलिए लिखता हूँ कि इससे मुझे सुख मिलता है, जब यह सहज भाव से मेरे पास आती है, मुझे विवश करती है। यह बात कि मनुष्य के सर्वोत्तम सृजन में से कुछ अ-मूल्य हैं और उन पर मूल्य की कोई चिप्पी नहीं है, मुझे धुँधला सा विश्वास देता है कि कविता का जीवन न तो बाज़ारों पर निर्भर है, न किसी प्रकार के संरक्षण पर, बल्कि स्वयं कविता के जीवन-इच्छा पर है। राजनैतिक विवशताओं तथा मनोरंजन उद्योग से परिचालित इस विश्व में आज इस उम्मीद और संदेश के साथ मैं यहाँ आया हूँ कि कविता वस्तु नहीं है बल्कि मानव स्वभाव का अनिवार्य अंश है, जो सौंदर्यात्मक, नैतिक तथा आध्यात्मिक संवेदों में अपने को व्यक्त करता है।'' (पृ. 38)

वे कलाओं में एकता और एकता में विविधता का जीवन-दर्शन देखते हैं और 'श्वोताश्वतरोपनिषद्' के एक श्लोक का सन्दर्भ देते हैं–

''नित्यो नित्यानां चेतन श्चेतनानामेको बहूनां यों विद्धाति कामान्।''

कलाओं के अंतस्सम्बन्ध पर उनका विश्लेषण बेहद सधा हुआ है जिसमें कलाओं की पारस्परिकता के बीच उनकी आन्तरिकता को भी समझने की चेष्टा है–''कलाओं के अन्तर्सम्बन्ध कभी सीधे और कभी-कभी जटिल या प्रच्छन्न होते हैं। बहुधा कोई कलाकार जब एक से अधिक माध्यमों में काम करता है तो उसकी रचनाओं में एक सीधे रिश्ते को पहचानना आसान होता है, जैसे विलियम ब्लेक की कविताओं और चित्रों में रहस्यमूलक रोमैन्टिसिज्म की मौजूदगी, या रोजेट्टी की कविताओं और चित्रों में 'प्री-रफेलाइट' प्रभाव या महादेवी वर्मा के चित्रों और कविताओं में छायावादी रोमैन्टिसिज्म। माध्यमों की विभिन्नताओं के बावजूद एक समान ढंग की संवेदना और सोचने के ढंग की एकाग्रता उनकी शाब्दिक और चाक्षुष, दोनों तरह की रचनाओं में स्पष्ट देखी जा सकती है।'' (पृ. 46)

'जीवन में साहित्य की जगह' पर विचार करते हुए वे 'जीवनेच्छा और साहित्य-रचना के बीच निकट सादृश्यता' देखते हैं तो 'महाकाव्यों का अतीत और वर्तमान' में वे स्पष्ट कहते हैं कि ''भारतीय आधुनिकता में महाभारत और रामायण दो विशद् सन्दर्भ-ग्रन्थों की तरह रहे हैं। उतना ही भारतीय जीवन में व्याप्त जितना भारतीय जीवन, जन-जीवन और भाषाओं में। इन्हें नकारकर भारतीयता के न तो गहरे ही, न ही उथले आशयों को समझा जा सकता है। वे कल्पना की उड़ानें नहीं, भारतीय यथार्थ का हिस्सा हैं।'' (पृ. 55) इसी अनुच्छेद में वे अपने विश्लेषणों से सिद्ध करने की चेष्टा करते हैं कि....'गीता मूलतः एक धर्मग्रन्थ नहीं है। उत्कृष्ट कोटि के मनोवैज्ञानिक उपचार का एक विरल उदाहरण है।' इसका स्पष्ट तर्क यही है कि उसमें दिया गया उपदेश आपदा में, संकट में फँसे अर्जुन का शब्दोपचार है–ज्ञान के अनेक स्रोतों से लिए गए अंशों को मिला-जुलाकर किया गया एक ज्ञानोपचार।'

'इतिहास और मिथक' पर विचार करते हुए उनका यह कहना बहुत प्रासंगिक है कि–"रामायण के राम और महाभारत के कृष्ण मिलकर भारतीय मानस की वह वृहत् भावभूमि बनाते हैं जिनके पीछे हज़ारों साल का मिथकीय इतिहास है–जिसे घटनात्मक इतिहास से अलग करके समझना ज़रूरी है। इतिहास मरता है, पर मिथक कभी नहीं मरता। मिथक बार-बार जन्मता है और हर बार पहले से कहीं अधिक सशक्त और प्रभावी होकर हमारे समय में उपस्थित रहता है। उनका तथ्यपरक इतिहास खोजना उतना ही ख़तरनाक और घातक हो सकता है जितना तथ्यपरक इतिहास को मिथक बनाना।" (पृ. 65)

इसी तरह कुँवर नारायण विभिन्न अध्यायों में अनेक ऐसे प्रश्नों पर गम्भीरता से विचार करते हैं जिनको लेकर हमारे मानस में अब भी विभ्रम बना हुआ है। 'साहित्य के सामाजिक सरोकार के माने' में कुँवर जी साहित्य के सरोकार को सामाजिक, सांस्कृतिक, नैतिक तथा पठनीय तक विस्तृत मानते हैं तो एक अन्य स्थल पर वे साहित्य का दायित्व जीवन-चेतना से जुड़ना स्वीकार करते हैं। 'शब्द चिन्तन' के तहत विचार करते हुए वे एक जगह लिखते हैं कि 'एक कवि के लिए भाषा-दर्शन भी उतना ही महत्त्वपूर्ण है जितना उसका जीवन-दर्शन।' इसी तरह आगे के अनुच्छेदों में वे 'युद्ध और कविता', 'साहित्य, मीडिया और फ़िल्म', 'साहित्यिक पत्रकारिता', 'अनुवादकों की ऐतिहासिक देन' तथा भाषा के रूप में 'हिन्दी के भविष्य' पर बहुत गम्भीरता के साथ विचार करते हैं।

पूरी पुस्तक में कुँवर नारायण एक ऐसे सजग बौद्धिक और चिन्तक के रूप में सामने आते हैं जिनकी सोच से उस प्रत्येक व्यक्ति की सोच मिल सकती है जिसमें दुराग्रह न हो। पुस्तक में शायद ही कोई विचार ऐसा हो जिसके पक्ष में कुँवर नारायण ने स्पष्ट तर्क और विश्लेषण न दिया हो। पुस्तक में रचना, आलोचना, साहित्य की सामाजिकता, इतिहास और मिथक से लेकर भाषा और संस्कृति के उन सभी जटिल पक्षों पर विमर्श दिखाई देता है जिनसे या तो हम टकराने से बचते हैं या जिन्हें शब्दों के गुंजलक में उलझाने के अभ्यस्त हो गए हैं। जाहिर है, देशकाल में शब्द की महत्ता को विचारणीय प्रश्नों और विश्लेषणों के साथ रखती पुस्तक 'शब्द और देशकाल' वर्तमान सांस्कृतिक और सामाजिक चुनौतियों से लड़ सकने की एक कारगर समझ देती है जिनसे एक रचनाकार हर क्षण जूझने को अभिशप्त है। कहना न होगा कि कवि कुँवर नारायण ने अपनी कविताओं की ही तरह अपने विपुल अध्ययन-मनन से इस पुस्तक में जैसी सहज चिन्तनशीलता का परिचय दिया है, वह अनुकरणीय तो है ही, प्रेरक भी है।

जीवन और समाज के आयामों पर चिन्तन

पंकज पराशर

हिन्दी साहित्य के छात्र और अध्यापक कक्षा में पढ़ते-पढ़ाते हुए बार-बार आचार्य महावीर प्रसाद द्विवेदी के नाम का उल्लेख करते हुए 'द्विवेदी युग' पढ़ते हैं, लेकिन उनसे शायद यह नहीं सीखते कि हिन्दी के विद्वानों को अन्य अनुशासनों के पास भी बहुत विनम्रता से जाना चाहिए और अन्य अनुशासनों को भी जानने-समझने की कोशिश करनी चाहिए। जिस समय मराठी विद्वान गणेश सखाराम देउस्कर ने बांग्ला में 'देशेर कथा' नामक पुस्तक लिखकर देश की तत्कालीन आर्थिक स्थितियों को उसके ऐतिहासिक परिप्रेक्ष्य में समझने का प्रयास देशभाषा में किया था, उसी समय हिन्दी में आचार्य महावीर प्रसाद द्विवेदी ने भी अपने समय के आर्थिक सवालों से टकराते हुए 'संपत्तिशास्त्र' की रचना की थी। दोनों का सम्बन्ध पत्र-पत्रिकाओं से था और वे पेशे से संपादक थे, लेकिन दोनों न तो आर्थिक पत्रकार थे और न अर्थशास्त्र के पेशेवर ज्ञाता। इसके बावजूद यदि अर्थशास्त्र की ओर दोनों गए तो यह इस तथ्य की ओर भी संकेत करता है कि दोनों विद्वानों को अपनी परम्परा और इतिहास के साथ-साथ अपने साहित्य का भी गहरा ज्ञान था। उन्हें उन दुरभिसंधियों की पहचान भी थी जो एक तरफ भारतीय उपनिवेशवाद का मिथक गढ़ते हुए इतिहास में कुछ न होने की बात करती थी, तो दूसरी ओर आर्थिक शोषण की इंतहा करते हुए इस उपनिवेश के बंगाल सूबे को भयंकर दुर्भिक्ष का उपहार देती थी। प्राचीन भारतीय साहित्य में यह मान्यता प्रचलित है कि कवियों को हर विषय का ज्ञान होना चाहिए, हर चीज़ के विषय में जानने की उत्सुकता होनी चाहिए, सो इन विद्वानों ने पूरी उत्सुकता और अध्ययनशीलता से अपने समय के आर्थिक सवालों से अपने-अपने तरीके से टकराने की कोशिश की।

इस परम्परा की याद इसलिए भी बहुत शिद्दत से आई कि क्योंकि सुप्रसिद्ध कवि-चिन्तक कुँवर नारायण ने अभी हाल में प्रकाशित अपनी कृति 'शब्द और देशकाल' में साहित्य के कुछ अन्तर्विषयक सन्दर्भों की बात करते हुए अपने समय के अर्थशास्त्र, अर्थशास्त्रीय व्याख्याओं-स्थापनाओं का यथासम्भव उल्लेख करते हुए कई महत्त्वपूर्ण

अर्थशास्त्रीय प्रश्नों को मानवीय शक्ल देते हुए उठाया है। इस पुस्तक में समय-समय पर दिए हुए उनके व्याख्यान, पुस्तकों की भूमिका और लेखों एवं टिप्पणियों को एक तरतीब देते हुए संकलित किया गया है। फरवरी 2000 में साहित्य अकादेमी संवत्सर व्याख्यान देते हुए उन्होंने 'साहित्य के कुछ अन्तर्विषयक सन्दर्भ' विषय पर व्याख्यान दिया था, जिसे इस पुस्तक में पहले आलेख के रूप में संकलित किया गया है। इस आलेख में कुँवर जी कहते हैं, 'पिछले दस-पंद्रह वर्षों में अर्थशास्त्र के कुछ विद्वानों द्वारा जो विचारोत्तेजक अध्ययन होते रहे हैं, उनमें साहित्य को जिस तरह एक विषय बनाया गया है, उससे नई तरह सोचने के लिए काफी कुछ मिलता है।' (पृ. 9) और उसके बाद वे विख्यात अर्थशास्त्री मैक्लॉस्की के हवाले से कहते हैं, 'अधिकांश साहित्य समीक्षकों का अर्थशास्त्र का ज्ञान मार्क्स से शुरू होकर मार्क्स पर ही समाप्त हो जाता है। इसी तरह साहित्य, संस्कृति, नैतिकता आदि की बात साहित्य में बराबर उठती रहती है, लेकिन ये विभिन्न विषय खुद अपने बारे में और एक-दूसरे के बारे में किस तरह सोच रहे हैं इस तरफ अधिक ध्यान नहीं दिया जाता।' (पृ. 11) इस वजह से अन्तर-अनुशासनिक आवाजाही की संस्कृति कमजोर होती है और चीज़ों को देखने के अलग नजरिये का अभाव भयावह रूप से पसर जाता है।

सांस्कृतिक आलोचकों के साथ-साथ आर्थिक विशेषज्ञों के बीच भी यह रुझान अब चिन्ता का विषय बनता जा रहा है कि पिछले कुछ दशकों से अर्थशास्त्र अत्यधिक तकनीकी और विज्ञानवादी शब्दावली में कुछ इस तरह डूबता जा रहा है कि उसके मानवीय चेहरे और सरोकारों की पहचान मुश्किल हो गई है। उसकी चिन्ताएँ मनुष्य न होकर केवल वस्तुएँ, उत्पादन, पूँजी, बाजार, आँकड़े वगैरह हैं। पूँजीवाद के निर्भय प्रसार और स्वीकार्यता ने आज जिस तरह की गैर-बराबरी, आर्थिक और सामरिक ताकत का असन्तुलन और किसी भी कीमत पर मुनाफे की चाहत को अमानवीयता की हद तक जाकर भी न्यायोचित ठहराने की कोशिशें की हैं, उसने अर्थशास्त्रियों की मानवीयता को भी सन्देह के घेरे में लाकर खड़ा कर दिया है। साहित्यशास्त्री हों या अर्थशास्त्री, सबकी चिन्ता और चिन्तन के केन्द्र में अन्ततः मनुष्य और मानवता को होना चाहिए, लेकिन इसकी जगह यदि प्रमुखता कला और पूँजी को प्राप्त हो जाए, तो जिस मानव कल्याण के लिए इन शास्त्रों की निर्मिति हुई अन्ततः वही हाशिए पर चला जाता है। यही खतरा समाजशास्त्र के साथ भी पैदा हुआ है कि साहित्यशास्त्री कच्चे-पक्के ढंग से समाजशास्त्री की आँखों से साहित्य को देखने की कोशिश कर रहे हैं, लेकिन ऐसी पेशेवर दृष्टि के बावजूद समाजशास्त्री साहित्य को सन्दर्भ बनाकर समाज को अलग नजरिये से देखने की कोशिश लगभग नहीं कर रहे हैं।

कुँवर नारायण 'शब्द और देशकाल' में पॉल डेलनी के एक लेख 'हू पेड फॉर मॉडर्निज्म?' के बहाने साहित्य के अन्तर्विषयक सन्दर्भों को बिलकुल नई आँख से देखने का प्रयत्न करते हैं। पॉल डेलनी कहते हैं, 'आधुनिकतावाद के पीछे दो ख़ास बातें विचारणीय हैं—पहली तो यह कि बीसवीं सदी के शुरू होते-होते इंग्लैंड के

साहित्यिक बाज़ार में एक बड़े बदलाव का आना और दूसरा 'रेंटियर कल्चर' यानी लेखकों और पाठकों के ऐसे वर्ग का उभरना जिसके पास अपनी स्वतंत्र आय के साधन थे, जैसे किराये की आमदनी, पारिवारिक स्रोत आदि। बढ़ती हुई शिक्षा के स्तर और नई रईसी ने जहाँ एक ओर अच्छा-खासा पाठक वर्ग तैयार कर दिया था, वहीं एक ऐसा लेखक-वर्ग भी जिसके सामने अपने लेखन को आमदनी का जरिया बनाने की मजबूरी न थी। वे बाजार की माँगों के विरुद्ध ऐसी कला, कला-मूल्यों और सिद्धान्तों को प्रतिपादित करने के लिए आर्थिक दृष्टि से मुक्त थे जिसके लिए गठबंधन–'एलीट' कला वर्ग बनने लगा। हेनरी जेम्स और ई. एम. फॉर्स्टर अगर 'रेंटियर कल्चर' के शुरू के दिनों के उदाहरण हैं तो, गाल्सवर्दी और टॉमस मान थोड़े बाद के। इसके बाद आर्नल्ड बेनेट और वाल्टर बेसेंट जैसे लेखकों का नाम आता है जो बाज़ार की माँगों के साथ चल रहे थे। बेसेंट का कहना था कि जब पैसे के लिए लिखना है तो पाठकों की पसन्द-नापसन्द की इज़्ज़त करनी ही पड़ेगी।' (पृ. 12) लेकिन बेसेंट के विचार से पृथक होकर डेलनी का तर्क है कि सम्पन्नता के बढ़ने के साथ ही उस शिष्ट वर्ग को अपनी विशिष्टता के प्रदर्शन के लिए साधारण से अलग असाधारण कुछ की जरूरत थी। 'एजरा पाउंड और एलियट, दोनों की पत्नियाँ 'रेंटियर' वर्ग से थीं। स्त्री की समाज में बढ़ती आर्थिक हैसियत का भी प्रभाव नारी की छवि पर पड़ रहा था। फ्लॉबेअर से लेकर एलियट, जॉयस और डी. एच. लॉरेंस तक के साहित्य में स्त्री की इच्छाओं और भावनाओं का मानो नई तरह से उपनिवेशीकरण हो रहा था। लेकिन समीक्षक का यह भी कहना है कि आखिर कुछ तो बड़ा फर्क था ही ट्रोलोप और जॉयस जैसे लेखकों के बीच–ट्रोलोप जो नियम से दो हज़ार शब्द नाश्ते से पहले-पहले लिख डालते थे और जॉयस जिन्हें कभी-कभी पूरा दिन लग जाता था केवल एक वाक्य में सही शब्द-विन्यास बैठाने में।' (पृ.13)

कुँवर नारायण का यह मानना बिलकुल उचित है कि साहित्य के विवेचन में 'आर्थिक तर्क' की अपनी उपयोगिताएँ और सीमाएँ हैं। जब भी एक विषय की भाषा में दूसरे विषय की व्याख्या की जाती है, तब एक का दूसरे पर हावी हो जाना स्वाभाविक है : उस ओर अतिरिक्त सावधानी ज़रूरी है। पश्चिमी विद्वान बेक्कर का मानना है कि मनुष्य का सारा सामाजिक व्यवहार और अन्ततः उसका व्यक्तित्व भी संपत्ति पर उसके स्वामित्व की मानसिकता का प्रतिरूप है। उसका बुनियादी दृष्टिकोण आर्थिक और उपयोगितावादी है, यहाँ तक कि प्रेमभावना में भी वे किसी अन्य के स्वार्थ के भी तर्क को सन्निहित देखते हैं। इन चीज़ों को लेकर भारतीय विद्वानों और साहित्यशास्त्रियों की दृष्टि सर्वथा अलग है और साहित्य की उपयोगिता और संपत्ति को लेकर उनकी चिन्ता और चिन्तन पाश्चात्य विचारकों से सर्वथा अलग है। श्रेष्ठ साहित्य बिना किसी आय के भी रचा जाता रहा है और भारतीय साहित्य की परम्परा को देखें तो यहाँ दरबारी लेखकों के मुकाबले उन लेखकों की संख्या हमेशा अधिक रही है, जिन्होंने बिना किसी लाभ या लोभ के साहित्य की रचना की, और अपने लेखन और चिन्तन

के केन्द्र में मनुष्य और मानवीय मूल्यों को रखा। कुँवर नारायण के शब्दों में कहें तो नैतिकता मनुष्य के स्थायी सरोकारों में रही है और उसके सन्दर्भ भले बदलते रहे, पर उसकी प्रासंगिकता कभी भी कम नहीं हुई। नैतिकता के नियमों को तर्क-वितर्क द्वारा सिद्ध या असिद्ध नहीं कर सकते, उसका मूल मनुष्य के भावनात्मक और उद्रेक-मूलक स्वभाव में है। नैतिकता का उत्स संज्ञानात्मक तथा व्यवहार-जनित है।

कुँवर नारायण ज्ञानात्मक संवेदना और संवेदनात्मक ज्ञान के समुच्चय हैं। कवि और चिन्तक दोनों रूपों में अपनी सशक्त पहचान रखते हैं। साहित्य की दुनिया में निरन्तर सक्रियता के बावजूद कुँवर जी साहित्यिक अफवाहों और ओछी राजनीति से सर्वथा दूर रहने वाले कवि-चिन्तक हैं। हिन्दी काव्य-परिदृश्य में वे निर्विवाद रूप से एक विरल उपस्थिति हैं। प्रतिबद्धताओं और राजनीतिक रूप से सही होने के अतिरिक्त दबावों के दौर में वे बिना किसी शोरगुल और आत्मप्रचार के अपना काम करते रहते हैं। कविता, समाज, जीवन, मृत्यु, राजनीति, दर्शन आदि को लेकर उनके विचार ऐसे सुलझे हुए हैं कि किसी विषय पर बात करते हुए उन्हें न तो किसी प्रकार की कोई उलझन होती है और न उनकी भाषा में दुविधा या दो अर्थों का कोई भय शेष रहता है। कुँवर नारायण कहते हैं, 'साहित्य के सांस्कृतिक सन्दर्भों पर विचार करते समय अक्सर उनके ऐतिहासिक की अपेक्षा भौगोलिक पक्ष पर कम ध्यान दिया जाता है, जबकि विभिन्न समयों में विभिन्न जातियों के स्थानांतरण या देशांतरण की लगातार गतिविधियों का सांस्कृतिक रूपों में परिवर्तन के पीछे निर्णायक असर रहा है–ख़ास कर भारतीय सन्दर्भ में।' (पृ. 21)

कुँवर जी कविता को लेकर कहते हैं, "कविता जीवन से बेहद प्यार की भाषा है। इस बेहदी का और इस प्यार का आदर करता हूँ, कविता इनके अभाव से उत्पन्न उदासी की भाषा बन जाती है। लेकिन फिर भी यह एहसास बना रहता है कि मनुष्य के पास एक अथाह वैभव है–उस ढाई आखर की याद दिलाते रहने के लिए फिर-फिर कवि होना चाहूँगा। यह सिर्फ़ भावुकता की नहीं, एक बहुत बड़ी बुद्धिमत्ता की बात भी है।" इन दिनों कवियों में आत्ममुग्धता का संक्रमण जिस तेजी से हो रहा है, वह बहुत भयानक है। एक महान (?) युवा कवि ने कुँवर जी से एक बार पूछा कि क्या महान लेखन के लिए रचनाकार का आत्ममुग्ध होना ज़रूरी है? तो कुँवर जी ने स्पष्ट शब्दों में बिलकुल सीधा और संक्षिप्त उत्तर दिया, 'नहीं, बिलकुल नहीं। बल्कि आत्ममुक्त होना ज़रूरी है।'

प्रस्तुत पुस्तक में समय-समय पर दिए गए उनके जिन व्याख्यानों को शामिल किया गया है, उनमें एक महत्त्वपूर्ण व्याख्यान है प्रीमिओ फेरानिआ सम्मान-अर्पण समारोह के बाद सन् 2006 में रोम में दिया गया उनका व्याख्यान, जिसका अनुवाद सुप्रसिद्ध कवि अरुण कमल ने किया है। अपने इस व्याख्यान में कुँवर जी कविता की भूमि और भूमिका पर विचार करते हुए कहते हैं, 'जहाँ तक कविता की बात है, कविता के जीवन से सम्बन्धित कुछ अपरिहार्य प्रश्न सामने आते हैं, क्योंकि कविता

का कोई 'बाज़ार' नहीं है। कई बार मेरा साबका एक अजीब सवाल से पड़ता है : 'क्या आपकी कविता बिकती है?' और मुझे यह स्वीकार करने में कोई शर्म नहीं आती कि यह नहीं बिकती। मेरा पक्का विश्वास है कि यदि किसी के मन में आर्थिक लाभ की बात हो तो कविता लिखना बेहद बुरा निवेश होगा। मैं कविता केवल इसलिए लिखता हूँ कि मुझे इससे सुख मिलता है, जब यह सहज स्वभाव से मेरे पास आती है, मुझे विवश करती है।' (पृ. 38) कविता की प्रासंगिकता और साहित्य मात्र की प्रासंगिकता, समाज तथा मानव जाति पर इसकी संवेदनशील तथा पूर्वग्रह रहित चौकसी में है और इस चौकसी को कर पाने की पूर्ण आन्तरिक आजादी में है। अधिकांश देशों में कविता के सामने जो संकट है वह केवल उसके बचे रहने का नहीं है बल्कि राजनीति, समाज और लोगों के निजी जीवन में इसकी भूमिका को लेकर भी है। जब कभी भी मनुष्य के इन सरोकारों के किसी क्षेत्र-विशेष को लेकर प्रश्न किए जाते हैं, तो यह व्यर्थ ही जटिल बन जाता है।

कुँवर जी ने सन् 2006 में जब शलाका सम्मान के अवसर पर कहा था, 'अपने इतिहास-बोध को इस तरह भी सोचना समझना ज़रूरी है कि उसका मतलब केवल संघर्ष, हमले और लड़ाइयाँ नहीं हैं, एक बहुत बड़ी और मूल्यवान सांस्कृतिक विरासत भी है जिसे सारी बर्बरताओं के बावजूद बचाए रख पाना एक बहुत बड़े साहस और पुरुषार्थ की बात है।' (पृ. 42) संक्षेप में यहाँ फिलहाल इतना ही कि कुँवर नारायण ने इस पुस्तक में अपने समय और सरोकारों को लेकर व्यापक स्तर पर विचार किया है–'शास्त्र सुचिंतित पुनि पुनि देखिअ' की तरह।

समकालीनों के बहाने

ओम निश्चल

साहित्य सहृदयसंवेद्य कला है। इसलिए बिना हार्दिकता के साहित्य के रस की अनुभूति सम्भव नहीं। अच्छे साहित्य को कसौटी पर परखने वाले आलोचकों की कमी नहीं पर आज की आलोचना इतनी गतानुगतिक है कि जैसे वह इस संकल्प के साथ आलोचना के महासमर में प्रवृत्त होती है कि रचना में कोई न कोई खोट निकालनी ही है। इस अर्थ में कवियों की रसज्ञता उनकी समीक्षा-आलोचना को भी सहृदयसंवेद्य बनाती है तथा अपनी मर्मस्पर्शिता से रचना को एक नया अर्थ भी प्रदान करती है। 'रुख़' कुँवर नारायण की ऐसी ही गद्यकृति है जिसमें वे समीक्षा, संस्मरण एवं टिप्पणियों के जरिए लेखकों की शख्सियत और उनके लेखन के बारे में अपने रुख़ का इजहार करते हैं।

कम लिखना, कम बोलना कुँवर नारायण का बुनियादी स्वभाव रहा है। 'आज और आज से पहले' उनकी एक सुव्यवस्थित आलोचनात्मक कृति है जिसमें वे कृति-केन्द्रित आलोचना के मूलगामी स्वरूप के साथ रचना में प्रवेश करते हैं। 'शब्द और देशकाल' में वे साहित्य के उन प्रसंगों पर लिखते हैं जो आज की रचना के बुनियादी स्वभाव हैं। 'रुख़' इस मायने में अलग है कि यह विचारबोझिल नहीं है और न ही यह आलोचना के बीज शब्दों को केन्द्र में रख कर चलती है। उन्होंने कभी कृतियों के बहाने लेखक को केन्द्र में रखा है और कहीं कहीं लेखकों की शख्सियत के कुछ विरल पहलुओं पर विचार किया है। यहाँ वे आलोचक के नजरिये से नहीं, एक भावक के नजरिये से रचना में प्रवेश करते हैं इसलिए रचना को लेकर लेखक के विजन और सूक्ष्म निरीक्षण को पकड़ने की चेष्टा ज्यादा दिखती है, कमी ढूँढ़ निकालने की किसी आलोचक की डिटेक्टिव प्रणाली नहीं। टिप्पणियों में भी लेखक के किसी पहलू, किसी रचना पर मुख्तसर विचार करते हैं। बहुत विस्तार में न जाकर भी वे अक्सर अपनी लघु टिप्पणियों में भी ऐसी बात कह जाते हैं जो अक्सर बड़ी-बड़ी समीक्षाओं पर भारी पड़ती हैं।

शमशेर की कविताओं को पढ़ते हुए वे उसके स्फुट-अस्फुट रचाव पर निगाह डालते हैं तो उन्हें उनमें भाषा में निबद्ध शब्दों के उस उद्गम तक पहुँचने की कोशिश

दिखती है जहाँ अभी भाषा का निर्माण नहीं हुआ है। मानो एक बच्चा तमाम स्फुट शब्दों से खेल रहा हो और उनसे किसी तरह वाक्य-सा कुछ बनाने की कोशिश कर रहा हो। वे इनमें एक ऐसे आदिम उद्वेग की सम्भावनाएँ तलाश लेते हैं जैसे धीरे-धीरे एक फूल खिलता है। रहस्य की तरह धीरे-धीरे खुलने वाली शमशेर की कविताएँ उन्हें केवल इसलिए अच्छी नहीं लगतीं कि वे सामाजिक प्रतिबद्धताओं के कारण बड़े कवि थे बल्कि इसलिए कि वे अपनी सामाजिक प्रतिबद्धताओं से ज़्यादा बड़े कवि थे। केदारनाथ सिंह की कविता में आसानी से कुछ बड़े मोड़ पहचाने जा सकते हैं। 'अभी बिल्कुल अभी' के बाद का पहला मोड़ है 'ज़मीन पक रही है' तो दूसरा बड़ा मोड़ 'बाघ' है और तीसरा बड़ा मोड़ 'तालस्ताय और साइकिल' है। केदार जी की कविता उन्हें हिन्दी भाषा की अंदरूनी जटिलताओं और किताबीपन से दूर उस भावभूमि की कविता लगती है जिसमें गाँव के पानी माटी की गंध बची हुई है। उनकी कविताओं के अर्थ बोलते नहीं बल्कि वाद्य पर बजते राग की तरह ध्वनित होते हैं। केदार जी की कविता के बारे में कुँवर जी का यह कहना आलोचना के बासी और रूढ़ होते मानदंडों पर सवाल खड़े करता है कि श्रेष्ठ कविता रिवाजी किस्म की समीक्षा को बिल्कुल सह नहीं पाती है, उसे तत्काल खारिज कर देती है। क्योंकि विश्व के तमाम बड़े कवियों की जीवनदृष्टियाँ अपने समय की सामूहिक चेतना से संवाद करती हैं; वे भौतिक स्थितियों का ब्यौरा-भर नहीं होतीं। इसलिए वे कहते हैं कि कभी कभी कविता की चुप्पी को केवल चुप्पी नहीं, सामाजिक चेतना की घुटनभरी चीख के रूप में भी समझा जाना चाहिए। वे 'बाघ' से एक पंक्ति उठाते हैं : 'भाषा की कुटी में एक तेज गुर्राहट के डूबने की आवाज', और आश्वस्ति की मुद्रा में कह उठते हैं, 'केदार की कविता भी शायद इस ऋषि-भाव का सबसे अच्छा उदाहरण है।'

विष्णु खरे के नैरेटिव से हिन्दी के सामर्थ्य की अनोखी खुशबू सामने आती है। यहाँ वाक्य संरचना बीहड़ यथार्थ से होकर गुजरती है–कुँवर जी के शब्दों में कहूँ तो 'मौजूदा यथार्थ की भीड़ में कंधे रगड़ती हुई'। यथार्थ की यह ठसाठस उन्हें भले ही अखबार के पहले पेज की तरह दिखती हो, पर वे यह कहना नहीं भूलते कि 'इन कविताओं का सबसे कीमती अनुभव उनका लालित्य नहीं, वह बेचैनी है जो हमें बुद्धि और मन के कई स्तरों पर उद्वेलित करती है।' 'खुले में आवास' पढ़ते हुए वे कमलेश के काव्य में उस खुलेपन की चर्चा करते हैं जो उसे घेरने की बजाय उसमें प्रवेश करता है, अपने को स्वभाव की तरह आवासित करता है। असद ज़ैदी का संग्रह 'सामान की तलाश' कई कारणों से चर्चा में रहा है। कुँवर जी को उनकी कविताओं में एक व्यक्ति की तकलीफ के साथ सबकी तकलीफें दिखती हैं। वे उनमें एक ऐसी भाषाई गरमाहट पाते हैं जिसमें चातुरी नहीं, बातचीत की एक तहजीब बोलती है। सांप्रदायिकता के सँकरे दायरे से मुक्त इन कविताओं में कुँवर जी को किसी फिल्म के-से रशेज नजर आते हैं जिन्हें वह कुशलता से सम्पादित करते हैं कि जीवन की विसंगतियाँ, पाखंड और धूर्तताएँ उभर कर खुद अपने को शर्मिंदा करती नजर आएँ।

विचारधारा के प्रति प्रतिबद्ध कवि मंगलेश डबराल की वे कविताएँ उन्हें ज़्यादा बेहतर लगती हैं जो उनके घर की यादों या वास्तविक घटनाओं के मार्फत अपनी बात कहती हैं। शायद कुँवर जी के जेहन में उनकी 'मैं भूल नहीं जाना चाहता था घर का रास्ता' जैसी कविता रही हो।

हिन्दी में रमेशचंद्र शाह के कवित्व को वह प्रतिष्ठा नहीं मिली जैसी प्रतिष्ठा उनकी आलोचना या कथा साहित्य को। हालाँकि उनके कई कविता संग्रह जैसे 'नदी भागती आई', 'प्यारे मुचकुंद को' और 'देखते हैं शब्द भी अपना समय' इस बीच आए। कुँवर नारायण शाह के कवि-मन की थाह लेते हैं और पाते हैं कि उनकी कविताएँ छन्द में ज़्यादा खिलती हैं बनिस्बत मुक्त छन्द के। कवयित्रियों में, उनकी दृष्टि में, अनीता वर्मा का स्थान विरल है जहाँ जीवन की सचाई छन कर कविता की अस्थि-मज्जा में प्रकट होती है और कुँवर जी तो अनुभव करते हैं जैसे वे हृदय से जीवन को देखती-निरखती हों। स्त्री-लेखन के विमर्शसंकुल परिवेश में कुँवर जी को उनकी कविताएँ निजी और सामाजिक आधार देती हुई दिखती हैं तथा सबसे बड़ी बात जो वे लक्ष्य करते हैं वह यह कि उनकी कविताओं में बौद्धिक होने का नाहक हठ नही हैं, वह खास तरह की बुद्धिमत्ता है जिसे उन्होंने रोजमर्रा का जीवन जीते हुए जाना और आत्मसात किया है। वे मनोहर श्याम जोशी के 'कुरु कुरु स्वाहा' पर लिखते हैं तो विनोद कुमार शुक्ल के उपन्यास 'नौकर की कमीज' पर भी। कथा साहित्य के इन दोनों उस्ताद लेखकों को वे उनके भाषाई विट से पहचानते हैं। 'राम की शक्तिपूजा' पर वागीश शुक्ल के काम को वे एक सावधान समन्वय पाने की कोशिश मानते हैं तो 'देशांतर' के काव्यानुवादों के जरिए वे भारती की अनुवाद कला की चर्चा करते हैं।

कुँवर नारायण की ये समीक्षाएँ एक रम्य निबन्ध की तरह लगती हैं। उबाऊ किस्म की भाषा से वे सदैव दूरी बरतते रहे हैं। संस्मरणों में वे लेखकों की उन खूबियों को याद करते हैं जो उनके मानवीय पक्ष का बेहतर अंश लगती हैं। अज्ञेय से उनके मतभेद के तमाम मौकों के बावजूद वे उनकी बृहत्तर मनुष्यता का जिक्र करना नहीं भूलते। बेशक उनके शब्दों में अज्ञेय आत्महठी सही, पर उनकी अन्तर्मुखता को अहम्मन्यता या आभिजात्य से जोड़ कर देखे जाने का वे विरोध करते हैं। निर्मल वर्मा के लेखन में नजर आता बुनियादी किस्म का सौजन्य या विनम्रता उन्हें उनके स्वभाव का भी हिस्सा लगता है। वे इस बात से आश्वस्त दिखते हैं कि निर्मल की बुनियादी संवेदना काव्यात्मक है चाहे वे कहानी लिखें, उपन्यास या निबन्ध। क्या संयोग है कि उन्होंने 'कल्पना' में 'परिंदे' पर लिखा तो निर्मल ने 'चक्रव्यूह' पर 'हिन्दुस्तान टाइम्स' में। कुँवर जी के भीतर एक ऐसी साधुता है जो अक्सर ऐसे ही स्वभाव के लोगों को पसन्द करती है। नेमिचंद्र जैन पर लिखते हुए वे पंडित नेहरू के कथन 'कुछ लोग शान्ति की बात भी इस तरह करते हैं कि वह युद्ध मालूम पड़ती है' का हवाला देते हुए कहते हैं कि नेमि जी युद्ध की बात भी इतने संयत ढंग से करते हैं कि वह शान्ति

मालूम पड़ती है। उनसे रब्त-जब्त की एक वजह शायद यह भी थी कि मार्क्सवाद को लेकर उनके दिमाग में सरलीकरण और एकतरफापन नहीं था।

'कुरु कुरु स्वाहा' तक आकर मनोहर श्याम जोशी को एक नए भाषाई अंदाज में हम पाते हैं। जोशी के लेखन में आधुनिकता थी। यही वजह है कि उनका लेखन नए जमाने की चाल में ढलता हुआ चलता है इसलिए इस उपन्यास के बारे में भी कुँवर नारायण यह पृच्छा अव्यक्त नहीं रहने देते कि यह सिर्फ़ एक कामयाब मसखरापन है या कोई गम्भीर विचार भी है और यह कह कर उपन्यास के प्रभावों को छिलके की तरह उतारते हुए यह कहने में संकोच नहीं करते कि 'मगर जोशी जी अन्त में आकर तुमने यह क्या छीछालेदर कर दी? भावुकता की ऐसी फिसलन करोगे, यह उम्मीद न थी।'

हिन्दी आलोचना में नामवर सिंह का दबदबा चाहे जितना हो, कुँवर नारायण जैसे लेखकों पर उनके आतंक से ज़्यादा उनके साथ की वे बैठकें याद आती हैं जहाँ उनके आलोचक के प्रभामंडल के नीचे दबा अध्ययन और अध्यापन में रमा और अपने विट का लोहा मनवाता शख़्स नजर आता है। कुँवर जी उनकी पसंद के तो कायल होते हैं पर उसे पसन्द करने के पीछे व्यक्त कारणों से नहीं। उन्हें उनकी आलोचना के औजार भी उतने बारीक, पैने और नफीस नहीं जान पड़ते जो उन जैसे कुशल समीक्षक के लिए ज़रूरी है। प्रतिबद्धता की रट लगाने वाली मार्क्सवादियों की यह प्रवृति उन्हें प्रमुख नहीं लगती बल्कि यह ज़रूरी लगता है कि मार्क्सवाद एक स्वतंत्र विचार की हैसियत से दूसरे विचारों के साथ सहज और विनम्र हो सके। कितनी वेदना से वे यह कहते हैं, ''हम एक जुझारू योद्धा, अपराजेय शूरवीर की छवि से आक्रांत हैं, उसकी रेटरिक के बन्दी हैं।''

श्रीलाल शुक्ल से कुँवर जी के घरेलू रिश्ते थे। लखनऊ का लंबा साहचर्य। वे जितने व्यंग्य विदग्ध लेखक थे उतने ही हाजिर जवाब और संस्कृत के पंडित। संस्कृत साहित्य का जिक्र चले तो उद्धरणों की झड़ी लगा दें। इसका अंदाजा उनके व्यंग्य निबन्धों को पढ़ कर लगाया जा सकता है। उनके विनोदी स्वभाव के कई दिलचस्प उदाहरण भी यहाँ कुँवर जी ने दिए हैं।

व. ब. कारंत को कुँवरजी 'हयवदन' की प्रस्तुति के सिलसिले में याद करते हैं। कारंत ने इसके लिए उनसे व सर्वेश्वर से गीत लिखवाए थे। तमाम गुणसूत्रों में निर्विकल्प अशोक वाजपेयी की साहित्य संगीत कला के प्रति सुरुचि कुँवर जी की पसंद के मनोनुकूल पड़ती है। सो वे अशोक के लिए कहते हैं, 'किताबों पर, लेखकों पर कम लेखकों से मेरी इस तरह की बातें हो पाती हैं।' उनकी कविता को वे जहाँ आत्मीय प्रसंगों की कविता कहते हैं, वहीं सामाजिक यथार्थ की दृष्टि से उसकी उपयोगिता से वे आश्वस्त भी दिखते हैं। विदेशों से किताबों से लदे-फँदे लौटते हुए यह शख़्स उन्हें उस कोलंबस की तरह लगता है जो अभी-अभी अमेरिका से लौटा है। कुँवर जी रघुवीर सहाय के सहपाठी रहे हैं, कमोबेश साहित्य की धारा में खींचने

वाले भी। पर उनकी कविता जिसका भले ही हिन्दी में एक स्कूल हो, उन्हें अनुभव-सीमित लगती है। उनकी कविता की भाषा-संरचना में वाक्य को महत्त्व की दृष्टि से देखा जाता है, पर इस पक्ष पर वे अन्य कवियों पर भी विचार किए जाने की जरूरत समझते हैं।

मलयालम कवि के. सच्चिदानंदन की कविता उनकी दृष्टि में क्राफ्ट के साथ अपनी सामाजिक अर्थवत्ता को ओझल नहीं होने देती तथा यथार्थ से आक्रांत और घबराई हुई नहीं लगती। गोरख पांडे की असामयिक मृत्यु पर विचार करते हुए वे पाश और धूमिल को भी याद करते हैं तथा इस निष्कर्ष पर पहुँचते हैं कि इन तीनों ही कवियों की क्रूर मौतें समाज के उन सबसे नृशंस रूप को नंगा करती हैं जिसके खिलाफ उनकी कविताएँ विद्रोह हैं। अलवरेज के इस कथन कि 'आत्महत्या एक हताश व्यक्ति का मदद के लिए अन्तिम चीत्कार है' की याद दिलाते हुए वे इस बात से मुतमइन दिखते हैं कि 'गोरख पांडेय की कविता जिस विकलता को शब्द देती है वह मनुष्य के सामाजिक दायित्व की ज़्यादा बड़ी चेतना को सम्बोधित है। आज हममें से कितने ही आत्महत्या के बिन्दु पर जी रहे हैं--इस सचाई को जीना भी मृत्यु से कम दर्दनाक हादसा नहीं है।'

यहाँ विश्वनाथ त्रिपाठी, कृष्णा सोबती, ओम थानवी, अनामिका व पवन करण पर भी किसी न किसी पुस्तक के बहाने लघु टिप्पणियाँ उनकी आत्मीयता का वाहक लगती हैं। सोबती की कलम का सबसे कोमल छोर उन्हें 'ए लड़की' में दीखता है तो 'ज़िन्दगीनामा' में ठेठ पंजाबियत का रंग। उनका लेखन पारंपरिक स्त्री लेखन की परिधि में न समाने वाला लेखन है तो स्त्री चेतना को शब्द देने का अनामिका का अपना कौशल उन्हें भला लगता है। पर 'स्त्री मेरे भीतर' के बहाने पवन करण की गढ़ी हुई स्त्री की दुनिया को देख वे इस प्रश्नाकुलता से भर उठते हैं कि हमने स्त्री को एक पहचान तो दी है पर क्या उसे हम माँ, बहन, पत्नी, प्रेमिका के सामाजिक सम्बन्धों से अलग एक आजाद व्यक्तितव भी दे पाए हैं? हिन्दी में वृत्तांतों का एक नया स्वरूप उभर रहा है। एक तो वैसा जैसा 'नंगातलाई का गाँव' में विश्वनाथ त्रिपाठी ने रचा है; यानी एक छोटे से गाँव का चरित्र चित्रण, दूसरा वह रूप जो ओम थानवी के यात्रावृत्त 'मुअनजोदड़ो' में है। त्रिपाठी अपने गाँव को एक मोहक तरीके से याद करते हैं। कुँवर जी को इसे पढ़ते हुए लगता है कि 'इसमें एक आश्चर्यजनक उजाला है जैसे अभी अभी सुबह हुई हो।' दूसरी तरफ ओम थानवी के यात्रावृत्त में कई स्वरूप एक साथ नजर आते हैं। यह एक ऐतिहासिक स्थल की यायावरी है सो इतिहास के हवाले भी हैं, यात्रा की दुश्वारियाँ भी हैं, पहले से देखे-पढ़े का रोमांचक अवलोकन-पुनरवलोकन भी है। कब उनका यायावर जाग उठता है कब वे उसके अवशेषों में टहलते हुए इतिहासखोजी जिज्ञासु हो उठते हैं, यह पता नहीं चलता और नैरेटिव जिसकी ओर खास इशारा कुँवर जी ने किया है, वह ऐसा कि उसमें उपन्यास की खुशबू भी आती है, यात्रा वर्णन की सरसता भी और इतिहास व गद्य के पहलुओं को सँभालने की सिफत भी।

'रुख़' हमारे समय की अदबी शख्सियतों पर कुँवर नारायण के मुख्तसर रुख़ का इजहार है। पर वे कवि हैं तो कहीं न कहीं स्वतंत्र रूप से या किसी कवि के बहाने ही कविता पर अपनी बात भी कहते हैं। यहाँ एक टिप्पणी 'काव्यदृष्टि और विमर्श' में वे पाठ और विमर्श की गहराई में जाते हैं। वे पूछते हैं, क्या एक रचना विमर्श भर होने से ही सन्तुष्ट है या वह किसी बड़ी जीवनदृष्टि या विश्वदृष्टि को पाना चाहती है? कविता के बारे में वे कहते हैं कि 'उसकी शब्द-रचना एक किले की तरह दृढ़ नहीं होती। बिल्कुल अपनी तरह स्वप्निल, मनमानी और लगभग अनमनी होती है।' कविता उनकी दृष्टि में राजनैतिक ढंग की आंदोलनी ताकत नहीं बल्कि नैतिक ढंग की अंदरूनी ताकत है। पर जिस तरह से आज रचना को विमर्श के रूप में या किन्ही खास वर्गीकरणों के साथ पढ़ा जा रहा है, उसकी सीमाएँ भी उन्हें नजर आती हैं। कुल मिलाकर यह समकालीनों के साथ कुँवर नारायण की लेखकीय यात्रा का एक आत्मीय उदाहरण है जो आलोचक की निस्संगता से नहीं, कवि की प्रणति और प्रतिकृति से उपजी है।

विचारों की थाती सहेजे एक जीवन

ओम निश्चल

मध्य एशिया को अपनी दार्शनिक प्रत्यभिज्ञा से आप्लावित करने वाले कुमारजीव बौद्ध साहित्य व चिन्तन की केन्द्रीय धुरी रहे हैं। कूछा और कश्मीर में दीक्षित कुमारजीव ने भारतीय बौद्धग्रन्थों का चीनी में अनुवाद कर बौद्ध साहित्य के प्रसार में अहम भूमिका निभाई है। कूछा, कश्मीर, काश्गेर, ल्यांगचओ तथा छांग-आन में फैली अपनी जीवनावधि में कुमारजीव ने तीन हज़ार से ज़्यादा शिष्य बनाए पर बौद्ध साहित्य के अनुवादक होने के अलावा वे स्वयं में एक दार्शनिक स्तंभ थे। कुँवर नारायण अपनी कविताओं को जिन नैतिक प्रत्ययों से रचते हैं, कुमारजीव के जीवन और कृतित्व में वे नैतिक आयाम दृढ़ता से मौजूद हैं। कुँवर नारायण ने अपने नए काव्य 'कुमारजीव' में इसी शख्सियत को केन्द्र में रखा है।

लोग जीवनियाँ पढ़ते हैं। वे विस्मृत हो जाती हैं या अवचेतन में रच बस जाती हैं। कुँवर नारायण ने अवचेतन में बसे कुमारजीव को इतिहास के पन्नों से निकाल कर कवि-कल्पना से एक ऐसे उदात्त, दार्शनिक चिन्तन से मंडित चरित्र के रुप में उपस्थित किया है जो 344 ई. में कूछा में पैदा हुआ, कश्मीर में पिता कुमारायण की देखरेख में प्रारम्भिक शिक्षा पाई और अध्ययनोपरांत कूछा, व काश्गर लौट कर महायानी विद्वान सूर्यसोम के विचारों से गहरे प्रभावित हुआ और कूछा में आचार्य विमलाक्ष की देखरेख में संस्कृत वाङ्मय का गहन अध्ययन किया और श्रमण परम्परा में यायावरी करते हुए वह ख्याति पाई कि हर शासक उसे अपने दरबार की शोभा बनाना चाहता। इसी प्रक्रिया में कुमारजीव को छांग-आन के शासक फू-च्येन ने बन्दी बनाया। पर फू-च्येन की आकस्मिक हत्या के बाद कुमारजीव ने सत्रह वर्ष ल्यांगचओ में ल्वी-कुआंग की हिरासत में गुजारे किन्तु पुनः छांग-आन में तख्ता पलटने व फू-च्येन के पुत्र याओ-शिंग के सम्राट बनने के बाद कुमारजीव ने छांग-आन में लौट कर अपने जीवन के तेरह वर्ष सम्मान के साथ व्यतीत किए। जीवन में विपदाएँ आईं पर वे कुमारजीव की बौद्धिक अन्तःशक्ति को डिगा न सकीं बल्कि इन तमाम मोड़ों से गुजरते हुए उन्होंने बौद्ध चिन्तकों में एक अलग स्थान बनाया।

हिन्दी के जाने माने कवि कुँवर नारायण ने अपना जीवनारंभ नचिकेता-वाजश्रवा प्रसंग के काव्यात्मक आख्यान 'आत्मजयी' से किया था, उसका समाहार 'वाजश्रवा के बहाने' से किया; और अब अपने जीवन की उत्तरशती में वे शताब्दियों पूर्व जन्मे कुमारजीव के जीवन में लौटे हैं। 'कुमारजीव' उनका नया काव्य है...जहाँ उन्होंने इस बौद्ध चिन्तक की जीवनाभा को अपनी काव्यानुभूति और संवेदना की छुवन से एक जीवन-संदेश में बदल दिया है। अपनी कृतियों में एक प्रति-समय जीता-रचता हुआ यह दार्शनिक कुँवर जी को कई अर्थों में सम्मोहित और समाविष्ट करता है। कहते हैं, ऐसे दार्शनिकों की यात्राएँ कभी खत्म नहीं होतीं। वह महायात्रा पर निकलता है सदियों को फलाँगता हुआ और अन्ततः एक अक्षुण्ण विचार-यात्रा में पर्यवसित हो उठता है।

इस काव्य का प्रयोजन कुँवर जी के ही शब्दों में :

मैं, कुमारजीव...बुद्ध के उपदेशों का वाहक
अनुवादक मात्र नहीं
उनके माध्यम से अपना भी एक संदेश हूँ
उनके संदेशों में शामिल।
तथागत की शिक्षाओं के साथ
उनमें मेरी साधनाएँ भी शामिल हैं।
मैं अपनी कृतियों में निबद्ध
अपना वह प्रति-समय भी हूँ
जिसमें मैं जीवित रहूँगा
अपने बाद भी...तथागत के साथ...

और कुमारजीव का जीवन इस तरह तथागतमय हो उठता है कि वह जेतवन की उदात्त कल्पना में खो जाता है :

मेरा मन है...जेतवन
वहाँ कहीं एक श्रावस्ती है, कहीं अमरावती
और तथागत का जीता जागता सान्निध्य
उनकी शिक्षाओं को सुनते श्रमण
जहाँ सारनाथ, साँची और पाटलिपुत्र हैं।
लिच्छवियों के रथों के धुरों से धुरा मिलाकर
अपना रथ दौड़ाती अम्बपालिका...गणिका
सगर्व कहती कि 'आज मेरे आम्रवन में तथागत मेरे अतिथि हैं'
'हज़ार कार्षापण ले ले गणिका यह आतिथ्य हमें दे दे...'
'हज़ार जनपद दे दो तो भी नहीं।' लिच्छवियों ने सुना
और सबसे आगे बढ़ गया उसका रथ।

एक अनूठे काव्यात्मक पर्यावरण में कुँवर नारायण कुमारजीव के जीवन और कर्म को टटोलते हैं और कुमारजीव की यात्राओं के साथ साथ यानी कूछा से कश्मीर, कश्मीर से कूछा लौटते हुए काश्गर में एक वर्ष, कूछा वापसी, कूछा से ल्यांगचओ व छांग-आन शीर्षक खंडों के अन्तर्गत कुमारजीव के व्यक्तित्व को आकलित करते हैं। कुँवर नारायण का काव्य नैतिक आग्रहों का काव्य है। वे कविता को भी अन्ततः अकाट्य जीवन-विवेक की कसौटी पर रख कर देखते हैं। उनका काव्य सुभाषितों से भरा है। वे लिखते हैं : *हर व्यक्ति का यह जन्मसिद्ध अधिकार है कि वह अपने लिए जीवन का क्या ध्येय चुनता है।* यह भी कि बच्चे के *पृथ्वी पर पाँव रखते ही/ पूरी पृथ्वी उसकी माँ हो जाती है।* उनके इस कहे को गुनने के सिवाय भला क्या विकल्प हो सकता है कि *कुशल तैराक लहरों से लड़ता नहीं/उन पर से तैरता है।* कुमारजीव का सूर्यसोम से मिलना उसके जीवन की अनूठी घटना है। यही वे दिन थे जब कुमारजीव का मन सोचता : *सुलह क्यों नहीं/क्षमा क्यों नहीं/दो अतियों के बीच से निकलता/एक तीसरा मध्यम मार्ग क्यों नहीं?* यह वही मध्यम मार्ग या मज्झिम निकाय है जिसकी बात बुद्ध किया करते थे। वह मात्र बौद्ध धर्मोपदेशक होकर जीवन बिता सकता था पर उसने बौद्ध ग्रन्थों के अनुवादक, ज्ञाता व व्याख्याता होने का संकल्प लिया। वह अदृश्य का ऐसा मधुसंचयी था जिसने संस्कृत भाषा की माधुरी को चीनी भाषा में सँजोने का काम किया।

कहना न होगा कि भिक्खु कुमारजीव के परिव्राजक चित्त को यायावरी व बन्दी जीवन के बावजूद हिमालय की उपत्यकाओं से हज़ार सालों पहले उठी विचारों की लहर मथती रही। उसकी आँखें गेरुए लबादे में बुद्ध को अपने सामने खड़ा हुआ पातीं—वही संगीत, वही प्रभा, वही प्रतीति, वही प्रज्ञा पारमिता...संस्कृत, पाली, तुषारी, चीनी व तिब्बती में आती हुई अस्फुट शब्द-ध्वनियाँ। वह इस अहं को धिक्कारता जिसमें लिप्त शासक एक भयभीत बच्चे-सी हँसती खेलती एक निरीह सभ्यता को धूल में मिला कर गर्व से फूले नहीं समाते और चीख चीख कर घोषित करते, 'पूरी दुनिया मेरा साम्राज्य है।' कुमारजीव की स्मृति में सेनापति ल्वी-कुआंग की क्रूरताएँ हैं जो जबर्दस्ती मुँह में शराब उड़ेल दिए जाने व उपभोग के लिए युवती मुहैया कराए जाने पर भी उसके माथे पर आश्वस्ति से हाथ फेरता हुआ यही कहता है, डरो *नहीं–तुम नहीं। केवल तुम्हारा साहस टूटा है।*

कुँवर नारायण *कुमारजीव* के बहाने रेशम मार्ग के बीहड़ रास्तों के बीच मरुथल और रेत की खूँख्वार आँधियों से गुजरते हुए इस निष्कर्ष पर पहुँचते हैं कि आखिकार जीवन है तो इन्हीं छोटे-छोटे मरुद्यानों में। बन्दी कुमारजीव को यह अनुभव होता है कि *एक कारागार में भी सम्भव है/प्रतिदिन एक नया जीवन।* वह दीवारों को पुस्तकों से ढँक देता है जहाँ विचार, कल्पनाएँ, भाषाएँ, ज्ञान-विज्ञान सब मुक्ति के उन्मुक्त असीम में मौजूद हैं। और जब याओ-शिंग की आवाज सुनाई देती है, उठो *कुमारजीव तुम अब मुक्त हो,* वह यही सोचता है कि वह तो पहले से ही किसी भी कैद से

आजाद है। उसे प्राचीरें भला कब तक कैद रख सकती हैं। सम्राट उसे सुखोपभोग के लिए युवतियों का उपहार देते हैं पर वह तो उन्हें समग्र जीवनबोध की तरह स्वीकार करता है। वह कहता है : *जीवन जितना दीखता है/उससे कहीं अधिक अदृश्य है।...मेरे पास जब भी आना तो शरीर से अधिक अनश्वर कुछ पाने के लिए।...संभोग से कहीं अधिक स्थायी और आत्मिक।* तथापि यह संदेश देना नहीं भूलता कि *प्रेम अपने दैहिक और आत्मिक दोनों रूपों में/ एक उदात्त अनुभव है।*

कुमारजीव एक जीवनविशेष का आख्यान ही नहीं, समूची मानवता को अपने संदेश से विरचित करने वाले चिन्तक का आख्यान है जिसकी व्यतीत सरणियों में नियति और भवितव्यता के कितने ही सन्देश समाहित हैं। इसे पढ़ते हुए लगता है कुँवर नारायण ने किसी पुराने भोजपत्र में लिखी लिपियों को पढ़ने की पुनश्चेष्टा की है और इस नतीजे पर पहुँचे हैं कि : *समय पढ़ता है केवल शब्दों को नहीं/आँसू की उस बूँद को भी/जो कभी कभी टपक जाया करती है/अक्षरों के बीच...* 'वाजश्रवा के बहाने' में कवि कहता है, *समय हमें कुछ भी अपने साथ ले जाने की अनुमति नहीं देता, पर अपने बाद अमूल्य कुछ छोड़ जाने का पूरा अवसर देता है।* यहाँ कवि कुमारजीव से कहलवाता है : *वह छोड़ जाना चाहता है ऐसा कुछ स्मरणीय जिसमें एक दिव्यात्मा की स्मृतियाँ हों।* कुँवर नारायण ने कुमारजीव के इस जीवन-काव्य के बहाने पुनः जीवन को विचारों की किसी अमूल्य थाती के रूप में छोड़ जाने और सहेजने पर बल दिया है।

A Lesson from History and a Message for the Contemporary : Kunwar Narain's epical Hindi poem Kumārjīv[1]

In honour of Peter Schwieger, Professor for Central Asian Studies, Bonn University, Germany[2]

Heinz Werner Wessler

Kunwar Narain's recent epic poem *Kumārjīv* appeared in 2015 as his third epical poem after *Ātmajayī* ("The winner over his self", 1965) and *Vājaśravā ke bahāne* ("Because of Vājaśravā", 2008). In the introduction, the Hindi poet refers first of all to the historical importance of the Buddha : "Even more than his epoch crafted him, the Buddha crafted his epoch"[3], marking the belief in history as a creation of great characters.

Before going into the recent epical poem, a brief review on some of the features of Narain's earlier epic poetry and his writing in general will be essential. In the introduction to *Vājaśravā ke bahāne*, Narain explains that his turn to the importance of death in the first of his three epic poems (Hindi : *khaṃḍ-kāvya*), *Ātmajayī*, is related to personal experiences of having to come close (*nazdīq*) to death (*mṛtyu*).[4] The "deep experience of death"[5] had actually accompanied him from the age of 11, when his mother and sister died of Tuberculosis. And this experience leads to the forms of "subtle insight" (*sūkṣm antardṛṣṭi*) that the historical Buddha, Śaṃkarācārya, Kabīr etc. once had.[6]

Kunwar Narain's Naciketā–inspired by the famous story of the Kaṭhopaniṣad–is portrayed as a religious seeker and young intellectual, who overcomes his deep desperation and wins over his own self in the end. Naciketā (i.e. Naciketas), in a non-historical narrative framework, is troubled by all kinds of doubts on himself and life in general, has to face

Yama, the Lord of death (who is death himself)[7], and himself as a human "I, in the grip of death"[8]. As the author explains in the introduction, "the problem that has been set up in '*Ātmajayī*' is basically the problem of an intellectual person"[9]. Naciketā's essential issue, as Narain describes it, is that "he not only wants to live happy, but also meaningful"[10]. He demands the right to disagree (*asahmati*)[11] with dominant opinions (*bahumat*)[12]. He is filled of the desire to understand (*jigyāsā*), even though he is aware that "knowledge is a difficult responsibility"[13]. On this background he reaches out to the central question of Vedānta on the substance of the self–"what am I?"[14], he finds his life "empty" (*sūnā*, i.e. Sanskrit *śūnyaka*)[15] and even ventures to perform an effort to commit suicide (*ātmahatyā kā prayatn*)[16].

The world is a mirror–not of the divine, but a reflected illusion (*pratibimbit māyā*), which means shadow-like illusionary images (*chāyā-chāyā*) roam all over.[17] These lines have to be read on the background of the prominent *chāyāvād* (romanticism) movement in modern Hindi poetry, a term which is usually interpreted as a reference of the interpretation of nature in *chāyāvādī* poetry as a reflection (*pratibimb, chāyā*) of the divine. The poem also puts a question mark behind "the splendor of fruitless progress"[18], meant as a dividing line to the "progressivism" (*pragativād*), which has infused modern Indian writing to a large extent.[19]

In this context, some essential remarks on the role and the nature of the poet (*kavi*) and his poem (*kavitā*) in Kunwar Narain's thought have to be mentioned, which refer to his relationship to language and literature. Both words in Hindi have the letter *ka* at the beginning in common with the *kahīṃ bhī* "at an undefined place"[20]. The loss of certainty opens the space of creative writing : The relationship between the creative writer (*racnākār*) and his creative work (*racnā*) is in the process between what was once not manifested (*prakaṭ na thā*) and what has appeared (*prakāśit huā*).[21] The essence of poetry, says Narain in an interview with Yatīndra Miśra, is when "elevated ideas" intertwine with "elevated art"[22], a synthesis of "informative content" (*sūcnā*) and "experience" (*anubhūti*)[23], which he further on explains in the context of a triangle of the poem (*kavitā*), life (*jīvan*) and language (*bhāṣā*)[24]. On a question of the future of poetry, Narain answers that he believes the dissociation of the poem from the hard facts of life is the basic threat.[25] The creative process is a search (*talāś*)– i.e. not a finding–of the "everlasting truth" (*kāljayī sac*).[26]

On the other hand, the introduction to *Ātmajayī* goes into the meaning of mythical characters in the symbolization of existential experience. Indian "old narratives" (*purākathāeṃ*)[27] are not "mystical" (*rahasyavādī*) in a similar way as Greek mythical narratives were for modern European authors–because of the continuing importance of their being religious (*dhārmik*), while Greek narratives can more easily be used for "expressions of complex mind states of contemporary man".[28] In this context however, Naciketas can appear more "philosophic" (*dārśanik*) than "religious" (*dhārmik*), and is therefore more suitable for a modern creative re-working of his story from the Kaṭhopaniṣad. This predominance of the philosophic over the religious, of the symbolic over the real, is a central issue in Narain's poetry on characters from India's history and mythology, as in the more recent case of Kumārjīv. An example of what he means, he refers to Albert Camus' modern interpretation of the Sisyphus-legend, and modern existentialist (*ādhunik astitvavādī*)[29] readings of myths in general.

In this context, he puts a strong emphasis that this interpretation should not lead to nihilism–in Hindi *nirāśāvād*, "philosophy of desperation".[30]

Kumārjīv

While Naciketā and Vājaśravā in Kunwar Narain's two earlier epical poems remain at one unspecified place, Kumārjīv goes back to a historical person, and the basic features of his biography are well known. His life is related to a clearly defined geographic space : a traveller between the Kucha kingdom of Central Asia, Kashmir, and the Hubei province in China but also a traveller between Sanskrit and Chinese, and a traveller between different intellectual cultures. "The arts, important ideas and literature were always travellers," says Narain in an interview with Paṃkaj Caturvedī.[31] In an advanced age, Narain turned again towards the genre of epic poetry, focussing on the historical figure of the perhaps most famous Buddhist translator from Sanskrit to Chinese and main cultural mediator between South and East Asia.

The interest in the spread of Buddhism from the Indian subcontinent towards Central Asia in Hindi literature is related to the great Hindi author and Buddhist scholar Rāhul Sāṃkṛtyāyaṇ (1893-1963), and in particular by his book on the history of Central Asia, which Narain (2015) notes in his reference list among his sources.[32] Narain also mentiones his friend Gajānan Mādhav Muktibodh's (1917-1964) later forbidden book on the history and culture of India[33], where however the 7th century Chinese Buddhist traveller Huan-Tsang along with Kumārajīva is covered in some detail.[34] Kunwar Narain was introduced to a profound study of Buddhism during a year he, as a young man, had stayed in Mumbai with the socialist politician Acharya Narendra Dev (1889-1956), the earlier leading theorist of the Congress Socialist Party (dissolved 1948), who belonged, even though critical of Mahatma Gandhi as a politician and religious thinker, to the advertisers of non-violence in the Socialist movement and at the same time had embraced Buddhism.

Central Asia and Buddhism

There is plenty of textual, archaeological and artistic evidence of the spread of Buddhism from Kashmir and the Hindukush mountain range via the Central Asian Silk Road eastward. Urban cultures from what is Tajikistan today, to the Uighur settlements in Kyrgyzstan towards the thinly populated Taklamakan desert, were all profiting from the long-distance trading networks. The strong economic focus on trading made the region into an open space for religions and ideas from outside.

On the long run, before the massive advent of Islam in the region, Buddhism and East-Syrian Christianity appeared to be the strongest competitors in the concurrency among the religions that have left their traces in the region. "Local rulers had to decide whether to tolerate its [i.e. Buddhism's] appearance, whether to stamp it out or to adopt and support it."[35] In many cases, the move was from toleration to adoption.

At the middle of the fifth century AD, Kashgar, Kucha and Turfan had turned into strong centres of Buddhist learning. From its beginning, Buddhism focussed on the progress of the order, and the exchange relation of monks and laymen. While the first would share their insights into the Buddhist doctrine in sermons and teaching, the latter would gain good karma by materially donating to the monasteries. In a prospering economic climate, this turned out to be a successful recipe for the spreading of Buddhist institutions towards North East, even though Christianity gained ground.

The historical setup of ethnicities, languages, cultures, kingdoms and fiefdoms in Central Asia in general was extremely complex. In fact Buddhism "offered one of the few uniting elements of the area", comments Jens-Uwe Hartmann[36] even though–as he further continues–Buddhism was itself rather far from being a uniform religion, it was split up into different schools, traditions and appearances.

Buddhism and the other "foreign" religions[37] except Islam practically disappeared from Central Asia as a living religion in the 10th century. The rulers of Khotan were the last royal dynasties who embraced Islam around 950. However, on the eve of the intrusion of Islam, particularly since the early 8th century, Buddhism had made its way successfully towards the East, where it was to remain, even though the open religious spirit of the Tang dynasty (618-907 AD) was given up for a long time. Christianity didn't survive the upcoming discontent with the perceived "foreign" religions by the rulers, but Buddhism became indigenized and created its place in the setup of religions in East Asia.

While Sanskrit had become the "church language"[38] of Central Asian Buddhism during the 5th century, marginalizing the earlier vernacular and Prakrit versions of Buddhist scriptures, at a later stage Chinese turned into a Buddhist source language. "Without such outstanding figures like the famous Kumārajīva, Buddhism would probably never have made a lasting impact on Chinese culture. … With him, a new translation technique was developed, which finally succeeded in presenting Buddhism in a literary form acceptable to Chinese taste."[39]

Kumārajīva

The historical Kumārajīva (343/344-413 AD) was born in Kucha. His father Kumārāyaṇa is said to be a descendent from a royal family from Kashmir. His mother Jīvakā (an Indian name!) was, according to tradition a Kuchean princess, who became a Buddhist nun. Young Kumārajīva, at the age of seven, settled with his mother, in a Buddhist monastery of the Sarvāstivāda school, a major school of the Hīnayāṇa tradition that had spread along the Northern Silk Road since the time of the Kushanas.[40] Two years later, mother and son went to Kashmir for further studies. Kumārajīva is said to have studied under the famous teacher Bandhudatta, and acquired knowledge not only in the treatises of the Sarvāstivāda school, but also of the sciences and logic. It is said that he managed to defeat non-Buddhist Brahmans at the court of the king in a public discussion.

After his return to Central Asia, he is said to have studied a year in Kashgar, where he also learned to chant the Vedas. In Kashgar, he is said to have met a certain Sūtyasoma, who explained the philosophy of emptiness (*śūnyavāda*) of Nāgārjuna (active second half 2nd century AD) to him. This lead to his conversion to the so-called Mādhyamika, the extreme relationalism that developed with early Mahāyāṇa in Buddhist philosophy. Day and night, being and non-being, and even the world (*saṃsāra*) and *nirvāṇa* exist only in relation to each other. Emptiness (*śūnyatā*) alone is in a way real.

Still a young monk, he returned to Turfan in the north-eastern part of the Kucha kingdom, where his fame soon spread out and attracted monks from all over Central Asia and North China to him. On request of the king of Kucha, he returned to the capital to instruct the king's daughter. When in 379 AD Fu Chien (Fu Jiān) conquered the town of Hsiang-yan (Xiangyang), Hubei province, he established a center for the translation of Buddhist scriptures in his capital Ch'ang-an, where Kumārajīva was invited to teach and translate, which he refused initially. Later on, in 383, the warlord-emperor sent Lu Kuang (Lū Guang) to march on Kucha and take Kumārajīva to Ch'ang-an, but before he reached the town with its already famous school of translation, Ch'ang-an was conquered by the Yao family and Fu Chien killed. Lu Kuang, who was not a Buddhist, declared himself independent, set up his own state with the center in Ku-tsang, and kept Kumārajīva as captive and strategic advisor for as long as 16 years–which proved to be an important period of learning the Chinese language and tradition.

When Yao Hsing from the new dynasty at Ch'ang-an conquered Ku-tsang in 402, Kumārajīva was rescued and taken to Ch'ang-an. He was made the director of the still existent translation school, and within the few years until his death in 413, 74 works in 384 fascicles are said to have been translated from Sanskrit into Chinese. Altogether, Kumārajīva, probably the most important Buddhist translator of the earlier phase of the transition of Buddhism from India to Central Asia and East Asia, is said to have translated about a hundred Buddhist titles into Chinese, among them the *Saddharmapuṇḍarikā Sūtra*, the *Vimalakīrti sūtra*, *Suraṃgama Sūtra* and *Prajñāpāramitā Sūtras*.

The historical and the poetic

So far the historic account. Like in the case of Naciketā in the earlier epic poems, the Kumārjīv of Kunwar Narain's poem is much an alter ego of the author. However, Kumārjīv remains in his historical context, the time and space of Central Asia and China of his lifetime. Except Kashmir, where Kumārjīv stays for a couple of years in his childhood, the Indian subcontinent is not part of the geographical outlay that the poem refers to.

Narain's poetic biography discovers Kumārjīv at the same time as a witness of princely rivalry, war and suffering as an essential part of history, on the other hand of somebody who experiences life as an intellectual journey between different languages and cultures, which allow him to reach a deeper understanding of Buddhism, constantly unfolding and explaining its philosophical content. As in Narain's earlier epic poetry, his understanding is crafted by the sense of death because of warfare and famine. The first thing to map out is the hunger of the stomach (i.e. the physical needs), which is "as wide as a bowl of the daily ration of a monk".[41] ''I am monk Kumārjīv'', declares he, and is to remain the archetype of the intellectual and outsider–Lvī-Kuāṃg, in the beginning, makes fun of him : ''You are not a monk, you are an idiot.''[42]

He is not detached in the way that the "enjoyment of the understanding mind" (*buddhi vilās*) is sufficient for him–instead, he experiences "indecision" (*ūhāpoh*) on the meaning of knowledge and science vis-à-vis of the troubled ones (*dukhī*).[43] The question is therefore, whether Buddha's ideas "can change the world".[44] In order to achieve this purpose, "love" (*pyār*) and "compassion" (*karuṇā*) are essential.[45]

Kumārjīv's biography makes him the archetype Central Asian intellectual traveler, and that is how the main chapters are organized : "From Kucha to Kashmir" (p. 37-52), "A year in Kashgar on the return from Kashmir to Kucha" (p. 53-66), "Back in Kucha" (p. 67-103), "From Kucha to Langchao" (p.105-143), Chang-an (p. 145-187).

Narain's Kumārjīv is not only interested in a deeper understanding of Buddhist doctrine or Buddhist spiritual practice, but as a missionary mediator on foreign soil. He sees Buddhism–so the introduction–bringing out the seeds (*bīj*) of one culture (i.e. Buddhism), which then grow in another.[46] Kumārjīv is an example of such a seed, to Narain. Migration is an important historical incentive of "cultural life" (*sāṃskṛtik jīvan*), and "creative thought" (*racnātmak cetnā*) in the history of "Eurasia" (*yūreśiyā*), and "this pace is going on even today".[47]

Beyond that, Kumārjīv is a model of the modern traveler between the geographical and cultural spaces. For him–different from the historical traders on the silk road[48] with their caravans–life (*jīvan*) is not busy like a business (*vyāpār*) –and business is an all-inclusive term for hasting horses, robbing, fighting and looting tribal people, armies, factory owners (*udyogpati*) and traders.[49] However, in the matured state of mind, it is not him in his detached state who decides to travel or to settle at some place, in particular after general Lvī-Kuāṃg takes him by force to China, where first of all Lvī-Kuāṃg's son plays chess with him.[50] He later sees him as the prototype of the "sick" (*rogī*) and lost (*hāre hue*) man at the edge of death (*mṛtyu*),[51] but at the same time his appearance has a similar initiatory effect on Kumārjīv to become the future head of the translator school in Chāṃg-ān as the appearance of the sick, the old, and the dead man on Siddhārtha Gautama, who later turned into the Buddha.

The poem is, in other words, not really a biography in free verse. It is more like a comment on Kumārjīv that can be read on one side only on the folio of the known facts of the biography of the historical person, but on the other side as a comment on the modern intellectual and his role in a globalizing world. Narain's Kumārjīv is more than a historical personality–just like Naciketā in his earlier epical poems–"The endless parades of stuffed and hooked up caravans / are alive even today"[52]. Kumārjīva's Central Asia turns into a metaphor of the world (*saṃsār*) as such : "life on the worn-out roads of Central Asia / is a waste world // attached to it, attached and detached at the same time / contemplate some thinkers / the hard reality of the suffering life"[53]. This "hard reality" includes the temptation of materialism : "... this girl– enjoy her, / this is heaven / anything that exists is to be found in this world / outside is nothing".[54]

And in this context the wonder of Kumārjīv takes place – a wonder concerning terms, language, and meanings–or, to be precise, in creative translating while "liberating the terms / that have been entangled in the imaginary of fight and trade."[55]

The concern about the meaning of language has been a subject in Narain's poetry from early on. In his poem "In the disturbed circumstances of language" from the collection "Nobody Else", the decline of language and words themselves lead into a crisis of meaning : "When a language dries out // words begin losing their lyricism".[56] In the poem "From the words", the poetical self-narrator looks at the world from the perspective of the words, and sees the starting point of "meaningful connections" (*arthpūrṇ sandhiyoṃ ko*) and their unsecure state from a new perspective[57], while the poem "Languages of love" in "Witness in the margin." discovers the subtle relationship of the sense of love and the sense of meaning.[58]

Central Asia in the time of Kumārjīv was never outside of the rivalry, strife and conflict around him. Narain lets him become a witness of the independence declaration of Lvī-kuāṃg (i.e. Lu Kuang)[59] in Lyāṃgcao (i.e. Tung-huan), and how in vain the long life of the emperor is chanted by his soldiers.[60] The whole region is caught by waves of warfare and strife, towns turn into ruins, that no longer provide shelter from the desert.[61]

The context of worldly strife, chaos and war of empires is the background on which the creativity of Kumārjīv unfolds. He is like a philosopher (*dārśanik kī tarah*), he himself a commentary (*bhāṣya*) in worldly language (*laukik bhāṣā*), but in the "longevity of bottomless words"[62]. The Central Asian desert is death, an alliteration of *maruthal* and *marubhūmi* (desert) and *mṛtyu* (death)[63]–and "who knows how many rivers and lakes / it has drunk up and is still not satisfied."[64]

However, there is "some hope" (*kuch ummīd*) because of the "tiny oasis"[65], the garden in the desert, a metaphor of the limited beautiful space in the chaos of the world. But the monks construct *stūpas* in the desert, "homeless words" (*beghar śabd*), wall paintings, books and letters[66]–small symbolic spaces of life in the desert. Narain's Kumārjīv himself reconsiders his many existences, sometimes experiencing the "happiness of being a householder / and then the pain of being bereft of a home" (*gṛhvihīn*, as a monk).[67] However, even a *ṛiṣi* can be a householder (*gṛhasth*), since the relationship between woman and man does not necessarily distract his religious striving (*sādhanā*).[68]

Finally, he prays to the one, who makes the house (i.e. God)– *gṛhkār*– not to construct another one, but let this one (body) be the final–so the wish of young Kumārjīv[69]–since the house–i.e. the human body–is full of "domestic fights" (*gṛh-yuddh*).[70] At the same time, he knows that he will go to the "house of rest" (*viśrām-gṛh*) in the end, i.e. into death.[71]

Kunwar Narain is an introverted character, and has rarely directly commented on political events, particularly not in his poetry. A rare exception is the poem "Ayodhya, 1992"[72], which refers to the destruction of the Babri Masjid in Ayodhya–the twin city of Kunwar Narain's mother town Faizabad–and its traumatic consequences, in which he compares the people agitating in the name of Rām with the soldiers in the army of the demon-king Rāvan in the Rāmāyaṇ : Speaking to Rām, the avatar of Vishnu, the author writes : "Ayodhyā is no longer *your* Ayodhyā"[73].

The epic poem Kumārjīv was composed over a period of roughly ten years before publication, i.e. from about 2005 to 2015. In national politics, a time period between the return of a Congress led government under prime minister Manmohan Singh after a first period of a BJP lead government under Atal Bihari Vajpeyi, and the return of the BJP with a strong majority of seats in the national parliament in 2014. The political continuity behind the political change is the economic liberalization that started with the Narasimha Rao government in the early 1990s. Even though, since the time of Indira Gandhi as prime minister, the Indian constitution defines India as "socialist" in the first sentence of the preamble of the constitution from 26.1.1950, it seems more and more that this prescription more and more turns into a meaningless rhetoric formula. The great divide however is on identity politics and the definition of secularism, which also is part of the first sentence in the preamble of the constitution.

In a way, the imagined Central Asia of the early centuries AD is a meeting place of cultures beyond the usual hassles of identities and their aspirations to claim certain spaces as theirs. Between the 3rd and the 5th century AD, Buddhism became a major religious and cultural factor not only in India and in East and Southeast Asia, but also in Afghanistan and in large parts of Central Asia. Thanks to outstanding translators like Kumārajīva, it extended its range towards East Asia as well.

Conclusion

The ownership of the Sanskrit literature produced in the Central Asian region goes to the different flowering Buddhist schools in Central Asia.

Sanskrit became great, when it turned from Northern parts of South Asia towards Central Asia, and it remained somehow de-territorialized for a long time in history–as long as Buddhism had a strong standing in Central Asia, and before Chinese started to be the language norm of East Asian Buddhism on the basis of the language in translation that Kumārjīv had crafted.

Why did Kunwar Narain turn from the upanishadic Naciketā and Vājaśravā towards his construction of the "devoted religious mendicant-thinker-artist"[74], who, "parallel to his own time / also creates his own anti-time"[75]. He does not want to become a teacher of the Buddhist religion, but an "interpreter of Buddhist philosophical works, a translator, a knower and commentator", i.e. everything that relates to language, translation and interpretation.[76]

He is "not only a translator…but a message, part of his [i.e. Buddha's] messages"[77] from outside the Indian subcontinent. Narain's Kumārjīv turns towards a harbinger of Buddha's message without any reference to the Indian (and implicitly brahmanic) soil. So he says right in the very beginning of the book as the imagined narrator Kumārjīv himself : "I have gone out with the one who comes and goes in the same way [Tathāgata, i.e. the historical Buddha] over thousands of years on a long journey"[78]. As such, he cannot stay anywhere, like "the blowing winds", only some words, some stray thoughts will remain of him.[79] In the end, there remains the eternal, and universal question : "From where have I come? / Where do I go?".[80] Kumārjīv's highest form of religion (*dharm*), in Narain's poem, is knowledge (*gyān*), everything else is just an outward hindrance or the different "ways" (*mārg*).[81]

Narain's Kumārjīv constantly shifts between the historical monk and intermediator between the Indian and the Central Asian and Chinese world, and the metaphor of the introverted intellectual as such. Similarly, the epical poem can be read as an appreciative poetical biography of the historical translator as well as a description of the role of the poet and intellectual in our present time, whose duty it is to spread out *gyān*, but at the same time constantly reflect himself in the light of his personal experience, as Narain explained in the interview with Yatīndra Miśra mentioned above, in order to avoid the "dissociation of the poem from the hard facts of life" (see above).

Cultural hybridity combined with his spirit of translatability is at the core of Narain's construction of his Kumārjīv. And similarly to the historical figure, the modern poet and intellectual is homeless and at home at the same time. The condition sine qua non for his transcultural creativity, which is the model of the kind of creativity to which Narain ascribes himself between the Indian traditional sensitivity and European existentialism, was the absence of claims on cultural ownership. The Sanskrit text knowledge of Kumārjīv is open for translation, and Kumārjīv himself is the message that realizes itself in the very act of transformation from one culture to the other, and from Sanskrit to Chinese. Questions on ownership over a language were not yet important in a certain, extremely creative epoch in Central Asia that provided a fertile soil for the spread of Buddhism towards East Asia.

Foot Notes

1. I use a transliteration of Devnagari that is used for Hindi and other Modern Indo-Aryan languages. Short ''a'' , that is not pronounced as final vowel or in a word fugue is not represented in transliteration. Authors' names and place names are referred to in standard versions in Latin script, as far as these versions are in use. The historical person *Kumārajīva* is spelt in standard Sanskrit Devnagari transliteration, as long as it does not refer to the *Kumārjīv* of the epical poem of Kunwar Narain. Similarly, Naciketas is the character in the Kaṭhopaniṣad, while Naciketā is the character in Kunwar Narain's first two epical poems.
2. A more detailed version of this article will be published in the Felicitation volume for Professor Peter Schwieger. Lumbini : Lumbini International Research Institute 2017.
3. "Buddh ko jitnā unke yug ne banāyā usse kahīṃ adhik buddh ne apne yug ko banāyā" Narain 2015 : 7.
4. "Maiṃne [sic] mṛtyu ko acānak bahut nazdīk se jānā thā." Narain 2010 : 7
5. "Mṛtyu kī gahrī anubhūti", as Narain explains in the introduction to *Ātmajayī* (Narain 2012 : VII).
6. Narain 2012 : VII
7. Narain 2012 : 81ff
8. "Maiṃ, mṛtyu-vaś" Narain 2012 : 5
9. " 'Ātmajayī' meṃ uṭhāyī gayī samasyā mukhyataḥ ek vicārśīl vyakti kī samasyā hai" Narain 2012 : V.
10. "... keval sukhī jīnā kāfī nahīṃ, sārthak jīnā zarūrī hai." Narain 2012 : V
11. Narain 2012 : 25
12. Narain 2012 : 26
13. "Gyān kaṭhin zimmedārī hai." Narain 2012 : 88
14. "Maiṃ kyā hūṃ?" Narain 2012 : 54
15. Narain 2012 : 55
16. Narain 2012 : 59
17. "Saṃsār kisī darpaṇ meṃ pratibimbit māyā,/chāyā-chāyā/ṭukaṛe-ṭukaṛe" Narain 2012 : 66. Later, the poem makes a reference to a narrative from the

Purāṇas : Chāyā, a female servant of the God of death, curses Yama after he beats her that she (i.e. as "shadow") will follow his steps wherever he goes. Narain 2012 : 81

18. "Ek niṣphal pragati kā ābhās." Narain 2012 : 68
19. In an interview with Vinod Bhāradvāj, Narain explains that he was "not an enemy of Marxism, neither a follower of it" ("...maiṃ māksvād kā viroddhī to nahīṃ thā par anuyāyī bhī nahīṃ thā") Bhāradvāj 2010 : 15.
20. Narain 2010 : 24
21. Narain 2010 : 24-25.
22. "Ucc vicār ucc kalā ... antarniṣṭh hote haiṃ" Bhāradvāj 2010 : 30
23. Bhāradvāj 2010 : 30
24. Bhāradvāj 2010 : 31
25. Bhāradvāj 2010 : 42
26. Bhāradvāj 2010 : 36
27. Narain 2012 : XI.
28. "āj ke manuṣya kī jaṭil manaḥsthitiyoṃ ko behtar abhivyakti de sake" Narain 2012 : XI.
29. Narain 2012 : VII
30. Narain 2012 : VII
31. "Kalāeṃ baṛe vicar aur sāhitya hameśā yātrī ('traivelar') rahe." Bhāradvāj 2010 : 50
32. Sāṃkṛtyāyan, Rāhul, *Madhya esiyā kā itihās*. Paṭnā 1956 and Sāṃkṛtyāyan Rāhul, *Madhya esiyā kā itihās : bhāg do*. Paṭnā 1957.
33. Muktibodh, Gajānan Mādhav, "Bhārat : itihās aur saṃskṛti", in : *Muktibodh racnāvalī*, volume 6. Nayī dillī 1980. P. 413-599.
34. On page 482; compare 137-139.
35. Frankopan 2015 : 28
36. Hartmann 2005 : 1145
37. The label "foreign" religion is central in the contemporary discourse on religion in the People's Republic of China, but was irrelevant in the first millennium altogether. Compare Reimers (2016) : 178. Parallel to the terminological issues in China, the conceptualizing of certain religions as being "foreign" – particularly Islam and Christianity – and therefore misplaced on South Asian soil is becoming an ever stronger argument in India.
38. Nattier 1990
39. Hartmann 2005 : 1147
40. "They spread mainly along the northern route of the Silk Road, and the cave monasteries in the oases of Kucha, Karashahr and Turfan became strongholds of the Sarvāstivāda." Hartmann 2005 : 1146
41. "Sabse pahle nāp kar dekhā hai / peṭ kī bhūkh ko / jo ek kaṭorā bhikṣānn barābar hai" Narain 2015 : 136
42. Narain 2015 : 88
43. Narain 2015 :134
44. "kyā buddh ke vicar duniyā ko badal sakte haiṃ" Narain 2015 : 135

45. Narain 2015 : 135
46. "Ek saṃskṛti ke bīj dūsrī saṃskṛti meṃ pahuṃckar vikasit hue." Narain 2015 : 17
47. "Yah kram āj bhī jārī hai." Narain 2015 : 19
48. A recent book on the Silk Roads (plural) interprets the world history as such as a history of the exchange of ideas over spaces and time (Frankopan 2015).
49. Narain 2015 : 133
50. Narain 2015 : 138
51. Narain 2015 : 141
52. "Lade-phaṃde kāfiloṃ ke aṭūṭ silsile / jīte haiṃ āj bhī" Narain 2015 : 99.
53. "Madhya eśiyā ke ūbaṛ-khābaṛ rāstoṃ kā jīvan / ek bīhaṛ saṃsār // inke saṃg parantu inse asaṃg / socte kuch vicārak / ḍhote jīvan kā kaṭor-yathārth" Narain 2015 : 99
54. "… yah yuvatī – iskā upbhog kar, / yahī hai svarg // kṣitij ke isītaraf hai sab kuch / iske bāhar kuch nahīṃ" Narain 2015 : 89
55. "Yuddh aur tijārat ke rūpakoṃ meṃ baṃdhe / śabdoṃ ko mukt karke" Narain 2010 : 100
56. "ek bhāṣā jab sūkhtī / śabd khone lagte apnā kavitva…" Narain 1993 : 41
57. Narain 1993 : 26
58. "pyār kī bhāṣāeṃ" Narain 2009
59. Place names and personal names in transliteration from Devnagari, as far as the Hindi text is referred to.
60. Narain 2015 :107
61. Narain 2015 : 109
62. "agādh śabdoṃ ke cirkāl meṃ" Narain 2015 : 100
63. Narain 2015 : 100ff
64. "… na jāne kitnī nadiyoṃ aur jhīloṃ ko / pīkar bhī śānt nahīṃ huī" Narain 2015 : 101
65. "in choṭe-choṭe marudyānoṃ [sic] se hī" Narain 2015 : 101. *Marudyān*, which also appears in p.103, is a misspelling. Correct is *marūdyān* ("Garden in the desert").
66. Narain 2015 : 103
67. "ek gṛhasth hone kī khuśī / aur phir gṛhvihīn hone kī vyathā" Narain 2015 : 34
68. Narain 2015 : 94
69. Narain 2015 : 35
70. Narain 2015 : 56
71. Narain 2015 : 61
72. Narain 1993 : 70-71
73. "ayodhyā is samay tumhārī ayodhyā nahīṃ" Narain 1993 : 70.
74. "samarpit sādhak-vicārak-kalākār" Narain 2015 : 28
75. "apne samay ke samānāntar / ractā hai apnā ek prati-samay bhī" Narain 2015 : 28
76. "mujhe bauddh-dharm kā updeśak nahīṃ honā hai/bauddh darśan-granthoṃ

kā / adhyetā-anuvādak-gyātā aur vyākhyātā honā hai" Narain 2015 : 59

77. "anuvādak mātr nahīṃ / … apnā bhī ek sandeś hūṃ / unke sandeśoṃ meṃ śāmil" Narain 2015 : 28
78. "maiṃ tathāgat ke sāth hazāroṃ sāl lambī / ek mahāyātrā par nikalā hūṃ" Narain 2015 : 25
79. "bahtī havāoṃ kī tarah" Narain 2015 : 25
80. "kahīṃ se āyā hūṃ / kahāṃ jā rahā hūṃ?" Narain 2015 : 61
81. "merā param dharm gyān hai, / śeṣ sab mārg kī / bāharī vighn-bādhāeṃ haiṃ" Narain 2015 : 93

References

Baumer, Christoph. 2012. *The history of Central Asia : Volume one : The age of the Steppe warriors.* London [etc.] 2012

Bhāradvāj, Vinod (ed.). 2010. *Taṭ par hūṃ par taṭasth nahīṃ : Kuṃvar Nārāyaṇ kī bheṃṭvārtāeṃ.* Nayī dillī

Francopan, Peter. 2015. *The Silk Roads : a new history of the world.* London

Gaeffke, Peter. 1978. *Hindi literature in the twentieth century.* Wiesbaden (A history of Indian literature, ed. by Jan Gonda; vol. 8, fasc. 5)

Gaulier, Simone; Jera-Bezard, Robert; Maillard, Monique. 1997. *Buddhism in Afghanistan and Central Asia.* Leiden

Hartmann, Jens-Uwe. 2005. "Buddhism : Buddhism in Central Asia". *Encyclopedia of Religion*, edited by Lindsay Jones, 2nd ed., vol. 2, Macmillan Reference USA, p. 1144-1148. Gale Virtual Reference Library, go.galegroup.com/ps/do?p=GVRL &sw=w&u=uppsala&v= 2.1&id=GALE%7CCX3424500427&it=r&asid=9fa4feee35134ef 65402e a6b67ecb8e9. Accessed 8 Nov. 2016

[Narain, Kunwar. 1971.] Nārāyaṇ, Kuṃvar, *Ākāroṃ ke āspās.* Nayī dillī

[Narain, Kunwar. 1993.] Nārāyan, Kuṃvar, *Koī dūṣrā nahīṃ.* Nayī dillī

Narain, Kunwar. 2008. *No Other World : Selected Poems.* Translated by Apurva Narain. New Delhi

[Narain, Kunwar. 2009.] Nārāyaṇ, Kuṃvar, *Hāśiye kā gawāh.* Nayī dillī

[Narain, Kunwar. 2012.] Nārāyaṇ, Kuṃvar, *Ātmajayī.* Nayī dillī (9th edition) [1st ed. 1965] (lokoday graṃthmālā 208)

[Narain, Kunwar. 2010.] Nārāyaṇ, Kuṃvar, *Vajaśravā ke bahāne : kāvya.* Nayī dillī (3rd edition) [1st edition 2008] (lokoday graṃthmālā 937)

[Narain, Kunwar. 2015.] Nārāyaṇ, Kuṃvar, *Kumārjīv.* Nayī dillī (lokoday graṃthmālā 1252)

Nattier, Jan. 1990. "Church Language and Vernacular Language in Central Asian Buddhism", in : *Numen 37,* p. 195-219

Puri, Baij Nath. 1987. *Buddhism in Central Asia*. Delhi

Reimers, Ariane. 2016. "Neue Seidenstraßen – Öffnung auch für Kulturen und Religionen?", in : *China Heute 3*, p. 178-183

Rosenstein, Lucy. 2004. *New poetry in Hindi : Nayi kavita – an anthology*. London (Anthem South Asian Studies)

Stasik, Danuta. 2014. "My intimate neighbour : Kunwar Narain's poetics of trees", in : *Pandanus '14 : Nature in Literature, Art, Myth and Ritual.* Volume 8, no. 2, p. 21-36

ज्ञान द्वारा सम्भव मुक्ति का काव्य

रेखा सेठी

हिन्दी कविता के क्षितिज में कुँवर नारायण की उपस्थिति मानवीय उत्कर्ष के ध्रुव तारे सरीखी है। वे लम्बे समय से 'कविता' और 'चिन्तन' की उस अविरल धारा की नुमाइंदगी कर रहे हैं जिसका लक्ष्य मनुष्यत्व के परिष्कार की साधना है। उनकी चिन्ता व्यक्ति के उत्कर्ष को लेकर है, वहाँ कुछ भी अन्तिम, निश्चित या रूढ़ नहीं; उसकी गतिशीलता, एब्सल्यूट की तानाशाही को चुनौती देती हुई जीवन को स्वीकार्य भाव से ग्रहण करती है। कुँवर नारायण की प्रबन्ध रचनाएँ इस सत्य की साक्षी हैं। इस दृष्टि से 'आत्मजयी' का प्रकाशन एक महत्त्वपूर्ण घटना थी जो आगे चलकर उनकी स्थायी कीर्ति का आधार बनी। उसका अगला पड़ाव 'वाजश्रवा के बहाने' में सामने आया और फिर कुछ वर्षों के अन्तराल पर 'कुमारजीव' में। इन तीनों कृतियों का जहाँ एक दूसरे से सापेक्षिक सम्बन्ध है वहीं उनका स्वतंत्र अस्तित्व भी है। 'आत्मजयी' का नचिकेता और वाजश्रवा औपनिषदिक पात्र हैं जबकि 'कुमारजीव' का चरित्र ऐतिहासिक है। 'कुमारजीव' की कथा ऐतिहासिक पृष्ठों से उद्धृत होने के कारण तिथियों और घटनाओं से बंधी है किन्तु उसकी अंतर्धारा में वही दार्शनिक सवाल हैं जिनके उत्तर पाने की आकांक्षा में ये तीनों काव्य रचे गए। कुँवर नारायण ज्ञान के मुक्त आदान-प्रदान एवं संस्कृति के बहुलतावाद को जिस तरह प्रश्रय देते रहे हैं, कुमारजीव उन सबका प्रतीक पुरुष है। इन सभी रचनाओं में कथा माध्यम भर है, कवि का उद्देश्य जीवन के शाश्वत प्रश्नों पर विचार करते हुए उन सच्चाइयों को प्रमुखता देना है 'जो किसी भी समय में माने रख सकती हैं।' ये सभी कृतियाँ ज्ञान द्वारा सम्भव मुक्ति के अनुभव का काव्य हैं जहाँ वर्तमान अपने अतीत और स्मृतियों से पोषित है।

कुमारजीव का समय ईसा की चौथी शताब्दी है। गहरी सामाजिक-राजनीतिक उथल-पुथल के समय में, अलग-अलग देश-प्रांतर में भटकते हुए, असुरक्षा और कारावास के संत्रास को झेलते हुए कुमारजीव ने लगभग तीन-सौ बौद्ध-ग्रन्थों का संस्कृत से चीनी भाषा में अनुवाद किया—सिर्फ़ अनुवाद ही नहीं किया, उसके द्वारा तथागत को अपने भीतर अर्जित कर पूरे एशिया में प्रसारित किया। कवि के निकट कुमारजीव

का महत्त्व इसीलिए है कि उसने जो किया वह न केवल कविता और भाषा के क्षेत्र में एक कमाल था बल्कि विद्वता के क्षेत्र में भी एक कमाल ही है। कुमारजीव का ऐतिहासिक दाय सभ्यता और संस्कृति के विकास का अनूठा सोपान है। कई भाषाओं के बीच एक साथ जीते और संवाद करते हुए कुमारजीव संसार को एक नयी संवेदनशीलता से पहचानता है। उसका नयापन भौतिक जगत का नहीं, दृष्टि और अनुभव का है।

इस काव्य की पंक्ति-दर-पंक्ति कुमारजीव के माध्यम से कुँवर नारायण के दृष्टिबोध को साकार करती है। अपनी लम्बी काव्य-यात्रा में जीवन और समय की अनेक विडम्बनाओं के साक्षी होकर भी उन्होंने मूल्यों के प्रति अपनी आस्था तथा सही-ग़लत के नैतिक बोध को कभी मद्धिम नहीं पड़ने दिया। कवि अपने आप से जूझ कर जिस जीवन-सत्य तक पहुँचने का आकांक्षी है उसमें समय, परम्परा एवं मूल्य-बोध उसके सहयात्री हैं–

समय पढ़ता है केवल शब्दों को नहीं
आँसू की उस बूँद को भी
जो कभी-कभी टपक जाया करती है
अक्षरों के बीच...

इसी चिन्तन-मनन से गुज़रता कुमारजीव समय को उसकी निरंतरता में पहचानता है। कवि, समय की अखंडता को महसूस करते हुए, स्याह अँधेरों की अपेक्षा चमकते उजालों को देखता है, अशिव को पचाकर शिव की सुगन्ध का सक्रिय अहसास संजोता है। कोई भी साधक-विचारक-कलाकार अपने समय का संधान करते हुए उस समय के सामानांतर एक प्रति-समय रचता है जो समय के विविध काल-खंडों में उसे जीवित रखता है, 'प्रत्येक क्षण, कई समयों को जीते हुए...।' उसका भौतिक समय नष्ट-धर्मा है जो उसके जीवन के साथ समाप्त हो जाता है लेकिन उसकी रचनाओं, उसके विचारों का समय शाश्वत है जो हर युग में नए-नए अर्थ संदर्भों में पुनर्जीवित होता है। बुद्ध हों या कुमारजीव–वे अपने विभिन्न समयों में और विभिन्न युगों में जीवन के उच्चादर्शों के सूत्रधार ही हैं।

फिर से जिया जा सकता है कुमारजीव को
जैसे उसने जिया था तथागत को
क्योंकि कोई भी बुद्ध या कुमारजीव
कभी भी मरता नहीं

इस काव्य में समय की निरन्तरता का ग्राफ सिर्फ़ बुद्ध और कुमारजीव को ही नहीं जोड़ता, उसका एक सिरा हमारे समय से भी बंधा है। श्लाघ्य महापुरुषों के जीवन चरित्र, उनके समय और समाज को पहचानने का जितना बड़ा आईना हैं उससे कहीं

अधिक वे हमारे समय का प्रतिबिम्ब हैं। जीवन के प्रति समर्पण भाव से भरकर वह बुद्ध को अपने समय में अर्जित करने, साकार करने का प्रयत्न कर रहा है। समय में आकंठ निमग्न होकर वह समय को पार कर जाता है। देह या देश-काल तो भौतिक अस्तित्व की सीमाएँ हैं। विराट में इनका विलयन निजता की परिभाषा को मानवीयता की अवधारणा में बदल देना है। यहाँ कुछ भी मिटता नहीं–न निजता, न अस्मिता; बल्कि यह और विस्तृत हो जाती है–व्यक्ति को मुक्त करती हुई। कुमारजीव इसी मुक्ति पथ का अनुगामी है।

कूछा, कश्मीर, काश्गर, ल्यांगचओ, छांग-आन से गुज़रती कुमारजीव की जीवन-यात्रा अनेक विडम्बनाओं की साक्षी है। वह उस बुद्धिजीवी का प्रतिनिधि है, राज्य-सत्ताएँ जिसके ज्ञान पर अधिकार चाहती हैं। उसकी विद्वता एवं प्रतिष्ठा ही उसके लिए संकट बन जाती है। अनेक राजनीतिक हलचलों के बीच ल्वी-कुआंग द्वारा कुमारजीव को ल्यांगचओ राज्य में बंदी जीवन जीने के लिए बाध्य किया जाता है। यह विषम परिस्थिति उसके लिए परीक्षा भी है और चुनौती भी किन्तु राजसी अहंकार व आक्रामकता के पट-चित्र पर वह जो कथा लिखता है उसमें शुभ एवं शिव की आकांक्षा कभी मद्धिम नहीं होने पाती। अपने कक्ष की दीवारों को वह पुस्तकों-ग्रंथों से पाट देता है। उसका सारा समय चिन्तन, मनन, अध्ययन में बीतने लगता है। कुँवर नारायण लिखते हैं–"ज़रूर वह मुश्किल वक़्त रहा होगा पर निश्चय ही यह वक़्त बेकार नहीं गया। शायद यहीं हम आदमी की संकल्प-शक्ति और पुरुषार्थ की उस महत्ता को पहचान सकते हैं जो उसके प्रारब्ध को बदल सकती है।"

कुमारजीव की यात्रा बाहर से भीतर मुड़ जाती है। उसने अपने 'स्व' को देश-काल की सीमाओं से मुक्त कर एक उन्मुक्त असीम में लय कर लिया। उसका असीम विचार, कल्पना, भाषा, साहित्य, इतिहास, ज्ञान-विज्ञान का वह अद्वितीय लोक बन गया जिसने उसके अंतरतम के अँधेरे को उजास से आलोकित कर दिया। उसने–

पत्थर की दीवारों से
लड़ने के बजाय
उन दीवारों को
पारदर्शी और दूरदर्शी बना लिया था

इस दृष्टि से, 'कुमारजीव' मुख्यतः ज्ञान द्वारा संभव मुक्ति के अनुभव का काव्य है। चिन्तन-मनन और अध्ययन से ज्ञान अर्जित करता हुआ कुमारजीव देश-काल की सीमाओं से स्वयं को पूर्णतः मुक्त कर लेता है।

कुँवर नारायण की बहुत बड़ी चिन्ता मनुष्य के अस्तित्व से जुड़ी है। उन्होंने व्यक्ति, समय और परम्परा को केवल उनकी भौतिक हदबंदियों में बँध कर नहीं देखा है। उनके लिए मनुष्य का अस्तित्व उसकी आत्मिक चेतना से जुड़ा है। यह आत्मीय चेतना ही उसे अपने परिवेश और पूरे ब्रह्मांड से एकसूत्र करती है। व्यक्ति का व्यक्तित्व, उनके

यहाँ, समूची सृष्टि के प्रति उसके 'रिस्पांस' से बनता और मिटता है। कवि के लिए उस सृष्टि के प्रति समर्पित होना, एकलय होना मनुष्य को भीतर से समृद्ध करता हुआ उदात्तता की ओर ले जाता है। कुँवर नारायण की समस्त रचनाओं का उद्‌देश्य इस वृहत्तर मानवीयता को प्राप्त करना है। एक ऐसी जीवन-दृष्टि का विकास करना जो बर्बर महत्त्वाकाक्षांओं की अपेक्षा मनुष्य की विवेक चेतना पर टिकी हो। यह एक बड़ा दार्शनिक प्रश्न है, जिसमें दर्शनशास्त्र की व्यापक चिन्ताएँ मनुष्य को जीवन जीने का नया विवेक देती हैं। समस्त दर्शनशास्त्र, युग-युगों से एक ही शाश्वत प्रश्न का उत्तर खोज रहा है। यह यात्रा शून्य से शून्य तक है और उस वृत्त में ही मनुष्य को अपना अस्तित्व चीन्ह कर, अपने होने को सार्थक करना है। कुमारजीव का व्यक्तित्व इसी साधना की सिद्धावस्था है। कुमारजीव अपने अस्तित्व-बोध को केवल इन्द्रियों के बोध तक सीमित नहीं करता। उसकी लड़ाई भी इन्द्रियों से नहीं, अज्ञान से है। अपने गुरु सूर्यसोम तथा विमलकीर्ति के साथ संवाद करते हुए तथा अपने शिष्यों को उपदेश देते हुए वह बराबर यह आग्रह करता है कि विसंगतियों के बीच जीवन का सन्तुलन बिन्दु मध्यम मार्ग ही है। उसके जीवन का लक्ष्य मात्र अपनी मुक्ति नहीं, औरों की मुक्ति में सक्रिय रूप से भागीदार होना भी है क्योंकि तथागत की दृष्टि में भी कोई मुक्ति तब तक पूर्ण नहीं होगी जब तक सबकी मुक्ति उसमें शामिल न हो।

'ज्ञान और मुक्ति' का संश्लिष्ट अनुभव इस काव्य की धुरी है, फिर भी सांकेतिक रूप में, कवि ने यह प्रश्न उठाया है कि आम आदमी का इस ज्ञान से क्या सम्बन्ध हो सकता है? अपने सुख-दुःख में लिप्त साधारण मनुष्य के लिए कुमारजीव जैसे विद्वान द्वारा संचित ज्ञान की क्या उपादेयता है? क्योंकि सुखी केवल सुख में लिप्त है और दुःखी व्यक्ति केवल अपने अभावों और कष्टों का निवारण या समाधान चाहता है। कवि की इस चिन्ता से यह भान होता है कि ज्ञान की सार्थकता दुनिया को बदल देने में है। अंतर्द्वंद्व के कुछ ऐसे ही क्षणों में कुमारजीव के विचार तथागत की ओर मुड़ जाते हैं और उसे उत्तर मिलता है–

जीने का ध्येय बदलते ही
बदल जाता है जीवन।
प्यार और करुणा से सोचें
तो जीने का अर्थ बदल जाता है।

इस खंडकाव्य का एक और महत्त्वपूर्ण पक्ष है–सत्ता और बुद्धिजीवी का सम्बन्ध। लगातार यह अहसास होता है कि 'कुमारजीव' भौतिक जीवन की ऊहापोह, द्वन्द्व, टकराहट और संघर्ष की सीमाओं के पार उदात्त के संधान का काव्य है। लेखक की अन्तर्दृष्टि को कुमारजीव के जीवन के छोटे-बड़े प्रसंगों में अनुभव किया जा सकता है। बार-बार ऐसे सभी प्रसंग कवि कुँवर नारायण की जीवन-दृष्टि को ही मुखरित करते हैं। यह कैसी विडम्बना है कि राजा का दम्भ ज्ञान पर अधिकार चाहता है और

परम ज्ञान में स्वयं को अर्जित करता कुमारजीव इस भौतिक संसार की एक वस्तु में तब्दील हो जाता है! वह 'लड़ाई में जीता हुआ सबसे अनमोल रत्न' है जिसे ल्वी कुआँग अपने सम्राट को भेंट करने के लिए ले जा रहा है। उसे राजनीतिक कारावास दे दिया जाता है। सिर्फ़ आज्ञाएँ देती हुईं राज-सत्ताएँ, आतंक उत्पन्न कर, जीवन में मानवीय एवं करुण की हत्या कर देती हैं। कवि ने राजसत्ता का चित्रण जिन शब्दों में किया है उसमें अपने समय की प्रतिध्वनि भी सुनी जा सकती है–

सम्राट के आतंक से घबराकर
लोगों ने बहुत धीमे बोलना सीख लिया है

कभी-कभी तो इतना धीमे बोलते हैं
मानो वह भाषा में नहीं
केवल आहों और हिचकियों में बोल रहे हों

कुँवर नारायण की दृष्टि भौतिक वस्तुवाद की अपेक्षा आत्मिक उन्ययन को चुनती है। इसलिए कुमारजीव की लड़ाई आतंकित करने वाली सत्ता-शक्तियों से नहीं है। वह तो मानता है कि जीवन को मानवीय बनाने वाला ज्ञान राजनीति के चरित्र को भी बदल सकता है। सम्राट याओ-शिंग का शासन हिंसा और आतंक की राजनीति से परे मानवीय मूल्यों से अनुशासित राज्य और समाज का नया प्रारूप प्रस्तुत करता है।

आक्रामकता से भिड़ंत की कई दृष्टियाँ हो सकती हैं। कवि अपने स्वभाव अनुसार विनम्रता एवं करुणा का पक्षधर है। संघर्ष और समन्वय के द्वन्द्व में कुँवर नारायण की दृष्टि सदा समन्वय को चुनती है। कुमारजीव उनके इसी घोर आशावाद का प्रसार है। अव्यवस्था और टकराहट के समय में जीवन को सम-भाव से जीना आसान नहीं रहा होगा किन्तु कुमारजीव उस मुश्किल समय में जीवन को सकारात्मक दिशा की ओर मोड़ देता है। संवेदनशीलता व ज्ञान के प्रति अटूट निष्ठा के साथ, वह एक बहुत बड़े उद्देश्य को पूर्ण करता है। इस बिन्दु पर कुमारजीव और कुँवर नारायण एक ही दृष्टि-बोध को पुष्ट करते हैं।

कुँवर नारायण की रचनाओं में अपने युग-यथार्थ को जीने और समझने का नजरिया जनवादी आग्रहों से भिन्न है। कवि के लिए बाह्य परिवेश के प्रति उत्तरदायी होना जितना आवश्यक है उतना ही जरूरी है अपने मन के गलियारों में झाँकना और अपनी नैतिक जवाबदेही के प्रति सजग होना। कवि-दृष्टि उस व्यक्ति पर है जो सत-चित-आनन्द का कोष है। आध्यात्मिक सन्दर्भों में नहीं, मनुष्य के उत्कर्ष के स्तर पर। कवि के लिए मानवीय अस्तित्व केवल बाह्य या भौतिक जगत तक सीमित नहीं है, अंतर्मन का भी अस्मिता-बोध होता है। उसका भी अपना यथार्थ है, यह समझ कुँवर नारायण हमारे भीतर जगाते हैं। 'आत्मजयी' का नचिकेता तथा 'कुमारजीव' का कुमारजीव इसी आत्म का संधान कर आत्मजयी बनते हैं। कुमारजीव कहता है–

हमारी आँखें लपकती हैं
दूर चमकते तारों के लिए
पर देख नहीं पातीं
कि तारों और अँधेरों का
पूरा चिदाकाश तो हमारे अन्दर ही है

यह जीवन-दृष्टि पलायन की अपेक्षा अत्यन्त सकारात्मक ढंग से समय के प्रवाह में अपने पद-चिह्न छोड़ने की कोशिश है, जीवन के क्रूरतम यथार्थ को झेलते हुए व्यक्ति के आत्मचेतस होने का प्रमाण। पूरी कृति में निराशा और निर्वासन के अँधेरे साये मँडराते रहते हैं किन्तु उनको चीरता हठीला आशावाद स्पृहणीय है। हिंसा का प्रत्युत्तर, जीवन में सकारात्मकता की साधना के निश्चय और संकल्प पर आश्रित है। अलग-अलग भाषाओं-संस्कृतियों में एक साथ विचरण करते हुए कुमारजीव के जीवन में अलगाव की रेखाएँ पिघलने लगती हैं। बचता है, महाशून्य-सा अखंड अनुभव-उजास से भरा हुआ और जीवन को प्रति-पल समृद्ध करता, भरा-पूरा बनाता।

मुक्ति का यह अनुभव उसके व्यक्तित्व की वह धुरी है जो उसके प्रत्येक कर्म में झलकती है। कमल के पत्ते पर पानी की बूँद के सदृश, सबके बीच होकर भी सबसे निर्लिप्त। न तो सत्रह साल का बंधक जीवन उसे क्षुब्ध कर सकता है और न ही बाद में छांग-आन में मिला राजकीय सम्मान। छांग-आन में राजा याओ-शिंग की आज्ञा होती है कि राज्य को एक नहीं अनेक कुमारजीव चाहिए, वह भी सशरीर। कुमारजीव के सम्मुख प्रस्तुत की जाती हैं राजकुमारी एवं अनेक युवतियाँ। एक बार फिर कुमारजीव के लिए परीक्षा की घड़ी है। समय के संकट को सत्ता की ताक़त के सम्मुख हर कवि-कलाकार ने अपने जीवनकाल में अवश्य महसूस किया है। अंतर उसकी प्रतिक्रिया में है जो उसके दृष्टि बोध से निर्धारित होती है। राजा को यह बोध नहीं है कि कुमारजीव जैसे लोग देह से नहीं, बल्कि आत्मज्ञान से उत्पन्न होते हैं। कुमारजीव जीवन की कठिनतम परिस्थितियों में श्रेष्ठतम जीवन-बोध विकसित करने की चेष्टा करता है। मुक्त मानस का सम्बन्ध अपने आसपास के प्रत्येक प्राणी को मुक्ति देने वाला है। जो स्त्रियाँ उसके लिए प्रस्तुत हैं वह उन्हें भोग्या रूप में ग्रहण न कर, समग्र जीवन बोध से, रोम-रोम में बसे सान्निध्य भाव से ग्रहण करता है। उदात्त की साधना में रत कुमारजीव अनुभव करता है-

प्रेम अपने दैहिक और
आत्मिक दोनों रूपों में
एक उदात्त अनुभव है

इससे पूर्व भी कथा में ऐसे प्रसंग आते हैं जहाँ किसी स्त्री को कुमारजीव के सम्मुख भोग की वस्तु बना कर इस तरह प्रस्तुत किया गया, जिससे कि वह अपने लक्ष्य से विमुख हो जाए। ऐसे अवसरों पर प्राय: स्त्री की लाचारी व निरीहता भी

अत्यन्त मार्मिक एवं विचलित करने वाली है। कुमारजीव, अपने सम्मुख आई अनजान स्त्री के डर की साँकल तोड़, उसे आश्वस्ति का जीवन-आधार देता है–

एक स्पर्श उसे आश्वस्त करता
कि उस समय भी उसे कोई सँभाल लेगा
जब उसे लगेगा कि वह बिल्कुल अकेली छूट गयी है।

कुमारजीव स्त्री-पुरुष के बीच भेद नहीं करता, उसके मन में बराबरी का उत्साह है। वह अपने जीवन में आने वाली स्त्रियों को ज्ञान की बारीकियों के द्वारा मुक्ति-पथ पर अग्रसर कर रहा है। यह उसकी दृष्टि का ही अन्तर है जो अधिकार नहीं समंजन चाहती है, एक ऐसा समंजन जिसमें सृष्टि का उत्स है।

कुमारजीव की स्त्री-दृष्टि कवि की स्त्री-दृष्टि की भी परिचायक है। कुँवर नारायण व्यक्ति की आत्मिक चेतना को जिस तरह परिभाषित करते हैं, उसमें स्त्री-पुरुष का कोई विशेष अन्तर नहीं रहता। जेंडर उनकी सामाजिक चेतना पर उतना हावी नहीं है अर्थात् जेंडरगत विषमता व्यक्ति के मनोबल को नहीं तोड़ पाती। यह भी मानवीय एवं करुणापूर्ण सामाजिक पृष्ठभूमि की प्रस्तावना है। यों 'कुमारजीव' की रचनाशीलता में, कुँवर नारायण की जीवन-दृष्टि का प्रतिफलन झलकता है।

अनेक दृष्टियों से यह कृति, उनके काव्य और साहित्य का विवेकपूर्ण निष्कर्ष है। इस पूरी रचना में वे सभी बिन्दु परिलक्षित हुए हैं जो उनकी अन्य रचनाओं में अलग-अलग रूप में उभरते रहे हैं। मन में यह सवाल जरूर उठता है कि इस रचना के लिए उन्होंने खंडकाव्य की विधा को क्यों चुना? इस रचना से पूर्व आए दो खंडकाव्यों से यह कृति भिन्न है। अन्तर केवल कथा के आधार का ही नहीं है, इन सभी कृतियों में घनत्व का भी अन्तर है। 'कुमारजीव' कवि की एक यात्रा है जो वह तथागत और कुमारजीव को साथ लेकर कर रहा है। कथा के सूत्र बराबर अंतर्मुखी एवं बहिर्मुखी होते रहते हैं जैसे कि आत्मालाप चल रहा हो। 'कुमारजीव' की कहानी व्यापक लोक-कल्पना का हिस्सा नहीं है लेकिन बड़े दार्शनिक प्रश्नों से रू-ब-रू होते हुए वह कवि को रुककर उन प्रश्नों पर विचार करने का अवसर देती है जो जीवन को नये मायने दे सकता है।

रचना के आरम्भिक हिस्से में कवि ने एक नाटकीय संरचना दी है। जीवा और कुमारायण कुमारजीव के जीवन और भविष्य को लेकर परस्पर संवाद कर रहे हैं। इन दृश्यों की बिम्बधर्मिता रंगमंचीय दृष्टि के भी अनुकूल है। किन्तु पूरी रचना काव्य-नाटक नहीं। कहीं-कहीं इतिहास के व्यापक संदर्भ हैं। जैसे काशी नरेश द्वारा विद्वान अश्वघोष को कनिष्क को सौंप दिये जाने की घटना का संकेत चिह्नित करता है कि व्यापक मानवीय हित एवं शान्ति के लिए ज्ञान को एक अन्य संस्कृति में भी प्रतिफलित किया जा सकता है। उससे उसका विस्तार ही होगा। कोई भी विद्वान अथवा साधक किसी राजा के अहं और अभिमान का प्रतीक पुरुष नहीं हो सकता। कुँवर नारायण

इन सभी संकेत सूत्रों को कथा के बीच-बीच में बुन देते हैं। इससे कथा या घटनाएँ प्राथमिक न होकर जीवन संदेश प्रमुख हो जाता है। यह कलेवर किसी सीमा तक आकार में कुछ लम्बी हो गई कविता जैसा लगता है, जिसकी प्रथम पंक्ति से अन्तिम पंक्ति तक एक ही जीवन-बोध बार-बार दोहराया जा रहा है। सम्भवतः कवि कथा के सूत्रों तथा महत उद्देश्य के कारण इसे खंडकाव्य कहना अधिक श्रेयस्कर मानते हैं।

कुँवर नारायण की भाषा-सहृदयता भी इस काव्य में लक्षित होती है। वे भाषाओं के प्रति विशेष रूप से संवेदनशील हैं। कुमारजीव भी भाषाओं का साधक है। उसके जीवन का उद्देश्य उपदेशक या साधक होना नहीं है। वह अपनी सारी ऊर्जा दो भाषाओं व संस्कृतियों के बीच सेतु बनकर साकार करना चाहता है। अपने जीवन उद्देश्य के बारे में कुमारजीव का कहना है–

मेरा मुख्य उद्देश्य बौद्ध दर्शन-ग्रन्थों को
संस्कृत और पाली से चीनी भाषा में लाना है
उनकी संपूर्ण संवेदना और संस्कृति के साथ

कुमारजीव ने संस्कृत और चीनी भाषा में जो परिवर्तन किए वे स्थायी रहे क्योंकि उसने उन भाषाओं के संसार को पूरी गहराई के साथ अपनाकर विस्तृत वितान दिया। कुँवर नारायण पहले से ही अनुवाद के महत्त्व को स्वीकार करते रहे हैं। अपने वैचारिक गद्य 'शब्द और देशकाल' के एक निबन्ध में उन्होंने लिखा है, "एक संस्कृति के बीज दूसरी संस्कृति में पहुँचकर विकसित हुए। इसका एक उत्कृष्ट उदाहरण कुमारजीव का जीवन और उसका कार्यक्षेत्र है, जिसमें संस्कृत और चीनी भाषा को एक नयी जीवन-शक्ति मिली।" कुमारजीव के लिए चीनी और संस्कृत दोनों ही सीखी हुई भाषाएँ थीं लेकिन इनमें काम करते हुए वह इन भाषाओं में भी परिवर्तन करता है, यही अनुवाद की रचनाशीलता व सामर्थ्य है कि दो भाषाएँ एक दूसरे को समृद्ध करें और दो संस्कृतियों के बीच संवाद होने लगे। ऐसी रचनाशीलता भी मुक्ति का सबब है जिसे कुमारजीव ने धैर्य एवं निष्ठा के साथ अर्जित किया।

बहुत दिनों बाद कुँवर नारायण ने अपनी चुप्पी तोड़ी है किन्तु जिस सत्य का संधान करने वे निकले हैं उस दिशा में यह एक सार्थक और गम्भीर प्रयास है। ज्ञान की परम्परा में कुमारजीव समग्रता एवं समन्वय का जो प्रतिमान रचता है, वह किसी भी युग के लिए आदर्श हो सकता है। अतिरेक और आक्रामकता के बीच समन्वय का संगीत सुन पाना, प्रज्ञा पारमिता की वह उपलब्धि है जिसे जानकर हमेशा के लिए अँधेरों से बाहर निकला जा सकता है। इस काव्य में केवल कुमारजीव ही उस रश्मि-रेखा का संधान नहीं करता, बल्कि कवि भी स्वयं ज्ञान द्वारा अर्जित मुक्ति का सारथी बन जाता है। यही इस काव्य की उपलब्धि है जो सम्भवतः हिन्दी कविता का नया प्रतिमान बन सकती है।

जब लेखक फिल्में देखता-पढ़ता है

विष्णु खरे

संसार में सबसे बड़ा दर्शक-वर्ग हिन्दी फिल्मों का है लेकिन सब इस बात को रोते हैं कि हिन्दुस्तान में अच्छी फिल्में अब नहीं बनतीं–जबकि कोई भी बता नहीं पाता है कि 'अच्छी फिल्म' किस बला का नाम है। यह जरूर है कि हर हफ्ते देश की अमूमन सभी भाषाओं के अखबारों-रिसालों में नई फिल्मों की चलताऊ समीक्षाएँ बदस्तूर आ जाती हैं लेकिन उनका स्तर अक्सर बदकिस्मती से उनके अधिकांशत नाकाबिल 'आलोचकों' के सिनेमाई और बौद्धिक स्तर का ही होता है।

इंटरनेट और व्यापक सूचना-विस्फोट आदि के बावजूद भारत में अच्छे सिनेमा को जान और सराह पाने का संकट बहुत गहरा है। यह संकट हमारे पुरातनपंथी समाज, 'संस्कृति', 'सभ्यता', 'परम्परा' और चौतरफा दकियानूसियत से पैदा हुआ है। शुरुआत से ही हिन्दुओं और मुस्लिम दोनों ने सिनेमा को अलग-अलग नफरत, शक और दुश्मनी से ही देखा और मनोरंजन की एक बाजारू शय समझा, जो शरीफ घरों के लायक नहीं थी। सिने-कला को कला, 'आर्ट' या हुनर नहीं माना गया। हालात कुछ सुधरे जरूर हैं लेकिन हमारे यहाँ आज भी ऐसा सोचनेवाले करोड़ों मिल जाएँगे। यह एक खौफनाक तादाद है, जिसके दिमाग का ताल्लुक सिर्फ सिनेमा से नहीं है।

सिनेमा को एक गम्भीर निजी और सार्वजनिक कलात्मक गतिविधि माना जाए इसलिए भारत जैसे देश में हालात पैदा करना आसान भी है और मुश्किल भी। तमाम पूर्वग्रहों और दिक्कतों के बावजूद करोड़ों लोग रोज यहाँ अच्छी-बुरी फिल्में देख ही रहे हैं। सवाल फिल्मों और फिल्मों के बीच तमीज कर पाने का है। यह भी नहीं है कि सभी दर्शक बिना सोचे-समझे भेड़-बकरियों या चुगदों-चमगादड़ों की तरह अँधेरे सिनेमाघरों में घुस पड़ते हैं। जरूरी यह था कि फिल्मों से जुड़े प्रेमचन्द, अमृतलाल नागर, मंटो, राजिंदर सिंह बेदी, कृशनचंदर, ख्वाजा अहमद अब्बास, किशोर साहू, बलराज साहनी जैसे हिन्दी-उर्दू बुद्धिजीवी सिनेमा को अपने लेखन-संस्मरण में मात्र हूर या डायन की तरह पेश न करते बल्कि यह समझाते कि सिनेमा फकत चवन्नी-मूँगफली 'टाइम पास' नहीं, एक संजीदा फन-ओ-हुनर भी है।

यदि प्रतिभा और सूझ-बूझ होती तो हिन्दी साहित्य और पत्रकारिता का। दुनिया में इस काम की शुरुआत महावीर प्रसाद द्विवेदी और रामचन्द्र शुक्ल के जमाने से ही हो सकती थी, जब सिनेमाई पूत के गुन बीसवीं सदी के पालने में दीखने लगे थे। लेकिन द्विवेदी-शुक्ल में अपने पूर्ववर्ती भारतेंदु जैसी कल्पनाशीलता और प्रतिभा नहीं थी और उनके बाद से अब तक के सभी मतिमंद कथा-आलोचकों में सिनेमा की कोई समझ नहीं है। इसका खामियाजा 'अज्ञेय', रघुवीर सहाय, मनोहर श्याम जोशी, श्रीकांत वर्मा आदि की पचासोत्तर पीढ़ी के कुछ लेखकों-पत्रकारों ने चुकाया भी और 'दिनमान', 'धर्मयुग', 'माधुरी' आदि पत्र-पत्रिकाओं के माध्यम से हिन्दी में आधुनिक, विश्व-जागरूक सिने-आलोचना की विधिवत् और नियमित नींव डाली।

फिल्म-पत्रकारिता में तब के कुछ बड़े और महत्त्वपूर्ण लेखक-नामों के बावजूद हिन्दी-सिने आलोचना में असंदिग्ध रूप से एक ऐसा नाम उभरता है, जिसके बारे में यह कल्पना करना अब भी कठिन है कि वह फिल्मों (जैसी चीज) पर लिखने का अप्रत्याशित काम कर लेता होगा। हिन्दी में सभी जानते हैं कि 90 वर्षीय कुँवर नारायण आज अपनी पीढ़ी के वरिष्ठतम और श्रेष्ठतम कवि-बुद्धिजीवी हैं और इस तरह दक्षिण एशिया के शीर्ष सर्जक हैं। उन्हें भारतीय ज्ञानपीठ सहित देश के सभी प्रमुख साहित्यिक पुरस्कार मिल चुके हैं और उनकी ख्याति वैश्विक है। वह एक बेहतरीन कहानीकार भी हैं। यह तो मालूम था कि वह वर्षों से फिल्मों पर भी लिख रहे हैं लेकिन अब जब कि सिनेमा पर युवा कवि-फिल्म-अध्येता गीत चतुर्वेदी द्वारा संपादित उनके लेखन का एक मुकम्मिल संग्रह हाल ही में प्रकाशित हुआ है तो उजागर होता है कि फिल्मों में कुँवर नारायण की पैठ और निगाह कितनी गहरी है।

'लेखक का सिनेमा' को हम 1976-2008 के बीच के विश्व-सिनेमा का एक जेबी, ठोस एंसाइक्लोपीडिया भी कह सकते हैं। इसमें मृणाल सेन, श्याम बेनेगल, मणि कौल, कुमार साहनी और सत्यजित राय सरीखे नाम और उनकी फिल्में तो हैं ही, त्रूफो, गोदार, कोस्ता-गाव्रास, तार्कोव्सकी, यान्चो, फाब्री, गुने, एन्गेलोपुलोस, फेल्लीनी, बेरिमन, वायदा, रेने, कुरोसावा, कोप्पोला, सा-बो, साउरा, जानुस्सी, हेर्सोग, शाब्रोल, फसबिंडर, किएस्लोव्स्की, श्लोंडोर्फ, यीमू आदि विश्वविख्यात निदेशकों के हवाले बिखरे पड़े हैं। और यह नेम-ड्रॉपिंग के लिए नहीं है बल्कि प्रत्येक का एक अपरिहार्य सन्दर्भ है।

कुँवर नारायण का फिल्म-लेखन यह सिद्ध करता है कि सिनेमा अत्यन्त गहरे अर्थों में एक कला है, जिसका समूचा सम्बन्ध सभी के सारे जीवन से है। वह फिल्म को एक 'सम्पूर्ण कला' मानते हैं और उसे साहित्य से जोड़ कर देखते हैं। इसलिए जब वह एक फिल्मोत्सव देखते हैं तो रेखांकित करते हैं कि वह एक साहित्यिक की दृष्टि से देखा गया है। लेकिन लेखक की यह निगाह तटस्थ या उदासीन नहीं है। उनका सिनेमा देखने का तरीका सुविधाजनक विचारधाराओं से ऊपर उठता हुआ एक सार्वलौकिक प्रतिबद्धता की माँग करता है।

इन लेखों और टिप्पणियों को पढ़ते हुए दर्शक और पाठक समझ पाते हैं कि फिल्में भारतीय हों या विदेशी, उनकी ओर पूरी बौद्धिक, कलात्मक और नैतिक जिम्मेदारी के साथ बढ़ना होता है। कुँवर नारायण वे फिल्में देखने-दिखाने वालों में से नहीं जो किसी किस्म की रियायत देते हुए चलते हैं। यह इसलिए कि वह खुद अपने आप को कोई छूट या कन्सेशन नहीं देते। वह जब सिनेमा-हॉल में जाते हैं तो पूरी तैयारी के साथ दाखिल होते हैं, जिसमें सर्वोपरि होता है अच्छी फिल्म के प्रति लगाव और खराब फिल्म को लेकर निर्भीक आलोचना वर्ना आप सिनेमा जाते ही क्यों हैं? अपने कई लेखों में कुँवर नारायण ने कई अपने प्रिय निदेशकों को भी नहीं बख्शा है, एकाध जगह 'शतरंज के खिलाड़ी' के अपने मित्र-निदेशक सत्याजित राय के साथ भी अपनी असहमति दर्ज की है। सच तो यह है कि मितलेखी होने के बावजूद कुँवर नारायण जैसा सिने-आलोचक किसी भारतीय भाषा में नहीं है।

जो लोग अच्छे सिनेमा की माँग करते हैं, उन्हें इस किताब को अपनी ही कसौटी की तरह इस्तेमाल करना चाहिए। क्या आप फिल्मों में दिखाए जा रहे जीवन में और अपने समाज के जीवन के बीच कोई सार्थक सम्बन्ध देख पाते हैं? क्या आज दशकों बाद भी हमारे यहाँ कोस्ता-गाव्रास जैसा राजनीतिक सिनेमा है या हम मधुर भंडारकर की बचकाना फिल्मों से ही उत्तेजित होते रहेंगे? कुँवर नारायण ने जो उम्मीद जताई थी कि सेक्स और हिंसा का सिनेमा जाने वाला है, उसका क्या हुआ? इस किताब में एक विस्तृत लेख विदेशी उपन्यासों पर बनाई गई आधा दर्जन विदेशी फिल्मों पर है। क्या भारत के महान उपन्यासों की कभी बारी आएगी? कुँवर नारायण ने दो अलग-अलग लेखों में 'साहित्य और सिनेमा' तथा 'सत्यजित राय का सिनेमा और साहित्य' पर विचार किया है, जो अब भी ताजा, प्रासंगिक और पठनीय है।

इस तरह की किताबें हमेशा बर्र के पुराने छत्ते छेड़ देती हैं। जो फिल्में लेखक ने देखी हैं, उन्हें कितने पाठकों ने देखा होगा? लेकिन सिनेमा पर ऐसी उम्दा किताबों के बारे में एक विचित्र किन्तु प्यारा तथ्य यह भी है कि उन्हें पढ़ते हुए आप अनेक अनदेखी फिल्में पूरी-की-पूरी अपनी कल्पना में देख पाते हैं। कुँवर नारायण के गद्य में वह उद्रेकी शक्ति है। दुर्भाग्यवश हमारा यह बड़ा कवि, कथाकार, चिन्तक और सिने-समालोचक अभी अस्वस्थ है लेकिन उसके असंख्य प्रशंसकों को पूरी आशा है कि वह संघर्ष में अपराजित लौटेगा और उन्हें और देश को अपनी नई कविताओं और कुशाग्र सिने-चिन्तन से समृद्ध करेगा।

सबमें प्रवाहित, लेकिन अन्तर्ध्यान

गीत चतुर्वेदी

बीसवीं सदी के मध्य में जब फ्रांस में 'नई लहर–की फ़िल्मों की शुरुआत हुई, तो उसी के आसपास वहाँ फ़िल्म-निर्माण को लेकर एक दृष्टिकोण का सूत्रपात भी हुआ–'ओतर थियरी', जिसका सपाट हिन्दी अनुवाद होगा–लेखक सिद्धान्त। इसमें 'ओतर' यानी लेखक शब्द प्रमुख है, इसकी कल्पना भी मूल रूप से लेखकों ने की थी, लेकिन लागू यह फ़िल्मकारों पर होता है। इसकी शुरुआत होने में फ्रेंच फ़िल्म आलोचक आन्द्रे बाज़ां और आलोचक से फ़िल्मकार बने अलेक्ज़ांद्र आस्त्रूक का विशेष योगदान है। 1948 में आस्त्रूक ने 'कैमरा-स्टाइलो' यानी 'कैमरा-क़लम' की अवधारणा दी और कहा, 'फ़िल्मकार को अपने कैमरे का प्रयोग उसी तरह करना चाहिए, जैसे कोई लेखक अपनी क़लम का करता है।' जल्द ही उनके इस विचार को कई दूसरे लेखकों-फ़िल्म आलोचकों का समर्थन मिला। कुछ ही बरसों में यह, सिनेमा बनाने–देखने–समझने के एक सिद्धान्त की तरह स्वीकृत हो गया। जो समीक्षक-लेखक शुरुआती दिनों में अपने लेखों में इस 'ओतर थियरी' के हिमायती थे, उनमें से कुछ लेखक आगे चलकर नई लहर के प्रमुख फ़िल्मकार बने, जैसे त्रूफ़ो, गोदार, रीवेत, शाब्रोल। यानी यह सिद्धान्त मूल रूप से लेखकों द्वारा प्रवर्तित किया गया था, जो फ़िल्म-निर्देशक को अपना काम लेखक की तरह करने पर ज़ोर देता था। निर्देशक, जो फ़िल्म के ध्वनि और दृश्य तत्त्वों पर पूरी तरह नियंत्रण रखता है, उसे फ़िल्म का 'लेखक' माना जाना चाहिए, न कि सिर्फ़ पटकथाकार को फ़िल्म का लेखक माना जाए। जिस तरह एक लेखक अपनी कृतियों के ज़रिए अपनी रचनात्मक देह का निरन्तर निर्माण और विकास करता रहता है, उसी तरह फ़िल्मकार के काम को भी उसकी समग्रता में, लेखक की ही तरह, उसकी निरन्तर विकसित होने वाली रचनात्मक देह माना जाए।

यह 'लेखक का सिनेमा' है। इस किताब में, एक तरह से, लेखक द्वारा बनाए गए सिनेमा पर लेखक द्वारा देखे गए सिनेमा की तरह विचार किया गया है। बनाने की तरह सिनेमा देखने के भी कई तरीक़े हो सकते हैं। ओतर थियरी के निर्देशक,

आम निर्देशकों की तरह नहीं, बल्कि लेखक की तरह फ़िल्म बनाते थे। कुँवर नारायण आम दर्शक की तरह नहीं, बल्कि एक लेखक की तरह फ़िल्म देखते हैं। यह अनायास ही नहीं है कि कुँवर नारायण उन फ़िल्मकारों के प्रति गहरा जुड़ाव महसूस करते हैं, जो सीधे या ढँके तौर पर ओतर थियरी से जुड़े रहे या जिनकी संवेदनात्मकता के मूल में साहित्यिक मूल्य रहे हों। लेकिन यहाँ सिर्फ़ उस थियरी से जुड़े फ़िल्मकार ही नहीं, बल्कि उनका एक विशाल कुटम्ब है, अलग-अलग पाठशालाओं से आए हुए फ़िल्मकार। कुँवर नारायण का यह 'देखना' कितना गहरा, अन्वेषी, संवेदनशील और विचारवन्त है, यह पुस्तक उसका दृष्टान्त है। यह एक लेखक द्वारा सिनेमा के साथ किया गया आत्मीय, आलोचनात्मक, सहकारी, समावेशी संवाद है। यह सिनेमा देखने के एक नए तरीक़े की प्रस्तावना भी करता है, जो कि इन बरसों में दुर्लभ है।

कुँवर नारायण अन्तर्राष्ट्रीय स्तर पर प्रतिष्ठित हिन्दी कवि हैं। वह विश्व-सिनेमा के गहरे जानकारों में भी हैं। उन्होंने आधी सदी तक सिनेमा पर गम्भीर, विवेचनापूर्ण लेखन किया है, व्याख्यान दिए हैं। यह किताब उन्हीं में से कुछ प्रमुख लेखों, टिप्पणियों, व्याख्यानों और संस्मरणों से बनी है। उनकी कविता का एक प्रमुख अंग है—सिनेमाई छवियों-औज़ारों का कविता के भीतर प्रयोग। इस किताब में वह कला, जीवन, समाज और सिनेमा, इन सबके बीच के सम्बन्धों को परिभाषित, विश्लेषित करते हुए चलते हैं। एक कवि, दूसरे कला-माध्यम के साथ संवाद करते हुए, अपनी कला के लिए कैसे नये सूत्रों की अर्जना करता है, यह किताब इसका भी उदाहरण है। इसमें न सिर्फ़ सिनेमा के व्याकरण की आत्मीय मीमांसा है, बल्कि कुँवर नारायण की कविताओं के क़रीबी पाठक उनकी कविता के कई बीज-तत्त्वों को इसमें आकल्पित, विकसित होता देख सकते हैं। यहाँ देख डालने, सोच डालने की जल्दबाज़ी नहीं है, बल्कि विचार की एक लम्बी, निरन्तरता से भरी प्रक्रिया है, जो उतनी ही गझिन है, जितनी फ़िल्म बनाने की प्रक्रिया।

इसमें 1976 से 2008 तक कुँवर नारायण द्वारा सिनेमा पर लिखे विभिन्न लेखों का संग्रह है। अन्तर्राष्ट्रीय फ़िल्मोत्सवों की विशेष रपटें हैं, क्योंकि उस ज़माने में विश्व-सिनेमा देखने का वे ही प्रमुख ज़रिया / अवसर थे। ये लेख उस समय पत्रिकाओं में छपे थे, लेकिन उनमें से अधिकांश पत्रिकाएँ अब लगभग अप्राप्य या दुर्लभ होंगी। इसीलिए, हिन्दी किताबों से जुड़ी नई पीढ़ी, जो विश्व-सिनेमा में दिलचस्पी रखती है, के लिए इस किताब का एक दस्तावेज़ी महत्त्व भी है। प्रसिद्ध फ़िल्मों व निर्देशकों के अलावा उन निर्देशकों व फ़िल्मों के बारे में पढ़ना एक धनात्मक अनुभव होगा, जिनका नाम इक्कीसवीं सदी के इस दूसरे दशक तक नहीं आ पाया या कम ही आ पाया। यह इंटरनेट का समय है। जिज्ञासु पाठकों की सुविधा के लिए प्रमुख फ़िल्मकारों पर अलग से परिचयात्मक टिप्पणियाँ दी गई हैं, साथ ही उनके नामों की अंग्रेज़ी वर्तनी भी। चयन और संयोजन में वर्षानुक्रम का ध्यान रखा गया है, ताकि कला और सिनेमा के साथ लेखक के संवाद का विकास भी दिखता रहे।

अर्जेंटीना के लेखक बोर्हेस की प्रसिद्ध पंक्तियाँ हैं–''मैं वे सारे लेखक हूँ जिन्हें मैंने पढ़ा है, वे सारे लोग हूँ जिनसे मैं मिला हूँ, वे सारी स्त्रियाँ हूँ जिनसे मैंने प्यार किया है, वे सारे शहर हूँ जहाँ मैं रहा हूँ।'' कुँवर नारायण के सन्दर्भ में इसमें यह जोड़ा जा सकता है कि मैं वे सारी फ़िल्में हूँ जिन्हें मैंने देखा है। कुँवर नारायण की ही एक पंक्ति है–''सबमें प्रवाहित लेकिन अन्तर्ध्यान।'' सिनेमा की इस अन्तर्धारा को कुँवर नारायण के अन्य साहित्य में महसूस किया जा सकता है, तो किताब के भीतर इन फ़िल्मों पर हुए संवादों में कुँवर नारायण को एक अन्तर्धारा की तरह प्रवाहित होते अनुभव किया जा सकता है, लेकिन दोनों ही जगह, अन्तर्ध्यान प्रवाह। लेखक और सिनेमा के बीच रिश्ते का यह सबसे महीन धागा है।

परिशिष्ट

कुँवर नारायण : एक परिचय

भारतीय साहित्य में कुँवर नारायण की एक समादृत उपस्थिति है। वे हिन्दी के समकालीन कवियों में अग्रगण्य कवियों में हैं। वे बहुपठित एवं आधुनिक संवेदना के उन कवियों में हैं जिनकी कविताओं में भारतीय इतिहास और विचार की एक समावेशी उपस्थिति महसूस की जा सकती है। उनकी कविताओं में साधारण एवं पेचीदा कथ्य की बारीकियाँ दृष्टिगत होती हैं जो शुद्ध कविता एवं गहरे मानवीय प्रत्ययों का एक विरल उदाहरण हैं। 1956 में उनकी पहली पुस्तक से लेकर सात दशकों के उनके सर्जनात्मक अवदान की अवधि में उनके भीतर के बड़े और उच्चादर्शों के प्रति उन्मुख व्यक्तित्व के साथ-साथ उदात्त काव्य वैभव एवं नैतिक प्रतिसंसार रचने की व्यग्रता के दर्शन होते हैं। वे इतिहास और मिथक के साथ एक अनन्य आधुनिक बोध का रिश्ता निर्मित करते हैं तथा भाषा के अध्यात्म का एक विरल साहचर्य सम्भव करते हैं। वे ऐसा करते हुए अपने सामाजिक और ऐतिहासिक बोध से तनिक भी नहीं डिगते तथा उसकी विसंगतियों एवं विपरीतताओं के प्रति एक विजनरी रुख अपनाते हुए कविता को सामाजिक उद्देश्य की एक अनिवार्य संरचना में बदल देते हैं। उन्होंने अनेक विधाओं– कविता, प्रबंधात्मक काव्य, कहानी, आलोचना, अनुवाद, निबन्ध, डायरी में एवं विश्व सिनेमा व कलाओं पर लिखा है। विश्व की अनेक भाषाओं में अनूदित कुँवर नारायण को अनेक सम्मानों यथा–साहित्य अकादेमी, कबीर सम्मान, वारसा विश्वविद्यालय के आनरेरी मेडल, विश्व के विशिष्ट लेखक के रूप में इटली के प्रेमियो फेरोनिया सम्मान, पद्मभूषण, साहित्य अकादेमी के सर्वोच्च सम्मान महत्तर फेलोशिप एवं भारतीय ज्ञानपीठ द्वारा दिए जाने वाले भारत के सर्वोच्च पुरस्कार ज्ञानपीठ पुरस्कार से सम्मानित किया गया है।

उनके प्रारंभिक वर्ष अयोध्या एवं फैजाबाद में बीते। तदनंतर वे लखनऊ चले आए जहाँ लगभग पाँच दशकों तक वे सतत लेखन में संलग्न रहे। उनके लेखन का अधिकांश यहीं लिखा गया। बाद में वे दिल्ली आ गए जहाँ वे पत्नी भारती एवं पुत्र अपूर्व के साथ आजीवन रहे। लखनऊ में उनका घर साहित्य एवं संगीत सभाओं का केन्द्र हुआ करता था जहाँ दूर-दूर से–देश एवं विदेश से लेखक, विद्वान, सिने एवं

संगीतविद् मिलने आते। साठ के दशक में नई कविता आन्दोलन से जुड़ कर उन्होंने इसके सीमांतों को विस्तार दिया। वे उपनिषद एवं महाकाव्य से लेकर कबीर एवं खुसरो, इतिहास एवं मिथक से लेकर बौद्ध दर्शन एवं मार्क्सवाद और काफ्का, बोर्खेस एवं कवाफी से लेकर गालिब, निराला और गांधी तक के प्रभावों से अनुप्राणित रहे। 1955 में योरोप, रूस एवं चीन की उनकी यात्राएँ कवि-दृष्टि को मूल्यवान बनाने में महत्त्वपूर्ण रहीं। बाद में उन्होंने प्रतीकवादी कवियों मलार्मे, बादलेयर एवं वैलरी तथा कवाफी एवं बोर्खेस जैसे कवियों की कविताओं के अनुवाद किए।

उनके काव्य की शुरुआत 1956 में ***चक्रव्यूह*** से हुई जो उनका पहला संग्रह था। परिवारजनों की मृत्यु ने कुँवर जी को इतना विचलित किया कि उसके प्रभाव ***चक्रव्यूह*** की दार्शनिक अभ्युक्तियों में लक्षित किए जा सकते हैं। ***चक्रव्यूह*** के बाद आए संग्रह ***परिवेश : हम तुम*** को मुक्तिबोध की विशेष सराहना मिली। पहला लघु प्रबन्धकाव्य ***आत्मजयी*** भी अवसान और मृत्यु के आलोक में लिखा गया है जो नचिकेता के औपनिषदिक चरित्र पर आधारित है। हिन्दी साहित्य में इसे क्लासिक काव्य का दर्जा हासिल है। कुँवर जी का पहला कहानी-संग्रह ***आकारों के आसपास*** (1971) कहानी के समकालीन मिजाज से अलग होने के नाते विशेष ध्यानाकर्षण का केन्द्र रहा है। ***अपने सामने*** की कविताओं में राजनीतिक-सामाजिक कथ्य प्रभावी है तो ***कोई दूसरा नहीं*** अपने नैतिक आग्रहों एवं उदात्त कवि-विवेक से बहुप्रशंसित एवं बहुपुरस्कृत संग्रह होने के कारण हिन्दी में मील का पत्थर माना गया। 2002 में आया ***इन दिनों*** व 2009 में प्रकाशित ***हाशिए का गवाह*** दोनों सरलता से व्यंजित जीवन की पेचीदा जटिलताओं के भाष्य हैं। उन्होंने समय-समय पर अपने समय के साहित्यिक मुद्दों पर आलोचनात्मक निबन्ध भी लिखे जो ***आज और आज से पहले*** व ***शब्द और देशकाल*** में संगृहीत हुए हैं।

बीच-बीच में उनका गद्य लेखन भी चलता रहा है जिसमें डायरी, नोट्स, बातचीत इत्यादि शामिल हैं। 2008 में उनका दूसरा प्रबन्ध काव्य ***वाजश्रवा के बहाने*** आया। ***आत्मजयी*** के केन्द्र में नचिकेता हैं तो ***वाजश्रवा के बहाने*** के केन्द्र में वाजश्रवा। दोनों काव्य एक अर्थ में एक-दूसरे के प्रतिपूरक हैं। एक में पिता का हठ है तो दूसरे में पिता का पश्चात्ताप। ***वाजश्रवा के बहाने*** में सुलह और समझौते की संजीवनी प्रवाहित है तो अनेक स्थलों पर जीवन और काव्य विवेक के सुभाषित बिखरे हैं। 2015 में उन्होंने ***कुमारजीव*** नामक तीसरे प्रबन्ध काव्य का प्रकाशन किया जो भारत व चीन के बौद्ध अनुवादक चिंतक कुमारजीव पर केन्द्रित है। सिनेमा समीक्षा की पुस्तक ***लेखक का सिनेमा*** व अनूदित विश्व कविताओं की पुस्तक ***न सीमाएँ न दूरियाँ*** 2017 में प्रकाशित हुआ। 2018 में उनकी कहानियों का दूसरा संग्रह ***बेचैन पत्तों का कोरस*** आया तथा इसी वर्ष के उत्तरार्ध में आया कविता-संग्रह ***सब इतना असमाप्त*** उनके उत्तरजीवन की सक्रिय काव्यात्मकता का प्रमाण है। वे अपने समय की महत्त्वपूर्ण पत्रिकाओं, ***युगचेतना, नया प्रतीक*** एवं **छायानट** के संपादन

से जुड़े रहे तथा समय-समय पर सिनेमा, कला एवं संगीत पर लिखते रहे जो पत्र-पत्रिकाओं, संचयनों में प्रकाशित होते रहे। उनकी रचनाओं के अनेक भाषाओं में अनुवाद हुए हैं। उनके पुत्र अपूर्व नारायण ने उनकी कविताओं का अंग्रेजी अनुवाद 'नो अदर वर्ल्ड' नाम से किया जो 2008 में प्रकाशित हुआ, जिसका वैश्विक संस्करण 2010 में ब्रिटेन से आया। उनका बहुत-सा लेखन अभी अप्रकाशित है, जिसमें उनकी कविताएँ, निबन्ध, डायरी व साक्षात्कार शामिल हैं तथा उन पर लिखे आलोचनात्मक लेखन के कुछ खंड प्रकाश्य हैं।

प्रकाशित कृतियाँ

काव्य

चक्रव्यूह, 1956, राधाकृष्ण प्रकाशन।
तीसरा सप्तक, सं. अज्ञेय, 1959, भारतीय ज्ञानपीठ।
परिवेश : हम तुम, 1961, वाणी प्रकाशन।
अपने सामने, 1979, राजकमल प्रकाशन।
कोई दूसरा नहीं, 1993, राजकमल प्रकाशन।
इन दिनों, 2002, राजकमल प्रकाशन।
हाशिए का गवाह, 2009, मेधा बुक्स।
सब इतना असमाप्त, 2018, राजकमल प्रकाशन।

प्रबंध काव्य

आत्मजयी, 1965, भारतीय ज्ञानपीठ।
वाजश्रवा के बहाने, 2008, भारतीय ज्ञानपीठ।
कुमारजीव, 2015, भारतीय ज्ञानपीठ।

कहानी संग्रह

आकारों के आसपास, 1971, राधाकृष्ण प्रकाशन।
बेचैन पत्तों का कोरस, सं. अमरेंद्रनाथ त्रिपाठी, 2018, राजकमल प्रकाशन।

समीक्षा एवं विचार

आज और आज से पहले, 1998, राजकमल प्रकाशन।
साहित्य के कुछ अन्तरविषयक संदर्भ, चौदहवाँ संवत्सर व्याख्यान, 2003, साहित्य अकादेमी।
रुख, सं. अनुराग वत्स, 2014, राजकमल प्रकाशन।

गद्यात्मक लेखन

दिशाओं का खुला आकाश (डायरी), सं. यतीन्द्र मिश्र, 2012, वाणी प्रकाशन।
शब्द और देशकाल (निबंध), 2013, राजकमल प्रकाशन।
लेखक का सिनेमा (विश्व सिने समीक्षा), सं. गीत चतुर्वेदी, 2017, राजकमल प्रकाशन।

साक्षात्कार

मेरे साक्षात्कार, सं. विनोद भारद्वाज, 1999, किताबघर प्रकाशन।
तट पर हूँ पर तटस्थ नहीं, सं. विनोद भारद्वाज, 2010, राजकमल प्रकाशन।

अनुवाद

न सीमाएँ न दूरियाँ, बोर्हेस, कवाफी, रूजेविच, हेर्बेर्त, नेरुदा, फिलीप जाकोते, वास्को पोपा, रित्सोज आदि तीस विश्वकवियों के अनुवाद, 2017, वाणी प्रकाशन।

संचयन एवं संकलन

कुँवर नारायण : संसार-1; उपस्थिति-2, सं. यतीन्द्र मिश्र, 2002, वाणी प्रकाशन।
कुँवर नारायण : चुनी हुई कविताएँ, सं. सुरेश सलिल, 2007, मेधा।
कुँवर नारायण : प्रतिनिधि कविताएँ, सं. पुरुषोत्तम अग्रवाल, 2008, राजकमल प्रकाशन।
कुँवर नारायण : No Other World, अनुवाद : अपूर्व नारायण, 2008, रूपा।
कुँवर नारायण : पचास कविताएँ, 2011, वाणी प्रकाशन।
कुँवर नारायण : कई समयों में, सं. दिनेश कुमार शुक्ल एवं यतीन्द्र मिश्र, 2012, भारतीय ज्ञानपीठ।
कुँवर नारायण : कवि ने कहा, 2014, किताबघर।

कवि पर प्रकाशित स्वतंत्र पुस्तकें

आत्मजयी : चेतना और शिल्प, विजया शर्मा, 1979, मैकमिलन, नई दिल्ली।
कुँवर नारायण और उनका साहित्य, अनिल मेहरोत्रा, 1984, ज्ञानभारती, दिल्ली।
कुँवर नारायण का रचना-संसार, मिथलेश शरण चौबे, 2005, विश्वविद्यालय प्रकाशन सागर, मप्र।
विचारों की इंद्रधनुषी आभा, पंकज चतुर्वेदी, संवेद पुस्तिका-4, 2008
कुँवर नारायण कृत आत्मजयी : जीवन और संघर्ष, सुनीता मगरे, 2009, विद्या प्रकाशन, कानपुर।

कुँवर नारायण का कविता-लोक, संजय राय, 2014, सूत्रधार प्रकाशन, कांचरापाड़ा, उत्तर 24 परगना, प. बंगाल।

जीने का उदात्त आशय, पंकज चतुर्वेदी, 2015, राजकमल प्रकाशन, नई दिल्ली।

कुँवर नारायण के लेखन के अनुवाद

कुँवर नारायण की कृतियों के अभी तक लगभग पैंतीस भाषाओं में अनुवाद हुए हैं जिनमें अंग्रेजी, इतालवी, पॉलिश, एस्टोनियाई, रूसी, स्पानी, मराठी, कन्नड़, असमिया, ओड़िया, डोगरी एवं पंजाबी में अनूदित पुस्तकें शामिल हैं। संचयनों, जर्नल्स, ऑनलाइन आदि में पुर्तगाली, डच, जर्मन, हंगारी, जापानी, स्लोविनियन, मेसेडोनियन, नेपाली, बांग्ला, अरबी, उर्दू, कोरियाई, आयरिश, कैटलान, फ्रांसीसी आदि भाषाओं में किए गए अनुवाद समाविष्ट हैं।

अधिगत पद

कुँवर नारायण यद्यपि जीवन काल में पदों से बचते रहे तथापि, वे उ.प्र. संगीत नाटक अकादेमी, लखनऊ के उपाध्यक्ष, भारतेन्दु नाट्य केन्द्र, लखनऊ के अध्यक्ष एवं नेशनल बुक ट्रस्ट व केन्द्रीय हिन्दी संस्थान आदि के सदस्य के रूप में सहयोजित रहे हैं।

अन्तर्राष्ट्रीय गतिविधियाँ

कुँवर नारायण ने 1955 में योरोप, रूस एवं चीन की लम्बी यात्राएँ कीं जो कि शुरुआती साहित्यिक अनुभवों की दृष्टि से महत्त्वपूर्ण यात्राएँ रहीं। इसके बहुत सालों बाद उन्होंने स्वीडेन, इटली, पोलैंड, नेपाल, इंग्लैंड, अमरीका, पाकिस्तान आदि देशों में यात्राएँ कीं। 1994 में उन्होंने 'मिथक एवं आधुनिक हिन्दी कविता' पर वेनिस विश्वविद्यालय में व्याख्यान दिए। 1998-99 में कैम्ब्रिज, ब्रिटेन में लम्बे समय तक रहे। पोलैंड अनेक बार गए और 2005 में वार्सा विश्वविद्यालय, भारत विद्या विभाग की पचासवीं वर्षगाँठ के अवसर पर विशिष्ट अतिथि के रूप में एवं 2006 में रोम के प्रेमियो फेरोनिया सम्मान दिए जाने के अवसर पर इटली गए।

कई पत्रिकाओं में कुँवर नारायण का लेखन सात दशकों से प्रकाशित होता रहा है और कई पत्रिकाओं के विशेषांक भी उन पर केन्द्रित हुए हैं, यथा पूर्वग्रह, Hindi, Indian Literature, हंस, आजकल, समय मीमांसा एवं नया ज्ञानोदय आदि।

लेखकों का परिचय

संगीता विजय जठार : सुधी लेखिका। हिन्दी विभाग, शिवाजी विश्वविद्यालय, कोल्हापुर।

पंकज चतुर्वेदी : सुपरिचित कवि, आलोचक। सी 95, डॉ. हरिसिंह गौर विश्वविद्यालय, सागर, मध्यप्रदेश।

रामस्वरूप चतुर्वेदी : प्रतिष्ठित आलोचक, निबंधकार। इलाहाबाद विश्वविद्यालय से संबद्ध रहे। अब दिवंगत।

रामदरश मिश्र : हिन्दी के जाने माने कवि, आलोचक, कथाकार, गद्यकार। आर 38, वाणी विहार, उत्तम नगर, नई दिल्ली-110 059

शंभुनाथ : जाने माने आलोचक, निबंधकार एवं संपादक : *वागर्थ।* हिन्दी साहित्य ज्ञानकोश के संपादक। 389, जी टी रोड, हावड़ा-711 106

पद्मा पाटील : हिन्दी व मराठी की सुधी रचनाकार व अनुवादक। प्रोफेसर, हिन्दी विभाग, शिवाजी विश्वविद्यालय, कोल्हापुर।

मीरा श्रीवास्तव : हिन्दी की सुधी लेखिका। हिन्दी विभाग, इलाहाबाद विश्वविद्यालय से संबद्ध रहीं हैं।

विजया सती : सुधी लेखिका। दिल्ली विश्वविद्यालय के हिंदू कालेज में अध्यापन। ईमेल : vijayasatijuly@gmail.com

वेदप्रकाश : हिन्दी के सुपरिचित लेखक, समीक्षक।

सुस्मित सौरभ : युवा कथाकार, समीक्षक। सी5, ए/52, जनकपुरी, नई दिल्ली-110 058

प्रेम शशांक : विमर्शकार व समीक्षक। किसानी सहकारी चीनी मिल्स लि. सेमीखेड़ा, बरेली-243 203

जयशंकर : सुपरिचित कथाकार, उपन्यासकार। भारतीय स्टेट बैंक, कृषि विकास शाखा, आमला-460 551 (म.प्र.) ईमेल : jayshankar58@gmail.com

संदीप प्रसाद : सुपरिचित लेखक-समीक्षक। ईमेल : sandeepjpg@gmail.com

मनोज कुमार पांडेय : युवा कथाकार। संपादकीय सहयोगी, हिन्दीसमय.काम। ईमेल : chanduksaath@gmail.com

शिरीष कुमार मौर्य : सुपरिचित युवा कवि, समीक्षक। एसोशियेट प्रोफेसर, हिन्दी विभाग, डीएसबी परिसर, कुमाऊँ विश्वविद्यालय, नैनीताल-263 002

सत्यप्रकाश मिश्र : हिन्दी के प्रतिष्ठित समालोचक, संपादक। इलाहाबाद विश्वविद्यालय में प्रोफेसर के पद पर रहे। अब दिवंगत।

के. सच्चिदानंदन : सुपरिचित मलयालम कवि, आलोचक एवं चिंतक। ईमेल : satchida@gmail.com

मिथलेश शरण चौबे : युवा कवि, समीक्षक। कुँवर नारायण के रचना-संसार पर शो। प्राध्यापक, हिन्दी विभाग, सागर विश्वविद्यालय, सागर।

यतींद्र मिश्र : कवि, समीक्षक, संगीत-कला मर्मज्ञ। राजसदन, अयोध्या, उत्तर प्रदेश

कृष्ण मोहन : सुपरिचित आलोचक। काशी हिंदू विश्वविद्यालय में अध्यापन। 187 ए, साकेत नगर, वाराणसी-221 005

प्रयाग शुक्ल : कवि, कला मर्मज्ञ, अनुवादक एवं कथाकार। एच-416 पार्श्वनाथ प्रेस्टीज, सेक्टर 93ए, नोएडा-201 301 ईमेल : prayagshukla@gmail.com

गिरधर राठी : सुपरिचित कवि, दिल्ह्ली में निवास। वाई-ए-4, सह विकास अपार्टमेंट, 68 आई.पी. एक्सटेंशन, पटपड़गंज, दिल्ली-110 092

नंदकिशोर नवल : सुप्रसिद्ध आलोचक एवं संपादक। 301, राजप्रिया अपार्टमेंट, श्रीनिकेतन स्कूल के निकट, बुद्धा कालोनी, पटना-800 001

परमानंद श्रीवास्तव : प्रतिष्ठित कवि, समालोचक। गोरखपुर। अब दिवंगत।

लीलाधर जगूड़ी : सुपरिचित कवि। सरस्वती एन्क्लेव, बद्रीपुर रोड, जोगी वाला, देहरादून-248 005

ओम निश्चल : कवि, गीतकार, समालोचक। *अन्वय* एवं *अन्विति* के संपादक। जी-1/506-ए, उत्तम नगर, नई दिल्ली-110 059

आशुतोष दुबे : हिन्दी के युवा कवि। अंग्रेजी के अध्यापक। 6, जानकीनगर एक्सटेंशन, इंदौर-452 001

प्रताप भानु मेहता : सुपरिचित लेखक एवं चिंतक। सम्प्रतिः कुलपति, अशोका यूनिवर्सिटी। ईमेल : pratapbmehta@gmail.com

शांता आचार्य : अंग्रेजी की सुपरिचित कवयित्री। थियेटर, सिनेमा, संगीत एवं कला में गहरी दिलचस्पी। लंदन में निवास।
ईमेल : shantaacharya@btinternet.com

गोविंद चन्द्र पांडे : बीसवीं सदी के जाने माने चिंतक, इतिहासवेत्ता, संस्कृतज्ञ एवं संस्कृतिविद। अब दिवंगत।

विश्वनाथ त्रिपाठी : जाने माने समालोचक, कवि, गद्यकार। बी 5, एफ 2, दिलशाद गार्डेन, दिल्ली-110 045

प्रभाकर श्रोत्रिय : अपने समय के प्रतिष्ठित आलोचक, संपादक, निबंधकार, नाटककार। अब दिवंगत।

कृष्णदत्त पालीवाल : हिन्दी के ख्यात आलोचक एवं विमर्शकार, दिल्ली। अब दिवंगत।

विश्वनाथप्रसाद तिवारी : सुपरिचित आलोचक, कवि, निबंधकार। अध्यक्ष, साहित्य अकादेमी, नई दिल्ली, संपादक, दस्तावेज, बेतियाहाता, गोरखपुर, उप्र-273 001

दिनेश कुमार शुक्ल : प्रतिष्ठित कवि। ए 201, इरवो क्लासिक अपार्टमेंट्स, सेक्टर 57, गुड़गांव-122 003

गोपेश्वर सिंह : सुपरिचित आलोचक-विमर्शकार। प्रोफेसर एवं अध्यक्ष, हिन्दी विभाग, दिल्ली विश्वविद्यालय, दिल्ली-110 007

रविभूषण : सुपरिचित आलोचक, स्तंभकार। 204, रामेश्वरम, साउथ आफिसपाड़ा, डोरंडा, रांची-834 002

रमेश दवे : ख्यात आलोचक। एचएच 19, ब्लाक 8, सह्याद्रि परिसर, भदभदा रोड, भोपाल-462 003

अवधेश प्रधान : सुपरिचित आलोचक, समीक्षक। प्रोफेसर, हिन्दी विभाग, काशी हिंदू विश्वविद्यालय, वाराणसी-221 005

ज्योतिष जोशी : सुपरिचित समालोचक, कथाकार। संपादक : समकालीन कला, ललित कला अकादेमी, दिल्ली

सुशील सिद्धार्थ : सुपरिचित व्यंग्यकार एवं आलोचक। अब दिवंगत।

अजित कुमार राय : समीक्षक। डाकबंगला रोड, सराय मीरा, कन्नौज-209 727

पुष्पिता अवस्थी : सुपरिचित कवयित्री, आलोचक एवं कथाकार। नीदरलैंड में स्थायी निवास। ईमेल : Info@pushpitaawasthi.com

लीलाधर मंडलोई : सुपरिचित कवि, निबंधकार, आलोचक। संप्रति : निदेशक, भारतीय ज्ञानपीठ, 18, इंस्टीटयूशनल एरिया, लोदी रोड, नई दिल्ली-110 003

अनिरुद्ध उमट : कवि-कथाकार, समीक्षक। माजी सा की बाड़ी, राजकीय मुद्रणालय के समीप, बीकानेर-334 001

लताश्री : युवा कवयित्री। कुँवर नारायण के साहित्य पर शोध। बीएस सिटी थाना कैंपस, सेक्टर 1, बोकारो स्टील सिटी-827 001

अमरेन्द्र पाण्डेय : युवा समीक्षक। कुँवर नारायण के साहित्य पर दिल्ली विश्वविद्यालय से पीएचडी। असिस्टेंट प्रोफेसर, श्री गुरु तेग बहादुर खालसा कॉलेज, दिल्ली विश्वविद्यालय, दिल्ली

वैभव सिंह : हिन्दी के सुपरिचित समीक्षक-आलोचक, विमर्शकार। दिल्ली विश्वविद्यालय में हिन्दी के प्राध्यापक। ईमेल : Vaibhavjnu@gmail.com

विजय मोहन सिंह : हिन्दी के जाने माने कथाकार, आलोचक। अब दिवंगत।

पंकज पराशर : मैथिली व हिन्दी के सुपरिचित कवि एवं आलोचक। हिन्दी विभाग, अलीगढ़ मुस्लिम विश्वविद्यालय, अलीगढ़-202 002

हेंज वर्नर वेस्सलर : हिन्दी व भारतीय विद्याविद। जर्मनभाषी वेस्सलर संप्रति उपस्सला विश्वविद्यालय के इंस्टीट्यूट आफ लिंग्विस्टिक्स एंड फिलालॉजी में प्रोफेसर के पद पर कार्यरत। ईमेल : heinzwernerwessler@lingfil.uu.se

रेखा सेठी : समीक्षक, समालोचक। एसोसिएट प्रोफेसर, हिन्दी विभाग, इंद्रप्रस्थ कॉलेज, दिल्ली विश्वविद्यालय, दिल्ली। ईमेल : reksethi@gmail.com

विष्णु खरे : वरिष्ठ कवि, आलोचक, सिनेविद्। ईमेल : vishnukhare@gmail.com

गीत चतुर्वेदी : सुपरिचित युवा कवि, कथाकार। भोपाल में निवास। डी-30, न्यू मीनाल रेजिडेंसी, जे.के. रोड, भोपाल-462 021 (मध्य प्रदेश)
ईमेल : geetchaturvedi@gmail.com

❑❑❑